江戸期における
河川舟運と
流域生活圏の形成

大木昌
［編著］
齋藤百合子
［著］

論創社

プロローグ

筆者が最初に海外に出たのは大学二年生、一九歳の時で、一般の日本人が外貨を五〇〇米ドルまで持ち出して海外への渡航が自由化されたばかりの一九六五年のことだった。この年、船会社にお願いしてタンカーに中古車を積んで日本の港を出発した。この船旅は、南シナ海、マラッカ海峡を経て、モンスーンの真っただ中の荒れ狂うインド洋を越え、クウェートまで一七日間の航海だった。その間に目に入った陸地は、マラッカ海峡の入り口のシンガポール、マレー半島、スマトラ島周辺の島影だけだった。クウェート上陸後の三カ月間、友人二人と共に日本から持ち込んだ車で、野宿をしたり安ホテルに泊まったりしながら西は地中海から東はインド国境に近いパキスタンまでの中東諸国のほぼ全域を放浪した。当時は中東のガイドブックなどはなく、アラビア語はいうまでもなく英語さえほとんど話せない状態で、今から思えばずいぶん無謀な旅だった。この間に見聞きし経験したことの中で、とりわけ強烈な印象を受けたのは、船がクウェートの港に着いた時に目に飛び込んできた光景だった。それは、頭にターバンを巻き、首からくるぶしまで白い布を全身に巻きつけた、イスラム教徒と思われる港湾労働者が一斉にお祈りを始めた光景だった。これが、私にとって、異文化と遭遇して受けた最初の強烈なカルチャー・ショックだった。この旅行が後に自分の人生を決定づけることになろうとは、当時はまったく予想もしていなかった。

大学卒業後、一旦旅行会社に就職したものの馴染めず、退社して大学院に進んだ。この決断の背後には、学生時代に経験した異文化との遭遇が、その時には意識していなかったが、ずっと頭の片隅にあったような気がする。

大学院では、日本とは文化が異なる地域の研究をしようと決めていた。対象地域を決める際にはずいぶん悩んだ末、東南アジア、特にインドネシアを選んだ。以来、私は東南アジア（インドネシア）の歴史研究を今日まで続けている。その間に、四年間の留学（オーストラリア三年、オランダ一年）をはさんで、インドネシア、タイ、ベトナムなどの東南アジア諸国、インド、ブータン、西ヨーロッパ諸国、分裂前のユーゴスラヴィア、ニュージーランド、アメリカ、カナダなどを訪ねた。その一方で、ずっと日本のことが気になっていた。そこには、自分が生まれ育った日本について、あまりにも無知であることの「後ろめたさ」の感情もはたらいていた。

しかし、日本史を研究したことのない筆者にとって、「日本を知る」、というのはあまりにも漠然としていて、どこから手を付けていいのか皆目見当がつかなかった。そんな折、偶然の機会に、滋賀県と福井県の県境の山に住むマタギ（猟を職業とする人）と知り合った。彼と猟に出かけ、また、今にも崩れ落ちそうな彼の小屋に泊まって話を聞いて、日本にもこんな生活文化があったのか、と、ここでも強烈なカルチャー・ショックを受けた。これがきっかけで、秋田のマタギの話を聞きに行ったり、文献・資料を調べたりして、最終的に「近代化と『山の文化』の変容―マタギ文化の歴史的検討を通して」という論文にまとめた［大木、二〇一二］。このマタギの歴史研究を通じて、今ではほとんど消えてしまった日本社会の古層に流れる生活文化の一旦に触れる思いだった。マタギ研究がきっかけとなって、私は、日本において独特の風俗習慣や文化をもつ「地方文化あるいは地方社会がどのように形成されたのか」、という疑問をいだくようになった。この疑問を解くために筆者が採用した方法が、河川舟運を中心としたヒト・モノ・カネ・文化（情報）の交流史と、それによる「流域生活圏の形成」という研究視角であった。こうした研究視角を持つに至ったのは、以下に述べるように筆者のスマトラの舟運研究が発端であった。

河川舟運の重要性に着目したのは、筆者がインドネシア史研究の一環として行った、スマトラにおける河川交易の研究と現地調査に触発されたからである。まず文献資料で、かつてスマトラの中・南部の河川では舟運により交易が行われていたことは確認できた。そこで、文献に登場する川や場所を現地調査したところ、舟運による交易は遠い過去の話ではなく、つい最近まで（あるいは小規模ながら現代でも）実際に行われていたことが確認できた。これについては、本書の第一章第一節（「スマトラと日本の舟運事情」）でくわしく述べるが、要点は以下の四つである。一つは、スマトラ中部の河川で舟運が行われていた記録が多数あること。二つは、筆者も現地調査で舟運の実際を目撃していることである。三つは、調査した川（カンパル川）源流部にはヒンドゥー文化の遺跡群があること。四つは、スマトラの河川舟運はやがてマラッカ海峡および外部世界と連結していたことである。つまり、文献と現地調査で、スマトラにおいては河川舟運がヒト・モノ・カネ・文化（情報）の交流に重要な役割を果たしていたことが確認できたのである。

スマトラの舟運研究の経験から筆者は、日本においても道路・車・鉄道などの交通手段が発達する以前には、やはり河川舟運が人の移動と物の運搬、そして情報と文化の交流によって、それぞれの流域に特色ある地域社会を醸成するうえで重要な役割を果たしたのではないかと考えた。なお、いうまでもないが、河川の舟運だけが独自の地域社会を形成する唯一のチャンネルであったわけではない。陸路だけの交流も同様の機能を果たすことができるが、具体的な歴史をみてゆくと、陸路もどこかの地点で河川の舟運と連絡している場合が多い。この点を考慮に入れると、河川舟運はかなり広範囲の地域をカバーするといえる。以上が、筆者が舟運に焦点をあてて日本の社会と文化の成り立ちを研究しようとした動機と背景である。

なお、本書ではスマトラの事例を日本史研究に応用したが、河川舟運による流域生活圏（地域社会）の形成という分析視角は日本だけでなく、ヨーロッパでも南北アメリカにも適用可能であると考える。筆者には、この分析視角は、これまで地域ごとに個別に行われてきた世界各地域の歴史研究に共通の研究枠組と相互討論の場を提供してくれるのではないか、というかすかな期待もある。

凡例

1 文献の注記は著者、発行年、ページだけを記した簡略な方法を採用して、本文中に［］で示す。例えば［網野、一九九五：五六］と単独の文献を示し、あるいは複数の文献を記す場合には、［網野、一九九五：五六〜五八／シュライバー、一九六二：一六五〜六七］というふうに文献と文献をスラッシュ（／）で区切って併記する。

2 図・写真・表の番号は、図4－1、写真5－2、表7－1のように記してあり、それぞれの最初の数字が挿入された章を表している。通し番号ではなく、章ごとに区分することで、それぞれが何章に関連しているかが分かるようになっている。

3 「港」の表記について。江戸期には海洋船が出入りする港は「湊」、川船用の港を河岸と表記することが普通である。ただし本書において、北上川河口の石巻、最上川河口の酒田、利根川河口の銚子、天竜川河口の掛塚の場合、海洋船用の「湊」と、川船用の「河岸」の両機能を同時に果たしており、湊と河岸のいずれかの表現に固定することも、その都度書き分けることもできない。そこで、これら四つについては「港」という表現に統一する。

4 参照文献は巻末に「参照文献一覧」として掲げてあるが、出版年はすべて西暦で示してある。

江戸期における河川舟運と流域生活圏の形成　目次

本書の構成とねらい

本書は第一部と第二部の二部構成となっている。第一部は「河川舟運の歴史と基本問題」（第一章〜第四章）、第二部は「河川別舟運の実態と流域生活圏」（第五章〜一〇章）である。第一部と第二部の内容については、それぞれの「序」の項で説明するので、ここでは、ごく簡単に構成を説明するに留める。第一部は、舟運に関する全体的な問題を扱う。ここでは、舟運研究の背景と意義や研究方法、舟運の歴史と基本構造、「塩の道」などが説明される。この第一部は、第二部で河川舟運を具体的に記述するための準備作業という意味ももっている。第二部では、舟運の各論として北上川、最上川、利根川、天竜川、吉井川・旭川・高梁川の七河川を取り上げる。これら七河川を取り上げた理由については第二部の「序」で説明する。また、それぞれの河川の特徴については各章の「はじめに」で説明し、舟運と流域社会についてはほぼ同じ手順で記述する。すなわち、まず、舟運の概要を説明し、つぎに、そこで運ばれた荷物（商品）の種類と量、人の移動、幕府と藩による舟運の管理、舟運もしくは河川ルートの利用が与えたと思われる社会文化的な影響の順に説明してゆく。なお、本書の中で第六章第五節の（二）と第八章は共同研究者の一人、齋藤百合子氏が執筆した。以下に、本書の「ねらい」について説明しよう。

日本において舟運が人の移動や物の輸送で担っていた重要な役割は、明治期を境に大きな転機を迎えた。明治以降、政府は積極的に西欧技術を輸入し、道路や鉄道を建設し、自動車の普及を推進した。こうした近代交通システムが発展するにつれて、それまで人と物の運搬に大きな役割を果たしてきた河川の舟運は次第にその重要性を失っていった。もちろん、明治時代の幕開けとともに舟運がただちに消滅したというわけではない。舟運は細々とではあるが、河川によっては昭和の初めまで存続した。そのような状況が一部にあったにしても、新たな運輸・交通・通信手段の登場や、それまでの封建制のもとで制限されていた移動が自由になったことなどによって、情報や文化の伝播範囲も確実に広がった。さらに時代が進むと、ラジオやテレビ、電話、インターネットなど情報の媒体をとおして情報や文化は全国に瞬時に行き渡るようになった。とりわけテレビの影響は絶大で、どこに行っても似たような家に住み、食べ物を食べ、衣服を着、似たような駅ビルの構造、商店街、町や都市の様相をもっており、あたかも日本全体が一つの共通文化で塗りつぶされてしまったかのような印象さえ受ける。しかし、つぶさに見ると、地域によって濃淡はあるものの、日本全体を覆っているかにみえる単一の文化のもとには、それぞれ固有な社会や文化をもつ地域社会が息づいていることが分かる。しかも、筆者は、その固有な地域社会の形成に舟運が大きく関与していたのではないか、という仮説をもつに至った。本書は、この仮説を、できる限り史実に基づいて検証しようとする一つの試みである。この仮説の背景を理解するために、以下に述べるような日本の地理や気候・気象などの自然条件をみておく必要がある。

島になったつもりで、高い空から日本という国土の姿を思い描いてみよう。まずは全体像として、北海道から九州に至る、一連の大きな島が、まるでタツノオトシゴのような形として思い描かれるだろう。そして、九州の南端から、左下（南西）方向に、トカラ列島、奄美諸島、沖縄諸島、宮古・八重山列島に続く大小さまざまな島から成る南西諸島をイメージする人もいるかもしれない。もう少し高度を下げ、目線を下げて、それぞれの島をイメージしてみよう。まず、上（北）の方にあるタツノオトシゴの頭の部分でエイの格好をした北海道を思い浮かべるだろう。そして、エイのしっぽに当る渡島半島の南端、函館辺りで一区切りとなる。次に、斧のような形をした下北半島から本州の胴体部分を南西方向になぞって進むと下関に至る。そこで九州と四国という大きな島が、実際のタツノオトシゴとは逆方向にくるっと内側に巻いたように連なっている姿が目に入る。

私たちが日本の「国土」を視角的にとらえようとする時、無意識のうちに、海と陸とを隔てる海岸線をなぞって陸地の輪郭を確認しようとする。これは、日本の「国土」という言葉からも明らかなように、ほとんどの日本人にとって、陸地こそが生活の場所として重要な位置を占めてきたからだ。それでは、目線をさらに下げて、海岸線で囲まれた「国土」の中身を覗いてみよう。おそらく、多くの人の目はまず、陸地の背骨ともいうべき山脈や山地に向けられるにちがいない。その背骨からは、谷や盆地を所どころに配しながら、次第に高度を下げつつ山並み全体は海に向かって伸び、やがて平野と接するか、突如、海岸に行き当たる。続いて、沿岸部に広がる平野とそこに発達した都市、山脈と山脈の間に展開する深い谷や広い谷などが目に入ってくる。なだらかな曲線を描く海岸線があれば複雑なリアス式海岸もある。さらに高度を下げると、平地や山間部を走る道路や鉄道が血管のように陸地を這っているのが見えるだろう。

ところで、日本の国土には、もう一つ重要な主役が存在する。それは、河川だ。日本は、七〇数パーセント弱が山地・丘陵地である。年間を通じて全土にまんべんなく降雨がある日本では、山地からは、あたかも全身をめぐる血管のようにびっしりと大小さまざまな無数の川が形成され、それらは合流を繰り返しつつやがて海に注ぐ。このような日本の地理や気象・気候の特性は、日本の風土や人びとの生活、さらには心情にまで大きな影響を与えてきた。本書においては川こそが主役である。まず、川は山を削り谷を開き、日本の大地に複雑な地形を刻んできた。故郷の大地を「山と川」あるいは「山河」と表現することがあるように、こうした風景が「心のふるさと」として、日本人の心情や情緒をはぐくむ重要な土壌となってきた。また、川は、中流域では山地を削った土砂で扇状地を造り、下流域では吐き出された土砂が三角洲のような平地（沖積平野）を形成し、人びとの生活の場を造りだしている。そして、山地であれ平地であれ川は田畑に水を供給している。とりわけ、日本人の最も重要な食料である米の栽培にとって、川の水は不可欠である。山地にあっては美しい棚田を、平地にあってはどこまでも広がる水田の風景もまた、人びとに安らぎを与える原風景である。しかし、このような原風景は、ただ農村に生まれ育った日本人だけが共有しているものではない。都市に住む人びとにとっても、どこまでも広がる田んぼに黄金色の稲穂が波のように風に揺れている風景は「心のふるさと」として郷愁をそそるのではないだろうか。

以上みたように、日本という国土は非常に複雑な地理的な空間から成っている。さらに、南北に細長く伸びる日本の国土は、亜寒帯の北海道から亜熱帯の沖縄地方や宮古・八重山列島まで多様な気候帯を含んでいる。こうした複雑な地理的、気候的な多様性をもつ日本では、地域ごとに日常生活における特色ある文化、社会、経済、時には政治風土が存在する。くわしい定義と説明は第一章第二節で行うが、これらの特色を一括して本書では便宜的に「生活文化」と呼び、それらの要素の多くを共有する地域社会を「生活圏」と呼ぶことにする。日本における多様な生活文化とそれに基づく「生活圏」の存在を、私たち日本人はあまりにも当然のこととして受け入れており、特に不思議なことだとは思わないし、したがって、その理由や起源をあえて問おうとは思わない。しかし世界を見渡してみると、日本のように多様な生活圏がみられる国は珍しい。もちろん、細かくみれば、どこの国にも程度の差はあれ地域ごとの多様な生活文化をみることができるだろう。しかし、地域的な多様性という点で日本は間違いなく世界でも突出している。

それでは、日本においてこのように多様な「生活圏」はどのようにして形成されてきたのだろうか？　もちろん、右に述べたような地理的・気候的な自然条件が重要な要因であることは間違いない。しかし、同じような自然条件にあり、しかも隣接している地域間においてさえ、生活文化の違いや多様性を見いだすことができる。このように考えると、右の設問に答えることは簡単ではない。というのも、生活圏に実質的な内容を与える生活文化というものは、何かをきっかけに突然できあがったり、特定の偉人や天才や権力者が創り上げたものではなく、長い時間をかけて、それぞれの土地に住む人たちの間で自然発生的に醸成されてきた、いわば「基底文化」のような存在なのである。

第一章第二節の「研究視角」でくわしく論ずるが、日本における地域社会（地方社会）や地方文化などについて、その形成過程を歴史的に解明するという研究は少なかったような印象を持っている。これにたいして筆者は、河川舟運が地域社会の形成に重要な役割を果たしたのではないか、と考えている。筆者が河川の舟運に着目したのは、主に以下のような理由による。一つは日本の地理的・気候的な面での特殊な自然条件である。すでに述べたように、日本の国土は大小無数の河川が走っており、そして文献でみると、それらの河川ではほとんどの場合、船が移動と運搬手段として利用されてきた。そして、本書の第四章「塩の道」でくわしく説明するように、日本には岩塩がないので、内陸に住む人たちは沿岸地域で生産された塩を何らかの方法で手に入れることが生活を維持するうえで不可欠であった。この際、少量ならば人の背や牛馬の背で運ぶことができるが、山がちで起伏が多い日本において、ある程度の量を遠く離れた目的地まで運ぶ場合には、やはり河川の舟運を利用することの方が効率的である。このため人びとはできる限り舟運を利用してきた。二つは歴史的背景で、舟運が飛躍的に発展した江戸時代に、年貢米の大量輸送、商品作物や手工業製品の生産と流通が発達し、効率的な輸送のために舟運を巡る経済的、制度的、技術的な環境が一気に進展した。これらの理由から、日本の歴史、とりわけ地域社会の形成に、河川の舟運が大きな役割を果たしたのではないか、と考えるに至った。

いうまでもなく、それぞれの河川は、流域の地理的・自然条件（特に気候や、河川の流程の長さ、勾配、河床の状況、水量など）、幕府や藩の舟運政策、流域の人口や産業構造、特産物の有無、経済規模、市場へのアクセスなどの諸条件が異なる。これらの違いが、流域ごとに固有の特徴をもった生活圏を形成する基本的な要因となる。そして、こうして形成された生活圏こそが地域社会（地方社会）や地域文化（地方文化）の実質的な内容である。本書の第二部で取り上げた河川ごとの事例は、規模の大小にかかわらず、日本という地形の特色を考えれば、すべての河川流域についてもいえる。こうして、日本国中に川を中心とした大小の地域社会と地域文化が形成されることになったと考えられる。

筆者の専門は東南アジアの歴史であり、本書が対象とする江戸時代の歴史にかんしては全くの専門外である。それにもかかわらず、日本において、地域社会や地方文化が歴史的にどのようにして形成されたのかという、専門家ならあえて問うことはないかも知れない問題を、専門外の筆者が取り上げたのは、好奇心に突き動かされて前後の見境なくこの領域に迷い込んだ、というのが本当のところである。少しだけ弁解すれば、筆者が日本史の専門家ではないからこそ、専門家の常識にとらわれない自由な立場から、何かこの問題を自分なりに解明できるかもしれない、というかすかな期待はある。さらに、日本史研究の大家、速水氏が非専門家と共に討論した内容をまとめた『歴史のなかの江戸時代』（初版、一九七七年）の一節で書いているつぎの言葉に勇気づけられ、支えられてきた。速水氏は、それまでも江戸時代の歴史専攻者ではない人びとからの江戸時代についての研究や再評価が行われてきたことに触れてつぎのように書いている。

こういった状況に対して、江戸時代の専攻者は肯定・否定を問わず応えるべき義務がある、と筆者は思う。ところが、今までのところこれらに対するまともな回答はほとんど出ていない。極端な言い方をするならば、あるのはひややかな無視か、ひどくイデオロギッシュな罵倒である。（中略）しかし長期的にみて、異なった分野の専門家間の知的交流は、それぞれの研究者にこの上ない刺激と広い視野を与えることになるのではないか。

速水氏は、専門外の研究者による提言や見解の有効性や必要性を説いたあとで、そうしないと、江戸時代の研究そのものが、「大半の人々が江戸時代についていだいているイメージの一つ、「鎖国」状態になってしまう、と警告を発しているのである［速水、一九八三：二六〜二七］。本書が、江戸時代の専攻家がどのように評価するのか、あるいは全く無視されるのかは分からないが、筆者としては、肯定にせよ否定にせよ、これまでの江戸期の歴史の理解に少しでも刺激になれば幸いである。

第一部　河川舟運の歴史と基本問題

序

第一部は、舟運に関する全体的な問題を扱う。第一章は、舟運研究の背景と意義で、ここではまず、筆者が舟運研究を行うに至った背景として、スマトラの河川舟運を研究した経験について述べる。続いて、舟運と生活圏形成との関係を研究する意義、研究方法、研究視角、先行研究、流域生活圏の理論モデルが提示される。本書の主たる対象時期は江戸期であるが、それ以前の舟運についても概観しておく必要があると考え、第二章では舟運前史として、江戸期以前、古代から中世までの河川舟運の歴史をいくつかの河川について具体的に検討する。第三章は河川舟運の基本構造で、河川ルートと陸路、宿《しゅく》、川船の種類、河岸《かし》（川の港）の構造と機能、河川舟運と海上交通との関係および日数や費用の比較などを検討する。第四章は河川舟運の原点ともいえる「塩の道」である。内陸に住む人たちの生存にとって塩は不可欠で、何らかの方法で手に入れる必要があり、その主要な入手方法は広義の河川ルート（舟運プラス陸路）を利用しての沿岸地域との交易であった。塩の取引は、船を使うか否かは別にして、地域間交易において最も原初的かつ基本的な取引であった。河川ルートを軸として展開している「塩の道」は「生活の道」でもある。このような「塩の道」に直接・間接にかかわっている地域は「塩経済圏」といえる。なお、この第四章では、詳細に検討する第二部で独立した章として取り上げることができなかった多くの河川における舟運の実態を、「塩の道」との関連で取り上げる。

第一章　舟運研究の背景と意義

はじめに

この第一章は、本書全体のテーマである河川舟運と「流域生活圏」に関する基本問題を扱う。第一節は、このテーマを考えた背景でありモデルとなったスマトラの河川舟運の実態を説明する。第二節は、日本における「流域生活圏」の意味・内容・定義を説明したうえで、研究視角として、川の港である「河岸」に焦点をあてて流域において生活圏が形成される理論的なモデルを提示している。第三節は、流域生活圏の形成にかんする基本的な作業として先行研究を概観し、合わせて、文献調査やフィールド調査などの具体的な研究方法を説明する。まず、筆者がこのような切り口で日本の地域社会の形成過程を研究しようと思い立つきっかけとなったスマトラにおける舟運について説明しよう。

第一節　舟運研究の背景――スマトラ島と日本の舟運事情

筆者は以前、スマトラ島内陸部の社会経済史を研究する過程で、この島の内陸部とマラッカ海峡周辺の間に、古い時代から、河川の舟運を通じて密接な経済・社会・文化の交流があったことを見いだした。この研究は「19世紀スマトラ中・南部における河川交易」と題する論文［大木、一九八二］として発表した。その後、スマトラ島の事例は、近代以前の日本にもかなり当てはまるのではないか、という印象をもつようになった。それを確かめるために、日本の河川舟運と流域社会との関連を調べてゆくうちに、最初は漠然とした仮説にすぎなかったイメージが次第にはっきりとした輪郭をもつ仮説となり、仮説は確信に変わった。この意味で、本書の出発点は、スマトラ島における河川交通と交易の研究であった。文献調査と現地調査から、スマトラ島の河川舟運には以下のような特色と構造があったことが分かった。（図１－１を参照）

一　道路、自動車そして鉄道がヒトの移動とモノの運搬の中心となる時代以前、スマトラ島中央部から南部における交通・運輸の中心は河川による舟運であった。スマトラ島の熱帯林地帯では、道を作っても常に整備していないと、しばらくすると植物が繁茂してしまう。このため、スマトラ島には牛や馬に引かせた荷車で荷物を運搬するための長距離の道はほとんど発達しなかった。

二　馬が直接に荷物を背に乗せて運ぶ場合でも、一頭の馬が運べる量はせいぜい一ピクル（pikul＝六一・七キログラム）ほどだった。さらに、馬で荷物を運ぶ場合、飼葉の調達が困難で長距離の移動ができなかった。ただし、町や集落の周辺のごく近距離の移動や運搬に牛馬を使うことはあった。

三　近代の交通運輸システムが発達するまでは、内陸と沿岸部（マラッカ海峡）とを結ぶ長距離の人の移動と荷物の運搬手段としては、河川の舟運が現実的にはほとんど唯一の方法であった。

四　舟運に使われた河川の流域には、川港の町や都市が発達し、そこには周辺地域から運ばれた物資と、海や河川の下流域を経由して運ばれた物資が集積された。このような川港（スマトラ島中央部ではパンカラン＝pangkalangと呼ばれた）は仲継交易の拠点として機能し、河川の合流点、あるいは舟運路と陸路との接点へと発達することが多かった。スマトラ島では、河川の舟運と陸路とを合わせた河川ルートが形成されていた。

五　スマトラの河川ルートは古くから利用されていたと考えられるが、その重要性が増したのは、一九世紀以降、オランダの植民地支配下に内陸部でコーヒーやゴムなどの熱帯産物の生産と輸出が盛んになったからである。

六　河川の舟運は人や物資の運搬だけでなく、文化の形成にも大きな役割を果たしてき

図1−1　スマトラ島主要河川と遡航限界のパンカラン

［大木、1981:614］

た。たとえば、スマトラ島の内陸中央部のミナンカバウ族の本拠地にはかつてヒンドゥー王国、「ミナンカバウ王国」（一三世紀ころ～一九世紀初頭）が成立していた。この際、ヒンドゥー文化は、インド人によってマラッカ海峡からカンパル川を船でさかのぼって内陸にもたらされたと考えられる。さらに、カンパル川の支流をさかのぼると、最上流地域（ムアラ・タクス＝Muara Takus）には、現在でもヒンドゥー寺院とストゥーパ（仏舎利塔）の遺跡群が残っている。ちなみに筆者が一九八〇年代初頭にこの川沿いの道を調査した時、上流部の山中で作りかけの舟を何艘も見たし、また実際に一〇人ほどの人と荷物を乗せた舟が川を遡行していたのを目撃している。

スマトラ島の中央部は熱帯雨林のジャングルに覆われており、陸路で人が担いで運ぶことができる以上の量の荷物を運ぶには河川の舟運が事実上唯一の方法であった。この点では、スマトラ島の事情をただちに日本に当てはめることはできない。それでも、筆者はスマトラ島の舟運研究を通じて、日本でも、車や鉄道などが移動と運輸の主役となる前近代までさかのぼれば、同様のことがいえるのではないかと考えるに至った。以上が、スマトラ島の舟運研究から得た知見をヒントにして日本における河川の舟運と地域社会や文化とのつながりを研究しようと思いたった経緯である。

第二節　「流域生活圏」の研究視角

「本書の構成とねらい」でも述べたように、日本の地域社会（地方）については民俗学、人類学、社会学などの研究分野で行われてきた膨大な研究の蓄積がある。これらの学問分野では、現にそこにある文化や社会を、「すでに在るもの」として、その特徴を描きだすという、非歴史的な研究方法が採られる。それは、ある文化や社会の「型」を識別するうえでは有効な方法である。その反面、何を契機に、どのような経緯でその地域に特色ある地域社会が形成されたのか、という歴史的起源や経緯についてはこれまであまり注目されてこなかった。これらを実証的に解明することは容易ではないが、この点にかんして筆者はつぎのような見通しをもっている。それは、地域社会が形成される一つの背景として、河川の舟運、河川沿いの陸路、あるいは舟運と陸路とが結びついた「河川ルート」（第三章第一節参照）を媒介としたヒトとモノとカネと文化（情報）の長期間にわたる交流の積み重ねが重要な契機となって、流域生活文化圏ともいうべき地域社会が形成された場合が多かったのではないか、というものである。この意味で、生活文化圏は歴史的所産でもある。これが本書を貫く主旋律であり仮説である。これの仮説を検討するための準備作業として、本書で使用される基本的な概念と用語について説明しておこう。

（一）生活文化と生活圏

筆者はすでに、「流域文化圏形成の史的考察―文献調査とフィールド調査から―」と題する論文において［大木、二〇一四a］、日本各地の地域社会（「地方社会」）がどのようにして形成されてきたのかという問題にたいして、河川の舟運を軸としたヒト、モノ、カネ、文化（情報）の交流が「流域文化圏」を形成してきたのではないかとの仮説を立て、河川舟運の基本構造と、若干の実例を示した。その後、何本かの河川についてフィールド調査と文献調査を行い、それによって明らかになった事実を、その都度発表してきた［大木、二〇一四b／大木、二〇一五］。ただしこの段階ではまだ、主な関心は「文化」、特に伝統や食文化、地方の祭りなどを中心した狭義の「文化圏」の形成に向けられており、舟運が果たしてきた役割の全体像を描くまでには至っていなかった。しかし、その後の研究をとおして、「文化圏」が形成される以前の前提条件として社会・経済的な交流も含めた、日常生活における広範な相互関係や交流を共有している生活空間が成立していなければならない、と考えるに至った。そこで、本書において、改めて「流域文化圏」という視点を「流域生活圏」という概念に拡張して、新たな視点で地域社会や地域文化の問題を考えることにした。そのための準備作業として、筆者のこの問題にたいする見通しを示しておく。なお、以下の記述では、「地域社会」と「地方社会」、「地域文化」と「地方文化」のように「地域」という言葉と「地方」という言葉を代替的に用いる。

まず、筆者の主たる関心は、近世以前には個々独立していた村落やその他の小さなコミュニティーが、境界を超えて何を契機に一つのまとまりのある、つまり「一体性のある地域社会」を形成するようになったのか、という点にある。ここで、「一体性のある地域社会」とは「生活圏」のことで、「構成とねらい」でも触れたように、これは人びとが日常生活のさまざまな生活文化を共有する生活空間を指す。「生活圏」には四つの主要な領域がある。一つは、その地方に固有な言語（方言）、伝統、宗教、信仰、祭り、唄や踊りなどの芸能、信念、衣装、食文化（郷土料理、味覚、食の好みなど）、ものの見方、風俗・習慣など、多様な項目を含む「文化」領域である。二つは、農業・手工業などの生産活動、商品の売買、移出・移入を含む交易活動、輸送、消費活動などの経済領域である。三つは親子関係、親族関係、農村内での共同体規制やさまざまな掟、身分制、婚姻制度や通婚圏、商売上の取引・所有・契約のルールなど人と人との関係を律する慣行などを含む社会領域である。四つは、村や町における支配・従属関係や村民の行動を規制する掟、リーダーシップ、日常生活に大きな影響を与えた幕府や藩などの政治権力による統治などの政治領域である。本書では、これらを全ての領域を含めた概念として、言葉の最も広い意味で日常生活における「生活文化」という言葉を使用する。

「生活文化」は、各地域の住民が世代を超えて築いてきた生活の総体である。そこには通常の用語法でいう文化、経済、社会、そして政治といった生活のほとんど全ての領域が含まれる。この意味での生活文化の主要な部分（たとえば方言や主要な生産活動、伝統など）を共有する空間（地域社会）が「生活圏」である。「生活圏」を丁寧に表現すれば「生活文化圏」ということになるが、記述を簡略化するために、本書ではたんに「生活圏」という表現を用いる。この生活圏こそが、地方文化、地域社会、地方性などさまざまな名称で呼ばれる地域社会の実態なのである。ただし、「生活圏」を構成する右の四領域はあくまでも分析上の理論的範疇であり、日常生活における具体的な行動や思考においてこれらは相互に密接な関係をもち、重なり合いながら複数の領域にまたがって混然一体となっているのが実態である。したがって、純粋に四領域がそれぞれ独立して機能していることは、むしろまれである。たとえば、祭りといった典型的な文化領域も、地域社会の住民の結束という社会関係と、また祭りのリーダーシップは地域社会の政治領域とも重なっている。また、人間関係を律する社会領域は風俗・習慣やなどの点で文化的領域と重なっている。

理論的には「社会文化」、「社会経済」、「政治文化」などの組み合わせが可能である。その中で、経済領域は比較的独立したカテゴリーとして抽出できる。というのも、なによりも、物の生産と消費は人間が生きるための最も基本的な活動であり、生産物の量や価格、需要や供給、消費動向などは人びとの思いや価値観によって左右されることが少ないからである。以下の記述においても「生活圏」の中で経済領域を基準にした「経済圏」というカテゴリーを設けている（以下の（二）参照）。もちろん、本書の記述の多くが舟運を通じた物資の移動・売買にかんするものであることが示すように、経済にかんする記録が比較的得やすいという事情もある。また、実際に地域社会が形成された契機と過程を歴史的に検討した結果、経済関係を軸に展開した事例が多かったからでもある。こうした検討を経て、「生活圏」、つまり「まとまりのある地域社会」が形成される契機として中核をなしていたのは経済的な結びつきであり、この意味で「生活圏」と「経済圏」とはほぼ重なるとみなしてもいいのではないかと考えている。実際、生活圏と経済圏は多くの場合、重なっている。

これを住民に視点を置いて別の角度からみると、ある経済圏に属する住民はほとんどの場合、同時に、それを含む生活圏にも属しているとみなすことができる。本書の舟運と流域生活圏の形成というテーマの検討において、記述の大部分が経済的事象に割かれているのも、このような時事を反映している。もちろん、祭りや信仰が村のような小さなコミュニティーの中心になることはあり得るが、村落を超えた地域社会の形成にかんしては、一般的にはやはり経済関係が地域社会の中心となり、そこにその他の要因が加わることが多い。そして、ある地域の地域文化とか地方性というものは、こうして形成された地域社会の基盤のうえに、それぞれの地域独自の文化、社会、政治的な生活文化が歴史的に組み込まれてできあがったものとして特徴づけられる。以上が、生活文化と生活圏にかんする大まかな枠組みである。

文化と文化圏

地域社会の成り立ちやその範囲を表す言葉としての「生活圏」という用語法はあまり一般的ではないかも知れない。ある地域を大まかに特徴づけて表現する場合、一般的にはむしろ「文化圏」という言葉を用いる場合が多い。この二つは、同じように地域社会の特徴を表現する言葉であるが、視点の面では微妙な違いがある。その具体的な事例は第二部の河川ごとの検討の際に説明するが、要点はつぎのごとくである。まず「生活圏」とは、そこに住民同士の具体的な日常生活の実態が存在する地理的な空間であるが、「文化圏」は、何らかの文化要素(たとえば信仰や神社など)が分布している地域を俯瞰的にみてその範囲を指す場合が多く、その圏内の住民間に日常的な交流という実態があるかどうかは必ずしも関係ない。それでも「文化圏」という概念は、ある文化要素の広がりの範囲を理解するうえでは有効である。ただし、信仰や神社などの文化要素は生活文化全体からみれば一部にすぎない。この点も含めて、文化と文化圏という言葉の使用にかんしては、いくつかの留意すべき点があるので、それらを整理しておこう。

生活文化の中でも経済諸関係は、その内容や範囲が明確なため「経済圏」という範疇を描くことは比較的容易であるが、文化的要素を基準とした「文化圏」の規定についてはいくつかのやっかいな問題がある。まず、「文化圏」の定義に先立って、「文化」という言葉の多様性と多義性である。一口に文化といってもいくつかのカテゴリーがある。一つは、言語、風俗・習慣などのさまざまな項目がこれに当たる。これは気候や風土など自然の影響のもとに長い時間をかけて醸成され、その土地に根付いた固有の文化である。二つは、茶道、絵画、能、詩歌、物語など、宮廷やエリート層の間で作り上げられてきた洗練された「高級な」文化、つまり「ハイ・カルチャー」である。三つは、両者の中間で、俳句、学問、さまざまな芸能など、もともとは外部から地方にもたらされ人びとの間で受容されていった文化である。このほか、商人、旅人、文人墨客の来遊、修験僧の来訪、芸人の巡業などが外部の文化を持ち込むことがある。逆に、ある地域の人が商取引や旅行で他地域に出かけて文化を持ち帰ることもあった。いずれにしても地方文化は、その土地固有のものと外部から持ち込まれた文化要素が加わった状態が普通であった。ただし、私見の限り、外部から持ち込まれた文化が既存の文化の体系までも根こそぎ壊してしまったり、大きく変えてしまった事例はみられなかった。

つぎに、文化という言葉の汎用性のため、限定なしにあらゆる活動をこの言葉で括ることもできるし、したがって「文化圏」というカテゴリーも自由に設定することができる。また、特定の文化要素がある地方に広く分布していれば、その地方を「～文化圏」というふうに規定し表現することがごく一般的に行われてきた。そうした規定の仕方はある地域の特色を大まかに理解するうえで意味のあることではある。ただその場合でも、設定された文化圏においてどのような文化要素が住民にどの程度共有されているかが明確でなければならない。たとえば、利根川水系の文化状況にかんして、しばしば「利根川文化圏」という言葉が使われるが、この場合、同じ宗教や信仰が流域各地に広く分布していることを主要な根拠としているようだ（第七章を参照）。

文化圏にかんして、その境界と範囲について整理しておく必要がある。ある地域を文化圏としてひとまとめに把握するということは、そこに文化的な境界があることを意味する。しかし、文化圏の境界は線でくっきりと区切られるような明確な地理的空間であるとは限らない。実際には、ある文化圏は隣接する文化圏と一部重なる領域をもっている。たとえば、京都から大阪に向かって歩いてゆくと、徐々に言葉が京都弁から大阪弁に変わってゆき、気がついてみると、すっかり大阪弁になっている、という具合である。また、一つの文化圏の中にあっても、一部の文化要素では他の生活文化圏に近い場合もあり得る。たとえば、Aという地域社会は、近接する地域社会Bとは経済領域では共有する部分が多いが文化的あるいは社会的領域ではむしろ隣の地域社会Cに近いという場合もあり得る。

文化圏の境界と密接に関連した問題として、その範囲の問題にも触れておこう。個々の文化圏は、さらに大きな文化圏の一部に属することが普通である。もし日本語という大きな枠組みを基準として文化圏を考えると、日本は一つの文化圏であるといえる。しかし、日本の中でも沖縄や八重山の言葉は、通常の日本語とはずいぶん違うし、それ以外の日本各地にも方言があり、方言を基準として言語の共通文化圏を考えると、その範囲はさらに狭くなる。たとえば、関西弁文化圏という大枠を考えてみても、京都と大阪、奈良などはそれぞれ特徴のある方言をもっているし、東北弁文化圏といっても、福島、秋田、岩手、津軽は別々の言語文化をもっている。筆者は、住民自身にとって、ある一つの文化圏に属しているという帰属意識（アイデンティティ）の根拠として特に重要な要素は言葉、とりわけ方言（訛り）ではないかと考えている。「訛りはお国の通行手形」という言葉があるように、方言（お国訛り）を聞けば、その人の文化的な背景はほぼ推定できる。というのも、方言は文化の核であり、何世代にもわたって使われて形成されているからである。方言は、内部の住民だけでなく、外部の人びとにとっても、言語文化圏を識別する重要な指標となる。食文化についても同様で、東北、関東、関西、四国、九州、さらにはそれぞれの内部には、もっと細かな郷土料理がある。つまり、通常は、大きな文化圏の中に複数の小さな文化圏が幾重にも組み込まれている「入れ子構造」になっている。

ここまで、生活圏と文化圏の問題を整理してきたが、残された問題は、両者の関係はどうなっているのか、という点である。すでに述べたように、生活圏と経済圏とは、ほぼ重なっているとみなし得ることを指摘しておいた。したがって、ある経済圏の住民は同時に、それを含む生活圏の住民でもある、と考えて差し支えない。それでは、同様に、ある文化圏の住民は同時に、それを含む生活圏の住民でもある、とみなし得るだろうか。これについては、妥当する場合も、そうでない場合もある、としかいえない。たとえば、北上川の河口都市、石巻地域では、生活圏としては仙台藩領であるが、言語（方言）としてはむしろ南部弁に近い、という例がある。いずれにしても、生活圏と文化圏との関係は、それぞれのケースによって確認するしかない。以上で、生活圏、経済圏、文化圏などの概念や用語にかんする整理を終え、つぎに、本書の本題である、いかにして流域生活圏が形成されるのかという問題にたいする理論的な見通しと構造を示しておこう。

（二）補完関係と流域生活圏の形成

舟運を通じて生活圏が形成されるプロセスの概略を示すとつぎのようになる。日本では昔から（たとえば縄文時代から）、一定の地域空間に住む人びとが集落（局地的コミュニティー）を形成して集団生活を送っていたと思われる。それらの集落は後に「村」と呼ばれるような、自給自足的な農村共同体に発展していった。しかし、複数の個別的な集落や村落がある地域に散在していたとしても、それだけでは「生活圏」としての地域社会が形成されているとはいえない。なぜなら、中世末までの日本では、これらの農村共同体間の関係は、草、木、山などの自然の利用に限られていて、それぞれは独立しており、相互の補完関係（相互依存関係や相互交流関係）は希薄だったからである。この段階では治水など、比較的広範囲にまたがる問題の解決にも、まだ広い地域の住民が自主的に協力する状態にまでは進展していなかった。しかも生産物も似かよっていたし、交換や販売するだけの余剰も限られていた。歴史的には、こうした、自給自足的な農村の間に補完関係や分業関係が発生し、一定のまとまった地域社会、すなわち「生活圏」が形成されるようになるには、農村社会とは異なる政治的、経済的あるいは商業的機能を果たす町や都市の出現が必要だった。本書は、このような町や都市のような非農村社会の代表的形態の一つとして、舟運の拠点となる「河岸」（川港）の存在を考えている。これを理解するために、都市や町の成立と地域社会の形成の問題をもう少しくわしくみておこう。

一般論として、自給自足的な農村共同体から成る農村社会に商業的機能をもった町や都市が出現すると、農村社会に変化が生ずる。町や都市と農村との間、そして農村と農村との間に補完関係が発生し、一定のまとまった地域社会、つまり「生活圏」が形成される。たとえば、河岸や河口都市、城下町、門前町、宿場町、市場町などが出現すると、それらを中核とした地域社会が周辺に形成される。その時期は地域によって異なっていた。おおざっぱにいえば、東日本、とくに東北地方では江戸時代初期のことであったと考えられる［渡辺、一九八五：三五四〜五五］。西日本ではもう少し早かったと思われるが、いずれにしても日本において商品経済が全国規模のネットワークを通じて発展し、ヒト、モノ、カネ、文化の交流が盛んになったのは、やはり近世、江戸期以降であったと考えるべきだろう。それでは、舟運と「生活圏」の形成との間にはどのような関係があったのだろうか。

一般に町や都市と周辺の農村との補完関係が発生したように、河川流域における町や都市と周辺農村との間にも「補完関係」が生じた。そこには二つの側面があった。一つは、河岸に象徴される商業中心地と周辺の農村との間に成立する補完関係である。すなわち、河岸と日常的に密接な関係を維持している周辺農村との補完関係である。ここでは、周辺農村は農産物や手工業品などの生産物を販売目的で河岸に持ち込み、他方で河岸は外部から移入した商品を周辺農村に供給する。つまり、河岸は「市《いち》」の機能を果たしていた。ここで、ある特定の河岸と補完関係をもつ周辺の農村地域を、その河岸の「後背地」とすると、河岸と後背地から成る空間はまず第一次的には「経済圏」となる。そして、通常はそこに出入りする住民にとっては日常的な生活の場、つまり「生活圏」でもあった。その規模や範囲は、後背地の広さ、人口規模、生産力、移入品にたいする需要と購買力、そして河岸が果たす港としての機能、商人の力、市場や倉庫、旅籠などの関連施設の有無などさまざまな条件によって異なる。もし、河岸において小規模の物資の集積と交換しか行われない場合、そこに成立する「経済圏」と「生活圏」の規模は小さくなる。しかし、河岸が町や都市と呼ぶにふさわしい規模をもち、そこに商人や運送にたずさわる人、職人などが集まり、倉庫や旅籠などの施設を備えているような場合、そこでは、町や都市住民の生活に必要な食料その他の生活物資にたいする需要が生まれる。その需要に対応する生産物を周辺の農村社会が供給することになり、こうして拡大した経済圏が流域にはいくつか形成された。

補完関係のもう一つの側面は、近隣の農村と農村との間に発生する補完関係である。たとえば、ある地域の農産物や手工業品などが特産物として広く外部社会に認知されるためには、あるまとまった量が生産され供給されなければならない。したがって、農村の生産者は個々の村落共同体の境界を越えた複数の村落が同じ特産物を生産する必要がある。実際、江戸期に生まれた特産物はこのようにして生産され、農村間にも補完関係が発生したのである。図式的に表現すると、それまで個々に独立したいくつかの農村が河岸を核として二重の補完関係を通じて連携して、個々の村落を超えた、「一つのまとまりのある地域社会」、つまり「生活圏」を形成した。こうした初期的な「生活圏」が河川流域にいくつか連なってネットワークの規模を拡大してゆき、最終的に流域全体が一つの経済圏＝生活圏、すなわち「流域生活圏」が形成される。

河川流域における「生活圏」の形成と発展という展開過程において、河川の舟運と河岸が果たした役割は非常に大きかった。そして、舟運の起点であり海上交通との接点でもある河口都市は、河岸の中でも特別な地位を占め特別な役割を果たした。すなわち河口都市は、扇の要のように、流域全体を後背地とする経済的な重要都市で、これは日本の多くの沿岸都市が河口都市として発展したことからも分かる。この問題については、河岸の機能と深く関係するので、本書第三章第四節においてくわしく説明する。以上の関係を図で示すと図1－2のごとくになる（図中の●は河岸または都市を示す）。

図1－2　流域生活圏の形成モデル

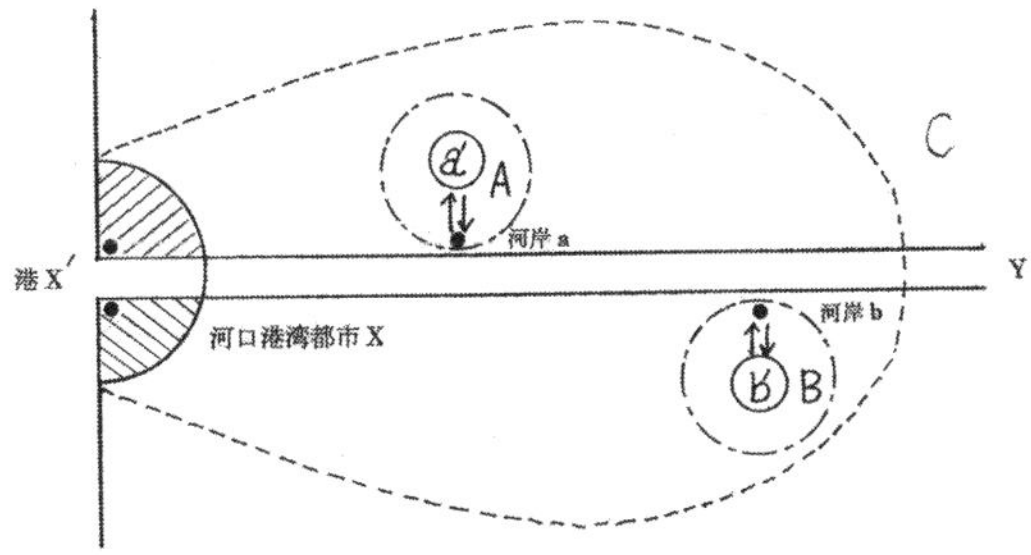

このモデルでは、Y川流域に複数の河岸（a、b）が形成され、それぞれの河岸には隣接する後背地の農村（a′、b′）が存在していることを示している。ただし、図には記してないが、後背地（a′、b′）は複数の村落より成っていることが普通である。このような河岸とその後背地村落から成る一つのまとまりのある最小の経済圏が「局地的経済圏」であり、通常は「局地的生活圏」でもある。河岸a、bそれぞれの後背地がさらに多くの村落を含み地域的に拡大されると「地域的経済圏」＝「地域的生活圏」（A、B）が形成されることになる。ただし、（a′、b′）や（A、B）という後背地の範囲や大小は、それぞれの地域によって大きな違いがあったことはいうまでもない。最後に、こうした流域内の部分的な経済圏＝生活圏の経済機能は、最終的にY川の河口の港湾都市（X）に集約される。河口の港湾都市は、Y川舟運の起点であり終点でもある河岸として機能すると同時に海上交通の港（X′）との接点でもあり、流域全体を後背地とする、Y川流域では最大の「流域経済圏」＝「流域生活圏」（C）の要となっている。この「流域経済圏」は河口の港湾都市で海上交通のネットワークに接合し、そこを経由して全国的経済圏の一部を構成している。

以上は河川の流域における経済関係からみた、局地的経済圏―地域的経済圏―流域経済圏、という三つのレベルでの経済圏の形成にかんする理念型的なモデルである。そして実際には一つの河川には多数の河岸があり、町や都市があり、それぞれのレベルの生活圏には規模の点で大きな違いがある。こうした観点から流域生活圏全体を描くのは、あたかも断片的な端切れ布を縫い合わせて一枚の布地に仕立てあげることにたとえることができる。なお、「局地的生活圏」、「地域的生活圏」、「流域生活圏」という用語は筆者の造語であり、明確な境界をもつ実態というより、生活領域の区分をイメージしやすくするために導入した一種の仮説構成体としての概念である。

以上は、舟運と河岸に着目して、住民によって自主的に築かれた河岸と周辺農村社会との補完関係と、農村間の補完関係とそれを通じた地域社会の形成モデルだが、幕府や藩などの上級権力による上からの地域統合という契機もあった。たとえば、道路の建設や農業開発のための水路の建設などに近隣住民の労働力を利用する際に、村落を超えた地域住民の協力が強制され、それが地域社会の形成に寄与した事例もあったに違いない。ただし、こうして権力によって形成された地域社会が、果たして生活文化を共有するコミュニティーになったかどうかは分からない。商業中心地という意味では、河岸の中にも藩や幕府によって設置されたものもあったし、さらに大規模な事例としては城下町があった。城下町は政治の中心であると同時に商業中心地でもあり、そこには近隣の商人や住民が出入りして、やはり村落を超えた地域社会が形成された。城下町の中には舟運とは関係ない場合もあったが、とりわけ内陸の主要な城下町は、河川舟運の拠点として河岸の機能を併せ持つ場合が多かった。たとえば盛岡、福島、古河、高崎、津山などはその好例である。

第三節　先行研究と本書の研究方法

舟運に関する先行研究と、本書で用いた資料について簡単に説明しておこう。河川舟運の研究は、本来は日本史研究の一部を構成する分野であって、これまでは主に、社会経済史的な観点から交通史や産業史として、あるいは歴史地理学の観点から行われてきた。現在まで、主要な河川については専門家の手になる膨大な研究蓄積がある。とりわけ、利根川水系を中心とした関東地域については、舟運によって運ばれた荷物の種類、量、航行に要した日数、幕府や藩の舟運政策、船（舟）そのものの種類や構造、などが詳細に研究されてきた。これらの日本史の専門研究では、一次史料として当時の幕府や藩の役人が書き残した行政文書、問屋や豪商などが記録した「〇〇家文書」といった形の、江戸時代の同時代文書が用いられる。幸い、こうした地方文書（じかたもんじょ）の多くは近年、県や市町村が刊行する県史、市史、町史、村史といった形の出版物の「資料編」に活字化されて収録されており、利用しやすくなっている。本書も、これらの資料をできる限り利用している。

舟運研究に関しては、すでに刊行された資料だけでなく、未刊行の文書資料をも網羅的に参照した優れた研究は枚挙にいとまがないが、代表的な著作としてさし当たり、横山昭男『近世河川水運史の研究』（一九八〇）、川名登『近世日本水運史の研究』（一九八四）、同『河岸に生きる人びと―利根川水運の社会史』（一九八二）、丹治健蔵『関東河川水運史の研究』（一九八四）、同『近世交通運輸史の研究』（一九九六）、同『関東水陸交通史の研究』（二〇〇七）、渡辺英夫『近世利根川水運史の研究』（二〇〇二）、を挙げることができる。ただし、これまでの河川舟運史研究が対象としている河川は、関東の利根川水系（支流を含む）に集中する傾向がある。舟運が整備され発達したのは江戸時代であり、それが政治経済の中心であった江戸と結びついた利根川水系に集中していることを考えれば、このような研究状況は理解できる。その反面、利根川水系以外の河川についてのまとまった研究や著作は意外と少ない。

なお、舟運に関連してはいるが舟運そのものではなく、特定のテーマについての研究も行われてきた。たとえば川名登『近世日本の川船研究―近世河川水運史（上）（下）』（二〇〇三、二〇〇五）は、「川船」というテーマに沿って、日本のさまざまな河川でどのような川船が使われていたかを研究した労作である。また富岡儀八『塩道と高瀬舟―陰陽交通路の発達と都市の構造変化』（一九七七）は、舟運の主要な役割として、沿岸で生産された塩を内陸に運ぶことであったと指摘したうえで、その輸送路である「塩の道」に着目し、山陽・山陰地方について塩の運搬と取引の実態、そして塩の取引が都市（地域社会）の構造にどのような変化をもたらしたのかを検討した優れた研究である。

本書は、第一部で舟運前史として古代から中世の舟運事情を説明するものの、主たる対象は近世・江戸期における北上川、最上川、利根川、天竜川、吉井川・旭川・高梁川の舟運事情である。事例研究としても、これら七河川だけでは日本における河川舟運と流域生活圏の形成過程を明らかにするには少なすぎる印象を与えるかも知れない。しかし現実問題として、一つの河川の舟運を歴史的・総合的に研究しようとすれば、それだけで一書を要する内容と分量となる。まして、七河川一つ一つについての研究を、これまでの専門家と同様の内容と緻密さで行うことは筆者の能力をはるかに超えている。日本史研究の常識からすれば、一つないし二つの河川を対象にすることがせいぜいのところであり、七河川を一度に扱うのはむしろ多すぎると考えるにちがいない。しかも、たとえば利根川の場合、本流はもとより、支流の鬼怒川や渡良瀬川だけでも、他の河川と同等かそれ以上の物流やそれにかんする資料がある。なお、右の河川を選んだのは、かつて舟運が盛んで資料も比較的得やすく、本書の趣旨と合致していると判断したからである。こうした事情を考慮して、本書は既存の研究や二次資料も積極的に利用する。

日本史の専門家ではない筆者が日本史の専門家のような密度で、これだけの数の河川舟運の歴史研究を行うことが無謀であることは承知している。ただし、これまでの舟運研究では、筆者の主要な関心事である、舟運と「生活文化圏」（「生活圏」とも略記される）の形成、あるいは地方文化や地域性が歴史的にどのように関係し形成されてきたか、という点に焦点を当てた研究は意外に少ないし、文献資料もあまり見当たらない。そこで本書は、先行研究や文献資料の中から、本書の目的に沿う断片的な情報をできる限り集め、それらを繋ぎ合わせて一つの歴史像を描くことに務めた。

なお、文献資料を補うために、筆者はできる限り川を実際に歩くフィールド調査を行った（巻末の「フィールド調査記録」を参照）。フィールド調査によって、ごくたまに、舟運が行われていたころの状況を覚えている人に話を聞くことができたこともあったが、それは例外的に幸運な場合である。というのも、本書が主として対象とする舟運は江戸期が中心であり、現在の人びとから有益な情報を聞き取りによって得ることは希だからである。ただし、明治・大正、河川によっては昭和の初めまで舟運が一定の重要性をもっていた河川の事例では、そこで得られた情報も一部含めることにする。フィールド調査によって、たとえインタビューから昔の状況の有益な情報が得られなくても、現場を訪れることには意味がある。

まず、実際に川を見ることによって、文献資料だけからは得られない、さまざま情報を得ることができる。たとえば、川がどんな地理的状況の中を流れているのか、そして川に沿って町や村がどのように展開しているのかを具体的に知ることができる。川は一般に、上流では狭い谷を流れ、流れも速い。しかし、やがて中流では、川幅も広くなり流れも少しゆったりとした流れになる。そして下流域では川幅はさらに広く流れも緩やかになる。また、川が海に流れ込む河口は、しばしば川船と海洋船の両方が集まる港となっており、また、それを取り囲む都市（河口都市）が発達している。これらを実際に見ておくことは、過去の歴史を研究する場合にも大いに参考になる。また、フィールド調査によって舟運で人と物が集散したかつての「河岸」の場所、船だまり、荷物の積み降ろしをする施設、倉庫、周辺の商人宿などを見ることができる場合もある。つまり、フィールド調査によって、いわゆる「土地勘」を得ることができる。この「土地勘」は、文章には直接現れないかもしれないが、研究を進める際の大切な情報のストックである。さらに、現地を見ることで、新たなアイディアを得ることもある。

フィールド調査をしていると、地元でしか手に入らない記録や文献資料に出会うこともある。これも大きな収穫である。これらフィールド調査は研究を大いに助けてくれる。フィールド調査、出版物、そして若干の文書資料を含めても、本書は、日本史の専門家なら当然、参照すべき一次史料を網羅的に参照しているわけではないので、厳密な意味で歴史研究とはいえないかもしれない。むしろ筆者は本書を、日本史の専門家があまり注目しなかった、川を軸に日本と日本史を見直し、舟運を通じて地域社会の形成を考えるという点で、日本史研究にたいする一つの問題提起となれば幸いであると考えている。

最後に、本書が対象とする時代について説明しておこう。時代についてはこれまでも触れてきたように、舟運自体は古代から中世においても存在したが、本書が主として対象とするのは江戸時代である。それにはいくつかの理由がある。第一点は、船の航行という観点からみると、江戸期の始まりの一七世紀前期に江戸と大坂間に海上航路が拓かれ、続いて東西廻航路が整備されたことである（第三章第四節（一））。第二点は、この海運の発達により全国市場が展開するようになり、各地の大小河川の水運が活発になったことである。つまり、海上交通はそれぞれの地域の主要な港と連絡したが、その港は大きな河川の河口に位置していることが多かった。こうして、江戸期には海運と河川の舟運とが有機的に連結するようになったのである。第三点は、近世以前の河川交通は、その流域支配が分断的であったうえ、全国市場が未発達であったため、上流から下流まで一貫し航行することはほとんどなかったが、幕藩体制のもとで統一的な河川交通が可能となったことである［横山、一九八〇：二］。第四点は、舟運の障害となる浅瀬の掘削や岩礁の除去などの河川の改修、河岸の創設、河川行政の整備などが江戸期に飛躍的に整備されたことである。

第五点は、舟運を活用するようになる社会経済的背景である。全国に点在する幕府領の年貢や、各藩が領内で徴収した米穀を大消費地や取引地（江戸や大坂）に運ぶ必要が生じた。また、参勤交代制の導入以後、江戸に藩邸を設けることとなり、その食料（台所米）を確保し、維持費を賄うため米を売って現金を調達するために大量の米を運搬する必要があったからである。このように大量の米をある場所から他の場所（江戸や大坂などの大市場）に輸送すること、および輸送米そのものを「廻米」という。厳密にいえば「廻米」とは米だけでなく大豆などの雑穀も含むので「米穀」と書くべきであるが、実態は米が中心なので、とくに断らない限り、本書では廻米を「米」としておく。海運を利用して米を輸送する場合でも、内陸で生産された米を海洋船が利用できる港までできる限り河川舟運を利用し、また陸路で運ぶ場合も、舟運が利用できる所では舟運を利用した。以上の背景に加えて、江戸期には全国で米の生産が増大したため、それを運ぶ舟運はそれ以前とは比較にならないほど重要性を増したのである。

第六点は、江戸中期以降、特産品など商品作物や加工品生産が増大し、全国規模の商品流通が活発になったことである。これらの商品を大量に運ぶには、山地が多い日本の地理的条件下では牛馬では効率が悪く、大量の物資を運ぶには、舟運が最も効率的で安価な輸送手段であった。

最後の第七点は、江戸期における舟運の発展が、それまで孤立していた個々の村落をつなぎ合わせることによって、まとまった地域社会を形成するうえで大きな役割を果たしたと考えている。言い換えると筆者は、日本において地域社会、地方社会が形成され定着したのは、舟運が盛んになった江戸期だったのではないか、という仮説をもっている。以上の理由から、本書は記述の主な対象時期を江戸期とするが、明治以降も、昭和の初めまで一定の役割を果たしていた河川もあった。そのような場合には例外的にこれも含めることにする。

結　語

本書は、日本において、多様な地域社会はどのようにして形成されたのか、という疑問を出発点としている。そして、この疑問を検討する導入部としてこの第一章は、舟運と地域社会の形成というアプローチを採用した背景と動機、その意義、研究方法、理論的な研究視角や枠組（モデル）などの基本的問題を説明し、あわせて本書で用いる重要な概念や用語の定義を示した。まず、背景と動機であるが、この問題を考える際に参考にしたのは、筆者の本来の研究領域である東南アジア、とりわけインドネシアの社会経済史の一環として行った、スマトラ島における河川交易と文化伝播の研究であった。スマトラ島においては河川舟運が外部世界と内陸地域を結び、後者に多様な地域文化をもたらした。日本においても、近代運輸・交通システムが発達する以前には、河川舟運がヒト、モノ、カネ、文化（情報）を運び河川流域における地域社会の形成に大きな役割を果たしたのではないか、と考えるに至った。

ところで、地域社会の特色を文化的側面に着目することが多いが、何をもって「文化」と考えるかは人によって異なる。一口に「文化」といっても、茶道、能、文学など、主として社会のエリート層によって親しまれた「ハイカルチャー」から、人びとの日常生活において長い年月にわたって実践され蓄積されてきた言語（方言）、風俗、習慣、食文化など、いわゆる「生活文化」まで、さまざまである。本書において「文化」という言葉は、特に断らない限り「生活文化」という意味で使用される。「文化」という言葉をこのように限定したとしても、地域社会を文化という観点だけで特色づけることには無理がある。というのも、地域社会における住民の生活は、文化だけでなくあらゆる領域に及ぶからである。本書では、人びとの日常的な活動を直接間接に共有する生活空間を「生活文化圏」（便宜的に「生活圏」と略す）として理解し、そこには、経済、文化、社会、あるいは政治的領域が含まれる。理論的には、「生活圏」の下位領域としては「経済圏」、「文化圏」、「社会圏」を想定することもできる。ただし、現実の日常生活において、物の生産・売買・消費などの経済的行為は、生きてゆくうえでも主要な領域を占め、地域社会の形成においても中心的な役割を果たしてきた。実際、歴史的経緯をみると、生活圏と経済圏とが重なることが多い。このため、本書ではしばしば「生活圏」＝「経済圏」とみなしている。

最後に、地域社会の範囲であるが、本書は舟運との関係で地域社会の成立を三つの階層に分けている。すなわち、一番下の階層は、河岸とその後背地（農村）から成る局地的経済圏＝局地的生活圏で、二番目は、それらが複数集まって構成するやや広域の地域的経済圏＝地域的生活圏、そして最上位は、河川流域全体を包摂する流域経済圏＝流域生活圏である（図１－２）。このように書くと、経済的側面だけが強調されているようにみえるが、それは、地域社会の成立過程において、実態として経済的結びつきが重要な契機となっていることが多いからである。しかし、だからといって、経済的側面以外は考慮しない、というわけではない。なぜなら、そもそも「生活圏」は「生活文化圏」であり、そこには全ての生活領域が含まれるからである。以上の研究視角と研究枠組、そして基本的な概念や用語を踏まえて、第二章以下の検討を行うことになる。

第二章　日本における河川舟運前史——古代から近世まで

はじめに

人類の移動を地球規模で俯瞰すると、アフリカに誕生したヒトは、ヨーロッパからユーラシア大陸を横断し、南北アメリカに到達した。この際、ヒトは陸上を徒歩で移動したと思われる。しかし、ヒトは後に海をも渡り、東南アジアの島しょ部、日本列島、南太平洋諸島へも広まっていった。海を渡るための何らかの移動手段が使われたはずであるが、それがどのようなものであったのかは分からない。ヨーロッパにおいては、先史時代から古代にかけて、琥珀と塩の運搬ルートである「塩の道」が大陸を南北に貫いていた。それは、バルト海から地中海へ、陸路と部分的な河川舟運を利用していたようで、このルートではオーストリア中部、ザルツブルグ（文字通りの意味は「塩の町」）近くのハルシュタットが交易の中心地であった［シュライバー、一九六二：二一～一六］。

日本は海に囲まれているという地理的環境から、舟といえば海を渡る手段を思い浮かべるし、実際、日本に渡ってきた人たちは、何らかの舟を用いたであろう。しかし、一旦、日本列島に定着して以降は、海外との関係を海上交通によって維持しつつ、内部では河川を経由する舟運が徐々に発達したと考えられる。さまざまな地域で発掘された遺物から判断すると、大雑把にいって縄文時代は丸木舟（刳舟）が使われていた。たとえば、川越市の遺跡から出土した丸木舟は、長さ六・二二メートル、幅六〇センチメートルだった［丹治、一九八四：二］。また、福井県若狭町ユリ遺跡から出土した縄文時代の丸木舟（長さ五・二二メートル、幅五一センチメートル）も、当時から移動の手段として舟が使われていたことの証拠である（写真2－1）。写真にあるタイプの丸木舟は後代にもさまざまな場所で使われた。これらの遺物から、縄文や弥生の時代から河川や湖沼で舟が使われたことは確認できるが、発掘場所から推測すると、その利用は平坦な場所で、おそらく近距離の移動に限られていたと思われる。そして、写真を見る限り丸木舟は多少の荷物は積めるとしても、主な利用法は、二人ほどの人を乗せて移動することが主な目的であったと思われる。

写真2－1　縄文時代の丸木舟（福井県若狭町出土）

［児玉編、1992: 扉の写真］

弥生時代から古墳時代になると、おそらく大陸の影響もあって、複数の素材を組み合わせた準構造船が日本でも作られるようになったようだ。ただし、それが川で使われたものなのか、海でも使われたのかは明らかではない。いずれにしても、奈良盆地の中央に位置する唐古遺跡（弥生時代）からは舟と大量の櫂が出土しており、河川での舟運があったことは間違いない［渡会、一九九七：三四五～四／西川、二〇一六：一五七～七六］。さらに、南埼玉の元荒川の川底から、船首がとがった丸木舟が発掘されている。これらの舟は、古墳時代から奈良時代にかけての物である。これ以外にも多くの舟の遺物が、河口から離れた河川流域で発見されている。これらは、河川や湖沼で丸木舟が使われていたことを示している［丹治、一九八四：一～五］。丸木舟について補足しておくと、丸木舟は鎌倉時代に入っても利用された。この時代の丸木舟の中には幅二メートルほどもある大型のものもあったが、これには樹齢五〇〇～一〇〇〇年の巨木が必要であった。当時このような巨木が得られる地域は、南西諸島、山陰、北陸、東北地方の日本海側、北海道などに限られていた［川島、一九九三：八～一三］。ただ、大型化したとはいえ、丸木舟タイプの舟では沿岸地域から内陸の山地地域まで川をさかのぼって荷物を運ぶことができたとは考えにくい。

　以下の第一節以降では、古墳時代から飛鳥・奈良の古代国家を経て中世までの時期に、人だけでなく物資を運ぶ手段として舟運がどのように普及し生活圏の形成にどのような役割を果たしたかを、大和盆地と大和川、北上川流域、最上川、筑後川と吉野ヶ里、その他の河川について検討する。その前に、古代から中世にかけての舟運の全般的状況についてごく簡単に示しておこう。八世紀中葉の奈良時代に荘園が発生し、続く一〇世紀中頃（平安時代）にはさらに各地に荘園が設けられるようになった。これにともない、各地の荘園と荘園領主が住む畿内との間の物資輸送が盛んになり、特に河川の舟運と沿岸を航行する海運が発達した。こうした背景のもとで、一〇世紀から一四世紀にかけて、荘園領主への年貢の積み出し・中継・荷揚げ地として港湾都市が発達した。たとえば、瀬戸内では赤間ヶ関（下関）、尾道、兵庫津、堺など、日本海沿岸では小浜、敦賀、柏崎など、太平洋沿岸では伊勢湾岸の大湊などを挙げることができる。これらの港湾都市には問屋の蔵があり、商人、船頭、水主《かこ》（水夫）、人夫、沖仲仕、造船や修理を行う技術者や手工業者がいた［仲野ほか、二〇〇三：八三］。

第一節　大和川と平城京

飛鳥・奈良時代には内陸の大和盆地（奈良盆地）内で都が何回か移された。奈良盆地といえば、一見、外部世界との交通には不便な場所であるとの印象を与える。しかし、もし奈良盆地が本当に交通不便で周囲から隔絶された内陸の奥まった場所であったとしたら、中国や朝鮮半島と密接な交流をもっていた飛鳥・奈良の都が、わざわざそのような場所に建設されるはずはない。実は、中国や朝鮮からの使節や商人、仏教をはじめとする宗教関係者たちは、瀬戸内海の東端（大阪湾）の堺まで船でやってきて、そこから先は大和川とその支流をさかのぼって奈良盆地にやってきたのである。奈良盆地には、北からは竜田川、富雄川、佐保川が、南からは葛下川、蘇我川、飛鳥川、寺川などが流れ込んでおり、それらは最低部の場所、現在の「河合」で合流し、大和川となって、やがて現在の堺あたりで大阪湾に注いでいた。ここで、「いた」と過去形で書いたのは、大和川は一八世紀の初めには河道の付け替え工事が行われ、淀川に合流させられたからである。

さて、飛鳥・奈良時代に海外や瀬戸内地方からの使節や商人は、大坂湾から船で大和川を遡行し、「河合」に至り、そこからさらに富雄川や飛鳥川を南に下って藤原京方面に行くか（飛鳥時代）、あるいは佐保川に入り、やがて平城京の中央道である朱雀大路の出口に直接にたどり着くことができた（図2－1）。平城京では、人と物資はこの出口で船から降ろされ平城京内の各所に運ばれた。奈良の都と外来の文化とはこうして大和川を経由して結びつき、当時の文化形成に大きな役割を果したのである。この「河合」には農耕と治水の神を祭る広瀬神社がある。この神社は、下流の龍田神社と合わせて天武天皇が治世四年（六七五）に大忌祭を行って以来、歴代の天皇が祈願した由緒ある神社である。この神社の境内には縁起を記した看板があり、そこには歴代の天皇が毎年祈願に来たこと、この神社の西隣には「河合浜」と呼ばれる船着場があり、市場ともなっていたことが書かれ

図2−1　大和川と平城京

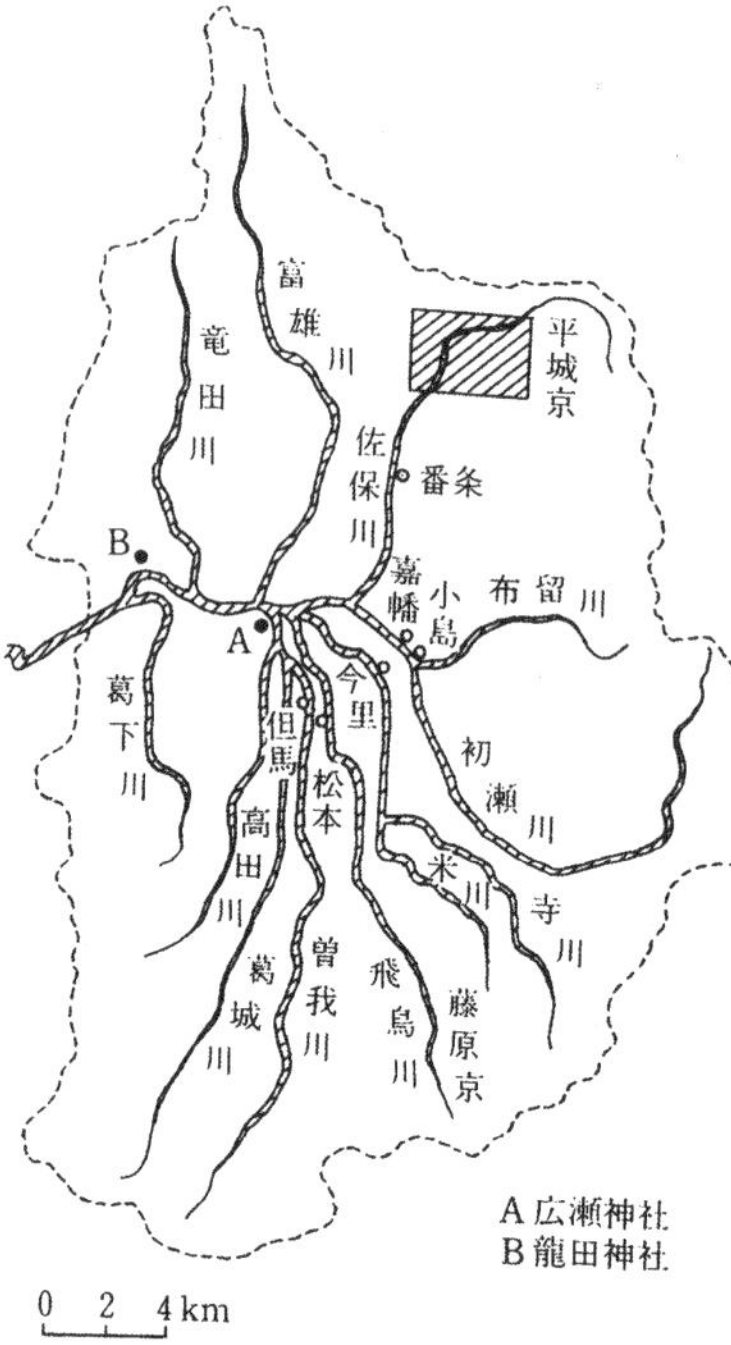

大和盆地河川概略図：盆地内で大和川は多くの支川に分かれ、最低部で合流していることがわかる。佐保川は平城京内を流れている。

［小倉ほか、2010:99］

ている。つまり、広瀬神社は舟運の拠点であり、交易の中心地でもあったことが分かる。しかも、この船着場は明治中期まで物資の集散地として賑わっていたことも書かれている。「河合浜」の「浜」とは、津や、近世の「河岸」に相当する「港」の意味である。佐保川だけでなく、当時は大和川の支流では舟運が盛んであったことを示す一例として富山和子氏は、『万葉集』のつぎの句を引用している。

そらみつ　大和の国は、水の上は　地《つち》行くごとく
船の上は　床にをるごと　大神の、鎮むる国そ
四の船　船の舳並べ　平安《たひら》けく　はや　渡り来て
返言　奏《まを》さむ日に　相飲まむ酒そ　この豊神酒は

（『万葉集』第十九巻）

難波の入唐使に勅使を遣わし、酒肴を賜った孝謙天皇のこの歌は、当時の大和盆地の水運の状況をよく表している。この歌は、大和の国を旅する時は、あたかも陸地を行くごとく水上を船で移動し、船の上はまるで家の中

の床の上にいるようだ、と当時の状況を見事に表現している。この歌を引用した富山氏は「いかに大和盆地が、舟のにぎやかに往来する水の都であったか、いかに水路網の縦横に整備されていたか、ということであったろう」とコメントしている［富山、一九九三：七一］。

なお、正確な時代は分からないが、奈良盆地では綿花の栽培が盛んになり、その栽培には干し鰯など大量の肥料が必要となり、それを瀬戸内海から大和盆地へ運んだのも大和川の舟運だった［小倉・島谷・谷田編、二〇一〇：九八〜一〇二］。ちなみに日本に綿花の栽培が広まったのは平安時代である。おそらく、大和川の舟運はかなり近代になるまで奈良盆地の人びとの生活とも密接に結びついていたのであろう。大和川は奈良時代から、水田耕作と舟運のために、歴代の権力が大がかりな河川の改修を行ったことも知られている［富山、一九九三：八五〜九一］。筆者は現地を訪れて、大和盆地を流れる何本かの河川を観察したが、それらの中でも佐保川は今でも水量が豊富でゆったりと流れる、いかにも舟運に適した川であるとの印象を受けた。

飛鳥・奈良時代に大陸や朝鮮半島から奈良の都にやってきた人たちが、大阪湾から大和川の舟運を利用したことは間違いない。なぜなら、遠路はるばる日本にやってきた人たちは、多くの荷物をもっていたと考えられるので、徒歩で長距離を移動するのは時間も労力も負担が大きく、可能な限り船を利用したにちがいない。大和盆地の舟運にはもう一つ、重要なルートがある。それは日本海の海運と琵琶湖を経由したルートであるが、これについては、本章の第四節で詳しく説明する。次に、北上川の舟運について検討しよう。

第二節　北上川と藤原氏の繁栄

北上川流域に点在する古代古墳群の分布を見ると、北上川に沿って権力と文化が北上したことを推測させる。その過程では、北上川の水運が利用されたと思われる。坂上田村麻呂が延暦二一年（八〇二）に築いたとされる胆沢城（現・奥州市）は、永保三年（一〇八三）ころまでの約一五〇年間にわたり中央政府の鎮守府として機能した。この時期、胆沢城へは北上川の舟運が利用されたようだ［渡辺、一九八五：三六一］。その後の歴史ははっきりしないが、中流域に位置する平泉は、平安時代の一〇八七年から一一八九年までのおよそ一〇〇年間、奥州藤原三代の拠点として栄えた土地である。当時、平泉付近は北上川が東稲山の麓を南流し、西側の平野部に藤原氏一族の居館と、北側に侍屋敷や庶民の家を設け、北側の衣川と南側の太田川を運河で結んだ都城を形成し、北上川の川岸には舟手番所・船着場を設置していたと考えられている［石垣、一九八五：二一二］。当時、平泉は京都に次ぐ日本で第二の都市であった。藤原三代の繁栄は、藤原氏が支配していた金鉱（とりわけ三陸海岸沿いに点在する金鉱）がもたらす金の力であったと考えられてきた。確かに、藤原氏の金は海外交易において重要な役割を果たし、権力の源泉の重要な一部になったであろう。しかし、金が、国内で勢力を拡大・維持するうえで重要な役割を果たすようになるのは、せいぜい戦国時代であり、金をもっているだけでは多くの人口が居住する大都市を築くことはできない。

平泉といえば山の上にある中尊寺の金堂や毛越寺などの寺院だけが強調されがちであるが、ここが東北地方の政治や宗教の中心であるばかりでなく、交易都市でもあったことはあまり注目されてこなかった。それは、東北地方の内陸という地理的条件から、交易、とりわけ海外交易を行っていたことが想像しにくいからだろう。しかし、平泉という都は北上川に隣接し、その政治の中心であった柳乃御所は、奥州藤原氏の三代目、秀衡の時期に奥州支配の政務の場であったが、そこは北上川の土手のすぐ隣に位置している。近年、この場所の発掘調査が進み、上質の中国産の陶磁器、象牙、南方産の漢方薬の超貴重原料、犀角などが多数出土しており、その一部の出土品は御所跡に建てられた資料館に展示されている。

藤原氏は北上川の舟運を利用して一方で上流に向かって遡航し、遡航限界から峠を越えて陸奥湾に至り、北海道のアイヌと交易したこと、他方、下流に向かっては河口の石巻から太平洋に出て、そこから博多経由で中国との交易を行っていたと考えられている。中尊寺に中国から輸入した教典が多数所蔵されていることも、これを示唆している［今、一九九三：二八］。これらを含めて、藤原氏が船で北上川を下って太平洋に出て海外交易を積極的に行った物証も多数ある。この輸入に奥州の金が一定の役割を果たした可能性はあるが、くわしいことは分からない。これらについて、NHKが制作したドキュメンタリー『平泉　よみがえる黄金都市　グローバルシティの全貌に迫る』は非常に興味深い事実を伝えているので、以下に要点だけを紹介しよう（注1）。

東北新幹線の新青森駅建設の際に偶然に発掘された「石江遺跡群」からは、①かわらけ、②白磁・青磁、③常滑（渥美）の壺、いわゆる藤原三点セットと呼ばれる焼き物が大量に出土し、藤原氏が陸奥湾まで進出していたことが明らかとなった。これら一連の発掘調査で、陸奥湾に注ぐ新城川を少しさかのぼった場所に藤原氏の出張所と思われる館跡があり、陸奥湾（外ヶ浜）との往復に舟運が利用されていたことも分かっている。これらのうち「かわらけ」は、京都風の饗宴において使用された使い捨ての食器である。当時の政治の中心だった平泉をはじめ、北上川沿いには河口から盛岡までの各地で、夥しい数の「かわらけ」や「常滑焼」が出土している。これは、京都の文化が北上川を船で遡航し東北北部にまでもたらされたことを意味する（注2）。先に引用したドキュメンタリーの解説によれば、京都の「時代祭り」に登場する平安時代の武官は六本の矢の束を背負っているが、この矢に使われている矢羽は、北海道かシベリア、中国東北部にしか生息していなかったオオワシの羽である。当時の貴族はこの貴重な矢羽根をどれほど多くもっているかを競っていた。この矢羽がどうして京都の貴族や高官の手に渡ったのかについて、鎌倉時代の歴史書『吾妻鏡』には、藤原基衡が百羽分のワシの羽と、武士の馬を飾る装飾品として珍重されていたアザラシの毛皮六〇枚を京都に送ったことが記されているという。

それでは藤原氏はこれら北方の品をどこから入手したのだろうか。この問題は、二〇一一年三月に、かつてアイヌとの交渉の要衝であった北海道南部の厚真町で、口の部分が波を打ったように縁取られた大型の壺が発見されたことから解明の糸口が見いだされた。この壺は、平泉では大事な教典を入れて地中に埋め、極楽往生を願うために使われていたものである。したがって、このような習慣を持つ人たちが北海道の厚真の地にも住んでいたものと考えられる。そして、「そのような習慣を持つ人」とは、平泉から派遣された人びと以外は考えられない。中世のアイヌの人たちを描いた絵には、たくさんのオオワシの羽を肩などに付けている男達が描かれている。一方、日高地方から銅椀が出土していることからみて、藤原氏は銅椀とオオワシの羽を交換していたと考えられる。

もう一つ研究者を驚かせたのは、厚真で発見された鉄の矢じりだった。これは断面図がZ型をしている日本で唯一のもので、同型の矢じりはシベリアのアムール川の中流域にしか発見されていない。ある研究者は、アイヌの人たちは大陸とも交易し、アイヌを通じて藤原氏は北方の物資を京都などに送っていた可能性があることを指摘している。中尊寺に残る古文書には、大陸の一部地域も自分たち（藤原基衡）に服していると記されている。これから推測すると、平泉と大陸との間には、直接的かアイヌを介した間接的なものであったかは別として、何らかの交流があったものと思われる。以上のことから、中世の平泉は「グローバルシティー」であり、そこでは北上川の舟運が重要な役割を果たしていた考えることができる。ただ、ここで注意すべきことは、古代・中世において日本はまだ全体として統一されていたわけではなかったため、舟運が広範囲の地域を相互に結びつけていたとはいえ、それは日本全体を有機的に結びつけることはなかった。筆者が、青森県の陸奥湾近くにあった、藤原氏の出先機関と考えられる館跡のフィールド調査をした折に青森市役所の史跡担当者と話す機会があった。そのとき担当者が言った、「当時（平安時代）、青森県はまだ〝日本ではありませんでした〟」という言葉が印象的だった。

第三節　古代最上川の舟運

最上川は古くから人びとの暮らしと密接に関係していた。山形県の最上川流域には三万年前より展開した後期旧石器時代の遺跡が一〇〇ヵ所を超える。それらのうち代表的な朝日町の大隅遺跡は最上川を見下ろす河岸丘陵に位置しており、寒河江市金谷原、村山市河島山、大石田町角二山などの遺跡も最上川に近い河岸丘陵に位置している。これらから、後期旧石器時代の人びとにとって最上川は重要な生活の場であり移動の場であったことが分かる。さらに縄文期(一万年前からBC四世紀ころまで)になると、上流部の高畠町日向洞窟に代表される遺跡群は、縄文時代の幕開けを示している。これらの洞窟からはサケやマスの骨、シジミ、ハマグリ、アワビなどの貝殻が見つかっており、海や川で獲れた魚介類が重要な食料であったことや、この地域が海との行き来があったことが分かる。また、縄文遺跡のかなり多くは最上川の本・支流の河岸段丘やその支流との合流点の台地に分布しており、季節ごとに遡上するサケ、マス、アユなどが重要な食料であったことも示唆している。さらに、川の近くに住んでいた人びとが、丸木舟や筏を使用して他の地域との交流をもっていたこともほぼ間違いない[川崎、一九八五:二/横山、二〇〇一:三八、四三]。

弥生時代前期には、北九州の遠賀川系土器が日本海ルートで酒田に伝わり、在地系土器とともに出土し、炭化米も発見されている。稲作は遠賀川地域から酒田経由で最上川を遡行し、内陸の東根の遺跡地区にもたらされたと考えられている。ただし、この伝播がはるばる海を越えて直接に最上川にもたらされたとは考えにくい。おそらく沿岸地域を少しずつ前進し、長い時間をかけて最上川の河口にたどり着いたと考えるべきだろう。続く古墳時代になると、六世紀ころと思われる古墳が中・上流域の最上川を間近に望む岸辺の台地に分布しており、これは、当時すでに最上川は重要な交通路であったことを示唆している[横山、二〇〇一:四三~四五]。

最上川の河口に広がる庄内平野には五世紀の古式土師器や五世紀最大の土師器が出土している。したがって、古墳時代の前期から水田稲作に従事する集落が存在したものと思われる。庄内平野は、律令国家の支配機構の中で出羽国の政治的中枢を占めていたが、律令国家の末期の古墳は見いだせない。これにたいして、最上川の上流域や中流域においては、北関東や東北地方南部とほとんど年代的なずれがない時期の古墳の成立がみられる。最上川流域における最初の水田耕作は、最上川の下流域ではなく、上流や中流域の低地で行われたようである。そこでは穂刈りに用いられた石包丁が発見されたことなどから、四～五世紀ころに稲作が発達して何らかの政治権力が生まれ、古墳が出現したものと思われる。古墳時代前期の集落は、弥生時代後期の集落に重なることが多いが、最上川の支流が本流と合流する地点に形成される扇状地の端部または谷口の台地等にも多い。いずれも地下水位が高い湧水帯にあり、低湿地をひかえているため排水に意を用いた湿田を基盤にして稲作が行われたものと思われる。そして労働のあり方も、それに見合う形での比較的小集団による小規模な協同労働が主体で、その母体は縄文的伝統を強く受け継ぐ血縁的な共同体であったと考えられる［川崎、一九八五：一二～一五］。

五世紀に入ると、中・上流域では耕地の開発も進み、集落の規模が拡大し数も著しく増加した。この過程で、古くからの自立的な血縁共同体を統合する形で首長の権限が増大し、大きな政治権力が成立していった。これは、当時大型の古墳が出現したことからも確認できる。まず、上流域の川西町では、五世紀の築造と思われる前方後円墳がこの地域では最古の古墳とみなされているが、これには会津方面からの影響がみられる。中流域ではそれよりやや遅れて五世紀中葉に古墳が造営されるようになった。これらの古墳には仙台平野からの影響がみられる。六世紀以前の最上川流域の古墳からは、銀象嵌環頭太刀、鹿角の刀剣置掛け、畿内様式の剣菱型杏葉などの馬具などが出土しており、この地域が畿内政権、あるいは関東北部より東北南東部にかけての有力な権力者と密接な政治的関係があったと考えられる。土着の首長たちは、彼らの上に立つ政治権力からの技術的援助のもとに生産力を高め、同時に自己の地位を高めていったのである［川崎、一九八五：一五～一七］。

ところが六世紀になると、大型古墳は姿を消し、山形盆地では水系ごとに中小の古墳が出現するようになった。宮川流域の上山盆地、馬見ケ崎川流域の花山古墳群、立谷川流域・最上川畔・寒河江には高瀬山古墳群、河島山古墳群、名取古墳など、おおむね二〇メートル前後の小さな円墳が主流となる。古墳時代に最上川とその支流の河川は、水田稲作発展の基礎条件となる用水の供給源として農業生産を支えてきただけではない。中流域の高瀬山古墳群、河島山古墳群・名取古墳のように、最上川をすぐ下に望む地に中小の円墳が築造されていることは、部分的にではあれ、最上川が物資の輸送などの水運のうえでも重要性を増してきたことを示唆している［川崎、一九八五、一五〜一七］。

和同五年（七一二）、大和朝廷は最上川流域の一部を武力で制圧し、出羽国を置いた。四年後に、最上・置賜両郡が陸奥国より出羽国に編入された。出羽国府が庄内平野南部にあった天平二年（七三〇）以前、陸奥国多賀城から出羽国府にいたる経路は、今の加美郡を経て鍋越峠を越え、内陸部に入り六〇里の道のりを進んで庄内に入るか、最上川を避翼（現・舟形町長吉原付近）あたりから船で下り出羽の国府に達するかのいずれかであった［横山、二〇〇一：四四〜四五］。奈良時代にも最上川は河川交通のうえで、庄内にあった国府と内陸とを結ぶ役割を果たした。庄内の鶴岡市菱津古墳の変型長持型石棺は、高畠町の大師森山の石棺と共通する点が多い。最上川を通じての庄内と内陸との交流は古墳時代後期以降頻繁に行われ、文化や技術の交流のうえで重要な役割を担っていたと思われる。内陸の置賜・最上二郡が庄内とともに出羽国に編入された奈良時代以降、この地域の交通は陸路よりも水路が重視されるようになっていた。

出羽国では官道に「駅馬」・「伝馬」が置かれたが、平安時代には、全国的にも希な「水駅」が避翼、佐芸、野後、白谷に置かれた。これは、古墳時代から、筏や丸木舟で最上川の舟運を通じて人の移動や物資の運搬が行われていた前史があったからである。実際、奈良時代には、出羽国の特産品である絹織物、米、馬などの交易路や交通路として最上川が利用されていた。当時の交通事情について横山氏は、『延喜式』の「諸国駅伝馬条」（延長五年＝九二七）から以下の部分を引用している［横山、二〇〇一：四六〜四八］。

出羽国駅馬　最上一五疋、村山・野後各十疋、避翼一二疋、佐芸四疋十隻、遊佐十疋、蚶方・由利各十二疋、白谷七疋、飽海・秋田各十疋

伝馬　　最上十疋、野後三疋五隻、由利六疋、避翼一疋舟六隻、白谷三疋船五隻

右の地名のうち、常備すべき船の数（隻数）が示されている場所は「水駅」を示す。これらの地名のうち最上は現・山形市、村山は村山郡衛があった東根市郡山、野後は現・大石田町駒籠、避翼は小国川が最上川に合流する場所に位置する舟形町長者原の水駅であった。佐芸は鮭川村真木、飽海は平田町飛鳥で、出羽国府城輪へはここから上陸すればわずかな距離である。これらの間では古代から舟で行き来していたことが分かる。

出羽国の官道は最上を起点として最上川沿いを北に進み、一部最上川の水運を利用して日本海（庄内地方北部）に出る。官道はそこから日本海沿岸を北上して秋田に達していた。しかしこの官道も最上川の舟運も、官人など特別な人たちだけが利用できたものであり、一般住民が地域間の交流に利用することはできなかった。この意味で、古代・中世においては、舟運があったとはいえ、日本海に面する庄内と内陸地域はそれぞれが個別の地域社会を形成してきたと考えるべきである［渡辺、一九八五：三五四～五五／横山、二〇〇一：二、四六～四八］。しかし、戦国末期から近世に入ると、ようやく新たな地域形成が始まった。つまり、運輸・交通の大動脈として、最上川の舟運が活発となったのであるが、それについては本書の第六章でくわしく説明する。

以上は古代・中世における中・下流域の状況であったが、上流域でも交易や交流で河川が重要な役割を果たしたことはいくつかの出土品から確認できる。たとえば、米沢市中田町笹原遺跡では、八～九世紀にかけての竪穴住居跡から鍬や櫂などの木製品が出土している。土器には「舟」の墨書が認められ、ここが船着場であったことを示している［横山、二〇〇一：四七～四八］。以上、ざっと近世以前の最上川における舟運の歴史をみたが、総じて最上川における舟運は、主として官人や権力者によって古代より利用されていたことは間違いなさそうである。

第四節　その他の河川舟運ルート

（一）筑後川ルート

弥生時代に筑後川の下流域に何らかの政治権力が成立したことは、佐賀県神埼郡吉野ヶ里町と神埼市にまたがる丘陵地帯に広がる「吉野ヶ里遺跡」に残る遺構や出土品から明らかである。しかも、遺跡から中国・朝鮮半島との間に交流があったこと、また市場の存在も確認されていることなどから、人の交流や物の交換が行われていたことは間違いない。これまでの吉野ヶ里に関する研究では、大陸からやってきた人たちが日本に上陸してから、どのようにして吉野ヶ里の中核部までたどり着いたのかについてはほとんど言及されてこなかった。徒歩で荷物を担いできたとは考えにくいので、筆者はここでも、有明海から船で筑後川をさかのぼって吉野ヶ里に至ったと考えている。吉野ヶ里の一帯には筑後川に注ぐ二本の支流が南北方向に流れている。すなわち西側には遺跡群の端を流れる城原川が、東側には中核部に入り込むような位置に田手川が、吉野ヶ里遺跡群を挟むように流れている。現在の川の状態からは舟が航行できるほど大きいとは思えないが、かつてはもっと川幅も広く水量が多かった可能性はある。現段階では船そのものは発掘されていないが、それを示唆する舟の形をした木製の出土品はある。それは、構造船かどうかの判別は難し

写真２−２　吉野ヶ里・環濠集落

［大木撮影］

写真２−３　田手川

［大木撮影］

いが、佐賀県教育委員会発行の冊子にも、これは当時使われていた船をモデルに作られたものではないか、と解説している［佐賀県教育委員会編、二〇一四：一二八～一二九］。この問題の検証はこれからの課題であるが、大陸との交流などを考慮すれば、筆者は吉野ヶ里遺跡群の一帯で、有明海と内陸、また内陸での交通に船が使われていた可能性は極めて高いと考えている。

舟運の可能性を推測できるもう一つの条件は、吉野ヶ里の地理的条件の変化である。現在、吉野ヶ里は、久留米と同じくらい海岸から離れているが、弥生時代には現在の海岸線から五キロメートルくらいまで有明海が入り込んでいたという。現在の筑紫平野は、有明海に進出した埋め立て地と、筑後川が運んだ土砂の堆積による河口部への陸地の進出、そして縄文末期から徐々に進行した「海退」によってできた陸地である。しかも、筑後川河口付近の有明海の海面は満潮時と干潮時との海面の差が日本一大きく、五メートル以上もある、という自然条件である。こうした条件のもとで、有明海に流れ込んだ筑後川の真水が、満潮時には比重の重い海水の上に乗り内陸に押し寄せる。この逆流した真水を「アオ」（淡水）と呼ぶ。この真水の逆流について富山氏は、「このアオを吉野ヶ里王国の担い手たちも利用したのではないか」と推論している。そして、「網の目状に走るクリークは、一つは、低平の農地に土を盛り上げるために掘った跡であったが、一つにはアオを貯えておく溜池でもあった」と述べている［富山、一九九三：九～一一］。これらの点について筆者も同感であるが、さらに付け加えるなら、こうして形成されたクリークは、ただ農業用水路・溜池としての機能だけでなく、舟運路としても利用されたのではないかと考えている。

（二）日本海―琵琶湖―瀬田川―宇治川―木津川ルート

本章第一節の最後に触れたように、大和と京都に至るルートには、大和川経由のほかに、海上交通―陸路―琵琶湖の舟運―河川の舟運―陸路を組み合わせた複雑なルートがあった。すなわち、①は大津（船）→瀬田川（船）→宇治川（船）→木津川→（陸路で大和盆地・奈良へ）のルートであり、②は日本海の海運（若狭の小浜、越前の敦賀）→陸路→琵琶湖（船）→大津→（陸路で京都へ）のルートである。これらのルートには二つの重要な役割があった。①のルートは、琵琶湖沿岸地域から大和の地へ木材を運ぶ幹線ルートとしての役割であった。飛鳥地方は大和朝廷の発祥地、古代の都が置かれた地である。ところが、奈良に平城京が建設されるまで、天皇が変わるたびに都が移され新しい都の造営が行われたため、藤原京や平城京を造営するころには、奈良の周辺から良材が集められない状態となっていた。そこで、木材の供給源として目を付けたのが、滋賀県大津にほど近い田上山一帯であった。この一帯は奈良時代の初めには檜《ひのき》の大木がうっそうと茂っていたが、うち続く都の造営と寺院の建立のため、伐採が激しく行われた。このため表土が浸食されて一帯ははげ山と化してしまい、そのために押し出された土砂が瀬田川に堆積していった。こうして、一〇〇〇年以上も経った江戸中期、徳川綱吉のころ（一七〇〇年ごろ）に砂防植栽が行われるまで放置され、現在でも植栽は続いている。筆者も一九九〇年にこの山を訪れたが、花崗岩質の表層はボロボロとくずれやすく、森林の復活にはほど遠い状態であった。飛鳥・奈良の華やかな宮廷文化や仏教文化が花開いた陰で、周辺の山地では無残な森林破壊が起こっていたのである。

当時どれほどの材木が切り出され、飛鳥・奈良に運ばれたかを、東大寺大仏殿を例にみてみよう。大仏殿は天平勝宝四年（七五二）に創建され、その建立のためには、主要な大柱だけでも直径一メートル、長さ三〇メートル前後の木材が八四本使用されたという。これらをはじめとして、大仏殿に使用された木材の総体積は、一万四八〇〇立方メートルに達すると推定されている。加えて、東大寺の広大な寺域に建てられた数々の建物の木材量

図２−２　飛鳥―平城―平安の交通ルート

［只木、1981:47］

を合わせると、想像を絶するほどの量になる。その後東大寺は二度戦火のために消失し、再建のたびに規模を小さくした。創建当時の面積は、現在の大仏殿の一・五倍もあったという。それでも現存する大仏殿は世界最大の木造建築で、東西五七・三メートル、南北五〇・四メートル、高さ五二メートルの威容を誇っている。これは、東大寺だけの例であるが、その他の寺院や都の建設を考えると、当時の木材の切り出し量は途方もない量に達したであろう［只木、一九八一：四六～五六］。

さて、琵琶湖周辺から切り出された木材は、瀬田川、宇治川を流送し、いまは消滅している巨椋池に導かれた。そこから奈良へは、木材を木津川に移し、筏を組んで川をさかのぼり、木津で陸揚げして峠を越えて奈良盆地に運んだ。ちなみに「津」は港を指すから、「木津」という地名は「木の港」という意味である。この意味で、琵琶湖から奈良への河川の舟運は、木材運搬の幹線ルートでもあったといえる。ただし、平安時代には、この輸送ルートの途中で巨椋池から淀、桂、鳥羽などの川港（津）を経由して京都にも運ぶようになった［富山、二〇一三：一八～一九］。

②のルートは、日本海地域と奈良・京都との物資と文化の交流ルートとしての役割をもっていた。琵琶湖から先のルートは同じであるが、こちらは日本海側と奈良、京都との結びつきである。富山氏は『水の文化史』の中で、「日本海側こそ『表日本』」という一節を設け、「奈良、平安の時代、日本海側こそ中央政府にとっては表日本であった」と述べている。平安時代に書かれた『延喜式』によれば、北陸や東北からの租米は琵琶湖経由で都

に送る決まりであった。若狭の米は陸路で琵琶湖の勝野津（現・高島市勝野）に運ばれ、そこから船で大津に送られた。また、加賀、能登、越中、越後、佐渡の米は敦賀で陸揚げされ琵琶湖の塩津まで陸路で運ばれ、そこから大津へ船で運ばれた。時には、琵琶湖に面した津（現・高島市新旭町）、大浦、海津などの港も利用された。大津からは、瀬田川、宇治川の舟運を利用して奈良方面に送られるか、陸路で京都に運ばれた［富山、二〇一三：三一〜三二］。

奈良時代、北陸は東大寺の荘園の中心であった。東大寺が大仏を造営しようとしていたころ、東大寺の荘園九二カ所のうち、現在分かっているだけでも、越前（一五）、加賀（二）、越中（一〇）、越後（四）で、つまり数でみると全体の三分の一が日本海側の地域であった。近畿地方の荘園は一〇町（一〇ヘクタール）以下という小さなものであるが、北陸のそれは一〇〇町から三〇〇町というケタ違いの広さであった。ここでは、米の供給量だけを論じているが、実際には北陸や東北からの海産物や米以外の農産物、手工業製品、朝鮮や中国から北陸地方にもたらされた物産も含まれていたであろう。いずれにしても、この当時は、太平洋側よりも北陸や東北など日本海側の諸地域の方が経済的にも文化的にも大和（奈良）や京都との結びつきが強く、先進地域であった可能性は大きい［富山、二〇一三：三一〜三二］。これにたいして、太平洋側の「東国」地方が政治的にも経済的にも重要性を増すのは近世になってからである。大和の繁栄はなによりも北陸と東北の豊かさに大きく依存していた。そこでは琵琶湖の舟運が重要な役割を果たしていたのである。

（三）その他の舟運ルート

右に取り上げた河川の他にも、古代から河川の舟運が利用されていたことは、いくつか分かっている。たとえば、『万葉集』（巻十四、三三八〇番歌）に、次の歌がある。

さきたまの津に居る船の風を疾み、
綱は絶ゆとも言な絶えそね

この歌から、当時利根川水系で帆掛け船が使われていたことが分かる［丹治、一九八四：一一二］。帆掛け船となると、ある程度大きな船だった可能性がある。もっとも、奈良時代から平安時代にかけては遣隋使や遣唐使を中国まで派遣しており、大型の海洋船を造る技術はすでにあったので、それが河川で使われていたとしても不思議ではない。中世における河川の舟運については資料があまりないが、舟運そのものは奈良時代に引き続いて行われていたと考えて差し支えない。

岐阜県飛騨地方から発し、富山湾に注ぐ庄川・小矢部川では、万葉集にも登場するように古代・中世から舟運が行われていた。これらの川の舟運はその後も続き、近世に入ると、小矢部川の本・支流の舟運は、砺波平野のほぼ北半分をカバーしていた［川名、二〇〇五：五七六〜七八］。また、中国地方（岡山県）の吉井川では古代から中世にはすでに舟運が利用されていた。この川の上流の中国山地では鉄鉱石が採掘され、製鉄のための「たたら」（足踏みのふいご）遺跡が随所に発見されている。その鉄鉱石で作られた鉄を船で岡山方面に運んだのである。また、鎌倉時代には、隣り合って中国山地を流下する高梁川でも、上流地域で生産された鉄が船で岡山方面へ運ばれた（第一〇章参照）。

川を上下して航行するという意味の舟運ではないが、奈良時代から平安時代にかけて、川を渡るための渡船は多くの河川で利用されていた。たとえば、墨俣川（長良川の支流、尾張・美濃の国境）、飽海川（最上川支流）、矢作川（愛知県）、大井川（静岡県）、安倍川（静岡県）、太日川（渡良瀬川下流部）、隅田川には渡船場が設けられていた。それぞれの渡船場には中央政府によって三〜四艘の船が常備されていた。また、渡船場には、僧侶などによって布施屋が設けられる場合もあった［児玉編、一九九二：六二〜六三］。「布施屋」とは、律令時代に設けられた、旅人の一時的な救護を目的とした宿のことで、寺院や僧侶によって設けられることが多かった。これらの渡船が、たんに対岸への渡し船としての機能だけを果たしていたのか、多少は川を上下する舟運も行っていたのかは分からない。しかし、少なくとも船が常備されていたことを考えると、船大工の集団がいて、川で船を操ることができる船乗りがいたことは確かである。したがって、舟運の必要性や政府の規制がはずれて自由な船の航行が許される状況がくれば、ただちに対応できる態勢がこの時代にはできあがっていたことを意味している。

以上、古代・中世における舟運について具体的な河川の事例を説明した。その際、本書は舟運に焦点を当てているので、陸路については触れてこなかった。しかし、古代・中世においても主要な陸路は存在していた。すなわち、古代律令制のもとで、いわゆる「五畿七道」の幹線街道と主要道路は存在していた。これらは中央政府が地方を支配するために地方の行政機構との連絡、軍事行動、人的往来、租・庸・調・雑物の輸送を目的としていた、いわば「権力の道」である。「五畿」とは、大和・山背（山城）・摂津・川内・泉を指し、「七道」とは、東海・東山・北陸・山陰・山陽・南海・西海を指す。「七道」は主要幹線路であるが、これらにはいくつもの支線路が連結していた［上田、一九八六／児玉編、一九九二：一三〜七七］。これらはいわば国家が建設・管理する陸路で、一般の住民がこれらの官道をどの程度利用していたのかは分からない。

結　語

本書は主に近世・江戸期における舟運を対象としているが、舟運自体は江戸期以前から日本の各地で行われていた。この第二章は舟運前史として、古代・中世における舟運の事情を、大和川、北上川、最上川、その他二、三の河川の事例を紹介した。まず、大和川は、飛鳥・奈良時代に瀬戸内海と奈良盆地とを結ぶ舟運路として重要な役割を果たしていた。奈良盆地は、一見、内陸で周囲から孤立しているような印象をいだきがちであるが、実際には大和川と周辺の山地から発する支流を経由した舟運が盛んな「水の都」であった。大和川をはじめとする水運があったからこそ、奈良盆地にはいくつもの都が造営されたのである。さらに、北陸・東北地方から琵琶湖を経て宇治・木津川の舟運を利用して奈良に至るルートも奈良の都の繁栄を支える重要なルートであった。このルートは平安時代に京都に接続され、京都の繁栄を支えることとなった。

北上川では、奥州藤原氏が平泉に都を置いて繁栄を誇った。平泉は北上川の中流域に位置しており、舟運の拠点であった。平泉も東北の内陸に位置し、外部との交通が不便なような印象を与えるが、実際には北上川の舟運を通じて、極めてダイナミックな交易を行っていたようである。すなわち、一方で川を下って太平洋に出て京都、さらに九州を経て宋との交易を行っていたことを示唆する遺品も発見されている。他方で、北上川をさかのぼって遡航限界からは陸路と河川舟運で陸奥湾に出て、北海道のアイヌの人びとと交易を行っていた。同じく東北地方の最上川では出土品から、古墳時代から奈良時代にかけて畿内との交流があったこと、そして律令制の時代には最上川の各地に「水駅」が制定されており、すでにこの川の舟運は重要な交通手段となっていたことが分かる。しかし、それはあくまでも中央政府や有力な権力者にとっての便益であり、一般住民がそのネットワークに組込まれ、地域社会、本書の用語でいえば生活文化圏を形成するまでには至っていなかった。

以上の他にも、古代・中世における舟運についてはいくつか事例を挙げておいた。一つは、古墳時代に筑後川の下流域に成立した地方権力が外部（特に中国、朝鮮）との交流があったこと、吉野ヶ里遺跡の発掘品の中に木製の舟型が見つかっていること、などから筑後川とその支流において舟運が利用されたであろうことは推測できる。ただし、現在のところ、舟そのものは発掘されていないので、この点は今後の課題である。二つは、日本海方面の東北と北陸の荷物は、小浜や敦賀で陸揚げされ、陸路で琵琶湖に運ばれ、そこから瀬田川、宇治川、木津川を経由して奈良盆地に至るルートである。このルートは、途中の大津で京都に向かう枝ルートが分岐している。この点から見ると、奈良・平安時代には日本海側こそ「表日本」であった、という富山氏の主張には説得力がある。なお、くわしい実態は分からないが、古代・中世には北陸の庄川、小矢部川でも舟運の記録があり、さらに多くの河川では渡船が稼働していた。

江戸時代には、日本の各地で舟運が急速に発展したが、それは突然起こったのではなく、本章で見たように、古い時代から連綿と続いていた。ただ、近世以前の舟運は、ほとんどが統治者や権力者のための輸送と移動手段であり、この点、民間の商人や農民間でも参加するようになった近世以降の舟運とは異なる。その検討は第二部でくわしく検討する。

【注】

（注1）ＮＨＫＢＳプレミアム、二〇〇一年一一月一九日（再放送）

（注2）今回は入手できなかったが、石江遺跡群の発掘調査報告書は、青森市教育委員会編『石江遺跡群発掘調査報告書石江遺跡群調査概要・分析編』第2巻（青森市、二〇一〇）、に紹介されている。また、京都風文化を象徴する「かわらけ」「常滑焼」出土地の分布は、［朝尾ほか編、一九九三、一一九〜一二八］の図1に示されている。

第三章　舟運の基本構造

はじめに

この第三章は、舟運の基本構造として第一節で、舟運路と陸路とが結びついた「河川ルート」について、「陸路の構造と機能」、「舟運と河川ルート」、「宿」（「宿駅」）という観点から説明する。人と物の移動や運搬において舟運が大きな役割を果たしてきたことは再三強調してきたが、だからといって、陸路が重要でなかったわけではない。舟運が全く利用できず、もっぱら陸路に頼らざるを得ない場合もある。また、第二部の河川別舟運でみるように、陸路はしばしば舟運路と交わって輸送体系を構成した（河川ルート）。いずれにしても、舟運の検討にとっても、陸路の実態を知ることは必要である。第二節では、河川の舟運で使用された川船の歴史と、種類やその積載量について整理する。河川は水深が浅いので、全体として川船の喫水は浅く、船は平底構造であった。ただし、川船の大きさや構造は河川によっても、また同じ河川でも上流と下流とでは異なっていた。第三節は、舟運にとって不可欠な施設である河岸（川港）の構造と機能について説明する。舟運とは、ただ河川を船が航行するだけで成立するわけではない。まず船が停泊し、そこで人の乗り降り、荷物の陸揚げ積み降ろしができる設備や、運ばれた商品を貯蔵する倉庫、取引するための施設、商人や旅人が泊まる宿などが必要である。それらを全て備えている川の港が河岸である。最後の第四節で、河川舟運と海上交通の関係を舟運と海運との接合という観点から説明する。そして第四節では、陸路、舟運、海運の費用、輸送日数なども検討される。以上を一言で表現すると、本章は舟運の基本構造ということになる。

第一節　舟運路と陸路

（一）陸路の構造と機能

日本では人と物の移動や運搬において古い時代から陸路も利用されてきた。たとえば旧石器時代でさえナイフや矢じりの材料となる黒曜石が、生産地から遠く離れたほかの場所に運ばれ使われていたことを示す考古学的な証拠がある。これらはおそらく徒歩で移動し交換されたものと思われる［及川、二〇一二］。そこまで歴史をさかのぼらなくても、律令国家成立以降の日本では中央と地方とを結ぶ長距離の街道、いわゆる「五畿七道」（注1）が建設された。ただし、当時の街道は中央権力による地方の統治を目的とし、その拠点となる都市を最短で結ぶための、政治・軍事的効率を考慮して、ほぼ直線的に作られていたことが考古学的調査で明らかになっている［木本、二〇〇〇：一八〜二三］。

江戸期に入ると、それ以前とは比較にならない多くの人と大量の物資が移動した。それにともない、舟運も発達したが、陸路の重要性が低下したわけではない。幕府は「五畿七道」に加えて主要五街道（東海道・中山道・甲州街道・日光街道、奥州街道）と、それらの脇街道（往還道）、そのほかの道路網を整備・拡充した。しかし、これらの道路網も、主要な都市間を最短距離で直線的に結ぶ、主に政治・軍事的な目的や参勤交代のように、権力の側が政治的目的をもって作り利用した「権力者の道」であった。これにたいして、「権力者の道」との対比でいえば「民衆の道」ともいうべき移動と輸送の道があった。これらは直線的ではなく、主要都市間を最短距離で結んでいるわけでもない、民衆の生活の必要から自然発生的に作り上げられてきた交通路のネットワーク、すなわち「生活の道」であった。「生活の道」は河川の舟運が利用できる場合には舟運を利用し、舟運と陸路とを組み合わせた複雑なネットワークを形成していることが多い。「生活の道」の中には、かなり長距離の陸路もあるが、そうした場合でも、どこかの地点で舟運と接点を持つことが多い。

これらの主要街道の特徴は、ほとんどが馬での移動を前提とした陸路だったことである。たとえば江戸期の東海道の場合、江戸と京都という主要都市を最短距離で結ぶ幹線街道であり、その間を南北に流れる多数の川を直角に横切っている。また、西国街道（山陽道）は京都から下関までを最短距離で結ぶ街道で、やはり南北に流れる多くの川を東西に直角に横切っている。そのほかの主要街道も、次項で説明する舟運路とは接点をもっていない。

江戸期の主要街道では年貢米や大名および家臣の荷物など、いわゆる公用荷物の輸送が優先で、牛馬などの輸送手段はそのために充てられた。もちろん、一般の住民や商人も、これらの街道を利用することはできる。しかし、街道には関所が設けられており、一般の商業荷物を輸送する場合に関所での手続きや検査に何日も待たされることもしばしばであった［銚子市、一九五六：二四六〜四七］。このため主要街道を避けて山中の間道を利用する商人もいた（第七章「利根川水系」を参照）。こうした面倒な事情があったにしても、街道の存在は人びとの移動と荷物の運送に大きな便益をもたらしたことは間違いない。さらに、本来の目的ではなかったかもしれないが、主要街道が文化の伝播に大きな役割を果たすこともあった。たとえば東海道を利用して江戸から「お伊勢参り」に多くの庶民が旅をした。歌川広重が描く「東海道五十三次」は旅行ブームを反映しており、旅行案内書の役割ももっていた。こうした旅行者が道中のさまざまな文化に触れてそれらを故郷に持ち帰り、それぞれの地域の文化形成に何らかの影響を与えたことは間違いない。それでは、街道以外にはどのような陸路があったのだろうか？

牛も馬も使うことができず、人が荷物を担いで運ぶ以外に方法がない場合もあった。それは日数もかかり負担も大きかったが、それでも人の背に頼らざるを得ない重要な荷物を運ぶ場合もあった。その代表はつぎの章で説明する「塩の道」である。大部分の「塩の道」は舟運と陸路との組み合わせであるが、ほかに代替路がない場合には、陸路だけのルートもあった。塩はほかの物資とは違い、内陸の人びとにとって生存にかかわる必需品であり、どれほど大変でもコストが余計にかかろうとも絶対に手に入れる必要があったため、陸路だけで、しかも比較的長距離を運搬することもあったからであった。たとえば飛騨と信濃の間には、山間地を縫うように設けられた「生活の道」としての「塩の道」が十数本あったという［宮本、一九八八：六九〜七〇］。

人が担いで山坂を長距離移動できる重量はせいぜい三〜四貫（一一〜一五キロ）で、時には八貫（三〇キロ）を超す場合もあったが、これは例外的である。人が荷物を担いで運ぶ場合、古い時代には山道や尾根道などのように高所を通るものが多かった。日本の地形は山が圧倒的に大きな面積を占めていることを考慮しても、なぜ、わざわざ山道や尾根道を利用したのだろうか？　道が整備される以前の古い時代には、尾根などの高所のほうが迷いにくく安全だったのかも知れない。これにたいして山中の道は見通しが悪く、道が複雑で迷いやすい。さらにクマ、オオカミ、イノシシ、マムシなどの危険な動物がいたるところにいたのであろう［中根ほか、二〇一二：二六］。尾根道は、道幅は狭いが起伏が少ない直線的なコースで、人の背を利用する山間地によくみられる。しかし、時代が下るにしたがって道も整備され、陸路の中心は山麓や谷へ移っていった。運搬手段も、人、牛、馬の背から牛車や馬車、さらに川船など、より効率的な方法へ変化していった［富岡、一九八三：四六〜五二］。この変化の背景にはつぎのような事情があった。

人が移動するだけ、あるいは背負うことができる量の荷物だけをもって移動する場合には、尾根道でも問題はないが、それ以上の荷物をもって移動しようとすると、牛馬の力を借りる必要が生じる。この際、道は起伏が少ない方が家畜にとって負担は少ない。川は地理的に低い場所を流路として縫うように流れるから、河川沿いの陸路は登り降りの起伏が最も少ない、したがって、その分、家畜への負担も少ない。しかも、町や集落なども川沿いにあることが多いから飲食や宿泊のためにも便利である。実際問題として、人馬が何日も水も食料も宿泊場所もない山道をたどって荷物を運ぶことは不可能である。こうした川に沿った谷の道は「谷道」と呼ばれ、山地においてもっとも一般的な陸路であった。

谷道を上流に向かって斜面を登り詰めると峠に行き当たる。そこで、峠の反対斜面に別の河川が始まる場合がある。このように峠を挟んで河川が向かい合う構造を「対向河川」と呼ぶ。この場合、両斜面の谷道が峠道によって結ばれ、分水界を横断する道になっている。このような道は中国・四国・東北地方などにみられる。本書では中国地方の事例（第四章、一〇章）で検討する。なお、谷道にも起伏が多い場合と比較的少ない直線的な場合とがあり、後者は東北・近畿・四国などに多くみられ、人や牛馬による輸送にとって好都合であった。ただし、それには道が整備されていることが条件となり、しかも馬で荷物を運ぶ時には塩や飼葉などの餌を用意しなければならなかった。このほか、山地で牛馬の背に荷物を乗せて山腹を等高線上や斜めに進む山道もある（四国や九州に多い）。ただしこれには、起伏は少なく平坦ではあるが、屈曲が多く距離が長くなるという欠点がある［富岡、一九八三：四六〜五〇］。

馬一頭が運ぶ量の単位は、江戸期には「一駄」と表わされ、本稿でもこの表現を用いる。「一駄」の重量は運ぶ荷物の種類や場所、さらに時代によっても異なるが、個々の事例について、その都度確認して記述することは非常に煩雑であるし、できない場合もある。そこで本書においては、資料で一駄当たりの重量が「貫」で表示されている場合はそれを付記し、表示がない場合には最も一般的に用いられる換算率、一駄一二〇キログラムを採用することにする（注2）。なお、荷物の中心であった米の場合、一駄は二俵で、一頭の馬に米俵を一俵ずつ左右に振り分けて括り付けた。この際の重量は、特に指定がない場合、一俵は六〇キログラムとして換算する。

大量の荷物を運ぶ場合、牛馬の数を増やせばそれだけ多くの荷物を運ぶこともできるが、資料で見る限り実際には一度に運ぶ馬の数は多くても一〇頭くらいで、普通はせいぜい六頭くらいだった。すると、運ぶ量は米俵なら一二俵から二〇俵が上限である。さらに、嵩も大きく重い荷物を大量に馬や牛に荷車を引かせて運ぶ場合、整備された平坦な道だけならともかく、幅も狭く起伏の多い山道を遠くまで牛馬に荷車を引かせて運ぶのは現実にはかなり難しく時間もコストもかかる。なお、勾配が急で起伏が多い山道を牛の背に荷物を乗せて運ぶ場合もあったが、全体的には馬を使う方が多かった。ただし、馬の場合、通常は三頭ないし四頭の馬をつないで一人の馬方（馬子）が、牛の場合には牛方が付き添っていたので、その人的要員も必要であった［高木、二〇〇三：九七］。

馬で運ぶといっても量が増えると簡単ではない。たとえば、荷物の中でも大きな比重を占めていた米一〇〇俵を馬で運ぶ場合を考えてみよう。この場合、単純計算で馬は五〇頭、馬方が一五人ほど必要になるが、これは現実問題としてはかなり困難である。実際には年貢米などの輸送は数百俵に達することは珍しくない。このため、もし舟運が利用できるなら、たとえ短区間でも可能な限り舟運を利用した。なお、家畜調達の可能性を考えると、馬は荷物の運搬用だけでなく、農耕、乗り物（移動）用にも使われたので全国で飼育されており数も多かったが、牛は主に農耕に使われ、数も馬ほど多くはなかった。このため家畜を使った運搬の中心は馬であった。このような事情を考えると、荷物の量を馬の運搬能力の「駄」で表現したこともうなずける。なお、近世以前の主要街道には「関所」が置かれ、人と物の移動を監視していたが、本書が対象とする江戸期には、以下の（三）で説明するように、関所とともに「宿」が置かれた。つぎに、「河川ルート」についてみてみよう。

（二）河川ルート

右にみたように陸路での荷物の輸送は効率が悪いうえ、数々の困難があった。これに比べると河川の舟運が利用できれば輸送効率は格段に大きくなる。というのも、船は家畜と比べるとはるかに大きな輸送能力をもっていたからである。本章第二節「川船について」で具体例を示すように、江戸時代に利根川の中流や下流では、米を五〇〇俵ほど積める船が航行していた。もしこれを馬の背に乗せて運ぶと二五〇頭が必要となり、それだけの馬を長期間借り上げる費用だけでも大きなコストがかかるうえ、何人もの馬子が必要だった。江戸期には大量の年貢米や廻米を江戸や大坂に運ぶ必要があり、その輸送には河川の舟運と、可能なら海運を利用した。藩の諸経費や江戸屋敷の維持費を賄うために、江戸や大坂の市場に送り売却することが主な目的であった。さらに、商品経済の発展と物資の流通が盛んになるにつれて、増大する荷物を効率的に運ぶためにも、河川の舟運を積極的に活用する必要はますます高まった。

こうした状況に対応して幕府は舟運のために必要な整備を進めた。その一つが河川の改修で、流路の変更や河川を航行するための安全な舟路（船道）の整備である。二つは、船の停泊や荷物の積み降ろしが行われる船着場、つまり「河岸」の創設と整備である（本章第三節）。いずれにしても、安全な舟路と河岸が整備されれば舟運が問題なく機能するというわけではない。船で荷物を運ぶ前に、まず生産地からの荷物を河岸まで運ばなければならないし、外部から運ばれ河岸で荷揚げされた荷物を消費地に運ぶためにも、河岸と連絡する陸路がなければならない。本書においては、舟運路とそれに接続する陸路とを含めた運輸・交通路これら全てを含めて「河川ルート」という。本書の第一章第一節でスマトラにおける舟運の事例でみたように、そこでも河川ルートは河川における船の航行だけで独立して機能していたわけではなく、実際には河岸と後背地との間は陸路で、馬や牛、時には人の背で結ばれていたのである。こうした広義の「河川ルート」には大きく以下の五つのパターンがある。

① 舟運が、河口都市（実際には海運が利用できる港でもある）と流域の河岸との間で行われているのが、最も基本的な河川ルートのパターンである。流域の産物が陸路で河岸まで運ばれて、そこから船で河口都市まで運ばれる。反対に外部から河口都市にもたらされた荷物が流域の河岸に運ばれ、そこから後背地へ陸路で運ばれる。

② 舟運ルートが街道などの陸路と交わり、舟運と陸路が有機的に連結した交通・運輸を形成している河川ルート。たとえば利根川上流で中山道と交差する倉賀野河岸から信州に至るルートである。

③ 舟運が河川の本流だけでなく支流にまで及んでいる河川ルート。

④ 本流であれ支流であれ、舟運の上流の遡航限界まで船を利用し、そこから川沿いの陸路（谷道）を進み、源流部から峠に至るルートで、そこからは二つのタイプのルートがある。一つは、遡航限界から陸路で峠の反対側に至るルートで、たとえば利根川上流の沼田河岸から清水峠を越えて日本海側に出るルート（第七章）である。二つは、すでに本節（一）で述べたように、峠で分水界の反対側の河川（対向河川）の河川ルートと出会い、二つの河川ルートが合体して、複合的な河川ルートを形成する場合である。

⑤ 舟運との接点はないが、河川沿いに延びる陸路（谷道）。これについては前項「陸路の構造と機能」の説明の中で、尾根道から谷筋へ変化した谷道について触れておいたが、本書ではこれも広義の河川ルートの特殊形態とみなすことにする。

以上、みたように、河川ルートと一口にいっても、さまざまなパターンがあった。ただし、いずれのパターンにおいても、河川ルートを利用する際には、舟運だけでなく陸路との接続が非常に大切である。つぎに、陸路において輸送の中継点の役割を果たしていた「宿」について説明しよう。

（三）宿《しゅく》（宿駅）について

徳川家康は慶長六年（一六〇一）に東海道に「伝馬制」を導入し、江戸中期以降にはそれぞれの藩領内の主要陸路にこの制度を広げていった。伝馬制とは公用の運輸・通信のために一定数の人馬を常備することを特定の村に義務付ける制度である。「宿」とはこうした義務を課された村のことである。たとえば中山道の「宿」は人五〇人と馬五〇頭を常時準備することを義務付けられていた。こうした宿には宿役人がおり、人馬を常備するほかに公人の休泊のための本陣・副本陣、旅籠などが設けられていた。公用の人や荷物を宿から宿へ運ぶ義務を負った宿という意味で「宿駅」とも呼ばれる［平凡社編、二〇〇一：四〇三］。なお、陸路の駅だけでなく、利根川と江戸川の分岐点近くに面した境河岸のように、河岸であると同時に宿駅であった事例も珍しくなかった。これらを含めて、荷物を宿駅から次の宿駅までリレー式に馬で運び継いでゆくことを「馬継」といい、そのような場を「継立場」と呼ぶこともある［丹治、一九八四：五八〜六〇］。

「宿駅」は幕府や藩によって指定された公的な制度であり、公的荷物を運搬する義務を負う代わりに特権も与えられていた。宿駅は通常、商人や旅人が宿泊する旅籠や、各地からの荷物を保管する蔵や商品の売買を行う市場などを併設していた。さまざまな商業機能と特権をもつ宿駅はそれぞれの地域の商業中心地ともなっていた。商人や荷主の委託を受けた輸送業者は、原則として宿駅が設定されているルートを通り、宿駅の輸送業者を使わなければならなかった。ところが、一般の商人からすると、いちいち「宿駅」に泊まり、馬を替え荷物を継ぎ送りすると日数もコストもかさんでしまう。先に、街道筋の関所を避けて商人が間道を利用することに触れておいたが、彼らは「馬継」を必要とする宿駅をできるだけ避け、代替的な脇道が存在すればそちらを選択することが多かった。あるいは本書の第七章第三節でみるように、鬼怒川ルートでは、商人は宿駅経由の陸路を避けて鬼怒川を一気に船で下り、利根川に出る方法を選んだ。さらに、新道ができた場合にも、荷主は途中の宿駅を通らない短距離の直通ルートでの「付通し」で運送した。このため、宿駅の業者と商人や荷主との抗争や訴訟が頻発した。以上を念頭において、以下に舟運に利用された川船についてみてみよう。

第二節　川船について

河川で使用された船の説明に入る前に、表記について整理しておこう。これまでの記述において「フネ」あるいは「ふね」に対応する表記として「舟」と「船」という語を用いているが、それぞれに厳格な基準があるわけではない。本書では特に断らないかぎり、明らかに小型の「フネ」を舟、中型から比較的大型と想定されるフネを「船」と表記することにする。そして大小にかかわりなく、水上を航行する乗り物という意味での一般名称としては「船」を用いることにする。ただし、大きさに関係なく慣用的に、船による河川交通は「舟運」と表現され、同じく「高瀬舟」は通常、中・大型に属する船であるが、筆者としては「高瀬舟」との表記を採用する（後述参照）。川船の中で小型の舟は主として上流部で、大型船は下流から中流にかけて航行していた。海上交通で利用された「フネ」の場合「千石船」のように大型船が普通であった。いずれにしても、「舟」と「船」を厳密に区分して表記することは不可能であり、本書において、これらの区別は筆者の主観によるものである。以下にさまざまな船（舟）の名称、大きさ、積載量などについて説明するが、その前に、船の所有形態について説明しておこう。

船は大きく分けて藩が所有する公的な藩船と民間の商人船、つまり「渡世船」とがあった。藩船はもっぱら藩の年貢米や廻米その他藩の公用荷物など、いわゆる「領主荷物」を積む「御石船」（あるいは御穀船）で、商人船（渡世船）は文字通り商人が所有する私有船で、積み荷は主に商人荷物であった。ただし第二部の河川ごとの検討でみるように、藩や河川によっては、さまざまな名称をもつ両者の中間形態があった。しかも、事態を複雑にしているのは、藩が商人船に輸送賃を払って公用荷物を運んでもらうこともあった。この場合、所有形態では民

図3−1　両岸から綱で高瀬舟を曳き上げる

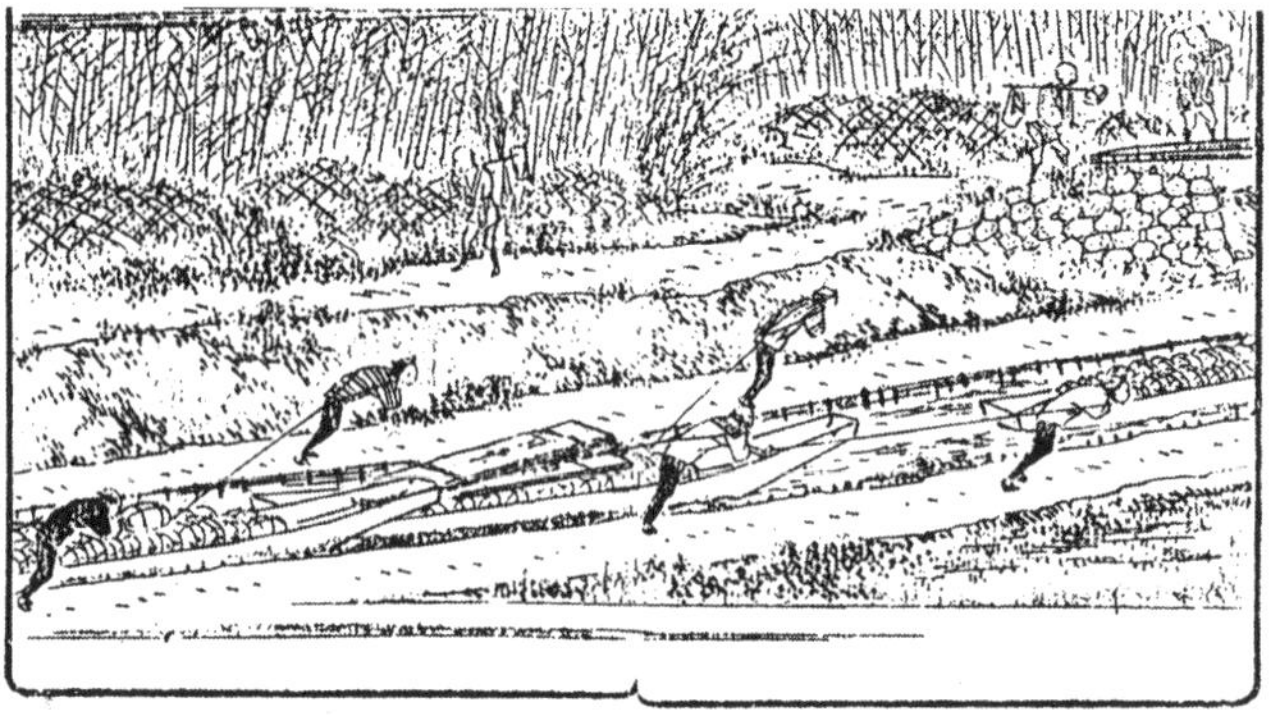

［富岡、1983:58］、部分

間の商人船であるが、運用面では公用船となる。こうして舟運に利用された船には、所有と運用の両面から複雑な形態が出現することになった。

河川を航行する船にはさまざまな制約があった。第一は構造上の制約であった。海とは異なり、河川は一般に水深が浅いので、下流の比較的水深のある区間を除けば、使用される船は喫水の浅い平底の構造が一般的であった。第二は航行上の制約である。川を下ることには問題はないが、逆に流れに逆らって遡航することには多くの困難がともなう。とりわけ、急流や岩礁などが点在する場合には、転覆の危険さえともなう。このような場合、両岸から船を綱で曳き上げてもらうことになる。水主《かこ》（舟子とも記す。水夫、乗組員）は、船に付けられた一〇間（一八メートル）ほどの綱を腰に結わえたり肩に掛けたりして川岸から掛け声を合わせて這うようにして船を曳き、船頭は船に乗ったまま川岸や河床を右や左と棹をさして進路を定めた（図3−1）。仲間の船があれば、何艘も縦につなげ、水主が共同して引き綱を引っ張った［富岡、一九八三：五八〜五九］。ただし、水主だけでは間に合わない場合もあり、その時には近隣の農村から労賃を払って人夫を雇うことになる（第一〇章「旭川」の事例を参照）。後に述べる高瀬舟や艜船《ひらたぶね》などで、ある程度以上の大きさの船では帆の設備をもち、追い風の時には帆を張って帆走した。

舟運のコストのうち、人夫を雇って陸から船を曳き上げてもらう場合の労賃が大きな部分を占めた。江戸期に舟運を利用する主な目的は、年貢米など大量の領主荷物を海上交通が利用できる港まで輸送することであり、帰路に荷物を積んでくることは副次的であった。たとえば中国地方の高津川や日野川では江戸期を通じて、帰途が空船となることも珍しくなかった。しかし、内陸地域の人口が増え、藩が奨励する特産物をはじめとする商品作物の生産活動や経済活動一般が活発になるにつれて、下りの荷物だけでなく沿岸地域から塩、肥料、日用雑貨などの上り荷も増えていった［富岡、一九七七：一〇六］。その際、どのような帰り荷を積んでくるかは下流の、とりわけ河口都市が何を供給できるかによって異なった。たとえば利根川水系の場合、下りの終着点である江戸は供給できる物資の種類が多かったので、上り荷の量も種類も多かった。

河川を航行する船にかかわる制約の第三は、河川水量の季節変動（厳冬期や真夏の渇水期、雪どけ期、梅雨、台風シーズンなどの増水期など）であった。船は水量によって航行できたりできなかったり、あるいは困難であったりする。それでも舟運が可能な限り利用されたのは、輸送が速くコストが安かったからだった。実際問題として、木材のように重量も嵩も大きい荷物や大量の米などを人馬の肩や背で運ぶのは非常に効率が悪かった。川船の大きさについていえば、中世から近世にかけて元荒川や入間川で大型石板などが船で運ばれていたことが分かっているが［丹治、一九八四：五］、どれほどの大きさの船であったかは分からない。川船の標準的な大きさや積載量については近世になっても地方や川によって異なり、名称もさまざまであった。川船といえば、「高瀬舟」がもっとも有名であり、この名称は、川船の代名詞のように使われるので、まず、高瀬舟について説明しておこう。

「高瀬舟」という名称は、森鷗外の小説『高瀬舟』のタイトルともなっていることからよく知られている。この小説は、京都から大坂まで、京都市中の高瀬川を経由して淀川に入り、大坂まで罪人を舟で運ぶ道中の物語である。高瀬川という川の名称が先にあってそこを航行する舟を「高瀬舟」と呼ぶようになったのではなく、逆に舟の名称にちなんで川の名がつけられたのである。ところが、この舟は京都から山城伏見に入る賀茂川の一分流の高瀬川でもっとも多く使われたため、京都の高瀬川と結びつけられて世の中に知られるようになった。しかし、高瀬舟の歴史はずっと古く、延喜元年（九〇一）に成立した『日本三代実録』の元慶八年（八八四）九月一六日発酉条に「令近江丹波両国。各造高瀬舟三艘」とあって、近江・丹波両国ではそれぞれ「高瀬舟」三艘を造り、長さ三丈一尺（一〇メートル弱）、幅五尺（一・五メートル）のものを「神泉苑」に送ったとある。また、『日本三代実録』から三〇年ほど後に編まれた『和名類聚抄』の「舟部」には「こぶね」として「高瀬舟」が記載されており、その特徴を「艇小而深」とし、さらに「高背舩之義」と記している。つまり、「高瀬舟」とは、当時にあっては小舟の割に底が深いという意味であった［久世町、一九七五：五四二〜四四］。平安時代以降、山城—保津川間にはこのタイプの小舟が航行していたが、これは浅瀬の多い山間の河川には不向きだった。そこで、後に浅いところでも漕ぐことができるように底を平たく喫水を浅くするようになった。そして、高瀬舟は、河川や浅い海を航行する比較的小型の木造船として普及していった。

一般的な名称としての高瀬舟（あるいは「高瀬」と略称されることもある）とは、山間の比較的流れの速い川を航行する船を指していた。それにはいくつかの説があるが、そのうち、山間を流れる川の「瀬を上る」というところからこの名称がつけられたという説が有力である［落合高校、一九七〇：三〜五］。このタイプの高瀬舟が日本各地に広まったのには、つぎのような経緯があった。すなわち、京都嵯峨の豪商角倉了以は慶長九年（一六〇四）、美作を流れる吉井川で使用されていた船の構造や運行状況をつぶさに視察し、丹波に発して淀川に合流する大堰川（保津川）の開発を思いたった。了以は自ら大堰川の流路を実地調査し舟運が可能であると判断し、翌年には幕府に舟路の開発を進言して認められた。そこで、慶長一一年（一六〇六）三月に工事を開始し、幾多の障害を克服して同年八月には丹波の世木村と京都の嵯峨を結ぶ大堰川の舟運を開拓した。これにより丹波地方はもとより山陰地方から京都方面への物資輸送に多大な便益がもたらされた。了以は続いて、富士川の改修、天竜川の開発を行い、慶長一六年（一六一一）には京都二条から伏見に通ずる高瀬川を開削した。この高瀬川の舟運の主役は、吉井川の調査で了以が見た高瀬舟を改良したものであった。高瀬川の開削により京都市中に多くの船着場ができた。舟運は権力によって厳しい管理を受け、当初は幕府や藩の公用荷物の運搬に利用されたが、次第に一般の積み荷が増えた。近世半ばには特産物の生産が各地に広がり、流通経済をさらに刺激した。こうした時代背景を考えると、容易に物資を運ぶことができる高瀬舟の普及は時代の要請に応えるものだった［岡山県、一九八五：六四一〜四二／丹治、一九八四：七／富岡、一九八三：五三〜五七］。

江戸時代には、高瀬舟という名称の川船は中国地方の河川と京都の高瀬川のほか、近畿地方の大和吉野川、加古川、滝野川、桂川、琵琶湖、中部から関東にかけては大井川、富士川、利根川、安房上野などでも使われた。岡山県の三河川（吉井川、旭川、高梁川）では、江戸期を通じて高瀬舟は「大舟」とも呼ばれ、漁に使う「小舟」と区別していた。こうして全国に広まる過程で、底が平らで喫水（深さ）が浅い、したがって上流まで航行できる川船を一般に高瀬舟と呼ぶようになった［久世町、一九七五：五四二〜四四／落合高校、一九七〇：三］。

ところで、「高瀬舟」という名称で表記される船は、構造も大きさも積載能力も使用される川によって、また地方によってもかならずしも一様ではない。まず、角倉了以が参考にしたという岡山県の旭川、吉井川、高梁川のうち、旭川の標準的な高瀬舟（荷物を運ぶ、いわゆる「荷船」）は、船長八間（一四・五メートル）、幅九尺（二・七メートル）、深さ二尺三〜七寸（七〇〜八〇センチメートル）であった［落合高校、一九七〇：図2］。この大きさは、利根川のような大河川で使用された高瀬舟より、やや小ぶりであったようだ。利根川水系では上流、中流、下流、支流などで大小さまざまな「高瀬舟」が存在した。利根川で最も小さな荷船は「川下小船」と呼ばれ、船頭一人で米二五俵を積んだ。それでも馬の一二倍の輸送能力をもっていたのである。このことからも、船の輸送能力の大きさが分かる［川名、二〇〇七：一五］。これは、最小の高瀬舟であるが、上流域や支流で使われた小型舟でも三人乗りで一〇〇俵から三〇〇俵積みのものもあった［境町、一九九六：四一五／川名、二〇〇七：一五］。

江戸末期の利根川下流の様子を記述した『利根川図志』（安政五年）によれば、このあたりを航行する高瀬舟は、米五〇〇〜六〇〇俵を積むものが一般的で、水主四人で運航していた。それより大きな高瀬舟としては、八〇〇〜九〇〇俵積みの船が六人で操船されていた［赤松、一九三八：五二］。しかしこの場合、船の大きさ（船長や横幅など）は分からない。丹治氏によれば、利根川下流に就航していた高瀬舟の最大級のものは船長約一五・六メートル、横幅三メートル、深さ一メートルあまりで米一二〇〇俵も積むことができたという［丹治、一九八四：一〇］。資料で確認できた限りでは、利根川で使われていた高瀬舟の最大のものは全長二九メートル余、米一〇〇〇俵が積載可能だった［川名、二〇〇七：一五］。なお、本書では積載量が「俵」で示されている場合は、特に断らない限り米を指す。

船を新造する際に「船方役所」に提出された高瀬舟の「新規御造立使用帳」には、船の各部位の長さ、素材などが事細かに記されている。たとえば、弘化三年（一八四六）に渡良瀬川只木村高取河岸の大工が申請した新造船は、船長二二・三メートル、横幅四・六メートル、帆柱一九メートル、帆桁（帆の上部に横に渡した帆を張るための棒）一〇・三三メートル、そして屋根付きの、乗組員の居室兼炊事場（「せいじ」と呼ばれた）を備えており、支流の渡良瀬川を航行する船としては最大級に属する［丹治、二〇一三：一六三〜六九］。以上を総合して考えると、大型の高瀬舟はおおむね、船長一五〜一八メートル、横幅二〜二・七〜三メートル、深さ一メートル前後であったようだ。

高瀬舟と並んで、積載量が比較的大きかったのは艜船《ひらた》（「艜」とも略称される）と呼ばれる船で、関東には「上州艜」（利根川の上・中流域）と「川越艜」（荒川水系中流域）の二種があったが、積載量は、両者とも一〇〇〜三〇〇俵であった。艜船の最大のものは、船長およそ一七・二メートル、横幅三・三メートル、深さ一メートルあまりで積載量は五〇〇俵であった［丹治、一九八四：一〇］。

関東以外では、たとえば最上川では高瀬舟ではなく艜船が舟運の中心で、主に酒田と大石田との間で就航していた。最上川の艜船の特徴は、全体に箱型で、船首部分に水押《みよし》（水の抵抗を少なくするため水を切る部材）がない。ここでの艜船には大型・中型・小型の三種があったが、その標準的な大きさは中船と呼ばれる四人乗りの艜船であった。寛政二年（一七九〇）の記録によれば、船長八丈二尺五寸（二五メートル弱）、横幅八尺五寸（二・六メートル)、高さ(深さ)三尺一寸(九三センチメートル、帆柱の長さ五丈(一五メートル)、船の真ん中に船頭や水主の生活の場である「小屋」(「せいじ」)があった。この艜船は、おそらく最大級のもので、この当時の積載量は平均で二七六俵であった。文久元年(一八六一)の記録によれば、中船(四人乗り)の標準的サイズは、五丈九尺(一八メートル弱)、幅八尺(二・四メートル)、高さ二尺七寸(八〇センチ)、帆柱四丈四尺(一三・二メートル)、積載量は二五〇俵であった。最上川の艜船は、関東の上州艜船より少し長いが幅は狭くなっている。しかし、全体の面積はほぼ同じであった。ただし、小屋の空間を広くとってあるので積載量は少ない。この箱型の艜船の形態は明治期まで変わらなかったようで、川船の研究者である川名氏は「これは河川の状況にもよるのであろうか、もう少し水切りの良い形態に改良されなかったか不思議である」とコメントしている[川名、二〇〇三:一二五~三七]。

船のタイプも使われていた河川も分からないが、富岡氏は、大きな河川で使われていた、長さ一八メートル、横幅二・七メートル、水主(乗組員)九~一二人で、積み荷は五〇〇~六二五俵の船について言及している[富岡、一九八三:五九~六〇]。また、同じく船のタイプも大きさも分からないが、北浦を拠点に利根川下流を航行していた水戸藩所属の船は三種に分けられ、大は一二〇〇俵積みの大型船、中は八五〇俵積み、小でも五八〇俵積みであった[渡辺、二〇〇二:二六七~六八]。利根川下流域では、かなり大きな船が使用されていたようである。

関東以外の河川の川船として、たとえば阿武隈川では川船として三種が記録されている。すなわち、最も小型の「小鵜飼舟」は、積載能力は米五〇俵ほどであったが、実際に積んだのは三八~四〇俵ほどであった。おそらく、川の水量や流れの状態から安全を考えて積載量を調節していたのだろう。阿武隈川では最も大きな船は艜船(「平駄船」「比良太舟」とも表記される)で、主に中流域で使われた。この船は、最大で一五〇俵まで積めたが通常は一〇〇~一一〇俵ほどを積んだ。阿武隈川では、両者の中間の大きさの船として「高瀬舟」が使われた[竹川、二〇〇五:七二~七四]。また、江戸期の北上川の舟運で使われた船のうち、中流から下流域にかけて航行し

図3－2　高瀬舟と艜船（関東）

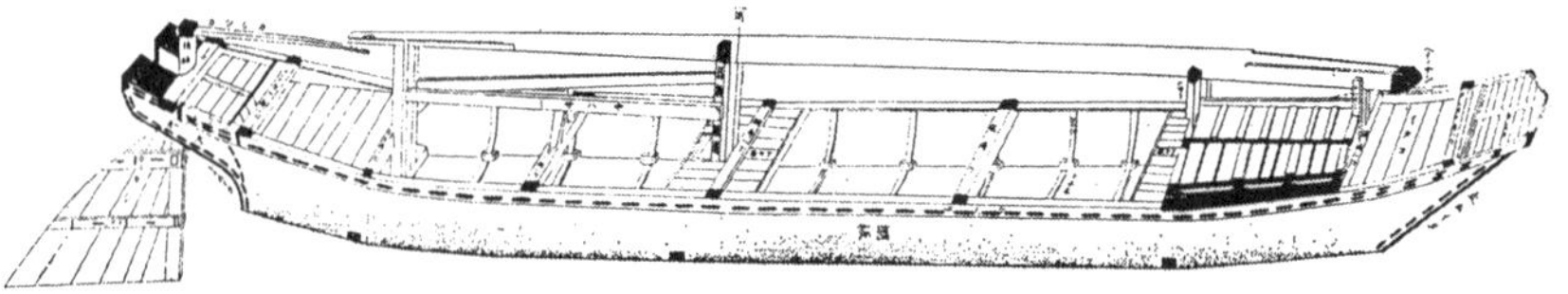

高瀬船／関東川々所々ニ有之　上口（長3丈1,2尺～8丈8,9尺　横7,8尺～1丈6,7尺）

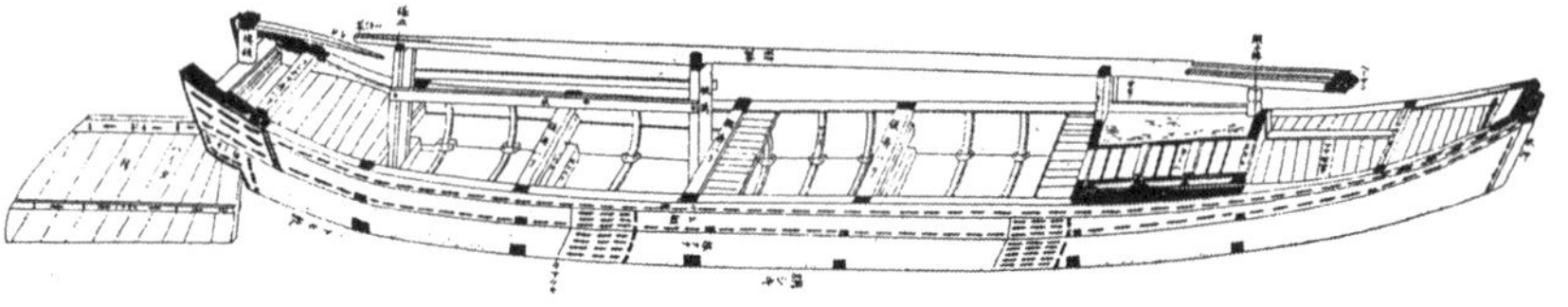

艜　船／俗ニ上州ヒラタ　上利根川通ニ有之　上口（長5丈1,2尺～8丈位　横1丈位～1丈3,4尺位）

［丹治、1984:220-221］

ていた艜船は帆を装備しており、船長約一九メートル、横幅は中央で四・四メートル、積載量は三五〇俵であった。同河川の上流域で使用された「小繰船」と呼ばれる船は、長さ一五・四メートル、幅二・七メートル、積載量は一〇〇～一五〇俵であった［北上市立博物館、二〇一一：二二］。これらの例にもみられるように、川によって舟運に使われる船のタイプや大きさ、積載量は異なった。

川船研究の大家、川名氏は『近世日本の川船研究（上）』（二〇〇三）の巻末に、同氏が著わした『船鑑』より転載した三三種類の船の詳細な図を掲げている。これらの船の構造（形、大きさ、装備）は示されているが、いつ頃、どの川の、どのあたりで使われていたかは示されていない。それでも、川名氏の著書ほど川船に関して網羅的に描いている資料はほかに見当たらないので、これらの図は大いに参考になる。これとは別の資料には、関東の川船に限定した図が七艘分掲載されており、そこでは使用された川の名前、大きさと形状がくわしく描かれている［丹治、一九八四、二二〇～二二一］。

以上のほかにも、全国にはさまざまな呼称と構造や大きさをもつ川船があった。たとえば、剣先船・柏原船・井路川（大和川水系）、過書船・淀二十石船・伏見船・上荷船・茶船・堀江上荷船（淀川水系）、艜舟（最上川、利根川、荒川、北上川、吉野川）、小繰舟（北上川）、小鵜飼舟（須川）、団平舟（十津川）、センバ（四万十川）、五平太舟（遠賀川）などである［川名、二〇〇七：一五]。これらの船の構造や大きさには違いがあったと思われるが、資料に登場する船ごとにその違いを確定し説明することは現実には非常に難しい。

幕府は、関東地域の舟運全般にかんする全体的な統制を行うと同時に、享保四〜六年（一七一九〜一七二一）にかけて、船のタイプや大きさによって、年貢あるいは「船運上」という名の税金を課すようになった。この年貢については、船の種類を大きく五種類に分類し、それぞれの額が決まっていた。ある種の船に対しては、年貢は課徴金という形をとって船の所有者に課せられ、ほかの種の船にはそれが船頭に課せられた。たとえば、小型舟である茶舟類の場合、最小の舟には年間一五〇文、最大のもの（五間五寸＝九・一五メートル）には五五〇文が「船長」に対して課せられた。この場合、「船長」とは船の所有者なのか船頭なのかは分からない。可能性としては、船の所有者が同時に船頭をも兼ねていた可能性もある。年貢とは別に、運ぶことができる物資の種類を限定する規則も同時に導入された。たとえば、利根川や荒川筋を航行する高瀬舟が運ぶことができた荷物は、穀類、大豆、肥料、薪炭、荒物類など、と決められていた。もっとも、享保年間初期にあっては、船の大きさや積み荷の種類などを厳密に調査する役人も少なく、実際に規則通りに運用された形跡は見当たらない[丹治、一九八四、二一四〜二二二]。以上は関東の河川の舟運に関する規定であったが、関東以外の河川の舟運に関しては、それぞれの藩が定めていたようである。

最後に、船の建造から維持管理の費用について説明しておこう。たとえば鬼怒川で使用された船についてみると、最初に建造費がかかる。当時の船の耐用年数は大体三年で、その後毎年修理費がかかった。これらに加えて船の運営には、急流や浅瀬で陸から船を曳いてもらうための船曳料、航行の途中で宿泊する場合の宿賃、そして船運上（船の所有に課せられる税金）がかかった。これらを全て合わせても、船を運行して得られる利益によって採算が取れていた[川名、一九八四：六六〜六七]。ただし、第二部の河川ごとの事例にみるように、船運上が高く設定されていた場合には船主の利益は少なくなり、藩に値下げの陳情をすることもあった。

第三節　河岸とその機能

河岸とは、川の流域に設けられた川の港、つまり川港のことで、陸上でいえば宿駅や宿場町、海上交通でいえば港湾・湊に相当する。舟運が円滑に行われるためには、荷物の積み降ろしや人の乗り降りが可能な常設の船着場、川港が必要である。つまり、日本の河岸も、本書第一章で述べた、スマトラ島の川港「パンカラン」と同じ機能をもっていたのである。河岸については多くの研究があるが、その代表的な著作として川名氏による先駆的な研究を挙げることができる［川名、一九八四／川名、二〇〇七］。以下に、これらを参考にして河岸の概要を説明するが、河岸の具体的な機能、規模、様態は河岸とそれが存在する河川ごとに異なるので、それらについては第二部で河川ごとに説明する。

いうまでもなく、舟運が機能するためには河岸の存在が不可欠であるが、河岸はどこにでも設けられたわけではないし、その具体的な時期や条件や機能は河川ごとに異なった。しかし、河岸の立地には共通するいくつかの条件があった。すなわち自然条件としては、川の流れが緩やかで水深が深く、梅雨などの増水時にも、冬季・夏季の渇水時にも大小の船が出入りできる「船だまり」を設けることができる場所でなければならない。こうした条件を備えた良港は数も少なく、実際、簡単に創設できるわけではない。しかも、創設当初は十分な条件を備えたとしても、洪水のたびに土砂で「船だまり」が埋まり、あるいは河道が変わってしまうこともある。しかも、土木工事技術が未発達だったため、川港の機能が果たせなくなってしまうこともあった。そのような場合は、副港（予備の河岸）を近くに設けたり、河岸を上流か下流に移動する必要があった［水沢市、一九八一：八一六］。実際の河岸の立地をみると、河川の合流点、陸路（街道など）と河川が交差する場所、河川の遡航限界、都市、城下町や宿場町などの大きな消費地および主要産物の生産地に近い場所となっている。これらの立地条件は、前出のスマトラ島のパンカランとほぼ同じである。日本では、特殊な例として著名な神社・仏閣、霊場への参道に近い場所などに河岸が設けられる場合もあった〔小林ほか、二〇〇三：一二五～一二八〕。つまり河岸は、舟運の要となる港としての自然的条件を備え、後背地に生産地や消費地をひかえ、物資の集散地としての機能をもつ、地域の経済や商業の中心地であったといえる。

歴史的にみると、中世の川港は大津、木津、というように「津」と呼ばれていた。「河岸」という言葉は、近世初期に関東で生まれた言葉である。徳川家康が関東に入国して間もなく、この言葉が広く使われるようになったと考えられる。たとえば、利根川右岸の権現堂河岸は慶長四年（一五九九）に関東郡代伊那忠次によって河岸場として取り立てられ、近郷の年貢米などの積み出し場とされたという。同様に、利根川の武州賀美郡八町河岸は、権力者（代官）によって「河岸」として取り立てられた〔川名、一九八四：六〇〕。また、寛永一一年（一六三四）の文書に「鬼怒川はたかし」の言葉が登場する〔川名、一九八二：七～八〕。

「河岸」という言葉は、幕府が江戸に置かれた早い時期から直轄領（天領）が集中する関東の利根川・荒川水系で広く使われるようになり、さらに幕府の影響力が大きかった最上川と阿武隈川、幕府代官が派遣されていた九州の日田（筑後川）などでも江戸初期から使われていた。徳川家康が関東に入国すると、各地に配属された代官は、直轄領から収納された年貢米をできるだけ効率的に江戸へ廻送しようとした。この際、陸路の駄送（馬で運ぶ）だけでは間に合わず、格段に大きな輸送力をもつ舟運に頼らざるを得なかった。そのために代官がまずしなければならなかったのは、内陸水路網の整備と、川船の港である「河岸」の創設であった。関東の場合、最重要の内水路網の整備として利根川水系を中心とする河川改修工事が大規模に行われ、それは「利根川東遷」をもって完成したとされている（後述参照）〔川名、一九八四：六〇〕。

直轄領以外でも、当初、河岸は年貢や廻米に代表される幕府や藩主（大名）あるいは家中（大名の家臣である武家）のための、いわば公的な荷物（「領主荷物」）を船で運ぶ拠点として幕府や藩によって設けられ管理された。

河岸と河岸、あるいは河岸と陸路とが結合した輸送路が「領主的ルート」として元禄期（一七世紀末から一八世紀始め）に一応の成立をみた。このころまでに、少なくとも駿河・伊豆以東の関東、東北地方では「河岸」という名称が一般に用いられるようになった。関東・東北以外の地域の河川では、「川の港」を意味する言葉として船場（雄物川、遠賀川）、河戸（信濃川）、湊（岩木川、木曾川、長良川、揖斐川）、波戸（庄川、小矢部川）、浜（淀川、大和川）などの名称が使用されていた［川名、一九八二：一六～一七／川名、一九八四：二六九／川名、二〇〇七：六～九、一〇七～一〇八］。以上を整理すると、河岸はつぎの三段階を経て発展したと考えられる［川名、一九八四：六〇～六三］。

第一段階　文禄～慶長期（一五九二～一六一五）

領主によって河岸が創設された時期。その主な目的は廻米の輸送。領主自身の手によって「御用船」として民間の船が徴発された。（例、利根川の境）

第二段階　寛永～慶安期（一六二四～一六五二）

江戸・大坂への廻米が飛躍的に増加した時期。廻米には、藩が年貢として徴収した米と、農民や家中の残り米を買い上げたもの（買米）、他領からの買米、そして全国の幕府直轄領からの年貢が含まれていた。各藩の廻米が増えた背景の一つは、寛永一二年（一六三五）に導入された参勤交代制である。幕府は諸大名に、一年に一度、江戸と自領とを往復する参勤交代を義務付けたことである。さらに、大名が江戸を離れる時は妻子を江戸屋敷に残し、そこでの居住が義務付けられた。このため、参勤交代や江戸屋敷の経費を捻出する必要も生じた。各藩の大名や旗本は徴収した年貢米を、藩の城下町の米市場で売って換金し、さまざまな必要な物品の購入に充てた。しかし、多量の米を藩内で売りさばくことはできないので、大消費地である江戸や大坂に送り、そこで換金することが多かった。また、幕府が課した江戸城手伝普請などの課役の費用を捻出するためにも藩は廻米を江戸に運んで換金する必要があった。つまり、効率的に廻米を輸送するためにも、その起点となる河岸の増設が望まれたのである。こうした全国市場の発展に促されて東西廻航路が確立され、それに対応して河川舟運と河岸が発展した。

第三段階　承応～寛文期（一六五二～一六七三）

各藩が商品農作物、とりわけ特産物の生産を奨励したことにより商品経済が進展し、それにともなって、河岸は領主荷物だけでなく一般の商人荷物（「商荷物《あきない》」とも表記される）も扱うようになった。すると、河岸で商業を営む商人も利益を得ることができ、経営が成り立つようになった。こうした新たな状況をみて藩は商人に運上金を課すようになり、同時に積極的に河岸の開設を進めるようになった［川名、一九八四：六〇～六七］。つまり、商品経済の発展を背景に商人層は河岸の創設を藩や幕府に求めるようになり、他方、藩や幕府も産業の発展を奨励すると同時に河岸から得られる利益を求めて積極的に河岸の開設を推進していった。この点で両者の利害が一致したのである。

右の第一段階から第三段階へは、前の段階の要素が消失してしまったわけではなく、既存の条件に新たな要素が加わる形で河岸が開設されていったと考えるべきである。それでは、江戸期にはどれほどの数の河岸があったのだろうか。関東地域の河岸の数についてはある程度分かっている。すなわち、一七世紀の終わり元禄三年（一六九〇）には、利根川水系・荒川水系を中心に関東各地で八六、明和～安永期（一七六四～一七八一）に幕府が公認した関東の河岸は一六三（注3）、幕末には三〇〇強あった。全国に河岸（または名称は異なっても同様の機能をもつ川港）がいくつあったかは分からないが、おそらく大小合わせて千を超えていたと思われる［川名、一九八四：五五～五八、一六八～七三／川名、二〇〇七：六～七］。つぎに、全国で河岸の開設が増加していった背景をもう少しくわしく見てみよう。

関東入国当時、徳川氏の領地は伊豆・相模・武蔵・下総・上総・上野の六カ国で、総石高二四〇万石余、うち直轄領分は約一二〇万石で、ここから上がる年貢は、仮に「四公六民」としても四八万石（一石は二・五俵であるから一二〇万俵となる）と見積もられる。その大半は幕府の所在地である江戸に向けて送られた。馬一頭は二俵運ぶのでもし、これだけの米を馬で運ぶと、単純に計算して延べ六〇万疋の馬が必要となるが、これは現実的には調達不可能な数字である［川名、二〇〇七：二五〜二六］。江戸から遠く離れた地方の藩や直轄領は廻米や年貢を海洋船で運んだが、その場合でも海洋船が利用できる港までは、多くの場合河川の舟運を利用した。しかも、年貢は米だけでなく、藩によっては、銭、棉《わた》、荏、漆、雑穀、木材など多様な荷物の場合もあった。これらの荷物を運ぶためにも、舟運の拠点となる河岸の増設は必要であった。

幕府はこうした年貢や廻米を安全かつスムーズに輸送するためと、一七世紀初頭から舟運を利用した国内の河川の沿岸地域と内陸との経済活動の交流を活発化するために、河川の改修や流路の変更、舟路の掘削など大規模な河川改修を推進した。利根川についていえば河口を東京湾から太平洋に移した、いわゆる利根川の「東遷」は最重要の工事であった（第七章、第八章を参照）。しかし、その改修工事の完成を待たずに、寛永期（一六二四〜一六四四）には「河岸」が盛んに新設されていった［川名、一九八四：五〜二〇／川名、二〇〇七：一八〜一九、二八、三二］。

利根川以外の河川でも、一七世紀初頭より角倉了以によって舟運を可能にするための河川の改修工事が各地で始められた。了以は、たとえば慶長九年（一六〇四）には和気川（倉敷川）、同一一年（一六〇六）には京都の大堰川（保津川）、翌年には幕府の命により富士川（鰍沢〜岩淵間の七二キロメートル）と天竜川の改修を、そして同一六年（一六一一）には京都―伏見間に高瀬川を自費で掘削した［丹治、一九八四：七］。こうして全国で河川の改修が行われ、主要河川では舟運の利用が大きく進展し、それと並行して河岸も増設された。

陸路で荷物を運ぶ場合、宿（宿駅）は荷物の運搬用に人馬の常備が義務付けられていた（本章第二節）。最大の東海道で人足一〇〇人、馬一〇〇頭、中山道で五〇頭ほどであった。たとえば江戸に近い佐倉藩の石高は一四万五〇〇〇石で、「四公六民」として五万八〇〇〇（一四万五千俵）石を年貢として江戸に運ばなければならない。それを馬で運ぼうとすれば、延べ七万二五〇〇以上の馬が、人が担ぐとすれば延べ一〇万人以上が必要になる。これは現実的には不可能である。江戸に近い佐倉藩はこれでも負担は軽いが、仙台藩六二万石、南部藩一〇万石、米沢藩四〇万石などは江戸までの陸路で運ぶことはさらに困難であった。こうした現実を少しでも軽減するために、各藩は可能な限り舟運を利用することになり、そのために最寄りの場所に河岸が必要となったのである［川名、二〇〇七：一三〜一五］。

つぎに、江戸期を通じて、特に中期以降に商人荷物が増加したが、その背景には、江戸という巨大な消費都市の出現という状況があった。江戸は、全国から流入する職人や商人などの町人のほか、武家などを加えると、一八世紀初頭には、世界でも最大級の人口を抱《かか》える推定一〇〇万人都市になっていた。この巨大都市が必要とする生活物資は全国各地から調達されていた。さらに、江戸中期以降、各藩はそれぞれの特産品の生産を奨励しており、これらの特産品が江戸などの消費地に送られるようになった。つまり、消費と生産が共に全国規模で増加したのである。

以上のような舟運をめぐる状況の変化は、河岸の発展にどのような影響を与えたのだろうか。これを考える際に重要なことは、海上輸送と河川舟運との連携である。遠隔地の輸送には海上輸送が主要な役割を果したが、海上輸送だけでは十分に機能することはできず、河川の舟運と有機的に連携してはじめて輸送は完結することができた。というのも、日本の港の多くは河口に位置しており、河口は河川舟運の起点であり終点でもあったからである。言い換えると河口の港湾都市は、海上交通と河川交通とを同時に兼ねている特殊な「河岸」であったともいえる。興味深いことに、スマトラ島の「パンカラン」も古くは「川港」を指していたが、現代インドネシア語では海に面した港を指すようになっている［大木、一九八一：六三六〜三七］。

さて、海上輸送を担う海洋船は、海に面した港に寄港することになるが、そこで降ろされた荷物は港の周辺だけで消費されるわけではなく、舟運を利用して内陸の後背地に近い河岸まで運ばれ、そこから陸路で内陸の消費地に運ばれた。同様に、内陸で生産されたその土地の移出品は陸路で最寄りの河岸まで運ばれ、そこから舟運を利用して河口の港に運ばれて海洋船に積み込まれて遠隔地へ運ばれた。このように遠隔地間の物資の輸送は、海洋船による海上輸送と河川の舟運とが有機的に接合されて成立する。この輸送過程において河岸は中継点として重要な役割を担っていたのである。海上輸送の発展については以下の第四節で説明するが、その前に、各河岸の内部はどのような構造や機能をもっていたのだろうか。つぎにこれを説明しよう。

河岸が増加した第三段階（承応～寛文期）には、幕府や藩の荷物だけでなく商人荷物も増えたことを指摘しておいたが、この傾向は遠隔地間の流通においてもみられた［川名、二〇〇七：三七］。この変化は、河岸の内部の施設、構造と機能にも影響を与えた。河岸はもはやたんなる人の乗り降りや荷物の積み降ろしをする船着場ではなく、商業活動全般の中心拠点となっていた。江戸初期には、舟運は藩が船主となり直接に運行するか、一部を商人に委託する形が一般的であった。また、河岸には領主の「御蔵」が設けられ、年貢米そのほかの領主荷物が貯蔵されていた。しかし、地元の有力農民の中から、河岸に店を構えたり蔵を建てて荷物を預かったり、さらには自ら船を建造して船主となって自主的に船を運行するなど、「河岸問屋」と呼ばれる豪商が出現するようになった。河岸問屋は、領主の輸送物資だけではなく商人荷物や手工業品などの荷物も輸送し、さらに物資の販売をも行った［小林ほか、二〇〇三：一二二］。河岸問屋の一部は、自分たちの利益を守るために、しばしば領主と結びついていた［川名、一九八四：五六～六三］。

河岸には幕府が公認したものと、そうでないものがあった。利根川水系では明和～安永期（一七六四～一七八一）に幕府は「河岸改め」を行い、公認と未公認の河岸とを選別した。この時、河岸問屋も幕府や領主に公認の申請をし、公認された河岸問屋は河岸問屋株を与えられた。これらの河岸問屋は領主荷物と商人荷物の双方を扱うことができたが、株を持たない問屋はこの「河岸改め」以降「河岸問屋」を名乗ることができなくなり、原則として荷揚げと駄送だけを行う「荷宿」としての業務に限定された［渡辺、二〇〇二：一三五〜三六］。ただし、荷宿の実際の業務内容は以下に触れるように、河川や河岸ごとに異なっていた。

利根川水系についていえば、明和八年（一七七一）、幕府が河岸改めを行った際に公認された河岸問屋は、河岸問屋株を与えられた代わりに毎年幕府に「運上」（一種の税金）を納めることとなった。河岸問屋はしばしば村（町）役人も兼ねており、政治的にも社会的にも河岸を牛耳っていた。さらに、彼らは既得権を守るために「新道新河岸新問屋」（新しい輸送路、新河岸、新河岸問屋）を拒否する特権を与えられた［川名、一九八四：八七〜八八、一〇五〜一〇六］。しかし、これらの特権に対抗して、新たな輸送ルートを開拓する商人や運送業者と公認の河岸問屋との抗争が頻発するようになった（第七章第三節、第四節参照）。

商業取引の拠点としての河岸は、移入品や移出品の売買をする店や取引市場、荷物を一時に保管しておく蔵宿、藩や武家荷物を保管する蔵屋敷、各地の商人が河岸を訪れるようになるため、彼らが泊まる旅籠や茶屋など、備えるべき施設が次第に増えていった。一般の蔵や蔵屋敷の所有者の中には、ただ物資を保管するだけでなく、配送や商品の売買を行う者もいた［小林ほか、二〇〇三：一二二］。このほか河岸における重要な施設として「荷宿」があった。すでに述べたように利根川水系で荷宿に認められていたのは荷揚げと駄送だけであった。しかし、北上川流域の河岸の荷宿は、それらに加えて、荷主、船持と問屋との間に立って商品の売買を斡旋し、また船に必要な用具や食料品を供給し、一部運送なども引き受ける、河岸にはなくてはならない商業施設であり、その経営者であった。荷宿は多くの場合倉庫を持ち、倉庫には上り荷、下り荷が積まれ、商人の出入りが多く、荷車や馬がたえず往来していた。これにたいして利根川下流の布施河岸そのほかの河岸では、荷宿は本来の業務である船着場での荷物の陸揚げと駄送などを行っていた［水沢市、一九八一：八九六〜九七／丹治、一九八四：六五、七二〜七三、七六］。

全ての河岸ではないが、北上川や最上川の一部の大きな河岸には造船所が併設されていた。こうした施設とは別に、河岸には河岸問屋、一般商人、船を所有し荷物を運ぶ船持、馬を所有して駄送する馬持、荷物の運送を業とする荷問屋、船頭、水主、小揚人足（荷物の揚げ降ろしをする日雇い人）、渡舟を操る渡守、船に乗り遅れた旅人を「所はしけ」と呼ばれる小舟に乗せて追いかけて乗り継がせる老人や子供もいた。このほか、医師、職人、髪結い、座頭などのサービス業、旅人や船頭、小揚人足の衣類や仕立てをする女性、河岸によっては遊女などもいた（第八章を参照）［川名、一九八四：八三〜八五／横山、二〇〇一：一〇七］。ほとんどの河岸が江戸期を通じてその地域の商業中心地として町や都市に発展していったのは、ごく自然の成り行きであった。とりわけ、海上ルートと河川ルートが出合う港町（たとえば酒田や石巻）は、それぞれの地域の主要な都市に発展していった。農村社会の中に生まれた、このような河岸の姿を川名氏は「農村の窓」あるいは「村の中の町」と表現したが［川名、一九八四：五八／川名、二〇〇七：九七］、実に的確な表現である。これを筆者の枠組みで表現すれば、河岸は農村社会の中に生まれ都市的機能を果たしていた「局地的経済圏」の核であったといえる。

農村社会に経済圏が形成される契機となったのは河岸の存在だけではない。城下町、門前町、宿場町なども何らかの経済圏を形成した。河岸と城下町とがやや特殊な形で結合した事例として山形について紹介しておこう。本書の第六章で検討するように、山形は内陸の村山地方（山形盆地）に位置し、大きな人口をかかえる城下町である。しかし、山形は孤立し閉鎖的な地域社会であったわけでない。実際には最上川流域の隣接する二、三の河岸と陸路で密接に外部と連絡をしていた。すなわち、広大な山形盆地は紅花、米やそのほかの全国市場向け農産物の一大生産地であると同時に、山形城下町と周辺の農村地帯は、外部から移入した商品の大消費地でもあった。この意味で城下町を含む山形盆地は、たんに隣接する河岸の後背地であるというより、山形がそれらの河岸を「外港」として利用する関係にあったとみるべきである。いずれにしても内陸の村山地方は、商品の移出と移入の両面において、隣接する「外港」としての河岸と合わせて一つの経済圏を形成していた。この経済圏は、本書の第一章（図1－2）のモデルで示した、個々の河岸を核として形成された最小規模の「局地的経済圏」＝「局地的生活圏」よりさらに広い地域に展開しており、この意味では「地域的経済圏」＝「地域的生活圏」であったといえる。

第四節　河川舟運と海上交通の発展

（一）河川舟運と海運との結合

舟運が発展するためには、二つの解決しなければならない技術的・物理的な問題がある。第一に、河川には浅瀬・急流・岩礁・滝など、舟運にとって障害となる地形的・物理的な障害があり、これらの障害を取り除くためには流路の変更や舟路の掘削など、いわゆる河川改修が必要であった（本章第三節参照）。第二に、河川の舟運は河川ごとに単独で完結したわけではなく、それぞれの河川の流域の物流がそれ以外の地域と有機的に結びつく必要があった。これは現実には海上交通が担うことになるが、そのためには、遠隔地間の海上航路の開拓と確立が不可欠であった。日本において河川の舟運は近世以前にも行われていたが、それはまだ日本全体の人と物の移動からすると一部にすぎなかった。一方、海外との海上交通は、すでに室町時代には幕府の許可を得た御朱印船による対外貿易が発展していた。これにたいして国内の海運は、大坂・堺から瀬戸内海を経由して山陰から北陸にかけて不定期で部分的に行われていた。しかし、海運が安全でかつ効率的に行われるためには、日本全体の海上交通が互いに連結し連動する必要があった。この問題は、一七世紀後半に解決されたが、その経緯をみておこう。

まず元和六年（一六二〇）までに、大坂と江戸を結ぶ菱垣廻船航路が拓かれた。これ以後一七世紀後半に幕藩体制が確立すると、全国規模での海運が整備されるようになった。主要航路の一つは寛文一一年（一六七一）、

図３−３　江戸時代の海上航路と主要港

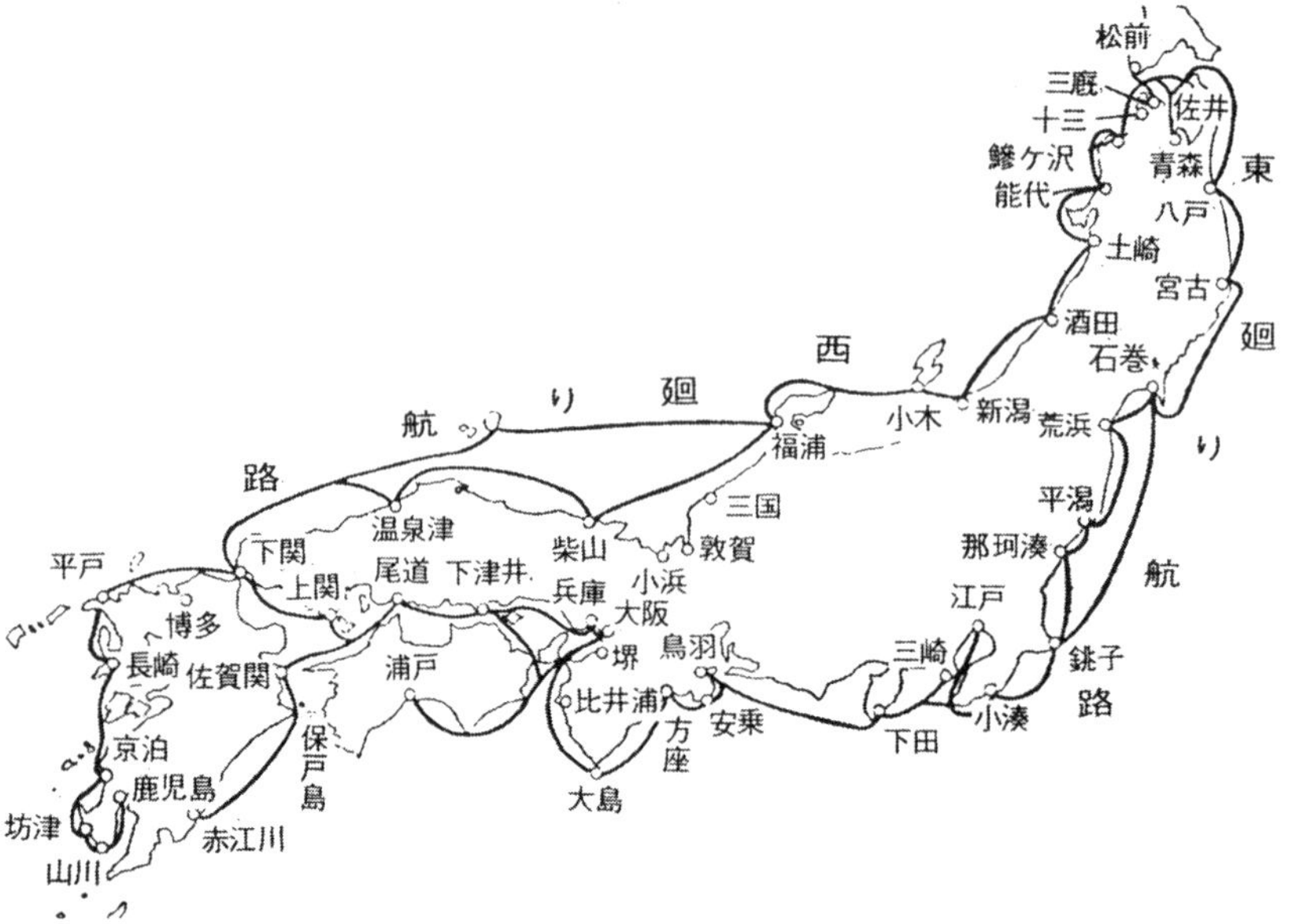

［北上市立博物館、2009:6］

河村瑞賢が幕府の命により開拓した「東廻航路」であり、これは日本海側の酒田から津軽海峡を経て、太平洋側の石巻・荒浜を経て江戸に至る航路であった。そして、すでに江戸と大坂を結ぶ航路は菱垣廻船によって開拓されていたので、「東廻航路」によって、酒田—江戸—大坂までの海上ルートがつながったことになる。もう一つの主要航路は「西廻航路」であった。「西廻航路」は、庄内・村山地域の官米を江戸に輸送するために、酒田から日本海沿岸を西下して下関海峡を経て瀬戸内海から大坂に至り、さらに紀伊半島を迂回して江戸へ輸送する航路である。これも幕府の命により河村瑞賢によって寛文一二年（一六七二）に開拓された航路である。この東西航路の確立によって、すでに確立していた大坂—江戸間の航路と合わせると、日本全体が一周ぐるりと海上交通の全国ネットワークで結ばれることになった（詳細は第六章第一節参照）［土屋・増渕、二〇〇三：一七七～八〇］（図３−３を参照）。

　海運ネットワークが全国規模で整備されたことにより、個々の河川の舟運はこのネットワークと有機的に接合され、飛躍的に活発化した。というのも、河川舟運の起点であり終点である河口はしばしば海上交通の港でもあり、河川を舟運で下った荷物を西廻りであれ東廻りであれ、以前よりはるかに容易に江戸にも大坂にも送ることができるようになったからである。巨視的にみれば、東西廻航路の開拓によって、日本全体が一つの大きな経済圏に包摂されるようになったと同時に、各地方に網の目のように張り巡らされた舟運のネットワークが海上交通によって全国のネットワークに接続されるようになった。各河川の河岸の創設が活発になったのも、このような交通運輸体系の変化を反映していた。河川の舟運と海上交通とは手と手を取りあって、一方で日本全体を視野に入れた遠隔地取引を活発化させ、他方で沿岸部と内陸部との経済交流を劇的に増加させたといえる。近世以前の河川舟運の利用は、その流域の支配が分断的であり、全国的な市場が未発達であったから、上流から下流まで一貫して就航する通船はほとんどみられなかった。それが近世になって幕府権力のもとに統一的な流通機構ができたことにより、河川舟運は内陸における物資輸送にとって飛躍的に重要な役割を担うことになった。実際、江戸中期以降に発達した商品農作物が大きく発展した場所は、水運に便利な地域か、中央市場に近い地域に集中していた事実は、これを物語っている［横山、一九八〇：一〜三二］。つぎに、陸路、河川の舟運、海運の輸送費を比較してみよう。

（二）輸送費の比較：陸路・河川舟運・海運

これまでも、舟運による荷物の輸送が陸路での輸送と比べて、いかに効率的で費用も安いかを繰り返し言及してきた。ここでは荷物の輸送費を、舟運を利用した場合と陸路（実際には牛馬を使う）の場合とをいくつかの事例で比較してみよう。陸路の場合、牛馬の背に乗せて運ぶが、資料では牛か馬のいずれであるかを明記していない。陸路の輸送コストが「駄賃」という言葉で表現されていることからも分かるように、特に断らないかぎり、本書においても陸路の輸送は馬による輸送として記述する。

まず、馬の背で運ぶ陸路の運送賃（駄賃）を、一駄（ただし、その実際の重量には多少の違いがあった）を一キロメートル運んだ場合の駄賃と船賃で比較してみよう。寛政四年（一七九二）に利根川中流の下総国布施（現・柏市）から加村・流山までのおよそ一二キロメートルの駄賃は、一駄（この場合は一三五キログラム換算）当たり一七四文、したがって一キロメートル当たり一四・五文であったが、加村から江戸までの船で三二キロメートルの輸送賃は一駄一二六文であったから一キロメートル当たり四文弱であった。つまり、舟運の輸送コストは陸路の三分の一以下であったことが分かる。ほかの例で輸送費をみると、天明六年（一七八六）、奥州白川から太平洋岸の平潟港まで陸路で一三里三〇町（五四キロメートル）の駄賃は、一駄（この場合米二俵＝一二〇キログラム換算）当たり四九一文であったから、一キロメートル当たりの運賃は九・一文であった。また、寛政四年（一七九二）、倉賀野をはじめ利根川上流の河岸から江戸まで一六〇キロメートルを船で運んだ場合の運送賃は、米一駄につき二〇〇文であったから、一キロメートル当たり一・二五文という安さであった。輸送の条件が異なるので厳密にいえば正確な比較ではないが、大雑把な目安として、一駄・一キロメートル当たりの輸送費を単純に比較すると、右の例では陸路を駄送した場合一四・五文と九・一文であり、舟運を利用した場合は四文と一・二五文であったから、いずれにしても舟運による輸送が駄送よりはるかに安かったことは確かである［丹治、一九八四：九〜一二］。また、細かな数字は分からないが、最上川流域では、船の輸送コストは馬で運んだ場合の四分の一以下であった。舟運のコストがこれほど安かったのは、いうまでもなく船の輸送能力が馬よりはるかに大きいからである。この差を考えれば、可能な限り舟運を利用しようとしたのは必然であったといえよう［横山、一九八〇：三］。しかも、運送距離が長くなればなるほど、舟運と陸路での輸送費の差は大きくなっただろう。

舟運と駄送の輸送コストを比較すると、舟運が圧倒的に有利であったが、ここで、右の舟運の運送賃は川を下る時のものであったという点に注意しなければならない。船は川を遡航する場合、日数は下りよりも多くかかったし、急流や難所では陸から綱で曳き上げてもらう必要があったから、輸送賃はその分高くなった。残念ながら、右に示した利根川経由の舟運の輸送賃について、遡航の日数と一駄当たりの輸送賃の記録は得られなかったので、この点にかんしては現在のところ結論を保留せざるを得ない。しかし、遡航といえども全行程を綱で曳き上げてもらったとは考えられない。本書の利根川の例（第七章第二節）でみるように、帆の設備をもった船は追い風を利用して帆走したり、竿の操作で遡航することもあった。いずれにしても、部分的に綱で曳き上げる費用を含めても、舟運による物資の輸送は陸路を馬で運ぶよりはるかに効率的で安かったと考えて差し支えない。藩にとって、舟運の中心は大量の年貢米や廻米を河口の港まで運ぶことであったから、その場合の舟運の有利さは明らかである。いずれにしても、運ぶ荷物の量が多くなれば（たとえば米を五〇〇俵）、牛馬の調達が難しくなるし、木材のように重いだけでなく嵩張る荷物は牛馬での運搬は困難で、筏に組んで川を流すか船で運ぶ方法が現実的であった。

輸送費は、河川や陸路の状況、利用可能な人や家畜の数など、さまざまな条件によって異なるので一般化することは難しい。そのうえで、駄賃、川船、海船のコストを比較した試算がいくつかある。たとえば藤沢氏が引用している古島敏夫氏の試算では、同一距離にたいする運賃比較は駄賃・川船・海船賃は二五対二・三対一の比率であった。また鈴木直二氏は、同じく同一距離の輸送では二八対七対一の比率であった［藤沢、一九五五：七二］。さらに別の試算によれば、安い順に海上輸送を二・五とすると、河川舟運の輸送費の比率は一〇：駄送七〇となる。言い換えると、同一輸送費で運ぶことができる距離は、七〇里：一〇里：二・五里に匹敵するとされている［横山、一九八〇：三］。これらの試算にかんして、具体的な条件やコースが異なるので正確な比率であるとは断定できないが、いずれの試算においても、陸路の輸送に比べて海上輸送と河川舟運による輸送賃の方が圧倒的に安かったことだけは確かである。これはいうまでもなく、船の積載量あるいは運搬能力が非常に大きいからである。米そのほかの食料、手工業製品などが中央市場に運ばれる場合、その輸送には可能な限り水運（河川舟運と海運）が利用されたことは当然である。

結語

この第三章は、舟運の基本構造を河川ルートの概要、川船、河岸、河川舟運と海上交通との接合、旅程と運賃という五点から検討した。本書で河川ルートという場合、河川だけでなく、それと連結した陸路、さらには舟運とは直接の関連はないが、川沿いの陸路を含む、広義の「河川ルート」を指す。ただし、実際問題として河川ルートは、舟運路と陸路とが有機的に結合した場合に、荷物の輸送や人の移動手段として有効となる。したがって、多くの河岸が舟運路と陸路とが交差する場所に設けられたのは偶然ではない。河岸は商業中心地として人と物の集散の場である。つまり、河岸に荷揚げされた移入商品は、そこからさらに周辺地域へ運ばれ、また周辺地域はそれぞれの産物を河岸に持ち込んだ。この意味で、河岸の重要な機能の一つは、局地的経済圏（局地的生活圏）の中核として機能し、時には複数の局地的経済圏が一体となって広域の地域的経済圏（地域的生活圏）を形成した。流域に存在する局地的経済圏は、全体として流域経済圏（流域生活圏）の一部を構成した。そして最後に、流域経済圏は、舟運の起点でもあり終点でもある河口都市を経由して海上交通と連絡し、それによって全国的経済圏（全国的生活圏）を形成した。この全国的経済圏の形成は、全国を河川舟運と海上交通によって結合させるという側面と、地域ごとの分業化という側面とが同時進行したことによって成立したのである。なお、舟運の発展は物だけでなく人の移動をも促進し、それが流域文化圏の形成に重要な役割を果たした。しかし、人の移動と文化圏形成との関係は河川ごとに大きな違いがあるので、それについては第二部で河川ごとに説明する。

【注】

（注1）律令時代のいわゆる「五畿七道」については、本書第二章第四節の（三）を参照。

（注2）江戸時代の重量は、藩や地域、さらには品目によって異なったのであくまでも参考の数値として示しておくと、一駄は馬一頭が運ぶことができる重量のことである。その重さへの換算率は、宝暦一三年（一七六三）の規定では二八貫（一〇五キロ）であったが、文化一三年（一八一六）には三〇貫（一一二・五キロ）と定められた。しかし、これはあくまでも原則で、実際には運ぶ物、場所、年によって異なった。牛馬がまだ運送に大きな役割を果たしていた明治六年（一八七三）には中央馬会社は一駄三二貫（一二〇キロ）と定めたが、それでも運ぶ物によって二五貫から三六貫まで大きな差があった［文化庁、一九七七：二七、三〇、一一〇］。

（注3）この一六三の河岸は、明和〜安永期（一七六四〜一七八一）に幕府が行った［河岸吟味］で公認されたもので、その全リストは、［川名、一九八四：二一二〜一五］でみることができる。

第四章　舟運と「塩の道」――「塩経済圏」と「塩生活圏」の形成

はじめに

かつて、アジア大陸の東端の中国世界と、ヨーロッパ・中央アジアなどの西方世界との間で超遠隔地交易が行われていた。この交易路では、ラクダの背に乗せて東西の文物が交換された。とりわけ西の世界から熱狂的に求められた中国産の絹にちなんで、この交易路は「絹の道（シルク・ロード）」と呼ばれた。他方、ロバの背に乗せてヒマラヤ山中に塩を運んだいくつものルートや、ラクダの背に塩を乗せてサハラ砂漠を横断する遠隔地交易ルートもあった。「絹の道」「シルク・ロード」のひそみに倣っていえば、後者は「塩の道」「ソルト・ロード」といえるだろう。

絹も塩も、欲しい人、必要とする人にとっては重要なものであった。このため、絹も塩も長い道のり、長期の移動、そして過酷な気候条件を乗り越えて取引されたという点では共通していたが、決定的に異なる性格をもっていた。すなわち、「絹の道」で運ばれた品は、王侯貴族や富裕層などのエリート層が渇望した贅沢品であり、その交易路は、いわば「王侯貴族の道」であった。これにたいして塩は、生物としてのヒトの生存にとって不可欠な食品であり、したがって全ての人びとの生活にとって必需品であった。王侯貴族との対比でいえば「塩の道」は「民衆の道」、あるいは「生活の道」といえる。古来、身近に塩を産しない地域の人びとにとって、塩を安定的に確保することは死活にかかわる最重要の課題であった。おそらく塩の交易は、人類の交易史において最古の一つであろう。

記録にはないが、日本における塩の交易も非常に古くから存在していたと考えられる。たとえば、『海幸彦山幸彦』という話は『記紀』（『古事記』と『日本書紀』）において、天孫族と隼人族との闘争を神話化したものとされているが、昔話としては、釣り針と弓矢に象徴される海の幸と山の幸との原初的交換形態としても理解できる。その場合、海の幸の代表は「塩」であったとも考えられる。ただ、この民話ではどのようなルートで交換が行われていたかは問題にならないが、日本の「塩の道」はサハラ越えやヒマラヤ山中への塩の運送路とは比較にならないほど短いものの、塩を媒介とした交易は非常に多様である。すなわち、内陸地域は沿岸地域の塩や海産物を必要としている一方、沿岸地域も内陸のさまざまな生活物資（食料、薪炭、森林産物、鉱物など）を必要としていた。日本における主要街道が権力者によって政治・軍事的目的のために作られた「権力者の道」だとすれば、この塩を運ぶ「塩の道」もまた「民衆の道」「生活の道」と呼ぶことができる。

本章では、河川の舟運を通じた「塩の道」を扱うが、ここでつぎの点に注意しなければならない。すなわち、「塩の道」という表現から、一本の塩の流通路を想像しがちである。しかし、実際の「塩の道」は大小さまざまなルートから成っており、本書においては、それらをまとめて「塩の道」と考えている。つぎに、「塩の道」の交易ルートでは、塩だけが運ばれたわけではない。以下に述べるように、「塩の道」も河川ルートにおける一般の交易ルートと同じであるが、塩は生きてゆくうえで不可欠な物資であるという点で、ほかの一般的な食品とは異なる。このため、一般の物資の輸送ルートとは異なる「塩の道」という特別な名称が与えられている。これは、日本に限らず世界のあらゆる場所で、塩というものが特別な重要性をもっていたことを示している。以下に、まず「塩の道」の歴史的背景から説明しよう。

第一節　「塩の道」の歴史的背景と意義

塩は嗜好品や調味料という意味合いを超えて人びとの生活にとって、大げさにいえば生存にとって絶対に欠かせない特殊な食品である。動物は生命を維持するために塩を必要としている。その理由はいくつもあるが、最も重要な役割は、塩を構成しているナトリウムがカリウムとセットになって体内（細胞）の浸透圧のバランスを維持することである。さらに消化酵素や神経伝達物質の材料としても塩は不可欠である。日本において、縄文時代（約一万年前）には漁労や狩猟が中心で、ナトリウムは動物の骨や肉から摂取できた。しかし二世紀以降に農耕文化が始まると、植物性の食物が大きな比重を占めるようになった。植物性の食物は一般にカリウムが多くナトリウムが少ないので、別途、塩分を補充する必要が生ずる。ところが日本には岩塩がないので、内陸の人たちは塩を海に面した沿岸地域から手に入れる必要に迫られた。こうして、内陸と沿岸地域との交易ルートが自然発生的に形成された。この「塩の道」は、日本では律令国家の時代に河川に沿って作られ、それが文化の伝播路にもなっていた［村上、一九八八：一三七～四二／宮本、一九八八：四七～四八／平島、一九七五：四四～四五］。

塩は人間の体の生理的なバランスを維持するために必要であるだけでなく、食料の保存という点でも必要不可欠であった。日本の内陸は山地が多く、冬は気温が低くなるため野菜や穀物などの食料の生産が困難である。このため、春から秋までに採れた野菜などを、冬を越して翌年の春まで保存するために「漬物」の形で塩蔵する必要がある。野菜だけでなく、魚も肉も保存には塩が必要であった。さらに味噌や醤油という日本人にとって欠かすことのできない食品にも塩は不可欠である。日本には、ごく例外的に塩水が湧き出る「熱塩温泉」（福島県会津若松地方）や、天竜川沿いには「大塩」という場所があって、そこでは塩水を煮詰めて塩を採っていた。しかし日本全体としてみれば微々たる量であり、内陸の人びとは基本的には沿岸部で生産された塩を入手することになる。

ところで、近代以前の日本人は年間でどれほどの塩を必要としていたのだろうか。これについては地方により多少の違いはあったが、たとえば中国地方の内陸地域では次のような状況であった。すなわち、六人家族で一年間に四貫俵六俵（九〇キログラム）で、用途別の内訳は、漬物用が四俵（六〇キログラム）、味噌用一俵（一五キログラム）、その他醤油・料理用に一俵（一五キログラム）であった［富岡、一九七七：七〇（注14）］。これらの数字から、全必要量の三分の二は漬物用であったことが分かる。

塩の取引は、それに付随したいくつかの取引を含んでいた。最も単純な場合でも、塩を運んだ商人（または商人に輸送を委託された業者）が塩を売った後で、まったく手ぶらで帰ることは考えにくい。実際にはさまざまな物資と交換したり、売って得た代金でその土地の物産を買い付けて戻ってくることが普通だった。また、塩商人は塩だけをもって内陸に入ったとは限らない。とりわけ舟運を利用する場合、塩のほかに、沿岸部の海産物やさまざまな手工業品、日用雑貨、肥料などを一緒に運ぶことの方が多かった。つまり、塩の交易もほかの商品の交易と同じで、原則として往復取引なのである。この意味で塩を媒介とした取引は、沿岸地域と内陸地域との間で交わされた、もっとも基本的な交換形態であったといえる。それでは、「塩の道」とは具体的にどのようなものだったのだろうか。

生活必需品である塩が運ばれてゆく目的地とは、一定の人口の集積があり、塩の需要がある内陸の場所ということになる。具体的には沿岸から広がる広い平野の奥地、内陸の盆地、河川が切り拓いた広い谷筋、扇状地などである。塩は重い商品だったので、これらの内陸地域に運ぶために、河川の舟運が可能であればできる限り利用するが、河川の舟運が利用できない場合には、塩は牛や馬の背に乗せて運ばれるか、さらに牛馬さえ使えない場合には人が背負って運ばなければならなかった。このように、さまざまな塩の運搬方法がある中で私見のかぎり最も多かったのは、運べるところまで舟運を利用し、そこから牛馬や人の背で運ぶという、舟運と陸路の組み合わせであった。つまり、多くの「塩の道」もまた、広義の河川ルートを利用する場合が多かったといえる。なお、後に具体的にみるように、馬を使うか牛を使うかは、それぞれの陸路の状態（平地か凹凸のある山地か）や、当該地域でどちらの家畜のほうが得やすいか、途中の馬宿や牛宿が利用できるか否か、輸送距離が短距離か長距離かなど、それぞれの地域の実情を勘案して選択された。

塩の取引を核として、これらの内陸地域と沿岸地域とを結ぶ舟運や陸路の流通ネットワークが「塩の道」で、そのネットワークによって形成される地域社会を「塩経済圏」と呼ぶことにする。「塩経済圏」はたんに塩の流通圏という側面だけではない。そこには、この取引に直接たずさわる商人や運搬者（船や馬の運用者）、塩を必要とし消費している内陸地域の人びと、内陸地域の移出品を生産する人びとなど、人の交流と生活があった。この意味で「塩経済圏」は、これら全ての人の営みが長い歴史的年月をかけて作り上げてきた「塩生活圏」でもある。ちなみに、こうした面も含めた「塩経済圏」という言葉は筆者の造語である。そして、「塩経済圏」を、そこで売買にかかわっている商人の側からみると、それは塩の「商圏」ということができる。「塩経済圏」は、通常の経済圏と同じように、「局地的塩経済圏」→「地域的塩経済圏」→「流域塩経済圏」と三つのレベルを想定することができる。

以上を念頭に置いて、以下、日本の「塩の道」を説明してゆく。ただし北海道については、舟運と「塩の道」の実態を伝える資料はほとんど見いだせなかった。日本の中でも東北地方と中部地方（特に長野、岐阜県）は、海からの距離（隔海度）が大きく、それだけ塩を入手するルート、つまり「塩の道」を確保する必要性も大きく、多様な「塩の道」が発達した。中国地方は、陸地の幅が狭く隔海度が小さいうえ、瀬戸内海に面した山陽はそれ自身が塩の最大の生産地である。それでも内陸には城下町を含む盆地の都市や谷筋に多くの集落があるため、舟運を利用した「塩の道」が発達した。山陰は地元の塩、日本海沿岸のさまざまな場所から搬入された塩、瀬戸内へ海運で運ばれた塩や瀬戸内産などの塩が、瀬戸内から河川の舟運を利用して北の脊梁山脈に向かって運ばれるなど、複数のルートがあった。しかし、四国と九州にかんしては、あまりくわしい事情は分からなかったので、これらの地域については若干の「塩の道」を紹介する程度に留めざるを得ない。

時代的には、資料や情報の制約から近世（江戸期）以降、明治初頭までとする。その理由は、第二部で説明する河川ルートの場合と同様、それ以前の時期については実態が分からず、明治以降には鉄道と自動車による運輸が登場し、塩そのほかの物資の輸送において、舟運は徐々に衰退していったからである。つぎに「塩の道」を地域・河川ごとに検討しよう。

第二節　河川ルート別「塩の道」

まず、日本全国の「塩の道」の地図（図４－１）とその概略を示しておこう。この図から、日本の主要な河川のほとんどが舟運に利用され、それが同時に「塩の道」となっていたことが分かる。しかし、実際には小河川においても塩を運ぶために舟運は利用された。さらに、内陸の町や都市の多くは「塩の道」上に位置しているか、河川の合流点で、かつ舟運にとって重要な河岸でもあった、ということも分かる。河川との接点をもつ「塩の道」のほか、河川とは関係なく一見陸路だけにみえる「塩の道」もあったが、それらもしばしば河川の「塩の道」や河岸とどこかで合流していることが多い。以上を念頭に置いて、地域ごと、河川ルートごとの「塩の道」をみてみよう。ただし、全ての「塩の道」を記述することはとうてい不可能なので、以下では、各地域の代表的な「塩の道」を取り上げるに留める。塩には、それぞれの地域で生産された「地塩」もあったが、江戸期の、とりわけ海運が発達した段階では、全国規模の塩の流通は、最大の製塩地域である瀬戸内塩が海上輸送で遠方まで運ばれ、そこから河川の舟運を利用して内陸各地に運ばれることが多かった（注１）。まず、東北地方北部の塩の道から

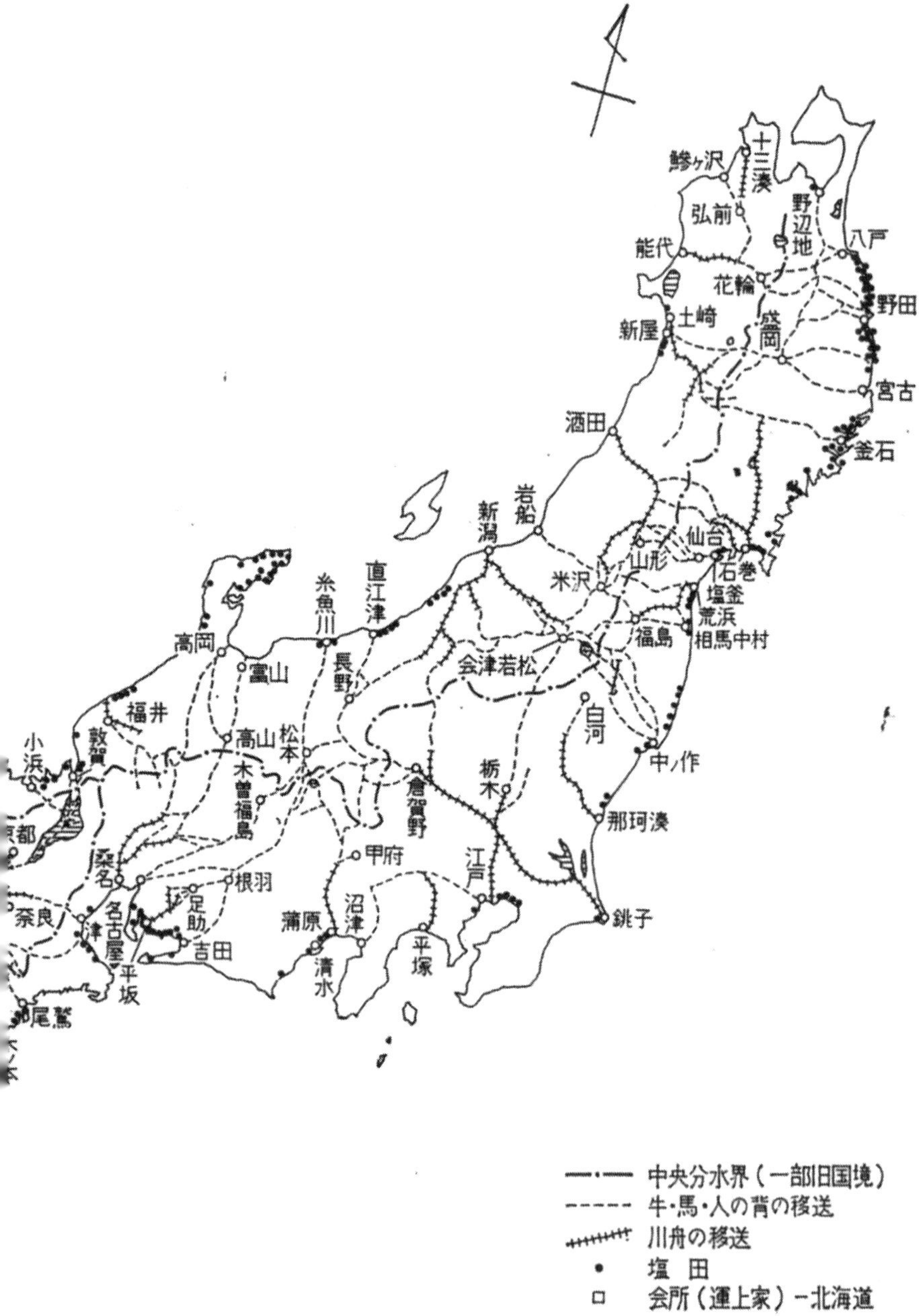

［富岡、1983:vi-vii に加筆］

図４−１　全国の主要な「塩の道」

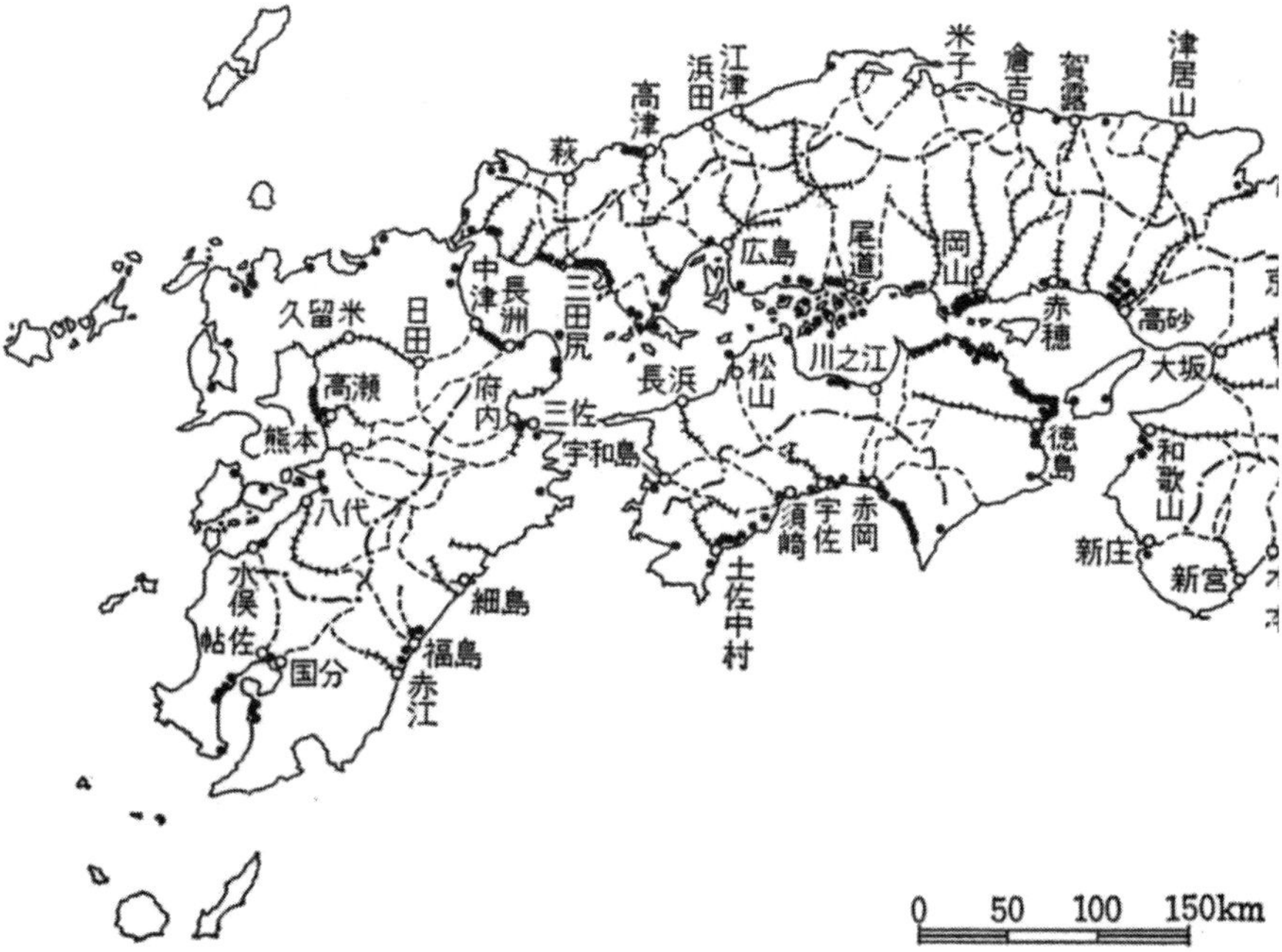

説明しよう。

（一）東北地方の「塩の道」

東北地方にはいくつもの「塩の道」があった。それらは北から、青森県の岩木川ルート（十三湊—弘前）、秋田県の米代川ルート（能代—大館）、雄物川ルート（土崎・秋田・新屋—大曲—角間川町）、最上川ルート（酒田—山形）、北上川ルート（石巻—一関—盛岡）、阿武隈川ルート（荒浜—福島）など河川の舟運をともなう重要な「塩の道」であった。それぞれのルートのカッコ内に示した最後の地名は、そこが終点というわけではなく、上流部にあり、河岸を持つ主な都市である。塩はそこから小さな舟に積み替えられてさらに上流や支流へ舟で運ばれるか、あるいは陸路で牛馬によって近隣の地域に運ばれた。これらの「塩の道」の中で以下では、雄物川ルート、最上川ルート、そして北上川ルート、阿武隈川ルートにふれ、そのほか、複数の河川と陸路が結合した複合的な「塩の道」の事例として、米沢盆地と会津盆地への「塩の道」について説明する。ただし、最上川と北上川ルートの舟運全般については第五章と第六章でも検討するので、これらのルートについては「塩の道」との関連でのみ扱うことにする。

東北地方で雄物川ルートや最上川ルートを経由して内陸に運ばれた塩は主に瀬戸内産のもので、江戸時代の中期から明治期までは瀬戸内海から下関を経て、さらに日本海を北上して北海道までゆく北前船で運ばれた。北前船が立ち寄る河口の港町には、たとえば酒田のように塩問屋があって、そこからは最上川の舟運で流域各地に運ばれた。また、北前船は新潟や秋田あたりの港では米一俵と塩二俵を交換するのが相場であったらしい［平島、一九七五：八六〜八七、一一八〜一一九］。北前船が運ぶ塩一俵の標準的な重さは一四貫（五二・五キロ）であったが、実際には場所や時によって異なる場合もあるので、そのつど確認する必要がある。以下に、雄物川ルートから検討しよう。なお、この第四章では、特に断らない限り、江戸期の状態を示すものとする。

雄物川ルート

東北地方北部の日本海に面した地域では気温と日照不足から塩田は発達しなかった。このため、雄物川ルートで運ばれた塩の大部分は、瀬戸内（坂出、三田尻浜、赤穂）の塩田で作られたもので、そこから船（いわゆる千石船）で河口の土崎港まで運び、そこで陸揚げされるか（この場合は水路または陸路で秋田―新屋に運ばれる）、あるいは直接に河口の新屋港で陸揚げされた。こうして陸揚げされた塩は、比較的大型の船で遡航限界の角間川町まで運ばれた。そこからは小型の舟に積み替えられて上流や支流の諸地域に運ばれ、最終的には人口が多い横手盆地の各地で販売された。

海上を運ぶ大型船は、一俵平均一四貫（五二・五キログラム）の塩俵一〇〇〇俵、中型船でも三五〇俵、小型船は一二〇〜一五〇俵、平均五〇〇俵を積んだ。雄物川流域で最も重要な中継港は角間川町であった。ここは支流の横手川が本流の雄物川と合流する場所に位置する交通の要衝で、上納米を集める役所があり、富豪や地主も多く住んでいた。この地が横手盆地への塩の搬入口になっていたと同時に、上流地域の上納米の搬出港ともなっていた。塩は冬の間の食べ物の保存（塩蔵）に必要であったが、角間川町においては、一一月から翌年三月までは気象条件が悪く海上も河川も水運が利用できないため、その前に塩を買い込んで、倉庫に貯えておく必要があった。土崎港に船が入った時には塩の価格は下がるが、何らかの理由で船が入らないと価格は一・五倍、あるいは二倍に跳ね上がることもあった［田中、一九五七：一六〜一八］。つぎに、北上川ルートを見てみよう。

北上川ルート（地図は第五章の図5－3を参照）

北上川は奥羽山脈を挟んで最上川の東側を北から南に流下する、東北地方の主要河川であり「塩の道」であった。北上川の「塩の道」は、河口の石巻から盛岡までの本流および一部の支流、そしてそれらの川に接続する陸路から成っていた。江戸時代、石巻地域は仙台藩（伊達藩）に属しており、中流域は田村領（仙台藩の支藩）、上流は南部藩（盛岡藩）であった。ただし、石巻が塩の出入り口となっていたので、そこには田村屋敷（一関屋敷）と南部屋敷があり、それぞれ藩の役人が駐在して塩や米そのほかの移入品と移出品を取り扱った。石巻弁が仙台弁より南部弁に近いのは、これら南部藩との人的交流が密接であったことを示している［田中、一九五七：五〇］。石巻から運ばれる塩の一部はさらに牛馬や人の背で秋田方面に陸路で送られ、その場合の交換比率は塩一俵（この場合一俵は二斗＝二六・二キログラム）につき稗《ひえ》二俵であった。ただし、「稗二俵」はどれほどの量なのか具体的には示されていないので正確には分からない［平島、一九七五：一二七〜三〇］。

　北上川では石巻と盛岡間の一二〇キロメートルに艜船や高瀬舟が航行していたが、下流と中流では一五〇石（二二・五トン）積みの艜船が、上流では一〇〇石（一五トン）積みの高瀬舟が使われていた。北上川の下流・中流と上流との分岐点は黒沢尻河岸であり、ここで塩俵を梱包し直して別の船に積み替えた。石巻から上流に送られた塩は大きく二種類あった。一つは、地塩（「場塩」ともいう）で、石巻周辺の渡波（石巻東方）や野蒜（石巻西方）と荒浜（阿武隈川河口）で作られた〝仙台塩〟である。しかし、地元の塩だけでは足りないので、斉田（現・鳴門市）や赤穂の塩も大型の千石船で石巻まで海上輸送された。石巻では、塩俵の一俵は四斗（一四貫＝五二・五キログラム）入りが標準であったが、石巻から上流に向かっては、六貫俵、四貫俵、三貫俵など小さな俵に梱包し直して運ばれることが多かった。たとえば、艜船は一俵五貫三〇〇匁（二〇キログラム）の俵を三〇〇俵ほど積んでいた［平島、一九七五：一二七〜三〇］。このように、資料で何俵と書かれていても、一俵あたりの重さは場所や梱包方法により異なったので、それが何貫かが示されていないと正確には分からない。なお、明治期に鉄道輸送が開始されると、黒沢尻が舟運の最上流点で、それより上流に上がる船はなくなった［田中、一九五七：四九〜五二］。

　北上川流域で上流域に運ばれた年代がはっきりしているのは、一関の北に位置する水沢（現・奥州市）への輸送事例である。寛永三年（一六二六）一〇月二三日付の「横町検断弥右衛門申上状」には、水沢地域で塩不足が起こっていること、同年一〇月に塩五〇石をもって塩売代官が水沢に着いたから横町検断宅に宿泊させたこと、町から塩番を出して蔵の番をさせたことなどが記されている［水沢市、一九八二：一七二～七三］（注2）。つぎに延宝三年（一六七五）の文書には、下胆沢地区（奥州市）ではこれまで石巻近くの鹿又から塩を入れていたが、船が不足しているうえに、風が吹かないのでこの長い距離を帆走ができず遡航することが困難なこと、そのため気仙沼の塩場から陸路を馬で運んだことが記されている。遡航の際に南風をもちいて帆送することが理想ではあるが、それができない時には近所の住民に陸から船を曳き上げてもらっていた。しかし、右の文書が出された年には曳き上げる距離が長くなりすぎ、その費用があまりにも多額になってしまうので、太平洋側の製塩地から陸路で内陸に運んでいたことが分かる。明和六年（一七六九）にも、気仙沼からの塩の陸送に関連して同様の記載がある。万延元年（一八六〇）の文書は、同じく下胆沢地区が塩不足で住民一同が困っていること、石巻方面からの舟運ではなく、気仙沼から陸路で購入することを早く許可してほしい、と訴えている。また文久元年（一八六一）の文書は、上胆沢の大肝入（地域の世話役、庄屋や地主が就いた職位）は南部藩の御塩方に、つぎのように深刻な塩不足を訴えている。その訴えによれば、前年の一〇月、大根を漬物にするための塩が不足し、塩問屋にも在庫がない。一〇月下旬になってようやく塩船一艘が二〇〇俵の塩を積んで入荷しただけで、いくつかの地区では一俵もない。このため水沢の留守家臣、各所の足軽、町々の借家店借など数千人に塩は渡っていない。これでは大豆で味噌を作ることもできない。上胆沢に米は十分にあるので、その米を沿岸の塩場に持っていって塩と交換し、北上川経由で塩を積み上らせ欲しい、という状況であった［水沢市、一九八二：一七三～七六］。以上に引用した文書から推測すると、当時、北上川流域の内陸地域は頻繁に塩不足に悩まされていたようである。この地域の塩不足は、冬を越すための野菜の漬物作りや味噌作り（おそらく醤油作りも）に深刻な事態を招いた。とりわけ三陸

奥羽山地、北上盆地、南部地域へは、北上川経由だけでなく、陸路だけの「塩の道」もあった。

の陸中海岸地域はリアス式海岸となっており、明治期の塩が専売になる以前、鉄道の開通以前には沿岸部に小規模の塩田が六三カ所あり、いわゆる三陸塩が作られていた。三陸塩は、塩釜の鉄鍋で直接煮詰める方法で作られた。ここで作られた塩は地元で消費されたほか、釜石、宮古、野田から北上山地を越えて北上盆地、さらには奥羽山地の山向こうの羽後（秋田県）まで牛の背に乗せて山道を越えて運ばれた。これらの塩は一括して「野田塩」と呼ばれ、牛方がたどった道は「塩の道」と呼ばれた。塩は、北上山地で産出した鉄、米、粟、そば、大豆など内陸の産物と交換された［富岡、一九八三：一七四〜七六／田中、一九五七：五五〜五六］。江戸時代に、沿岸地域から内陸地域へ陸路でどれほどの塩が運ばれたのかは分からないが、明治二〇年代の統計では、舟運で盛岡河岸へ運ばれた塩は、六〇八九俵、黒沢尻河岸へは、三〇〇〇俵、狐禅寺河岸へは五〇〇〇俵であった［田中、一九五七：五八〜五九］（注3）。

ところで三陸地方は、瀬戸内のように日照や気温の点で必ずしも製塩に適しているとは思えないのに、なぜ、多くの塩田が存在したのだろうか。三陸沿岸地域は海の近くまで山が迫っており、田畑ができにくいので食料を外から補充する必要があった。そのための一つの方法が、三陸で豊富に採れた魚介類、とりわけアワビを売って食料を買うことであった。江戸期にはアワビは「俵物」と称して幕府が買い上げて、その大部分が中国に輸出されていた。しかし、いかにアワビの販売収入があったとはいえ、それだけでは食料不足を解消することはできなかった。幸い、三陸の周辺には北上山地の豊富な森林が広がっており、その木を燃料に海藻を焼いて灰塩をつくる「藻塩焼き」製法で塩が作られるようになった。人びとは三陸の塩を、牛の背に乗せて北上山地を越えて北上川流域まで行って売った。塩売りが、〝塩っこと稗っこと取っ替えねえか〟というと、そこの村人が稗をもってきて塩と取り替えた。塩商人は、こうして得た稗を牛の背に乗せて三陸に戻ってきた［宮本、一九八八：四七〜五〇］。当時の北上山地の人びとは米ではなく主に稗を栽培していたようだ。三陸沿岸の人びとも、貴重な塩と交換に稗を持ち帰ったことをみると、やはり稗を日常食としていたらしい。物々交換といい、稗を交換手段としていたことといい、右の記述は当時の三陸と北上山地の人びとの生活ぶりと、両地域の住民の交流の様子をありありと伝えている。これも、陸路の「塩の道」を媒介とした「塩経済圏」であり「塩生活圏」の実態である。

最上川ルート（地図は第六章の図6－2を参照）

最上川流域への塩の搬入口は酒田である。雄物川の場合と同様、移入塩の八〇〜九〇パーセントは瀬戸内の周防・長門（現・山口県）の三田尻塩で、そのほかの瀬戸内塩は「外浜」と呼ばれ、瀬戸内のあらゆる場所のあらゆる種類の塩を含んでいた。「外浜」は三田尻塩に比べて質がやや劣り塩辛いため、大根漬けなどに使われた。三田尻塩は高級塩で、醤油、漬菜、料理の味付けに使われた。酒田で陸揚げされた塩は船で上流地域へ送られた［田中、一九五七：三〇〜三二］。日本海沿いの地域での製塩は一般に盛んではなかったが、例外的に能登塩は生産量も比較的多く、瀬戸内産以外の塩としては、酒田に入った塩の中では最も多かった。能登産以外でも、酒田の南に連なる砂浜で製塩は行われたが量的にはごくわずかで、それぞれの地元の需要を満たすのがやっとだった。この地域での製塩は効率も悪く、塩の質もあまり良くなかったが、瀬戸内からの船賃を節約できるので、塩の生産は細々と行われた。酒田近辺で造られた塩の一部は土崎港から陸路で新庄盆地に入ったが、そのまた一部が最上川水系の河岸に運ばれた［平島、一九七五：一三一〜一三二／田中、一九五七：三〇〜三四］。

酒田は最上川舟運と海上交通の拠点であった。地元の人が、大坂方面からの〝大船が来た〟といえば、それは常に塩船を意味していたという。こうした船は、ほかの荷物も積んでいることもあったが、塩だけを満載していたこともあり、その場合一艘で三〇〇〇俵（この場合一俵＝四七キロ弱）も積んでいた。酒田から内陸部に運ばれる場合には、「造り塩」といい、一俵を小分けしたり、さまざまな質の塩を混合して梱包し直したりした。酒田に陸揚げされた塩の一部はまず大きな消費地の新庄盆地に運ばれた。江戸時代には酒田に新庄藩の役所があり、そこに新庄藩の米が船で運ばれ、帰り荷として塩が新庄へ持ち帰られた。この際、船は途中にいくつかの河岸を経由し、塩は本合海で陸揚げされ、その後は陸路で新庄に運ばれた。新庄に運ばれた塩は小型舟に積み替えられて支流を経由して、さらに奥地へもたらされた。これらの取引は、通常酒田の問屋や仲買人などの塩商人の手を経て行われた［田中、一九五七：三〇～三四］。

新庄盆地の横を最上川本流に沿ってさらに上流へさかのぼると大石田に到達する。ここまでは大型船が遡航できるが、ここから上流へは中型船か小型舟に積み替えなければならなかった。江戸時代には、大石田は中流域の最も重要な河岸で、代官所が置かれ、二大問屋が河岸に隣接した倉庫と船着場をもっていた。大石田の河岸の対岸には船頭（ここでは船乗り一般を指す）の部落があり、少し下流の黒滝には船大工が住んでいたことからも分かるように、大石田は舟運に関する必要な施設と要員をかかえていた。大石田は後背地として尾花沢周辺の消費地をもつが、それ以外に中継港として、塩を含む上流への荷物の運搬にかんしてさまざまな特権を行使していた（第六章を参照）。

最上川流域で最大の消費地であり農産物の生産地でもあったのは山形盆地（村山地方）であり、その中心は城下町山形であった。しかし、山形は最上川に面していなかったので、直接最上川から塩を陸揚げできなかった。そこで、船は本流から支流の須川をさかのぼり、寺津河岸で塩を陸揚げした後、馬または荷車で山形まで運ばれるか、さらに船町の河岸まで遡航行し、そこで塩を陸揚げした後、山形盆地の各地へ陸路で運ばれた。船町は山形盆地への入り口となり、そこには江戸時代から明治にかけて三軒の塩問屋があった［田中、一九五七：三三～三五］。最上川本流に戻ると、大石田までは大型船が、それから上流の左沢河岸までは中型の船が遡航可能であった。左沢河岸から上流地域へは小型の舟に塩を積み替えて遡航し、米沢郊外にある遡航限界の糠野目まで船で運ばれ、塩はそこから牛馬に牽かせた荷車で米沢に運ばれた（第六章を参照）。

阿武隈川ルート

阿武隈川流域で最大の塩の消費地は福島であった。福島へは、河口の荒浜から丸森までの下流域では五〇石積みの船で運ばれ、丸森で上流向けの二五石積みの小型の舟に積み替えられて福島河岸まで運ばれた。一艘の船の乗組員は三人で、上りには二人が陸上から綱を引き、一人が船で舵を操作した。河口の荒浜から福島まで上りは三~四日を要し、下りは半日であった。阿武隈川流域に移入された塩は阿波や赤穂など瀬戸内塩と、地塩（東北地方の太平洋沿岸の塩田で作られた塩）とがあった。地塩の中でも福島県の相馬塩が最も重要で、地元ではたんに「相馬」といえば塩のことを意味しており、「塩がきいている」という代わりに「相馬がきいている」という表現があるほどであった。相馬から阿武隈川の河口周辺にかけては、原釜、花釜、北釜、相野釜、など「釜」のつく地名が多数あるが、これらは全てかつて（おそらく海水を釜で煮詰めて）製塩を行っていた場所である。相馬塩の一部は、馬の背に乗せ陸路で大沢峠（一五〇メートル）を越えて金山町に出て、そこから荒浜から遡航してきた船に積み替えて阿武隈川を丸森まで大型船で運び、丸森からは中型ないし小型舟に積み替えて梁川を経て福島に達した。金山河岸は陸路と舟路の合流点であった［田中、一九五七：六五］。

米沢盆地への「塩の道」

米沢盆地への「塩の道」はいくつかあり、前項の最上川ルートのほかに、阿武隈川の舟運を利用して福島まで運び、そこから牛馬の背に乗せて陸路で米沢まで運ぶ「塩の道」があった。さらに、福島、郡山、会津、米沢盆地へは、最上川、信濃川、阿賀野川を介し、山間の峠越えに牛馬を交えた陸路の輸送ルートも利用された［平島、一九七五：一三〇~一三一］。

会津盆地への「塩の道」

会津へは、新潟から出発して信濃川から水路を経て阿賀野川に入り、津川河岸まで遡航して、そこで一旦陸揚げした。その後、陸路で鳥井・藤の両峠を経て坂下、喜多方へ入った。この流通路では、海運で瀬戸内から越後の新発田に運ばれた塩と、会津藩で生産されたローソクとが交換された〔平島、一九七五：一三〇～一三一〕。会津地域では、塩の種類と用途がおおよそ決まっていた。すなわち、瀬戸内西部や能登産など日本海経由で入ってくる塩のうち、醬油製造には阿波の斉田塩が使われ、品質を上げるために赤穂塩が用いられた。また太平洋側の塩のうち、相馬塩は味噌の製造に好んで使われた。相馬塩が喜ばれたのは味噌煮に適していたからである。なお、新潟から船で阿賀野川を経由して途中陸揚げせず会津盆地にいたる「塩の道」もあったが、これについてはくわしいことが分からないので、その存在を示すに留める〔田中、一九五七、七一～七四〕。

（二）関東・北関東の「塩の道」

本州最大の広さをもつ関東平野と北関東全域をカバーする主要な「塩の道」は、利根川水系（利根川とその支流で、江戸川、渡良瀬川、鬼怒川、小貝川など）と荒川水系、およびこれらの川と交わる陸路であった。これらのルートで塩の供給を受けていたのは、現在の千葉県北部、茨城県、栃木県、群馬県（以上は利根川水系）、埼玉県、長野県である。利根川ルートは途中、高崎城近くで支流の烏川あるいは鏑川を経由して信州に向かうルートと、そのまま北上するルートに分かれる。利根川水系の運輸・交通一般については、本書の第二部第七章でくわしく説明するので、ここではごく簡単に「塩の道」に焦点を絞って説明する。

利根川本流沿いには、江戸期には幕府へ納入される年貢や各藩が江戸で販売するための、いわゆる廻米の輸送のために設けられた河岸が発達し、それぞれの河岸で塩は取引された。利根川を上って運ばれる塩には大きく二種類あった。一つは、瀬戸内の斉田塩と赤穂塩で、瀬戸内から海路で一旦は江戸市中に陸揚げされ、そこから利根川水系の舟運と陸路で上流地域に運ばれた。量的にはこれが大部分であった。二つは、地塩として江戸川の三角洲で作られた、いわゆる「行徳塩」である。江戸で陸揚げされた瀬戸内塩は、俵の詰め替えを行った後で隅田川—小名木川—行徳へ運ばれ、「行徳塩」と共に、江戸川経由で利根川本流との合流点の境河岸やそのほか中・上流の河岸にもたらされた。これらの河岸で陸揚げされた塩は、陸路で周辺に販売されるか、あるいはさらに上流地域や支流の流域に向けて船でさかのぼり、北関東各地にもたらされた。北関東に運ばれた行徳塩の量はかなり多かったようである。寛政一三年（一八〇一）正月に、高崎付近で支流の烏川に設けられた倉賀野河岸の問屋が扱った行徳塩は六七三九俵にのぼっていた［丹治、一九八四：一四六〜四七］。高崎近辺からの「塩の道」は三つに分かれた。一つは、右に触れた倉賀野河岸で陸揚げされ、そこから中山道を陸路で碓氷峠を越えて信州に向かうルートであり、二つは鏑木川の舟運または陸路で下仁田に運び、そこからいくつかの峠越えの陸路で信州に至るルートであった。これについてはつぎの、信州への「塩の道」の項で説明する。三つは、高崎近辺からさらに本流を遡航し沼田河岸に至るルートであった。沼田は奥利根の山間盆地の中心地で、利根川の舟運の最上流地点である。そこから「塩の道」は三国街道を北上し、三国峠を越えて信濃川水系を経由して日本海側に出るか、嘉永六年（一八五三）に完成した新道で清水峠を越えて、信濃川の支流、魚野川の舟運を利用して六日町に達する。このルートは越後と上州・関東を結ぶ最短のコースであった。信濃川水系からは、越後の米、塩干し魚、魚沼の酒、生糸、雑穀などが三国峠を越えて上州に運ばれたが、塩はなかったようだ。つまり、塩にかんしていえば、三国峠は日本海側の塩と利根川水系で運ばれた太平洋側の塩の商圏の境界であったことが分かる［北見、一九八一：五八〜五九、六二／田中、一九五七：八一〜八五］。

（三）信州への「塩の道」

信州は周囲を山地に囲まれ、海から遠く離れた完全な内陸地域である。全体は北信と南信に分かれ、北信は東部盆地列をなし、善光寺平、上田盆地、佐久平の三地区に分かれ、南信は西部盆地列をなして、松本平、諏訪盆地、伊那谷、木曾谷の四地区に分かれる。これらの盆地列には古くから多くの人が住みつき、町や村が発達してきた。これは、生活必需品である塩にたいする大きな需要があることを意味している。そして、それぞれの人口集積地へは「塩の道」が通じていた。信州へもたらされる塩は、搬入ルートによって大きく二系統に分かれた。一つは、日本海側からの移入路で運ばれた塩で、瀬戸内産であろうと、能登塩のような地塩であろうと、総称して「北塩」と呼ばれた。二つは、太平洋側から搬入された塩で、瀬戸内産であれ行徳産であれ、三州産（愛知県産）であれ、すべて「南塩」と呼ばれた。南塩の「塩の道」には①倉賀野経由（利根川水系）、②富士川→鰍沢→韮崎→釜無川経由、③三州口（足助）経由、④濃尾平野（中津口）経由などがあり、「北塩」の搬入ルートには①直江津ルート、②糸魚川ルート、③信濃川・千曲川ルートがあった。まず、北塩の移入ルートから説明しよう。その前に、信州への搬入ルートの全体像を示しておく。

日本海側から信州へ（直江津、糸魚川、千曲川ルート）

「北塩」の搬入口の一つは、越後（新潟）の直江津である。直江津へもたらされる塩は瀬戸内塩で、大坂や瀬戸内の港から日本海に出る海上ルートで運ばれたものである。直江津の港は関川の河口に位置しているが、そこは湾ではなく直線的な砂浜となっていた。このため、大きな船は直接に荷物を陸揚げできないため艀下《はしけ》を利用することになる。このような港としての欠点がありながらも、ここは北国街道が日本海にぶつかる交通の要衝となっていた。直江津からの「塩の道」は高田までは舟運が利用されたが、それより先は牛か馬で、関川に沿って北国街道を南下し長野・須坂盆地→善光寺平→北塩尻（上田盆地の手前）が終点となっていた。なお、「塩尻」という名称について補足しておくと、もともとは「塩の行き止まりの土地」「塩の終着点」あるいは「異なる方からの塩が合流する接点」を指す普通名詞であり、それが特定の地名を示す固有名詞としても使われるようになったのである。信州には北塩尻のほか、最も有名な松本に近く、中山道の宿場町でもあった塩尻（現・塩尻市）、桑名川近くの塩尻（現・飯山市）、の三つの「塩尻」があり、それぞれが塩の商圏ルートの終点であった。これは、この地域へは少なくとも三つの「塩の道」があり、三つの塩の商圏があったということを意味している［平島、一九七五：九四〜九五／田中、一九五七：一二三〜一二四、一四三］。

たとえば直江津からの「塩の道」をみると、北塩尻までが越後商人の商圏であった［高木、二〇〇三：八〇〜八二］。直江津から高田にもたらされる瀬戸内塩のうち、松永塩（広島）は質が良く、醬油、味噌、漬物にも適しており、ほかの塩と混ぜ合わせることなく、ほかの塩より高い価格で販売され、松永塩以外の瀬戸内塩はさまざまな塩と混ぜ合わされて販売された。直江津から入った塩の流通には、高田にある三軒の大塩問屋が事実上の先買権をもっていて、中小の塩問屋は彼らから売ってもらう立場にあった。また、塩の運搬とともに、魚や米も長野方面に運ばれた。瀬戸内塩を運んだ船は、帰り荷として直江津で越後米そのほかの日本海地域の産物を購入して大坂や瀬戸内各地に持ち帰った［田中、一九五七：一一八］。

ところで、凹凸のある山道を経由して塩を運ぶ場合、馬は隣の宿までの比較的短距離の中継ぎ用の輸送に、牛は遠距離輸送に使われることが多かった。その理由の一つは、馬より牛の方が脚の力が強く、悪い道でも歩く能力をもっていたからである。また、江戸期の日本の馬は今ほど大きくはなく、平坦な道なら効率的に荷物を運ぶことができたが、凹凸のある山道などを大きな荷物をくくり付けて奥地にまで運ぶにはあまり適さなかった。しかも、馬は野宿ができず馬宿に泊めなければならないが、牛はどこでも横になって寝ることができた。さらに重要な点は、牛は道端に生えている茅のような草、チガヤのような草ならいくらでも食べたので、餌に困ることはなかった。一方馬は、口籠という籠を口にかぶせて、周囲のものをむやみに食わないようにした［宮本、一九八八：四七〜四九、五七〜五八］。これは、馬子は道中、専用の飼葉を用意しなければならないことを意味した。こうした理由もあって馬は、馬宿のない山中の長い距離を運搬するには不向きであった。

牛と馬の運搬能力の特性の違いから、「つけ通し」といって、最終目的地まで同じ牛が塩を運搬することもめずらしくなかった。高田の塩問屋は自宅に牛を飼っていて、その牛に購入した塩をくくり付けて出発させた。一人の牛方が、四頭、五頭、六頭、七頭の牛を一つのグループとして引いて塩を運んだ。もちろん、宿場や主要な街道に入れば、馬宿も牛宿も利用したことはいうまでもない。北国街道沿いにはこうした牛を留め置く施設を持った「牛宿」が各地に存在していた。中には、塩を背負った牛を引いて街道筋を回りながら現金売りをする牛方もいた。途中で売る分もあったが、直江津・高田を出た塩の多くは、北国街道を南下して長野に達し、さらに北塩尻を経て上田まで運ばれることもあった［田中、一九五七：一一八〜一二〇］。

「北塩」のもう一つの「塩の道」は、糸魚川に沿って谷筋を南下して大町、松本盆地から塩尻に至るルートである［田中、一九五七：一三三〜四九］。糸魚川沿いの「塩の道」では、瀬戸内のほかに、地理的な近さから能登半島で生産される能登塩も比較的多く搬入された。日本海側の沿岸地域の自然条件は日照の面でも温度の面でも製塩には適さないため、一般に地元産の塩は少ないが、能登半島は山がちで米の生産が少ないため、江戸時代から年貢米の代わりに塩を納めていたという経緯があった。糸魚川から大町までの街道は狭いうえに坂と難所が多く、馬による運搬に向いていないので、もっぱら牛が使われた。その際、糸魚川から大町まで途中の中継点で同じ牛をつぎの牛方に委託することもあったが、適当な牛宿がない場合には、途中の農家に泊めてもらって運搬を続けた。いずれにしても、糸魚川を出た牛による塩の運搬先は大町が南限で、大町から松本平までは比較的平坦な道なので、ほとんどは馬の背に塩を乗せて運んだ。この「塩の道」の場合、松本の少し南に位置する「塩尻」が、糸魚川経由で運ばれた北塩（越後塩）の終点であった。

ところで、信州の奥深くまで伸びている信濃川における船の遡航限界は、江戸末期まで十日町あるいはその少し上流の水沢までで、そこからさらに上流への舟運はある時期までなかったようである。というのは、十日町の上流に大滝と呼ばれる滝があり、船はそれ以上遡航できなかったからである［田中、一九五七：八八〜八九］。確かに、十日町あたりから陸路で信州の中核部へはかなりの距離があり、陸路での輸送はコストがかかりすぎたのでこのルートは採用されなかったのかもしれない。ところが、天保三年（一八三二）に松本と水内（長野市新町）との間に舟運の便が開けた後は、信濃川（長野県内は千曲川という）支流の犀川下流と連絡して、越後から船積みの塩が信州の中央部へ直接送られるようになった、との記録もある［平島、一九七五：九八］。この記録を信じるなら、天保三年になって船が信濃川本流を、十日町を越えて遡航し、さらに大滝をも越えて長野市あたりまで直接に達することができたことになる。別の資料でも、大滝の上流から信濃川（千曲川）支流の犀川の分岐点付近までは小舟で遡航できるようになったとの記述はある［田中、一九五七：八九］。ただし、筆者は新潟から長野まで直通で船が遡航し塩を運んだという記録をみてないので、この点については結論を保留しておきたい。

太平洋側から信州へ（利根川―倉賀野または下仁田ルート）（地図は第七章の図7－3を参照）

（二）の「関東・北関東の『塩の道』」の項でも述べたように、江戸に陸揚げされた瀬戸内塩や、行徳で作られた行徳塩は、江戸川→境（または関宿）→利根川→倉賀野まで船で運ばれ、倉賀野からは馬または牛の背で安中→松井田と中山道を経由して碓氷峠を越えて軽井沢→沓掛→追分で北国街道に合流した。そこから小諸→佐久平を経て塩尻に達し、時には長野まで運ばれることがあった。しかし近世後期になると、利根川の支流の鏑川沿いに下仁田を経由していくつかの峠を越えて岩村田、野沢、臼田などのルートを経由した輸送も盛んになっていった［丹治、一九八四：一四～三〇］。利根川水系上流部の「塩の道」についてはすでに、倉賀野河岸経由と、さらに本流を北上し沼田河岸に至るルートを説明したとおりである。なお、塩はそのままの形で移入されて内陸地域で漬物に利用されたほか、塩魚あるいは塩干し魚として、蛋白質と塩分摂取の目的も兼ねて移入されることも多かった［宮本、一九八八：七〇～七一］。

太平洋側から信州へ（矢作川─足助─三州街道─飯田ルート）

太平洋側から信州への「塩の道」はいくつかあるが、前項で説明した利根川水系ルートのほかに、尾張・三河・信州を結ぶ三州街道経由があった。これは大浜（愛知県碧海郡）または平坂（矢作川河口から四キロメートル上流）で陸揚げされた瀬戸内塩と、三河湾沿岸各地で生産された「三州塩」とが、矢作川の舟運を利用して中流域の足助（現・豊田市）に運ぶルートである。平坂は、海上交通と河川舟運との接点であり、塩だけでなく米や木材などの輸出港でもあった。足助は塩取引の中継地として、瀬戸内各地の塩と「三州塩」を梱包し直し、「足助塩」として主に馬の背に乗せて信州方面に送られた（写真4－1）。足助からは、根羽・浪合・駒場・平谷峠を経て天竜筋に入り飯田→伊那を経由して塩尻に至る「塩の道」、すなわち三州街道ルートが利用された。このルートで馬を使った陸送は「中馬」と呼ばれ、この街道は「中馬街道」の名で昭和の初めまで塩の輸送路として利用されていた［田中、一九五七：一五二〜六〇］。

写真4－1　足助のかつての塩問屋

以前はこの家に「塩」と書かれた大きな木の看板が掲げられていた。［大木撮影］

三州街道ルートは陸送の距離が長いため輸送コストが高く、伊那谷に入ったころには塩の価格は出発点の三倍になっていた［山本、一九九八：一八二〜八三］。江戸期における足助経由の塩の運送量については分からないが、統計が得られる明治一六年（一八八三）にこのルートで運ばれた塩は一〇六トン、同二三年には二六四トンと二・五倍以上に増えている［文化庁、一九七七：三八〜六四］。能登塩やそのほかの日本海沿岸の地塩が周辺地域の需要を満たすだけの少量に留まったのにたいして、三河湾沿岸全体で生産される三州塩は、近隣地域だけでなく信州にまで販路を広げていた点が、能登、秋田、新潟の地塩とは異なっていた。これまでみてきたように、信州への主要な搬入ルートは大きく三つあり、「塩尻」という地名が三カ所あったように、それぞれのルートの「商圏」は競合するというより、信州という大きな塩の市場を分け合っていた、あるいは分担して供給していたといえる。

（四）近江盆地・京都盆地への「塩の道」

近江盆地は、琵琶湖の周辺に広がる平地で、周囲を山地に囲まれ、西南には瀬戸内海、東方に伊勢湾、北は若狭湾に囲まれている。近江盆地からの陸路は、西へ京都、奈良、東へは関ヶ原を経て濃尾平野に通じている。古くから逢坂の関、鈴鹿・不破の関、愛発の関の三関がこの地に設けられていたことからも分かるように、ここは交通の要衝であった。「塩の道」という観点からみると、近江盆地への最も重要な搬入口は大津であり、近江盆地全体の主要な中継地でもあった。大津へは、生産量が多い瀬戸内塩が大坂の商人あるいは近江商人によって、淀川水系の舟運を利用して山崎の狭隘を経由して京都盆地に入り、六地蔵で陸揚げされた。六地蔵には塩問屋があり、そこで中継された塩は牛馬の背や牛車で大津に運ばれ、そこから琵琶湖の湖上水運を利用して安い輸送費で湖岸各地（湖東、湖西、湖北地方）に運ばれた。このルートでは途中で京都盆地へも塩を運ぶことができる利点があった。つまり、生産量と運搬ルートの安さの点で、伊勢湾の地塩や北陸を迂回した中国地方の西国塩は、大坂から淀川経由で運ばれた瀬戸内塩との価格競争にとうてい勝てなかった。なお、木津川経由で近畿の内陸、伊賀盆地へは、西からは淀川・木津川を経て笠置や大河原で陸揚げされ、そこからは馬で運ばれた（図4－4）（［田中、一九五七：二二七～三一／平島、一九七五：九二～九三／宮本、一九八八：九二～九三］）。

（五）中国地方の「塩の道」

中国地方の地理的な特徴は、南に瀬戸内海、北に日本海に挟まれて幅が狭く、海からの距離（隔海度）が比較的短いことである。広い地点間（たとえば玉島―米子間）でも直線で一〇〇〜一二〇キロメートル、狭い地点間（たとえば広島―浜田間）では六〇〜七〇キロメートルしかない。しかも、中国地方の内陸地域にはいくつかの小規模の盆地（三好、津和野、津山、勝山など）はあるものの、関東や信州や東北地方のような、大きな人口を抱える平地や盆地、広い谷はあまりない。もう一つ、この地方の地理的な特徴は、東西に走る脊梁山脈の中国山地が中国地方の分水界となっていることである。そして、この分水界が著しく山陰側に偏っており、日本海に流下する山陰側の河川は、江の川（江川）を除いて一般に流程が短く水量が少ない。このため山陰側の舟運の利用度は相対的に低かった。これにたいして南の山陽側には流程が比較的長く水量も豊富な河川が発達し、内陸の奥深くまで舟運による塩や荷物の運搬が盛んであった。

中国地方の内陸への塩の輸送路を考える際に重要なことは、瀬戸内沿岸地域は江戸期においては日本で最大の塩の生産地であったという事実である。たとえば中国地方東部の備前（現・岡山県）についていえば、沿岸地域は瀬戸内の中でも塩田の集中度が高い製塩の中心地であった。その背景には、藩が強力な保護政策を行ったこと、大市場の上方（大坂）まで近距離であるという事情があった。瀬戸内で生産された塩は海運で日本各地、とりわけ大坂、江戸、東北地方さらには北海道まで輸送された。また、瀬戸内でも小規模の塩田で作られた塩は生産者によって直接周辺の住民に販売されることもあり、河川や陸路で内陸部へ送られることもあった。

瀬戸内の塩を内陸へ運ぶには、中国山地から瀬戸内に南流する河川の舟運を限界まで利用し、その後は陸路で最終消費地に運ぶルートが一般的であった。これは「南塩」と呼ばれた。他方、山陰地方は製塩に不向きであったため、必要な塩の大部分は瀬戸内から海路で日本海側の港に運ばれた。その一部は沿岸の都市で消費され、そのほかは河川の舟運を利用して山陰の内陸地域に運ばれた。山陰の沿岸各地から内陸に運ばれた塩は「北塩」と呼ばれた。「北塩」と「南塩」とは脊梁山脈である中国山地の峠あたりで競合することとなった。内陸の住民は、瀬戸内から運ばれる「南塩」を買うか、日本海側から運ばれる「北塩」を買うかを選択することになる。そこには移送の便利さ（容易さ）、塩値の安さ、内陸都市の経済的影響力、藩の政策や影響力、中国山地での鉄の採掘と製鉄、牧畜などとの関連性、沿岸地域との経済関係、などなど多数の要因が関係していた［富岡、一九七七：一一三］。

　これらの要因を考慮して、山陰の内陸地域の住民が、脊梁山脈の峠を越えて反対側の南塩を買うこともあった。このため、たとえば中国地方東部では「塩の道」はいくつかのルートが連結していた（図4−2および第一〇章の図10−2を参照）。いずれにしても、商人はこうした諸条件を勘案して取引ルートを選択するのであるが、このルートと範囲がおおよその「塩の移送圏」、あるいは塩の取引に基づく「塩経済圏」として歴史的に形成された。

図4−2　太田川—浜田川の「塩の道」

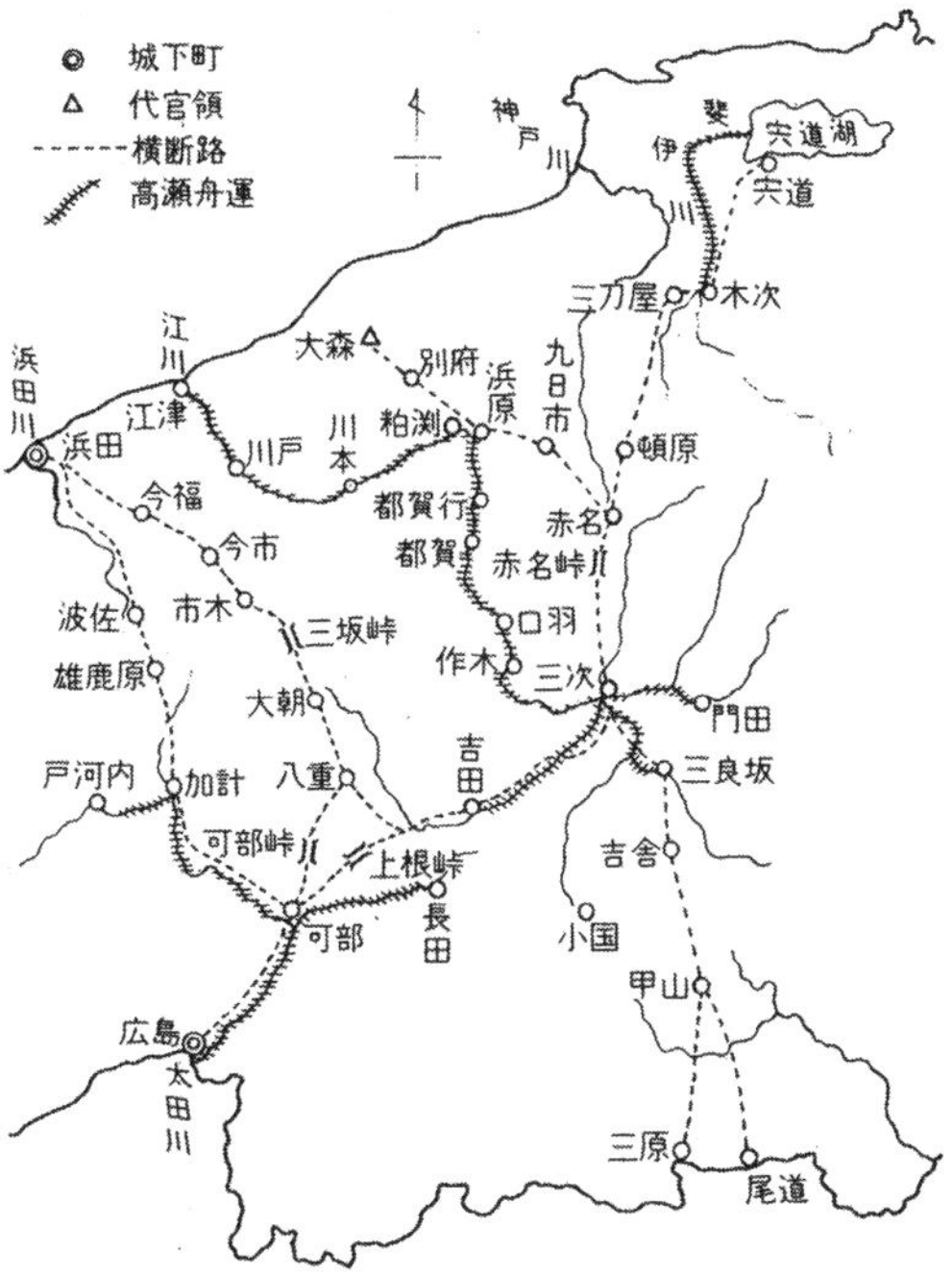

［富岡、1977:64］

そして、これらの「塩経済圏」は、商人からみれば南塩と北塩との商圏でもあり、住民からすると塩の確保に基づく「生活圏」でもあった。中国地方の河川ルートによる「塩の道」のうち吉井川・旭川・高梁川ルートについては本書の第一〇章で扱うので、ここでは太田川ルートの塩の流通について説明する。

　太田川の舟運は古くから利用されてきた。元和八年（一六二二）には広島藩が上流域の深川村（現・安佐北区）から広島へ下る薪炭船に税を課した記録があり、慶安年間（一六四八〜一六五二）にはさらに船の所有や積み荷にたいする税の徴収範囲を拡大しようとした。元禄四年（一六九一）の「船改め」では、高宮郡（現・安芸高田市）より上流部の村々が所有する船は一二二艘にのぼっていた。当初は年貢米そのほかの公用荷物の輸送が中心であったが、流域での商品生産の増大や広島城下および加計などの中心都市や集落の商業活動が発展したため、一般商品や旅人の移動が増加して、流通路としての機能が強くなってきた。上記の船改めが行われていた当時の下り荷物は米、割木、鉄、荒荷、紙、大豆、小豆、木地などであった。舟運は幕末に向けてさらに活発となり、元治元年（一八六四）の記録では太田川上流部だけでも二八艘の新船株が発行された。元治二年（一八六五）の「船方當年運賃定控」には、下り荷として扱苧《こぎそ》、茶、たばこ、蓑、下駄など、上り荷として塩（播磨塩、坂出塩）をはじめ干し鰯、穀もの、燃油、酢、などが主な商品として挙げられている［富岡、一九七七：六七〜六八］。

図4－2にみられるように、太田川と直接・間接に関連した「塩の道」は主なものだけでも五つのルートがあり、それらに対応した「塩経済圏」も五つあった。すなわち、①広島―太田川―加計ルート、②浜田―加計ルート、③広島―太田川―可部―三次ルート、④江津―江の川―三次ルート、⑤広島―太田川―三次―赤名―木次―斐伊川―出雲の五ルートである。まず、太田川の主要ルートともいえる①の広島―太田川―加計ルートからみてみよう。

①広島―太田川―加計ルート

これは広島から塩を積んだ船が太田川を遡航し、可部河岸でその一部を降ろして加計河岸に至るルートであった。可部も加計も物資の集散地として賑わった河岸であった。加計は太田川本流と丁川、滝山川の合流点に立地し、ここは舟運路と陸路との結節点であったため、この地域の経済・交通の中心地であった。加計の塩取引は、まず加計町内の塩店から買い付けを依頼されたこの地の船頭が、塩を広島の塩座で購入し、高瀬舟に積んで加計に持ち帰った。加計以北の内陸の人たちは、こうして運ばれてきた南塩をかなり遠くから買いにやってきた。彼らは早朝四時ころ家を出発して加計に塩を買いにやってきて、一人当たり二〜三俵ほど購入して馬や人の背に乗せて持ち帰った。可部からはさらに可部峠（六五〇メートル）と三坂峠（五五四メートル）を越えて石見の南限集落である市木そのほかの内陸の集落に至るルートもあった。この場合、南塩は浜田から運ばれた北塩と競合することになる［富岡、一九七七：五八～五九］。

②浜田―加計ルート

浜田―加計ルートには、正確には浜田―浜田川―加計ルートのほかに、浜田―市木―可部峠―可部という内陸のルートがあった。浜田に陸揚げされた西部瀬戸内塩は、北塩として浜田川沿いの陸路で波佐を経て、さらに脊梁山地の大佐山の鞍部を越して安芸の雄鹿原や八幡など、本来は南塩の商圏にまで及んだ。塩魚などは浜田の行商人が天秤棒をかついで振り売りし、波佐を宿泊所として安芸の山間部まで行商することもあった。しかし、塩については、ほかの地域同様、消費者の出張購入を原則とした。たとえば波佐では、秋の収穫が終わった一一月下旬に、各家庭の一年分の塩を日本海に面した浜田に馬で買い付けにゆき、一駄に六～八俵を馬鞍の左右に振り分けて運んだ。これは山陽側から遡航限界の加計より浜田の方がはるかに近かったからである。時には、「駄賃追い」といって、馬持人が農閑期に近隣の住民から依頼を受けて浜田に塩を買いにゆくこともあった。北塩の一部が可部の南塩の商圏に入り込むこともあったが、逆に、北塩の商圏にある市木へは可部経由で広島からの南塩が運ばれることもあり、したがって、この場合には南塩が北塩の商圏に食い込んで競合していた。つまり、太田川―可部―加計ルートと可部―市木ルートは、浜田川―加計・可部、浜田―市木―可部ルートと競合しつつ中国山地を介して広域の塩経済圏を形成していたのである［富岡、一九七七：六一、六三］。

③広島―太田川―可部―三次ルート、④江津―江の川―三次ルート、⑤可部―三次―木次―出雲ルート

広島から太田川経由で可部に運ばれた南塩は、可部の商人によってさらに東進して上根峠（一八一メートル）

を越えて吉田・甲山に至り、最終的に三次河岸に運ばれた。この行程のうち可部―吉田間は陸路であるが、吉田―三次間は古くから江の川の支流の舟運が発達していた。三次には文政三年（一八二〇）には、高瀬舟の本船二〇艘、加船一〇艘、ほかに二艘の乗り換え用の予備船が在船し、米や鉄（この地域は鉄の生産が盛んであった）などを運んでいた。これらの船は吉田―三次間を往復二日で航行していた。三次へは、海上交通で江津に陸揚げされた瀬戸内塩が、④の江の川の舟運によって運ばれた。ここで、太田川―可部経由の南塩と江の川経由の北塩との商圏が競合することになった。三次には、太田川および江の川経由の塩のほかに、陸路で運ばれた瀬戸内（特に三原、尾道）産の塩もあった。三次には、こうして北塩と南塩が複数のルートでもたらされ集積され、それがさらに⑤の赤名峠を越えて陸路と斐伊川を経由して出雲方面へ運ばれた。ちなみに三次―赤名―木次―斐伊川ルートは安芸と出雲の連絡路として重要であった［富岡、一九七七：五六〜五九、六三〜六七］。

それでは、南塩と北塩の競合地であった町や村で何が起こっていたのだろうか。これを知るために、具体的な例として競合地の市木を取り上げ、そこでどのような商品が取引されていたのかをみてみよう。ただし、江戸期における実態を記した資料が得られなかったので、明治初期の状況から検討を試みることにする。このため以下の品目の中には江戸期には無かったであろう品（たとえばシャツ）も入っているが、大部分は少なくとも江戸末期から取引されていた品々であると考えて差し支えない。（カッコ内は、産地が判明している場合の産地名）。まず山陽側からの商品としては、塩のほか、干し鰯、鬢付油（八木）、シャツ（可部）、しゅろぼうき（三次）、麻縄（吉田）、傘（十日市）、筆墨（熊野）、砂糖（広島）、大豆（大塚・百合野）、板（新庄）、昆布、鰹節・かんぴょう、白麻さらし、木綿、雲丹があった。そして、山陰側からも塩、桐油（住江）、ろうそく（浜田・大貫）、鰆（下府）、くずな（宇川）、種（川戸）、まんさく（魚：和木）、わかな（魚：和木・津和野）、いか（浜田）、干し鰯・板・傘（歌川）、大豆（重富）、半紙（和田・都川）、草刈り鎌（出羽）、下駄（麦尾）、しゅろ縄・縞・織紺（津和野）などが市木に持ち込まれた。これらの中で、山陽側からの商品に、最上地方の新庄からの板が含まれていたこと、また山陰側からの品に出羽（山形）の草刈り鎌が含まれていたことは興味深い。これらがどのような背景で中国地方にもたらされたのかは分からないが、注目すべき事実である。以上の商品を大ざっぱに分けると、山陽側からの荷物は塩のほか日用雑貨が、山陰側からは塩と、そのほか魚類と農産物が中心だった〔富岡、一九八三：一〇〜一二〕。

中国地域の中部から東部にかけての「塩の道」を、太田川を中心とした南塩と北塩の搬入という観点からみると、この地域には右に説明した①〜⑤の五つの「塩の道」と、それに対応して形成された五つの「塩経済圏」＝「商圏」が存在していたことが分かる。しかもこれら五つの「塩経済圏」はそれぞれ独立して機能していたわけではなく、隣接する「塩経済圏」と連結していた。すなわち、①と②、①と④、①と④と⑤とが接点をもち、塩取引では競合関係にあった。これらのうち、太田川の舟運を経由した①のルートによって運ばれた山陽の南塩がこの地域の大部分の「塩経済圏」に関与していた。これは、太田川の舟運が、日本でも有数の塩の生産地である瀬戸内から塩を直接に内陸に運ぶことができたからであろう。これにたいして山陰の北塩の大部分は、瀬戸内から海運で日本海側の河口都市（浜田や江津）に運ばれ、そこから舟運や陸路で内陸に搬入されたものであった。

太田川を軸とした五つの「塩経済圏」＝「商圏」は、一方で競合関係にありながらも、他方で塩取引に付随する幅広い生活用品が取引され、相互に補い合う「生活圏」を形成していたといえる。そして、こうした部分的な「生活圏」がまたほかの「生活圏」と重なり合って、さらに広域の生活圏を形成していたのである。つまり、これらの部分的な「生活圏」は、太田川の広義の「河川ルート」（第三章第一節）を媒介として有機的に相互関係を維持し、全体として「太田川流域生活圏」という地域社会を形成したのである。こうした複合的な構造をもつ流域生活圏は中国地方の大きな特徴であった。それは、山陰と山陽という気候も生態系も異なる二つの地域が、中国山地で隔てられてはいたものの、それほど峻険な山地ではなかったため分水界を越えた人と物資の交流が比較的容易だったからであろう。

（六）四国の「塩の道」

四国は全面積の八〇パーセント強が山地となっている。その山地は島の北寄りを東西に走る四国山地によって、瀬戸内に面した北四国と、太平洋に面した南四国に分かれる。塩の生産という観点からみると、雨が少ない北四国の讃岐（香川県）、伊予（愛媛県）、南四国の阿波（徳島県）が主な産地であった。北四国で作られた塩の大半は海運によって瀬戸内海―太平洋航路で大坂、江戸、関東諸地域、東北方面に送られ、日本海航路で山陰、北陸、東北地方に送られた。残りの一部が舟運や陸路で四国内の諸地域で販売された。これにたいして太平洋に面した土佐（高知県）は、雨が多く製塩には不向きであった。年間雨量をみると、瀬戸内の高松が一二〇〇ミリほどだが、南の土佐は二六〇〇ミリにも及ぶ。北四国では瀬戸内の潮の干満差が大きかったので、満潮時に砂浜に設けられた塩田に大量の海水を引き入れて干潮時に出入り口を閉じて天日で水分を蒸発させて塩分濃度を高めてゆく、入浜式の塩田が大規模に発展した。しかし、土佐は雨が多いうえに潮の干満差が小さいため、海水を桶で担いで塩田に運ぶ、労力のかかる小規模の揚浜式塩田が点在するだけであった。このため土佐藩は製塩の努力は続けたが、作られた塩は生産地の近隣で消費されてしまい、藩全体の必要量の半分しか賄うことができなかった。このため藩は不足分を瀬戸内や阿波、伊予から買い入れなければならなかった［平島、一九七五：五〇／富岡、一九八三：一一二］。

四国は全般に河川の舟運による塩の輸送はあまり活発ではなかった。その理由の一つは、製塩の中心地である北四国では塩の消費地が沿岸の平地都市に位置していて産地と近いため、塩の輸送を河川の舟運に依存する必要はなかったし、実際、舟運が可能でかつ必要な河川は、阿波の吉野川を除いてあまりなかった。これにたいして土佐は内陸が山地となっており、内陸の町や村落へ塩を送る必要があった。しかし、広い面積の割に土佐には舟運が利用できる河川は西部の仁淀川と四万十川くらいであり、これらの河川は実際に塩の輸送に一定の役割を果たしていた。しかし、それら河川においてさえ、舟運の利用はあまり活発ではなかったようだ。本州や九州の場合、主要河川の流域には大きな人口を抱える平地、盆地、傾斜が緩やかな広い谷が展開していた。そこには村や町が発達し、年貢米や農林産物を下流の都市に運ぶ一方、他方で塩や生活物資を河口の都市から入手する必要があった。この経済的交換のためにも舟運は不可欠であった。しかし、土佐の場合（これはある程度四国全般についてもいえることだが）、船が航行可能な河川が少ないうえに、江戸期においては内陸の流域に人口の多い都市（例えば城下町）がなく、山地には小規模な町や村落が点在する状態であった。このような条件のもとでは、コストと危険をともなう舟運が発達する契機は小さい。このため四国においては、塩を人や馬の背に乗せて山道を運ぶことが多かった。以上を念頭において、以下に四国における舟運と「塩の道」について説明しよう。

まず、吉野川の舟運と「塩の道」についてみてみよう。吉野川は、阿波北部を東西に走る山地の間を西から東に向かって流れ紀伊水道に流下する大河であり、そこでの舟運は沿岸部と内陸諸地域を結ぶ幹線路であった。吉野川では荷物を運ぶ艜船のほかに旅客専用船（カンドリア）が運航されていた。吉野川の中流には脇、辻、池田の三河岸があり、互いに経済的な繁栄を競っていた。とりわけ辻は東祖谷山方面を後背地とし、周辺諸地域の年貢の積み出しや、特産品である炭、薪《たきぎ》、菅、莚《むしろ》、うど、ぜんまい、たばこ、わさび、山芋など山間の産物と、河口の徳島からの上り荷である塩、味噌、小間物などの中継地として重要な河岸であった。吉野川中流域の上記三つの河岸は荷物の輸送と取引において競争関係にあり、享保九年（一七二四）には荷物の争奪戦が表面化した。この事実をみると、当時、河岸と河岸とが荷物の奪い合いをするほど、吉野川の舟運は活発であったことが分かる。吉野川の遡航限界は池田の先の川口河岸であった。明治に入ると、川口河岸の商圏は西祖谷山方面、さらに一部は分水界を南に越えて土佐に及んでいたようであるが、江戸期についての詳しい事情は分からない。ただし、江戸時代においても川口河岸は一方で讃岐の川之江と陸路で結ばれており、このルートで塩を入手し、他方西と南に向かっては山中の小道を経由して人が担ぐか馬の背に乗せて塩を販売していた［富岡、一九八〇：二二一〜二二五］。

つぎに仁淀川の舟運と「塩の道」をみてみよう。すでに述べたように、土佐藩は塩を自給できなかったので、外部から買い入れなければならなかった。とりわけ内陸地域は沿岸地域よりも塩の入手が困難であった。内陸への塩の主要な搬入口は仁淀川の河口の一三・五キロほど西に位置する港町、須崎であった。須崎は土佐湾有数の物資の集散地であり商業中心地であった。須崎の商圏は仁淀川上流域の森、越知方面、臨海部では遠く四万十川の土佐中村、清水、宿毛方面にまで達していた。須崎の商人は内陸からもたらされる和紙の原料となる楮《こうぞ》や三椏《みつまた》を買い集める一方、塩、米、雑貨、そのほか一般商品を販売していた。須崎へもたらされた塩は、撫養（阿波）や香川の坂出産が多かった。須崎から内陸へは、仁淀川上流域の第二の中継地となった佐川まで陸路を馬で運ぶルートが利用された。佐川は土佐藩の政策により商業が保護されていたため、市場町的な機能を果たし、仁淀川上流域一帯の中心都市的性格をもっていた。佐川からは仁淀川の舟運が利用できる越知まで陸路で、越知からは仁淀川の谷筋に沿って大崎や、その奥の森町方面に陸路で運ばれた。土佐藩は、天明年間（一七八一〜一七八九）に藩の境界に六四カ所、領内に二一カ所の関所を設け運輸・交通の取り締まりを実施した。しかし、こうした取り締まりは経済活動にとって大きな障害となっていた。明治に入り、このような封建的商業政策が撤廃されると、各地に商業で栄えた町が発生した。舟運の便のある越知もその一つであった。これ以外にも仁淀川の舟運が重要な移送路となっていくつもの河岸が繁栄した。[富岡、一九八〇：四三一〜三三]。

明治政府に変わったころの仁淀川の舟運の遡航限界は大崎で、最も下流の河岸は土佐城から西に一〇キロほどの伊野であった。当時使われた船には大・中型船があり、大型は船長七間あまり（一三メートル）、幅二間（三・六メートル）の一〇〇〇貫（三・七五トン）積みで二人乗りであった。中型船は「ノショウ船」とも呼ばれ、船長四間三尺（八メートル）、三〇〇貫（一・一トン）積みの一人乗りであった。越知河岸からの下り荷には木炭、薪、楮、三椏、雑穀など、また上り荷には米、塩、肥料、雑貨などがあった。大崎あたりから伊野までの下りは八時間、上りは曳舟を要するので二〜四日かかった［富岡、一九八〇：四三一〜三三］。筆者も二度、仁淀川を訪れたが、和紙の原料である楮や三椏の供給地であった中流域の日高村やいの町には、現在でも和紙の工房がある。つぎに四万十川の場合をみてみよう。

四万十川流域では河口近くの土佐中村が政治・経済の中心地であった。土佐中村は元禄二年（一六八九）までは山内侯の城下町であり、後に郡奉行の支配地となった。土佐中村の外港は下田で、ここが物資の集散地となった。四万十川では高瀬舟と〝センパ〟と呼ばれる川船の二種類が航行していた。高瀬舟は主として広瀬河岸に在船し、広瀬以南の中流域で稼動した。船長は六間半（一二メートル）、幅四尺五寸（一・三五メートル）の二人乗りであった。高瀬舟は木炭九貫俵一三〇俵（四・四トン）を積み、広瀬からの下り荷には蕨粉、せんか紙、松縄（松の内皮で作った縄）など、上り荷には塩、雑貨、黒砂糖、楮草などがあった。センパは普通の川船で、屋敷・四手崎・高田・大井川・くぐつけ・長生・奈路などの河岸に在船していた。センパの船長は四間（七・二メートル）、幅三尺七寸（一・一メートル）の二人乗りであった。江戸期の実態は分からないが、明治期には木炭九貫俵七四俵（二・五トン）積みのタイプの船が標準であった。航行は、中流域の十川を朝に発ち、夕方六時ころ下田に着き、土佐中村で一泊し翌朝早発ちして川崎でもう一泊して、夕方に十川に帰着するという行程であった。下り荷は木炭、松油、米などで、上り荷は塩、灰、雑貨などであった。このうち、塩は土佐産と、一部陸路で宇和島方面からももたらされたが量が不足していた。このため、不足分は瀬戸内産や一部は豊後（大分県）の塩が海運によって四万十川流域にもたらされた［富岡、一九八〇：四三八～三九］。

（七）九州の「塩の道」

九州は地理的に北部、中部、南部の三つに分かれる。これらのうち、ここでは中部九州における舟運と「塩の道」について検討する。まず、九州中部の舟運および「塩の道」のネットワーク（図４－３）を示しておこう。ここで扱う九州中部に位置する宮崎県椎葉村地区は東西二八キロ、南北四〇キロにおよぶ広大な地域である。こ

図4−3　九州中部の「塩の道」：球磨川の舟運

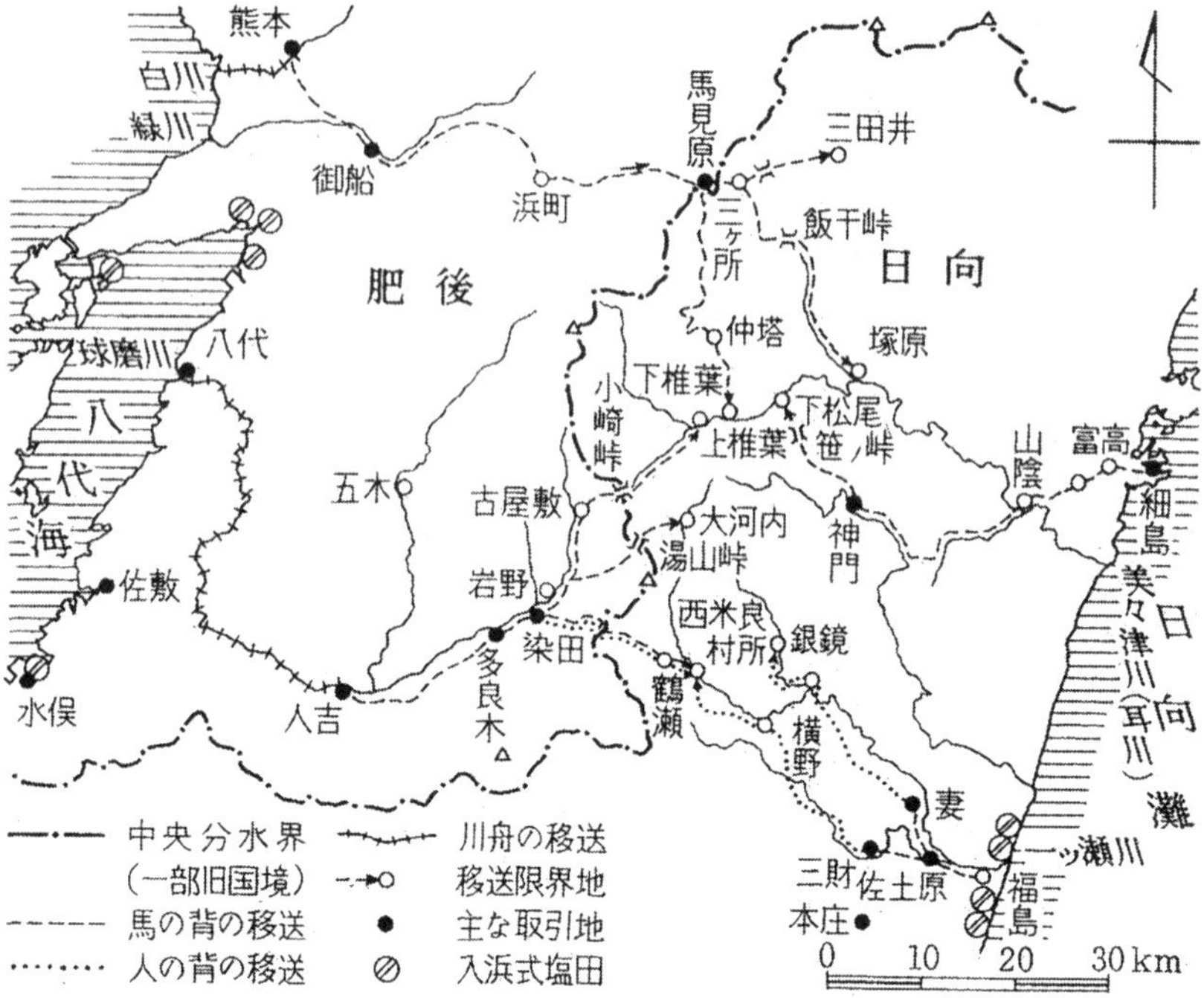

［富岡、1983:133］

こには、源平合戦で敗れた平家の残党が落ちのびて住み着いたという伝説がある、九州の最奥に位置する一帯である。この地域は中世には一三カ村に分かれていた。近世に入って、延享三年（一七四六）の椎葉村は戸数八八八軒、人口五三七五人（男二七四二人、女二六三三人）を擁し、牛五〇二頭、馬一一八頭を有していた。ここは山地の厳しい自然環境で水田はごくわずか（二反余）しかなく、農業としては焼き畑で粟・稗・麦などを中心とした作物を作り、それを補うために狩猟も行っていた［富岡、一九八三：一三一～一三二］。

椎葉村への塩の搬入ルートはいくつかあった。椎葉村西部の上椎葉地区へは、肥後（熊本）の八代から球磨川の舟運を利用して運ばれた。東部の松尾地区では尾根道の多い笹ノ峠越えをして日向（宮崎）細島から上ってきた瀬戸内塩を神門まで買い出しに出た。北部の十根川の下椎葉へは、熊本から陸路で上がってきた肥後塩を、肥後の馬見原まで買い出しに行った。これらの搬入路のうち、以下に、球磨川の舟運経由の上椎葉地区への塩の道について説明しよう。上椎葉地区の塩の買い入れ地は、肥後の染田と岩野であった。ここまでは小崎峠を越えて小崎川の谷に沿って南下し、球磨川の谷を経由して古屋敷、岩野、そして染田に出る三三キロの行程である。買い付け人は岩野・染田の焼酎屋で宿泊し、翌日村に帰った。八代から舟運で遡航限界の人吉まで運ばれた塩は、そこから染田・岩野まで陸路で運ばれた。この際、往路では楮、椎茸、栗、小豆、茶、下駄などを肩に担ぐか、または馬の背に積んで運び、帰路には塩、砂糖、米、酒、焼酎などと物々交換して村に持ち帰った。人吉は、近世には人吉盆地における相良侯の城下町としてこの地域の政治・経済の中心地であった。また人吉は、球磨川舟運の遡航限界であり、ここから八代への下り荷には、楮、椎茸、茶、木材など奥地からもたらされた森林産物と、盆地で生産された米があり、沿岸からの上り荷には塩、魚、日用雑貨が運ばれた。人吉に陸揚げされた八代塩は、問屋の手を経て行商人や山間部の買い手によって内陸部へ運ばれた。しかし、球磨川の舟運にたいして人吉藩は、航行に時間制限を加えたり、藩米を運んだ帰りの船だけに塩の運搬を許可したり、他領の船での搬入を一切禁ずるなど、さまざまな制限を加えていた。これらの航行制限のため藩内では塩が不足がちとなり、しばしば値段が高騰した。寛政四年（一七九二）の文書によれば、こうした塩の逼迫を解消しようと、船頭仲間が船株の増加と他領の船の航行を申し出たり、中には天草塩を佐敷から陸送する計画を立てる者が出るようになった。これらの要求は、人吉藩がとった交易規制にたいする船頭仲間の対抗措置の一端を示したものだが、塩が上り荷の主要な物資であったことを示している［富岡、一九八三：一三四〜三五］。

十三から駄賃付習うた　馬の手綱で日を送る　ホーイ　ホーイ
日にち毎日峠に登りよ　お日の出を待つ入りを待つ　ホーイ　ホーイ
おどま駄賃付へ駄賃さえあれば　親子三人寝て暮らす　ホーイ　ホーイ

ところで、岩野または染田に集積された塩を、上椎葉の商家に代わって駄賃付けで輸送することを生業とする馬子たち（男も女もいた）がいた。馬子は一人で鞍に飼葉と弁当を積んで一二頭の馬を追い、朝五時ごろ松明をもって発ち、夕方七時ころに帰村した。各馬鞍には塩三俵（四貫俵）を載せ、馬子が一俵背負った。この様子は地元で歌い継がれてきた馬子唄に表現されている。なお、この駄賃付けの場合、帰り荷は塩だけで、右に引用したような砂糖、米、酒、焼酎などはない。駄賃付け輸送は塩を買うことを中心とした、舟運と陸送とが組み合わされた塩の入手法であった。こうして人吉に陸揚げされた八代塩は、人吉の問屋の手を経て、行商人や山間部の買い手によって内陸部に運ばれていった［富岡、一九八〇：四六四～七〇／富岡、一九八三：一三二～三五］。

結　語

本章では、「塩の道」がどのように生活圏形成とかかわっていたのかを検討した。塩は人びとの生活必需品であり、内陸の住民にとって塩を確保することは、大げさにいえば死活問題であった。おそらく記録に現れる前から、塩は沿岸地域と内陸との交易における最も基本的な物資であったと考えられる。本章で説明したように、日本の主な塩の供給源は大きく分けて二つあった。一つは、日本における代表的な生産地である瀬戸内（中国地方と四国の沿岸）の塩である。江戸期には瀬戸内塩は全国に送られた。二つは、それぞれの地域で生産された「地塩」である。いずれの供給元の塩であれ、それらはさまざまな輸送ルートで必要とする地域の人びとに届けられた。その輸送ルートが「塩の道」である。本章で個々の地方や河川の流域ごとに検討したように、「塩の道」には四つのタイプがあった。すなわち、第一は、瀬戸内塩のように全国区の塩が生産地から海路で消費地に近い港に運ばれ、そこから河川の舟運と陸路で内陸の最終消費地に送られるタイプ、第二は、地塩を河川の舟運が利用可能な地点まで舟で運び、そこから陸路との組み合わせで運ぶタイプ、第三は、地塩と海運で運ばれた塩が河川の舟運で内陸に運ばれるタイプ、第四は、三陸の一部地域の場合のように、舟運を一切使わず、陸路だけで沿岸から内陸に運ぶタイプである。ただし、本章で取り上げた具体的な「塩の道」を細かくみると、これら四タイプがさらに組み合わされた事例もある。

ところで、塩の取引といっても塩だけが取引されたわけではなく、ほかの物資の取引も同時に行われることが普通であった。沿岸地域から塩を積んだ船や牛馬は一緒に日用雑貨、手工業品、肥料、米などさまざまな生活物資を内陸地域に運んだ。そして帰り荷として、内陸の農畜産物や森林産物、さらには各藩で奨励していた地域ごとの特産物を持ち帰った。取引された商品は多様であったが、沿岸地域と内陸地域との間での取引において塩は必ず含まれていた。つまり、狭義の「塩の道」は塩の取引が行われる交易ルートであるが、そこでは塩以外のあらゆる生活物資も取引されることが普通であった。この意味で、「塩の道」は言葉の本来の意味で「生活の道」であった。そして、塩の商圏すなわち「塩経済圏」は同時に塩を中心とした「生活圏」でもあった。こうした事例は、本章で扱った地域ごと、流域ごとのほとんどの「塩の道」でみられた。日本における主要な「塩の道」では、河川と河川舟運が重要な役割を果たしており、右の「塩経済圏」は同時に「流域生活圏」でもあった。

【注】

（注1）瀬戸内産の塩の流通については［渡辺（則）、一九六六］を参照。渡辺氏の試算では、享保六年（一七二一）の日本の人口は約三〇〇〇万人で、一年間の塩の総必要量は三二〇〜三三〇万石（一石＝一五〇キログラム）であった。

（注2）この文書の日付が一〇月二三日となっているのに、引用した『水沢市史』では、塩売代官が着任した日付を一一月としているのは矛盾している。ここでは一〇月着任としておいた。

（注3）資料には、これらの場合、一俵が何貫かは示されていない。一俵の重さは、一二・五貫か一四貫のいずれかであったと思われる。一貫＝三・七五キログラム。

第二部　河川別舟運の実態と流域生活圏

序

第二部では、第一部の検討を土台として、実際、河川の舟運とはどのように運営され機能していたのかを知るための具体的事例として、北上川（第五章）、最上川（第六章）、利根川（第七・八章）、天竜川（第九章）、吉井川・旭川・高梁川（第一〇章）を取り上げる。河川舟運の実態は、それぞれの河川によって違いがあり、全体像を描くにはできる限り多くの河川を取り上げることが理想ではある。しかし、主要な河川だけでもかなりの数にのぼり、それら全て扱うことはとうてい不可能である。しかも、河川によっては必ずしも一貫した記述が可能な量の資料や情報が得られるとは限らない。本来なら、九州の代表的な河川である筑後川も含むべきだが、筑後川の舟運については、ここで取り上げる河川に比べて十分な資料が得られなかったので割愛せざるを得なかった。そこで、現実的には舟運が盛んで、舟運の実態を総合的に描くために必要な資料が多く、実際に調査や検証が可能で、かつ筆者の関心事である「流域生活文化圏の形成」を考えるうえで興味深いこれらの河川に絞った。

筆者は、右に挙げた河川舟運の事例だけで十分であるとは考えていない。しかし、本書では、第三章で大和川を、第四章「塩の道」との関連で雄物川（秋田）、阿武隈川（福島・宮城）、太田川（広島）、吉野川（徳島・高知）、仁淀川（高知）、四万十川（高知）、球磨川（熊本）における河川の舟運にも触れている。これらは「塩の道」という限定された観点からの検討であるが、それでも事例の少なさを多少は補うことができると考えている。

第二部で取り上げる河川の特徴をごく簡単に示しておく。これらの河川のうち東北地方および関東の河川（ここでは北上川、最上川、利根川）と、中国・四国・九州など西日本の河川とは地理的条件がかなり異なる。東北と関東の河川は流程が長く流域面積も広く、中・上流に広い谷や大きな盆地などの平地が形成されている。そして、河床の勾配は比較的緩やかで舟運に適している。これにたいして西日本や九州・四国では、二、三の河川を除いて、中・上流部に広い谷や大きな盆地はなく、地理的特徴として河床も急勾配であり、舟運が発達しにくい［小出、一九七二：三四〜六五］。もちろん、西日本や九州の河川においても舟運はほとんどの河川で行われていたが、利用できる船の大きさや積載量、物資の輸送量などは東北と関東の河川に比べ規模は小さい。以上を念頭において以下に、北上川から順次西に向かって河川の舟運と流域生活圏の実態をみてゆくことにする。

第五章　北上川の舟運と流域生活圏の形成

はじめに

本論に入る前に、東北地方の主要な河川についてごく簡単に説明しておく。図5－1からも分かるように、主要な河川だけでも、岩木川、米代川、雄物川、北上川、最上川、阿武隈川、阿賀野川などの河川がある。それぞれの河川流域では舟運が地域の人びとの暮らしをはぐくんできた。ただし、図5－1に示された河岸も主なものだけで、全てを網羅しているわけではない。たとえば、会津若松は阿賀野川の水運に容易にアクセスできる至近距離にあり、当然舟運を利用していたはずであるが、この城下町が直接河岸を持っていたわけではないのでこの図には示されていない。そのような事例はあるが、今日、東北地方の内陸の中核都市となっている都市の多くは、もともとは河岸であったか、あるいは山形城下のように河岸そのものではなくても河岸へのアクセスが容易な位置にあった。

東北地方の河川のうち、先に述べた理由により第五章で北上川を、第六章で最上川を取り上げる。これら二河川は、河口に港湾都市が発達し、中・下流域には盆地、扇状地、平地が連続している、という共通性がある。そ

図５－１　東北地方の河川の舟運と河岸

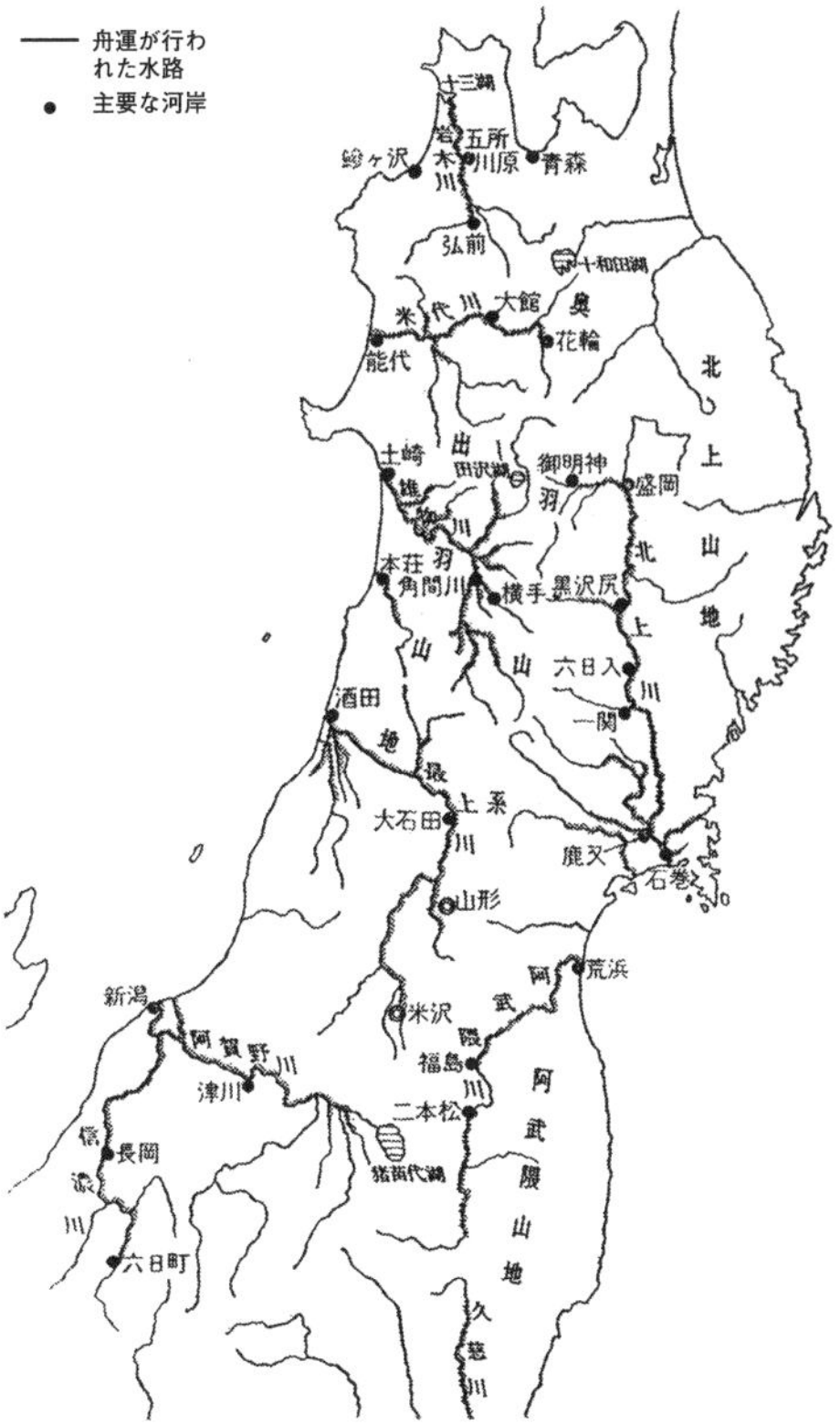

［小出、1978:107］

して、これらの平地は米や農産物の大生産地でもあった。しかも両河川は、流域面積も広く多数の支流から水が集まり水量が豊富で、勾配がゆるやかであるため舟運に適していた。もちろん、この二河川には共通性と同時に、それぞれの河川の流域には歴史的にも社会経済的にも異なる面があったことはいうまでもない［小出、一九七八：一〇五～一〇九］。

この第五章では、東北地方の大河であり奥羽山脈を隔ててほぼ並行して流れる（といっても流れる方向は逆であるが）最上川との共通性と差異を念頭に置きつつ、北上川の舟運事情と流域生活圏の形成を検討する。

本章では、まず第一節で北上川舟運の歴史的経緯を検討し、続く第二節と三節で南部藩と仙台藩の舟運事情、そして第四節で両藩の舟運管理を説明する。第五節は北上川の河岸の構造と役割を、黒沢尻と石巻に焦点を当てて舟運の実態を明らかにする。そして第六節では北上川の舟運で運ばれた下り荷と上り荷の物資を説明する。そして「結語に代えて」では北上川の舟運と流域社会について若干の議論をする。

第一節　北上川舟運の発展過程

北上川の源流についてはいくつかの説があるが、国土地理院では岩手県岩手郡岩手町御堂にある「弓弭の泉」であるとしている。北上川は北上山地と奥羽脊梁山地にはさまれ、北から南に流下し、盛岡市で北上盆地に流出する。北上川は盛岡を出るとさらに南に流下し、一関を経て盆地の最南端、狐禅寺狭窄部を通り、やがて仙北平野で分流して、最後に石巻湾に注いでいる。北上川は全長二四九キロメートル、流域面積一万一五〇平方キロメートル、本州では利根川、信濃川に次ぐ第三の大河である。流域には支流が多数あり、本流との合流点近くで扇状地を形成している。本流は平均勾配もゆるやかで、河口から二〇〇キロメートルさかのぼった盛岡市（庁舎あたり）の標高はわずか一二六メートルしかない。北上川は利根川に次いで日本で二番目に流れが緩やかな川で、舟運にとっては好条件を備えており、このため早くから舟運に利用されていた［北上市博物館、二〇〇九：九］（注1）。北上川では明治期には石巻—狐禅寺間に汽船が就航していた。当時、汽船の就航は北上川のほかには利根川、信濃川、淀川にしかみられなかった。

写真　5−1　北上川源流　弓弭の泉

［大木撮影］

北上川という名称は、古代の北上川流域が「日高見国」と呼ばれたことに由来するとされる。先住民族アイヌはこの地に「ヒタラカムイ」の地名を残し、後に転じて「日高見」となったという説がある。この語は、「ヒダ（蝦夷）カ（場所）ミ（そのあたり）」で、「蝦夷の住むあたり」の意味で、そこを流れる川が「日高見川」となる。石垣氏によれば、「北上川」の語が最初に文献に出てくるのは『吾妻鏡』、文治五年（一一八九）九月二七日の条であるという［石垣、一九八五：二一一、二三〇］。この年、奥州藤原氏は源頼朝によって滅ぼされたが、これによって地域全体が原野と化してしまったわけではない。藤原氏が滅んだ後、奥州奉行となった葛西氏は、北上川河口の石巻から江刺郡に及ぶ流域を所領とし、北上川の舟運を活用した。第二章第二節で述べたように、古代・中世においても北上川の舟運は交通・運輸手段として利用されていた。近世に入ると、扇状地には用水路が慶長二～四年（一五九七～一五九九）と慶安年代（一六四八～一六五二）に作られ、農業開発が行われた［小出、一九八二：一、四〇～四二］。これは新たに出現した農産物を中心とした物資の輸送のために、舟運の必要性と重要性がさらに高まったことを意味する。

慶長五年（一六〇〇）の史料には、北上川最下流における、北上川本流、追波川、江合川の三河川の河岸と、各河岸に属する船の数が記録されている。それによると、伊達氏領内（仙台藩）だけでも二〇を超える河岸があり、船も牡鹿湊と石巻湊が各一五艘、桃生郡横川河岸に一二艘、さらに他の河岸にも数艘ずつあった［水沢市、一九八一：八〇九～一五／渡辺、一九八五：三六一／川名、二〇〇三：六〇～六一］。これらの記録から、少なくとも近世には盛んに農業開発が行われ、農業生産力が高まり、地域に新しい経済の中核（河岸）や都市が発展していったこと、それにともなって舟運が活発化したことが推察される。

仙台藩の伊達氏は一六二〇年代に北上川最下流部の河川改修を行い、運河を開削して最下流で分流している三河川を合流させた（後述、本章第五節の（二）図5―4を参照）。これによって北上川の舟運による物流は石巻に集約されるようになった。石巻は北上川の舟運の起点であり終点でもあるという二重の性格をもつ河口都市であり、これは、日本における河口都市に共通した機能であった。寛文一一年（一六七一）に東廻航路が利用されるようになると、石巻港は北上川の舟運の起点と終点という機能に加えて、海上交通の拠点としての機能が加わった。石巻は北上川流域の物産を外部に搬出する際の出口であり、外部からの物資が北上川流域に持ち込まれる際の入

図5−2　北上川に架かる船橋と盛岡城下町

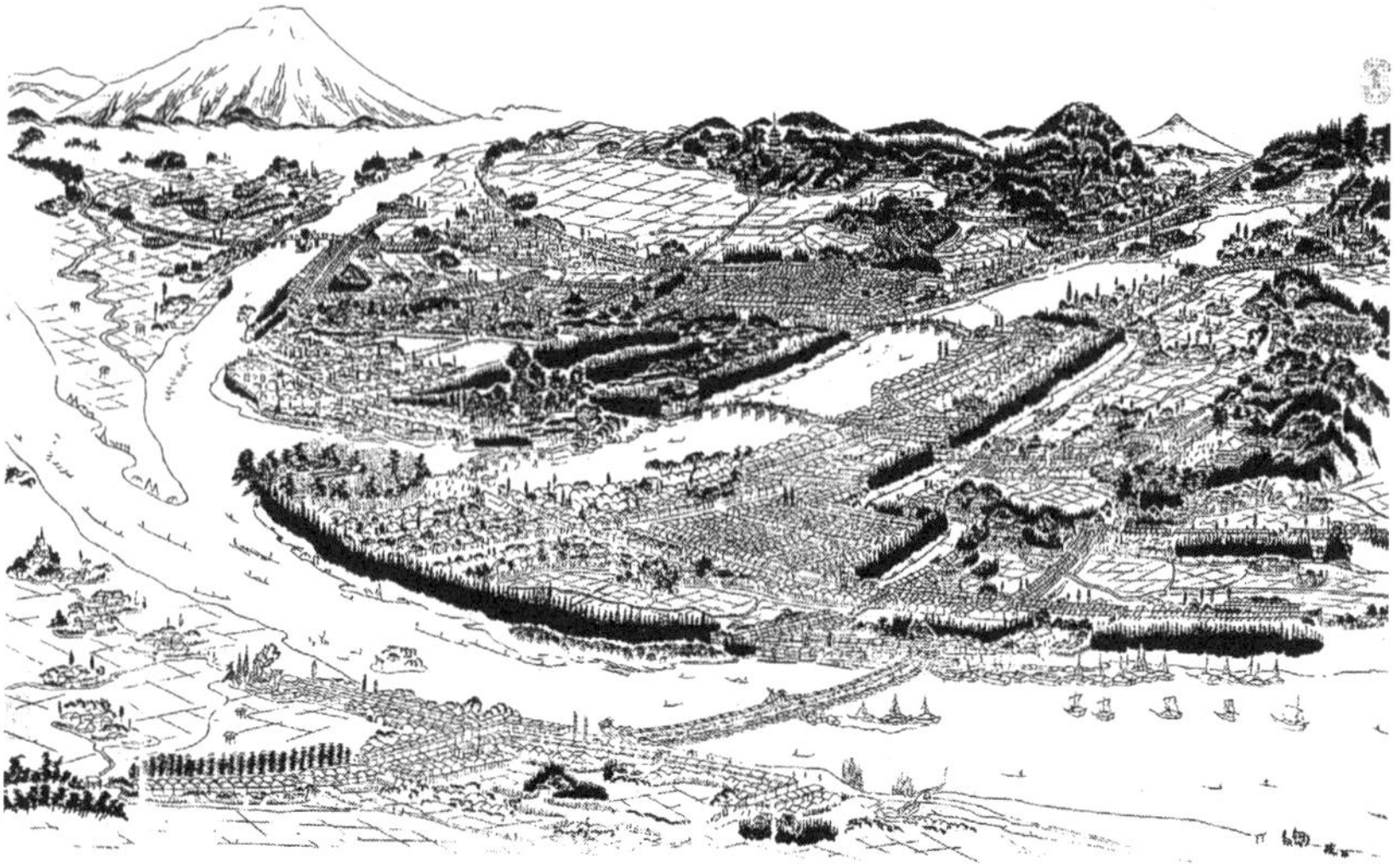

川井鶴亭筆盛岡城下古絵図　安政年間　個人所蔵（写真提供：もりおか歴史文化館）
手前左手が仙北町。仙北町側から手前中央の船橋を渡り、船の停泊している場所が新山河岸。この周辺は舟運の起点であるとともに盛岡城下の玄関口でもあった。

［北上市立博物館、2011:6］

り口でもある、北上川流域の最下流部のターミナル、経済センターであった［水沢市、一九八一：八四三〜四四／横山、一九八〇：二三］。

北上川の出口のターミナルが石巻であるとすると、もう一方のターミナルは内陸・上流域の盛岡であった。中世以来、陸奥の国の豪族であった南部氏は慶長四年（一五九九）より馬淵川流域から北上川流域の盛岡に居城を移した。盛岡は北上盆地北部の、北上川と中津川の合流地点に位置し、上流部におけるもっとも重要な河岸の一つで、北上川の舟運の拠点であった。つまり、盛岡は城下町であると同時に、北上川中流より上流にかけての地域の政治経済の中心でもあった。南部藩は盛岡を居城とし、寛永一一年（一六三四）に陸奥国一〇郡、都合一〇万石の所領が公認された。南部藩主の居城がある盛岡は一般の城下町とは異なる特殊性があった。盛岡の城下に入るには奥州街道を北上し、城下に入る前に北上川を渡らなければならない。しかし南部藩はそこに常設の橋を架けず、必要に応じて「船橋」（船を連結してその上に板を敷いて人馬を通すようにした特殊な橋）を設置した。「船橋」が架けられていた城下町側（現在の明治橋のたもと）には藩の御蔵があり、現在は資料館となっている。南部藩が「船橋」としたのは、この地点の流れが急なため橋を架けることが難しかったから、とされているが、外からの侵入や攻撃にたいする防衛的な意味もあったのではないだろうか。ちなみに律令国家時代の交通政策では、広い川を渡河する場合、橋ではなく船を連ねた船橋は珍しくなかった。近世に入っても木曾川、富山県の神通川などに船橋が架けられたことがある［北見、一九八一：一二一〜一二三／木曾川文化研究会、二〇〇四：八五〜八六］。

現在、盛岡において江戸時代の舟運をうかがわせる遺物としては、右に触れた旧御蔵（資料館）のほかに、川沿いに積まれた石組がある。地元の人の話では、やや崩れかけている石組が江戸時代のもので、きれいに積まれた部分は近代のものだそうだ。この石組の背後にはかつて豪商の館が立ち並んでいる。そして、一軒一軒の館は川の船着場に降りるために使った専用の石段をもっており、それらは今も残っている（写真5−2）。このあたりは材木町と呼ばれ、おそらく上流の山地から切り出された材木を中心とした物産と、下流から運ばれてきた商品が陸揚げされ、それらを商う商人たちが軒を並べていたのであろう。これに似た石段が後に扱う中国地方の旭川流域でもみられた（第一〇章　写真10−2を参照）。

写真　5−2　旧商家から河岸に降りる石段

［大木撮影］

ところで北上川において、盛岡から石巻まで物理的には一貫した舟運の利用が可能にはなったが、未解決の問題があった。それは南部藩と仙台藩との間で長い間続いていた藩境をめぐる紛争であった。藩境が幕府の介入により確定したのはようやく寛永一九年（一六四二）のことだった。これにより北上川の管轄は、黒沢尻（現・北上市）より上流が南部藩、下流が仙台藩となった。藩境が確定すると、いくつかの制度的な整備が行われるようになった。盛岡の新山河岸の下流四〇キロに位置する花巻は、南部藩の仙台藩に対する防衛の地として重視され、花巻城代が置かれた。また、花巻は南部藩第二の政治都市であると同時に、北上川舟運においても盛岡に次ぐ第二の拠点だった。花巻城代には、水陸の物資通過にかかわる仙台藩との折衝に際して、盛岡表（盛岡の藩主と家老たち）の指示を待たずに決済する権限が与えられていた［北上市立博物館、二〇一一：六］。舟運に関する制度的整備としては、慶安三年（一六五〇）には盛岡に船奉行が、二年後には黒沢尻に御蔵奉行が任命され、造船体制が確立し、盛岡と黒沢尻それぞれを起点とする輸送体制が整った［北上市立博物館、二〇〇九：二二］。続いて、舟運にとって不可欠な河岸が順次設けられてゆき、江戸期末までに最も上流の盛岡から河口の石巻までの間に三七の河岸が創設された。これらの河岸のうち上流から盛岡、郡山（現・紫波町）、花巻、黒沢尻の四つの河岸が南部藩領内に、一関、登米を経て石巻までの三三の河岸が仙台藩領内にあった。

北上川に設けられた河岸のうち南部藩に属する黒沢尻河岸は、舟運の運航と経済的役割にとって、花巻とは異なる重要性をもっていた。すなわち、石巻から黒沢尻までは三五〇俵積みの大型艜船（船頭と水夫四人合わせて五人乗り）が航行できたが、そこから上流は岩礁や浅瀬などの難所も多いので、一〇〇俵積みほどの小型の船（四人乗りの小繰船）に荷物を積み替えて盛岡まで北上川を遡航した。ところで、川船による物資の輸送が可能になった当初、南部藩は年貢として徴収した米を郡山や花巻の御蔵から小型の藩船（小繰船）に積んで石巻まで直送していた。これは、当時は運ぶ量が少なかったためであろう。この体制は慶安期（一六四八〜一六五二）あたりまで採用されていた。しかし、黒沢尻で大型船に積み替えた方が効率的であったため、それ以後は藩の御蔵から小型の小繰船で黒沢尻まで運び、そこからは大型の艜船に積み替えて石巻に下る方法が定着した。また逆に、石巻から黒沢尻までは大型の艜船が遡航できたが、そこから上流は小繰船に荷物を積み替えて盛岡まで北上川を上った［北上市立博物館、二〇一一：六〜九］。

ここで、北上川の舟運の主役であった艜船と小繰船に関して、南部藩が定めた安永七年（一七七八）の「黒沢尻御艜所御定目」と、文化一三年（一八一六）の黒沢尻の谷木御繕所が定めた「御艜小繰船定法書」から、南部藩領内におけるこの二種の船の構造をごく簡単に示しておこう。艜《ひらた》船の標準型は、船底が平らで細長く、船長は一〇間半（一九メートル）、横幅は二間二尺五寸（四・四メートル）であった。舳先には波を切るための一本水《み》押《おし》がついている。帆柱は長さ四丈二尺五寸（一二・九メートル）、帆桁木は周囲が一尺四寸（四二センチ）となっており、帆は莚を四八枚を上げていた。これにたいして小繰船は、構造は艜船とほぼ同じであるが、船長は八間（一四・五メートル）、横幅は一間半（二・七メートル）で、莚帆は三〇枚であった［北上市立博物館、二〇一一：二一〜二二］。小繰船は当初は一二〇〜一三〇俵積みであったが、後に一〇〇俵積み四人乗りの船が標準となり、艜船は当初は四五〇〜四六〇俵積みであったが、後に三五〇俵積み船頭と水主四人合わせて五人乗りの船が標準となった。ただし、小繰船という名称の船は南部藩領内でのみみられ、仙台藩領内ではこれと同様の積載能力をもった船としては「高瀬舟」があった［川名、二〇〇三：六六／横山、一九八〇：一九］。いずれにしても、南部藩の江戸・大坂に向けられる廻米のほとんどは小繰船で黒沢尻の御蔵（藩の公用蔵）に集められ、そこから大型の艜船で石巻に運ばれた（本章第五節「黒沢尻河岸」を参照）。それぞれの藩に所属する船については、以下の第二節「南部藩の舟運事情」と第三節「仙台藩の廻米と舟運事情」で説明するが、中・下流域の仙台藩領内を航行する船は一般に南部藩の船より大きかった［北上市立博物館、二〇一一：九／水沢市、一九八一：八四二〜四三］。南部藩所属の船であれ仙台藩所属の船であれ、北上川を航行する船は、舟運のための絵地図を用いていた。江戸期に用いられた舟運のための絵地図は盛岡から石巻までがいくつかの区間に分けられ、そこには川から見える目標物や危険個所が書きこまれている。船乗りたちは、こうした絵地図を頼りに河岸を経由して航行したのだろう。

石巻に集められた荷物は南部藩の物であれ仙台藩の物であれ、そこから海洋船で江戸もしくは大坂方面に送られたが、その際の輸送ルートは大きく分けて三つあった。一つは、まず石巻から水戸の那珂湊（中湊）まで海洋船で運ばれ、荷物をそこで一旦陸揚げし、陸路と舟運で北浦の串挽河岸に出て、そこから川船で利根川を遡上して境または関宿を経由して江戸川を下り江戸に至るルートである。那珂湊経由のルートには、八戸・宮古・大槌などの三陸海岸諸港から海洋船で、石巻を経由しないで直接に那珂湊に入り、そこからは右に述べた方法で江戸に運ぶ方法もあった。二つは、石巻から船で銚子港を経て利根川に入り、境または関宿から江戸川経由で江戸に至る方法である（内川廻し）。三つは、房総半島を大きく迂回して伊豆の下田、三浦半島の浦賀、三崎港を経由して江戸湾に入り芝の港に着船する「大廻り」ルートであった。最後のルートの安全が確保されるようになると、積み荷の損傷が少なくなり、条件さえよければ難破も少なくなったので、このルートが使われるようになった［岩手県、一九六三b：一二七九～八三／北上市立博物館、二〇〇九：一〇～一一、一九］（図3－3および第七章を参照）。

以上、北上川全体の舟運事情の概要をみてきたが、北上川の舟運事情は南部藩と仙台藩とでは河川の状態、地理的な条件、歴史的経緯、藩の政策、流域の生産物などで異なる面も少なくないので、以下にそれぞれの藩における舟運事情を個別にくわしくみてみよう。

第二節　南部藩の舟運事情

一七世紀初頭、江戸幕府の権力が確立すると、南部藩（盛岡藩）は、江戸との交通・輸送路を確保する必要、とりわけ大量の廻米を江戸に送る必要があった。南部藩は、蔵入地（ここでは藩直轄地）からの年貢米に加えて、農民の手持ちの余剰米や家中（藩の家臣）に与えた俸禄の残り分を買い上げた。これが「買米」である。藩はこうして集めた米を一旦藩の御蔵に収納し、後に廻米として江戸に送り、時価の高騰を待って江戸で売却したり、あるいは上方の市場に送った。南部藩は年貢その他の物資を収納する御蔵を盛岡の新山河岸や郡山、花巻、黒沢尻にも設けていた。しかし、南部藩から大量の米を江戸や大坂に送るのは簡単ではなかった。当初の江戸への輸送は、まず陸路で三陸の八戸湊か大槌湊へ運び、そこから海洋船（廻漕船、廻船）で江戸に送る方法がとられた。元和二年（一六一六）の「慶長拾九年大土御蔵納米之事」の記事にあるように、江戸廻米自体は慶長末期には行われていた。しかし南部藩には当時、まだ自前の海洋船を造る技術がなかったので、海洋船を買うか海運業者に輸送を委託していた。南部藩は慶長一六年（一六一一）、紀州和歌山の船大工を藩所属の船大工として召し抱えて造船にあたらせ、元和七年（一六二一）には自前の廻船（主に江戸に廻米を運ぶ海洋船）が四艘建造された。その後、造船の必要性がさらに高まり、正保～慶安期（一六四四～一六五二）に江戸や大坂からも船大工を呼び寄せ、船奉行のもとで三陸の八戸湊や大槌湊で、五〇〇石積みと三〇〇石積みの海洋船を二艘建造させた［渡辺（信）、一九六六：四八～四九／川名、二〇〇三：四二～四七／北上市立博物館、二〇〇九：二二］。

江戸初期において、南部藩が江戸や大坂に廻米を輸送する積出港は三カ所あった。一つは、陸奥湾・津軽海峡に面し、主として上方や松前方面に向けられた田名部諸港および野辺地の港、二つは太平洋沿岸（三陸海岸）の、主として江戸を目的地とする八戸および宮古を中心とする閉伊諸港、三つは北上川を下って江戸に送る仙台藩領の石巻港であった。最初の二つは山越えの陸路で港まで運ぶことになる。江戸初期の寛永～慶安期（一六二四～一六五二）においては、上方や江戸への廻米は陸奥湾に面した田名部港や三陸の閉伊諸港など三陸諸港が積出港として重要な役割を果たしていたが、廻米の量が増えるにしたがって、陸路を経由するこれらの港からの輸送は困難になってきた［渡辺（信）、一九六六：四四～四八］。

南部藩が北上川経由で江戸に送った廻米量は、年度によっても資料によっても異なるが、江戸時代初期でおよそ二万石（五万俵）、中期以降で四万石（一〇万俵）であった［北上市立博物館、二〇〇九：八］（注2）。これだけの量の廻米を江戸や大坂に送る場合、馬に積んで長い距離を陸路で陸奥湾や三陸諸港まで運ぶことになるが、馬一頭には二俵しか積めないので、駄送するには途方もない数の馬と費用と日数がかかった。しかも、江戸に向かう三陸沖の航海も危険がともなった。このため、南部藩にとっては北上川の舟運によって、河口の石巻方面に廻米その他の物資を積み下すことが最も効率的で費用が少なく、かつ安全だった。北上川の舟運自体は慶長期（一七世紀初頭）には部分的に利用されていたが、当時、舟運を効率的に利用するためには解決しなければならない問題が二つあった。

一つは、江戸初期における北上川が仙台湾ではなく牡鹿半島の北側、追波湾に注いでいたことである。この問題は、仙台藩が北上川の最下流の流路の改修工事（一六二三〜一六二六）によって、河口を石巻のある仙台湾に付け替え、石巻港を開港したことで解決した（第五節（二）「石巻河岸」の項を参照）。二つは、石巻港が開港しても、当時の南部藩は石巻まで荷物を運ぶ藩の川船を持っていなかったことである。南部藩が北上川の舟運を利用して廻米を江戸に送った記録として、寛永一〇年代（一六三〇年代）と思われる史料が存在するが、年代が明確な記録は南部藩家老席の日誌『雑書』に記録されている寛永二一年（一六四四）四月六日条が初見とされている。『雑書』には同年、「花巻より石巻へ川船五艘被下候時……」とあり、花巻より五艘の川船が石巻まで下ったことが記されている。この時の川船はどうしたのだろうか。南部藩が独自の江戸廻米用の川船を建造した記録は『雑書』寛永二一年六月一七日の条に、「北上川舟造作一艘出来、今日川へ出之」とあり、この日一艘出来上がり川に入れたことを示している。ついで正保五年（一六四八）七月には、廻米を石巻に積み下す船三艘のうち一艘が完成し、同月八日に「河おろし」したことが記されている。この川船は「石之巻江御米積下船」とされ、使用目的は藩の公用米を石巻まで運ぶことと明記されている。これらの記録から、右の川船は寛永二一年以降に順次建造された藩船であったと考えられる。この当時、海洋船の建造の際に呼び寄せた紀州の船大工の造船場が盛岡城下の下川原にあり、そこで川船を作らせていた。その後、現地の船大工も増え、安永七年（一七七八）には南部藩では二七人の船大工を盛岡、花巻、黒沢尻に配置し、造船は花巻でも黒沢尻でも行われるようになった。藩の造船所で建造された船は、藩召抱の船頭のもとで、藩から扶持を受ける常雇の水主《かこ》（この場合は船頭を含む船乗り一般を指す）、あるいは臨時雇の水主によって運航された。これは藩直営の廻米輸送であった［川名、二〇〇三：四四〜四六］。

こうして南部藩では、寛永期（一六二四〜一六四四）から慶安期（一六四八〜一六五二）には、藩所有の海洋船（御手船）で陸奥湾に面した田名部諸港および三陸諸港経由と、川船による北上川経由の廻米輸送が並行して行われていた。しかし、右に述べたように仙台藩による北上川の改修以後、南部藩は川船の建造を推進し、石巻経由で江戸に廻米を送る方向に政策を転換した。舟運や造船事情の変化もあって明暦期（一六五五〜一六五八）以降、江戸廻米は次第に北上川を積み下して黒沢尻から石巻経由で江戸に送られるようになった［渡辺（信）、一九六六：五〇〜五一／川名、二〇〇三：四四〜四五／北上市立博物館、二〇一一：五、九、二二］。というのも、北上川経由で舟運を利用して石巻に川下げすれば、東廻航路と接続できたうえ、石巻まで舟運を利用することによって三陸諸港までの陸送にかかる経費を節約できたからである。しかし、南部藩は石巻に藩独自の御蔵を持たず、「御前宿」と呼ばれる藩米取り扱いの商人宿に藩の米の貯蔵や管理を委託しており、それが藩の蔵宿的機能を果たしていた。ところが、寛永二一年（一六四四）にこの商人宿が大火にあい、「粳米七十五石、餅米五十石、合計百二十石乃御米、……壱俵不残焼出由」とあるように、保存米全てが消失してしまった。南部藩はこれに懲りて正保二年（一六四五）には石巻に藩直営の蔵を建てた［川名、二〇〇三：四五］。

では、南部藩にはどれほどの船があったのだろうか。一七世紀中頃以降の日本全体の経済的拡張とともに順調に増え、延宝六年（一六七八）には南部藩領所属の船は、黒沢尻に艜船四五艘、花巻に小繰船一〇艘、郡山に小繰船三艘、盛岡に小繰船六艘、計六四艘あり、これで六万俵の廻米輸送が可能であるとされていた。この船数はその後も増えて明和〜安永期（一七六四〜一七八二）には、南部藩から分離した八戸藩の三九艘を含めて一五五艘となり、うち民間商船（「渡世船」）は一三％、二〇艘で、あとは藩船であった。したがって、南部藩における船の大部分は藩船であったことが分かる［水沢市、一九八一：八四二〜四三／川名、二〇〇三：四二〜五三／北上市立博物館、二〇〇九：二二／横山、一九八〇：一九］。なお、［諸富ほか、一九九八：四］は天和二年（一六三二）から嘉永四年（一八五一）までのうち七年について、黒沢尻、花巻、郡山、盛岡の各河岸に所属する船数を艜船と小繰船に分けて示している。以上の南部藩における舟運事情と在船数を念頭において、以下に舟運により廻米やその他の荷物の輸送がどのように行われたかを検討する。

南部藩では一七世紀前半まで、域外への搬出が困難だったため藩内の米穀の一部を商人に地払い（現地売り）したが、それ以外はできる限り大市場である江戸へ廻漕しようとした。すでに述べたように当時、江戸廻米の輸送方法は大きく二つあった。一つは陸奥湾または三陸諸港経由の海上輸送で、その方法は、藩船で藩所属の御船頭と御水主と呼ばれる小集団に組織され、藩直営の形で行われていた。二つは、北上川経由で石巻まで積み下し、そこから海洋船で江戸まで送る方法であった。後者の場合、当初は盛岡、花巻、郡山、黒沢尻の御蔵（藩の倉庫）から同一の藩船で石巻まで直送されていた。この輸送に使われた船は小型の小繰船であったが、これは黒沢尻より上流部では水深も浅く大型船が利用できなかったからである。それでも輸送量がまだ少なかった時期には小繰船で石巻まで直送することで間に合ったが、量が増えるにつれて小繰船では効率が悪く、輸送の必要を満たすことはできなくなった。このため、上流部の御蔵にある廻米（米だけでなく大豆など雑穀も含まれる）は一旦、黒沢尻の御蔵に集積するようになった。こうした変化に対応して南部藩は、従来の上流部から石巻までの一貫輸送方式に代えて、まず上流部の御蔵から黒沢尻まで小型船で運び、黒沢尻で大型船（艜船）に積み替えて石巻まで積み下し、つぎにそこから海洋船で江戸方面に輸送する二段階方式に変わっていった。こうして一七世紀中ごろ以降には黒沢尻河岸が実質的に江戸廻米の唯一の積出港となっていった（本章第五節参照）［北上市立博物館、二〇〇一：六、九］。黒沢尻河岸では移出用の廻米を積み込むかたわら、木材や銅などの移出品川下げ荷物の検査を行っていた［横山、一九八〇：一九］。こうして、江戸向けの荷物は黒沢尻から石巻を経由して江戸方面に輸送された。

民間商船の輸送実態については不明な部分が多いので、ここではまず、南部藩の江戸廻米の輸送の実態をみてみよう。これまで述べたように、南部藩の江戸廻米は黒沢尻河岸から石巻までの河川舟運による輸送と、石巻から江戸への海洋船による輸送と大きく二段階になった。この実例として、南部藩が宝暦一〇年（一七六〇）に行った江戸廻米の実態を量的な面に焦点を当てて示しておく。廻米は通常、年二回、春と秋に分けて石巻経由で江戸へ運ばれた。しかし、この年、なぜか前年度に収穫され、本来ならこの年の春に石巻に川下げされるべき米三万五四俵が「古米」として黒沢尻河岸の蔵に収納されたままになっており、この年の八月から一〇月にかけて石巻にある南部藩の蔵に運ばれた。続いて新米二万九五六俵と大豆一七六七俵、合わせて二万二七二三俵が秋から冬にかけて同様に黒沢尻から石巻の蔵に運ばれた。これら合計五万二七七七俵の廻米は、延べ一九三艘の船で石巻に運ばれた。そして、石巻の蔵から古米の二万五六六三俵と新米二万二七二三俵が、延べ三一艘の大型海洋船（千石船）で江戸に廻漕された。ただし、これらの海洋船の所属や輸送条件の詳細は分からない。なお、古米は黒沢尻から石巻まで三万五四俵川下げされたが、うち二万五六六三俵だけが江戸に廻漕されたので、その差の四三九一俵は石巻の蔵に置かれたままになっていたことになる。「新米」の中に積み荷として組み込まれた可能性はあるが、はっきりとは分からない。もう一例を示すと、文化一三年（一八一六）には春に米と大豆を合わせて三万五二〇〇俵、冬に三万五〇三六俵が石巻から江戸に運ばれた。ただし、この中には南部藩が石巻周辺で買い集めた米が含まれていたようだ［諸富ほか、一九九八：一二〜一三］。

ところで南部藩の廻米の輸送方法は当初、藩船を使い、藩おかかえの乗組員で輸送する藩直営で行っていたが、一七世紀半ば以降になるとさまざまな新たな形態の輸送方式が登場した。その一つは、藩営造船所によって造られた川船を藩所属の船頭あるいは商人に預け、石巻までの運航を請け負わせる「預船《あずかりぶね》」による請負であった。この場合、水主などの乗組員の手配、途中の減米、欠米の損失、難船の危険負担など全て請負人に転嫁し、藩は請負料だけを払った。これは一種の廻米請負制であった。中には一人の請負人（商人）が複数の藩船を預っていた事例もある。たとえば、寛文一二年（一六七二）には黒沢尻で「船肝入」（後述参照）を勤めていた請負人（与左衛門）は「御手舟拾艘預守居」と、藩船一〇艘を預かっていた。本来なら与左衛門は、船頭、水主などを雇用して運航しなければならないが、これらの「預船」を再び他の船頭に預けて一運航に一定の「上徳金」を取っていた。これは、事実上「預船」の下請けであった。元禄七年（一六九四）の事例では「一上下（往復・筆者注）ニ付弐歩半ノ上徳金」と定めている。この方式は、時代が下るにしたがって変質していった。寛政元年（一七八九）の事例では「一上下ニ上徳銭二貫七百文宛」と定め、預り期限も五カ年と定めている。預主（請負人）の中には船頭・水主の賃金を低く抑えたり、「上徳金」を高額にして高利を貪る者もいた。他方、藩所有の「御艜」の運行預権という権利だけが売買され、しかも、それを買い受けた人物がその権利を他の人物に転売し、その第三者から一定の「上徳金」を取った事例もある。こうして権利の転売が次々と行われたが藩は黙認していた。船そのものではなく、「権利」を転売してその間の利益を吸い上げるという商行為が天和二年（一六八二）という早い時期に登場していたことは注目に値する［川名、二〇〇三：五〇～五七］。

預船は、藩が民間の商人に船を預けて廻米輸送を請け負わせる方式であったが、一七世紀半ばころまで、商人が藩から船を借りて廻米を請け負う廻米請負制も登場した。たとえば『雑書』慶安四年（一六五一）八月二六日の条に、盛岡の二人の商人が、藩船五艘を借用して黒沢尻から石巻までの廻米輸送を請け負った記録がある［川名、二〇〇二：四八～四九］。この時は、黒沢尻から石巻までの請け負いであり、細かな条件については分からない。これとは別に、石巻までの北上川舟運を含む江戸までの廻米輸送を商人が請け負う「廻米請負制」（「請負廻米」「舟運請負制」とも表記される）という方式も採用されるようになった。これを請け負ったのは領内の商人ばかりでなく、江戸や仙台藩の商人も参加していた。廻米請負制のもとで藩と商人が輸送を契約した場合、南部藩は輸送だけでなく江戸着米の販売も含めて丸ごと請負人に委託した。一件の請負量は一～五万俵で、それを請け負った商人たちに藩は荷物量の三〇～四〇パーセントにもおよぶ高率の請負料を支払った。実例では、最低でも二八％、四〇％近くの高率の事例が多かった。『雑書』万治二年（一六五九）一二月一一日条に、江戸小船町の請負人が提出した契約書には「縦海上舟破損或火事・盗人・濡朽如何様之損領御座候共、一円手前之損ニ仕、御屋敷へハ毛頭御損カケ申間敷候」との文言があり、輸送中の事故を含むすべての損害（損料）を請負人が負担することになっていた［北上市、一九八三：二六～二七／北上市立博物館、二〇〇九：二五／北上市立博物館、二〇一一：一〇］。

このように高率の請負料を負担してまで藩が廻米請負制を採用した理由の一つは、廻米量の増加に迅速に対応しなければならなかったからである。もう一つの理由は、領内には売却用の米をさばくだけの市場はなく、しかも藩としては領内で売るより江戸で売った方がたとえ高率の請負料を払っても利益が多かったからである。実際、石巻に持ち込まれた米を江戸市場に運んで売ると、藩内の価格の平均二～三倍になった。こうして藩はできる限り多くの米を江戸のような大都市で売ったのである。なお、実際に請け負った廻米請負商人（廻漕業者）には江戸、仙台、石巻などのほか、岩屋堂（現・江刺市）の商人も含まれていた［北上市、一九八三：二七／北上市立博物館、二〇〇九：六、二五／北上市立博物館、二〇一一：九～一〇、一六／川名、二〇〇三：四八～五四／渡辺（信）、一九六六：五〇～五五］。一方、広範な業務を丸ごと請け負わせる廻米請負制は一七世紀末には次第に見られなくなり、船自体の管理と輸送のみを請け負わせる体制が主流になっていった。それが、以下に説明する「雇船請負」である。

延宝（一六七三～一六八一）のころ「廻米請負制」は、「賃積船」で石巻から銚子または江戸まで輸送する方法、つまり「雇船請負」に変化した。「賃積船」方式とは、藩が借り上げた民間船を「雇船」として形式的には藩船に仕立てて輸送を行う方法で、この際、海難などによる積み荷の損害は一切藩が負うものとし、請け負った廻漕業者は、主として運賃収入だけを目的とする請負方式であった。『雑書』天和二年（一六八二）三月二二日の条に、江戸材木町の請負人が南部藩と結んだ「雇船請負」契約が記されている。それによると、請負人は石巻から南部藩の廻米を運ぶこと、廻漕賃は江戸まで直送する場合は一〇〇石につき一〇両、銚子着は七両とされた（注3）。ただし、「御米積立罷登申時分、万一沖合ニテ破損仕候者、船ハ船頭之損、御米並御渡被遊運賃金ハ御前之御損被遊定」とされている。つまり、この契約では廻漕中海上で破損（たぶん破船や座礁などの事故）した場合、船は船頭の負担（損）、積み荷の米と支払済の運賃は藩側の負担とする、というものであった。この契約は石巻から先の江戸までの廻米輸送であった。おそらく石巻には南部藩の蔵に貯蔵されていた廻米があり、それを適時江戸に運んだものと思われる。「賃積船」による「雇船請負」には右の条件のほか、契約ごとにさまざまな細かな条件が決められた。右の契約では、船主（請負人）は積み荷の約五パーセントを「御免責」「糧米」として安く買い受け、欠米は一俵につき五合まで認められた。その代わり請負人は積み荷に見合った礼金を藩に払うものとなっていた［北上市、一九八三：二七／北上市立博物館、二〇〇九：二五〜二六］。

ところで、右に引用した天和二年三月の契約内容には少し分かりにくい点がある。まず、破船した場合の船の損失を被るのは「船頭」となっているが、この「船頭」とはおそらく、請負人を兼ねた船主（舟の所有者）であったと考えられる。そして、船の所有者が形式的には雇われた形で自ら船頭として乗り込み、輸送を請け負っていたと思われる。そうでなければ、船の破損を、たまたま船に乗り込んだ船頭が被るとは考えにくい。こうした条件をみると南部藩は、「廻米請負制」のように高率の請負料を払って丸ごと請け負わせるのではなく、江戸廻米にかかわるリスクを請負人と折半し、全体として廻米の経費を削減しようとしていたことが分かる。さらに、「雇船請負」の場合、江戸での米の販売を請負人には委託しておらず、江戸での米の販売は藩が行うことになっていた。こうした内容をみると、基本的に請負人は、輸送費を受け取る廻漕業者として業務についていたといえる。「廻米請負制」から「雇船請負」への変化は、河村瑞賢により東廻航路が確立され、江戸廻米の輸送が容易になり、廻漕業者の請負料が低下したためであったと考えられる［北上市立博物館、二〇〇九：二五〜二六］。

賃積船が登場したころ、南部藩は別の問題をかかえていた。寛文四年（一六六四）に八戸藩が分離して南部藩の石高が二万石減少したこともあって、輸送機構を整え運送費を節減する必要に迫られていた。その一つの方策が「雇船請負」の導入であった。もう一つは、藩所有の艜船を増やすことであった。艜船のような大型船は、廻米だけでなく木材や荒銅（後述参照）、石材などの積み出しに使われたが、その際、南部藩はしばしば民間の艜船を「御雇艜」として雇った。しかしそれでは船数が足りなかったため、藩所有の艜船を新造して増やす一方、廻米輸送に関しては「御前金船」の増加を推進した。「御前金船」とは、藩が廻漕業者に前金を貸し与えて船を建造させ、藩の「為御登穀」の江戸廻漕に当たらせて、その運賃によって貸金を返済させる方式であった。御前金船は増え続け、宝暦一〇年（一七六〇）の石巻為御登穀役所の『雑書艜書留』によると、同年の御前金船は一艘、同艀下は五艘あり、同年の江戸廻漕の多くは御前金船で賄われていた。それにたいして雇船は地元と江戸の在船を合わせても数艘にすぎなかった。これにみられるように、一八世紀後半には、江戸廻米は次第に雇船に代わって「御前金船」によって行われるようになった。これは、藩にとって「御前金船」方式の輸送の方が安かったからであろう。しかし、その反面、それまで藩が御雇船として雇っていた民間の船の所有者たちは経済的に困窮してしまった［北上市、一九八三：二七／北上市立博物館、二〇〇九：二五～二六］。

この段階ではまだ、請負人の廻漕業者や商人は、北上川で荷物を輸送する川船として、藩船であれ「預船」であれ、藩に建造してもらった船であれ、広い意味で藩船に頼っていた。しかし、慶安五年（一六五二）には、請負人が船を建造するようになった記述が現れる。つまり、民間の商人が建造した「商人船」あるいは「売船」と呼ばれる川船が出現したのである。明和二年（一七六五）までには、そのような船が花巻と黒沢尻の間に一六艘もあったという。南部藩は、江戸廻米のための藩船が不足する場合には、このような商人船を「御雇船」として借り上げて使用した。藩が商人船を雇って廻米輸送を行うことは、商人からすると、廻米請負料の利益のうえに船賃としての利益も得られたからこれは有利な取引であった［川名、二〇〇三：四八～五〇］。

さらに、船の所有だけでなく、その運用にかんしても、藩とは関係なく商人が自分たちの荷物を輸送するために独自に作り上げた輸送システムも現れた。たとえば、盛岡城下で「上方仕入商売」を営む商人（一人ないし複数）が船頭に資金を貸して商人船を建造させ、その船を当の商人専属の船（「預船」）として運航させる方式の登場であった。これは、一種の御前金船の民間版ともいえる。資金を借りた船頭はその返済を船の運航（輸送）によって支払うことになる。宝暦七年（一七一〇）の「預證文」には、複数の商人が共同出資し、「船頭請負制」と呼ばれる方式で自分たちの荷物を輸送させることを確認したことを記している。これらの商人が「船頭請負制」に踏み切ったのは、藩が藩船だけでなく既存の商船まで雇ってしまい、自分たちの荷物を運ぶ船の手当てができなくなってしまったからであった。これは、廻米量の増加や商品経済の発展が著しく、その輸送手段が逼迫したことを物語っている。以上のような方式で何艘の商人船が新たに建造されたのかは分からないが、藩が商船まで雇ってしまい、商人が困ったという状況から推測すると、かなり増えたのではないかと推測される［川名、二〇〇三：五五〜五七／北上市立博物館、二〇〇九：二二］。

ところが以下にみるように、一八世紀になると、さらに別な形の商人船が登場した。たとえば宝永七年（一七一〇）、正徳二年（一七一二）と正徳四年（一七一四）に、河岸の住民（どこの河岸かは不明だが、おそらく商人）がそれぞれ花巻、福島、江戸の商人から資金を借りて現地で船を建造し、借用金は運賃をもって年賦返済する契約をした事例があった［北上市、一九八三：二八］。これは「船頭請負制」と似ているが、この場合、河岸の住民が主体となって商人から資金を借りて運送業を行っている点が異なる。なお、これらの場合、資金を提供した商人が、「船頭請負制」のように、「預船」として自分たちの荷物を専属で輸送させたかどうかは分からない。いずれにしても一八世紀には、外部の商人が資金を貸し与えて商人船を建造したり、地元の河岸の住民が主体的に商人から資金を借りて船を建造するなど、民間の商人が藩から独立した輸送システムを立ち上げていたことは興味深い。

最後に、南部藩の舟運管理・監督体制を説明しよう。舟運管理を受け持つ役職は、船の運行に関連した役職と、船の建造に関する役職とから成っていた。配船、運航の監督、運賃の支払い、諸費用の調達など、舟運にかんする主要な監督業務は御艜奉行の任務であった。この役職は天和元年（一六八一）に花巻に置かれたが、後に南部藩の最も主要な河岸となった黒沢尻に移された。御艜奉行と、藩船を預かって実際に運行を実施していた預主との仲介役は、黒沢尻、花巻、郡山に置かれた「船肝入」だった。ここで「預主」とは、一般に藩所有の船を預り、その修理を含めて維持管理をしていた人物と解釈できるが、北上市立博物館発行の冊子では、「預主」（船持）と表記している。つまり、「預主」は実質的に船の持主として機能していた、としている。南部藩における「船肝入」の実際の業務や権限についてはこれ以上くわしいことは分からないが、幕末になると船頭仲間が船肝入のもとで黒沢尻、花巻、郡山に小繰船頭をおいて連携をとっていたことからすると、船肝入は船頭集団をも統率するかなり重要な役割を担っていたことは間違いない［北上市立博物館、二〇〇九：一二三］。さらに、後に触れる仙台藩の場合船肝入は、ある区間を航行する船（藩船も商船も）の全般的な運行管理を行っていた。また利根川水系の船肝入は、船持仲間の代表として選出されて船の運行（荷物の積み降ろしの順番や艀下の手配）などを管理していた。船肝入は権限も大きかったが負担も重かったので、一定期間（一年交代）で任務についていた。つまり、彼らは実質的に舟運の管理を行い記録する公的な役割を負っていたのである［渡辺、二〇〇二：一八一〜八五、一九八］。おそらく、南部藩の船肝入も同様の存在で、御艜奉行のもとで現場の船持の代表として管理業務を行っていたものと思われる。

つぎに船の建造にかかわる管理体制をみると、南部藩の船大工は盛岡の御艜奉行の支配下にあり、そこには棟梁と小頭がおり、この二人の下に黒沢尻の御船御繕所（御船繕所とも略記される）に所属する船大工が二五人（したがって船大工の総勢は二七人）、ほかに木挽・鍛冶（人数は不明）がいた。彼らは報酬として現金と現物（扶持米）を支給されていた。安永八年（一七七九）当時、春と秋に約八〇艘を修理し、破船の都度道具類をもって現場に駆け付けた。なお、おかかえの船大工は藩船だけでなく民間船も建造した。民間の船の建造にあたっては、藩の御用をいつでも務めるという条件付きで許可されたものである［北上市立博物館、二〇〇九：一二一〜一二三］（本章第五節「黒沢尻河岸」の項参照）。つぎに、仙台藩の舟運事情をみてみよう。

第三節　仙台藩の廻米と舟運事情

伊達政宗は葛西一揆を平定して入封すると、慶長検地を行って農民の実態を掌握し、その後、領内の産業開発に取り組んだ。最初は金山開発、砂鉄精錬の奨励、桑・漆・竹・薬などの有用植物の栽培、杉・桐などの植林、製塩の開発が中心であったが、後に次第に新田開発・米作の奨励へ重点を移していった。すでに言及した北上川下流域一帯の改修工事（一六二三～一六二六）は、①洪水を防止して農民の生活を安定させ、②低湿地の新田開発を可能にし、大穀倉地帯を創出して米の増産をはかり、③領内の米を輸送するための舟運を整備し、④江戸への廻米で利益を上げる、という一石数鳥の政策であった。実際、江戸初期の仙台藩の石高は六二万石であったが、貞享元年（一六八四）までに三〇万石以上の新田が開発され、同四年には九三万石となった。こうして生まれた新田からの米を含めて、北上川の舟運を利用した江戸廻米は仙台藩の経済を支える重要な柱となっていった［石垣、一九八五：二一八～一九／北上市立博物館、二〇〇九：七］。

仙台藩では一七世紀の初期のころには、多数の商人が米を買い集め、その商人買米にたいして藩は一〇分の一税（荷物の一割を現物で徴収する、一種の関税）を課しており、実際の徴収は地元や仙台の有力商人が請け負っていた。しかし、寛永一一年（一六三四）に伊達政宗が藩の独占買米あるいは強制的買米を導入して、これが定着するようになるにしたがって商人買米は衰退していった［北上市立博物館、二〇〇九：六］。仙台藩は、春から秋にかけて希望により無利子で農民に金銭を貸し付け、秋の収穫期に米で返済させる政策を導入していた。農民の米と大豆など穀物の収穫のうち年貢米と自分の飯米を除いた米を藩が買い上げていたが、この買い上げには、藩の役人（大肝入や肝入）が村ごとに買い上げ量を割り当てる「割付買」と、村々に御買人を置いて買い集めさせる「平買」（「市中御買米」、「相場御買米」ともいわれた）とがあった［岩手県、一九六三ａ：一〇三六～四〇］。

仙台藩はさまざまな方法で米を買い集めたため、仙台藩の廻米量は年を追って増加していった。廻米の量は年度によって異なった。南部藩の場合、江戸初期には年二万石弱、中期で平均四万石弱であったが、仙台藩の廻米は、江戸時代前期に約一五万石、中期に約二〇万石、後期には一二万石ほどだった。このうち三分の二から二分の一が買米であった［齋藤、一九八五：二三三］。この廻米量は日本全体の藩の中でも最大量であり、江戸で流通していた米の三分の二を占めていたといわれている［宮城懸、一九六〇：六一三〜一四／北上市立博物館、二〇〇九：六〜八／石垣、一九八五：二二〇〜二二］。仙台藩の廻米が多かったのは、もちろん仙台平野という米の大生産地をかかえていたからであるが、農民に強制的に買い上げ量を割り当てていたこともその理由の一つであった（注4）。廻米は流域の各地に設けられた河岸に一旦集められ、そこから船で石巻に運ばれて江戸に送られた［石垣、一九八五：二二四〜二六］。

仙台藩は北上川流域の川筋の数カ村に一カ所「本石蔵」（藩の年貢米用蔵）、「買米蔵」（買米用）、「雑穀蔵」（大豆用）の三種の蔵を建てた。蔵の数は安永二年（一七七三）には、それぞれ順に、五九、一七、一六蔵あり、これらの蔵に収納された米穀は船で石巻に運ばれた［北上市立博物館、二〇〇九：一〇／石垣、一九八五：二二三］。藩内には、「脱石」（抜米）、藩以外の商人などへの密売や「抜荷」（「蜜石」）を取り締まる横目衆（目付）が配置されている「御石改番所」のほか「脱石方」が三九カ所も設置されていた。これらの役所では、積み降ろしに際して俵の容量を計る「升改」など厳しい検査が行われ、運ばれる米穀の量が厳格に管理統制されていた。仙台藩の廻米を石巻に運ぶ際には通行料のような特別な支払い（役代）は要らなかったが、帰り荷に商荷物を積むことは原則として禁止されていた。もし積み込む場合には、御石改番所へ「川通証文」を提出し許可を受けたうえ、一五〇文の役代を上納することになっていた［石垣、一九八五：二二四〜二五／北上市立博物館、二〇〇九：二一］。

仙台藩の河岸に所属する船舶数は時代と資料によって異なる。安永二年（一七七三）から同五年までの記録（「各村風土記書上」）によれば、仙台藩領の北上川本流を航行する川船は、艜船一四六艘、高瀬舟七艘、ほかにかっこ船（漁船など）が五四四艘であった。また、安永期（一七七二〜一七八一）には、支流の追波川流域に艜船が八一艘（うち、商人船一五艘）、高瀬舟二九艘が米の運搬用に配置されていた。さらに支流の江合川流域には艜船三〇艘、高瀬舟二五艘が配置されていた。これらは二五〜二〇〇石積みの船であったと記されている。これらの分類では、艜船か高瀬舟かという船のタイプは分かるが、追波川流域の事例以外、藩有船か民間船かの内訳は分からない。ただ、諸資料から推定すると、藩所有の御石艜（あるいは「御穀船」）と民間の渡世船との比率は全体で五対一ほどであったが、下流域（登米郡以南）に限ってみると渡世船の比率の方が高かった［北上市立博物館、二〇〇九：一〇、一九、二五］。

また、一八世紀後半の安永期の状況を記録した『安永風土記』によれば、仙台藩領内を航行していた川船は七四四艘を数えていた。内訳は、御石艜一一七艘、渡世艜二六艘、高瀬舟四艘、瀬取り舟（艀下舟）六艘、かっこ舟（主に耕作用）二七八艘、大かっこ舟四七艘、作場通用舟五五艘（かっこ舟と同じもの）、渡舟三二艘、漁舟一二〇艘、小舟五五艘、普請舟四艘であった。これらのうち御石艜以外は民間船であったと考えられる［水沢市、一九八一：八四二〜四六］（注5）。

ところで仙台藩における御石艜（藩有船）と渡世艜（民間船）については少し補足説明が必要である。名称の前に「御」が付く事物は通常、「藩の」あるいは「公的な」を意味するが、仙台藩では、民間人が藩から造船費用（作立金）を前借し、三カ年で運賃をもって返済してゆき、「御石艜本帳」という台帳に登録されると「御艜」、つまり藩船と位置づけられた。なお、同様の方法で建造されるが台帳には登録されない船は「御前金艜」と呼ばれた。これは南部藩における御前金船と似ているが、南部藩の場合、「御石艜本帳」という台帳に登録したか否かは分からない。「渡世艜」には、通常の商人船のほかに、商人が自分の収入で既存の船を造り替えたり修理した艜船もあった。この種の艜船は「脇船」と呼ばれ、商荷物を積むことができた（注6）。

仙台藩の種々のタイプの川船のうち数の上では藩有船が大きな割合を占めていたが、これは舟運の主たる目的が藩の廻米であったことを考えれば当然である。それでは、民間の「渡世艜」はどのような活動をしていたのだろうか。その一端は、一七七〇～八〇年にかけての状況を記していると思われる『安永風土記』の事例からある程度分かる。仙台藩の「渡世艜」は自由に各河岸を移動して商業活動を行うことはできたが、その船の大きさによって一〇〇文から四〇〇文までの役代の上納が定められていた。当時の下り荷としては上流より木材、生糸、紅花、藍、たばこ、鉄、大豆などで、帰り荷（上り荷）としては石巻から古手着物、塩、海産物などの必需品を積んでいた［石垣、一九八五：二二四］。しかし商品の取引量が増えると商人は、自分たちの「渡世艜」だけでは十分に輸送できなくなった。そこで藩は、商人からの要請があれば、本来は帰り荷を積むことが許されていなかった藩の御用船に商人が商品を積むことを許すようになり、その量は年々多くなっていった［水沢市、一九八一：八九二］。

仙台藩による北上川流域の水運統制は、一関以北の御石艜を全て西磐井郡の「御本石所」の監督下に置いていた。御本石所は郡奉行や石巻津方奉行の指示を受け、積み荷の引き渡しや運賃の支払いなどを行う役所である。しかし、実際の運航管理や船主たちへの取次は商人代表が船肝入として奉行などの役人の指示を受けて積み荷の引き渡しや運賃の徴収や支払を行っていた。一関以北の区間を管轄する船肝入を勤めた千葉家は享保一一年（一七二六）には艜船を七四艘、享和元年（一八〇一）には九五艘管理していた。九五艘のうち、五四艘は藩の廻米専用船として登録された「御石艜」で、二〇艘は船台帳に登録されない御石艜、二一艘は民間の渡世艜（脇船）であった［北上市立博物館、二〇〇九：一九～二一］。船肝入の管轄はかなり広範に及んでいたことが分かる。つぎに、南部藩と仙台藩との間でどのように舟運を管理していたかをみてみよう。

第四節　南部藩と仙台藩の舟運管理

まず、南部藩の船が仙台藩の領域を航行する場合から説明しよう。南部藩の廻米を積んで石巻まで航行する船の船頭は、石巻の役人に提出する「廻米送状」を持参することになっていた。「石巻御用条目」によればその送状は以下のような書式となっている。

黒沢尻御蔵当春御本穀為御登米荷組川下申事
一、御米　何百何拾俵　　船頭誰
　　但、壱俵何斗何升何合也
二、同　　何百何拾俵　　船頭誰
　　　但、壱俵何斗何升何合也
右之通廻改積下申候御請取可被成候以上
年号月日　　　　　　　御艜奉行連名　印
石巻諸役両人殿

文面から分かるように、この送状は南部藩の船が黒沢尻河岸を越えて仙台藩の領内に入り、石巻まで廻米を送る際の、船頭の名と積み荷の内容を明記したもので、南部藩の御艜奉行ほか何人かの連名で石巻の諸役人（後述）宛になっている。廻米輸送は通常年二回、春と冬に行われ、右の書式は春用のものである。送る米一件につき二行記されているが、俵数だけでは正確な量は分からないので、一俵にどれだけの量の米が入っているかを書くことになっていた。というのも、一俵は四斗を基準とし、通常は途中の水濡れやその他の損傷を考慮して少し余分に詰められていたからである。この「廻米送状」のほかに、航行の際には花巻郡代から出される一種の通行手形である「川通証文」を持参したが、その文面は、たとえば以下のような形式であった。さらに、石巻到着時には石巻在住の役人への祝儀を持参することが求められた［石垣、一九八五：二二八］。

大膳大夫江戸台所米三百五十俵他船頭水主粮米五俵、船頭善之助艜一艘積石巻江
相下候。以上
戌二月五日　　　　　　簗田物集女　判
仙台御領川通
御改衆

南部藩は、石巻から江戸までの荷物の海上輸送を商人に委託する請負制を採用していたが、仙台藩は自らの船を使って江戸へ運んだ。北上川を下った荷物のほとんどは石巻港とその周辺地区から江戸に向けて海洋船に船積みされたが、少数ではあるが周辺の野蒜、渡波、荒浜、下在住などから出港する船もあった。石巻を出港した船は風向きが悪い時、あるいは無風の時には順風が吹くまで風待ちのために沿岸で停泊することが普通だった。その風待港として、小淵、寒風沢、野蒜湾の潜ケ浦などが利用された。石巻から南下した船の寄港地には原釜、平潟、那珂湊、銚子などが利用された。銚子からは房総半島を迂回して浦賀に行き、そこで船改めを受けて江戸に入り、そこから品川を経由して深川河岸に着ける「大廻り」ルートもかなり使われたようである。ただし仙台藩は北浦に蔵をもっていたので、利根川経由の「内川廻し」も同時に利用された（第七章「利根川の舟運」参照）。

南部藩の公用船も仙台藩の藩船も積み荷の中心はどちらも下りは米で上りは塩であったが、両藩の船が協力することはなかった。しかし民間商人の間では、南部藩と仙台藩との交流・協力関係が築かれ、渡世船も商取引に加わっていた。たとえば幕末に、仙台藩の最北の河岸、南部領に最も近い八幡河岸の船頭が南部藩商人に頼まれて百合玉などの積み荷を石巻に川下げした事例があった。他方、南部藩の船頭が仙台藩の商人に頼まれて、おそらく石巻からの帰り荷として、石巻より八幡河岸まで敷石一一〇枚を運んだこともあった。しかし、こうした商

人間の協力関係だけでは地方の需要を満たすことができなかったので、南部藩の商人は藩の特別な許可を得て御用船の帰り荷にさまざまな商品を積んで北上川流域に運ぶようになった［水沢市、一九八一：八九一〜九二］。

ところで、南部藩の船が黒沢尻より下流の仙台領を航行する際の規定についてははっきりしているものの、私見の限り、仙台藩の船が黒沢尻を越えて上流を航行する場合の規定や具体的事例は見いだせなかった。これにはつぎのような事情があったと思われる。まず仙台藩の船にとって最も重要な目的は領域内の廻米を石巻まで積み下すことであった。つぎに、仙台藩の船は中・下流域を航行する比較的大きな船が一般的であった。したがって、黒沢尻を越えてさらに上流を遡航するには、一旦荷物を小型の船に積み替えなければならない。そのためには、黒沢尻河岸の手前の河岸に小型船を置いておかなければならないが、それは仙台藩の舟運にとって現実的なメリットはない。また、仙台船が黒沢尻を越えて上流に遡行することがあるとすれば、それは石巻に陸揚げされた物資を運ぶか、上流の物産を買って石巻に持ち帰ることが考えられる。しかし、これらの輸送は基本的には南部藩の船が担っていたので、実際には仙台藩の船が、場合によっては往復二度も船を替え荷物を積み替えることは現実的ではなかった。いずれにしても仙台藩の船の主要な仕事は、黒沢尻河岸より下流の物産（特に廻米）を石巻まで運び、逆に石巻で陸揚げされた荷物を黒沢尻河岸より下流の諸地域に運ぶことであった。さらに、仙台藩の船は、黒沢尻河岸に行けば必要な物資を買うことも売ることもできたので、あえてそこを越えて上流まで航行する必要もメリットはなかったのである。こうした事情が、仙台藩の船が南部藩領を航行する事例が見いだせなかった理由ではないだろうか。

藩の領域を越えた取引については、商人同士がお互いに融通しあっていたことは、南部と仙台両藩の人びとの間に信頼関係と相互依存の親密な関係があったことを示している。さらに興味深いのは、石巻には南部藩から移住した人たちがかなりおり、現在でも彼等の子孫が多く住んでいて、石巻弁は仙台弁よりも南部弁をひく盛岡方言に近いという事実である。石巻は仙台藩の領内にあり、南部藩とは距離的にはかなり離れているにもかかわらず、石巻弁が仙台弁より南部弁に近いというのは、石巻と南部地方との交流が長期間続きかつ密接であったことを示している。その理由として考えられるのは、米蔵をはじめ南部藩の出先機関が石巻に置かれていて、そこに藩の役人が常駐していたこと、さらに南部藩の商人およびその家族などの定住者もかなりいたことである［田中、一九五七：五〇／平島、一九七五：一二七］。言語（方言）にみられる南部・仙台両藩の近似性は、北上川の流域生活圏が形成されていたことを物語っている。北上川の舟運と石巻経由の海上交通は、流域の人びとだけでなく最上藩や秋田藩の旅客にも利用されていたことが分かっており、広範な人と人、文化の交流に大きな役割を果たしていたのである［石巻市、一九五六：七八］。

第五節　北上川の河岸の構造と機能

河岸の一般的な機能については本書の第三章第三節でくわしく説明したので、ここでは要点だけ整理しておく。河岸は、舟運にとって不可欠な川港であり、そこで荷物の積み降ろし、そして商人間、あるいは商人と周辺住民との間で取引が行われる流通センターであるといえる。通常、河岸の周辺には、そこに生産物を出荷し、あるいは外部から運ばれた商品を購入する複数の村落が存在する。これらの村落は、その河岸の後背地を形成している。河岸を中核とし、それと密接な関係をもつ周辺村落（後背地）を含めた全体を経済的なカテゴリーとして表現すれば「局地的経済圏」であり、それを社会側面からみれば「局地的生活圏」と呼ぶことができる（第一章第二節参照）。つまり河岸は、舟運により地域の経済と社会の結節点として重要な位置を占めているのである。北上川流域には、南部藩領内に、盛岡、郡山、花巻、黒沢尻の四つの河岸が、仙台藩領内に三三の河岸があったが、それぞれ異なる創設の歴史や構造や機能をもっている。ここで全ての河岸について説明することはできないので、以下に、筆者が特に重要であると考える、黒沢尻河岸と石巻河岸の二つを取り上げて、河岸の具体的な姿を描いてみたい。

（一）黒沢尻河岸

黒澤尻河岸がいつ開設されたかについて正確な年代は分からない。文献の古いもので、慶安三年（一六五〇）に黒沢尻御蔵奉行が任命されたという記録があり、また翌慶安四年の記録には、黒沢尻御蔵から石巻まで廻米の輸送記録があるので、このころまでには河岸として機能していたものと思われる［北上市、一九八三：二六／北上市立博物館、二〇一一：九］。北上川の舟運にとって黒沢尻河岸は特別な地位をもっていた。まず、黒沢尻河岸は北上川の水深の変化地点に位置し、この地点を境に下流では水深が深いため比較的大きな船の航行が可能であった。しかし、これより上流では水深が浅くなるため一〇〇石（二五〇俵）積み以上の船は航行できず、現実には一〇〇～一三〇俵積みの小型の小繰船しか航行できなかった［水沢市、一九八一：八三七～三八］。なお、黒沢尻河岸では水深が七～八尺（二～三・五メートル）あり、流れも緩やかで船を繋留するには適していた。このため、上流から小繰船で運ばれた荷物を黒沢尻に係留されている大型船に積み替える方法が普及した。たとえば、南部藩の廻米の積み出し地は当初、花巻河岸が多かったが、慶安四年（一六五一）の『雑書』に「当秋立黒沢尻より石巻へ御船米駄貸銭……」とあるように、このころから黒沢尻河岸が江戸廻米の最重要の積出港として繁栄するようになった。この際、黒沢尻を出る船は四艘が一組になって出帆し、石巻の役人に提出する書類も四艘分を一枚に書くことになっていた［石巻市、一九五六：六九／北上市、一九八三：二六、三〇／石垣、一九八五：二一八］。つまり黒沢尻河岸は、北上川における最重要の中継河岸となったのである。

延宝六年（一六七八）に黒沢尻河岸に所属していた船は艜船四五艘（うち藩船は三七艘）であったが、その後一八艘が民間商人から藩に寄贈されて、嘉永四年（一八五一）「黒沢尻御蔵御船所御定扣帳」によれば五五艘に増加した。黒沢尻河岸は北上川の中間に位置していたため、下流から上がってきた船と上流から下ってきた両方の

図5－3　北上川黒沢尻河岸の施設構造絵図（弘化3年＝1846年）

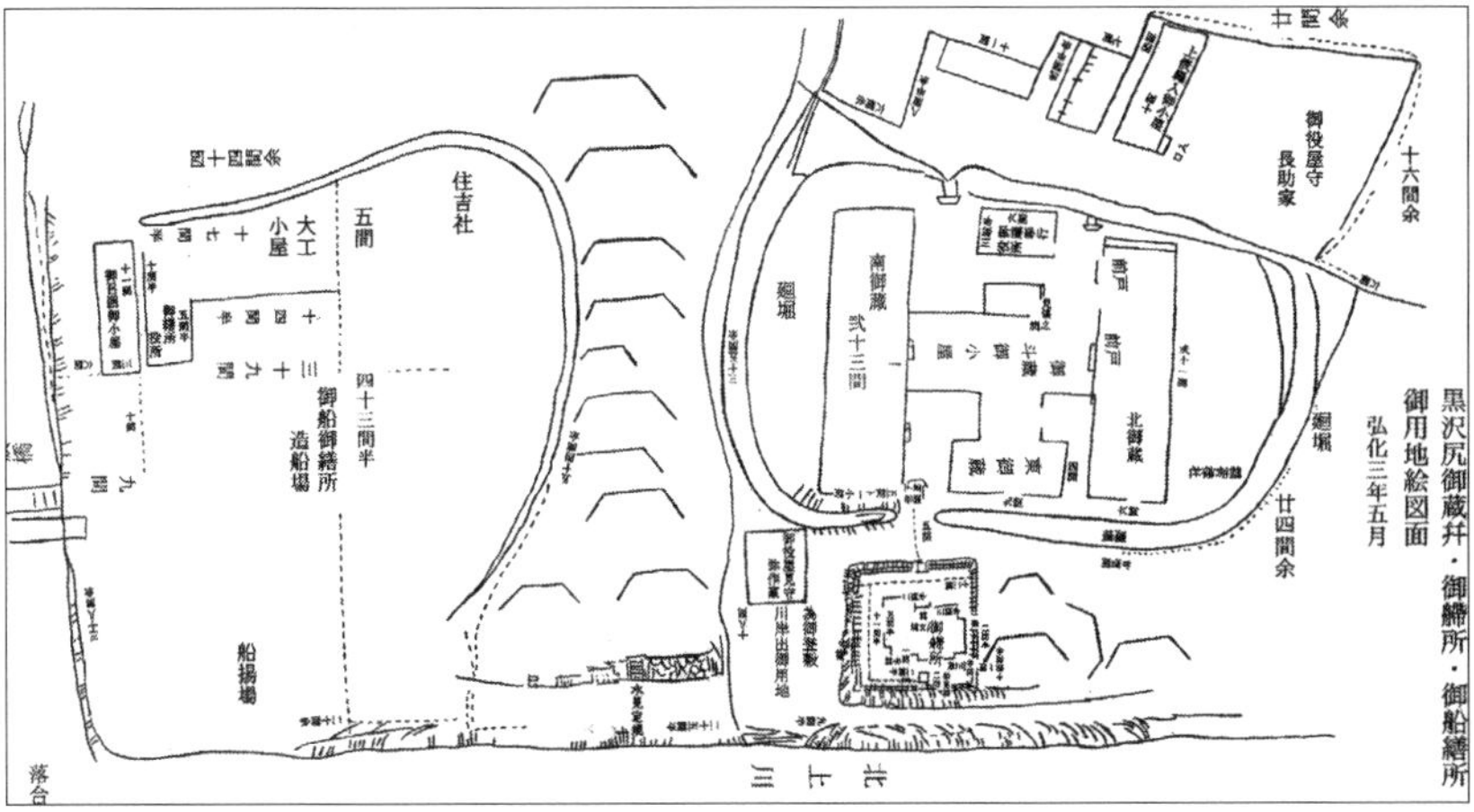

※『北山市史』第8巻　近世（6）より転載

［北上市立博物館　2011:14］

船が共に出入りし、上流域からの物資と下流域からの物資の集散地・中継地として、流域の経済センターとして重要な役割を果たしていた。さらに黒沢尻河岸は、北上川流域の諸地域だけでなく、遠野、横手方面と陸路を駄馬で交易していた。この河岸には大きな問屋が二軒あり、全戸数一四〇戸が何らかの形で舟運に関係していた［岩手県、一九六三b：一三一四〜一五／石巻市、一九五六：六九／水沢市、一九八一：八三七〜三八、八四三］。

黒沢尻河岸は、南部藩内の北上川最下流に位置する河岸で、仙台藩との境界に接しているという意味で政治的にも戦略的な重要性をもっていたため、多くの重要な施設が設けられていた。黒沢尻河岸の施設については、当時の絵図その他の記録が残っており、それぞれがどのような役割を果たしていたかの記録もあるので、以下に簡単に示しておこう。初期の黒沢尻の絵図をみることはできなかったので、ここでは弘化三年（一八四六）の絵図（図5－3）を、一七世紀中葉の記録を参照しつつ説明しよう。

まず絵図から御蔵、上俵縄入御倉、御艜所、御船御繕所、御召囲御小屋、図では確認できないが出入り荷物を取り締まる御番所（物留番所）があった。「御蔵」は集めた年貢を収納しておく倉庫である。慶安四年（一六五一）の記録によると、一六二一石七斗九升九合の米（三八六一俵）と五四石九斗の大豆が収納されていた。しかし、この蔵は後に拡大され、一七世紀後半以降には三万～三万五〇〇〇俵ほどの収蔵能力があったという。ここに集められた米は、雪解け水が出るころから夏の渇水期までと、秋から雪が降る前までの年二回、船で石巻まで運ばれた。毎回、御蔵の米を三万俵くらい運ぶとすると、年二回で、南部藩の廻米量は年間六万俵となる。南部藩所属の艜船が石巻経由で廻米を江戸に送る場合、通常は黒沢尻で船を替えるので全行程をここで二つに区切る必要がある。まず、起点の盛岡と黒沢尻間は一三里（五一キロメートル）で、下りで半日航程、黒沢尻から石巻まで三七里（一四五キロメートル）で、下りは三日、上りは一〇日を要した（注7）。

つぎに「御艜所」（正式名称は「黒沢尻御艜所」）は、藩所有の艜船と小繰船による輸送業務の一切を取り仕切る艜奉行が執務する施設である。つぎに「御船御繕所」であるが、艜船や小繰船の修繕と新しい船を建造するための施設である。江戸初期においては盛岡で造船が行われていたが、中期以降は黒沢尻で集中的に建造されるようになった［北上市、一九八三：二八］。すでに述べたように、黒沢尻河岸の御船繕所に所属する大工は総勢二七人であったが、彼らの居住地はばらばらで、盛岡が一四人（棟梁と小頭を含む）、花巻四人、黒岩村四人、黒沢尻五人であった。こうした居住状況を見ると、大工は必要に応じて黒沢尻に集まって作業をしていたようだ。黒沢尻と近隣の村の人びとは役金（米穀以外の税金）四分の一を免除される代わりに、船の修繕には船を川から揚げる際に必要な人足として年間二〇〇〇人余りが挑発された。船大工は民間にもおり渡船や作場船（工事用の船）の造船のほか、御船御繕所にも雇われていた［北上市立博物館、二〇〇九：二三／北上市立博物館、二〇一一：一八～一九、二四～二五］。

以上にみたように、黒沢尻河岸は、最初は通常の河岸としての荷物の積み降ろし業務から始まり、次第に北上川舟運における中枢的役割を果たすようになった。それは、この河岸が大型船と小型船の乗り換え、荷物の積み替え地点であったという自然条件が大きな要因であった。また、黒沢尻河岸は北上川のほぼ中央に位置し、南部藩と仙台藩との接点に位置していたという点で南部藩の舟運にとって最重要拠点であり、同時に仙台藩の船が出入りできる両藩にとって利用価値の高い河岸であった。こうして黒沢河岸はたんなる川港、経済センターではなく、船の建造・修理も含めた舟運行政全般を統括する行政機能をもっていた、文字通り北上川の舟運における中枢的機能を果たしていたといえる。

(二) 石巻河岸

石巻は仙台藩に属するが、北上川を経由して集まった米やその他の商品が江戸や大坂に積み出されるという意味で南部藩にとっても重要な拠点であった。石巻は江戸時代初期には、北上川が下流で分流した三本の川の一つ、追波川の河口に位置していた。これにたいして本流は追波湾に注いでいた。しかし、追波湾は牡鹿半島をはさんで石巻湾の反対側に位置し、仙北平野の物産を江戸や仙台城下に運ぶには半島を迂回しなければならず、危険であるばかりでなく日数もかかった。そこで伊達政宗は長崎県出身の土木家を呼び寄せて、元和九年〜寛永二年（一六二三〜一六二五）に、三川を合流させる改修工事を行った［岩手県、一九六三a：一〇一五／小出、一九七二：七五〜八〇、一二九〜三一］。これは、北上川水系の物資をできるだけ石巻に集めるための改修・開削工事だった。これにより石巻湾への水の流入量が増えて水深が深くなったため、石巻港は海洋船も入港できる良港になった。石巻は海に面していたので、北上川のターミナル河岸であると同時に、海上運輸のためのターミナル港ともなった（図5－4）［北上市立博物館、二〇〇九：一〇］。

石巻の発展については、この地域のある僧侶が元禄三年（一六九〇）から断続的に書き記した記録がある。この記録は、この僧が石巻の発展以前の様子を古老から聞き取ったもので、史実そのものかどうかは分からないが、参考になる貴重な資料である。それによると、石巻にはもともと人家は少なく、川が入り組んでいたため「袖

図5－4　北上川下流の河川改修・開削

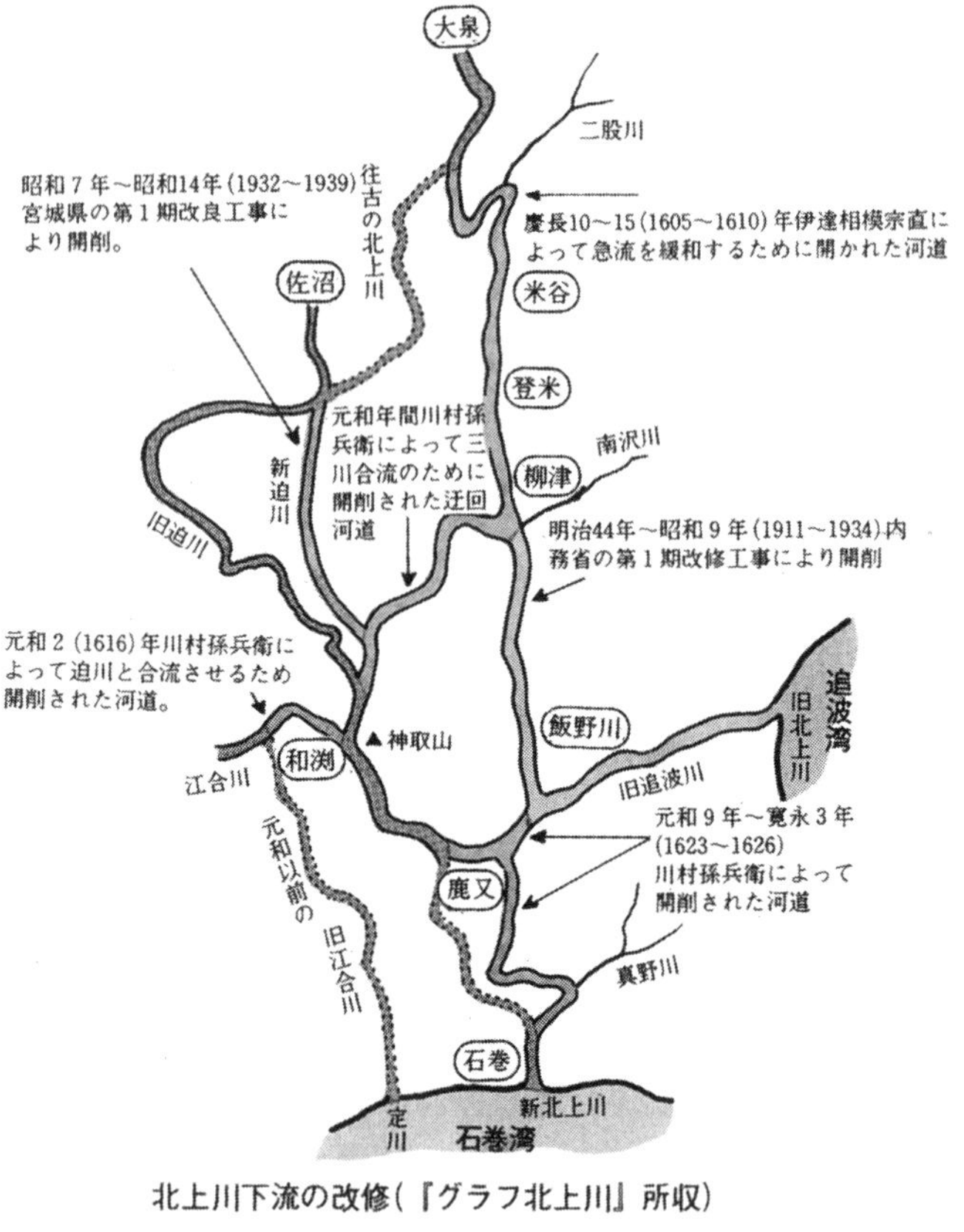

北上川下流の改修(『グラフ北上川』所収)

[北上市立博物館、2009:9]

の渡し」という渡舟で対岸と交通していた。慶長年間から少しずつ人家も増加したが、住民は「高無し百姓」(年貢の基準となる石高をもたず、田畑をもたない農民)が多かった。しかし、正保二年(一六四五)に仙台藩の米蔵が建てられると、江戸表への御石船(藩の廻米輸送船)の行き来が多くなり、人家が増加し、田畑も広く開墾されて石巻は次第に繁栄していった。つまり石巻は、慶長期から約五〇年かけて港として繁栄していったのである[石巻市、一九五六：六一五]。石巻の発展は、河川改修・開削工事が終わった後のことであった。

河川改修後の石巻の繁栄ぶりは、たとえば享保四年(一七一九年)刊行の『奥羽観蹟聞老志』に、「この湊には市や店が連なり、摂州・大坂・越前・敦賀・筑紫・博多・出羽・酒田などからも多くの人が商売のためにやってくる、天下第一の湊なり」、とあり、明和七年(一七七〇)刊行の『増補日本汐路之記』にも、石巻は「東海第一の大みなと」とある［宮城懸、一九六〇：六一〇～一一］。こうした記述は、出羽や酒田など東北諸地域だけでなく、遠く九州や近畿からも石巻に商人がやってきていたことを示唆している。この記述が事実だとすれば、石巻が「天下第一の湊なり」とか「東海第一の大みなと」であったという表現もあながち誇張ではない。

石巻の繁栄を支えた主な要因は、仙台藩の米どころ仙台平野の廻米と、南部藩の北上川流域の廻米や金属製品を含む特産物などの荷物を江戸へ送る拠点としての経済的・商業的機能であった。廻米の積出港としての石巻周辺には多くの米蔵が設けられた。仙台藩の最初の米蔵は田町河岸と坂下に設けられ（年代は不詳）、正保二年（一六四五）には住吉に、元禄一一年（一六九八）には石巻村に一五棟、住吉に一二棟、湊（海洋船のための港）に一七棟が建てられた。これらの米蔵の最大のものは二間半と六〇間（四・五メートル×一〇九メートル）、小さいもので二間半と八間（四・五メートル×一四・五メートル）であった。蔵を設けた場所は、搬入に際しても搬出（積み出し）に際しても舟運が利用できる場所（実際には河岸）であった。仙台藩は宝暦八年（一七五八）にも天明三年（一七八三）にも住吉に米蔵を増設し、石巻の米蔵は港周辺に一七棟、住吉に一八棟となった。以上に加えて、仙台藩は石巻に通じる支流の追波川流域に六カ所と江合川流域の福沼（現・古川市）に「御蔵場」を設けていた［石垣、一九八五：二二五／北上市立博物館、二〇〇九：一〇］。

石巻には「千石船」と呼ばれた、七〇〇石積みほど（一六七〇～一七五〇俵）の藩所有と民間所有の海洋船が五〇艘あった。仙台藩は廻米を自前の「千石船」で江戸へ運んでいたことは間違いないが、それと同時に、南部藩の場合と同様、専門の廻漕業者に委託していたと思われる［北上市立博物館、二〇〇九：一〇～一一］。石巻は舟運と海運の接点として繁栄していた。その人口は、元禄一一年（一六九八）で七三三四人、安永三年（一七七四）には七七六〇人に増加した［石垣、一九八五：二二五～一六］。石巻には、河川交通と海上交通、商業取引、税務、河口と港湾の管理などを担当する、石巻河口役三～四人、同手代二人、船賦役二～三人、代官二人、大肝入、検断一人、船肝入三～四人など、仙台藩のさまざまな役職が置かれていた［宮城懸、一九六〇：六一二／石垣、一九八五：二二五］。

ところで、南部藩から石巻に向けて持ち込まれる廻米を仙台藩はどのように扱ったのだろうか。形式的には「石巻廻米送状」があれば石巻まで問題なく運ぶことができ、さらに石巻から江戸に向けては廻漕業者に自由に委託することができるはずである。しかし実際には、「送状」とは別に南部藩と仙台藩との間には「石巻廻米御定目」という取り決めがあった。南部藩船の勘定頭（経理主任）は、南部藩の荷物を積んだ船が石巻に到着した時、または途中の和淵、鹿又、柳津その他各要所に設置された仙台藩の船番所に到着した時、それらの番所や石巻港の役人にたいしてその都度「音物」を送るべし、と定められていた。「音物」とはいわゆる賄賂のことで、南部藩の穀船（公的な廻米船）が下ってくるたびに上は津方奉行から下は足軽、蔵番水先案内人に至るまで、それぞれ行き届いた賄賂を献上することが公然の慣行となっていた。たとえば「酒一斗入一樽　津奉行へ」、「裃上下地具づつ（ただし箱入にしてのし包添）、酒五升入一樽　町奉行へ」「串貝　二連づつ　津方取次役へ」といった具合である。その賄賂（「御進物」または「御進贈」とも表記されていた）の額はかなり大きかった。たとえば黒沢尻から石巻までの三五〇俵積みの廻米船一艘当たりの総運賃は金三一七二両余（進物代も加えて）であったが、そのうち米の運賃は二七〇五両であった。つまり「進物代」は四六七両、運賃全体の一五パーセント弱にものぼったのである［石巻市、一九五六：七〇〜七六］。

さて、石巻からどれほどの船が江戸に向けて出港したのだろうか？　これについて、時系列的に確認できる資料は見当たらないが、天保元年（一八三〇）の一年間の分にかんしては分かる。すなわち、この年の九月に一三艘、一〇月に一七艘、一一月に二一艘、一二月に二艘、翌年一月に一艘、二月に四艘、四月に一九艘、五月に四艘、全部で八回、計八一艘が石巻から江戸に向けて出港した。この状況をみると、収穫後の秋から冬にかけての輸送と、春の輸送分と二度江戸に廻米を送っていたが、圧倒的に秋から冬にかけての方が多かったことが分かる。おそらく収穫後の新米を送ったのであろう。江戸に送られた米の数量は、当時、平均して年に一五〜一六から二

○万俵であった［宮城縣、一九六〇：六一三］。

第六節　北上川舟運の商品流通

北上川の舟運で流通した荷物（商品）については本章の随所で断片的に説明してきたが、この第六節では、これまで触れなかった商品も含めて、再度、網羅的に概観してみよう。その前に、南部藩の荷物の移出にかんする政策を示しておく。南部藩は正保二年（一六四五）六月、領内で生産された産物で、一般商人荷物として領外へ移出することを原則として禁止する品目を示した布告、「領内通御留物之事」を出し、藩の境界番所に掲示した。それらの品目の移出を特別に許可する場合には審査の後、手形（証文）を交付することとした。禁止品目には、武具類・黒かね類（鉄・鉄製品か）、紅花、紫根（染料および生薬）、蠟、漆、糸、付布、商売之牛馬、箔椀、同木地、皮類、塩硝（火薬の原料の一つ）、くんろく香（樹脂から採れる香）があった。布告には、商品にかんする規定のほかに、手形を持たない領民（「無手形人」）が領外に出ること（つまり逃亡）を禁ずる項目も含まれていた。布告の末尾に、「若わき道かくれ道候ものとらえ上候はば」ご褒美を与える、との添え書きがある。当時は藩経済の根幹である領民が「かくれ道」などを使って藩外に逃げること、つまり逃散を恐れていたことが分かる。なお、武具類と塩硝は領内では生産していなかったが、現存する武具と火薬原料をできるだけ確保しておこうとしていたことがうかがえる。鉄は移出禁止品に入っているが、当時産出していたと思われる金・銀・銅・鉛の禁止についてては記載がない。この理由は、これらの金属が一般商人荷物ではなく藩が独占的に管轄していたからであろう［岩手県、一九六三b：八八六～八七］。上記の産物のうち「紫根」（「紫」と略記されることもある）は南部藩の特産物で、漢方では解熱や解毒に用いられる生薬原料であり、主に江戸に送られた［難波、一九六六：二一一］。以下に、北上川を往来した下り荷と上り荷をみてみよう。

（一）下り荷（移出品）

まず、文化期（一八〇四～一八一八）に南部藩から北上川の舟運によって実際に川下げされた物資・産物は米、大豆、馬、銅（後述参照）、材木、干し鰯・魚類・海藻などの海産物、紫根、たばこ、浄法寺椀などであった。これらのうち干し鰯、魚類（塩蔵、干し魚などか）、海藻などの海産物が含まれているのは、おそらく三陸沿海岸地域から陸路を経て北上川筋に持ち込まれたものであろう。安政元年（一八五四）ころ南部藩から川下げされた産物であると思われる別の記録によれば、北上川の舟運の中心をなすものは米、大豆や味噌など江戸に送られる産物であった。これら以外では木材と荒銅が最も多く、続いて多かったのは紅花、黄連（生薬）・紫根、蠟、硫黄などであった。なお、南部地方は金を産し藩が独占して交換手段（貨幣）として使ってはいたが、移出品目には入っていなかった。ちなみに、江戸・大坂・京都では銀が支払いの基準であった。南部藩は「南部馬」の供給地として当時から全国的なブランドであった。ただ残念ながら、何頭くらいが移出されたかは分からない［北上市、一九八三：二九／盛岡市、一九七九：二八～二九］。

こうして下り荷物の品目を概観すると、北上川流域の南部藩内における生産物は多様であったこと、しかも地域的な特産化が進んでいたことが分かる。それぞれの産物の産地を特定することは資料的制約のため非常に難しいが、少数ではあるが産地を特定できる産物もあった。たとえば銅である。ここでいう銅とは荒銅（粗銅ともいう。純度九〇%までの銅の半製品）のことで、量的にも多く重要な移出品であった（注8）。これにかんする記録をいくつか挙げておこう。ある史料は、寛文三年（一六六三）四月、仙人銅山（岩手県和賀郡西和賀町）から産出された銅に対して一〇分の一税を収め、残り一一四〇貫（四二七五キログラム）の陸送手形を出したがうまくゆかなかった。そこで、川船で積下げしたいとの願いがあったので許可した、と記している。仙人銅山では多量の銅を産出していたようで、別の史料には、一万三九五六貫八〇〇目（五万二三三八キログラム）の輸送のための手形について書かれている［北上市、一九八三：五一六（史料二五四）／同、五二七（史料二七五）］。

さらに、黒沢尻より下流の仙台藩、とりわけ水沢地方から川下げされた産物ついてはある程度分かる。寛政一〇年（一七九八）の『封内土産考』、嘉永六年（一八五三）の『管内産物調』、明治元年（一八六八）の『岩手県管轄地誌』には、仙台藩に属する北上川の六つの河岸について、周辺の村落で生産され、それぞれの河岸に持ち込まれた米以外の産物を挙げている。これらの産物は石巻方面に向けて川下げされたが、積み荷の半分は途中の河岸で陸揚げされたので、それらの産物は半ば流域内で消費されたことになる。六つの河岸の上流から順にみてゆこう。まず跡呂井河岸には米、大麦、大豆、酒（水沢酒）、漁網（水沢網）、葉藍、草履、キセル、櫛、温麵、味噌、醬油、藁加工品が持ち込まれ、そのある部分が積み出された。つぎに、小谷木河岸周辺で産し、同様に出荷された産物として、大麦、大豆、荒鉄、鍬、鍋釜、酒、火鉢、水豆腐（田茂山豆腐）、引麦、茶、素麵、箒、木炭、が挙げられている。つぎは黒石河岸で、ここには大麦、大豆、材木、木炭、薪、乾栗（虫よけにトウガラシを入れた）、下駄材、山の産物（具体的に何を指すのか不明）が集まり、出荷された。姉体河岸に持ち込まれた商品は、米、大豆、大麦、栗、酒、野菜、真綿、紅花が、下河原河岸からは、米、大麦、大豆、木炭、酒、タンス、漁網、荒鉄、箒、紅花、傘、味噌、菅笠、桶、芋類、乾栗、干し柿など多様な商品が挙げられている。最後に六日入河岸に集荷された産物は米、大麦、大豆、栗、小豆、大根、梨、紅花、麻であった［水沢市、一九八一：八九三～九四］。

小谷木河岸（田茂山河岸）にかんしては、右に引用した三つの資料とは別の資料にやや異なる記述がある。それによると、この河岸は跡呂井河岸の対岸にあり、両河岸は渡船で連絡する姉妹港のような関係にあった。小谷木河岸は、寛永年間（一六二四～一六四四）に、通行する船から税を取り立てる「御役場」が置かれたこともある重要な河岸であった。この河岸に「繫留していた舟は艜一〇隻、大茄子《かっこ》舟一八隻、茄子舟三隻があり、荷揚げ、積み荷も多く舟の出入りがにぎやかであった」という。田茂山近くには一二間×二間半（二一×四・五メートル）の雑穀蔵が四棟あり、大麦や大豆を収納し艜船によって石巻に川下げされた。また、田茂山に近い文久鉄山で産出する質の良い荒鉄が河岸周辺にもたらされて特産物の鍋、釜、鉄砲などの金属製品に加工された。慶応二年（一八六六）ころからはこの鉄山専用の御用船がこの河岸を基地として石巻方面と連絡していた。武具、風呂、仏具、火鉢、氷豆腐、引麦などの特産品も民間の渡世船で輸送され、需要に応じきれないほどであったという［水沢市、一九八一：八三〇〜三一］。これらの特産品は、小谷木河岸の周辺には鍋、釜、鍬、鉄砲などの金属加工製品や風呂、武具、仏具、火鉢などの非常に個性的な製品を作る職人が多くいたことを示唆しており、その製品は北上川流域の他の地域や仙台の城下町などに送られたものと思われる。以上の産物は、おおむね仙台藩領内で生産されたものであると考えられるが、上流の南部藩の産物が入っていたかどうかは分からない。

ここまでみたように、東北の農村地域といっても、決して個性のない平板な農村が続いていたわけではない。とりわけ南部藩においても仙台藩においても、通常の農林産物のほかに、北上川流域の領内で鉄や金、銀、銅、鉛、鉄などの金属や鉱物の産出があり、それらを原料とする金属加工製品が生産され移出されていた。これは、当時の日本においても北上川流域の際立った特徴であった。さらに、小谷木河岸に持ち込まれた産物の多様性にみられるように、それぞれ個性的な生産活動をする周辺の多くの農村がこの河岸を中核とし、舟運を媒介として比較的広域の地域的経済圏＝地域的生活圏と流域生活圏を形成していたとみなすことができる。

北上川流域は米の産地であり、かつ移出地域であったが、藩によって米の移出が突然禁止されてしまうこともあった。たとえば天明三年（一七八三）、南部藩は商人たちが船でこっそり米を藩の外に運び出して売却してしまわないよう、藩所有の廻米輸送用の御穀船のほかは川船の通航を禁止した。これはおそらく、「天明の大飢饉」（天明二〜七年）に際して南部藩が深刻な食料不足に見舞われたからであろう［北上市、一九八三：七一七〜一八（史料三四一）］。他方で、これとは反対に、深刻な食料不足の際には、江戸から米を買うこともあった。たとえば、天明四年（一七八四）四月の記録には、南部藩が米二〇〇〇俵を江戸で買い付け、江戸から石巻までは海洋船で、石巻から黒沢尻と盛岡へ搬入したことが書かれている［北上市、一九八三：五二九〜三〇（史料二八一）］。

これもおそらく「天明の大飢饉」を引き起こした凶作に見舞われたため南部藩が急遽購入した米であろう。つぎに上り荷についてみてみよう。

（二）上り荷（移入品）

石巻からの上り船の積み荷としては、塩、海産物（生鮮魚、塩干し魚）、木綿、古着類、陶器、石材、小間物、雑貨、甘藷、砂糖、茶、みかんなどがあった。下り荷の多様さに比べて上り荷はそれほど品目が多くない。もちろん、塩、魚類、繊維品は別格で、それに種々の日用雑貨は沿岸地域か都市の手工業製品で、内陸地域はこれらを外部からの移入に依存していた。これは江戸と北上川流域（おそらくほかの河川流域でも同じ）との経済関係において、消費都市である江戸は地方からの食料や手工業品に依存しており、圧倒的に移入超過だったからである。これらの中でみかんのような温暖地域の果物を、遠方から取り寄せてまでも食べたいという余裕と需要が東北の農村社会に生まれていたことが分かる［石巻市、一九五六：七〇／盛岡市、一九七九：二九～三一／北上市、一九八三：二九～三一／水沢市、一九八一：八九三～九四／石垣、一九八五：二二四／北上市立博物館、二〇〇九：二八］。

仙台藩は、一般の商人船が江戸に荷物を運んだ帰りの戻り船に商品を積み込むことを厳禁していたが、正徳二年（一七一二）には、「石巻裏向の者」ならびに「船頭、水主」が江戸・関東で明樽、明油樽、天草、をなかみ砥、琉球莚、ひしゃく、さしかさ、櫃半長持、つづら（葛籠か）、瀬戸物の十種を「少分」仕入れ、戻り船に積んで石巻で販売することだけは許可した。資料には、「石巻裏向の者」がカッコつきで示されているが、それが何を意味するのかは書かれていない。いずれにしても、ここで重要な点は、江戸からの戻り船に一般の商人は商品を積むことはできないが、十種類の商品に限定されてはいるものの、「石巻裏向の者」と船頭や水主は積み帰ることができることを認めたという点である［宮城懸、一九六六：五三八～三九］。右の商品の中で「明樽」は通常、空の樽で、明油樽は文字通り空の油樽で、通常は檜を素材とした。仙台藩は樽を作る素材は十分あるはずなのでこの場合の空樽は、下り荷で運んだ樽の中身を降ろし、空になった樽を積んできたものではないだろうか。いずれにしても、当時、仙台藩では精酒、醤油、味噌など樽に詰める産物と油の生産が盛んだったことがうかがえる。油樽はおそらく、当時東北地方で生産されるようになった菜種油か荏胡麻油であろう［宮城懸、一九六六：五三二～三七］。

下り荷と上り荷の品目の問題を離れて、さまざまな物資の取引範囲をみてみよう。藩が集めた年貢および買米の取引は藩が直接管理していたが、その他の物資については、主に商人が取り扱っていた。まず、比較的近隣の地域との取引に関して、商人がどのような範囲で何を取引していたかを示す史料があるので、二つだけ紹介しておく。一つは南部藩の事例で、文化七年（一八一〇）、渡部屋多蔵なる人物（黒沢尻在住）が取引していた得意先は、南は仙台、金成、一関、薄衣、松川、前沢、岩谷堂などであり、北は花巻、郡山、盛岡、福岡（岩手県二戸）、五戸、家馬内などに及んでいた。これらの取引先はおおむね北上川流域と東北地方であった。彼らと取引した主な商品は、木綿、紙、晒蠟、生蠟、硫黄、焰硝、火石、和薬、白あざみ（薬草）、竹笠、矢竹などであった［北上市、一九八三：五三〇（史料二八二）］。二つは右と同一商人の「万覚書」で、文化一〇年（一八一三）には、取引先として右の史料には記されていなかった山形、黒川口、前沢、本沢、などを挙げており、取引品としては繰綿、紫根、茜、半夏（生薬。サトイモ科の植物の球茎）、みの茶、小豆、ごま、藍が含まれ、量的には紅花、繰綿、木綿が多かった。この史料にはそれぞれの商品の産地は記されていない［北上市、一九八三：五五四（史料二八四）］が、これらはいずれも北上川流域の特産品で域外移出品であると考えられる。それにしても、この商人は地域的にも商品の種類にしてもかなり手広く商っていたことが分かる。以上は、たまたま記録に現れた一人の商人の事例であるが、ほかにも広域の取引を行っていた商人はいたと思われる。いずれにしても農村社会は多様な商品を生産し、それらの商品を商人が取引ネットワークを通じて買い集め、史料にはこれらの商品が最終的にどこに販売されていったかは書かれていないが、以下に紹介する近江商人など外部の商人の例にみられるように、別の商人が江戸や京・大坂など関西方面の大都市へ運んで販売していたものと思われる。舟運は、地域経済を縫い合わせるようにまとめ上げ、その地域経済は海上交通と連動して全国的な商品流通ネットワークを形成していったのである。

全国的なネットワークを通じての遠隔地取引には、地元の商人だけでなく、外部の商人も北上川流域の経済に深く関与していた。たとえば盛岡在住で遠隔地交易（特に江戸、京都、大坂）を行っていた商人の中には近江商人をはじめ関西の商人が深く関与していた。彼らは地元の商人と組んで強力な商業団を形成して、卸売、仲介、小売などの商取引のほかに旅館、荷請問屋、金融を組合形式で運営し、利潤率や手数料の協定を行っていた。したがって、地元の商人に比べて利潤率も高く、商圏もはるかに広かった。さらに彼らの一部は、商取引だけでなく地方支店で酒、醤油などの生産をも同時に行っていた。幕末の慶応二年（一八六六）に盛岡で活動していた商人の構成をみると、全六三人のうち、近江商人と推定できる者一六人、伊勢屋（伊勢商人）七人、ほかに美濃屋（岐阜・名古屋）、木津（京都）の商人など、中京や関西系の商人が大半を占めていた（注9）。彼らは関西方面の本・支店とも密接な関係を維持していた。たとえば、京都の井筒屋本店から盛岡の支店へ送られた手紙には、本店が経営する質屋に質流れ品があるので、それらを地方支店で販売してほしい、と記されている。近江商人が南部藩に持ち込んだ主な商品は、繊維品、調度品、小間物、食料品などであったが、カルタ、三味線などの遊芸品、盛岡藩の領内でも調達できたであろう雪駄やろうそくなどもあった。また彼等が外部へ移出した商品は、米、大豆、馬、銅、木材、干し鰯、魚類、海草、紫根、たばこ、蠟、漆などであった。近江商人は江戸にも支店をもっており、天和年間（一六八一～一六八四）には、荷物を盛岡から石巻へ、そこから弁財船（大型海洋船）に積み替えて海上ルートで水戸の那珂湊まで運び、陸路と舟運で北浦—利根川—江戸川を経由して江戸まで運んだ。このルートのほかに、文化期（一八〇四～一八一八）になると、石巻と江戸との直通航路も利用されるようになった［盛岡市、一九七九：二二六～三二一］。

仙台藩の支配領域でも南部藩と同様の状況がみられた。すなわち一七世紀中葉以降、酒田から最上川を遡航した船に積まれた荷物が奥羽山脈を越えて仙台藩領に入るルートが開けたため、このルートを経由して他領の商人が仙台藩領に入り込むようになった。それまでは、江戸や上方からの物資は石巻港経由で、まず、城下町仙台に持ち込まれた。城下町では、藩の商業統制のもとで特権商人の「六人仲間商人」だけが他領からの商品を独占的に仕入れることができることになっており、そのほか一般の在地商人が他領の商品を直接仕入れることは禁止されていた。しかし、わざわざ城下の特権商人から商品を仕入れなくても、他領の商人と直接取引したほうが手間もかからず値段も安く買うことができたので、この方法は在地商人にとっても一般の購入者にとっても有利であった。こうして仙台藩の商業統制は大きくゆらぎ、それまでの禁止令は事実上無効となっていった。延宝三年（一六七五）二月、仙台藩は改めて出羽方面（最上川流域方面）から仙台藩の四つの郡（賀美、玉造、一迫、伊沢）に、古手物（古着）、木綿、綿布、古綿、あい綿、たはさみ、すり鉢、檜曲物、麻種ほか許可された種に限って直接仕入れを公認した。この措置は、事実上このルートでの商品の移入を抑えることができなかったからで、これを契機にいっそう多くの他領の商人が仙台藩領に入り込むようになった［宮城懸、一九六六：五三八～三九］。

仙台藩については米の生産と廻米ばかりが注目されるが、江戸時代の特に後半になると、特産物を含めて多様な商品が生産されていた。舟運と直接に関連していたかどうか確認できなかったが、仙台藩の領内の生産物に関するリストがいくつかある。たとえば享保四年（一七一九）の『奥羽観蹟聞老志』には、産物を七つのカテゴリーに分けて、産物名とその産地が記されている。それらは、「財貨」三種、「衣服」四種、「飲食」七種、「禽獣」一五種、「魚蝦」二九種、「蔬菜」（果物を含む）一五種、「器用」（木工や金属・鉱物加工品）二〇種、計九三種であり、それぞれ産地が示されている。この中にはりんご（松島）や梨が含まれており、当時すでにこれらが栽培され取引されていたことは興味深い。また、寛政一〇年（一七九八）、里見藤左衛門の『封内土産考』には一一五を超える産物が挙げられているが、こちらには産地は示されていない。ただし、これを引用した『宮城懸史』

は、「要するに、仙台領の物産は右のごとく種々なるものがあるけれども、ほとんど『国用ニ供スルノミ』であって、他国に移出して仙台藩の経済をうるおすというようなものは、米を除いてみられなかったといって過言でない」とことわっている「宮城懸、一九六六：五一二〜一三」。たとえ「国用」、つまり藩内消費の産物であったとしても、当時、仙台藩の農山村および漁村では非常に多様な産物が生産され域内で流通していたことが分かる。

南部藩においても仙台藩においても、農村社会で農民による商品生産が発展し、特産物をはじめ多様な産物が流通するようになった。この背景には、それまで同質的であった農村社会の間に、分業と補完関係が形成されていたことを示している。これらの産物の生産と流通に大きな役割を果たしたのは北上川の舟運と、それらの取引の中継機能を果たしていた河岸、そして河岸や都市で活動していた商人の存在であった。商人は北上川流域の産物を外部に移出すると当時に、外部からのさまざまな物資を流域諸地域にもたらす役割を果たしていた。つまり商人は、村レベルの共同体を超えた地域経済圏ネットワークの形成に貢献すると同時に、北上川流域の経済圏を全国市場とを結ぶ役割を果たしていたといえる。

結語に代えて——舟運と流域社会

北上川は河道の傾斜が緩やかで、これは舟運にとって好条件であった。このため早くから舟運が利用されてきた。しかも流域には大きな盆地、扇状地、広く開けた平地があり、人びとの生産活動を可能にする十分な空間があった。北上川流域の舟運における最上流のターミナルは南部藩の城下町盛岡であり、最下流のターミナルは仙台藩の石巻であった。石巻は海に面した港で舟運と海上交通との接点であり、北上川流域と外部世界とを結ぶ入り口であり出口でもあった。その中間に位置していた河岸が、本章第五節（一）で取り上げた黒沢尻河岸であった。ここはたんに位置的に中間地点にあるというだけでなく、北上川の水深の変化点で、ここから下流は大型船

（艜船）が航行可能で、ここから上流は小繰船のような中・小型の船しか航行できなかった。また、黒沢尻河岸は南部藩と仙台藩との境界に位置していたので、両藩の船が同時に出入りできる特殊な河岸でもあった。

北上川の舟運は、他の河川の場合と同様、当初は藩や領主の年貢と廻米を江戸や大坂に送り、反対に外部から塩や魚を内陸の流域諸地域にもたらすことが主要な目的であった。しかし、一六七〇年代に東西廻航路が開拓され、海上交通が活発になるにしたがって、石巻も日本各地の港と直接に結ばれるようになった。つまり、北上川流域から石巻を経由して、江戸や大坂、そのほかの港へという全国的な商品流通ネットワークが形成され、流域の農民による商品生産を刺激したのである。しかも本章でみたように、北上川流域の移出品や生産物は非常に多様であったが、同時に特産物の産地形成も進展した。舟運の実態や運ばれた物資などについてはくわしく述べたので、以下では北上川の舟運と流域生活圏の形成という問題に焦点を当てて整理する。

渡辺氏は、同じく東北の主要河川である最上川における河口都市（酒田）と流域地域との関係と、北上川における河口都市（石巻）と流域地域との関係を比較し、北上川の場合、「石巻と流域社会との補完関係が希薄であったため、一つの流域社会を形成したとはいえない」と述べている［渡辺、一九八五：三六四〜六五］。渡辺氏が「石巻と流域社会との補完関係が希薄」という場合、何をもって補完関係とするのかという点に注意する必要がある。もし「補完関係」が相互依存性、あるいは経済的影響力を意味するとすれば、確かに、石巻は酒田ほど流域全体にたいする影響力はなかったかもしれない。その一つの理由は、外部への移出港としての石巻の最も重要な役割は廻米の移出であり、この点、最上川の酒田の場合は、第六章で検討するように廻米も多かったうえ、紅花や青苧をはじめとする全国市場向けの特産物を産し、その移出港として酒田は流域社会全体への影響力が大きかったといえよう。それでも筆者は、以下の事情を考慮して、北上川において流域内の相互依存性に基づく地域社会の形成は江戸期を通じて確実に進展したと考える。

北上川流域において展開した舟運と流域社会の形成という観点から重要な点の一つは、江戸期の北上川流域には、南部藩区域と仙台藩区域という境界はあるが、盛岡と石巻の約二〇〇キロメートルの間に三七もの河岸があったことである。つまり、平均して五キロ強という比較的短い距離に一カ所の河岸が設けられ、盛岡から河口の石巻まで、ほとんど切れ目なく流通経済のセンターが連続していたことになる。河岸とは、たんに船着場があればよい、というわけではない。河岸は、経済流通センターとして周辺の農村からの産物が持ち込まれ、また逆に外部から河岸に運ばれた商品が農村に供給される場であり、そこには取引を可能にする施設や人びとが必要である。商人は、あたかも個々の河岸を縫い合わせるように、生産者であり消費者でもある地域住民を流通ネットワークに組み込んでいった。ここに、地域住民同士の補完関係と、住民と商人との補完関係が形成された。さらに、南部藩の商人と仙台藩の商人がお互いに便宜を図った事例にみられるように、商人の間にも補完関係が結ばれていた。

これを別な側面からみると、河岸が次々と形成されたということは、そこに包摂された、それまで個々ばらばらであった農村同士が互いに交流と連携を深めてゆるやかな地域社会を形成していったことをも意味する。本書の文脈でいえば、こうして形成された地域社会は「生活圏」でもある。本章でみたように、北上川の舟運と商品生産と流通を通じ、河岸を中核とする地域社会が江戸期を通じて確実に進行した。北上川の上流には盛岡という大きな人口をかかえる政治経済の中心地であり大きな消費地でもある都市を擁していた。そこの住民へ周辺の農村から食料その他を供給していたはずであり、盛岡と周辺の農村との間にも補完関係はあったと考えるべきである。また、都市ではないが、北上川流域各地から移出された金属や鉱物の採掘や精製にたずさわっていた人たちに向けて、周辺の農村が食料その他の日用品を供給していたはずである。ここにも生活面での域内の補完関係をみることができる。

なお、北上川の舟運は、行政的には南部藩と仙台藩に分かれているが、中流の黒沢尻河岸が両藩を有機的に結びつける役割を果たしていた。黒沢尻河岸は中流の商業中心地として、上流地域および周辺の農村地域から域外へ移出する商品を集荷し、同時に下流から持ち込まれた日用品を周辺の農村、さらには上流域に供給していたのである。つまり、黒沢尻河岸は、北上川舟運全体の中継交易地としての役割を果たしていたことになる。この中継交易地があったからこそ、仙台藩の商人と南部藩の商人とが互いに便宜を図ったように、両藩の商人間においても相互補完関係が形成されたのである。さらに、仙台藩が管轄する区間でも、上流から石巻に向けて積み下された荷物の半分が途中の河岸で陸揚げされた事実は、舟運を通じて地域的な補完関係が形成されていたことを示している。本章で黒沢尻に拠点を置く商人の例を紹介したが、この商人は盛岡から仙台に至る各地だけでなく、最上川流域の山形まで取引相手をもっていた。彼は各地の特産物（農産物、生薬、鉱物）を買い集めていたようだ。江戸末期には、こうした商人がますます活躍する時代となっていたようである。以上は、民間レベルの補完関係であるが、南部藩と仙台藩も、協定によってお互いの領分を犯すことなく舟運区間の棲み分けをしていた。これも一種の補完関係の一つである。

このようにみてくると、北上川の流域社会は何重もの補完関係の中に包摂されていたといえる。この補完関係の総体が、河岸を核としたいくつもの地域的経済圏を含みつつ、全体として流域経済圏を形成していたのである。最後に、流域住民間の文化的・社会的関係をみておこう。本章では、石巻には南部藩からの移住者とその子孫が居住し、石巻弁は、仙台弁よりも南部弁に近かったという事例を示しておいた。これは、石巻と上流地域との長期にわたる密接な文化的・社会的な交流があったことの証拠である。すでに触れた、南部藩と仙台藩の商人間の補完関係の事例なども考え合わせると、ほかの面でも下流域と上流域との住民の間での人的交流はあったと思われる。いずれにしても、こうした文化的・社会的・経済的交流も含めて、北上川の流域経済圏は、同時に流域生活圏でもあったといえる。以上の諸事情を考慮すると、舟運を媒介としたヒトとモノの交流を通して、北上川流域が一つの流域社会、筆者の言葉でいえば「流域生活圏」を形成していたのではないかとと考える。ただし、現段階では文化的な側面に関する考察が不足しており、これは今後の課題としたい。

【注】

（注1）北上川の河床勾配にかんしては計測地点によって異なる。たとえば［小出、一九七二：六四〜六五］は、河床平均勾配は三〇〇〇分の一としている。

（注2）参考までに南部藩江戸廻米にかんする具体的な数字を挙げておくと、［北上市立博物館、二〇〇九：八］は、天和二年（一六八二）は四万七三四二俵（約一万九七九八石）、明和二年（一七六五）には春の廻送分だけで七万八九六三俵（3万三六〇〇石）とし、［横山、一九〇八〇：一九〜二〇］は、天和二年（一六八二）、約五万俵（約二万石）、天明七年（一七八七）には約七万俵（二万八〇〇〇石）とし、［諸富ほか、一九九八：一］は、盛岡藩の江戸廻米が本格化したのは慶安〜寛文期（一六四八〜一六七三）で、およそ年間五万〜七万俵（二万一五〇〇〜三万一〇〇石）であったとしている。

（注3）ただし、［北上市立博物館、二〇〇九：二六］では、天和二年（一六八二）の御定目によると、一〇〇石につき江戸大回り（直送）が金一〇両、銚子着は六両、としている。この輸送費はあくまでも原則で、実際の契約時にはその時の状況によって変化したのかも知れない。

（注4）仙台藩の強制的買米については、［齋藤、一九八五：二三三〜五六／宮城懸、一九六六：三一〇〜二九、四九四〜五一一］に、江戸前期、後期に分けてくわしい説明がある。

（注5）それぞれの船の用途や大きさなどについては［川名、二〇〇三：九六〜一〇九］を参照。

（注6）資料には、「商人が自分の収入で既存の船を造り替えたり修理したもの」となっているが、これが具体的に何を意味したのかは分からない。可能性としては、老朽化したり大きな修理が必要になった藩有船を民間に払い下げ、それを商人が自費で造り替えたり修理し、実質的に商人の私船としたものと考えられる。というのも、こうして再度利用されるようになった「渡世船」＝「脇船」は、分類上民間の「商人船」と区分されていたからである。

（注7）この行程日数はおおよその目安である。［石巻市、一九五六：六八／北上市、一九八三：七五六／北上市立博物館、二〇〇九：一五〜一六／北上市立博物館、二〇一一：一〇〜一五、一三／石垣、一九八五：一二八］を参照。

（注8）南部藩の銅の生産に関しては『岩手県史』（一九六三b：一一〇六〜一一六頁）にくわしく書かれている。

（注9）この商人の中に、黒沢尻在住の商人が四人挙げられているが、彼らは幕末（一八六六年当時）の商人であり、先に紹介した渡部屋多蔵の記録は一八一〇年代初めのもの。

第六章　最上川の舟運と流域生活圏の形成

はじめに

最上川は、長さ二二九キロメートル、流域面積七〇四〇平方キロメートルで北上川、阿武隈川と並んで東北を代表する大河である。流域は、東に奥羽山脈、西には出羽丘陵・越後山脈が連立し、南は飯豊山系・吾妻山系、北は神室山系に囲まれている。全体は上流から中流部にかけて、置賜地方（米沢盆地）、村山地方（山形盆地）、最上地方（新庄盆地）の三つの盆地を中心とした地域と、それらを結ぶ狭窄部（荒砥、大淀、最上峡）から成っている。そして下流部は、最上川の扇状地として出羽丘陵の西側に広がる庄内平野を北西方向に流れて日本海に注いでいる。最上川は日本の三大急流の一つであるが、河川全体が急流というわけではなく、場所によって大きな差がある［小出、一九七二：五七～六一］。

最上川の舟運が広く人びとに知られるようになったのは、あの有名な連続テレビドラマ『おしん』であった。このドラマの冒頭部分で、横なぐりの雪が降りしきる早春に、まだ幼い「おしん」が銀山温泉の加賀屋に奉公に向かう際、筏で最上川を下るシーンが映し出される。このシーンは明治三四年（一九〇一）という設定となって

図６−１　最上川流域の盆地群概略図

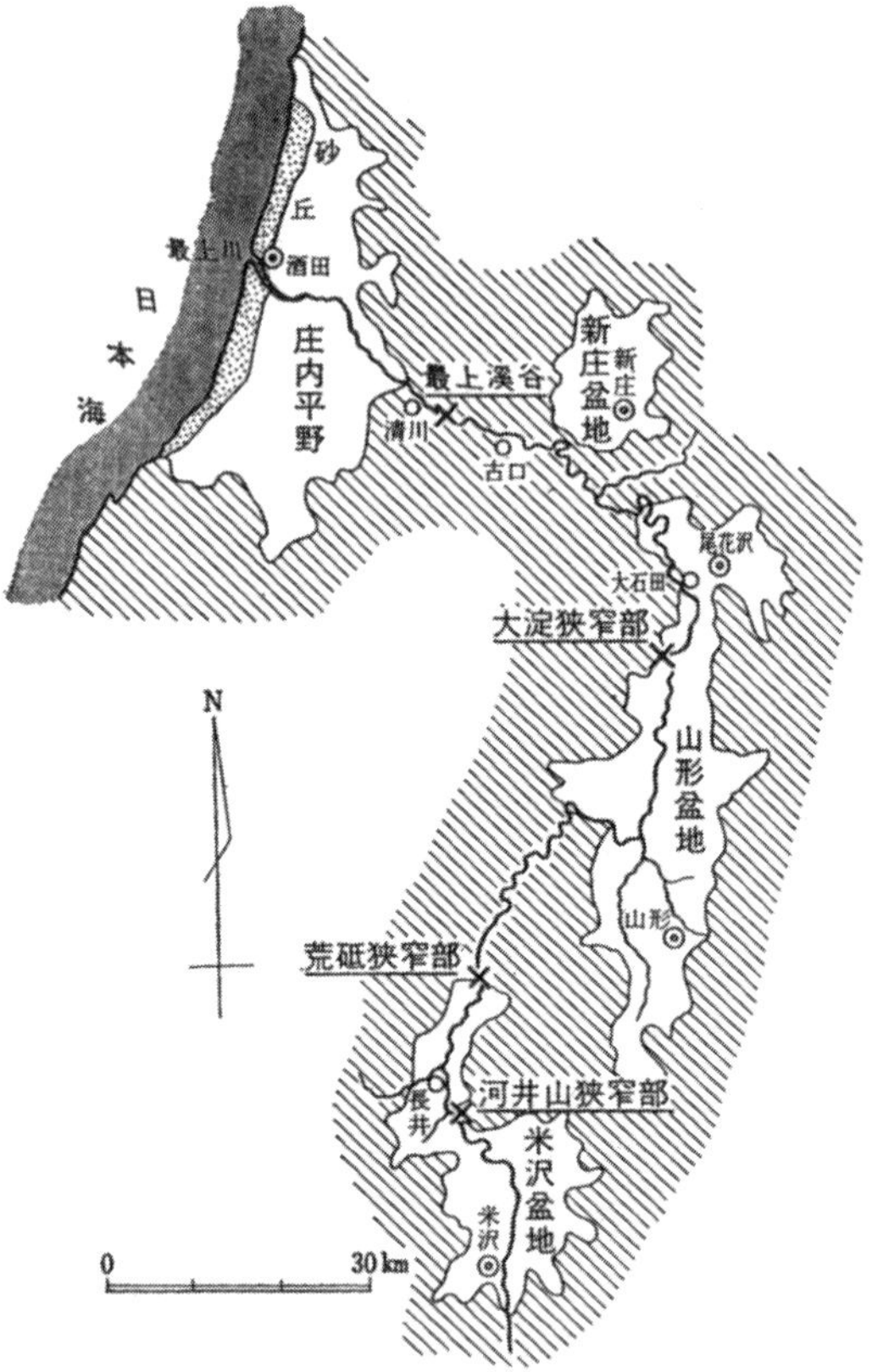

［小出、1972:57］

いる。当時はまだ、最上川の中流域（尾花沢あたり）と下流地域との交通には舟や筏が使われていたことが分かる。最上川の舟運は一九〇三年に奥羽本線が開通して以降、急速に衰退に向かったが、それでも舟運そのものはその後も利用されていたようである。ある地元の老人は、大正の末まで河北町の高台から帆掛船の上で朝食の支度をする煙が見えた、と話してくれた（注１）。他の河川でも、大正から昭和の初期まで舟運が利用されていた事例は珍しくない。

最上川流域は、庄内平野という日本でも有数の米作地帯を抱えているだけでなく、中・上流域の盆地にも米作地帯が広がっている。さらに、江戸時代には最上川流域の村山地方（山形盆地と最上川沿いの上郷地域を含めた地域）では全国市場をもつ紅花や青苧（ともに後述）などの特産物の生産が盛んであった。以上のような自然地理的な条件と産業構造の条件から、最上川はこの地域の経済・社会・文化交流の大動脈であり、その舟運は流域の人びとの生活を支える不可欠の交通・運輸手段だった。最上川の古代・中世における舟運についてはすでに本書の第二章第三節で説明してある。そして、近世における舟運については横山氏が、地方文書を精査した網羅的で精緻な研究を行っている［横山、一九八〇］。したがってここでは、舟運と河岸が果たした役割に着目して、最上川流域の生活圏の形成という問題を中心に考えてゆくことにする。

江戸期の終わりまでに最上川流域には大小二〇ほどの河岸があったので、まず、舟運ルートと主な河岸を示しておこう（図6−2）。他の河川の舟運と同様、最上川においてもこれらの河岸を経由して流域での生産物が移出され、また外部からの物資が移入された。ただし、最上川の場合、舟運の事情はやや複雑である。たとえば、本書の第五章で検討した北上川の場合、河川全体は南部藩が管轄する北半分と、仙台藩が管轄する南半分の二つの区間に分かれていた。そして、南部藩の船が仙台領を通るときは仙台藩の統制に従うという取り決めがあり、江戸末期までこれは守られた。このため、河岸の利権を巡る争いもなく舟運は行われた。これにたいして最上川の場合は、舟運に関係する藩や領地（幕府直轄領や他藩の飛び地領を含む）の数もずっと多く、それらの間には管理や利権をめぐって河岸同士の争いや競争があり、舟運の実情は北上川よりも複雑であった。そこで本章では、第一節で近世の最上川舟運全般の概略を説明し、第二節で主要な河岸について舟運の具体的な姿をみてゆく。第三節では舟運によってどのような物資が流通したのかを、そして第四節では、その流通に介在した商人について検討する。

図6−2　最上川の舟運路と主な河岸

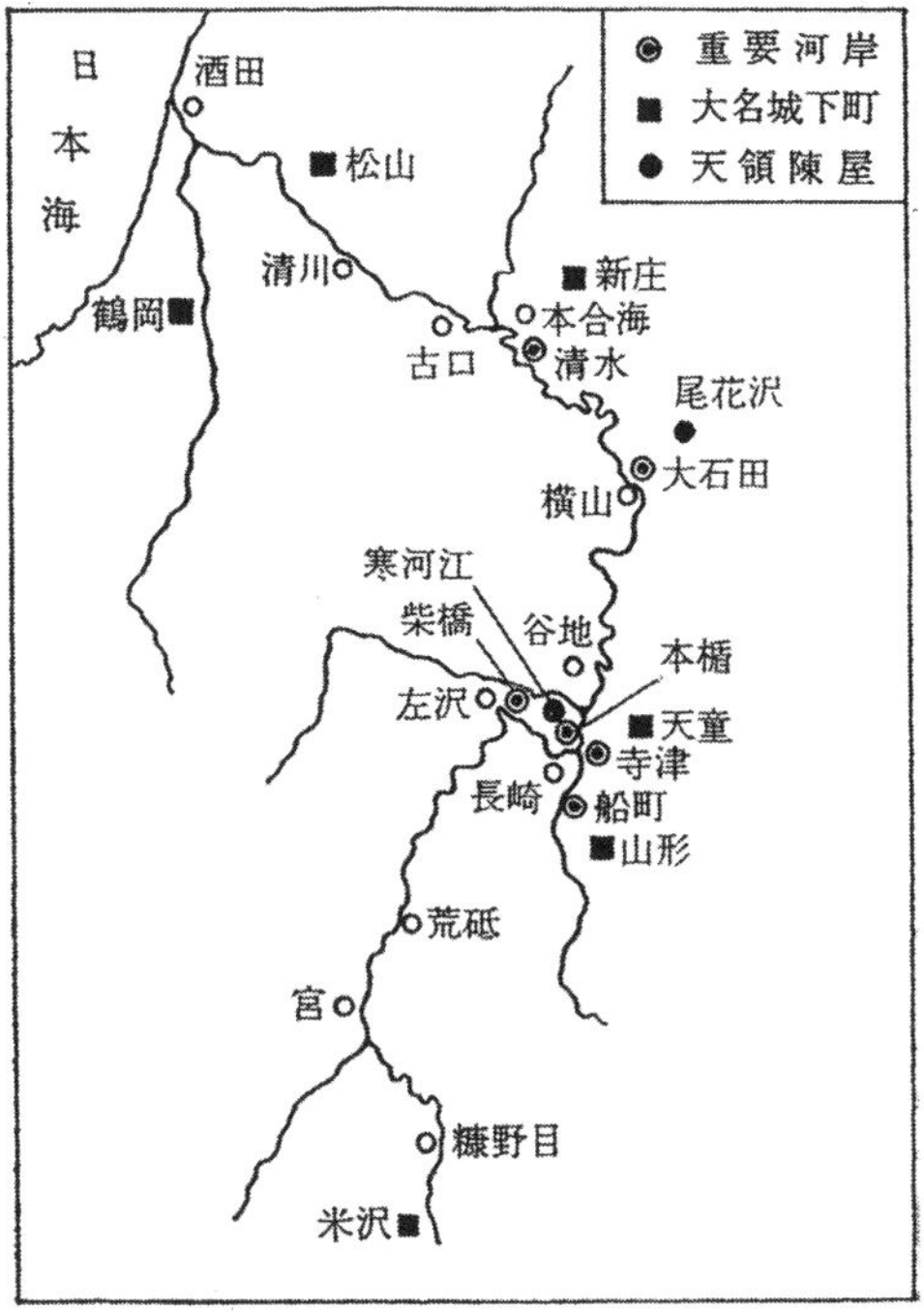

［横山、1980:21］

第一節　近世の最上川舟運史

最上川の舟運が古代・中世以来利用されたことは第二章で述べたとおりであるが、奈良時代から平安時代にかけて、出羽の国の南部では最上川が水駅をもつ駅路として重要な位置を占めていたことだけは再度確認しておきたい［川崎、一九八五：一六～一八］。ただし、当時は、舟運が利用されたにしても、物資の輸送よりも人の移動が中心で、それも部分的で、上流から下流まで一貫した利用ではなかった。戦国期に酒田―清水間の舟路を開発し、川船を建造して物資の輸送を始めたのは、最上郡大蔵の土豪清水氏であったといわれている。その後、山形城主最上氏は清水氏を滅ぼし（本章第二節の（二）「清水河岸」を参照）、村山、最上および庄内一円を領有することとなり、領内の政治的統一と経済力の強化のため、最上川の交通・運輸の開発に努めた。しかし、河岸が整備され、制度的に整えられ管理されて舟運が規則的に行われるようになったのは、他の河川の場合と同様、やはり近世に入ってからであった。舟運の開始が遅れたのは、最上川の村山地方には「碁点、三ケ瀬、隼」の三難所があったからである。天正八年（一五八〇）、山形城主の最上義光が村山・最上両郡を統治していたが、年貢や一般商品の運搬を円滑にするため、これら三難所を改修し舟運の安全性を高めた。これは、最上川を重要な交通路と考え、船町を起点とした舟運を軌道に乗せて物資の移動を効率化するためであった［横山、一九八〇：一八］。

こうした河川の改修によって最上川の舟運は飛躍的に発展した。この過程で、中継河岸としての役割を果たしていた大石田河岸は、船の交代、荷物の積み替え、舟運の管理などの権限を有する中継・船継河岸（後述参照）として大いに繁栄した。そして、徐々に自前の川船を建造するようになった。寛永末年から慶安期（一六四四～一六五二）には輸送物資も増え、この時期に、舟運秩序および舟運統制の原点といわれる酒田船と大石田船による上り・下り片輸送の取り決め、運賃十分の一の荷宿取立、および最上川三河岸といわれる清水・大石田・船町の河岸体制ができあがった［横山、一九八〇：一八］。しかし、右の三難所の問題を解決した後でも、さらに上流にはいくつもの障害があった。それらの障害を多大な費用と労力によって克服し、米沢盆地に通ずる糠野目河岸まで通船できるようになったのは元禄九年（一六九六）のことであった。これによって、最上川の舟運は河口の酒田から最上流の糠野目河岸まで一つの舟運路として完成したことになる（本章第二節（五）「糠野目河岸・宮河岸」を参照）。この動きを推し進めた背景では、さらに大きな変化が起きつつあった。時代を少しさかのぼって、この変化をみてみよう。

寛文六年（一六六六）、河村瑞賢は幕府によって初めて奥羽に派遣された。その目的は奥羽の信達二郡、出羽の置賜・村山・庄内（つまり最上川流域）における幕府直轄領（以下「幕領」と略す）から上がる年貢米（城米）（注2）を、安全・効率的な方法で江戸に輸送する方法をみつけることにあった。当時、最上川流域の廻米は、舟運を利用して河口の酒田まで運び、そこから船積みされて、日本海を南下して敦賀・小浜で陸揚げされ、そこから陸路で京・大坂に送られるか、陸路で阿武隈川水系に運び、太平洋側にある河口の荒浜へ、そこから海洋船で江戸や大坂に海上輸送されていた。これにたいして河村瑞賢は以下のような廻米輸送計画を立てた。第一に、万治二年（一六五九）以来、江戸廻米を江戸町人の請負制としてきたが、これを廃して幕府直営とし、第二に、阿武隈川の河口荒浜と最上川の河口酒田に幕領のための幕府直営の「御米置場」（城米倉庫）を建設する。第三に、沿岸の要所に輸送の安全のため「務場」を設けて浦役人を配し、その他の諸浦（湊）に対しても城米廻船の取り扱いを厳重にする。第四に城米廻船の所属地を指定したことである。そして、荒浜からは伊勢・尾張・紀伊などの商船を使い、酒田からは讃州、備前、播州、摂州など瀬戸内・大坂などのいわゆる西国船を廻船として利用することにした。このように廻船を使い分けたのは、荒浜から太平洋を南下・西進する航海については、伊勢、尾張・紀伊などの廻船業者の方が慣れているし、酒田からは瀬戸内や大坂の廻船業者の方が日本海側の航行に慣れているからであった［横山、一九八〇：五七～五八］。

第三章第四節で、寛文一一年（一六七一）に東廻航路が、翌寛文一二年に西廻航路が開拓されたことにより（図3－3）、日本全体が一つの大きな経済圏に包摂されるようになったこと、各地方に網の目のように張り巡らされた舟運のネットワークが海上交通によって全国のネットワークに接続されるようになったことを指摘しておいた。その後、両航路の開拓は日本の物資の輸送にどんな影響を与えたのだろうか。まず、河村瑞賢は寛文一一年に荒浜から東廻航路での江戸廻米を成功させた。すると幕府は瑞賢に、出羽の国幕領米の江戸廻米を命じた。瑞賢は寛文一二（一六七二）四月八日に西廻航路の基点である酒田に入ったが、その時までには船の準備と幕領米の積み込みが完了していた。そして、五月二日に現地に赴いて複数の城米船に米を積み込んで西廻航路で江戸に直送させた。これらの船は七月に相次いで江戸に到着した［山形県、一九八五：六五六～六六／石巻市、一九五六：一六九～七〇／横山、一九八〇：五七～五八］。

西廻航路が開拓される以前、経済の中心は京・大坂など上方にあり、最上川流域の産物がそれらの市場に送られる輸送路として多く利用されたのは、海上輸送で敦賀か小浜に陸揚げし、陸路で琵琶湖に面した港、塩津か海津まで運び、そこから湖上水運によって大津で荷揚げし、再び陸路によって京都・大坂へ運ぶルートであった。このルートでは何回も荷物の積み降ろしが必要で経費がかさんでしまう。もう一つの阿武隈水系まで陸路で運び、荒浜まで船で下る方法は、米のように重い物資を大量に運ぶ場合には輸送経費の負担が大きかった。このため、西廻航路が始まると、最上川流域の官米や蔵米（領主の蔵に年貢として納められた米。私領米ともいう）などの輸送には敦賀・小浜経由のルートも次第に利用されなくなり、もっぱら酒田から直接大坂方面に進む西廻航路が利用されるようになった。ただし、最上川流域の特産物で全国ブランドであった染料の原料となる紅花や青苧（ともに後述）は、軽量で積み替えが比較的簡単で輸送途中の減損も少なく、高価で、さらには主要な消費地が京都や奈良であった、といういくつもの理由から、遅くまで敦賀・小浜ルートで上方に送られた［山形県、一九七五：二〇七］。

東西廻航路の開拓によって酒田を経由しての海上輸送が発展し、それに刺激されて最上川の舟運と流域での生産活動は飛躍的に活発になった。というのも、河口の酒田は、最上川舟運のターミナルとしての機能と同時に海上交通の拠点としての機能も併せ持っていたからである。つまり最上川の舟運は、海上交通の拠点としての酒田港を介して、一気に外部世界と接合・連動するようになったのである。これは北上川における石巻の機能と同じである。こうして酒田は海と川の舟運によって運ばれた物資の集散地として、寛文から元禄期（一七世紀後半から一八世紀初頭）にかけて大発展を遂げた［工藤、一九五四：一六一〜六二／読売新聞社編、一九六九：八四〜八六］。

この新たな状況で注目すべき変化は、最上川流域の産物を含む北国諸藩の米穀そのほかの特産物が、これまで敦賀・小浜経由で上方市場に送られるルートから下関―瀬戸内経由で大坂方面に送られるようになったこと、これに付随して取引の担い手が、これまで支配的であった東北地方の北国船と北国の豪商に代わって、西国船と大坂・京都・近江などの西国商人が「大分之金子」による「大型買切」、つまり大金をもって大量買いする方法で進出して、北国諸藩の市場に大きな影響を与えるようになったことである。こうして、最上諸地方も西国商人を介して全国の中央市場と直結するようになった［横山、一九八〇：五七］。

東西廻航路が開拓されたこと、最上川の上流部まで通船が可能となったことによって最上川の舟運が盛んになったが、これは輸送量の増大にはっきりと表れている。なお、川下げされた下り荷には流域で生産された多様な農林産物が含まれるが、それらについては以下の第二節、三節で説明するとして、ここでは量的に最も多かった廻米（最上川流域の場合、大豆・小豆・小麦・そば・粟などの雑穀を含む）を中心に、東西廻航路の開拓が最上川の舟運に与えた影響をみることにする。廻米には私領米（幕領以外の藩の大名・旗本・御家人の領地から得られた年貢米）と幕府の城米という公用米があり、それ以外に民間の商人が扱った商人米があった。酒田に集まった廻米は通常、収穫後の秋と、市場の相場をみて翌年の春にもう一回、年二回酒田から海洋船で積み出された。なお、資料の制約のため、数量にかんして不明な部分があり、必ずしも完全ではないことを予め断っておく。以上を念頭に置いて廻米量をみると、元禄九年（一六九六）秋（一一月）に確認された酒田港からの上方向け米および雑穀の積み出し（沖出し）分は私領米と商人米合わせて一七万六八四四俵であった。なお、酒田に集荷された廻米と雑穀全量のうち、最上川を経由しない庄内藩と松山藩の分として一一万四〇〇〇俵あったので、内陸から舟運で酒田に運ばれて上方に送られたのはおよそ六万三〇〇〇俵であった。ただし、これらは秋の川下げ分で、最上川流域からは春の川下げも行われていたはずだが、その分は含まれていないし、城米が含まれていないので、これらがこの年の川下し量の全量ではない。ここで注目すべきことは、酒田から積み出された荷物のうち、最上商人の扱い分が、米と雑穀を合わせて約七万五〇〇〇俵（米二万七四一五俵のほか、大豆四万三三四九俵、小豆一四一七俵、小麦二五三八俵、その他の雑穀一九五俵）もあったという事実である。これは、上方商人の進出という変化はあったものの、最上商人の勢力も大きく成長したことをうかがわせる［山形市、一九七一：三一五～一八／横山、一九八〇：八六～八八／山形県、一九八五：六四八～四九］。

つぎに、正徳三年（一七一三）の一年間に川下げされた廻米の概算量を記した記録をみると、幕領（城米五万三〇〇〇俵）、山形藩（七万四〜五〇〇〇俵）、米沢藩（二万七〇〇〇俵）のほか、新庄・白河・上山・松山各藩の廻米を合わせて合計二二万一〇〇〇俵となっている。ただし、これらは最上商人が扱った商人米を含んでいない。さらに正徳五年（一七一五）の実績をみると、この年酒田から上方に積み出された廻米（城米・私領米・商人米）は合計六五万五〇五八俵にのぼったが、そのうち、最上川を川下げして酒田に運ばれた私領米および商人米は三三万八〇七一俵であった、残りは城米で、その総量が三〇万俵余へ激増していたことが注目される。河村瑞賢が幕府から要請されたのは、幕領の城米をいかにして安全で有利な方法で江戸に輸送するかという課題を解決することであったから、この実績はまさに瑞賢が幕府の要請に応えたといえる。そして、これらの概算値は、一部の地払い分を除き、最上川流域各藩の年貢米のほとんどが酒田を経由して江戸か上方へ輸送されたこと、内陸諸藩からの廻米は元禄～正徳期にほぼ上限に達したことを示唆している［山形市、一九七一：三一五～一八／横山、一

九八〇：八六〜八八／山形県、一九八五：六四八〜四九]。

実際、酒田港からの廻米の積み出し量は、上記の上限以後明和〜天明期（一七六四〜一七八九）に向かって減少しはじめた。たとえば、明和六年（一七六九）の酒田港からの米と雑穀の積み出し量についてみると、この年、城米と私領米の合計は一〇万八〇〇〇俵で、商人荷物は米五万三〇〇〇俵あまり、大豆四万七〇〇〇俵であった[山形県、一九八七：六四四〜四五]。この年、商人扱い荷物のうち、大豆、小豆、小麦などの雑穀は多少増加したものの、米と雑穀を合わせた総積み出し量は明和二年（一七六五）から享和元年（一八〇一）にかけて大きく減少した（注3）。

以上は、最終的に酒田から積み出された廻米（雑穀を含む）の量にかんする状況であったが、その川下げが上限に達したころ、最上川で何艘の船が航行していたのかをみてみよう。これについては、大石田の「川舟方」（船の監督役人）が幕府代官所に提出した報告が参考になる。というのも、大石田は最上川舟運路の中間に位置し、そこでは最上川を上下する船のチェックができたからである。その報告によると、宝暦七年（一七五七）一一月からの一年間に大石田を経由して下った船は、城米九万俵を三六〇艘が、私領米四万俵を一六〇艘が、そして商人荷物（内容は不明）を二二〇艘が川下げした。これらのうち清水河岸から下った船数は分からないので、厳密にいえば最上川を下った船の総数ではないが、大石田で記録された下りの船数でおおよその状況は分かる。つまり、この年最上川を下った船の総数の六二％は城米・私領米などの公用の米輸送のための船が占め、いわゆる商人荷物の輸送に使用された船数は三八％だった。これらの船数は二五〇俵積み一艘を標準として換算し、延べ船数を表したものである。同期間に商人荷物の上流への輸送は一万五〇〇〇俵の塩俵であったが、その輸送のために何艘が使われたかは分からない[山形市、一九七一：三二二〜二三／山形県、一九八七：六四三]。以上の船数は、大石田河岸を正規の手続きを経て通過して記録された船数と積み荷であり、必ずしも実数であったとは限らない。というのも、時代は少し下るが文化年間（一八〇四〜一八一八）以降、酒田船が大石田川舟方の目を盗んで通過してしまう、いわゆる「隠荷積み下し」が増えていったことが分かっているからである［横山、一九八〇：二四六］。

実際に何艘の船が航行していたかについて正確な数を知ることは困難であるが、最上川の河岸に在籍する船が何艘あったか、そしてその数がどのように変化したのかは、最上川の舟運の標準的な船である艜船にかんしてはある程度は分かる。最上川で使用された艜船はその所在地（帰属地）によっていくつかに分かれた。酒田を本拠地とする艜船は「酒田船」、大石田河岸を本拠氏とする艜船は「最上船」あるいは「大石田船」、新庄藩領内の艜船は「清水船」、大石田より上流の寺津や寒河江などの河岸にあった艜船は「上郷船」と呼ばれていた。

これらの船のうち、酒田船は正保元年（一六四四）に二六三艘、『酒田川船古来・混乱諸願書』によれば元禄一〇年（一六九七）に三六〇艘まで増えたが、享保六年（一七二一）には二四〇艘と減少に転じた。これ以後、酒田船の減少傾向は続き、正徳三年（一七一三）には二〇〇艘、その後は明和七年（一七七〇）まで二〇〇台の船数を維持していたが、幕末の安政期には一二〇艘まで減少した［川名、二〇〇三：一三三～三五／工藤、一九五四：一九七／横山、一九八〇：九三］。上記の期間でみる限り、酒田船は元禄期を最盛期とし、その後次第に減少していったことが分かる。

つぎに大石田に所属する最上船の数をみると、寛文期（一六六一～一六七三）以降増え続け、特に天和～元禄期（一六八一～一七〇四）には二〇〇艘を超えていた。そして元禄六年（一六九三）にピークに達し二六四艘を数えたが、宝永七年（一七一〇）には一一六艘、延享四年（一七四七）には九五艘まで減少し、その後安永七年（一七七八）まで一三〇艘前後で推移した。しかし幕末の慶応二年（一八六六）には五〇艘にまで落ち込んでしまった。

つぎに、最上川舟運の初期の歴史において重要な河岸であった清水河岸の清水船の推移をみると、明暦三年（一六五七）には一〇艘であったものが元禄六年（一六九三）に二〇艘まで増加した。しかし、寛政三年（一七九一）に再び一〇艘まで減少してしまった。最後に、大石田より上流の上郷地区の四つの河岸（船町、寺津、本楯＝寒河江、横山）は遅く登場したが、それらの河岸に所属する「上郷船」は、最初に自前の船を持つようになった延享四年（一七四七）には四五艘、その後は寛政期に向けて少し増えて寛政三年（一七九一）には五六・八艘（この数だけは、一艘当たり一二五俵積みに換算した船数）まで増加した［川名、二〇〇三：一一八、一三五〜一三六］。

以上の推移から、最上川の舟運に使われた船の数は、「酒田船」「最上船」「清水船」とも元禄期まで増加したが、そこがピークで、その後は幕末に向けて急激に減少していったことが分かる。全体的な船数の減少の中で、酒田船と並んで多くの船数があった「最上船」は、幕末に向けてひときわ大きく減少した。こうした減少傾向にたいして、後から登場した「上郷船」は同時期に緩やかではあるが増加していた。以下に、これらの点についてもう少しくわしく歴史的な経緯と背景を考えてみよう。

まず、最上川で使用された船が増加した最も重要なきっかけは、すでに触れた河村瑞賢が寛文六年に立てた廻米計画、とりわけ幕府直轄領の城米の効率的な輸送計画と、その数年後に実現した東西廻航路の開拓であった。これによって海運と河川舟運とが有機的に接合された。そもそも、舟運の主要な目的が当初から廻米の輸送にあったことを考えれば、海運と舟運が有機的に連結されることによって河川の舟運が刺激され、船の数が増えることは必然である。しかも、各藩も江戸屋敷の維持や現金の確保のためにできる限り廻米を増やそうとしていた。こうした事情を背景として、右の輸送計画は米作地帯を抱える最上川流域において舟運の必要性が高まり、船の建造が盛んになった。廻米に加えて各地で特産物や農民による商品生産が活発になっていったことも船の建造を刺激した一因であった。それにもかかわらず、最上川流域において江戸中期以降に船の数が減ってしまったのである。これには最上川の舟運の特殊事情に起因する理由と、全国的な状況変化に起因する理由とが複合的に関係していた。まず、最上川の舟運の特殊事情からみてゆこう。

第一は、酒田船、清水船、最上船の全てに当てはまる事情であるが、最上川流域において造船費が暴騰したため、船持の利益が少なくなり、商人の船の建造への意欲を失わせたことである。酒田船の場合、以前は一艘当たりの船打代（建造費）は八〜九両であったものが、一八世紀には材料となる船板の高騰もあり四〇〜五〇両、さらには六〇〜七〇両もすることがあった。酒田船ほどではないが、最上船（大石田船）の場合も、一艘当たりの建造費は、以前の三〇両から七〇両へ高騰した。また、乗組員（水主）の給金も二〜三分から一両二分〜二両へと高騰した（航行ごとなのか月額なのかは不明）。建造費高騰の背景は明らかではないが、乗組員の給金の高騰の背景には、後に述べる、度重なる飢饉があったようだ。船持たちは何度も運賃の引き上げを幕府や藩に要請したが、ほとんど聞き入れられることはなかった。建造費が高騰し賃金が上昇したにもかかわらず、あまりにも運賃が安く抑えられていたこと（後述参照）も商人たちから新規に船を建造する意欲を奪っていった［横山、一九八〇：一一〇〜一一一］。

第二は、主として最上船の減少に関わる特殊事情である。最上川の舟運で運ばれる主要な荷物は、城米や私領米などの公用米（廻米）であった。これらを運ぶ船は形式的には藩の「御穀船」として扱われた。最上川では、廻米や多量の荷物を運ぶ船は大型の艜船であり、一部に藩所有の「御手船」もあったが、全体としてみると大部分は町船（渡世船）であった。ところが、藩の廻米や領主荷物など運ぶ「蔵米積船」（御穀船）と「商人荷物積船」とは名称の上では区別されていたが、船そのものは明確に区別されていなかった。つまり、同一の渡世船が、公用荷物を運ぶ時は「蔵米積船」として、商人荷物を運ぶ時は「商人荷物積船」として、それぞれの役割を順繰りに担っていた［横山、一九八〇：一一九〜一二〇］。

それでは、大石田の最上船（町船）の所有者は、公用荷物の輸送と商人荷物の輸送を自由に選ぶことができたのだろうか。実態は、町船の所有者は、幕府や藩より御穀船として公用荷物を運ぶことを半ば強制された。たとえば幕府や流域の各藩は商人にたいして、一定の城米・私領米の川下げを負担した場合にだけ、その報償として商人荷物の輸送を認めるという公用荷物優先政策を採用していた。しかも、幕府も藩も町船が公用荷物を運ぶ際の公定運賃を低く抑え、下げることさえあった。加えて、幕府も藩も、商人荷物を運ぶ町船には高額の「船税」を課した。つまり、町船の所有者は、廻米などの公用荷物が増えれば増えるほど、その分商人荷物は減少した。しかも、公用荷物の運賃は安く押えられた一方で、商人荷物を運ぶ際には高額の税金を徴収された。このため、時が経つにつれて船持の経営は悪化していった。こうした幕府や藩の施策は町船所有者の経営にとって大きな負担となった。これらの要因が、民間の商人から新たに船を建造しようとする意欲を奪い、船の数が減少した一因となった［横山、一九八〇：二〇〜二二、一一〇］。

第三は、異常気象による全国的な凶作や飢饉の影響である。すなわち、一八世紀に入ると日本各地で天候不順、農作物の凶作と飢饉が発生したことである。深刻なものだけでも、享保の飢饉（一七三二年）、宝暦の飢饉（一七五四〜一七五七年）や天明の飢饉（一七八二〜一七八七年）、天保の飢饉（一八三三〜一八三七年）などがあった。とりわけ、寒冷地である東北地方では冷害による凶作は深刻であった。凶作とそれにともなう飢饉のため運ぶ荷物全般が減少してしまったのである。こうした事情も最上川を航行する船の数が減少していった一因であった［横山、一九八〇：二二、一一一、一八二］。凶作が最上船の経営に深刻な打撃を与えたことは、たとえば天保三年（一八三二）に七三艘登録されていたのが、うち九艘は運ぶべき荷物が少ないため「休船」となっていたことからも分かる［横山、一九八〇：二四三］。もっとも、凶作による輸送物資の減少は酒田船においても深刻であった。凶作が頻発するようになる以前、同一の酒田船は年に七〜八回も大石田方面に荷物を運んだが、凶作の影響で二〜三回に減ってしまった。このため船頭も水主も「居食」（働けないので手持ちの財産で生活すること）しなければならない困窮状態にあった［横山、一九八〇：一一一］。以上は、舟運による荷物の輸送量や、航行に使用されていた船の数などからみた最上川の舟運の概略であったが、以下では、最上川流域の舟運の実態を、主要な河岸に焦点をあててさらに具体的に検討しよう。

第二節　最上川の主要な河岸

（一）河口港酒田の発祥と発展

最上川の舟運は、その河口に発展した港町、酒田の役割を抜きには考えられない。酒田は古くは「狭潟」、「砂潟」、「坂田」という字が当てられていた。ここは最上川、赤川、新井田川の三角州に発達した天然の河口港であった。最初の二つの表記からも想像できるように、港の周辺は、川がもたらす土砂や、強い季節風がもたらす砂が作り上げた陸地で、集落は何回もその位置を変えた。平安時代の記録によると、当時の集落は河口の南側にあり、「塩を作り、魚を漁して暮らしを立てている貧しい漁村」だった。それが次第に「笹野原を刈りて家を建て、平田舟をつくりて塩や茶、松前物（コンブ、サケなどの北海道の海産物）などを積み、最上川を遡って商いしているうち、大きくなり」、一五世紀初めには、人びとは現在の場所（川の右岸側）に移り住んだ。酒田が飛躍的に発展したきっかけは、「酒田三十六人衆」と呼ばれた人たちが、酒田にやってきたことだった。伝承によれば、彼らは平泉の藤原氏が源頼朝の追討の際に滅ぼされたのち、この地に逃れてきた人たちで、それは文治五年（一一八九）のことであった。彼らはこの地の地侍として船問屋を営み商業にも手を広げた。そして一五世紀末には、彼らの子孫の中から豪商が生まれ、酒田は米の積み出し港として確固たる地位を築いていた。一六世紀には、金沢と大坂・堂島に限って許されていた米穀の取引所である「米会所」が酒田にも設けられた。酒田は近世初期から北国海運の一つの拠点であり、また最上川上流域の年貢米を運ぶ水運も盛んであった。一七世紀初頭には、造船技術をもつ技術者がいる酒田には、二人から五人乗りの川船が藩所有と町船合わせて二一八艘もあった［読売新聞編、一九六九：八四／川名、二〇〇三：一一七］。

酒田の発展は寛永年間（一六二四～一六四四）を境に一変した。それは、諸藩が江戸か大坂のいずれかの全国市場に米を輸送する廻米制度が成立したからである。もう一つの要因は、河村瑞賢による東西廻航路の開拓であった。これ以後酒田は、海上交通の港と河川舟運の川港（河岸）の両方の機能を併せ持つ交通と交易の要衝として、一八世紀まで順調に発展し続けた。しかし、前節で説明したように、最上川流域の河岸に所属する船の数は元禄期が最盛期で、酒田を本拠地とする「酒田船」の船数は元禄一〇年の三六〇艘をピークにその後減少し続けた。ただしここで注意すべき重要な変化は、最上川の上流に向かう酒田船の数は減少していたものの、酒田に入港する海洋船の数は増えていたことである。それは、西廻航路の開始以後、西国船が北国に進出するようになったからである。天和二年（一六八二）の調書によれば、酒田港入港の海洋船数は春から九月まで二五五〇艘、さらに三〇〇〇艘を超えた年もあった［工藤、一九五四：一六三／横山、二〇〇一：一一八］。

酒田港の海運事情にかんしては、酒田港に寄港した船がどの港を出港地としていたか（どこを所属港としていたか）という点が興味深い。一六八〇年代前半の「天和年中邦御目付江被指出候帳」によれば、当時酒田港を訪れた船は、和泉・讃岐の西国船を筆頭に、続いて加賀、越前、越後などの北国船であった。酒田に入港したこれらの船は一日平均二〇艘に達しており、酒田の繁栄ぶりがよく分かる［横山、一九八〇：四三～四四、九一～九二］。また、『酒田市史』（一九八二）には、「亀ヶ崎足軽目付御用帳」に記載された、天明七年（一七八七）、寛政八年（一七九六）、同一三年（一八〇一）、文化一三年（一八一六）、文政四年（一八二一）、同九年（一八二六）、慶応三年（一八六七）、明治元年（一八六八）、明治二年（一八六九）年について、酒田に寄港した船の所属地名を付した船名（たとえば石見船や大坂船）と、それぞれの年の月ごとの寄港船数を記録したものを集計した一覧表が示されている。参考までに、右の年度のうち最も少なかった天明七年（一七八七）には一五一艘が、最も多かったのは寛政八年（一七九六）で五二二艘が酒田に寄港していた。ただし、各年度には記録が欠落している月が数カ月あるので、実数は表に示された数より多かったと思われる。実際、この一覧表の注には、「これらは単純計算であり、あくまでも参考資料の域をでないものである」「実際の寄港船数は年間六〇〇～一〇〇〇艘と思われる」、と記されている。もう一つの問題は、寄港した船の数は記録しても、その船の所属港を記入していない場合もかなりあった。このため、所属地（出港地）が分かる船名は四〇種類、そして所属地の分からない船のカテゴリーが五種類（商船・御城米船・御手船・御雇船・出港名なし）示されている。これらのうち、「御」が付く船は公用船を意味しており、文脈から判断してこれらは酒田港あるいは最上川流域諸藩に所属する船であったと考えられる。所属地が分かる四〇種類の船とは、九州の薩摩船・筑後船、北陸の若狭船・加賀船など、瀬戸内・大坂などの西国船、越後・秋田など東北地方の日本海側各地、東北・北海道の蝦夷地御雇船・松前船、太平洋側では南部船、伊豆船、江戸船などである。江戸中期以降には、酒田への「西国船」の進出が著しかったにもかかわらず、資料に記載された西国船と考えられる船の寄港数が少なすぎるので、「出港名なし」の多くは「西国船」であった可能性が大きい。この一覧表にはいくつかの欠陥はあるが、酒田港、したがって最上川流域が北海道から九州まで、海運を通じて日本の大部分の地域とつながっていたことを確認することはできる［酒田市、一九八一：五一（表）／横山、一九八〇：四三～五四］。つぎに、酒田港の少し上流の清水河岸についてみてみよう。

（二）清水河岸――最上川最初の河岸

清水河岸（現・最上郡大蔵村清水）は、酒田港から約五〇キロ上流に位置しており、酒田港を別にすれば最上川で最も早く開かれた河岸の一つであった。ここは新庄盆地（かつての呼称は「最上盆地」）への入り口であった。一五世紀末に、清水氏が酒田との交易を促進するために清水―酒田間の舟路を開拓し、川船を建造して物資の輸送を行うようになり、清水河岸の繁栄が始まった。正確な年代は分からないが、清水城主が河岸を整備したことにより、清水河岸は舟運における「中継権」（「船継権」ともいう）を行使していた。「中継権」とは、船がその河岸から上流あるいは下流へ航行すること、そして船や荷物を中継ぎすることにかんする一切の権限のことで、船の運行規則を定める権限のほかに通行税の徴収も認められていた。清水は室町末期まで、この地域の行政中心地として、また出羽三山参詣への乗船地として早くから発展していた。加えて清水河岸は中継権を行使して、酒田と大石田との間を航行する船にたいして清水河岸で荷物の積み替えと他船への船継ぎを強制し、通行税を徴収していた。これにより清水河岸を管理する清水氏の財政は潤ったが、他の河岸の反感を買っていた。最上川の主要三河岸といえば、古くから船町、大石田、そして清水河岸を指したが、清水氏は上位の主君である最上氏のお家騒動などに巻き込まれ、慶長一九年（一六一四）、山形城主最上氏によって清水城は滅ぼされてしまった。

その後最上氏は、村山・最上および庄内一円を領有すると、政治的統一と経済力の強化のため最上川の舟運に力を入れた。最上氏は寛永一三年（一六三六）、清水河岸に代わって「中継権」を上流の大石田に与え、清水河岸には通過する船の運賃の十分の一を徴収する権利だけを与えた。中継権を失った清水河岸は酒田と大石田という強力な河岸の間で不利な立場に置かれた。酒田と大石田との間では「古法」と呼ばれる一種の輸送協定が結ばれていたが（以下（三）「大石田河岸」の項を参照）、その中間に位置する清水河岸は酒田と大石田の強引な舟運統制に苦しんでいた。清水船が直面していた不利な状況は、『小屋家文書』（明暦四年＝一六五八）に三つの「定め」として記されている。一つは、明暦三年（一六五七）の夏以降、清水船が酒田で荷物を積み込む場合、番船制（積み荷と出港の順番制）により清水船は順番を待って荷物を積むことが定められ、そのために二〇〜三〇日も待たされるようになったことである。二つは、それまでは清水小舟が酒田へ下り、帰りに荷物を積んで上ってくることは許されていたが、明暦三年の秋以降、小舟が数回酒田に下り、帰り荷を積み込もうとしたところ「小之商売物をもつませ不申」とあり、清水小舟に荷物を積むことができなくなった。このため、清水の商人は酒田から清川まで陸路で輸送し、そこから手船に積んで清水河岸まで運ぶことになり、陸送の経費が増加するとともに輸送が煩雑になった。これはおそらく、酒田から大石田までの船による輸送は酒田船の独占になったからであろう。三つは、以前、清水船は船町（山形に最も近い河岸）まで直接荷物を運搬することができたが、「定め」により、一旦大石田で陸揚げすることを強制され、直通しできなくなったことである。『小屋家文書』の「定め」は誰が誰に宛てて書かれたものなのか不明であるが、清水船が被っている不利益を「前々無御座儀共出来致候」と嘆いていることからすると、事実上川船の中継権を失いつつある清水船仲間が幕府か新庄藩に宛てた訴状であろうと思われる。この不利な状況は、これ以後、大きく改善されることはなかった［山形市、一九七一：三二〇～一五／横山、一九八〇：二〇～二一、七〇～七三］。

以上の状況は、あたかも清水河岸の存在意義がまったく失われてしまったような印象を受けるが、必ずしもそうではない。清水河岸は参勤交代の大名が通行する宿駅として利用されたほか、出羽三山へ向かう乗船場所として全国各地から大勢の人が訪れていた。また、不利な立場に置かれていたとはいえ、清水河岸は新庄盆地への唯一の船による出入り口であり、廻米や領内の産物を酒田に送る場合や、酒田から外部の商品を移入する窓口としての河岸としての存在は不可欠であった。清水河岸の輸送実績をみると、宝暦七年（一七五七）一一月から一年間の商人荷物の輸送に稼働した船は五〇艘で、本節（四）で検討する上郷地区の新興河岸の一つ、寺津河岸の一四五艘に遠く及ばなかった。最上川流域の主要な河岸として古くから栄えていた清水河岸は、上郷地区における新興勢力と比べても相対的に立ち遅れていった［山形市、一九七一：三二〇／山形県、一九八七：六四四／大友、一九七三：三七六～七九／読売新聞社編、一九六九：八〇～八一］。

（三）大石田河岸――最上川舟運の中継港

清水河岸から中継権を引き継いだ大石田河岸は、それ以後、最上川中流域のもっとも重要な中継港となった。大石田は一七世紀初頭にはまだそれほど重要ではなかったが、寛永一一年（一六三四）、大石田を含む尾花沢領が幕府直轄領となり代官が派遣され、おそらくこの時、大石田に舟運を管理する代官所も開設されたものと思われる。その管理者は「川船差配」と呼ばれ、最上川の舟運に対して大きな権力をふるうことになった。しかし、当時の大石田河岸所属の最上船の中で酒田まで下ることのできる大型船はごくわずかで、大部分は大石田と上流の上郷地区との間を往復する小型舟に限られ、酒田までの遠隔地輸送はもっぱら酒田船が担っていた。ところが、「慶安三年（一六五〇。筆者注）以来大石田にも追々舟造立し……」、つまり、大石田も自前の船を建造するようになった。そこで、「古来ハ酒田船計ニ而最上川荷物上下運送仕候処ニ、慶安三年寅年大石田船は酒田へ下り荷物積下り、酒田船は最上へ上り荷物積上り、双方共に戻り船ニ荷物積申様不相成筈ニ堅ク申合セ有之、是を古法と申し御事ニ候」とあるように、これまで酒田船だけが最上川の荷物を運んでいたが、商人荷物にかんして大石田から酒田への下り荷物は最上船が、酒田から大石田への上り荷物は酒田船がそれぞれ独占的に運ぶことになり、両者とも戻り船で商人荷物を積んではいけないという「片運送」の規定（古法）が定められた。ただし、幕領の城米および私領米は、原則として両方半々ずつ積み下す分担になっていた。「古法」の制定は、大石田が酒田と拮抗するくらいの勢力に成長していたことを示している。この背景には、第三節でくわしく述べるように、当時の舟運は幕府や藩の領主の荷物の輸送が中心ではあったが、同時に商人荷物の運送が急速に増加していたという背景があった（本章第三節）〔山形県、一九八五：六四三～四四／山形市、一九七一：三一一～一二〕。

しかしこの「古法」によって、酒田船との競合や対立で、大石田の最上船が不利な立場に置かれるようになっていった。この規定自体も船の運用面からみると非効率であったが、加えて大石田の最上船は、運賃が安い幕府の城米や私領米を酒田に積み下した後でしか商人荷物を川下げできなかった。これにたいして酒田船は、河口から大石田方面へ城米や私領米を運ぶことはなかったが、逆に下り荷に、運賃が安いとはいえ幕僚の城米と私領米ならば、大石田の最上船に割り当てられた公用米を半々ずつ運ぶことができた。こうして酒田船は、冬季と渇水期を除いて常に運賃が高い商人荷物（主に上方の商品）を大石田に輸送することができたうえ、帰り荷に城米と私領米を積むこともできた。最上川の舟運において酒田から上流へ上る上方《かみがた》物資が増えるにつれて、両者の有利・不利の差は顕著になっていった。さらに酒田船は、大石田からの戻り船に商人荷物を積んで下ることはできないという「片運送」の規定を破り、しばしば安い運賃で商人荷物を密かに積み込む行為（「指し荷」）を行った。特に一九世紀初頭の文化年間以降、運賃十分の一税の徴収、荷物送状の発行、運賃の取締および配船など、舟運全般を管轄する川船差配の監視が緩み、酒田船による「片運送」の規定を破る「隠荷積み下し」が次第に多くなった。こうした酒田船の規定破りも、最上船の船持たちの経営を圧迫し、最上船の衰退させる要因となった［横山、一九八〇：二二、一〇八、二四四〜四六］。

大石田は一方で、酒田との競合や対立という問題に直面し、他方で、上流の上郷地区の小型舟からの挑戦も受けていた。それは、最上川の上流あるいは支流で古くから使われてきた、「小鵜飼舟」と呼ばれる、多くは五〇俵積みの一人乗り小型舟の台頭であった。これは、中・下流で「自分用」または「村用」などの小回りの使用のみ許されていた非公認の私船である。したがって、船の所有にたいして課される船税（「川船役」）を払う必要もなかったし、城米輸送の負担もなかった［川名、二〇〇三：一三七〜四七］。ところが、天保元年（一八三〇）、この小鵜飼舟が、本来最上船だけが輸送の権利をもつ諸荷物を積んで本流を酒田方面に下ったことが発覚した。これにたいして大石田の船持二人が舟役所につぎのような訴えを起こした。訴えによれば、最上船は例年、「早春氷割下、商人荷物受」（早春に商人荷物の輸送を行い）、その運賃の利益で廻米輸送を引き受けたうえ、艜船冥加（艜船所有にたいする船税）を上納してきた。しかし近年、商人荷物も不足して艜船も七〇艘足らずとなった。最上船の荷不足の原因は「自分小鵜飼舟」の「蜜々運送」によるものだから、これを厳重に禁止して欲しい、との内容であった。訴えられた小鵜飼舟の所有者は一九人もいた［横山、一九八〇：二四七〜四八］。つまり、公的な管理の外にある私的な小型舟が非合法に荷物の輸送を行ったために、最上船（艜船）の荷物が奪われて船持の経営を窮地に追い込み、次第に最上船の数が減ってしまった、と申し立てたのである。資料には書かれていないが、これらの小鵜飼舟は大石田から酒田方面に向かって下っていった、ということから推測すると、荷物を奪われたのは最上船だけでなく清水船も酒田船もある程度は同様の損害を受けたものと思われる。

他方、大石田は、上流の上郷地区の河岸にたいしても中継権を行使して、後者に不利益を与えていた。大石田は大型船が遡行する上限とされ、山形と酒田を結ぶ中継河岸であると同時に、羽州街道を経由して陸送する物資の陸揚げ、および積み出し河岸として栄えてきた。この意味で大石田河岸は、北上川における黒沢尻と同様の地位を占めていたといえる。加えて、大石田が山形盆地の北の玄関口に位置していたという地理的な好条件をもっていたことも、大石田繁栄の一因であった。ところが、最上川の舟運全体の発展にとって、大石田河岸の川船差配が行使する中継権の独占は、ほかの河岸の商人にとっては大きな障害となっていた。というのも大石田は、最上川を上下する全ての船の積み荷を一旦、降ろして積み替えさせていたからである。たとえば、酒田から山形向けの荷物を積んだ船は、本来なら山形に最も近い船町河岸まで直行し、そこで荷物を降ろすことが最も効率的である。しかし、大石田が中継権を行使すると、荷物は手前の大石田で一旦陸揚げされ、山形まで陸送しなければならなかった。同じように、山形盆地の米は大石田まで陸送され、そこから船で積み下さなければならなかった。また、上流から酒田へ下る船の荷物は、大石田が船継権（中継権）を行使して、一旦ほかの船に積み替えなければならなかった。そのうえ、大石田の問屋は、上流の上郷地区の荷物を運んできた船を止め、大石田船による下流への運賃をつり上げた。こうして、山形盆地を中心とする村山地方の生産活動は年々増加していたが、その利益は大石田の問屋が独占する仕組になっていた［工藤、一九五四：一八九～九五］。

大石田は船継権を楯に長い間、最上川を上下する船に不利益を与えてきたため、周辺の商人や河岸からの不満が募っていた。こうした不

写真6－1　最上川で使われた船（複製）

［大木撮影］

満を背景として、享保八年（一七二三）、幕府はついに大石田の川船差配役を一旦廃止し、代わって五人の商人と農民の代表によって構成される管理集団が上・中流の舟運管理を行うように改めた。同時に、大石田より上流の上郷地区の本楯と寺津に新たに河岸が設けられることになった。これにより、上郷地区には寺津、本楯（寒河江）、船町、横山が有力な河岸として活動することになった。これにともない、酒田船と最上船による最上川の独占的輸送体制は廃止され、幕藩領主の廻米以外は各河岸船の「入会《いりあい》」、つまり、どの船も荷物輸送ができるようになった。この取り決めは以前の「古法」にたいして「新法」（正式には「最上川船差配制」）と呼ばれた。おそらく幕府は、商品流通の円滑化と経済活動の活発化のためには、大石田の独占的・恣意的支配は妨げになると考えたのだろう［横山、一九八〇：一二二～三〇／横山、二〇〇一：五九］。

大石田の川船差配は一旦廃止されたが、延享四年（一七四七）には大石田差配役も管理集団に参加するようになった。それは、実態として大石田河岸のもつ地理的、戦略的重要性が依然として大きかったからであろう。しかし、酒田と上郷地区との間の輸送が大石田を経由しないで直通できるようになったため、大石田に対抗して経済力をつけてきた上郷地区の河岸と商人たちが小型舟、小鵜飼舟で本流を下り中・下流まで進出するようになった。このため大石田の輸送業者は大きな損失を受けることになった［横山、一九八〇：二四三～四八／山形県、一九八七：六四八～五八／横山、二〇〇一：五九］。

上郷船の船持のほとんどは商人と荷宿を兼業し多角的な経営を行っていた。彼らは、身近な産地である上郷地区の農民が生産する商品（紅花、青苧、たばこなど）を容易に集め、自由に輸送できるようになった。しかも、こうして集めた商人荷物を輸送する際の運賃は城米や私領米の運賃の四倍も高かった。そのうえ上郷船は、城米・私領米の輸送も多少の利益が出るような運賃設定を認められていた。これにたいして最上船は、利益の小さい（というよりむしろマイナス）私領米や城米の輸送を優先的に行うことを強制された。しかも、最上船の船持は運賃が高い、したがって利益のある商人荷物を生産地まで自ら出向いて集めてこなければならなかった。これらの不利な状況は最上船の経営を圧迫し、一部の船持はついには破綻に追い込まれていった。こうして、大石田の最上船はピーク時には二六〇艘を超えていたのに幕末には五〇艘にまで減少してしまったのである。大石田には代官所が置かれていたため、幕府や領主との密接なつながりで特権的な利益を得ていたが、山形盆地に属する上郷地区の農民や彼らと連携した新興商人層の台頭によって、大石田の経済的地位は次第に衰退していった［山形県、一九八七：六四二〜四三／横山、一九八〇：一一一〜一二、一三九〜四七／川名、二〇〇三：一一八］。

この衰退過程で大石田の荷宿商人の数も減少していった。すなわち、天保七年（一八三六）には三二人で荷宿仲間を結成していたが、天保五年（一八三四）には二六人、慶応二年（一八六六）には一一人となってしまった。その主な理由は、ある荷宿の場合、借金をして経営の立て直しを図ったが、「世上不景気ニ付、酒田商荷積登船も無数、旅人等も不足ニ有之」、つまり世の中が不景気で商荷物も旅人も少ないため、荷宿商人が減少してしまった、つまり倒産してしまったというものである。商荷物の減少には、嘉永六年（一八五三）に前代未聞の旱魃による凶作が発生したこと、「通船無之付、陸送日々大増」にあるように大石田河岸を船で経由しない陸送が非常に増えたこと、など複数の要因が重なっていた［横山、一九八〇：三〇〇〜三〇六］。

以上のほか、大名諸藩による自前の船（手船）の増加も最上船、特に民間の町船の経営を圧迫し、大石田の衰退をもたらした。諸大名の手船（自前の藩有船）としては、すでに江戸中期以降、新庄藩と米沢藩に認められていた。たとえば米沢藩では宝暦四年（一七五四）に五〜六艘の手船を新造し、廻米の輸送を藩直営で行うようになった［長井、一九三〇：三〇〜三一］。それだけでなく寛政三年（一七九一）には、米沢藩はそれまでの手船一六艘のほかに二〇艘の建造を年次的に行うことを決めた。また、佐倉藩堀田氏も、羽州領の廻米を強化するために、文政七年（一八二四）に手船一〇艘を建造した。佐倉藩はさらに一〇艘の建造を計画したが、これは最上地方の船持の反対で中止となった。これらの動きは、それぞれの藩の藩政改革の一環として、廻米増加を目的に計画・実際されたものであった。これらの藩は、町船だけでは藩が望む量の輸送を十分に満たすことができないと判断していたようだ。酒田船は上り下りの往復の輸送が可能であるのに、最上船は下り荷だけの片運送であったため、大名領の手船が増えることは最上船の積み荷の減少をもたらし、さらには水主も大名領の手船にとられてしまうので、水主の給金の高騰をもたらして最上船の船持の経営を圧迫した［山形県、一九八七：六五六～五七／横山、二〇〇一：六〇］。

以上みたように、最上川の中ほどに位置し、かつては最上川舟運において強い権力で利益を独占してきた大石田河岸とその輸送を担ってきた最上船は、下流に向かっては酒田河岸との競争で不利な立場に置かれ、上流の上郷地区との競争においては上郷船や小鵜飼舟の台頭によって荷物を奪われてしまった。さらに、諸大名が手船の建造に力を入れたため、輸送する荷物が減っただけでなく、乗組員（水主）まで奪われてしまった。これらの事情が複合的に影響を与えて大石田は河岸としても最上船の活躍にしても幕末に向かって衰退していった。

（四）船町河岸・寺津河岸――新興勢力の台頭

大石田はおよそ百年もの長い間船継権を独占してきたが、前項で述べたように、享保八年（一七二三）にその権利を失ってしまい衰退に向かった。他方で、山形地方を中心とする村山や上流の置賜地方（米沢盆地）の米や特産物の川下げ基地として船町河岸が繁栄するようになった。船町は最上川の支流、須川に面しており、大きな人口をかかえる山形という城下町に最も近い河岸で、いわば山形の表玄関としての「外港」であった。そして、山形盆地は紅花、青苧、米など最上川流域でも有数の農業生産地域であり、山形はその商業中心地であった。このため船町は山形盆地における生産と流通の拡大とともに大いに発展した。元禄期（一六八八～一七〇四）には、酒田から最上川を経由して船町河岸と寺津河岸に陸揚げされた商品と、これらの河岸から積み出された商品の数は合わせて六〇種にものぼった。しかも船町は山形城下だけでなく、周辺の山辺や上山などの町場の市場としての役割も果たしていった［読売新聞社編、一九六九：七六～七七／横山、二〇〇一：一三～一五］。

しかし、享保八年（一七二三）に上郷地区の寺津河岸と本楯（寒河江）河岸が公認されると、山形の表玄関として繁栄していた船町河岸は徐々に寺津河岸の挑戦を受けるようになった。というのも、船町は支流の須川に設けられた河岸であり水深が浅かったので、水量が少ないと最上川本流を航行する比較的大きな船は、荷物をここで一旦降ろして小舟に積み替えなければならなかったからである。これにたいして寺津は船町の下流八キロの位置にあり、山形からは少し遠い位置にあったが最上川の本流に面していたので、比較的大きな船からでもそのまま荷揚げができるという有利さをもっていた。当初は船町の一部のような存在だった寺津は次第に重要性を増して、一八世紀後半には独立した河岸として船町の地位を奪いかねないまでに発展した。たとえば、宝暦七年（一七五七）、船町と寺津は商権を争って訴訟にまで発展したが、これは両者の勢力が拮抗していたことを示している。この結果、形式的には船町に有利な内容で示談が成立したが、現実の取引では、主導権はすでに寺津に移っていた。この年両河岸に所属していた船数は、船町が三〇艘であったのにたいして寺津は一四五艘に達していた。この背景には、天童地方の商品流通が増大したこと、それまで、もっぱら船町経由で送られていた山形方面の商荷物が直接に最上川本流に面した寺津に陸送されるようになったという要因が関係していた［山形県、一九八七：六四四／読売新聞社編、一九六九：七八］。さらに山形盆地全体をみると、元禄期以降、特産物の紅花と青苧をはじめとする商品生産がますます盛んになっていったことを考えると、船町にたいして寺津が優位に立ったことはうなずける。

船町と寺津の訴訟は、最終的には酒田を経由して大坂方面への移出の商権を巡る争いであったが、それは同時に、外からの移入品をこの地域で最大の消費都市である山形城下とその周辺の商圏に販売するための争いでもあった。山形城下は最上川の舟運の利益を最大限に得ていたといえる。天保一〇年（一八三九）の記録をみると、このころ山形城下には町数三三、世帯は七〇〇〇戸もあり、多くが商売を営み、農民はむしろ少数だった。町には仙台や白石、越後方面からも商人が出入りし、酒田から最上川を上る船荷の大半は山形向けのものだった［読売新聞社編、一九六九：七七］。つまり、上郷地区の船町と寺津との競争は、山形を対象とした荷物の移出と移入の双方に関わる優位性を競う争いであった。

（五）糠野目河岸・宮河岸――米沢藩の外港

最上川における舟運そのものは非常に古い時代から行われており、中流部までは比較的早く拓けたが、上流域へはなかなか船は遡行できなかった。実際、最上川の舟運は近世に至るまでは、本当の意味で上流から下流の酒田まで一貫した運輸・交通路としては機能していなかった。このため、最上流部の置賜地方（米沢盆地）に位置する米沢藩では米を江戸に送る際には、仕方なく仙台藩領まで陸路で運ぶか、仁井宿から小坂峠を越えて阿武隈川河畔に陸送するか、さらに山形の外港の船町まで七〇キロの街道を陸送して最上川の大石田まで小舟で下り、そこから大きな船で河口の酒田港まで運ぶか、いずれかの方法を採らざるを得なかった［工藤、一九五四：一六五～六六／川名、二〇〇三：一一五～一一九］。ただし、上流域との交通のうち塩を運ぶルートは古く、寛永～承応の時代（一六二四～一六五五）には、大石田から羽州街道と米沢街道を経て米沢に陸送されていた。そして米沢藩の特産物である青苧は、板谷峠を越えて福島を経由して江戸まで陸送されていた。青苧は比較的軽いため陸送でも経済的にはそれほど大きな障害にならなかったが、大量の米を遠隔地へ陸送するには膨大な運賃や諸経費がかかる。たとえば米沢から仙台藩領の河岸である水沼・沼上までは、山坂の難所を陸路で運ばなければならないので、江戸に米を運ぶのは三年がかりであったという。近世初期の米沢藩では年貢を領外に輸送する場合は街道を利用することもあったかも知れないが、その費用があまりに大きかったので、実際には手持ちの米の大部分を城下町や各在町の市場で売却していた。このため米沢藩内の米価は他領に比べて安かった。米沢藩が置かれた地理的な閉鎖性、輸送の困難さのため、慶長元年（一五九六）より貢租収納の方法として半分は金納となっていた。このような問題をかかえていたため、寛文四年（一六六四）以降、阿武隈川の舟運が定期的に行われるようになると、米沢藩はさっそくこのルートを利用するようになった［米沢市、一九九一：四八八～九〇］。
　米沢藩がこのような問題をかかえていたところ、元禄五年（一六九二）、米沢藩の京都の御用商人、西村成政・九左衛門兄弟が、「御領米輸送のため御料地荒砥より長崎まで最上川難所の普請を御許し願いたい」と藩主に願い出た。それまで左沢から上流には五百川峡谷と呼ばれる難所があって通船は不可能だった。この願いが認められると、この兄弟は一万七〇〇〇両という莫大な私財を投じて難所の開削に着手し、二年後の元禄七年（一六九四）、五百川峡谷の改修を完成させた。これにより、ようやく置賜地方にも船が通じるようになった。この河川改修で生まれた河岸が糠野目と宮であった［横山、一九八〇：一五～一六／鈴木、一九七三：三二七～三三〇／読売新聞社編、一九六九：七三～七四／米沢市、一九九一：四九〇～九四］。それにしても、巨額の私費を投じて最上川上流の米沢藩領から長崎までの輸送を申し出たのが京都の御用商人であった、という点に注目すべきである。すなわち、このころすでに外部の商人が最上川奥深くの商取引に食い込んでいて、全国的な商業取引を行っていたのである。

写真６−２　糠野目河岸：最上川最上流船着場の標識

［大木撮影］

　河川の舟路が開けたことをきっかけに米沢藩は、最も身近な外港である糠野目河岸を活用しようとした。しかし、糠野目は水量が十分にある時以外は使いにくかったので、実際には少し下流の宮河岸が盛んに使われた。宮には米沢藩の陣屋が設けられ、米や特産の青苧を保管するために倉庫が設けられた。これに続いて宮には問屋や商店なども続々と現れ、宮と米沢とを結ぶ道には米その他の商品を運ぶ荷車でにぎわった。宮の繁栄は明治まで続いた。一方、糠野目は米沢に最も近かったため、商業活動は活発で大きな問屋が存在した。米沢藩は糠野目と宮のほかに左沢、菖蒲にも河岸を建設し、宮・菖蒲・左沢には陣屋を置き、それらの河岸に米や青苧を収納する倉庫二棟、船倉・造船所を付属させるとともに、船の発着に必要な堀場（船だまり）をも創設した〔米沢市、一九九一：四九四〜四六／読売新聞社編、一九六九：七四〜七五／鈴木、一九七三：三二九〜三二〕。

それでは、糠野目までの通船が可能になってどんな変化が起こったのだろうか。河川の改修を行った西村兄弟は、元禄七年（一六九四）から実際に米沢藩の廻米輸送を請け負った。この年、米沢藩の最上川経由の江戸廻米量は一万三七〇〇俵であった。その後の西村兄弟による酒田経由の廻米積み出し量を見ると、元禄九年（一六九六）の一一月のみで一万六四八俵で、この量は、当時最上川を船で積み下した新庄藩の三九五六俵、山形藩の二五〇七俵よりずっと多かった。このほか西村兄弟が請け負った酒田蔵入と受払高は一五四四俵（ただしこれは西村兄弟の廻米請負量のうち秋の川下げ分だけ）にも達した。また正徳三年（一七一三）の米沢藩の廻米の積み下し量（全量）は二万七〇〇〇俵にも達した。このころになると、米だけでなく青苧なども西廻航路で大坂や江戸に送られるようになった〔米沢市、一九九一：四九九〕。

それでは、最上川最上流部の河岸の一つ、宮から酒田・大坂を経て江戸まで廻米を送る場合の輸送費はどれほどだったのだろうか。これを、右に示した元禄七年の事例でみてみよう。まず、請負人の西村兄弟が米沢藩から一万三七〇〇俵の米を江戸へ送った時、藩から輸送費として受け取ったのは欠米を含めて九二〇〇俵、輸送米の六七％に相当する。うち宮から酒田の川船輸送賃が三六九九俵（二七％）、酒田から江戸までの海上輸送賃が五二〇六俵（三八％）であった。これらの数値からみても距離の割に海洋船による輸送費がいかに安いかが分かる。ちなみに西村兄弟は自前の川船を四八艘持っていたので、酒田までは自前の船で運んだと思われる。それにしてもずいぶん高率・高額な輸送料であった。逆にいえば、事故などなければ遠隔地への輸送事業は請負業者に大きな利益をもたらしたといえる〔米沢市、一九九一：四九六、五〇〇〕。

輸送費にかんして、「岩瀬小右衛門覚書」（正確な年代は分からないが、元禄末と思われる）が、宮と米沢から江戸までの輸送費を三つの輸送ルートに分けて算出しているので、それを紹介しておこう。以下の輸送費額は、一〇〇石当たりの費用を金・銀に換算したものである。一つは、宮から酒田まで川船で、酒田からは海洋船で西廻航路をとり大坂経由で江戸までが三五両三分と銀一〇匁、二つは、宮から酒田までは川船で、酒田からは海洋船で、津軽海峡を経由して東廻航路で江戸までが二一両三分と銀一三匁六分であった。三つは、米沢から福島まで陸路、福島から河口の荒浜までが川船、荒浜から銚子経由で江戸に至るルートで一九両余であった。これらの費用を単純に比較すると、福島経由がもっとも輸送費が安かった。これは、米沢―福島間の距離が短かったからである。しかし、西村兄弟も含めて当時は酒田経由で送ることが多かった。というのも荒浜―江戸間の航海は破船の危険がともなうので、請負人は安全を優先して西廻航路を選択したのである。なお、この計算によれば、廻米輸送費が西廻航路で五四％に欠米分の二％を加えると輸送量の五六％であるから、先の西村兄弟の輸送費（六七％）はかなり高かったといえる。いずれにしても、当時は輸送費が非常に高率であったことは確かである［米沢市、一九九一：四九六〜九八］。ただし、本書の第七章第一節（利根川の舟運）で触れるように、後代になって、海洋船が大型化し航海が安全になると、銚子から利根川―江戸川を経由する「内川廻し」だけでなく、房総沖を迂回して直接江戸湾に入る「大廻し」が可能になり、この輸送ルートも採用されるようになった。ただし、これにより輸送費がどれほど安くなったのかは分からない。

ところで、西村兄弟は莫大な投資をして舟路を改修したのに、宝永七年（一七一〇）に持船四八艘・船具共、米沢藩に没収されてしまった。この理由として鈴木氏は、西村兄弟は米沢藩との直接的な結合によって、米沢の青苧や年貢米の上方および江戸への独占的販売権を掌握してきたが、寛文期以降、特に元禄期を境に、米沢領内および奈良市場に進出した新興商人との競争が激化するにしたがい、藩にたいする多額の負債が返済不能となり、藩が西村兄弟のような旧特権商人との絶縁を決断したからだ、としている。しかし、それまで西村兄弟は特権的な地位を利用して大きな利益をあげていたはずで、新興商人との競争が激化するにしたがって、藩にたいする負債が返済不能となったという説明はあまり説得力がない。鈴木氏は、宝永七年（一七一〇）を境に米沢藩の蔵米など最上川下げを藩直営に切り替えるという輸送政策の転換も、西村兄弟との関係を断った重要な理由だったのではないかと指摘している。実際、米沢藩はその後この政策に沿って河岸の創設や倉庫の建設とともに、手船の建造に力を入れた。鈴木氏の言葉を借りると、藩は「町船依存から手船への脱皮」を図ったのである［鈴木、一九七三：二三〇〜二三三］。それにしても、一体、西村兄弟がかかえていた負債とは何だったのだろうか？　河川改修工事には「私財」を投じたことになっており、この一部に藩からの借金があったのだろうか？　また、藩の直営といっても、糠野目または宮から酒田までの輸送だけを直営にしたのか、酒田から京都・大坂・江戸までの輸送をも直営にしたのだろうか？　これらの点は確認することはできなかったので今後の課題としたい。

第三節　商品経済の浸透と移出入品の変化

最上川流域に限らず、江戸期には各藩は藩財政の向上と領民の経済を豊かにするため、新田開発や開墾、灌漑などの農業インフラの整備拡大を行った。同時に商品作物、とりわけ特産物の栽培や加工品の生産を奨励した。こうした施策は、自給的な農村社会に商品経済（貨幣経済）を持ち込むことになった。こうして、最上川流域ではますます多くの特産物が遠隔地へ移出され、また逆に遠隔地から必要な物、欲しい物が移入されるようになった。これが可能となったのは、河川舟運と海運とが有機的に結合された輸送システムが整備されたからである。いうまでもないが、最上川流域において外部から必要な物資を移入できたのは、この地域の移出から得られる収入があったからである。つまり、最上川流域では、全国レベルの分業への参入と商品経済化とが同時進行したのである。

遠隔地交易が全国レベルでの分業であるとするなら、さまざまなレベルの域内取引もまた域内分業であり相互依存関係である。ただ、遠隔地交易の場合、移出も移入も通常は河口の港湾都市を経由するのでその動向は資料からも比較的把握しやすいが、域内取引はほとんど記録には登場しないので把握は困難である。なお、多くの特産物は農産物（またはその加工品）であり、それは自然条件に大きく影響を受けるので、同一地域で可能な特産物の種類はそれほど多くない。以上の全体的構造を念頭に置いて、以下に、最上川流域の移出品と移入品をみてみよう。

（一）最上川流域の移出品

最上川からの移出品を年代を追ってみてゆくと、近世初期に最上川を下り、酒田から上方向けに移出した主な移出品は、数量は分からないが米・雑穀以外では、近世初頭から栽培された村山地方の特産物である紅花、青苧、真綿、蠟、漆が中心で、そのほか荏油（えごま油）、胡麻、水油（灯油）、紙、たばこなどであった。これらの中で全国的な特産物で高価なものは紅花と青苧であった（後述）［山形県、一九八五：六四五／横山、一九八〇：四三〜四四、九一〜九二］。年代がはっきりしている記録に大石田で記録された『家世実紀』（寛永一三年＝一六三六）があり、これによれば、東西廻航路が開拓される前よりすでに村山地方からさまざまな物資が領外に移出されていた。山形藩は、領内の物資を外に出す場合には城代および家老の許可証である手形をもって流通すべきことを定め、その対象となる品目は、紅花、青苧、蠟、漆、真綿、紙、武具の類、弓、鉄炮、鑓（槍）、鷹、女、荏油、胡麻、木の実、楮などであった［伊豆田、一九八五：九二〜九四／横山、二〇〇一：五八〜五九］。この記録にある品目全てが実際に領外に移出されたかどうかは分からないが、少なくとも、武具の類・弓・鉄炮・鑓（槍）・鷹・女を除く品目は移出されたと考えて差し支えない。

許可制のもとにあるとはいえ、「鉄砲」の取引が認められていたことは興味深い。鉄砲にかんして隣接する米沢藩は、藩の重要技術として近世初頭から鉄砲の製造を推進してきた。このため慶長九年（一六〇四）に江戸と泉州（おそらく堺）から鉄砲鍛冶を一人ずつ招き、城下の鉄砲鍛冶一〇人の指導と鉄砲の製造に従事させた。こうした鉄砲の製造は寛永二年（一六二五）まで二〇年間続けられた。その一方で藩は「鉄砲稽古法度」を定め、家臣に鉄砲の使用技術を訓練させた［山形県、一九八五：九九三〜九四］。この間に製造された鉄砲が後に山形での取引の対象となったのだろう。鉄砲だけでなく、槍や弓、武具の類までも（実際に移出されていたかどうかは分からないが）移出の対象品目となっていた。なお、リストにある「女」とは具体的に何を指すのかは不明である。いかに許可制のもとにあったとはいえ、人身売買を公権力が公然と認めていたとは思えないが、あるいはそれに近い「身売り」のようなことが行われていたのかも知れない。いずれにしても、これらの品目（項目）は山形藩の領外への移出にかんするもので、必ずしも域外移出品ではない。

天明期に入ると、域外に移出された品目と量はある程度分かる。天明二年（一七八二）に酒田港から域外に移出された主な産物は、庄内米（二二万四八八六俵）、最上米（七万九一九〇俵）、庄内雑穀（一万俵）、たばこ（二万一一一〇個）、最上紅花（九四〇駄）、最上・米沢の青苧（九六〇駄）、大山酒（三二〇樽）であった。これらのうち庄内の米と雑穀は最上川本流ではなく中小河川を通して直接に酒田へ運ばれて移出された［横山、二〇〇一：一一七］。もちろん、これら以外にも移出された産物はあったと思われるが、数量が多くなかったので記録に残らなかったのかもしれない。いずれにしても、この当時の最上川流域の移出品としては、量的には米と雑穀が多く、高額な商品に紅花と青苧があった、という状態だった。

寛文八年（一六六八）の「覚書」に、山形藩が酒田から積み出した特産物ごとの量が示されている。それによると、積み出し量は、紅花（四五〇〜四六〇駄）、青苧（四三〇〜四四〇駄）、真綿（一六〜一七駄）、蠟（五二〜五三駄）、漆（一五〜一六駄）となっていた（この場合、一駄は三七貫匁）。山形藩は寛文九年（一六六九）に米以外に、大豆、小豆、紅花、青苧、真綿、蠟、漆、荏、胡麻、水油、紙、葉煙草の一二品目を荷役（出荷税）徴収の対象とする産物に指定していた。この時の一二品目は山形藩の戦略的な移出産物だったと思われる。これらのうち、量的には雑穀（大豆、小豆）が最も多かったが、金額的に高価なものは染料の紅花と青苧であった。また二四年後の元禄五年（一六九二）から同一三年（一七〇〇）年までの期間に山形藩から積み出された年間の積み出し量は、紅花が三四二〜四七二駄、青苧が八六一〜一〇九一駄あまりであった。これらの数字からみると、横山氏がいうように、紅花の生産は元禄期には技術的あるいは栽培面積の面でも特に著しい発展は見られず、むしろ一定の限界に達していたようだ。実際、山形周辺の紅花産額は、寛文から宝暦ころまで（一六六〇年代から一七五〇年ころまで）はせいぜい五〇〇駄止まりであったが、青苧の積み出し量は同期間に倍増していた［山形市、一九七一：三一九〜二〇／横山、一九八〇：九一〜九二］。

移出量としてはただちには現れなかったが、紅花の栽培は享保年間（一七一六〜一七三六）以降に、既存の生産地に加えてさらに谷地（現・河北町）や天童周辺など村山地方の周辺地域での生産が徐々に拡大していった。そして、宝暦五年（一七五五）の記録によれば、「最上紅花千百駄酒田着申候」といわれるまでに拡大した。これが、「最上紅花千駄」という言葉が記録された最初であった。最上川流域から酒田を経て移出された紅花の量は一七八〇年代に向かって急上昇した。こうした経緯から、最上の紅花生産が著しく発展したのは明和年間（一七六四〜一七七二）以降であった考えられる。安永八年（一七七九）から天明二年（一七八二）までの期間に年平均、新古紅花を合わせて六〇〇〜九〇〇駄、青苧は新古合わせて一七〇〇〜二〇〇〇駄にのぼり、紅花の二倍であった。このころ、新たに拡大した地域の生産も含め、広義の「最上の紅花」は名実ともに最盛期を迎えたと考えられる。紅花は山形藩の領内だけで生産されていたわけではないが、移出量の大部分は山形藩の最上川流域のものと考えて差し支えない。紅花移出の最盛期のころ、上流域の米沢藩の青苧も移出に加わったので、右の青苧の移出量には米沢藩の分が含まれている点は留意しておかなければならない［山形県、一九八五：八〇八〜一一／山形市、一九七一：三二〇、三三二〜三三／横山、一九八〇：九一〜九二］。

これまで見た限りでは、最上川流域の移出品の品目にあまり変化はなかったが、一八世紀後半から末にかけて少しずつ新たな特産品も移出されるようになった。たとえば安永八年（一七七九）には肥料としての油粕が六〇〇〇俵余、漬物の材料となるぬかみそが五五〇〇俵移出された。また数量は分からないが、油粕はその後三回も登場するので、これは当時かなり重要な商品となっていたようである。同様に移出量は分からないが、当時はそばも特産物となっていた。これらの特産物は在地の豪商豪農や他地域からやってきた商人たちによって買い集められ域外に移出された。油粕は、商品作物栽培の肥料用であると思われる。これほど大量の油粕が移出されたということは、商品作物の栽培が全国的に広がっていたことを示唆している。さらに天明末年（一七八九）のころから移出品とし登場した食用油の原料となる荏種と菜種が合計して毎年一〇〇〇俵から三万八〇〇〇俵もあった。これらは食用油・灯火用であるが、このころになると最上川流域の特産物となっていることに注目すべきである［山形市、一九七一：三三二～三三三／山形県、一九八五：六四五、八〇八～一二一／横山、一九八〇：九二］。食用であれ灯火用であれ、これらの移出品の量が増えたのは、都市住民からの需要が飛躍的に増大したことを反映している。しかも、これらは天明末年以前にも地元で生産され消費されていたと思われるが、突如、大量の油が移出されるようになったのは、最上川流域の経済が全国的な流通ネットワークに組み込まれ、商品経済化を強めていった、ひとつの具体的な事例である。

ところで、最上を代表する特産物である、紅花と青苧にかんして、これまではそれらの移出品としての経済価値にだけ焦点を当て、これらの歴史的、文化的、さらには社会的側面には触れてこなかった。そこでこの項の終わりに、これらの側面に注目して若干の補足説明をしておく。

紅花と青苧

紅い染料の原料となるキク科ベニバナ属の植物の紅花は、原産地はエジプトで、中央アジアを経て中国・朝鮮にもたらされた。日本への紅花の伝来は中国の工人が裁縫や布を紅に染める染色の技術とともに紅花の種をもたらしたという説、あるいは推古天皇の時代に朝鮮半島から日本へやってきた僧・曇徴がもたらしたという説がある。平成元年に奈良県生駒郡の藤ノ木古墳（六世紀）の石棺内に紅花の花粉と顔料らしいものが発見されたことから、古くから日本に伝来していたことが分かった（注4）。伝来の時期については現在も定かではないが、平安時代には関東・中国地方で栽培され、江戸時代に急速に広まった。最上義光が天正七年（一五七九）に湯殿権現に病気平癒の願文とともに紅花一貫二〇〇匁を奉納した記録があることから、日本で紅花の栽培と生産が行われていたことは確かであるが、当時はまだ貴重品であった。しかし、寛文期（一六二四〜一六四四）には、紅花は年四五〇〜四六〇駄、青苧は四三〇〜四四〇駄が山形から上方へ商荷物として運ばれた、との記録がある。これらは山形藩領内だけの量であり、周辺も含めると実際にはもっと多かったと思われる。いずれにしても、最上川流域で紅花栽培が盛んになった背景には、主に京都の西陣を中心とした織物業の興隆による染料需要の増大という事情があったが、同時に村山地方の領主による非課税政策も紅花の生産を刺激した［山形県、一九八五：七九九〜八二二／河北町、一九九四：四〇、四八〜四九／伊豆田、一九八五：九二〜九三］。

元禄四年（一六九一）に著された『日本鹿子』は有力な紅花産地として、相模（神奈川）、伊賀（三重）、上総（長南）、出羽（最上―山形）、筑後（福岡）、薩摩（鹿児島）を挙げており、中でも最上の紅花を最上位に置いている。当時、地名を冠した銘柄は上総の「長南紅花」と「最上紅花」だけであった。また、享保一六年（一七三一）の、「目《め》早《ばや》」と呼ばれる仲買人仲間が山形藩に出した届書によると、当時の村山地域の生産高は山形三一七駄、谷地六五駄、天童四〇駄ほどであったが、その後さらに増えてこれら地域で合計六〇〇〜七〇〇駄ほどに達している。また、この届書には、当時、最上以外の産地として福島、三春、相模、遠江、尾張、肥後、西国などが挙げられており、生産高は合わせて六〇五駄ほど、とある［山形県、一九八五：七九九〜八二二／河北町、一九九四：四九／伊豆田、一九八五：九二〜九三］。なお、数量は分からないが、以上の他にも山形商人により仙台・南部の紅花を集荷し、笹谷街道を大石田まで駄送し、そこから最上川を清水河岸経由で下った分があったが、その分が最上の紅花としての量に入っていたかどうかは分からない［大友、一九七三：三八一〜八四］。

　最上の紅花が全国ブランドになったのは、生産量が圧倒的に多かっただけでなく、紅の品質が優れていたことによる。最上の紅花は、近世初頭からすでに京都の紅花市場で高く評価されていた。山瀬遊園の『山形雑記』には、「最上の紅花交わらざれば麗美成染色出来ざる事に成り候由也」と記されている。紅花は豊作と不作の差が大きく、それにともなって価格の変動も激しかった。「大町念仏講帳」や商人の仕切帳によれば、元禄期（一六八八〜一七〇四）には一駄三〇〜四〇両ほどが、不作で出荷量が少ない時には六〇〜八〇両にまで上がった年もあった。反対に豊作の年には二〇両に下落することもあったが、おおむね三〇両前後であった。また、安永六年（一七七七）には地元谷地での最高値は一駄九七〜一〇五両、最低値は二四〜二八両、平均四五両ほどであった。村山地方の中でも、天童、寒河江、上山が生産の中心で、紅花が取引される「花市場」としては、山形城下がもっとも繁栄した。最盛期は元禄期から享保・元文期（一八世紀中ごろ）までで、その後、花市場を通さないで「目早」たちが直接買い付けるようになったので、山形城下の花市場は天明期以降に漸次衰退していった［山形県、一九八五：七九九〜八二二／河北町、一九九四：四九］。

　最上川流域のもう一つの特産物は青苧《あおそ》である。青苧には最上以外に信濃の白苧、越後の網苧があった。その中でも、僧侶の袈裟、裃、町人の礼服などの高級布、奈良布（晒）に用いられたのは最上川流域の青苧だけである。最上の青苧については、正保二年（一六四五）年に刊行された『毛吹草』に、出羽国の産物として、「最上紅花　青苧　奈良布ニ用之」とあるように、高級奈良布（奈良晒）の原料として用いられ、早くから全国ブランドになっていた［伊豆田、一九八五：九四〜九五／永原、二〇〇四：三四六〜四七］。青苧を取る苧麻《からむし》は稲作には不利な山地で栽培されていたことからも分かるように、その栽培地の多くでは農民の食料が不足がちであった。農民は米ではなく、麦・大豆、小豆、小麦、栗、そば、粟、稗などの雑穀などからなる、いわゆる夫食《ぶじき》を主食としていた。しかし、それらさえ不足した場合には里方の村から食料を購入しなければならなかった［山形県、一九八五：七九九〜八〇四]。米沢藩においては、青苧の集荷にかんして慶安四年(一六五一)以降は上納・買い上げ制を採用し、その量を五三〇駄とし、それを村割とした。村割とは、藩が決めた値段(固定した安値)で、村ごとに一定量を買い上げる制度であった。しかも、この買い上げは「役苧」と呼ばれ、事実上の強制買い上げであった。こうした藩の政策は農民の不満を呼び、宝暦一〇年(一七六〇)にはいわゆる「青苧騒動」が勃発した。これは、青苧の生産村落一一カ村の百姓三五四人が連判をし、藩の上納・買い上げ強化の中止を訴えた訴状を町奉行所に提出するという事件であった[山形県、一九八七:四五二〜五五]。青苧が特産物として全国に流通した背景には、このような農民の犠牲があったのである。

(二) 最上川流域の移入品

さまざまな産物が域外に移出される一方で、最上川流域にはそれらと交換に域外から多くの移入品がもたらされた。近世初期(おそらく寛文期=一六六一〜一六七三)に酒田を経由した主な移入品は播磨の塩、大坂・堺・伊勢の木綿、出雲の鉄、美濃の茶、南部・津軽・秋田の木材、松前の干し鰯(肥料用)などであった。一六八〇年代前半の「天和年中邦御目付江被指出候帳」にも、上記とほぼ同じ品目が挙げられている[山形市、一九七一:三二/横山、一九八〇:四三〜四四、九一〜九二]。この時代までは、最上川流域の域外からの移入品構成はほとんど変わっていなかったことが分かる。これらの移入品を酒田に運んだ上方の船、つまり西国船は瀬戸内を出発して下関から日本海沿いに北上し、松前、秋田などに立ち寄り、それらの地域で産物を買いつつ酒田に寄港して、そのうち幾分かをそこで売却したものと考えられる。

酒田経由で庄内地域や最上川流域に移入された品のうち、数量が明らかな天明二年(一七八二)の状況をみると、上方・瀬戸内から塩(三万二八〇〇石)、木綿四万九〇〇〇反、繰綿(未精製の綿)一五〇〇本が、また、上方以外の各地から塩引(塩漬けの魚)二〇万三〇〇〇本、肥料として干し鰯が移入された。これらのうち、酒田で消費される以外はすべて庄内各地と最上川流域の最上、山形、米沢地域へ運ばれた［山形市、一九七一：三三三／横山、二〇〇一：一一七／横山、一九八〇：九三］。干し鰯は農業生産に必要な肥料の原料であるから、干し鰯の移入が増えることは、流域内の農業生産、とりわけ商品作物栽培が活発になっていたことを示している。なお、この年、数量は分からないが、これら以外に五十集《いさば》（魚）、さまざまな海産物、古着、木綿、各種小間物、蚊帳、合羽、紙類、茶、砂糖、乾物類、陶磁器、漆器、畳表など、この地方には産出しないもの、あるいは産出しても量が少なく需要を満たし得ないものが西国船によって最上川流域にもたらされた［山形県、一九七五：二〇九／横山　二〇〇一：五八～五九、一一七／伊豆田、一九八五：一〇二］。

以上は、記録に残された品目と一部の量であるが、それでも時代を経るにしたがって、移入品の品目は増えていったことは間違いない。さらに幕末に向かって移入品の品目は急増したようである。文久元年（一八六一）に、大石田の「船形御役所」が定めた「最上川船方規定」には、大石田から酒田に城米を積み下す大型船、中型船、小型船ごとの運賃と、西国船によって酒田に運ばれ、そこからさらに大石田に運ばれた商荷物の一覧がある。以下に、酒田経由で大石田に（したがって最上川流域に）もたらされた品目をみてみよう。

資料に挙げられている品目順に列挙すると、塩、美濃茶、七嶋表、近江表（「表」は畳表か）、水油、石灰、天草、手桶、木綿、玉砂糖桶（玉砂糖は未精製の黒砂糖のような物）、切昆布、イカ、鯨、薬鑵櫃、古鉄、砥石、繰綿、甘茶、桃皮、薬種大櫃、塩鱒桶、鹿谷茶、抜手綿、古手（古着）、南京綿、太白砂糖、近江茶、五仙茶、大笠細物櫃、柳合折（柳行李か）、村上茶、伊勢茶、細物（小間物）、傘、干し鰯、佐々木鯡《にしん》、身欠鯡、中鯡、線香、扇子、抹香、鍬、鉄、瀬戸物、干鱒、入鹿《いるか》、鮪、塩引、稲扱、水こんにゃく、白紋油（精製した菜種油）、大羽釜、生蜜、からかへ（?）、玉砂糖瓶、鉄物櫃、黒櫃らう竹、前挽しるし（?）、が記されている。なお、「最上川船方規定」には、大石田における商荷物（上り荷と下り荷）として、上記の酒田から大石田へ運ばれた商品とは別に、薬種、藍玉、銭、硯石、合羽、ごぼう、銅などが挙げられている［大石田町、一九七六：六三～六五（史料六）／山形県、一九七五：二一〇］。

これらの移入品目を見ると、その多様性に驚かされる。それらの多くは日常生活の必需品（塩、海産物、繊維製品、鉄・銅・羽釜などの金属・金属製品、砥石、瀬戸物など）であった。しかし、線香、抹香、扇子、さらに七種類ものお茶、砂糖などはやや贅沢品に属する印象を受ける。幕末という時代を考えると、これらが全て武士階級と豪農や豪商などの富裕層の需要をみたすためだけの商品とは考えにくい。商品作物や特産物の生産によって、農民の間にも商品経済化の大きな流れの中で、生活に余裕の出てきた人たちが増え、そういう比較的富裕な人たちに必需品以外の少し贅沢な生活物資を買う余裕が出てきたのではないだろうか。最上川流域からの移出品の品目も増えたが、移入品の増え方にはとうていおよばない。これはある意味当然で、移出品は最上川流域だけの産物に限られるのに、しかもそれは自然条件によって限定されてしまうのにたいして、移入品は全国各地からもたらされたからである。それでは、移入品であれ、域内物資であれ、最上川流域では商品がどのように取引されたのだろうか？　つぎに、この問題を「市」に焦点を当ててみてみよう。

（三）市《いち》と域内取引

これまで最上川流域の域外移出と移入に関連した産物をみてきた。しかし、河岸に集まった物資の中には、移出品だけでなく域内で生産され域内の需要を満たすための商品もあった。たとえば前に触れた、商品作物生産のために夫食が不足がちの地方向けに供給された食料もあった。これは流域内の分業の例であるが、これ以外にも、たとえば宝暦一一年（一七六二）四月の「御巡見様御下向ニ付御案手扣帳」の「諸相場之覚」には、大石田で扱われた商荷物として酢、味噌、酒、濁酒が挙げられており、これらも域内消費の商品と考えられる［大石田町、一九七六：五一（史料五）］。また、天保九年（一八三八）二月下旬「御巡見様御下向ニ付御案内留帳」には、大石田で荷揚げ・発送する商品の荷税の税率が挙げられているが、その品目には、酒、炭、薪、びん付（びんつけ油か）、元結（髪などを束ねる紐）、玉子、豆腐、わらび、竹之子、菜、大根の類、栗などが含まれている。これらの一部は域外へ移出されたかもしれないが、主として域内消費の産物であると思われる。ほかにろうそくや木材なども域内消費用としても域外移出商品としても考えられる［大石田町、一九七五：五〇（史料四）］。なお、文久元年（一八六一）の「最上川船方規定」には、商荷物としてごぼう、菜種、ごまが挙げられているが、これらも同様に移出商品にもなり得るが域内消費商品でもあった［大石田町、一九七六、五五〜五六（史料六）］。

江戸期の農村経済を商品経済化という視点でとらえると、域外への移出と域外からの移入という側面が強調されがちである。確かに、本節の（一）と（二）でみたように、舟運の発達によって最上川流域においては酒田を窓口とした域外取引が増加し多様化した。しかし、そこに住んでいる人たちは移出品ばかりを生産しているわけではないし、移入品ばかりを消費しているわけではない。右に挙げた商品のように域内消費用の食料や日用品をも生産していたし、域内で売買された。こうした商品の取引は、域内における相互依存関係、あるいは生活圏の形成と大きくかかわっている。また、域外から移入された商品も、一旦域内に持ち込まれれば、域内取引の対象となる。それでは、こうした域内取引は住民の日常生活においてどのように行われたのだろうか？　これは、域外との移出入取引とはちがって統計にも文書にもなかなか現れないが、農村社会における生活の実態を知るうえで大切な問題である。以下では、市（市場）に焦点を当てて日常生活における域内取引の具体的な姿をみてみよう。

さて、域内の生産物であれ域外からの移入品であれ、末端の住民の間でそれらは何らかの方法で売買（時には物々交換）された。それらの商品は行商の手を経て住民の手に届く場合もあったが、多くは村や町の市《いち》で販売された。ここで、最上川流域の市について説明しておこう。河岸はそれ自身が常設の市のような機能を果たしていたが、河岸とは別に内陸にも多くの定期市が存在していた。商業取引が未発達の時代には、農村地域で店を開いていても客が少なかったので、日を決めて市が開かれ、そこへ農家が生産物を持ってきて代わりに必要な物を買って帰った。このような定期市にはしばしば「市神」が設けられていた。「市神」の起源は分からないが、たとえば山形城下の「市神」は、最上義光が山形の城下町を整備した慶長年間（一七世紀初頭）に、十日町に「市神」を据えたのが起源であると考えられている。「市神」がどのような意図で設けられたのかは明らかではないが、市の守護神として祀られたのだろう。現在まで山形県内には四四カ所ほど「市神」が祀られており、そのうち一四カ所のものは細長い自然石を御神体としており、近年までこの御神体を参拝する人がいた。図6－3の分布をみると、定期市は、村山地方では商業が盛んだった山形を中心に市場が密集し、これは酒田・庄内地方、最上地方（新庄盆地）、村山地方（山形盆地）、置賜地方（米沢地方）、つまり最上川流域を構成する四つの地方全体にみられた。市が立つ市日は、同じ商圏内の市日と重ならないように配慮されていた。たとえば、寒河江は奇数日、谷地は偶数日にというふうに分けていた。また、山形付近では、上山が毎月の二・四・六・九日、山野辺が二・六・九日と重なっているが、これは商圏が異なっていたからであろう。しかし、長崎と山辺は接近しているので、前者は四と八日、後者は二・六・九日と、重ならないよう市日を分けていた。市の立つ回数は、多い場所（上山、高畠、天童）で月に一二回、あるいは九回（白岩、山辺、

図6－3　山形県の市場

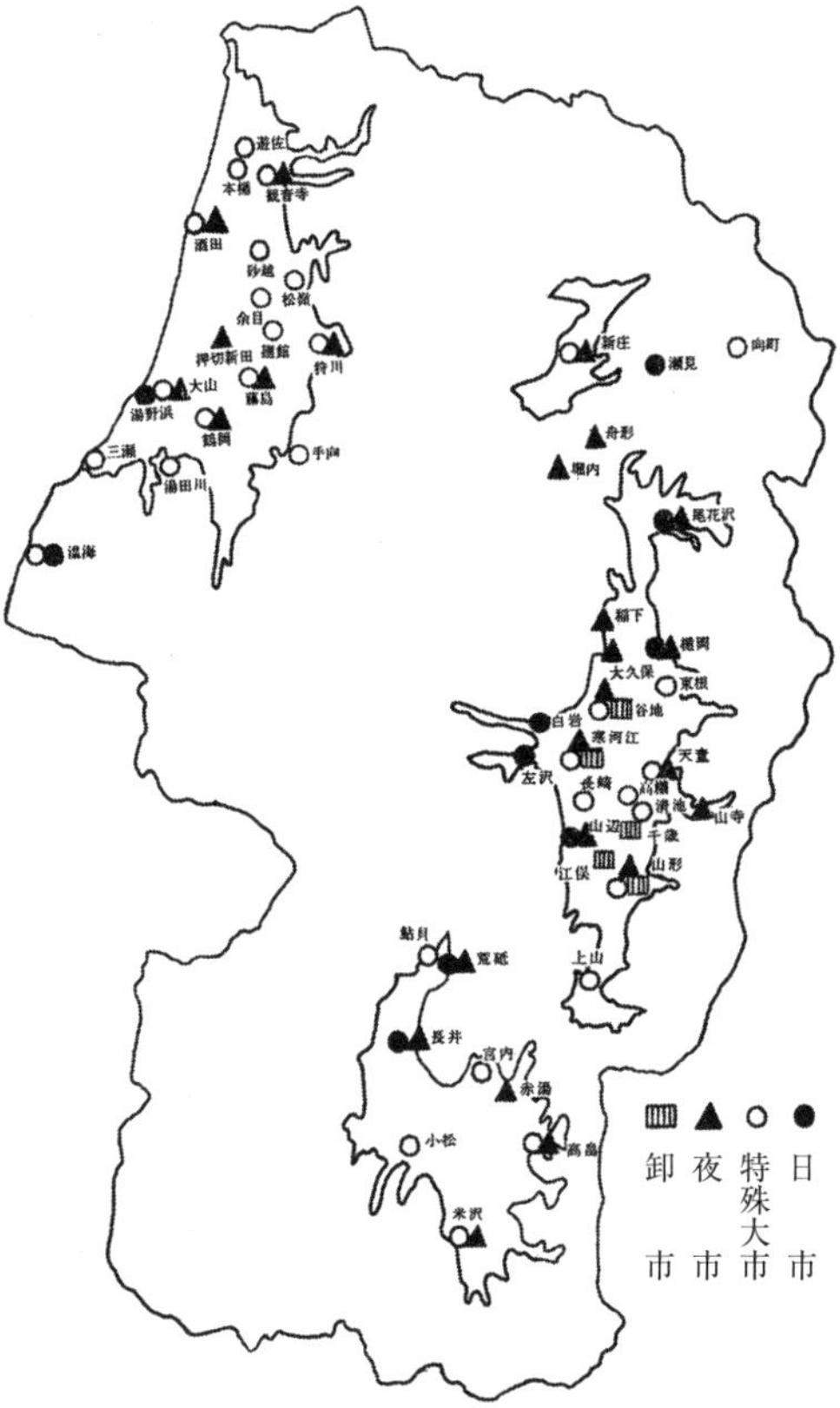

［山形市、1971:589］

宮内）であったが、大部分は六回であった［山形市、一九七一：五八六～九〇］。

それでは、このような市場ではどのような商品が売買されていたのだろうか。最上川流域の農村地域の市場では、かなり早くから日用品が活発に売買されていた。たとえば楯北村（現・寒河江市）で記録された元禄二年（一六八九）の「書上帳」によれば、七日町市日の販売商品は、「商売の品常々の市ニハ青物・木綿類・小間物、古手・穀物・薪・茶・塩・いさば（塩干魚）時々の諸具何れも少々つつ出申、外ニ替物不申候」、また「七月御市日ニハ、かたひら・瀬戸物・脇差之類・ぬり物、盆中入用之者常々之市、少々出申候、商売之物定無御座候」と記されている。これらの商品の中には、塩、瀬戸物のように外部から移入された商品と並んで、青物・穀物・薪など周辺の農民が運んできた小規模の農林産物が「少々つつ」市で売られていたことが分かる［山形市、一九七一：三二一］。これらの域内産物は、近くの農家でたまたま余剰が出た物品を少しだけ市に持ち込んだ、という実態が浮かんでくる。この市に「脇差之類」、つまり刀の一種が村の市に出されていたことは意外な感じがする。中世末には、谷地・寒河江地方では「月山刀工」と呼ばれる多くの刀工たちが刀造りに従事していたが、彼らは最上義光の領国統一の犠牲になって滅亡し、天正一二年（一五八四）を境にほとんど姿を消してしまった。右の「書上帳」にある「脇差之類」は、寒河江地方に残っていたかつての刀剣であったかも知れない。義光は月山刀工に代わって、上杉氏に関係があった酒田の刀工兼高を慶長五年（一六〇〇）に厚遇したので、最上川流域で刀造りが全く絶えてしまったわけではないのかもしれない［山形市、一九七一：九七〇～七二］。したがって彼らが刀造りを続けていた可能性はある。

以上みたように、市では外部からの移入品と域内生産物の双方が取引された。外部からの移入品は、広域の、場合によっては全国的な分業によって流域の各地に運ばれた商品であるが、域内の生産物は地域内の分業によって市に持ち込まれた商品であった。そのような域内分業が行われるのは、全ての住民が完全に自給自足できるわけではないからである。さらに本節でも言及したように、食料生産を犠牲にして商品作物を栽培していた農民が、不足した食料その他の生活用品を域内の市で買うこともあった。市は、周辺の住民が生活用品を買い、また自分の生産物を売る生活の場であった。それぞれの市には商圏があり、河岸とは別の、市を核とした局地的経済圏＝局地的生活圏が形成され、こうした市が複数集まって地域的経済圏＝地域的生活圏を形成していた。図6－3にみられる四つの地方の地域経済圏が、それぞれどのような関係をもっていたかは分からないが、それらは最上川の舟運ルートに沿っており、海運を経由して全国レベルの分業体制に組み込まれていた。図式的に表現すれば、市のレベルから地域レベル、そして流域レベルを経て全国レベルの分業が「入れ子」状態で階層構造をなしていたのである。

第四節　商人と流域社会

これまで商品流通を中心に最上川の舟運の実態をみてきたが、最後に、この流通にたずさわっていた商人について考えてみよう。商人には大きく分けて外部の商人と在地の商人とがいた。外部の商人とは、豊臣時代から江戸初期にかけて、いわゆる西国船と称される瀬戸内と大坂の船でやってきて出羽をはじめ北国諸地域に上方《かみがた》の商品を売り、北国の米やその他の特産物を買いつけるために最上川の流域にやってきた商人である。西国船は航海の経験においても船の大型化においても北国船（越後、出羽など東北諸地域所属の船）に勝っており、海上輸送の面ではこれら西国船が北国船を次第に駆逐していった。本章の第一節で触れたように、東西廻航路が確立すると、これまで支配的であった東北地方の北国船と北国の豪商に代わって西国船と大坂・京都・近江などの西国商人が進出してきた。こうして、最上諸地方もこれらの西国商人を介して全国の中央市場と直結するようになり、遠隔地交易では彼らが大きな力をもっていた。こうした動きを反映して、酒田には各地からの商人がやってきていた［読売新聞社編、一九六九：八七～八八］。

中世末期以降に勢力を伸ばした敦賀の廻船業者も最上川流域に進出していたが、それには二つの背景があった。一つは、西廻航路の開拓以前、北国の米その他の物資は一度敦賀に陸揚げして、京・大坂に運ばれたので、敦賀の廻船業者（廻船問屋）は大いに栄えていた。しかし、西廻航路の開拓以後には、米のような重量があるものは下関経由で大坂に直送された。すでに述べたように、最上の紅花と青苧のように軽量で価格が高いものは、これらの最大の消費地である京都に運ぶため別の経路を利用した。つまり、最上川を下った紅花や青苧は、一旦酒田で大型船に積み替えられ、敦賀で陸揚げされた。敦賀からは馬で琵琶湖北岸の塩津か海津に運び、そこから船に積んで大津に送り、大津からは陸路で京に運ばれるか、瀬田川を下って大和方面に送られたのである。酒田から京都までの輸送の経由地には荷主となじみの問屋があり、彼らの手を経て最終的に京都の業者に届くようになっていた［河北町、一九九四：五三二］。

さて、第三節（二）の移入品の項でみたように、江戸期を通じてますます多くの上方商品が最上川流域に入ってくるようになった。資料で確認することはできなかったが、それにつれて商品だけでなく上方の商人も最上川流域にやってきたと考えられる。一方、京都で需要のあった紅花の買い付けに京都や近江の商人がやってきたことは確かである。最上川流域には、近世初期に近江より移住したとの伝承をもつ家が多くあり、実際、行商のため最上川流域にやってきて、その地に定住した近江商人もいた。こうした外部から最上川流域にやってくる商人がいた反面、元禄期以降には、京・大坂に出向く村山地方の商人もいた［横山、二〇〇一：五八〜五九／伊豆田、一九八五：九三〜九六］。こうした歴史は、現在でも最上川流域に京・近江地方の言葉が数多く残っていることにも表れており、これは舟運を通じて最上川流域と京・大坂・近江などの上方地方との密接な交流があったことを物語っている（本章第五節の（二）を参照）。それでは、在地の商人にはどんな人たちがいたのだろうか？

最上川流域の商人の筆頭格は、酒田の町を築き発展させた本間家であろう。本間家の起こりは系図によっても一定しないが、初代の原光は元禄時代に登場し、享保年間にかけて酒田における上方との仲介商人として発展した。享保一六年（一七三一）の勘定書によれば、本間家は上方商品として細物類、木綿類を取り扱い、移出品としては米札による商いが大きかったが、為替取引も行っていた。取引先には京都、播州、大坂の大商人がいた。このころ本間家は酒田商人の中で随一の資産を持つようになっていた。そして確固たる基盤ができたのは二代、三代目の時代であった。三代目光丘が宝暦四年（一七五四）、二四歳で家督を継いでからの五〇年間に、内外の商業取引、金融および土地集積の面で飛躍的な発展をみた。土地の集積についていえば、一八世紀後半からうち続く飢饉などで農村の疲弊と貧困が蔓延する中で本間家は次つぎと庄内一円の土地を買い集めていった。本間家の保有地は安永四年（一七七五）には二七六町歩、その二五年後にはその二倍に増加し、日本きっての大地主となった。こうして本間家の財政的基礎がつくられ、財政窮乏に苦しむ庄内藩や米沢藩などへの大名貸しもこのころが最も多い。大名貸しや御用金によって光丘は、たとえば庄内藩からは郡代次席の士格（士分）を得ている。こうして本間家は金融などにも手を広げた豪商として成長していった［横山、二〇〇一：二二九～二三二］。「本間様には及びもないが、せめてなりたや殿様に」と謳われ、「西の堺、東の酒田」といわれたのは、本間家の繁栄ぶりを表している。

写真6−3　現在の本間家の屋敷

［大木撮影］

　本間家は別格としても、豪農から豪商に成長した事例も珍しくない。これらの大商人は、河岸問屋、荷宿、荷主問屋、また、しばしば船持でもあったので船持問屋などとも称された。たとえば大石田最大の河岸問屋の二藤部家はその代表的な存在であった。二藤部家は、もともとは帰農百姓であったが、元禄から享保（一六八八～一七三六）にかけて商業に進出した。その後、二藤家は大商人として内陸の米、紅花、青苧その他の産物を配下の仲買人を通して集荷し、それらを酒田経由で京都・奈良などの上方方面に販売し、その代金で上方の商品を購入し、酒田に陸揚げした商品を内陸各地で販売した。二藤部家はこうした商取引と同時に、土地の購入を通して豪農としても経営規模を拡大し、さらに小商人への金貸しなどの金融にも事業を拡大していった。つまり、二藤部家は商業、金融業、豪農という三つの顔をもつ豪商となっていった。しかし、文化～文政期（一八〇四～一八三〇）以降、農村における商品生産の拡大にともなって、農村商人や新たな市場関係を背景に新興の商人が台頭するようになり、二藤部家の豪商としての独占的な地位が脅かされるようになった［横山、一九八〇：三五三～四〇一］。

二藤部家とは性格は異なるが、やはり広範囲の取引を行っていた、山形盆地の大蔵（現・山辺町）を地盤とする稲村七郎家の事例をみてみよう。稲村家は代表的な在地荷主（卸問屋）で、小商人（仲買人、行商など）に卸売りする経営形態をとっていた。経営の実態は時代によって多少異なるが、稲村家はおおよそ次のような商取引を行っていた。まず、稲村家が集荷した品目は、米、大豆、小豆、小麦、青苧、紅花、蠟、漆、たばこ、福島糸、米沢糸などで、これらは山形盆地だけでなく、青苧と米は米沢盆地から、紅花は仙台・庄内からも仲買人を通して集荷していた。販売先として、蠟は江戸と仙台、紅花と生糸は京都・奈良・江州（滋賀）・高岡、漆は会津へ、といった具合に、ある程度販売先を特定地域に向けて売りさばいていた［山形県、一九七五：二一〇／山形県、一九八五：八一一～一三］。他方、稲村家は外部から、反物、袷、蚊帳、合羽、大奉紙、茶、繰綿、砂糖、塩を仕入れたが、中でも繰綿と塩が特に多かった。海産物としては身欠鯡、塩引、昆布など十数種類の商品を酒田経由で仕入れていた。稲村家は各種農産物の集荷や仕入れたものの販売を自ら行わず仲買人を通して行っていた。山形や大石田の河岸をはじめ各地の在地荷主商人は、営業形態や規模の大小はあるものの、おおむねこのような性格をもっていた［山形県、一九七五：二一〇／山形県、一九八五：八一一～一三］。二藤部家と稲村家は大商人であったが、近世中期以降には大小さまざまな在地商人が、とりわけ紅花市場をかかえる山形城下に出現した。つぎに、在地の豪農・豪商の事例として今田家についてみておこう。

今田家は、最上川と寒河江川の合流付近のやや北に位置する田井村（現・河北町田井）で名主を務めた名家であった。この地域は、江戸期の村山郡の中でも紅花の主産地の一つに挙げられる。今田家は米、紅花、大豆、小豆、たばこなどを酒田に出荷し、帰り荷として酒田や上方からの物資を仕入れる往復の商取引（「のこぎり商い」）を行うかたわら、地主、酒造、金融など多角的な経営を行っていた。こうした経営のあり方は村山郡の豪農にほぼ共通した形態であったが、今田家の場合にはほかの豪農とは異なる特徴があった。今田家は貞享期（一六八四～一六八八）ころから土地を買い集め、元禄～享保期（一六八八～一七三六）に土地集積の一つのピークを迎え、その後も経営の発展は続いた。今田家の土地集積と経営の特徴の一つは、その六〇％が居村である田井村にあり、南隣の溝延村を合わせると隣接村落の土地の九六％に達していたことである。二つは、このうち今田家の手作地（自家経営地）が二割を占めていたことである。これらのことから、今田家は生産農家の性格を保持していた地域密着型の地主であったことが分かる。文政二年（一八一九）に今田家には一〇三人の小作がいたと記録されている。この点、居村から離れた庄内一円の土地を集積し、（不在）大地主と金融で巨大化した本間家とは異なる［横山、二〇〇一：六八～六九］。

それでは、今田家の商業・金融業はどのように行われていたのだろうか。これについて紅花取引を事例に紹介しよう。「今田家文書」は紅花取引の実態だけでなく、今田家と農民との社会関係までを明らかにしている。たとえば文化一二年（一八一五）の「生花仕入帳」によれば、この時今田家は、六月一五日～七月四日（旧暦、以下同じ）の一九日間に生花（摘んだ紅花の花弁）の集荷を行っている。六月一五日～一六日は手花（自家栽培の紅花）の花摘みを行い、一七日から七月四日までは手花のほか、周辺の百姓から生花を毎日購入した。当時、生花の購入価格は一〇〇匁当たり五〇～八〇文の間を日々変化していたので、毎日相場を見ながら購入していたのであろう。この一九日間で集荷した生花は合計六〇四貫九二五匁（二二六八・四六九キログラム）にのぼった。うち手花は六四貫八五〇匁であり、九割は購入花（仕入れ花）であった。購入先をみると、居村の百姓が過半を占め、南に隣接する三カ村の分を合わせると、今田家は居村と隣接村という狭い範囲から集中的に生花を購入していたことが分かる。この背景には、今田家と今田家に生花を売った百姓との間に密接な社会関係があった。

今田家に生花を販売した百姓は六三人で、彼らと今田家との関係は大きく三つのグループに分かれる。一つは、同族関係で、彼らの出荷量は全体の一三・五％であった。二つは、より重要な関係である地主小作関係で、全販売者の四〇％が今田家の小作人であった。三つは、同族関係や地主小作関係を補完し、さらに小作人以外の人をも含む貸借関係にあった人びとである。生花販売者の過半は今田家からの金銭や米の貸与を受けている者たちだった。あるいは今田家が享保期（一七一六～一七三六）に酒造株を取得し、酒造を開始するようになると、今田家から生酒や並酒を掛け売りしてもらっている者も多かった。また、今田家が「のこぎり商い」によって仕入れた塩、五十集物（干し魚、塩魚などの海産物）を掛け売りしてもらっている者もいた。彼らは今田家へ生花を販売し、その代金をもってそれらの負債を差引清算するのが通例であった。中には今田家に職人の口入れをしてもらい、その斡旋料を生花代金の一部で清算している者もいた。さらに、年貢・小作料滞納分を生花販売で清算した者も多かった［横山、二〇〇一：七〇～七三］。

今田家と同じ谷地地区の堀米家も、米、青苧、紅花を扱って財をなした豪商であった。堀米家は蓄積された財貨で農地を開拓し、金融業としては大名貸しも行っていた。幕末期における資産の概要は農地が六〇町歩（六〇ヘクタール）、山林が一〇〇町歩（一〇〇ヘクタール）、貸付金が八五〇〇両、奉公人二〇名、小作人二〇〇人で、河北町内では上位の豪農豪商であった。農業以外の分野で堀米家の業績として特筆されるのは、幕末期の農兵組織への支援と実践活動だった。日本の世情が不安定になってきた文政三年（一八二〇）、幕府は治安維持のため、各幕領・私領にたいして農兵取り立てを命じた。この命令にたいして堀米家は率先して対応して農兵の組織を立ち上げ、東北で最高の水準にまで高めた［河北町、一九九四：四～五］。なお、山形県河北町にある堀米家の邸宅や倉庫は現在「紅花資料館」として公開されており、そこでは紅花栽培や加工の様子、実際に染めた衣類などが展示されている。

第五節　最上川の舟運と文化

ここまで、最上川における舟運が果たした役割を、物流とそこに介在した商人の活動などを中心に検討してきたが、舟運は流域の文化にどのような影響を与えたのだろうか。ここで、物流といえども文化とまったく無関係というわけではない、という点に注意すべきである。というのも、物の移動には、船を運航する船頭や乗組員、河岸で荷物の積み降ろしをする人、商人などさまざまな人が関係しているからである。そして、人が移動し、人と人とが接触すれば、そこには何らかの文化（あるいは情報）の交換が発生する。商業活動にともなう人の移動のほかにも、舟運は旅人や巡礼者なども運んだ。これらの人びとは最上川流域の文化に何らかの刺激や影響を与えたと考えられる。以下に、まず旅人や巡礼者など、商業とは関係なく一時的に最上川流域を訪れた通過してゆく人びとの問題からみてみよう。

（一）巡礼者を含む旅行者との文化交流

最上川流域を訪れた旅人には大きく分けて三種類の人びとがいた。第一は、いわゆる純粋な旅人で、資料に登場するのは松尾芭蕉のような文化人が主な旅行者であった。第二は、広い意味での宗教的な巡礼者である。最上川流域には、出羽三山（湯殿山、月山、羽黒山）詣での人たちが日本各地、とりわけ東北や関東各地からやってきた。第三は、紅花と青苧など最上流域の特産物を買いにやってくる商人たちであった。

第一のグループの旅行者については、資料は非常に少ないためくわしいことは分からない。例外的に、松尾芭蕉と河合曾良が最上川地方を訪れた時の記録が、『奥の細道』などに著わされている。芭蕉と曾良は元禄二年（一六八九）に尾花沢を訪れ、紅花商人でもあり俳人でもあった鈴木清風宅に滞在した。彼が滞在した間、周辺の人びとが日々芭蕉を訪れて交流した。尾花沢は大石田の近く、羽州街道の宿駅が置かれた交通の要衝である。京都・江戸との経済交流が活発になると、流域の商人たちの間に文芸、とくに俳諧文化が盛んになっていった。尾花沢の後、芭蕉一行は大石田に赴き、そこの船問屋で俳人の高野一栄宅に投宿した。この例にみられるように、最上川流域の河岸や町では、紅花や青苧を中心とした特産物で豊かになった商人たちが文化の担い手となって、芭蕉のような高名な文化人を積極的に迎え入れていた。紅花生産と取引の中心であった谷地周辺では、芭蕉の訪問以降も俳句文化が広まり、さらに文化〜文政期（一八〇四〜一八三〇）には村山地方全域で盛んになった〔横山、二〇〇一：一三五〜四〇、一八四〜八六〕こうした文化人の来遊は、第七章で説明するように利根川流域でも頻繁に見られた。

第二のグループの、出羽三山詣での参拝人や行者たちには三つのルートがあった。一つは、本合海から最上川を船で下り、清川で下船して陸路で狩川、添川を通って門前集落である手向で宿泊して羽黒山に至るルートで、これは岩手、秋田地方からの参詣者が利用したルートであった。芭蕉の一行も、大石田より先は本合海から船で清川に下り、三山巡りをしている。この時詠んだ句が有名な「五月雨をあつめてはやし最上川」であった。二つは、仙台方面からの参詣者が利用したルートで、仙台方面から山寺、天童、大石田に来て泊まり、そこから船で清川に下り、あとは羽黒山を経由して三山詣でをした。三つは六十里越街道ルートで湯殿山に至り、そこから月山、羽黒山を経て、多くは清川から船で酒田方面に向かうか、逆に大石田方面に戻るルートで、東北地方の内陸と庄内地方を最短距離で結ぶルートである。これはいくつかの峠を越える山道で、太平洋、関東、信越方面からの参拝者でにぎわった。第三のルートは一見、最上川とは関係ない陸路だけのルートにみえるが、参詣者は、最終的には羽黒山から最上川の清川に出て舟運を利用することになる。これら三つのルートを経由した人の移動の全てではないが、宝永六年（一七〇九）には、大石田の少し下流の古口番所を通過した人数は三万六〇〇〇人であった。しかし享保一八年（一七三三）には一五万七〇〇〇人に達した。この年は一二年に一度巡ってくる縁年であり、特別なのかもしれないが、それにしても驚くほど巡礼者は多かった［横山、二〇〇一：一四〇～四二、一八七～八八］。

第三のグループは、紅花や青苧の主な消費地である近江、伊勢、京都から多数流入してきた上方の商人である。彼らは本来、行商中心の商売をしていたが、近世中期以降、各地に土着して、いわゆる「産物廻し」あるいは「のこぎり商法」といわれる、最上からは紅花その他を京都や上方に送り、帰り船に京都や上方の物資を持ち帰る往復の取引商法で繁栄した［山形県、一九八五：八一二～一三］。最上川流域に土着した商人、あるいは長期滞在した上方の商人は現地にさまざまな文化的な影響を与えた。それについてはつぎの第五節の（二）で説明する。

以上、最上川流域を訪れた人びとを、文化人、巡礼者、商人という三つのグループに分けて、この地域の文化に影響を与えたと思われる人びとについて説明した。特定のグループとして扱うことはできないが、最上川流域の文化に影響を与えた事例をいくつか紹介しよう。最上川流域には平安時代に水駅があったことからも分かるように、古くから人と文化の通路となっていた。中世後期になると、北陸から北上してきた浄土真宗が酒田港経由で最上川流域の村山地方に及んでいる。この時期になると、最上川流域が文化伝播上の一つの連なりをもつようになった、つまり一つの「文化伝播圏」となっていたとみなしてよさそうである［横山、一九八〇：三五四～五五］。

近世初期には音色が良いことで知られていた京・大坂で鋳造された梵鐘が、最上川の舟運を利用して内陸へ移入された。しかし、享保年間（一七一六～一七三六）以降には、山形銅町の鋳造技術が向上したため次第に地元製の鋳造品に代わっていった。これは上方の文化をモデルにしながらも、自分たちの文化に取り込んだ事例である。

そのほか山形県西川町に伝わる本道寺田植踊りは、享保年間に仙台の七ツ森から来た行者によってもたらされた。また、同じく西川町に伝わる岩根沢桂林の手漉き和紙や「六浄豆腐」、白岩の銘菓「淡雪」など、いずれも出羽三山信仰との関係で外部からもたらされ、そして自分たちの文化の一部として取り込んだ事例である［横山、二〇〇一：一四二〜四六］。最上川流域の文化の成り立ちは、もともとあった在地の文化に舟運が媒介となってもたらされた上方の文化と、東北の太平洋側、関東、信越地方の文化の影響を受けて形成されたことは確かである。こうして、外部の文化を取り入れる際に、そのまま模倣するのではなく、自分たちの文化に合わせて独自の文化を築いてゆくことを「文化の再解釈」という。外部の文化を受容する際、それが模倣で終わるのか、自分たちの文化に合わせて文化の再解釈をし、新たに定着させてゆくのかは、文化伝播における重要な問題である。

さて、最上川流域は多数の大坂商人、近江商人や伊勢商人がやってきたこと、江戸中期以降、中には土着化していった商人もいたことはすでに述べた通りである。こうした在地化した商人や長期滞在した商人たちは現地の文化にさまざまな影響を与えた。本章の最後に、今も最上川流域で生きている上方の文化的影響の具体例を、本書の著者の一人で共同研究者の一人でもある齋藤百合子氏の実体験を紹介しておこう。

（二）紅花交易がもたらしたもの――最上川流域における上方文化の影響

山形県村山地方出身の母は、東京の編み物で生計を立てる女職人宅での奉公の末、隣村出身で東京の地方公務員となった男性（筆者の父）と見合い結婚して以来、ずっと東京に住んでいる。筆者が幼少の頃、母の「おばんです」という夕の挨拶が近所の人たちから「東北の田舎者」とか「ズーズー弁」などと揶揄されて、帰宅すると母はいつも不機嫌だったのを鮮明に覚えている。また、食生活は山形のものも多かった。母の親類から送られてくる乾燥豆類を水に浸し置き、水分を含ませて戻すことを「うるかす」と表現して母はよく豆料理を調理したし、山形特産の「おみ漬け」という青菜や大根葉と細めの大根を干したものを刻み、塩でもみ、細く切った人参で彩りを加えて作られる漬物が送られてくると毎回食卓に並べて幸せそうに食べていた。

山形で暮らしたことのない筆者は、「おばんです」も「うるかす」も、そして「おみ漬け」も、山形特有の言葉や食文化だと思っていた。もしかしたら、多くの山形の人々もそう考えているかもしれない。しかし、江戸時代の最上川舟運は、置賜や村山地方で採取、加工された紅花が酒田から越前敦賀を経て京に運ばれ、帰り荷に京からの物資や文化を運び、母の出身地である村山地方の山間の農村の庶民の暮らしにまで影響をもたらしていた。

山形県河北町紅花資料館が編集し、河北町教育委員会が発行した『紅花資料館』資料集の「山形地方の京ことば」では、「京ことば辞典」と「山形県方言辞典」を比較し、晩のあいさつを「オバンデス」（京ことば）、「オバンニナッタナシ」（山形方言）、水に浸して水分を吸収させることは京ことばも山形方言も「ウルカス」など、行為や食や衣に関する四六の言葉を掲載している［河北町、一九九四：六〇～六一］。一九三〇年代に生まれた母が使用していた村山地方の晩のあいさつは京ことばと同じ「オバンデス」だった。山形県は最上川の上流から、置賜地方、村山地方、最上地方、庄内地方と四つの地方として呼称される（注5）。方言はそれぞれの地域によっても、また年代によってもそれぞれ違うので、山形四地方の方言と京ことばの比較が今後なされていく必要があろう。交易や交易にともなう人の移動は、言語や文化に変容をもたらし、多様な文化創生の可能性をもつ。そのような多様な文化を当事者が自覚し、互いに尊重しあうならば、「ズーズー弁を話す東北の田舎者」との揶揄が母に向けられることは軽減されたかもしれない。

最上紅花の主産地は、最上川沿いの肥沃な山地で、南限は上山、その北は山形、天童、谷地、西は寒河江、東は東根付近で、江戸時代初期は質量ともに全国一だった。しかし、紅花は徹底した換金作物かつ相場商品だったため、生産農家が干花、花餅として保存し運搬するための加工まで手掛けることはなく、生花の生産状況で相場を見定め問屋などに斡旋する目早《めばや》と言われる仲介業者や、商人から依頼されて生産農家から生花を買い付けるサンベと呼ばれる業者、荷主、問屋、上方荷問屋など、多くの流通過程を経て京の紅粉屋や紅染屋にたどりついた。紅花交易最盛期の一七八一年から八八年までの七年間に山形藩では公認された目早が五〇人、サンベが一〇〇人いたといわれ［河北町、一九九六：四九～五〇］、生産農家から生花を買い取る際の交渉時に上方からのモノや食や言葉などがもたらされたのかもしれない。
前述の「おみ漬け」は、近江商人が考案した漬物「おうみ漬け」から転訛して「おみ漬け」になったといわれる（注6）。もともと山形特産の青菜は、「もがみ」の人々は茎部分を食し、葉の部分を捨てていた。この青菜と大根の葉部分、間引きされた大根を細かく刻み、人参で彩る漬物の調理法は、「日持ちがしない料理は、食べ残しの出ない分量だけ作り、もの足りない分は作り置きのできる常備菜でまかなう。無駄なお金も時間も労力もかけずにゴミも少ししか出さない、超合理的な伝統の家庭料理」とする京都のおばんざいの考え方に合致する。また近江商人の経営理念は「売り手よし、買い手よし、世間よし」の「三方よし」が大きな特徴である。上方の言葉や漬物の調理法などが、どこから伝えられたものか忘れ去られるくらい現地化していることから、紅花生産農家から生の紅花を買い付ける際に安値で買いたたくような搾取的な買い付けではなく、「売り手」が何かしら得するものがある取引をしていたのではないかと推測できる。このことを検証するには、生花を生産農家から買い付ける商人や当時の流通機構の中で紅花商人と呼ばれていた近江商人をはじめとする商人群（現代でいえば商社か）による資本と人の流れ、生産者（定住者）と商人（移住・移動する者）とのかかわり、また帰り荷といわれる上方物資を運んだ船そのものをどのように最上川上流に運び、物資や文化をこの地域にもたらしていたのかをさらに調べる必要があろう。京からの帰り荷として持ち帰られた一つに雛人形がある。右の資料集には、京都から持ち帰られた京の雛人形の写真が掲載されている。京の雛人形はかなりの数が持ち帰られたようで、現在でも河北町内の家では大切に保存されている［河北町、一九九六：一五］。雛人形は代表的な例であるが、本章第三節の（二）に挙げた、最上川酒田経由で外部から移入された日用品や食品は、もともと現地にはなかったものであるから、舟運は流域の食文化に大きな影響を与えたことは間違いない。

（齋藤百合子）

結語

この第六章は、最上川の舟運が流域の諸地域にどのような影響を与えたのか、とりわけ流域の生活圏の形成にどのようにかかわってきたかを検証することを目的としている。具体的には江戸期における物資の生産と流通、その中核の場となった河岸、そこにかかわった商人、という観点から検討した。

最上川の舟運を促進した主な背景はつぎの四点に要約できる。一つは、幕藩体制の確立と参勤交代により、地方の藩や幕府直轄領は大量の米を江戸ないし大坂に運ぶ（廻米）必要に迫られたことである。二つは、海上交通の面で、東西廻航路が開拓されたことである。これにより、最上川の河口都市である酒田を窓口として、流域内諸地域が全国の市場と結ばれたことである。三つは、戦国時代に最上氏が舟運の発展のために行った、「三難所」の開鑿、そして江戸期に上流部の五百川峡谷の改修を完成させたことである。これにより、最上川流域は河口から上流部の置賜地方（米沢盆地）まで一貫した舟運が可能となった。それは最上川流域が一つの経済圏であり生活圏として形成されるための物理的な必須インフラストラクチュアであった。第四は、最上川流域に、紅花と青苧という全国ブランドの特産物をはじめ多くの産物が流域の住民によって生産されるようになったことである。これらの特産物の生産を刺激したのは、日本全体が海上交通、河川舟運、そしてそれらと連結している陸路による遠隔地の輸送システムが充実したことであった。とりわけ元禄期は日本経済全体が興隆した時代で、最上川の舟運は、それらの恩恵を十分に受けていた。

経済活動は単に物の生産と需要があれば活発になるわけではない。その背後には、生産者の農民や職人のほかに集荷や販売を担う商人がおり、その流通の拠点となる河岸が十分な機能を果たしている必要がある。最上川流域の場合、地元の商人だけでなく関西方面の大坂、京都、近江、伊勢から商人が買い付けにやってきて、中には流域に定着した商人もいた。流域では、河岸と河岸とが時には利害の対立を含みつつ互いに競争し、全体として経済の活性化に貢献していた。こうした経済活動を円滑にしたのが最上川の舟運であった。舟運は、いくつもの河岸と地域社会を縫い合わせるように最上川流域全体を一つの「最上川生活圏」としてまとめあげていった。この際、「扇の要」の役割を果たしたのは河口都市酒田と中流域の大石田河岸であった。しかし、最上川流域の生活圏はそこだけに留まっていたわけではない。最上川流域全体が酒田を中心に日本全体の物流網の中に組み込まれていたのである。図式的に描くと、河岸を最も内側の円とし、その外側に酒田を中心とした同心円が囲み、それを最も外側に大坂と江戸を中心とした日本全体の物流圏が取り囲んでいる、と表わすことができる（図1－2参照）。

最上川流域を生活圏としてみた場合興味深いのは、庄内、最上、村山、置賜という最上川流域の四つの地方の市場には、現在でも参拝者のある「市神」が四四も存在することである。市場は住民にとって物の売買という経済の場であると同時に、市神にたいする信仰の場であり、そしておそらく社交の場、つまり生活の場である。しかも、複数の市場が一つの商圏を構成し、同じ商圏内では市日が重ならないように設定されていた。筆者の枠組みで表現すると、一つ一つの市場が、そこに出入りする住民にとって最も基本的な「局地的生活圏」であるとすると、複数の市場から成る「商圏」は「地域的生活圏」であった。そして、このような市の性格とシステムは、最上川流域の共通した文化である。

外部からの文化的影響という点では、最上川流域では、上方の梵鐘、踊り、手漉き紙、豆腐、菓子などの移入文化を自分たちの文化に合わせて独自のものを生み出し、そして定着した。また、「おばんざい」や「おみ漬け」という食文化も今ではすっかりこの土地の食文化として定着している。さらに、京の雛人形に象徴される京の雅な文化が住民の間で人気があったことをうかがわせる。筆者が特に関心をもったのは、山形の方言に組み込まれて現在でも使われている「京ことば」に由来する単語が四六という事実である。こうして既存の文化に新たな文化要素がこの地域に加えられて、それらが一体となって最上川流域のユニークな文化が形成されたのである。

【注】

（注1）二〇一〇年一〇月二日、河北町にての筆者のインタビュー。

（注2）城米とは、本来は幕府直轄領（天領、幕領）から上がる年貢米を指したが、後に、幕府領および譜代大名の城に貯蔵された米穀を指すようになった。本書においては特に断らない限り、幕府直轄領からの年貢（米穀）という意味で使う。

（注3）［山形市、一九七一：二三五（表29）］には、明和二年（一七六五）から享和元年（一八〇一）までの期間に、内陸から最上川で川下げされた問屋商人扱いの米と雑穀、領主扱いの米と雑穀の量が示されている。それによると、商人扱いも領主扱いも天明二年以降、一貫して減り続けている。［山形市、一九七一：三一五〜一七、三二一〜二九／横山、一九八〇：四〇〜四一］も参照。

（注4）紅花の伝来その他一般的説異名は山形大学図書館ホームページ「紅花栽培　伝来」を参照。http://www2.lib.yamagata-u.ac.jp/benibana/mame.html（二〇一七年六月六日閲覧）。江戸期のベニバナの価格については「河北観光ナビ」https://www.benibananosato.jp/guide/miru/benibana/story/2-14nedan/（二〇二一年一二月一六日閲覧）を参照。

（注5）江戸時代、紅花を中心とした交易が盛んだったころは、現在の村山地方を「もがみ」と呼び、現在の新庄周辺が「村山」と呼ばれ、一七一二年刊行の「和漢三才図会」では最上産紅花が全国一の最高品質と評されていた［河北町、一九九六：四九］。

（注6）おみ漬けについては差し当たりhttp://ja.wikipedia.org/wiki/%E3%81%8A%E3%81%BF%E6%BC%AC%E3%81%91（二〇一七年九月一〇日閲覧）を参照。

第七章　利根川水系――関東広域生活圏を支えた川

はじめに

利根川は上越国境の三国山脈丹後山に源を発し、本流の長さは三二二キロメートル、信濃川（三六七キロメートル）に次いで日本第二位の大河である。江戸時代に利根川に瀬替された鬼怒川、渡良瀬川、小貝川の流域面積を含めて、利根川の流域面積は一万六八四二平方キロメートルで第二位の石狩川（一万四三三〇平方キロメートル）、三位の信濃川（一万一九〇〇平方キロメートル）を抜いて、日本最大である（注1）。利根川は水源を上越国境の山々に発し、片品川・吾妻川などを合流して南下し、関東平野に出たところで東南に方向を変え、碓氷川・鏑川などを飲み込んできた烏川や神流川と合流し、現在の群馬・埼玉県境、茨城・千葉県境を経て東流する。この間、広瀬川、渡良瀬川（巴波川・思川）などを合流し、中流の関宿で南に江戸川を分流し、本流はさらに東に向かい鬼怒川、小貝川や手賀沼・印旛沼・霞ヶ浦・北浦などの水を加えて銚子河口より太平洋に注いでいる［川名、一九九三：一二］。多くの支流を含む利根川流域は一都六県に及ぶ。しかも、利根川の流域のうち台地と低地を含めた平地の占める割合は六〇パーセントで、日本の河川としては非常に広い［北見、一九八一：三五］。しかし利根川の重要性は、たんにその長さや流域面積と平地の広さだけにあるのではない。近世に入り幕府が江戸に置かれるようになると、利根川水系（利根川の本・支流）の重要性は、ほかの河川をはるかにしのぐようになった。というのも、江戸に幕府が置かれ政治と経済の中心地となったことにより、江戸への人口の集中が起こったからである。江戸の人口は一七世紀の二〇年代には一〇〇万人を数えていたと推定されており、これは当時のロンドンやパリの人口より多く、世界でも最大であった。

この巨大化した都市、江戸は食料をはじめさまざまな生活物資を調達する必要があった。これらの物資の一部は海路で日本全国から運ばれたが、これとは別に、利根川水系の河川舟運が人の移動と物資の運搬に非常に大きな役割を果たした。というのも利根川の舟運は大小無数の支流と、それらと連絡する陸路によって関東一円（現在の首都圏の一都六県）におよぶ交通・運輸ネットワークを築いていたからである。このネットワークはさらに舟運の遡航終着点から関東を越えて陸路で西は信州、北は越後や東北地方に伸びていたことも忘れてはならない。これらを全て含めると、最も広義の江戸の後背地は、利根川の舟運ネットワークと、そこから伸びる陸路の交通運輸をも含めた地域、ということができる。この後背地と江戸との間には、江戸という巨大な消費都市に向かう食料、燃料や諸原料などの物資と人の流れと同時に、江戸から後背地に向かう塩、海産物、手工業品などの物資と人の流れといった二重の流れがあった。そして、これら双方の流れにおいて舟運が重要な役割を果たしていたのである。もっとも、江戸には海運や陸路による人と物の移動もあったので、利根川水系ネットワークだけが江戸に至る運輸交通の全てではない、という点は留意する必要がある。

利根川水系の舟運についてはは詳細な研究が多数あり、それらを整理するだけでも一書を要する。本章では、利根川水系における舟運の実態を、その概略、そこで運ばれた物資と人の移動、舟運の運航の実態、そして舟運によって形成された生活文化などを検討する。なお、舟運ネットワークによって生じた社会的・文化的問題については第八章でも扱う。以上を念頭において、利根川水系の舟運について、まずその歴史と概要を説明しよう。

第一節　利根川水系の舟運――歴史と概要

利根川は古代より舟運に利用されてきた。承和二年（八三五）の太政官符により、下総国や武蔵国の旧利根川に渡船が設置され、人や物資の輸送が行われていたことが分かっている［境町、一九九六：四一三］。その後、中世にかんしては不明な部分が多いが、応安五年（一三七二）のころ、旧利根川水系では、海洋船と川船が航行できる場所に「関」（陸路の関所に相当する）が設けられた。たとえば、「大日川・古利根川　中世水路関一覧」には、行徳関、長島関（江戸川区）、彦名関（三郷市）、鷺宮関（北葛飾郡）などが記載されている［丹治、二〇一五：八、一九～二〇］。しかし、利根川水系で舟運が飛躍的に発達したのは、ほかの河川と同様、近世に入ってからである。それは徳川幕府による利根川水系の大規模な河川改修が行われたからであるが、逆に考えれば、河川改修をしてまでも舟路を開き、舟運を発展させる必要が生じたからでもあった。

近世以前の利根川は、流路も流域も今日我々が見る姿とはまったく異なっていた。これらの変更についてはすでに多くの研究が行われてきたが、本章は、利根川の舟運の実態を描くことが目的であり、これらの人工的な河川流路の変更についてはごく簡単に触れるに留める。利根川の河川改修は、江戸を河川の水害から守り、舟運を容易にするため、元和期（一六一五～一六二四）より承応年間（一六五二～一六五五）まで三〇年をかけて利根川・荒川水系を中心として河川の改修工事が集中的に行われた。この利根川水系の改修工事にかんしてつぎの四点を指摘しておく。第一点は、近世以前の利根川は東京湾に注いでいたが、一七世紀以降、数十年にわたって流路を東に移動させる大工事を行い、河口を太平洋に面した銚子に移したことである。これを利根川の「東遷」と呼ぶ。これは江戸を利根川の氾濫から守るためであった。第二点は、本来利根川とは別々の河川で、東京湾に注いでいた鬼怒川、渡良瀬川、小貝川を利根川に合流させ、それら三河川の水を合わせて一本の河川として銚子を経て太平洋に流出させたことである。第三点は、荒川の利根川からの分離である。荒川は、入間川を合わせて古利根川、古隅田川の川筋を通り利根川と合流して東京湾に注いでいたが、これを利根川から分離して独立河川としたことである。こうした流路の変更を「瀬替」と呼ぶ（注2）。（図8－1を参照）第四点は、大日川と関宿との間を掘削して利根川と結んで江戸川とし、利根川から江戸川経由で江戸までの舟運が可能となったことである。このため江戸川は江戸への舟運にとって不可欠な重要な役割を果たすことになった。こうした河川改修工事が一応終わり、利根川と江戸川経由で江戸への通船が可能となったのは、一七世紀中葉、承応期（一六五二～一六五五）以降のことであった。本章で検討する、江戸期における利根川水系の舟運は全て、こうした東遷・瀬替が行われた後の河川流路を前提としている［小出、一九八二：四四～六二／川名、二〇〇七：五七～六〇／銚子市、一九五六：二四〇～四二］。本章では、これら一連の河川改修によって利根川が現在のように一本の川とされる以前の複数の河川であることを明示する必要がある場合、これらを一括して旧利根川水系と表記する。

この河川改修工事が行われた際に、河川や湖沼の沿岸には多数の河岸が設けられた。というのも、利根川水系には流域の諸地域だけでなく信州・東北・奥羽地方からも荷物が運ばれ、その輸送の中継地や施設が必要となったからである。東北・奥羽地方から江戸への輸送は、初期においては海路で常陸の那珂湊に陸揚げし、陸路で涸沼、北浦を経由し、直接利根川に入るか、一旦、銚子港（河岸）で荷を降ろし、そこから利根川の本流を遡航して関宿あるいは境から江戸川に入って江戸へ運送するか、あるいは銚子から利根川本流に入り、右と同じ経由で江戸に入る「内川廻し」が一般的であった。このため、相馬藩、仙台藩、米沢藩、磐城平藩、笠間藩は銚子に米蔵を建て、そこに藩の役人を置いていた［銚子市、一九五六：二四六］。万治二年（一六五九）には、利根川水系の舟運においてもっとも代表的な船となった高瀬舟が登場した。このころ、東北の津軽藩が板久（潮来）に手船として「高瀬舟」を五艘置き、板久に運ばれた木材や米穀を利根川から江戸川経由で江戸に送っている［川名、二〇〇三：二一〇～二一］。しかし寛文一一年（一六七一）に河村瑞賢によって房総半島東の外洋を南下し、下田湊あるいは浦賀湊を経由して江戸へ回送する東廻航路、「外海江戸廻り」あるいは「大廻し」ルートが開拓されると、東廻コースを利用する廻船も出現した。本来なら、犬吠崎を迂回して房総半島沿岸を南西に航行し、野島崎・須崎を経てただちに江戸湾に入る方が距離も断然近いので、このルートの方が合理的に見える。しかし、このルートは太平洋を北上する黒潮に押し流されてしまうため、房総半島沖から直接江戸湾に入ることは困難であった。また、この航路では濃霧が発生したり暗礁のため航海に危険がともない、古くから多くの船が難破したり、延着することが多かった。実際、現在でもこのルートは海難事故の発生する難所となっている。しかも、江戸に入る輸送の運賃や日数は「大廻し」海上ルートでも利根川経由の「内川廻し」ルートでもあまり変わらなかった［丹治、二〇一三：七／銚子市、一九五六：二四二～四三、五四／難波、二〇一〇：六三～六四］。そこで、江戸の初期・中期までは、より安全な航路を求めて銚子から利根川を遡航して江戸川を経由して江戸に入る「内川廻し」が利用されることが多かった［川名、一九八四：五～七］。

しかし、こうした航路の選択事情も近世後期になると変化が生じた。利根川の水運の中でも、廻米はその中核ともいえる荷物であったが、その輸送量をみると江戸後期に向かって減少していった。すなわち、利根川水系全体の江戸への廻米輸送量は、延享年間（一七四四～一七四八）には年平均一六万一九一四俵、天明年間（一七八一～一七八九）には一八万七一七二俵に達したが、文化年間（一八〇四～一八一八）には一〇万俵ほどに減少している。これは、江戸への廻米の絶対量が減ったからではなく、利根川水系の舟運による廻米の輸送量が減ったからである。その背景には、利根川中流域の土砂の堆積により浅瀬が形成され舟運の障害となっていたこと、また、利根川河口の銚子港付近も土砂の堆積がすすみ、大型廻船の入港に支障が生ずるようになったため、銚子港が従来担ってきた「内川廻し」の玄関口としての機能が低下した、という事情があった。他方、それまで東廻海運で房総半島を迂回する「大廻し」航路は避けられていたが、海洋船の大型化や航海技術の進歩によって危険性が少なくなったため、東北諸地域からは「内川廻し」ではなく直接江戸湾に入る「大廻し」が増えた［丹治、二〇一

図７－１　利根川水系の舟運路・河岸・街道

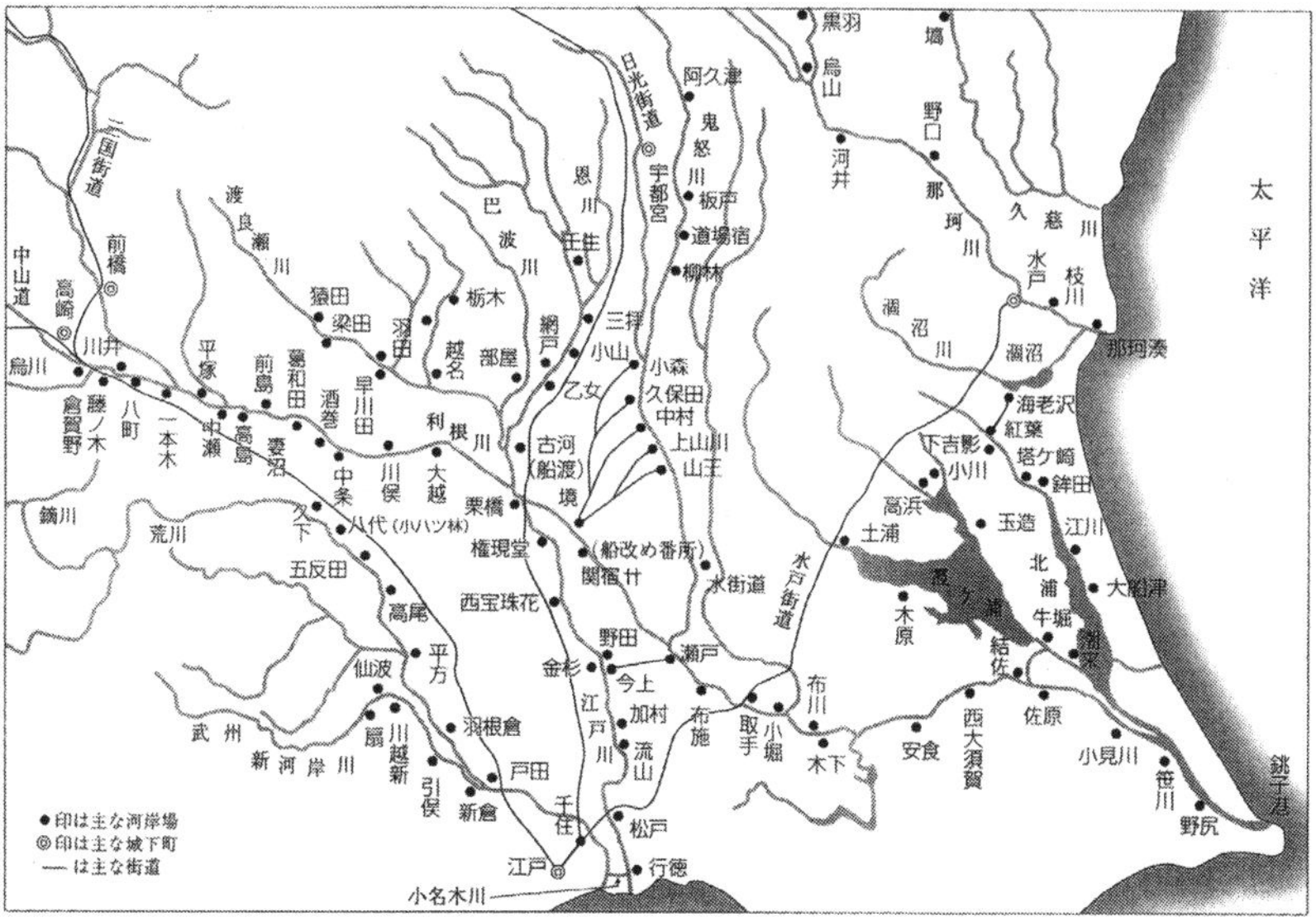

［丹治、2007:252］

三：七〜八／難波、二〇一〇：六三〜六五］。ただし、以上の状況変化があっても、銚子経由の「内川廻し」が使われなくなったわけではなく、那珂湊→北浦→利根川→江戸川というルートも相変わらず利用されていた。つまり、「大廻し」が採用されるようになって、江戸への荷物の搬入路の選択肢が増えたのである。

次に、利根川の水運の概略をみてみよう。まず、利根川水系の主要なルートと河岸を示しておこう（図７－１）。この図からも分かるように、利根川水系の本・支流には非常に多くの河岸があった。元禄三年（一六九〇）に「関八州伊豆駿河国」の一〇の国（大名領）の調査の際、一二〇以上の河岸が対象となったが、利根川・荒川水系については八六の河岸が記録されている［川名、一九八四：一六八〜七三］。それらの立地をみると、いくつかのタイプに分かれる。たとえば、倉賀野河岸（利根川の支流、烏川。図７－１）や阿久津河岸（鬼怒川。図７－５）は比較的大型船の遡航終点という地点に位置していた。利根川本流と江戸川との分流点には境河岸、関宿河岸が舟運の中継地として機能していた。そのほか、利根川と支流の合流点には中瀬河岸（広瀬川と利根川本流。図７―１）や瀬戸河岸（鬼怒川と利根川本流。図７―５）があった。さらに、舟運と陸路とが交差する場所には倉賀野河岸（中山道と利根川支流の烏川ルート）、日光街道と思川舟運ルートの交差地点には乙女河岸（図７―４）が、「境通り」と鬼怒川・利根川との交差地点に境河岸があった。また、海上航路と河川舟運の接合点としては銚子河岸があり、城下町高崎の外港として倉賀野河岸が、神社仏閣への基点としては安食や銚子の河岸（図７―６）が、また、関所では栗橋河岸や関宿河岸があった。

利根川水系の水運において上流からの下り荷物のほとんどは江戸へ仕向けられた。その場合、倉賀野より上流の地域から陸路や船で倉賀野あるいはその近くのいずれかの河岸に運ばれた荷物はそこから別の船に積み替えられて（後述参照）、本流と江戸川との分岐である関宿河岸または境河岸を経由して江戸川を下った。江戸川に入った船は行徳から人工河川の船堀川→小名木川を経て隅田川に入り、江戸・日本橋小網町や浅草蔵前に着いた。江戸市中には多数の掘割が巡っており、それらを経由して荷物を江戸市中の各場所に運んだ。右のルートには、中流域で渡良瀬川（思川）、鬼怒川、小貝川から利根川本流に出て、境または関宿で江戸川に入り江戸に至るルートが加わった。ただし、後に述べるように、鬼怒川と利根川とが合流する地点より下流域においては、境や関宿を経由しないで利根川下流の河岸に陸揚げされ、駄送を交えて江戸川に出て江戸に至るルートも利用された。

利根川における上り荷物は江戸からの場合と銚子からの場合とがあった。江戸から利根川の中・上流域への舟運は上記の逆で、隅田川→船堀川→小名木川→行徳→関宿・境→倉賀野（烏川）までがメイン・ルートで、その途中で小貝川、鬼怒川、渡良瀬川（思川）を経て北関東や奥州・東北方面へ、あるいは本流筋の沼田方面、支流の吾妻川流域への舟運のルートがあった。また、高崎の手前で分岐する烏川に面した倉賀野からは、陸路で中山道を西に進み碓氷峠を越えて信州の小諸に至るルートがあった。これは舟運ではないが、利根川水系の延長にあり、江戸や関東全体と信州とを結ぶ主要なルートであった。本書の第四章でも触れたように、このルートは信州への重要な「塩の道」でもあった。さらに、倉賀野河岸の手前で烏川に合流する鏑川からは下仁田まで通船が可能で、そこから峠を越えて信州方面に行く陸路のルートが何本もあった［川名、二〇〇七：九八］。このルートについては本章第二節でさらにくわしく説明する。

銚子からの上り荷については本章第三節で具体的に触れるので、ここでは銚子港に入船した船の数とその出港地についてみておこう。入港船数のうち、各藩の廻米輸送船（つまり公用船）については寛保年間（一七四一～一七四四）から幕末の慶応年間（一八六五～一八六八）までの、それぞれの時期の年間平均入船数が分かる。寛保年間は年平均三三艘であったが、最も多かった弘化年間（一八四四～一八四八）には二一四艘が記録されている。この入港数は幕末に向かって徐々に減少し、慶応年間には二〇艘まで激減してしまった。他方、民間の商船については、天保年間（一八三〇～一八四四）から慶応年間（一八六五～一八六八）までの期間についての銚子港への入港船数の記録がある。それによると、天保年間には年平均二一一艘が入港し、最も多い時期は安政年間（一八五四～一八六〇）で二二四艘が、そして、慶応期にも一五五艘が入港している。これらの入港船数をみると、廻米輸送の公用船が幕末に向かって激減したのにたいして、民間の商船はそれほど減っていない。また、出航地をみると、公用船も商船も、仙台藩と南部藩の廻米を運ぶ拠点の石巻と相馬藩の諸港がほとんどであった［川名、一九八四：二四～二七］。銚子港への公用船の入港が激減したのは、幕末の政情不安の中で、各藩が江戸に廻米を送らず、藩内に一定量の米を留めておこうとした思惑を反映しているのかも知れない。それにたいして商船の入港数はあまり減っていないのは、人びとの生活をつなぐさまざまな生活物資を運ぶ民間の船は、政情不安とは関係なく活発に活動していたことを示唆している。

一般に、利根川の最上流の河岸は倉賀野であるとされており、確かに比較的大きな船についてはそのとおりであったが、実際には幕末にかけて、本流のさらに上流へ舟運路は伸びていった。たとえば、日本海側と関東・江戸とを結ぶ最短路として、三国街道を経由して信濃川・利根川水系を結ぶことの重要性は当初より認識されていた。しかしそれは技術的・経済的な問題を克服できず、なかなか実現しなかった。ようやく幕末になって、信濃・越後からの荷物や近在の村々の荷物を受け払いする目的で、嘉永七年（一八五四）に利根川上流の一支流である吾妻川上流の沿岸に山田・岩井・原町の三河岸が設けられた。また、その前年には、利根川本流筋の終点沼田河岸から清水峠を越えて、日本海側の魚野川（信濃川の支流）の遡航終点の塩沢河岸（現・六日町）とを結ぶ河川改修と新道の建設工事が終了した。これらの工事によって利根川水系は、吾妻川と利根川本流の上流部の河岸と峠越えを介して日本海側との人と物資の往来が可能となった［北見、一九八一：五六〜五九］。

以上は、利根川水系全体の舟運ルートの大ざっぱな説明であったが、ここで本書における利根川の流域区分について説明しておこう。利根川の流域区分にはいくつかの要素が関係しているので、それらを勘案する必要がある。流域区分にかんして『境町史』は、利根川を自然地理学的観点から、上流域、中流域、下流域に分けている。この区分に従うと、利根川は源流部—渋川が上流域（上利根）、渋川—関宿・境が中流域（中利根）、関宿・境—銚子と鬼怒川流域が下流域（下利根）、の三区間に分けられる［境町、一九九六：四一一］。『境町史』（この境町は上州＝現・伊勢崎市境）は、利根川と江戸川の分岐点の関宿の対岸に位置する境（下総＝現・茨城県猿島郡境町）については言及していないが、関宿も境も中流域とするのが妥当であろう。ただし、後に述べるように境は歴史的に下流域の鬼怒川ルートとも密接に関連しており、中流と下流との両方にまたがっていた。

これにたいして渡辺英夫氏は実際の船の航行条件から、利根川の上流域を源流部から渡良瀬川と利根川との合流点（具体的には栗橋あたり）までとし、そこから関宿・境までを中流域、関宿・境から利根川の下流と江戸川を下流域としている。渡辺氏がこのように区分したのは、つぎのような事情による。すなわち、栗橋あたりの合流点より上流では水深の制約や浅瀬の存在から大型船が利用できない場合もあり、そのような時には、一回または複数回、荷物を小型の艀下に積み替えるか、陸からの曳船が必要だったからである。艀下を融通しあい、また曳船の人足を提供するための組織として、一度にわたって利根川上流域では河岸組合が結成された（後述参照）［渡辺、二〇〇二：二六四〜七八］。一方、栗橋より下流では、渡良瀬川の水が利根川に加わるので、通常は比較的大型の船の航行が可能であった。

渡辺氏と同様、本書においても便宜的に上流域、中流域、下流域の三区間に分けるが、筆者の三区分は渡辺氏のそれとは異なる。まず、利根川上流部（上利根）を源流部から栗橋あたりまでとする点は渡辺氏と同じである。しかし、中流域（中利根）は、栗橋より下流で鬼怒川と小貝川の水を集めて水量も多く水深も深くなる、布佐・布川・木下河岸あたりまでとする（図7－6）。ここでの江戸川の位置づけはやや難しいが、川名氏にしたがって、筆者も中流域に含めることにする。そして利根川本来の下流域（下利根）は、木下河岸あたりから河口の銚子までとする［川名、一九八二：二六七／川名、二〇〇三：二一二］。ちなみに、天明三年（一七八三）の地図に基づいて作成された地図に「下利根川」との記載があり［丹治、一九八四：二二五］、それは小貝川と利根川との合流点より下流を指しているように見受けられる。上記のように再定義された区分を本書でも用いるが、この三区分も便宜的なものである。重要なことは、区分よりも実際の船の航行条件である。筆者はむしろ、主として小型船だけが航行可能な上流域と、中型および大型船が航行可能な中・下流域の二区間に分けた方が実際的であると考える。というのも、中流域と下流域の差は、中流域と上流域の差よりもずっと小さいからである。ただし、利根川の最下流では一部海洋船も航行できたので、この点では最下流域は中流域と異なる面もある［川名、二〇〇三：二一二］。

上流域と中・下流の大きな違いは、舟運に影響する川の水深、水量、流速（急流か緩やかな流れか）、浅瀬や岩礁の有無である。上流域は中・下流域に比べて水深が浅いので大型船は利用できないこと、冬季の渇水期には航行が困難になったこと、危険な浅瀬が何カ所かあったこと、増水期には急流となり航行が危険となったこと、遡航のために陸から船を曳いたり、艀下を使用する必要が発生すること、などの問題があった。こうした問題は、程度の差はあっても中・下流域にも存在したが、全般的にみて上流域よりは中・下流域の方が大型の船が利用しやすかったことはいうまでもない。なお、川船に小型、中型、大型という区分と定義があるわけではないが、ここではおおよその目安として、小型船は積載量が米一〇〇俵以下、中型船は一〇〇俵から三〇〇俵くらいまで、それ以上を大型船としておく。下流域では中流域よりも大型船の利用が盛んであった。たとえば利根川下流の佐原河岸に所属する船の総数は正徳三年（一七一三）には二六艘、うち三〇〇～七〇〇俵積みの中型から大型の船が一四艘もあった。さらに、船頭と水主合わせて四人乗りの大型船は三艘で、これは六〇〇～七〇〇俵積み程度の船に相当し、江戸まで年間六往復した。佐原河岸の船の数は後年に増えて享保二〇年（一七三五）には総数四四艘にのぼった。うち中型と大型合わせて三一艘（七〇％）、船頭一人乗りの小舟が一三艘（三〇％）であり、これらは毎年平均して五往復ずつ江戸への輸送を行っていた［渡辺、二〇〇二：二六七～六八］。

このような区分をしたとしても、資料は必ずしも中流か下流かを区別して記述しているわけではないので、以下の記述では、特別な理由がない限り中流域と下流域を一括して中・下流域として扱うことにする。このような区分を置いたうえで利根川全体を考えると、境・関宿河岸は利根川舟運における「へそ」のような位置にあり、両河岸は利根川水運の最も重要な中継拠点であったといえる。舟運の実態をもう少し具体的にみてみよう。たとえば大型船で銚子から利根川を遡航して江戸に荷物を運ぶ場合には、関宿か境を経由して江戸川に入り江戸に運んだ。もちろん、銚子から運ばれた荷物（海産物など）を途中の関宿や境の河岸で売り払うこともできるし、さらに上流の栗橋方面まで遡航してその途中の河岸で売却することもできる。しかし、栗橋よりさらに上流域に荷物を運ぶ場合には、大型船や中型船は航行が難しいので、どこかの河岸でより小型の舟に荷物を積み替える必要がある。逆に、上流域から江戸に荷物を運ぶ場合、江戸初期には上流用の小型の舟で直接に江戸まで運ぶこともあったが、それは効率が悪いのでむしろ例外的であった。通常は効率的に運ぶために途中で荷物を大きな船に積み替えた。利根川流域にはこのような船の交代と荷物の積み替え場所が何カ所かあった。そのための協力体制が河岸組合である（第二節参照）。利根川水系の舟運は、後背地の農村部から巨大消費地である江戸を目指し、また江戸からは農村部では入手できない商品を後背地に送っていた。

以上の舟運の構造は基本的には江戸末期まで続くが、使用される船のタイプと流通のあり方に重要な変化があった。それは、それまで通常使われていた船に加えて、上流域においては、元来は農業用に使っていた小舟（耕作舟、作舟）が荷物の輸送も行うようになっていったことである。本来、小舟といえども輸送を行うには「舟年貢」を払う必要があったが、利根川上流域においては「舟年貢」を払わず、勝手に営業していた小舟（「所稼船」「所働船」）の比率が大きかった。寛政五年（一七九三）ころ、上信越地方からの舟運荷物の増大にともなって倉賀野河岸から上河岸一四河岸組合（後述）に属する中瀬河岸までの六里の区間に三〇〇〜四〇〇艘もの小舟が稼動していたと推定された。そこで「所稼船」の統制のため、幕府の川船役所の役人が実地調査をした。その結果、寛政五年二月までに上利根区間の一七の河岸で二五六艘、同五月には二七二艘の「所稼船」が確認され、幕府の鑑札船として登録され年貢・役銀を徴収されることとなった。二月の時点で登録された「所稼船」については所属河岸の名前が記されている。それによると、二五六艘のうち倉賀野河岸の八〇艘を筆頭に、残り一七六艘がそのほか一六の河岸に所属していた［丹治、一九八四：二五二〜五六］。

こうした小舟の出現には大別して二つのコースがあった。一つは、本来農業に使う田舟・耕作舟や漁船を農閑期や漁のない時に艀下にして舟稼ぎをし、それが常態化して事業となるコースであった。二つは、もともとは問屋の持ち船の船頭であった者が自ら小舟を新造したり、他人の船を買い受けて船持になるコースであった。どちらのコースであれ、そもそもなぜ、「所稼船」が増えたのだろうか？　寛政五年の調査の際、川船役所が「所稼船」が増加した理由を詰問したところ、上利根の八町河岸からつぎのような返答書が出された。それによると、天明三年（一七八三）の浅間山噴火以来、川筋に泥砂が流れ込み浅瀬になって船の航行に差し支えるようになったため、漁船や小舟による船稼ぎを少しずつ行っていたところ、寛政四年（つまり調査の前年）九月ごろから艜船（やや大型の船）による通船が困難となり所稼ぎの小舟が増加した、という内容であった。しかし丹治氏は、浅瀬になったことで漁船や耕作舟の農間稼ぎを促したかもしれないが、それよりも寛政期前後における農民による商品生産の発展を重視したい、と述べている〔川名、一九八四：三九一～四〇七／丹治、一九八四：二五二～五六〕。

筆者も右の丹治氏のコメントのほうが事実に近いと考える。というのも、上利根で発生していた、無許可の小舟による「所稼ぎ」の増加と活躍は中・下流域でも起こっていたからである。これについては本章第四節（三）「境河岸」の項で「農間稼ぎ」としてくわしく触れるが、その背景をみると、寛政期（一七八九～一八〇一）に入ると、江戸周辺の江戸地回り経済圏では商品経済と貨幣経済が進展していたのである。この波に乗って関東の水田地帯では手舟（田舟）を利用して自家用の生活必需品を手に入れたり、商荷物の輸送で「所稼ぎ」に従事する農民が増えた。いずれにしても、農民の商業への参入は、利根川流域全体でみられた現象であった。寛政五年の統制については上利根が主たる対象地域であったが、それ以後も「所稼ぎ」に対して鑑札制度による大規模な統制が一段と強化された。文政一三年（一八三〇）にはこうした調査が武蔵・上野・下野、常陸・下総の五カ国、すなわち利根川流域全体にたいして実施され、さらに幕末の万延元年（一八六〇）の「川船年貢役銀勘定帳」によれば、関東全域で田舟一八八〇艘が登録され、年貢を課されるようになった。農民の田舟は雑喉（雑魚）を捕り藻草を採取し、肥料やそのほかの荷物を運搬するなどの経済活動に利用されている、という理由で幕府の統制下に置かれ、舟ごとに年貢の支払いが義務化された。幕末に向けて幕府は、一方で既存の河岸問屋制を維持しつつ、他方、小舟に対する統制と監視を、税金を徴収するという形で強化していった〔丹治、一九八四：二五九～六〇、二七一～七三〕。しかし、農民や漁民（川漁師）などの小舟による輸送が禁じられたわけではないので、公権力によって監視されている河岸問屋の統計には表れない品目や量の荷物が、これらの小舟や、河岸問屋の支配を脱した船持たちによって運ばれたものと思われる。これに関連して重要なことは、従来、運輸や商業にたずさわってこなかった農民も、自らの村を離れて商業活動に参加するようになったことである。彼らにとっては、生活圏が自分の村から、さらに広く流域の諸地域に拡大されたのである。つぎに上流域から中・下流へ向けて順次舟運の実態を検討しよう。

第二節　上流域の舟運

上流域の舟運には、中・下流域とは異なるいくつかの問題があった。たとえば前節で述べたように、上流域は中・下流域に比べて水深が浅いので大型船は利用できないこと、また中・小型舟であっても冬季の渇水期には航行が困難になったこと、危険な浅瀬が何カ所かあったこと、反対に増水期には急流となり航行が危険となったこと、などである。このため上流部では、三〇〇俵積みの船でも大型船とみなされており、二〇〇俵積み、さらには一〇〇俵積みの中・小型舟も活躍していた。上利根筋を航行する船のほとんどが艜船で、中・下流域で一般的な高瀬舟よりは小型で、底が平たく長く、舳先がやや角ばった、通称「上州艜」と呼ばれた。利根川上流部の最も重要な河岸の一つ倉賀野河岸に所属する船は、元禄四年（一六九一）には大小合わせて七〇艘であったが、天明六年（一七八六）には登録された船は合計五四艘に減少していた。それでも、船数だけみれば、すでに説明した利根川下流の重要な佐原河岸よりもはるかに多かった。五四艘のうち江戸まで航行する、いわゆる「江戸廻り船」（艜船）または「元船」と分類される船の内訳は、一〇〇俵積みの船が一一艘、一五〇俵積みが六艘、二〇〇俵積みが一二艘で、三〇〇俵積みは一艘だけであった。これ以外に「小舟」が二艘、五〇俵積みの船が二二艘であった［丹治、二〇一三：八～九／境町、一九九六：四～六］。五〇俵積みの小型舟は江戸までは行かず、主として近くを航行する艀下《はしけ》として利用された。一般に「艀下」とは大型の本船と陸地とを連絡する船を指すが、利根川流域の「艀下」は本船の荷物を分担して運ぶための補助船という意味で、小さな舟の場合もあるし、本船と同規模でも右のように補助船として使われた。つまり「艀下」とは、船の大きさとは直接関係なく、その補助船としての機能からみた呼称である［渡辺、二〇〇二：二六四～七〇］。

右にみたように、倉賀野河岸に所属する船に艀下が多いことには理由があった。すなわち、烏川は水深が浅い

図7−2　利根川上流域の河岸組合

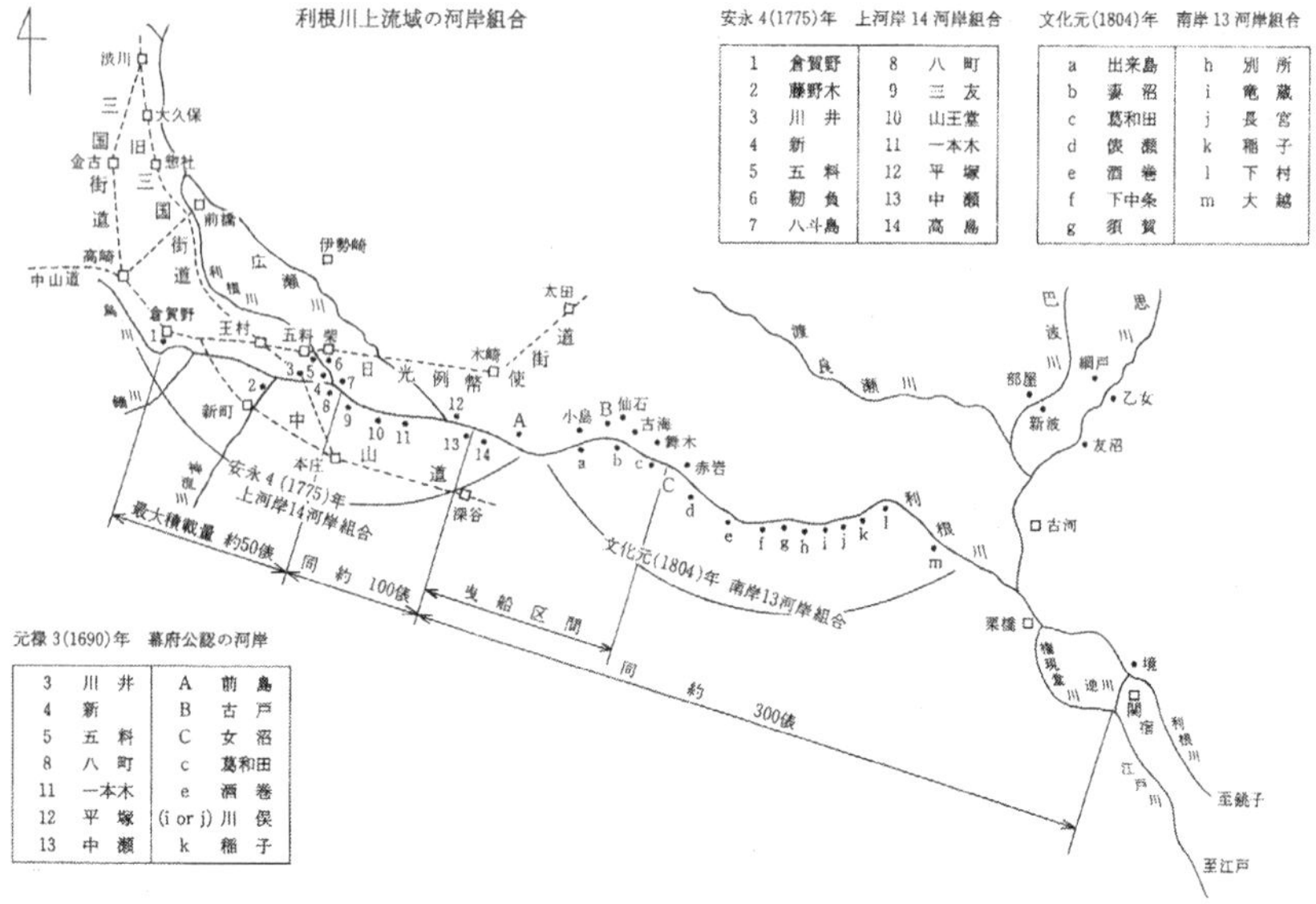

［渡辺、 2002:274］

ため、二〇〇〜三〇〇俵積みの船でも航行が困難になる場合がしばしばであった。そのような場合、三つの方法が採られた。一つは、本船（元船）の荷物の一部を艀下に移して一緒に航行して浅瀬や難所を乗り越え、水深が十分深くなったところで再び艀下の荷物を本船に戻す方法である。二つは、複数の艀下に荷物を分散して積み込み、本船が航行できる水深になったところまで先行し、そこで荷物を本船に積み替える方法である。第三は、途中に浅瀬がある場合、そこだけ艀下を利用し、そこを越えたところで再び本船に荷物を戻す方法である。渡辺氏は、従来の研究が、以上のような事情を正しく押さえないまま、利根川上流域と江戸との間は一艘の船で単独運航が可能なものと想定して議論してきたことの欠陥を指摘している［渡辺、二〇〇二：二六八〜七三］。

実際、本船が航行できなくなる水量不足の浅瀬や、逆に水量が多くて水勢が強いなど、航行上の障害を克服するために多数の支援体制が必要であった。そこで安永四年（一七七五）、利根川上流部、渡瀬川との合流部から倉賀野河岸までの区間のうち、倉賀野河岸から高島河岸までに「上河岸一四河岸組合」（上組）が結成され、文化元年（一八〇四）には出来島河岸から大越河岸までの「南河岸一三河岸組合」（下組）が幕府の主導のもとに結成された（図7－2参照）。この結成の契機の一つは、明和～安永期（一七六四～一七八一）に行われた幕府の河岸改めであったことはまちがいない。しかし渡辺氏は、この地域では河岸改め以前から河川水運はすでに十分な発展を遂げていたから、それまでの慣行が河岸改めを契機として成文化され組合の結成につながったと考えてよいのではないか、と指摘している。たとえば上組についていえば、組合の結成以前の正徳期（一七一一～一七一六）ころから、最上流の倉賀野から山王堂までの七河岸の船持が、赤岩、葛和田、舞木の河岸と曳船の人夫調達を円滑にするための議定書を交わしていた。その後、人夫への需要が高まったため、高島までが曳船区間として拡張されていった。下組については同様の記録はみつかっていないが、渡辺氏は、おそらく下組の場合も上組と同様の経緯があったものと思われる、と推測している。上組、下組の河岸は協力しあって艀下の手配、強風や強い水勢、逆に水量の減少時に必要となる曳船人足の提供などの支援を行った。こうした現実的な必要面のほかに、幕府には河岸問屋株という制度と舟運の安全かつ効率的な運営を維持しようとする意図があり、河岸改めを契機に組合が結成されたことが分かる。具体的には、上組については幕府は一四の河岸と、そこで営業する河岸問屋を固定し、それ以外の新たな営業を禁止しようとしていたのである［渡辺、二〇〇二：二七五～七六、三二四～一八］。

組合結成のきっかけとなった自然的要因として、天明三年（一七八三）の浅間山噴火が利根川本・支流に泥を押し流し、利根川水系の各所に浅瀬を生み出してしまったことも考えられる。しかし、上組の結成は浅間山噴火以前であったから、この可能性はない。組合結成の重要な背景はやはり、商品流通の拡大とともに物流を担う舟運を円滑にするために、艀下と曳船人夫への需要が高まったことにあると考える方が妥当である。図7－2に関連して少し補足しておくと、上流域において全ての区間で曳船を必要としたのではなく、赤岩から広瀬川との合流点近くの平塚・中瀬までの急流区間が「曳船区間」として曳船を必要とされていた。これは、この区間を遡航

図７−３　利根川—倉賀野—信州ルート

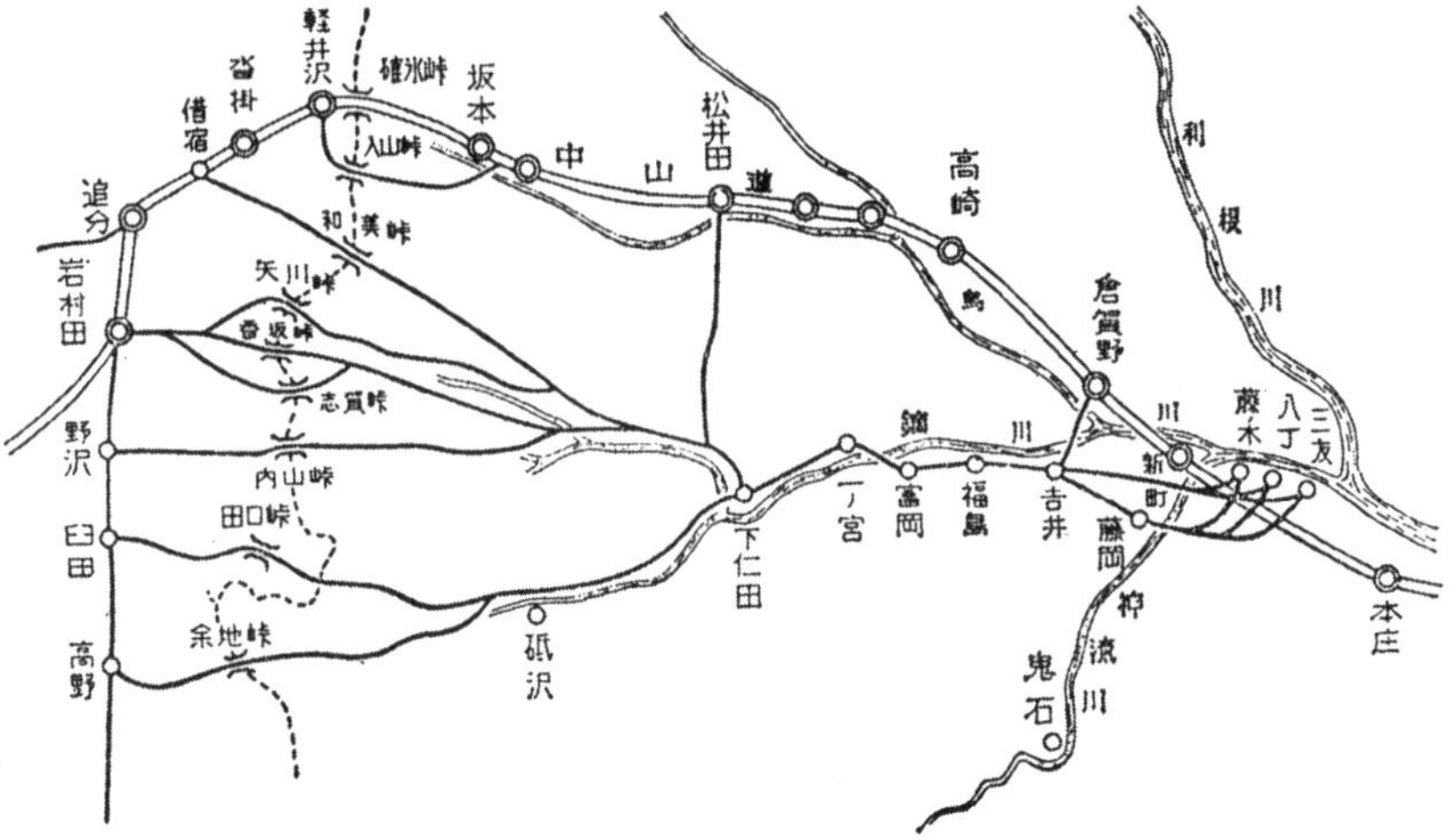

［川名、1984:139］

する場合、広瀬川の合流により水量は増えて水深は確保できるが水勢も強く、特に北風が強い冬は曳船を必要としていたからである。ところが平塚・中瀬を過ぎると水勢は弱まるが、今度は水深が不足して航行ができなくなる。つまり、江戸から荷物を満載した船が曳船の助けを借りたとしても、同一の船が単独で遡上できるのは平塚・中瀬までで、これより上流へは空船を艀下として雇って荷物の一部を積み替えて分散し、船を軽くして航行する方法が採られた。こうして荷物を分散する方法は、鬼怒川でも渡良瀬川でも採用されていた［渡辺、二〇〇二：二八〇〜八二］。つぎに、利根川上流域における舟運と陸路とはどのように関連していたのかを検討しよう。

上流域の舟運から陸路につながるルートは大きく二つあった。一つは、利根川本流の最上流部に沿って北上する三国街道を経由して越後方面に出るルートである。このルートについては本章の第一節で触れたように、幕府は、幕末には本流の最上流部の沼田まで通舟を可能にし、支流の吾妻川に三カ所河岸を設けるなど、関東と越後とを結ぶ交通路を開いた。しかし残念ながら、現段階ではこのルートの実態や詳細を資料で確認することはできない。もう一つは、利根川上流と信州とを結ぶルートである。これには利根川の支流烏川沿いの倉賀野河岸から中山道をたどり、碓氷峠を越えて信州に至るルートと、烏川と合流する鏑川を舟で下仁田まで遡航し、そこからは中山道の脇道（往還道）である何本かの山道と峠を越えて信州に至るルートがあった（図7－3を参照）。

信州各地から下仁田を経て烏川—利根川に出て関東諸地域と江戸に至るルートについて補足しておこう。信州から利根川筋に出るルートとして、中山道—倉賀野という経由のほかに、中山道の岩村田宿、追分宿、借宿、松井田宿から下仁田に出る陸路、中山道を経由しないで野沢、臼田、高野から峠を越えて下仁田に至るルートも利用されていた。これらのルートは主として商荷物の輸送路として利用されたが、それにはいくつかの理由があった。まず、同じ陸路でも中山道経由よりも距離が短く、馬による輸送費が安かったことである。つぎに、中山道は幕府が管理する街道、つまり官道で、碓氷峠には関所があり、また武家荷物が優先され商荷物の通過に時間と費用が多くかかったことである。そして、中山道経由の場合、佐久の小田井から坂本までの五宿を駄送で継いでゆくことが義務付けられており（第三章第一節）、これも費用がかさんでしまうからである。このため、商人は五宿経由のルートを避け、岩村田から香坂峠越えを選ぶ傾向があった。ところがこれは五宿の収入機会を奪うことを意味した。そこで五宿は享保六年（一七二一）、五宿を通らない「付送り」（直通輸送）を禁止するよう幕府に上訴したが認められず、新道ルートの利用は許可された。ただし、新道経由の「付送り」ができるのは、これまで利用してきた実績のある品目に限られた。実際には、許可された品目以外の荷物が「付送り」されることも珍しくなかったので、こうした争いはその後も何回か繰り返された［川名、一九八四：一三八～四一］。本節（二）の鬼怒川ルートの項でも触れるように、そこでも同様の紛争が生じていたことからみて、当時は新ルートでの「付送り」が各所で頻発していたことが分かる。これは、江戸中期以降、経済規模の拡大につれて物流量が増大し、商人が輸送コストをできるだけ下げようとしていたからである。

新ルートの問題とは別に、利根川上流域においては、河岸問屋と船持との間で取り交わされた宝暦一二年（一七六二）の議定書が、寛政期（一七八九～一八〇一）以降、船持によって反故にされるようになった。この議定書によれば、利根川上流域においては、河岸問屋は船持が所有する船の数の管理と舟運にかんする一切の権限をもっており、船持が船の数を増減する場合には河岸問屋の許可が必要となっていた。しかし、船持はこの議定書を無視して無許可の所有船を増やしていった。これは、船持が河岸問屋の支配から脱しようとする動きであったと解釈できる。この動きにたいして六人の河岸問屋が藩の「船方役所」にこうした動きを禁止するよう二度目も願書を提出したが効果はなかったようだ。河岸問屋による支配体制はこれまで領主権力によってかろうじて維持されていたが、寛政期以降は領主権力の統制力が弱まったものと思われる［丹治、一九八四：一八八〜八九］。しかし、問題はこれだけではなかった。すでに述べたように、寛政期には上信越地方からの舟運荷物の増大にともなって、舟年貢を払わない「所稼船」が増加していたのである。

ところで、信州から利根川筋に送られた下り荷の中心は廻米であったが、そのほかの荷物には運上砥石、絹、真綿、麻、紙などの手工業製品と、大麦、小麦、大豆などの食料品があった。これらの荷物は、中山道経由で倉賀野そのほかの烏川沿いの河岸を経由して江戸に運ばれるか、途中で鏑川沿いの下仁田から八丁河岸経由で利根川に出て江戸に送られた。反対に信州への上り荷は、半分が塩であり、そのほか茶、太物（麻、綿などの織物）、小間物、干し鰯・粕（魚から油を絞った後の粕）・糠などの金肥が烏川→鏑川→下仁田を経て信州へ、また倉賀野―中山道―信州各地の農村地域に送られた。なお、上流域の舟運の実態については本章第四節で、倉賀野河岸の検討の際にさらにくわしく説明する。つぎに中・下流の舟運について説明しよう。

第三節　中・下流域の舟運

（一）渡良瀬川ルート

渡良瀬川も鬼怒川と同様、もともとは独立した河川であったが、元和七年（一六二一）の瀬替によって栗橋近くで利根川に接続された。渡良瀬川には多数の支流があるが、その舟運は最終的に利根川との合流地点から四・五キロさかのぼった古河城下の船渡河岸に集約された。古河船渡河岸は江戸や利根川中・下流との中継地であるばかりでなく、日光街道に面した古河宿を経由して日光に至る基点でもあり、さらに宇都宮を経て奥州街道に通じる宿でもあった。奥州街道は、江戸中期までは白河までを指したが、それ以後、白河より北の「蝦夷地」との交通・運輸が増えたため、奥州街道は白河以北、陸奥国（青森県）にも延長された。渡良瀬川が利根川と合流する最下流の古河城下の船渡河岸は、この長い交通ルートにおいて、江戸に向かう舟運の起点であり、北関東や奥羽地方への起点でもあった。

渡良瀬川の水運は古代・中世までさかのぼると考えられるが、記録としては慶長五年（一六〇〇）の文書に、渡良瀬川の支流、思川の乙女河岸の名が登場する。また、貞享二年（一六八五）の記録として、徳川家康の死去にともなう日光普請材木を乙女河岸より江戸まで船で運んだ記事がある。さらに同年、乙女河岸から江戸まで宇都宮城主が蔵米一〇〇俵を江戸に送っている。当時、乙女河岸には少なくとも三五〇俵積みの船が就航していたようである。翌貞享三年には宇都宮の幕府年貢米を思川の支流黒川の壬生河岸から江戸浅草まで船で輸送している［壬生市、一九八六：六九〇～九二（史料三六）／丹治、二〇一三：一五～一九］。このほかにも、渡良瀬川から江戸へ荷物を運んだ記録はいくつもあるが、江戸初期の一七世紀においては荷物のほとんどが領主による年貢米や廻米の輸送であり、それ以外の一般荷物（商荷物《あきないにもつ》）の輸送に関する記録が登場するのは一八世紀以降、江戸中期以降になる。まず、船渡河岸を中心に渡良瀬川ルートの全体的な荷物の動きをみてみよう。

安永三年（一七七四）の「行徳領・東葛飾領の者古河にて直積せざる様申立口書写」は、古河・船渡河岸を中心とした渡良瀬川流域の商品の大まかな流れを明らかにしている。すなわち、倉賀野河岸から古河へは船でたばこや呉服が運ばれ、呉服はさらに古河町から日光街道を経由して奥州方面へ送られたことが記されている。また、利根川と江戸川の分岐点にあたる境・関宿河岸周辺の河岸には、銚子方面の粕（魚油の搾り粕）や干し鰯などの肥料がもたらされ、それらが船で古河の町へ運ばれた。また、江戸から江戸川経由で境・関宿にもたらされた糠・塩・油・酒、その他諸荷物も古河町の商人が近在の農民へ売り払い、行徳・東葛飾領の農村からは肥料として人糞や灰がもたらされ、それらも古河町や周辺の村落に売り払われた。その帰り荷として船頭は真木（薪か）、大豆その他松葉を購入して帰りの船で江戸に運んだ。野洲栃木河岸や越名河岸からは木炭・ゴザなどが古河町に運ばれた［古河市、一九八二：五〇八～五一〇（史料一〇七）／古河市、一九八八：三四六～四七］。

実際に運ばれた荷物の数量にかんしてみると、享保一〇年（一七二五）に、古河城下の船渡河岸から江戸へ送った下り荷は俵物（米と雑穀か）二万四六七二俵、江戸からの上り荷は七五二一駄であった。一駄二俵相当として換算すると、下り荷は一万二三三六駄となり、上り荷の一・六倍であった。そして、明和八年（一七七一）の「答弁心得書」によれば、船渡河岸における米・大豆・麦などの穀物の江戸向け年間船積み量は二〇〇〇駄ほど、江戸からの上り荷は一三〇〇～一四〇〇駄であった。明和～安永期（一七六四～一七八一）に古河から江戸に下された商荷物は大豆が主要な品目であった。天明五年（一七八五）には、渡良瀬川流域からの下り荷に新たに醤油が特産品として加わり、船渡河岸からは穀物と醤油そのほかを合わせて総量は五万八二一八個（二万九一〇九駄）となり、享保一〇年と比べて全体として大幅に増大したことが分る。とりわけ、大豆を原料とする醤油が一万二八〇三樽（六四〇二駄）もあったことが注目される。これは、利根川中流域で加工業が発展しつつあったことを示している。つぎに上り荷は、全体で四万五五三〇個（駄）で、これも享保一〇年の量をはるかに上回っている。最も多かったのは肥料の糠で一万三六五八俵（六、八二九駄）、第二位は斉田塩で一万二四七四俵（六、二三七駄）、第三位は「箇（筒）類その外」が七七一三個（三八五六・五駄）、第四位が醤油明（空）樽で容積三三七一升分、第五位が酒・酢の二四七四駄、第六位は赤穂塩で二〇八〇俵（一〇四〇駄）、第七位は粕・干し鰯で一七一八俵（八五九駄）、第八位は穀物類の一二五五俵（六二七・五駄）となっていた［古河市、一九八八：三四七〜四八／丹治、一九九六：一〇六〜一〇七、一八六〜八七］。上り荷の中で塩が多かったのは、一般の家庭使用のほかに味噌・醤油の生産にも必要だったからであろう。なお、資料で第三位の品目は「箇類その外」と記している場合と「筒類その外」と表記されている場合があるが、いずれも内容の説明がないので具体的には分からない。したがって、塩、肥料（糠、粕、干し鰯）、空樽、酒・酢、穀物以外の全ての商品と考えるほかはない。

近世中・後期の北関東において農村地帯の商業的農業、商品作物栽培を促進した要因の一つは、九十九里産の干し鰯や魚の搾り粕、江戸からの糠などの金肥の導入であった。渡良瀬川流域では醤油の製造が盛んになり、その原料となる大豆栽培が拡大した。古河における肥料の荷揚げが増えたのは、大豆をはじめとする商品作物栽培のためであった［古河市、一九八二：五〇八〜五二（史料一〇七）／古河市、一九九八：三四六〜四七］。以上を総合すると、古河では明和〜安永期（一七六四〜一七八一）に大豆が主要な船積み荷物であったが、天明期に入って大豆を加工した醤油が大きな比重を占めるようになったことは、北関東の農村地帯で商品作物栽培と農産物の加工産業が発展しつつあったこと反映している［丹治、一九九六：一八七］。

船渡河岸を基点とした舟運が活性化した実態は船渡河岸に荷揚げされた品目の増加にみることができる。すなわち、天明三年（一七八三）五月に出された「河岸荷駄賃品目別値上げ高」の対象となったのは酒、斉田塩、赤穂塩、油、菅笠、穀物、油槽、醤油、糠、粕、干し鰯、茶の一二品目であった。これらは船渡河岸に荷揚げされ古河城下の各町まで馬で運ぶ際の駄賃値上げ対象であるから、必ずしも荷揚げされた品目の全てではないがほぼ主要な品目であると考えられる。ところが、文化九年（一八一二）の、江戸からの荷物で、船渡河岸に陸揚げされた商荷物を古河城下の各町へ輸送する際の駄賃リストをみると、「諸駄賃割附覚書帳」に記載されている船渡河岸取り扱い品目は五〇種以上に上り、天明三年の一二品目と比べると格段に多くなっていた。酒（上方《かみがた》から）、斉田塩（徳島）、赤穂塩、水油、生魚油、しめ粕（魚油を絞った後の粕）、大坂糖、尾張糖、干鰯、繰綿、黒砂糖、出島砂糖（長崎）、黒砂糖小樽、琉球（畳表）、備後・備中・近江（以上三つは畳表か）、半紙類、香、伊予砥石、土佐小半紙類、切昆布、傘、瀬戸物、蓋付き甕、小川そうめん、小間物櫃、大平櫃、鉄物、干物相物（干し魚）、塩引、塩物樽、醤油、さつまいも、みかん、天草、灰小俵、太物、織裏、醤油、雲斎（綾織の厚手綿布）、醤油空樽、油空樽、酒空樽、かりやす（イネ科の植物で、染料として用いる）、しぶ木（柿渋か）、蠟、鉄物、叺物、醤油粕、綿種、玉子、ならし（?）、酒粕、鱗（?）などであった［丹治、一九九六：二二一〜二二五］。北関東の農村社会にも、琉球、九州、四国、中国、関西、中部、北海道など全国からの商品が送られていたことがよく分かる。

これらの商品の中で、「大坂糖」「尾張糖」「出嶋砂糖」は生産地の名称ではなく、おそらく出荷地の地名を付した砂糖であろう。いずれにしても農村社会の商品生産が活発になり、その収入で、従来は船渡河岸までは送られてこなかった砂糖への需要が関東の農村社会でも高まったものと思われる。なお、寛政二年（一七九〇）の取扱荷物の船賃表にも砂糖は登場するが、そこでの砂糖は一種類だけである［古河市、一九八八：三四九〜五〇／丹治、一九九六：二二六］、文化九年の駄賃リストには砂糖の銘柄も四種類に分かれていたことは興味深い。幕末になると、農村において目的によって、あるいは好みによって使用する砂糖を選択していたのかも知れない。それだけ農村社会にも砂糖文化が日常生活に浸透していたのである。

以上、古河の船渡河岸を中心として、利根川中流域における物流を概観したが、それでは、実際にどのような品目の荷物が渡良瀬川を下り、また一艘の船が具体的にどんな荷物をどれほど積んでいたのだろうか。これらについては、古河船渡河岸に残された破船に関する記録（「川船御用留」）がいくつかあり、それらの事例からある程度分かる。しかも、破船に関する記録は、具体的に一艘の船がどのような品目の荷物が、どれくらい積んでいたかをも伝えてくれる貴重な記録である。

まず享保一五年（一七三〇）九月一六日、支流の巴波川筋の商人の荷物（塩三四〇俵、樽詰めの塩六五樽）を積んだ船が江戸から利根川経由で渡良瀬川を遡航した際、船渡河岸付近の杭に乗り当てて破船し、塩七〇俵が濡れ塩となってしまったと記されている。また、寛延元年（一七四八）一二月二〇日、渡良瀬川の支流、秋山川下流の河岸から江戸へ向かう高瀬舟が古河付近で杭に乗り当てて破船した。この船の積み荷はたばこ（二九〇個）、酒（二〇樽）、麻（三個）、炭（八五八俵）、杉板（五〇束）、味噌（二樽）、柳（五〇束）であった。つまり、たばこや麻などの商品作物、炭、杉板、柳などの林産物、酒や味噌などの加工品が江戸に出荷されていたことが分かる。さらに宝暦二年（一七五二）七月九日、今度は江戸からの荷物を積んだ高瀬舟が渡良瀬川越名河岸（渡良瀬川の支流　秋山川沿いの河岸）を遡航途中に破船した。積み荷は炭（六〇〇俵）、糠（四〇俵）、酒（四樽）、油（四樽）、塩（一〇〇俵）、鍛冶炭（五六俵）、醤油（一九樽）、同空樽（一五〇樽）、鉄荷（三三個）、繰綿（三本）、そのほか小荷品（三八個）であった。江戸中期に江戸から利根川支流の内陸地域へ運ばれた品には、塩、油、醤油などの生活必需品と肥料のほかに、繰綿、鉄荷、鍛冶炭など手工業の原材料が含まれていた。それにしても、炭、酒、油（菜種油か）などは、内陸の農村地域で生産できたし、実際、寛延元年の破船には江戸向けの酒樽が積まれていた。それにもかかわらず、なぜこれらの商品をわざわざ江戸から運んだのかは分からない。酒については、上方の酒（たとえば灘の酒）が江戸に運ばれ、それがさらに利根川を遡航して渡良瀬川流域にもたらされた可能性はある。最後に、もう一つ破船の例を紹介しよう。宝暦一一年（一七六一）一一月二〇日、渡良瀬川の越名河岸を出た高瀬舟が江戸へ向けて出航したが本郷村付近で破船した。この船の積荷は炭（六〇〇俵、内三〇〇俵ほどが水をかぶってしまった）、たばこ（二〇個、無事）、石灰（四〇俵　水濡）、麻（六個）、反物（一個）、紙荷（一個）、薪（二〇〇束）

であった［丹治、二〇一三：四二〜四六］。

以上は筆者がたまたま資料でみることができた事例ではあるが、破船の事例は、渡良瀬川流域から江戸方面へ、また江戸から渡良瀬川流域へ、一艘の船がどんな荷物をどれほど積んでいたのか、そして時代によって積み荷に変化があったのかどうかを知ることができる。たとえば江戸へ積み下す商品の品目を、寛延元年の破船の事例と宝暦一一年の破船の事例とを比べてみると、後者の方が手工業製品を多く積んでいた。ここから、この一三年間に、渡良瀬川流域で農村工業が発展したことを推定することができる。

ところで、船渡河岸の繁栄は文化期（一八〇四〜一八一八）が絶頂で、実はその背後には大きな問題を抱えており、時代を経るに従って船渡河岸の繁栄が脅かされるようになっていった。船渡河岸は古河城下にあり、古河藩と一体化した河岸であった。図7－4にみられるように、船渡河岸問屋が管轄する村落は二一か村あり、しかもほかの河岸の管轄下にある村と混在していた。規定では、船渡河岸の管轄下にある村から船積みする場合には船渡河岸を使うことになっていた。しかし、中には船渡河岸まで運ぶよりも指定外の河岸に運んだ方が便利な村もあった。たとえば、野渡村は本来船渡河岸の管轄であったが、この村は日光・奥州街道に近接して（約六〇〇メートル）おり、水運の便にも恵まれていたので、早くから船渡河岸以外の河岸での直積み・直荷揚げを行っていた。古い記録では享保三年（一七一八）には野渡村の商人と船渡河岸との間で抗争が起き、古河藩の仲介で野渡村がわび状を入れるということで一応の示談が成立した［丹治、一九九六：二〇八〜二〇九］。また、安永五年（一七七六）には船渡河岸をはじめ古河藩に属する四つの河岸の河岸問屋が連名で、古河町の市場に武州（現・埼玉地域）の商人が進出し、市場に出荷された大豆を権現堂の商人が買い集め、利根川右岸の栗橋や権現堂河岸の船で江戸へ運ぶことを止めさせるよう嘆願書を藩に提出した［丹治、一九九六：三二二〜一三］。

他方、古河を中心とした農村地帯では、農民の商品作物の生産が盛んになるにつれて、在地の商人たちは少しでも速く安く荷物を積み出すために、藩の決まりや河岸問屋と河岸差配の監視をかいくぐって指定外の河岸へ直接に荷物を運んで江戸に向けて輸送したり、逆に江戸からの荷物を指定外の河岸で荷揚げするようになった［丹治、一九九六：二〇七～二一〇］。とりわけ、商品経済が農村部にまで及ぶようになる天保期（一八三〇～一八四四）に入ると、右に述べた指定外の河岸の利用が特別な事例ではなくなった。たとえば、河岸問屋が船持に宛てた天

図７－４　渡良瀬川船渡河岸の後背地村落

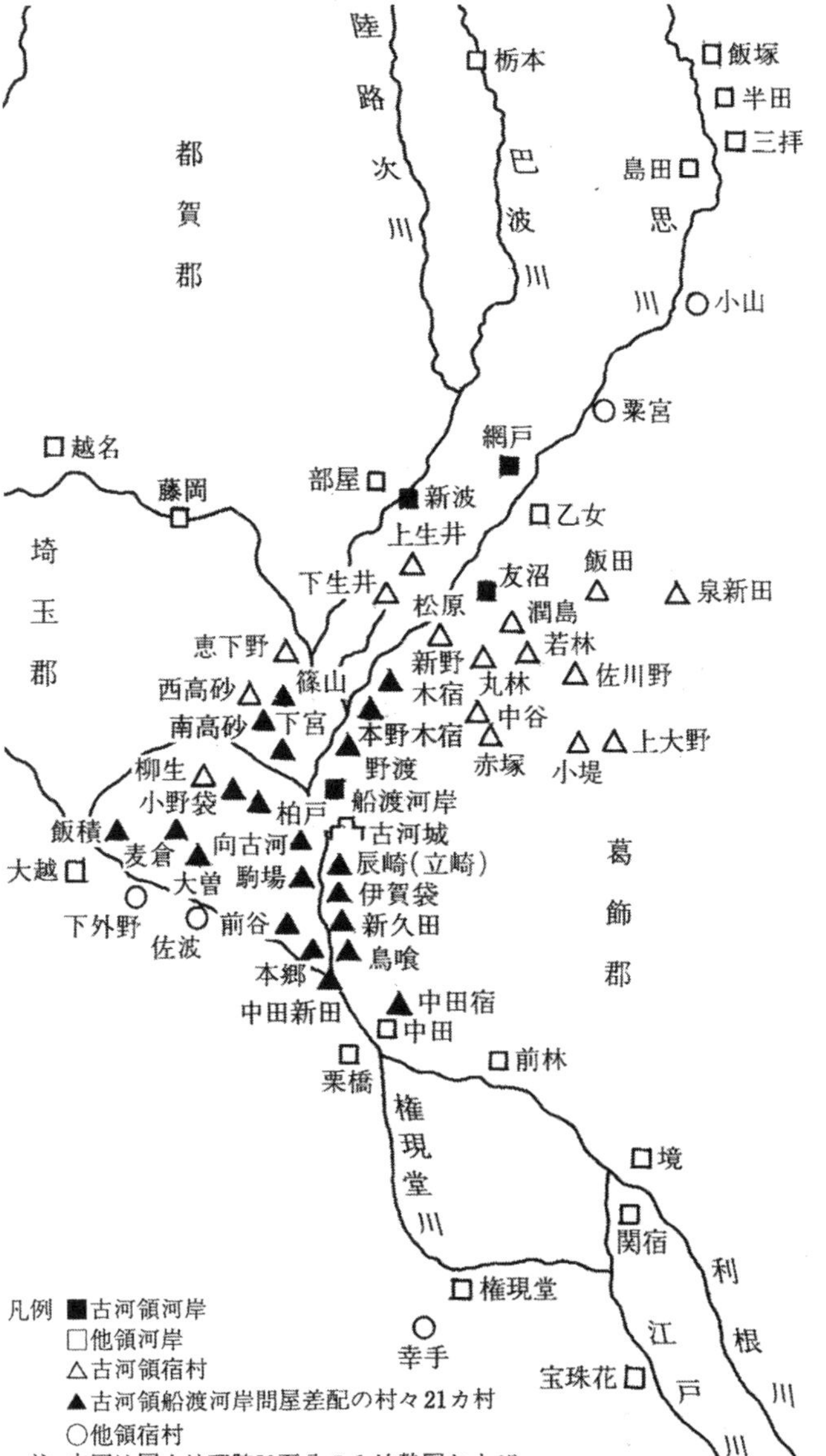

注　本図は国土地理院20万分の１地勢図および古河領分図（鷹見安二郎氏所蔵）等により作成した。

［丹治、1996:194］

保一五年（一八四四）七月付の一札には、船渡河岸管轄の村々から、管轄外の河岸の船に直積みする者が多くなり、河岸問屋の収益が減少している窮状を訴えている。このように訴えざるを得ないほど船渡河岸の衰退は深刻になっていたのである。こうした傾向は嘉永年間（一八四八～一八五三）になっても減少するどころか、ますます顕著になっていった［古河市、一九八八：三五〇～五一］。

右と同様の内容は、嘉永三年（一八五〇）に河岸問屋から古河船方役所に宛てた願書にも書かれている。この背景には、古河の商人が渡良瀬川の船渡河岸ではなく、利根川に面した栗橋や中田河岸経由で荷物を直接江戸へ送るようになっていた事情があった。また、安政六年（一八五九）一〇月の「船積議定書」には、この年の大雨・大水のため船渡河岸での船積みと陸揚げが困難となり、古河の商人が栗橋の商人に依頼して、酒樽一三〇駄ほどを中田河岸から船積みしようとしたため、船渡河岸が当該商人の行為を止めさせるよう古河藩町方役所へ嘆願書を出したことが記されている。この件は示談で解決したが、その内容は、船持・馬持に不利で荷主の商人に有利となっていた。この事例は、当時は既存の河岸問屋、船持、馬持よりも、町方商人の力が強くなっていたことを示唆している［古河市、一九八二：六五三～五六（史料一四九）／古河市、一九八八：三五二～五八／丹治、一九九六：二三〇～二三二］。

以上に述べた町方商人の活躍は、実は一九世紀初めからその兆候が現れていた。たとえば、思川上流の鹿沼周辺では胡麻油と荏胡麻油の生産が盛んであった。ここには一三人の搾油取り扱い商人がおり、文化四年（一八〇七）には舟運を通じて二三二樽が江戸へ運ばれ、一〇五樽ほどが近隣の地域で売られた。しかも、これらの商人は、必ずしも直近の河岸を利用するとは限らず、その商人にとって最も便利な河岸を使い分けていた。文政一三年（一八三〇）には鹿沼の商人は四二名に増加しており、しかも彼らは江戸の商人と緊密な関係をもっていた。こうした傾向は、一方で農村において原料となる胡麻や荏胡麻などの商品作物生産が盛んになり、かつ、搾油の農村工業が発展していたこと、そして、油にたいする需要が江戸や近隣の農村地域でも高まっていたことを示している［丹治、二〇一三：六〇～六二］。

（二）鬼怒川ルート

鬼怒川は、渡良瀬川と同様、江戸時代の初期に利根川に瀬替された河川で、もともとは利根川とは別の河川であった。しかし、本書が対象とする江戸期の大部分は瀬替後であるため、鬼怒川を利根川の支流として扱うことにする。鬼怒川は奥州（奥羽・東北地方）と江戸を結ぶ重要な交通・運輸ルートであった。鬼怒川ルートは大きく二つのルートから成っている。一つは、奥州から日光街道を宇都宮まで進み、そこから鬼怒川上流の石井河岸まで陸路をゆき、そこから鬼怒川の舟運を利用するルートである。二つは、奥州街道で氏家宿あるいは白沢宿まで陸路で進み、そこから阿久津、板戸、道場のいずれかの河岸から鬼怒川の舟運を利用するルートである。このルートでは鬼怒川を船で下り、中流の久保田・上山川・山王のいずれかの河岸で荷物を陸揚げし、そこから陸路で大木・諸川・仁連・谷貝、鬼怒川通りの上山川河岸または山王・境を合わせて通称「境通り六カ宿」、「境通り馬継六カ所」、あるいは上山川と山王の両方の宿を加えて「境通り馬継七カ所」と呼ばれる宿駅を経て境河岸に至るルートである（図7－5を参照）。「境通り六カ宿」は元来、鬼怒川と利根川との合流点までの区間に難所があり、とりわけ遡航が困難な場合があるため、安全と迅速性のために発達した陸路で、それは日光脇往還（日光東街道）に沿い、出羽・奥州・野洲（栃木）・上州（群馬）の大小の領主および家中の通行、それにともなう「御台所其他諸荷物」運送のために設けられた境までの六つの宿駅であった。それらを通る道中は「境六カ宿通り」あるいは「境通り」とも略称される。公的荷物を扱うこれらの宿駅は、常に問屋場に馬七頭と人足五人が詰め、それらの公務に当たる「人馬役」を負っていた。これらの宿は、公用の旅行者とその荷物を無償または公定輸送賃で継立すること（人馬を替えて人や荷物を宿から宿へ運ぶこと）を義務付けられ、そのような宿駅や河岸は「継立場」（あるいは継立村）と呼ばれた。実際、境河岸の河岸問屋の大福帳（後述参照）の寛政五年（一七九三）分には南部・仙台・米沢・会津などの諸藩の台所荷物や家中荷物を輸送したことが記載されている。こうした負担と引き換えに、「境通り六カ宿」のような継立場（宿駅）を通過して荷物を運ぶ場合、荷主は一つ一つの宿で宿泊したり、荷物を運ぶ馬と運搬人を駅伝のように雇い継いでゆくことを義務付けられていた［難波、一九六六：二〜八／丹治、一九八四：九二］。このほかにも、以下に述べるように、継立村に指定された宿駅はさまざまな経済

図７−５　鬼怒川ルート

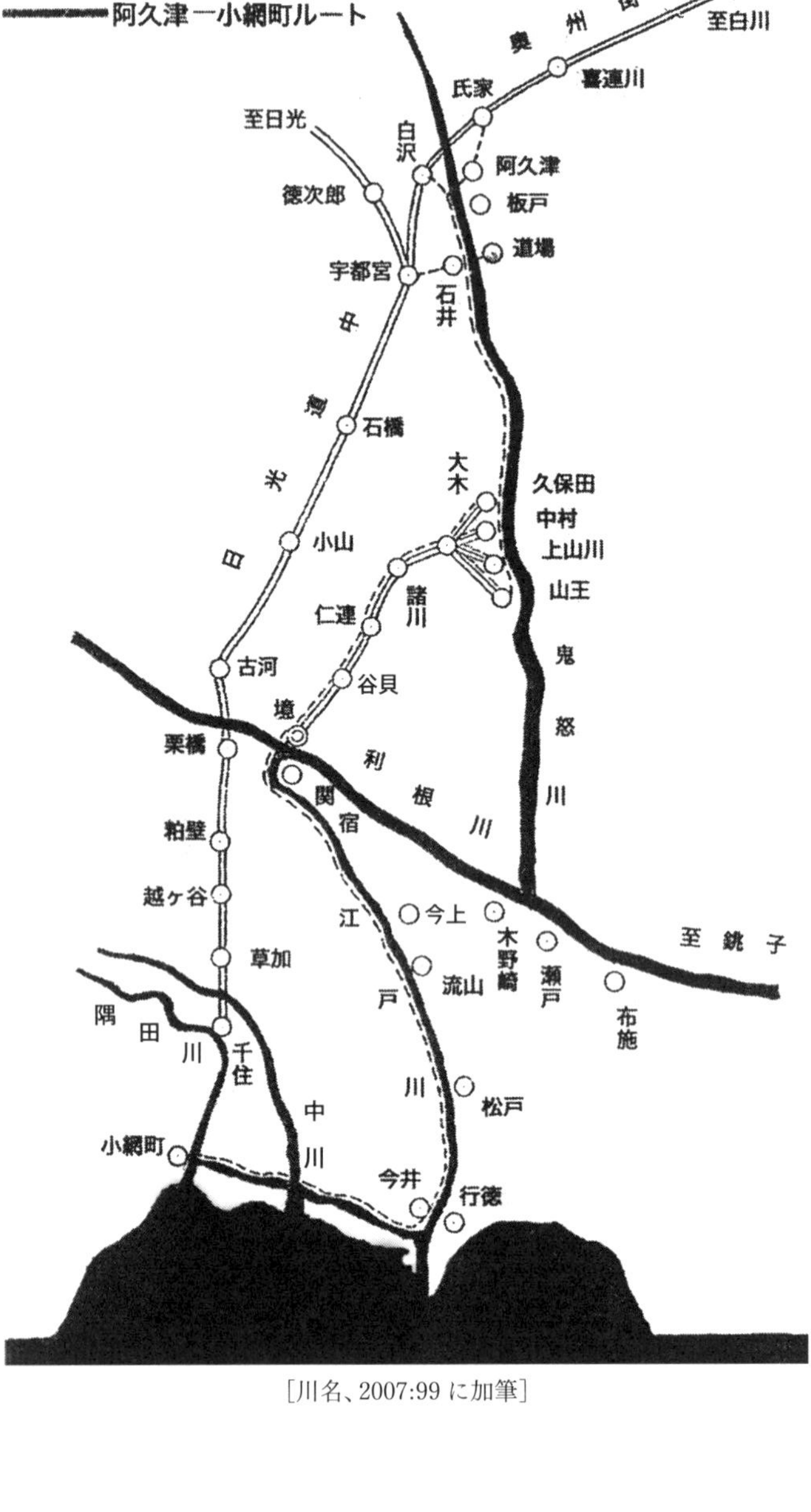

［川名、2007:99 に加筆］

的利益を得る機会があった。

境河岸に着いた荷物は、江戸川を下って行徳―小名木川を経て隅田川に入り、日本橋小網町や浅草蔵前に送られた。江戸から奥州方面へ向かう場合、諸荷物はこのルートを逆にさかのぼって送られることになっていた［川名 二〇〇七：九八］。たとえば、天和二年（一六八二）には磐城松川や竹貫で生産されたたばこがこのルートで江戸へ運ばれた記録がある。しかし、この年の一一月に問題が発生した。鬼怒川を下った荷物が「境通り六カ宿」を素通りし、そのまま下って利根川との合流点近くの木野崎で一旦陸揚げし、そこから馬で江戸川左岸の今上河岸に運び、そこから直接江戸川経由で江戸に運ぶ新ルートを利用する事態が発生した。この場合、「境通り六カ宿」の河岸問屋としては商荷物が減り、輸送荷物からの口銭、庭銭、倉敷料などの手数料が減り、宿駅としては荷物を倉庫で保管する業者、中間で売買する商人、旅籠、茶屋、宿場と宿場を牛馬で運ぶ陸送の仕事などの収入機会が減少してしまった。これは境河岸にとっても宿駅周辺の住民にとっても死活にかかわる問題であった［川名、一九八二：二六八～七三／川名、二〇〇七：二五六］。

そこで天和二年、「境通り馬継七カ所」の問屋名主が連名で、木野崎河岸と今上河岸の問屋二名を相手に、いわば正規の輸送ルート以外の新ルート（鬼怒川直通ルート）の利用禁止を代官所に願い出た。この訴えによれば、新ルートから外された「境通り六カ宿」では、荷物が減少し、存続にかかわる危機的状況だという。しかも、「境通り馬継七カ所」は、奥州諸地方と江戸を行き来する大名や武家の領主荷物を輸送する「領主的ルート」（第三章第三節を参照）で人馬役を勤めており、新ルートを認めると人馬役を果たすことができなくなる、と訴えた。一方、荷主からすると、境河岸まで「境通り馬継七カ所」を陸路で運び、境から利根川―関宿―江戸川経由で江戸に運ぶよりも、右の木野崎―今上―江戸川経由の方が日数的に短かった（したがって輸送コストが安かった）。実際、今上まで駄送し、そこから江戸川経由の舟運を利用すれば江戸までは八里（三二キロ）なので、一日で輸送することができた。日数を短縮できるというほかにも、荷主から見て鬼怒川―利根川―江戸川ルートの方が有利な点があった。「境通り六カ宿」では公用の人馬を常備し、参勤交代の時などの輸送という負担を負っていた。そこで各宿と河岸の問屋や関係業者は、その分の費用を埋め合わせるため、いきおい商荷物の輸送や保管手数料などで利益を上げようとするので、それだけ荷主の輸送コストは高くなった。この点、鬼怒川から直接利根川に出るルートの方が安かったのである。さらに、商人が木野崎河岸から今上河岸へ陸送するようになった背景にはつぎのような事情があった。寛永一八年（一六四一）に利根川から江戸川に入る区間をつなぐ逆川水路を新たに掘削したにもかかわらず、わずか一〇数年で関宿付近の浅瀬のため江戸川を下ることが困難になったうえ、濡荷の危険性もあった。以上を考慮すると、荷主にとっては新ルートの方が安く安全で有利であった。しかし、問屋名主たちの天和二年の訴えは認められ、今後は新ルートの使用は禁止するとの裁定が下った。というのも、幕府はその支配機構である「駅宿制」の一端を担う河岸問屋を保護せざるを得なかったからである［丹治、一九八四：五七〜六〇］。しかし、後にみるように幕府による禁止にもかかわらず同様の問題はその後も何度か繰り返された。

鬼怒川ルートには、木野崎経由とは別に、境河岸を経由しない別のルートも登場した。それは、木野崎よりさらに下流の布施河岸を経由するルートである（図7－5を参照）。布施河岸は利根川と江戸川の分岐点より三〇キロほど下流に位置し、水戸街道との交差地点に当たる水陸交通運輸の要衝にあった。ここには元和二年（一六一六）に幕府より関東一六カ所定船場に指定された渡船場がある。布施村は対岸の戸頭村を経て守谷・水海道・下妻・下館方面へ通じる、通称「笠間通り」と呼ばれる脇往還の継立村でもあった。元禄一一年（一六九八）の「差出帳」には、布施河岸には奥州および銚子方面からの船積荷物が陸揚げされ、そこから江戸川筋の加村・流山河岸まで陸路をおよそ一二キロ余の行程を駄送するか、水戸街道の小金宿まで一二キロあまり駄送した。つまり、布施河岸は江戸と奥州・常総などを結ぶ中継地であった［丹治、一九八四：六四］。

利根川右岸に位置する布施河岸は、権力によって領主廻米を目的として設けられた河岸ではなく、近世中期以降、農村における商品経済の進展を背景として住民が主体となって成立した河岸であった。鬼怒川を下った荷物がますます利根川右岸の木野崎河岸、瀬戸河岸、布施河岸に運ばれ陸揚げされるようになると、扱う荷物が減ってしまった境河岸および「境通り六カ宿」は苦境に立たされ、享保九年（一七二四）、ついにこれを禁止するよう幕府に訴えた。「境通り六カ宿」からすると、鬼怒川から直接利根川沿いの河岸に荷物を運ぶことは「抜け通り」だったからである。この訴えにたいして幕府が同年に下した裁定によれば、布施河岸は、鬼怒川経由の下り荷と利根川下流からの上り荷の区別なく全ての船積荷物を陸揚げし、江戸川左岸の加村・流山まで駄送することを許可する、ただし、同じく利根川右岸に位置し布施河岸に近い木野崎・瀬戸両河岸については、その周辺から積み出された荷物の陸揚げは認めるが、遠国よりもたらされた荷物（具体的には鬼怒川経由の奥羽・東北地方の荷物）の荷揚げは今後一切してはならない、というものであった。これに先立つ享保五年（一七二〇）に、木野崎と瀬戸村の中間に位置した三ツ堀村についても遠隔地よりの荷物の陸揚げが一切禁じられたので、利根川右岸の村々の中で、布施村だけが遠国船積荷物の陸揚げ・駄送が許されたことになる。その理由は、布施河岸が小金井宿から分かれて下妻・下館方面へ向かう脇街道に位置しており、毎日馬四匹と四人の人足を常備する伝馬役を負担していたからである。この裁定以後、布施河岸は陸揚げ・駄送の本格的な業務を開始した［渡辺、二〇〇二：一〇五〜一〇七／丹治、二〇一三：八］。

もっとも、この裁定によって、河岸間の争議が完全になくなったわけではない。この裁定の後も、「境通り六カ宿」あるいは境河岸と、利根川右岸のいくつかの河岸や商人との間で、明和八年（一七七一）までに二〇数回の訴訟や事件などの利権をめぐる紛争が生じていた［川名、一九八二：二六八〜七三］。こうした利権の衝突が激しくなったのは、旧来は幕府や大名の年貢や廻米そのほかの領主荷物の輸送のために人馬を常備する義務を負う代わりに、一般の商荷物の輸送を独占してきた宿や河岸の特権的な経済的支配力が弱体化する一方で、農民による商品生産の発展にともない、それを扱う一般の商人の力が強くなったからであった。

以上を整理すると、広義の鬼怒川ルートには、①幕府が指定する「境通り六カ宿」（境通り馬継七カ所）経由、江戸川―江戸、②利根川との合流点の木野崎―駄送―江戸川今上河岸―江戸（ただし、これは地元産の商品だけ）、③利根川筋の布施河岸―駄送―加村または流山―江戸川―江戸、という三つのルートが存在することになった。これらのうち③の布施河岸を経由する主な商品は、紙・たばこ・水産加工物・生魚・こんにゃくなどほとんど水戸藩の特産品であった。このほか鬼怒川ルートの①と②で運ばれた荷物として、伝統的には鬼怒川上流の阿久津・板戸河岸から出発し、境河岸などを中継地として江戸へ送られた東北・北関東農村からの荷物（米・大豆・たばこ・紙・紅茶・青苧・蠟など）があり、そして江戸中期ころからは関東地廻りの醬油・酒・蔬菜（蓮根・ごぼう）なども多くなった（本章第四節の（三）を参照）［丹治、一九八四：九八～九九／丹治、二〇一三：八］。これらの商品の中に酒や醬油が含まれていたことは、関東地回りでも醸造業が発展しつつあったことを示している。なお、②と③は、鬼怒川ルートの延長という側面のほかに、利根川下流域と江戸川への接続ルートという側面もあるので、これについては以下の（三）「利根川中・下流と江戸ルート」の項でもう一度説明する。

鬼怒川の舟運は天保期前後から次第に衰退していった。それにはいくつかの要因があった。一例だけ挙げておくと、鬼怒川を経由しない江戸へのルートが採用されるようになったことである。鬼怒川の舟運を利用していたのは主に奥羽・東北地方や水戸藩領からの廻米そのほかの産物であった。ところが、奥羽街道から鬼怒川の舟運を利用するのではなく、那珂川上流の黒羽河岸から積み出して、水戸・那珂湊―涸沼―北浦―利根川を経て小堀河岸で積み替えて江戸に送る新たなルートが利用されるようになった。この那珂川―利根川ルートは水戸藩だけでなく会津藩、高田藩（福島県）なども採用するようになっていったため、必然的に鬼怒川から境河岸経由の荷物は減少してしまった［丹治、一九八四：一一一～一一四］。

（三）利根川中・下流と江戸ルート

（1）水戸藩の藩船の事例

利根川の中流と下流、そして江戸川経由で江戸までの区間を船がどのように航行したかを具体的にみてみよう。ここでは渡辺英夫『近世利根川水運史の研究』によって紹介された幕末の航行日誌を参考にして検討する［渡辺、二〇〇二：一～五四］。この資料は、嘉永六年（一八五三）に、水戸藩召し抱えの船頭（譽田嘉之助）が藩船を使って藩の荷物を北浦北端の串挽河岸から利根川に出て境（または関宿）から江戸川を下り行徳経由で江戸小梅の同藩蔵屋敷に廻漕した四回の航行日誌である。この航行日誌の表紙には、「川條風雨泊まり日記」というタイトルと、その左下に譽田嘉之助という氏名が記されており、これは当人の実際の行動を記した日誌であることは間違いなく、航行の様子が克明に記されている。

この航行で使用された船は船頭一人、水主三人の計四人乗りの高瀬舟で、当時の川船としては大型船に属していた。そしてこの船は「世事」または「世事の間」と呼ばれる、寝泊りができる畳敷の船室を備えた長期間の継続航行が可能な船であった。動力は風力による「帆乗り」（帆走）を主にしながらも、「竿働き」と称して、状況に応じて川底に竿を突き刺して船を進める航法も採られた。さらに帆と竿を併用（帆行竿働き）する場合もあった。帆走もできず竿働きもできない場合、川岸から船を綱で曳いてもらう「綱曳き」や、水量や場所によっては伝馬舟あるいは伝馬艀下などを使って航行した。伝馬舟とは小型の舟で、大きな高瀬舟は伝馬舟を艀下として曳いて航行することが多かった。江戸からの帰りには本船に積み込めるほど小さく、いわば大型船が常備すべき船具類の一つであった。高瀬舟の伝馬舟は、川の水量が少ない時などに荷物の一部をそこに移して本船の加重を減らし安全度を高めて航行するためであった。

北浦を拠点に利根川の水運を利用していた水戸藩所属の船は大中小の三つに分かれていた。大は米一二〇〇俵積み、中は八五〇俵積み、小でも五八〇俵積みであった。これらの船は境や関宿より上流で航行していた船に比べかなり大きかったといえる。水戸藩は荷物の量と輸送先によって船の大きさを使い分けていた。この資料に登場する藩船が四人乗りの高瀬舟であったことは分かるが、正確に何俵積みの船であったかは分からない。四回の航行のうち、積み荷が明確な二回目の江戸行きの積み荷をみると、藩の荷物として籾米二〇〇俵と大豆三三〇俵、船頭の「自分荷物」として板三〇〇束が積まれていた［渡辺、二〇〇二：三三二（表3）］。この「三〇〇束」がどれほどの重さと嵩になるかは分からないが、おおよその見当として資料に登場する藩船は水戸藩の基準では「中型」に該当するのではないかと考えられる。

右に紹介した航行日誌の内容は非常に詳細で多岐にわたり、ここにその全容を紹介する余裕はない。そこで、ここでは利根川の舟運の概略を知るうえで参考になるいくつかの点に絞って取り上げることにする。四回の航行の時期をみると、第一回目が二〜三月、二回目が四〜五月、三回目が五〜六月、四回目が六〜八月（いずれも旧暦）であった。まず、航行ごとの航法（帆、竿、綱曳など）や特殊事情（滞船など）をみてみよう。第一回目の航行では、関宿までの利根川の上りには「竿働き」と「綱曳き」が多用され、雨と逆風で二日滞船を余儀なくされた。関宿から江戸までは、流れに任せて江戸川を下るので竿働きだけで下ったが、雨のため途中で二日滞船した。江戸からの帰りは江戸川の上りになるが、風があって帆走と竿働きで境河岸まで進み、そこからは利根川本流を経由して北浦の串挽河岸まで下ったが、帰路全体で雨のため計三日間滞船した。

二回目の江戸への航行は四月初旬に串挽河岸から利根川の布川あたりまで南風に乗って帆走し、そこからは主に竿働きと一部伝馬艀下を利用して関宿まで上り、この間に二日だけ雨で滞船したが、関宿から江戸までは竿働きで江戸川を一気に下った。江戸からの帰りは境河岸経由で、そこまではほとんど竿働きと「帆行竿働き」で江戸川を上り、そこからは利根川も竿働きで滞船もなく出発地串挽河岸まで下った。

三回目の航行は、五月半ばに串挽を出航し、境までは南風を受けて帆走と竿働きを併用した帆行竿働きで利根

表７−１　北浦―江戸航行日誌（嘉永６年）

	1回目	2回目	3回目	4回目
実働日数	17	21	13	22
滞船日数	7	2	2	16
江戸滞在日数	6	9	7	15
往復日数	30	32	22	53

［渡辺、2002:1〜10］

川を上り、境からは江戸川を竿働きだけで江戸まで下った。帰りはまた南風に乗って関宿まで帆走し、そこから利根川を竿働きで順調に下り、串挽まで戻った。この全行程を通じて滞船は、雨のための滞船が二日だけだった。四回目の江戸行きは、六月末に出航し、北浦と神崎あたりまでは帆行竿働きで利根川を上り、境からはほとんど竿働きで江戸まで下っている。この時は、天候と川の水量に恵まれず、滞船が全部で一六日にもなってしまった。これについては、後でくわしく説明しよう（航路の概要は図７－６を参照）。

つぎに、江戸滞在日数を除くそれぞれの回の航行の日数をみてみよう（表７－１を参照）。一回目の航行では行きが一三日（うち四日は天候が悪く滞船）、したがって実働九日、帰りは一一日（うち三日は滞船）、実働八日、したがって往復で滞船七日、実働日数は一七日であった。二回目は行きが九日（うち二日滞船）、帰りが一四日（滞船なし）で実働日数の合計は二一日であった。三回目は行きが七日（うち滞船が二日）、実働五日、帰りは八日（滞船なし）、実働日数は合計一三日であった。四回目は、行きが二四日（うち一五日滞船）、実働九日、帰りは一四日（うち一日滞船）、実働一三日、往復の実働日数の合計は二二日であった。

表７－１に関連して、二、三の点を補足しておこう。第一に、当時は特別な事情がなければ、北浦を縦断する航行日数（通常は一日）と滞船日数を入れても、江戸までの一往復はおよそ三〇日ほどであった（一回目と二回目）ことが分かる。三回目は実働日数も全体の航行日数も短かったが、この時は江戸から関宿までの江戸川の上り区間で順風に恵まれ、帆走が順調だったからであった。これにたいして四回目は、雨、台風、そして「水待ち」のため利根川の安食河岸一カ所だけで一五日も連続係留を余儀なくされた。

図7−6　利根川中・下流域の舟運路

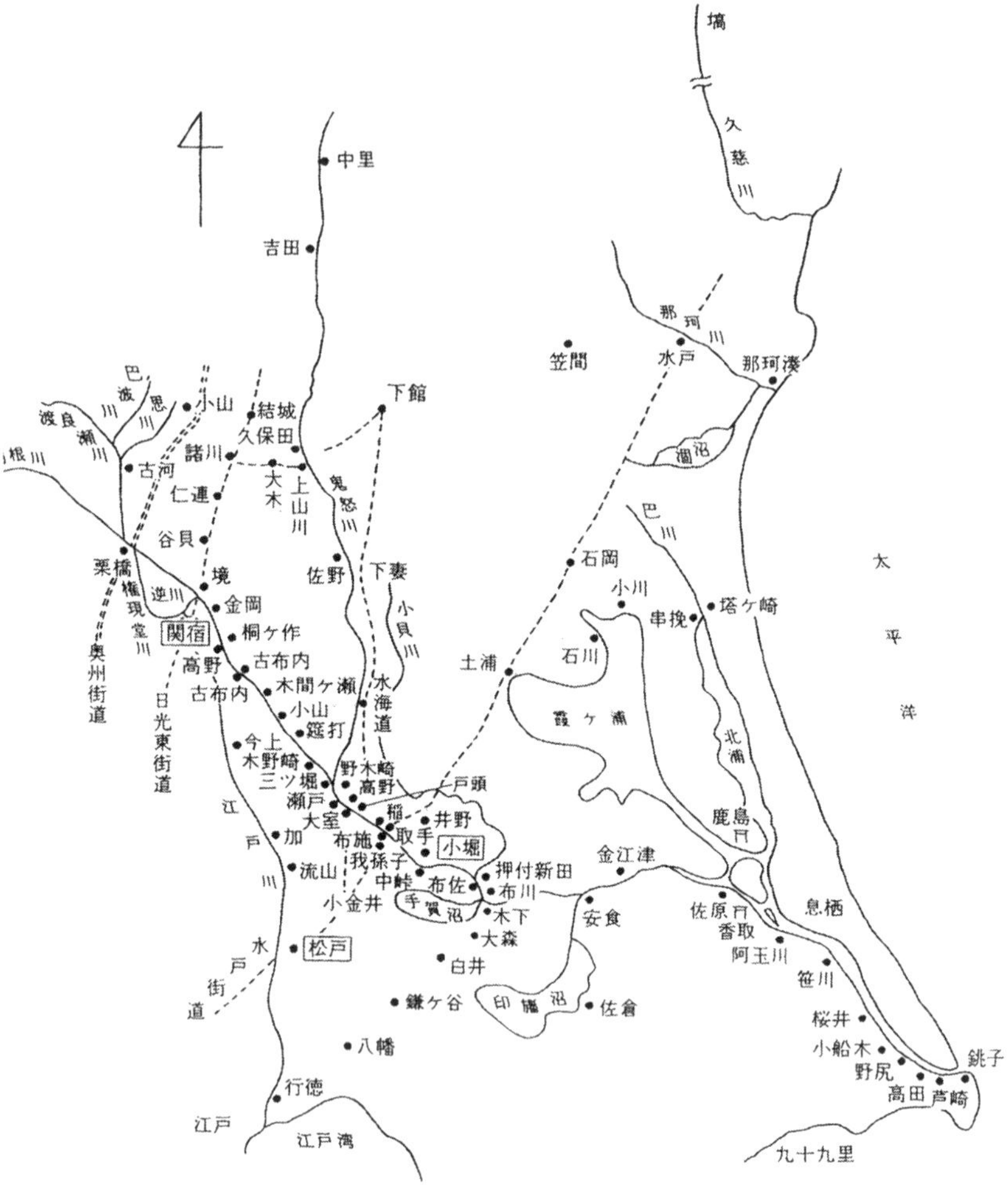

［渡辺、2002:104］

このため、江戸滞在の一五日を除いた全行程は三八日（五三日マイナス一五日）にも達した。この航行では、雷雨による滞船から始まって連日「水待ち」し、最後は台風に見舞われて「宵越大時化」となり航行不能となった。ここで「水待ち」とは、川の水量が不足しているので、航行できるまで水量が増加するのを待つことである。雨と台風に見舞われながらも「水待ち」をしなければならないのは一見矛盾しているが、その場では雨が降っても川の上流で十分な雨が降らなければ水量は増えない。「水待ち」を始めた六月二九日の前日に雷雨があった日を除いて、出航の準備を始めた日（同二二日）以来の好天続きで水量が減っており、その後も上流でまとまった降雨はなく、滞船を余儀なくされた。このため、陸からの「綱曳き」も伝馬舟も艀下の利用も困難な渇水が続いた。河川の舟運においての障害には、風雨や雷雨、水量不足があったことが分かる。水量不足により、場所によっては水中の岩礁や浅瀬に乗り上げて座礁する危険性があるので、そのような場合には無理をせず航行が可能になるまで「水待ち」をすることが通例だった。

航行にかんしては上りと下りの日数も重要である。航行日記で北浦―境・関宿間を航行した際の上りと下りの実働日数を細かくみると、一回目、二回目、四回目の航行は上りが平均七日、下りは四日で上りは下りの一・八倍弱であった。これにたいして三回目は順風に恵まれ帆走できたので上りは下りと同じ三日であり、ほかの事例の半分以下であった。このことからも、ここで扱っている高瀬船のように、帆の設備を持つ船の場合、進む速さは風の影響を大きく受けることが分かる。以上みたように、航行日数はさまざまな条件によって異なるが、境あるいは関宿から江戸までの下りは、大体一日で着いた。江戸時代には境河岸から毎夕「乗合夜船」（第五節参照）が出ており、この船に乗れば翌日には江戸に着いたことからも分かるように、この区間の航行日数は通常一日であった。なお、当時は藩船が江戸の藩邸に物資を送付する際、江戸に着いてからの滞在日数は通常八日ほどであったが、四回目の航行時のように一五日間滞在することもあった。この時は、江戸に長く滞在しなければならない何か特別な事情があったものと思われる［赤松、一九三八：一一六／渡辺、二〇〇二：一四〜一五／川名、二〇〇七：一一二］。

この資料に登場する水戸藩の藩船はどのような荷物を運んだのだろうか。まず、藩の荷持として江戸に運んだ物は、一回目の炭（一五三俵）、薪（一四五六束）、二回目の航行では大豆（三三〇俵）、籾（籾米か？）（二〇〇俵）三回目の航行では米（四五〇俵）、四回目の航行でも米（四五〇俵）を江戸に運んだ。これらの荷物とは別に藩船の運行を委託された船頭は、自分の荷物として、一回目には板（二八〇束）、豆（一〇〇俵）を、二回目には板（三〇〇束）、三回目には板（量は不明）、四回目にも板（四五〇束）を積み込んでいた。ここで板が目立つのは、上荷といって、大切な積み荷の上にかぶせて水濡れから守るためにも利用されていたからである。江戸からの帰り荷には藩の荷物はなく、船頭個人の荷物として一回目の航行では何も無かったが、二回目には酒の空樽（五〇本）、赤穂塩（一〇〇俵）、小間物（二〇箱）が持ち帰られ、三回目は「下りに少々」とだけ記されており中身は分からない。四回目の帰り荷は酒空樽（五〇本）、赤穂塩（一〇〇俵）、小間物（大小二〇箱）であった。これらは北浦周辺の商人に頼まれて買った商品で、帰途にそれぞれの依頼者に引き渡された。興味深いのは、船頭が個人の荷物として江戸で買った品々である。すなわち、二回目の航行でめがね、花瓶、戸張、毛抜きなど、三回目では絹糸、脇差、ろうそく、下緒草、花瓶など、四回目にはろうそく、草履、山本山（海苔か）などとなっている。これらの品は船頭の個人の荷物としながらも、その大部分は実際には武士や富裕層の買い手を想定した品々であり、この船頭はこうした人びとから個人的に依頼を受けたか、彼らに売るために購入したかいずれかであろう［渡辺、二〇〇二：二三二］。以上は、水戸藩の藩船というやや特殊な事例かも知れないが、実際に利根川や江戸川を航行する際の実態（日数、航法、滞船など）や、江戸で手に入れた品々などを知るうえで非常に参考になる。つぎに、同じく利根川中・下流域の舟運事情（江戸川を含む）もう少し広く見てみよう。

（2）中・下流域の舟運事情

利根川中・下流域を行き来する荷物の流通の流れと舟運はおおざっぱに二系統あった。第一は、上流域から下流域と江戸に向かう下り荷の流れで、これは境か関宿を経由して江戸川を下り江戸に運ばれるか、さらに利根川を下って銚子・北裏方面の下流域に至る「下り荷」の流れである。この流通過程では、途中で支流の広瀬川、渡良瀬川、鬼怒川（境通り経由を含む）ルートを下ってきた荷物が加わる。第二は、第一の逆の荷物の流れと、銚子・北浦方面から利根川を遡《さかのぼ》って境か関宿を経由して利根川の中・上流各地に運ばれた「上り荷」の流れである。ここで少し紛らわしいのは、銚子方面から境・関宿までは「上り荷」であるが、そこから江戸川を下って江戸に運ばれる荷物は「下り荷」となる、という点である。第一の流通で運ばれた荷物の多くは本章の第一節、第二節、そして本節の随所で説明しており、さらに本章第四節でもくわしく検討するので、以下では主として第二の流れのうち、利根川河口の銚子方面からの上り荷と最下流域における舟運事情について説明する。

銚子方面からの荷物には、利根川水系のほかの舟運区間にはみられない、鮮魚という特殊な商品があった。鮮魚は銚子・九十久里浜・鹿嶋灘方面から江戸に送られた。ただ、鮮魚は鮮度が生命なので、傷みやすい夏は生きたままの魚を「活船」（生簀《いけす》のある船）で利根川を遡航し、江戸川経由で江戸に至るルートで運ばれた。しかし、生簀による輸送方法では運搬できる魚の量が限られてしまうので、生きたままではないが、魚を竹籠に詰め、できるだけ短時間で運ぶ必要があった。このような鮮魚を運ぶ船は「なま船」と呼ばれた。「なま船」は、利根川から境・関宿を経由して江戸川を下って江戸に向かうことになっていたが、中には輸送時間を短縮するために、銚子から利根川を遡航して途中の布佐あるいは木下で陸揚げし、陸路を「付通し馬」で江戸川沿いの松戸河岸に運び、そこから船で江戸川を経由して行徳から江戸に送る商人もいた〔銚子市、一九五六：二四七／赤松、一九三八：五三〕。「付通し馬」とは、目的地までの陸路にいくつかの宿駅があった場合でも宿ごとに宿泊したり馬を替えたり（宿継、馬継）せず、同じ馬が直通で目的地まで荷物を運ぶことをいう。布佐あるいは木下からの「付通し馬」による輸送ルートは、江戸での鮮魚の消費量の増大との関係を考えると一八世紀初頭の元禄期に成立したのではないかと考えられる。

なお、布佐・木下から江戸へは木下街道を通って市川・行徳―江戸に至るルートもあった。このルートの途中には六つの宿駅があったが、正徳五年（一七一五）、布佐村を出た鮮魚荷物を、木下街道の六つの宿駅の一つ、鎌ケ谷の者が輸送中に差し押さえるという事件が起こった。布佐村はこの差し押さえを不服として幕府に訴え出た。翌正徳六年に幕府が下した裁定によれば、鮮魚荷物の運搬については付通しを許可し、そのほかの荷物は「宿継」を義務付けた。しかし木下街道ルートにおける「宿継」と「付通し」の係争はその後も繰り返し発生した［川名、一九八二：二七四〜七五］（図7－7を参照）。それにしても江戸は東京湾に面しており、いわゆる「江戸前」の新鮮な魚介類が身近で手に入るのに、なぜ、わざわざ船と陸を経由して遠隔地の銚子方面からの魚介類を消費したのだろうか？　これについては確かな理由は分からない。

つぎに銚子方面からの荷物のうち鮮魚以外の荷物の輸送についてみてみよう。ここでは江戸に仕向けられた荷物と、それ以外の場所に仕向けられたものと大きく分かれる。江戸向けの最も重要な荷物は年貢米や廻米であった。これには、前項で説明した水戸藩など地理的に比較的利根川や霞ケ浦や北浦ルートに近い諸藩からの廻米と、東廻航路によって銚子あるいは那珂湊―涸沼―北浦を経て運ばれた東北諸藩（仙台藩・南部藩・津軽藩）からの米があり、それらは最終的に利根川から江戸川を経由して江戸に運ばれた。さらに、海運が利用できない会津藩や黒羽藩なども年貢米や廻米を那珂川の水運を利用して涸沼―北浦から一部陸送区間を経て、境・関宿河岸―江戸川―行徳を経由して米を江戸に送った。つまり、東北のかなり広範囲の地域の廻米を江戸に送るうえで、利根川本流の中・下流と江戸川の舟運は大きな役割を果たしていたのである。年貢米や廻米を江戸に運ぶ場合、ほかの荷物の場合のように、利根川下流の河岸で一旦陸揚げして江戸川のどこかの河岸まで駄送し、そこから船で再び行徳から江戸に運び事例は私見の限りなかった。おそらく、年貢米や廻米は量が多いので、途中で駄送しようとすれば何十頭もの馬が必要で、これはコスト的にも日数的にも非常に不経済だったと思われる。それより銚子や北浦から船で利根川を遡航して境か関宿に直接運び、そこから江戸川を一気に下る方が効率的で安かったからだろう。

しかし、米以外の荷物の場合には事情が少し異なった。奥羽・東北諸地域から銚子や北浦に運ばれた荷物には、大豆・たばこ・木材のほか、干し粕・干し鰯などの肥料や塩鮭・鯡・鰹節・塩干物といった、いわゆる「五十集《いさば》

図 7−7　新河岸・新道抗争関係図

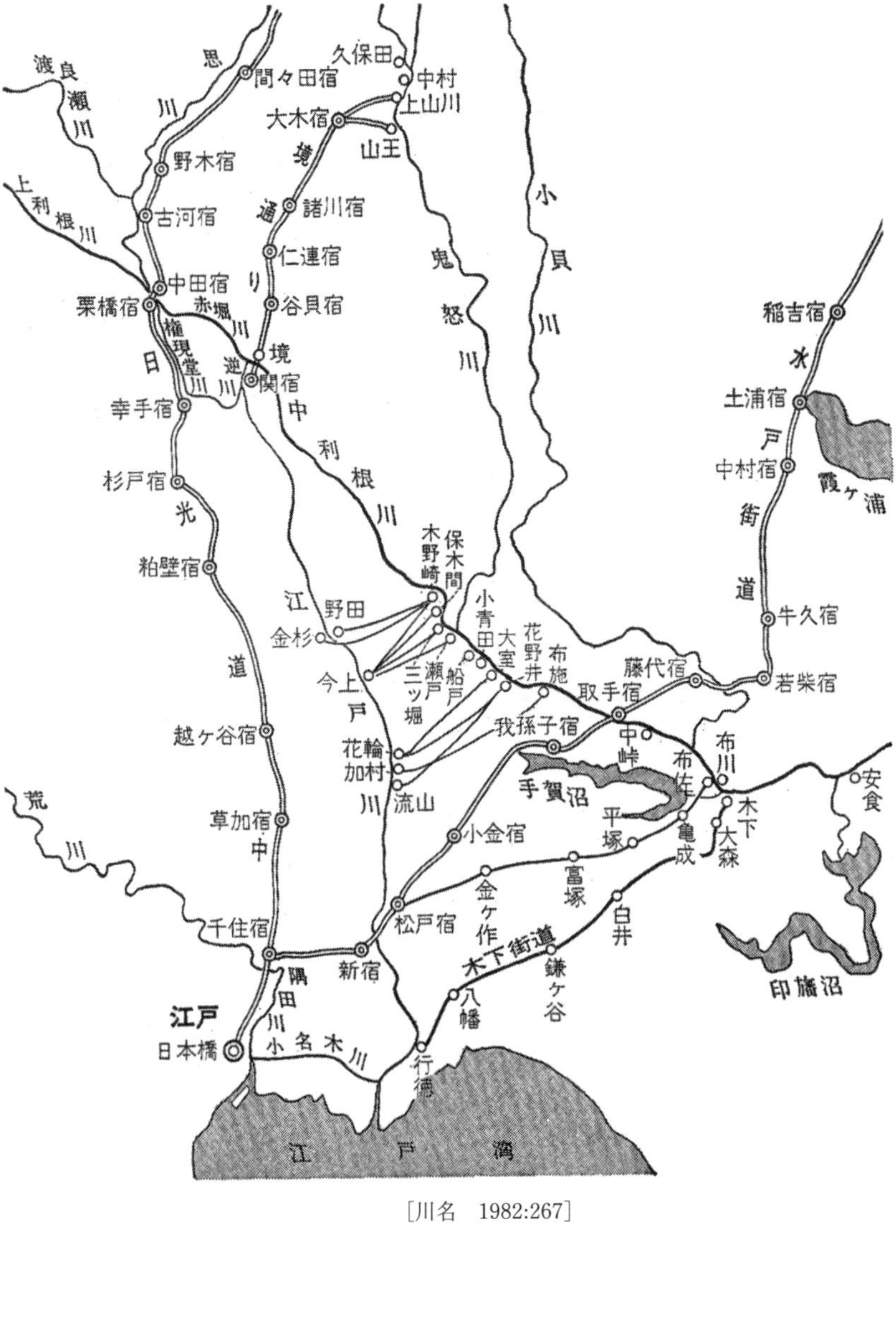

［川名　1982:267］

物」の荷物が多かった［丹治、二〇一三：八］。これらの荷物は格別鮮度を保つことが必要であったわけではないので、さまざまな経路で多方面に送られた。すなわち、銚子方面からの荷物は境河岸まで運ばれ、そこで荷物の一部が陸揚げされてその場で売却されるか、そこから江戸川経由で江戸に送られるか、あるいはそのまま本流を遡行して上流の倉賀野方面に運ばれるか、あるいは本流に合流する渡良瀬川、鬼怒川、小貝川などの支流の流域に運ばれた。以上で銚子方面からの荷物の輸送に関する説明を終え、つぎに、利根川下流域における河岸についてみてみよう。

利根川の河岸についてはつぎの第四節で倉賀野河岸、平塚河岸、境河岸を別個に取り上げるが、ここでは、下流域における、「非公認」の布施河岸について説明する。本節（二）の「鬼怒川ルート」の項で、東北地方の荷物が「境通り六カ宿」を通らず、直接利根川本流の下流域の河岸に陸揚げされ、そこから駄送で江戸川の河岸に運ばれ、再び船で江戸に向かう際にも布施河岸が利用されたことを述べた。布施河岸はさまざまな係争の後、享保九年（一七二四）の裁定で、公認の河岸とは認められなかったが、鬼怒川を下って利根川筋に出た船の遠方の荷物も含めて陸揚げすること、その後陸路で江戸川筋の河岸に駄送することが幕府に認められた。

幕府は輸送をめぐって頻発する係争を解決するために、明和～安永期（一七六四～一七八一）に「河岸改め」を行った。当時、利根川中・下流域で幕府の公認を受けた河岸は境・関宿・取手・小堀・布川・木下の六つの河岸だけで、布施河岸もこれら以外の村々にも河岸問屋株は認められていなかった。河岸問屋株を与えられていない河岸でも従来と同様荷物の陸揚げと駄送は認められたが、商人荷物の積み込みも、公的荷物の輸送も認められなかった［渡辺、二〇〇二：一二七］。布施村は正規の「河岸」として認めてくれるよう、何度も河岸問屋株運上の上納を願い出たが、全て却下された。布施村に許されたのは相変わらず諸物資の陸揚げと駄送だけで、自ら荷物を集めて船積みすることは認められなかった。そこで布施河岸の荷宿経営者四名は、寛政期になると今度は「荷宿株」の設定を求めて幕府勘定奉行宛に運上金の上納を画策した。他方、同村の惣百姓の間でも諸荷物付送り業の権利を獲得するための冥加として運上を上納しようとする動きがあり、両者は対立したまま勘定奉行所での陳述を何度も繰り返した。この件が決着して布施河岸の荷宿株が認められたのはようやく寛政七年（一七九五）一二月のことだった［渡辺、二〇〇二：一〇五〜一〇七、一三八〜一三九］。荷宿株が認められたため、彼らは諸物資の荷揚げと駄送の業務を排他的に営むことができるようになった。ただし、惣百姓の要望がどうなったかは分からない。では、荷宿株を与えられた布施河岸の商人はどのように事業を運営したのだろうか。

布施河岸の四人の荷宿はすでに二軒ずつ二組に分かれて、それぞれが扱う商品の品目を分けていた。たとえば天明五年（一七八五）に一方の組（仮に「甲」とする）が扱った荷物は、魚類を中心に、昆布など銚子から上がってきたと思われる海産物と、利根川本流・支流を経由して船で運ばれてきた商品および周辺地域から陸路で運ばれたと思われる商品で、磐城紙、火打石、みかん、水油（陸送分）、梨、柿、栗（陸送分）、茶、灯芯、茶、のし、苫莚、醤油、穀物（陸送分）、薪などが含まれていた。これらのうち「陸送分」とは船ではなく、おそらく周辺地域から陸路で布施河岸に持ち込まれた荷物を指す。もう一つの荷宿の組（乙とする）は、魚類などの海産物を除く四〇種ほどの商品を扱っていた。数は多いが、当時流通していた商品を知るうえで参考になるので、煩をいとわず示しておこう。乙が扱った商品にはたばこ類、玉子、穀物、醤油、米糠、苧、蠟、紅花、紙類、こんにゃく玉、酒、水油、わらび、木綿類、元結油、串柿、綿実、菜種、板貫・笹貫等、漆、金物類、下駄・杓子等の木工製品、銭、ふのり、付木、薪、古着、味噌、かやのミ（榧の実か）、すご（萱で編んだ入れ物）、石類、縄類、笠、蓑など利根川中・上流からの「下り荷」と、日光細工物・蠟、漆・紅花など、北関東・南奥羽産で鬼怒川を下ってきた荷物が含まれていた［渡辺、二〇〇二：一三七〜一三八］。全体としてこれらの商品の大部分は、利根川水系からの江戸向け商品であったと考えられるが、「甲」が扱ったみかんは紀州や駿河から江戸経由で、古着は江戸から利根川流域向けに布施河岸に集まったものと思われる［千葉県、二〇〇五：五四〜五五］。布施河岸は利根川上流域から下ってきた荷物と、下流域から上ってきた荷物の双方を扱っていたが、しだいにその中心を銚子方面からの荷物に移していった。そして理由は分からないが、布施河岸の繁栄は寛政期（一七八九～一八〇一）をピークに次第に衰退していった［渡辺、二〇〇二：一〇五］。考えられる衰退の理由は、布施河岸に公認の河岸が与えられる特権（河岸問屋株など）が与えられなかったため、自ら集荷したり買い取った荷物を船積みして販売することができなかったからかも知れない。つぎの第四節では、幕府公認の河岸の中でも特に重要な三つの河岸を取り上げて、それらがどのように機能していたかを検討しよう。

第四節　利根川水系の河岸――倉賀野河岸・平塚河岸・境河岸を事例として

利根川水系には多数の河岸があり、個々の河岸にはそれぞれの特徴や性格がある。しかし、それらの中で主要な河岸だけでもかなりの数にのぼり、ここで全てを扱うことはできない。そこで本節では、上流から倉賀野河岸、平塚河岸、境河岸・関宿河岸（以下特に断らないかぎり、境河岸と関宿河岸を合わせて境河岸と表記する）の三つに焦点を当てて、河岸の内部でどのような活動が行われていたかの具体的姿を描くことにする。これら三つの河岸のうち倉賀野河岸は上流域における最も重要な河岸で、下流域や江戸からさまざまな物資が北関東の上流域へと運ばれた。つぎに平塚河岸は、境河岸と倉賀野河岸との中間に位置し、中継地としての機能と同時に、後背地に農業や手工業の生産拠点をもつ河岸でもあった。そして境河岸（下総）は、利根川本流の中央部に位置する最も重要な河岸であり、上流からの下り荷物も下流域からの荷物や江戸からの上り荷物も境河岸を経由することが多かった。加えて境河岸は、奥羽方面からの荷物が鬼怒川―利根川―江戸川を経由して江戸に運ばれる主要ルート上に位置していた。要約すると、これら三つの河岸は利根川の河岸を代表する流通の中継センターであり、これらの河岸の実態を検討することによって、利根川の下流から上流へ、また上流から下流へどのような荷物や商品や人が動き、その流れの中で河岸がどのような役割を果たし、そこにどのような社会経済関係が形成されていたのかを大まかに知ることができる。まず、倉賀野河岸から説明しよう。

（一）倉賀野河岸

倉賀野河岸は、利根川と、榛名山に源を発する烏川との合流点から一二キロほど上流の烏川左岸に位置し、舟運においては江戸廻り船（艜《ひらた》船）の遡航限界であり、一方、陸路との関係では中山道と日光例幣使街道との分岐点に位置している。倉賀野河岸の成立年代は正確には分からないが、慶長六年（一六〇一）説、慶長七年説、慶安年間（一六四八～一六五二）説など諸説ある。ただ、慶安三年（一六五〇）には、信州から送られてくる船積荷物の輸送をめぐって近くの玉村宿と紛争状態にあったことからみて、遅くともこの時までには河岸としての機能を果たしていたことは確かである［群馬県、一九七三：六九六（資料二九六）／丹治、一九八四：一三］。また、元禄四年（一六九一）一月には烏川右岸の五科河岸との間で商荷物の輸送をめぐる訴訟問題が起きており、この時の訴状と裁定文書には倉賀野からの下り荷として米、大豆、たばこ、上り荷には干し鰯などの品名が記されている。この訴訟問題は一旦は収まったが、同年六月に烏川左岸の新河岸、川井河岸、右岸の五科河岸が再び商荷物の輸送をめぐって倉賀野河岸を高崎藩に訴えた。これら三つの河岸の言い分は、彼らが以前から与えられていた輸送取引の権利を倉賀野河岸が無視して勝手に荷物を積み込んでしまったというものであった。この紛争は倉賀野側の勝訴に終わった。その時高崎藩町奉行所は、訴えた三河岸の問屋だけでなく誰でも自由に輸送業務を行うことができること、ただし江戸までの運賃は藩役人と相談することなどを定めた。こうして、高崎藩の統制下で倉賀野河岸をめぐる紛争が決着し輸送体制が整った。この背景には、当時、商品経済の進展に対応するために、上信越地方に所領をもつ大名や旗本が江戸への廻米量を増やしていたことが考えられる［丹治、一九八四：一五～一六］（図7－1、図7－2を参照）。

倉賀野が上流地域で重要な位置を占めていたのは、倉賀野河岸が信州と関東・江戸とを結ぶ主要街道である中山道と利根川水系とが交差する渡河点であり、信州方面から中山道を経由して関東に向かう途上で船積みができる最初の河岸であり、城下町高崎の外港として機能していたこと、かつ慶長七年（一六〇二）に宿駅として成立したこと、などが重要な要因であった。つまり倉賀野は交通の要衝に位置していたため、当初から「宿駅」であり河岸でもあるという二重の機能をもっていた。その後の倉賀野の発展について川名氏は次のように推測している。当初は、自ら船を所有する「船持」（村内の有力農民＝名主など）が、自ら船に乗り、船頭や水主などの働き手には農業生産のために自家に保有する下人あるいは隷属農民を充て、城米（幕領および諸藩の年貢米）などの領主荷物の輸送にあたっていた。しかし、時代を経るにしたがって、初期船持はやがて複数の船を所有する大船持となり、船の運航は船頭に任せ、船頭が水主・人足を雇う形が出現するようになった。さらにこれら大船持は、領主の荷物だけでなく一般の商荷物も扱うようになると、船を所有し自ら船に乗り込む小船持を従えて、河岸における支配的存在としての「河岸問屋」に成長していったと考えられる。こうした変化は寛文期（一六六一～一六七三）に生じたようだ［川名、一九八四：七二～七三］。これは倉賀野河岸の成立と河岸問屋の出現に関する具体例であるが、このモデルがほかの河岸についても当てはまるか否かは分からない。

天和期（一六八一～一六八四）・元禄期（一六八八～一七〇四）の段階では河岸問屋が所有できる船数に制限があり、問屋一件について大船二艘、中船二艘、艀下船三艘であった。複数の船を所有できるのは河岸問屋に限られたので、一艘しか持っていない船持は自分が船頭となって荷物を運送して運送賃を稼いだ。彼らは「船持船頭」と呼ばれた。船持船頭の収入は気象や川の水量などの自然条件に左右され安定しなかったが、それでも一般農民の収入に比較して相当高額だったようだ［境町、一九九六：四一七］。このころになると、荷物の運送にたいする需要が大きくなっていたのである。

中山道には幕府や藩の管理下にある宿や関所が置かれ、領主、御家人、旗本などの武家荷物優先であるため一般の商人からは敬遠された。しかし、そもそも利根川水系の河岸の多くは、領主荷物を江戸に送るための拠点として開設されたことが起源であったことを考えると、関所の存在や武家荷物優先は当然のことであった。倉賀野河岸には上州北西部および信州方面から江戸に送られる大量の物資が集中したが、その中心は諸藩年貢米の江戸廻米であった。たとえば元禄三年（一六九〇）のものと思われる文書「倉賀野河岸諸大名御城米」によれば、当時すでに倉賀野の一一軒の「御米宿」が二二家分の年貢米や廻米を取り扱っていた［群馬県、一九七三：六九七～九八（史料二〇二）／渡辺、二〇〇二：二九四～九五］。「御米宿」とは、特定の藩・領主や武家と契約を結び、江戸へ送る年貢米の保管と輸送を請け負う者（民間業者）で、実態は倉庫・保管機能をもつ河岸問屋であった。倉賀野宿の河岸問屋は諸藩の指定を受けて右の業務を行っていたのである。享保九年（一七二四）の「倉賀野河岸武家御米宿払宿」によれば、享保期には倉賀野河岸の一〇軒の御米宿が三九家分の年貢米を扱い、その量は年間平均で五万六九九〇俵にも達していた。このことからも御米宿を経営する河岸問屋の繁栄ぶりがうかがえる［群馬県、一九七三：七一四～一八（史料二〇九）／丹治、一九八四：二〇／丹治、二〇一三：八～九］。

倉賀野は交通の要衝に位置するという利点もあったが、船の運航にかんしては弱点もあった。倉賀野河岸は支流の烏川沿いに位置していて水深が浅く、大型船を利用することができなかった。この問題を解決するために御米宿や河岸問屋は江戸廻りの本船を倉賀野ではなく、一二キロほど下流の川井河岸と新河岸に係留しておくことが多かった。そのうえで、倉賀野河岸で艀下に荷物を積んで下流の川井または新河岸に運び、そこで本船に積み替えて江戸へ下った。しかも彼らは本船として倉賀野河岸所属の船だけでなく、藤野木・八町・川井・新・山王堂などほかの河岸に所属する船も借りて運営していた［渡辺、二〇〇二：二九四～九五］。倉賀野の御米宿に廻米輸送を委託した武家の数が元禄三年の二二家から三九家へと激増したのは、御米宿側がこうした手段を講じて業務を拡大したからである。このような運行上の事情で、所有船と賃貸船も含めた運用は複雑になっていった。所有船に限っていえば、文化年間（一八〇四～一八一八）になると所有者は、①江戸廻船と艀下船の両方を持つ河岸問屋と、②江戸廻船だけ一艘もつ者、③艀下船だけ一艘もつ者、の三者に分かれた［境町、一九九六：四一七］。

ただし、天和・元禄期の持船制限がその後も厳格に守られていたのかどうかは分からない。つぎに、倉賀野河岸で扱われた荷物や商品についてみてみよう。

明和八年（一七七一）の「倉賀野河岸概況口書」によれば、倉賀野河岸は江戸からの上り荷として塩、茶、小物のほか糠、干し鰯、粕などの肥料、繰綿、太物類（綿織物と麻織物）などおよそ二万二〇〇〇駄を、江戸向けの下り荷には米、大豆、麻、紙、たばこ、板貫などおよそ三万駄を、合わせて上下荷物取扱総量五万二〇〇〇駄（個数にしておよそ一〇万四〇〇〇個）を扱った［丹治、一九八四：一二五～一二六／丹治、二〇一三：九］。上り荷の中で、糠、干し鰯、粕は代表的な肥料で、これらは上州北部（北関東）および信州における農業生産の拡大や新田開発の進展を示唆している。貞享二年（一六八五）に江戸から倉賀野へ肥料となる干し鰯が積み送られたという記録があることから、当時からすでにこれらの地域では遠方から運ばれた肥料を用いた農業が発展しつつあったことが分かる。そして、一八世紀後半になると利根川水系流域の農村地帯全体に肥料の需要がさらに高まり、それに対応して江戸や銚子方面から舟運を通じてさまざまな肥料が農村地帯にもたらされるようになっていった［川名、一九八四：一八四～八五］。

天保六年（一八三五）三月、倉賀野宿が大火に見舞われ、その時の被害品目、量、荷物の出荷地を記した「信州廻米外商荷物被害書上」は、江戸末期にどのような荷物が倉賀野河岸で扱われていたかを伝えてくれる。まず米についていえば、廻米（領主米）が一五一九俵、商人米一二八八俵で、両者にそれほど大きな違いはない。米以外では、たばこ、大豆、小豆、平豆、大白豆、紙、種麻、小麻、砥石、失砂（朱砂か）、蕨粉、金引、湯花、魚油、藍玉、砂糖、天紙、桃干、細美（砥石か）、木炭、赤穂（塩）、大刀古銀根入、が含まれていた。これらの中で、魚油、砂糖、赤穂（塩）は下流からもたらされた商品で、そのほかは信州あるいは利根川上流域から倉賀野に運ばれた商品であろう。藍玉は倉賀野経由で桐生に送られる荷物であった。これは、桐生で勃興しつつあった絹織物産業と関連があるものと思われる。ただし、この藍玉が地元産のものなのか江戸経由で運ばれてきた物なのかは分からない。というのも、以下に説明する平塚河岸の取扱品の中に江戸から運ばれてきた上方《かみがた》産の藍玉があったからである。砥石は信州の特産で量的にも多かった［丹治、一九八四：二七〜二八、四七］。

（二）平塚河岸

平塚河岸は、利根川上流の左岸、上州新田郡の西南端に位置し、後背地には前橋、伊勢崎、桐生などの都市があった。また、中山道熊谷宿より伊勢崎・前橋を経て三国峠へ抜ける通路上に当たり、一里北の境町（上州）には倉賀野と日光を結ぶ日光例幣使街道が通っている。もう一つ重要なことは、平塚は足尾街道の基点であり足尾銅山に通じていたことである（図7－8）。舟運という観点からみると、平塚は広瀬川と利根川との合流地点に位置し、天明三年（一七八三）の浅間山噴火の灰で七分川が埋まってしまうまでは利根川と烏川の合流点でもあった。平塚—江戸間は四四里（一三四キロメートル）で、この間を往来する江戸廻船（元船）が運搬した荷物を、積み替えることなく直接遡航できる最上流に位置していた。ただし、平塚河岸が利根川上流部の上河岸一四河岸組合に属していたことからも分かるように、この近辺でも状況によ

図7－8　平塚河岸問屋の荷主居住地

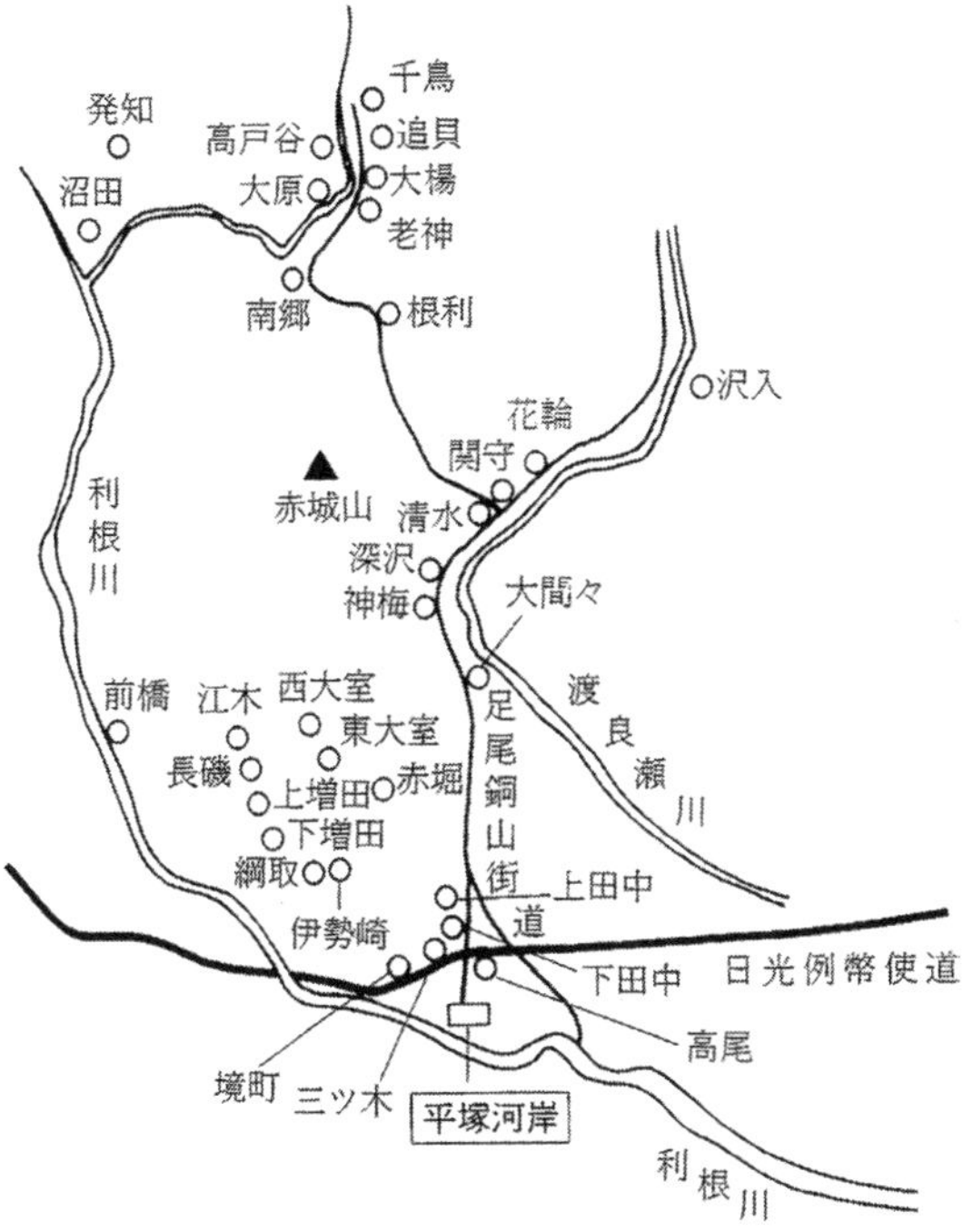

［境町、1996:423］

っては陸からの曳船は必要だった。このように、平塚河岸は水運と陸路が交差する運輸の要衝であり周辺地域の産物の集散拠点でもあった。こうした通常の運輸・交通のほかに、平塚河岸は足尾銅山で精製された銅を江戸へ運ぶ積み出し港として重要な役割を担っていた。足尾の銅の産出が本格化したのは慶安期（一六四八〜一六五二）で、貞享期（一六八四〜一六八八）が最盛期であった。明暦三年（一六五七）には幕府船奉行から平塚河岸に、足尾の銅輸送のため上利根筋の河岸全体で艜船二二艘を出すようにという「船割当達書」が出されており、うち平塚河岸の北爪甚右衛門には五艘が割り当てられた。さらに、寛文三年（一六六三）の文書によれば、平塚河岸では北爪甚助が御蔵守（幕府の御用銅問屋）に任命されたとある。これらの事実からすると、平塚河岸の活動はこのころから本格的に展開していたと考えられる。正徳五年（一七一五）の輸送量をみると、平塚河岸から二二艘の船が五〇六〇個の銅（一個当たり平均重量一五貫）を運んだので、その総重量七万五九〇〇貫（約二八五トン）が江戸に運ばれたことになる。安永四年（一七七五）には平塚河岸に河岸問屋が七軒あったが、その数は天保四年（一八三三）には一一軒に増加していた。これは上河岸一四河岸組合の中で倉賀野に次いで多い数である。このことからも平塚河岸の繁栄ぶりがうかがえる［丹治、一九八四：三三一〜三三七／境町、一九九六：四一四〜一五、四一八］。

平塚河岸は銅を中心とする御用荷物の取り扱いをきっかけとして繁栄したが、元禄期（一六八八〜一七〇四）あるいは元文年間（一七三六〜一七四一）に、理由は不明であるが、北爪家が突然、御用銅問屋の任を解かれた。これにともなって平塚河岸の御用河岸の地位も廃止となった。それ以後、平塚河岸は一時衰退したが、一般荷物（商荷物）の輸送に活路を求めて、それぞれの問屋が荷主の獲得に努力した結果、次第に一般荷物の取り扱いも増えていった。たとえば文化二年（一八〇五）の荷請帳をみると、際立って多かったのは薪炭と木材であった。これらの出荷地は利根川上流域で、前橋付近の荷主の薪炭商一六人が問屋を通して広瀬川の舟運を利用して平塚河岸まで運んだものと思われる。出荷された薪は年間七万束あまりにも達し、受取人はおよそ二七名の江戸の商人であった。つぎに多かった荷物は炭で、北爪家だけで二万一一〇〇俵が出荷された。この炭は前橋近在の商人から平塚河岸に持ち込まれ、その送り先は江戸の薪炭問屋や仲買人であった［丹治、一九八四：四二一〜四三／境町、一九九六：四一九〜二〇］。当時、薪と炭は最も一般的な燃料であった。江戸の人口が増えるにともない、燃料への需要も増えてゆき、それに対応するように利根川流域の諸地域で薪炭が生産され、江戸に向けて出荷されるようになった。

平塚河岸からの積み荷の中で特に注目されるのは菜種、胆礬、硝石である。資料では「菜種」の単位を「〜俵」や「〜個」と記している場合と、「〜樽」で示している場合とがある。可能性としては、種そのものを梱包して送る場合と、種を絞って樽詰めにした菜種油の場合があったと考えられる。いずれの場合も江戸向けがほとんどであるが、一部は江戸市場を中継して大坂・名古屋方面まで送られた。種のまま移出された菜種は、江戸で油に搾られたのではないかと思われる。菜種油は明かり取りにも使われたので、江戸の人口増加につれて燃料の薪炭と同様、菜種油の需要は高まっていったのだろう。資料には、受取人の氏名と居住地（ほとんどが江戸市中）が書かれており、平塚河岸の問屋と江戸の商人との間に密接な関係があったことが分かる。しかもこの菜種油は、当時すでにこの地域の全国向け特産物となっていたことが注目される。こうした需要増に対応して、利根川流域で菜種の栽培が広がっていたのである。胆礬と硝石は足尾銅山の産物であり、これらの荷物は桐生町の問屋を経て平塚河岸の問屋に運ばれ、そこから江戸へ、また一部は江戸から名古屋、伊勢白子宿、近江日野、大坂方面へも送られた。量としてはそれほど多くはないが、胆礬は二九個（銅と同じ重量単位として一五貫×二九＝約一・六三トン）、硝石は四個（二二五キログラム）であった［丹治、一九八四：四三／境町、一九九六：四二〇〜二一］。硝石は火薬の原料であり、胆礬は硫酸塩鉱物の一種で足尾銅山に産し、古くから吐剤、除虫剤に用いられた。

以上のほか、文化二年（一八〇五）に平塚河岸から積み出された商品のうち、薪炭、菜種、胆礬と硝石を除いた品目として、米、小麦、大豆、小豆、酒、醤油、焼酎、酒粕、川茸、あめ粕、柿、甘茶、ぎんなん、渋（柿渋か）、鹿皮、下駄、下駄の歯、唐笠、石臼、桶木、木鉢、建具、瀬戸荷物、湯花、莚、琉球（畳表か）、御座（ゴザ）、みなかみ（？）などが記録されている。これらの荷物の行き先も大部分が江戸であった。平塚河岸は銅をはじめ胆礬や硝石など、ほかの河岸では扱わない特殊な鉱物の積み出し港として重要な機能を果たしていたが、舟運の主要な荷物である年貢の米や雑穀（麦、大豆、小豆など）は低調であった。たとえば米は全体でも一年に七七俵、大豆は一七〇俵と少なかったうえ、それぞれの出荷者の量は「一個」とか「二俵」といったごく少量だった。おそらく米穀などの年貢は平塚河岸以外の河岸に運ばれたのであろう。平塚河岸は、木材加工品（柿渋、下駄、桶木、木鉢、建具など）や鹿皮などの、広い意味での森林産物の積み出し港としても機能していた。以上を総合すると、当時の利根川上流域と支流の広瀬川流域は自給自足経済の状態にあり、その時々に散発的に余剰が発生した多種類の産物を少量ずつ船積みしたようである［境町、一九九六：四二二］。

平塚河岸の後背地の中でもとりわけ密接な関係にあった町に境町、伊勢崎町、前橋町があり、また足尾銅山街道を通して大間々宿、桐生町などがあった。平塚河岸と後背地との関係を別の角度からみてみよう。天明四年（一七八四）の調査によれば、平塚河岸に荷物を運んだ荷主の居住地は、大きく四つの地域に分かれた。一つは最も遠い利根・沼田地域、二つは大間々から奥地の渡良瀬川に沿った桐生などの地域、三つは前橋から伊勢崎町にかけての地域、四つは境町近辺の平塚河岸に近い地域である。これら四地域に含まれる町村は、赤城山を中心に北面、東の山地から大間々扇状地と、南の平坦地と、いずれもこの半円に入る。いずれの荷主も、輸送の安全性と船賃などの経済性を考慮した結果、江戸への積み出しが最も有利な平塚河岸を選んだのであろう（図7－8参照）［境町、一九九六：四二一～二四］。そして、これら四地域が、平塚河岸を中心とした「地域的経済圏」を構成し、これら四地区からみると、平塚河岸はそれら地域の商人が日常的に利用する取引場所、すなわち「寄場《よせば》」ということになる。

平塚河岸からの荷物のうち、穀物の集荷量に変化が起こったのは天保期（一八三〇～一八四四）だった。文化二年（一八〇五）には米の積み出し量はわずか七七俵であったが、天保四年（一八三三）一〇月から翌年九月までの期間に出された、北爪家に残された一年分の預かり手形一〇九通をみると、米五九一俵、大豆四一四一俵、麦六九九俵、小豆一八四俵、大角豆八俵、金時豆一〇俵となっている。ここで注意すべきは、これらの数字は現存する手形に記されたものだけで、実際にはさらに大量の穀物が集荷されたものと思われる。大豆の集荷量が際立って多いのは、平塚河岸周辺地域が火山山麓の広い畑作地帯で、大豆生産に適した土壌であったこと、そして大豆への需要が増大したからである。それぞれの問屋が扱う品目を分担していることを考慮しても、天保四年ごろの平塚河岸問屋一一軒分の大豆を中心とした穀物の総取引量は膨大な量に達していたであろう［境町、一九九六：四二六〜二七］。

この急増はどうして可能となったのだろうか？　その過程を、当時の穀物の集荷状況からみてみよう。まず平塚町在町および町周辺の在地商人、さらに近在の農民は河岸問屋に穀物の保管を委託し、代わりに預かり手形を受け取った。こうした商人や問屋は手形によって穀物取引を活発に行うようになった。穀物の取引が活発になると、やがて平塚河岸に「市」が開かれるようになった［境町、一九九六：四二七］。平塚河岸は行政単位としては「平塚村」であったが、実態としては、たんなる荷物の積み降ろしと仲介する港の機能だけでなく、近隣の商人や農民がさまざまな物を売り買いする市が開かれることで「町」となっていた。この背景には、この地域で醤油生産が勃興したこと、江戸における米や穀物需要が増大したこと、他方、農村部においても貨幣経済が浸透しつつあり、現金収入を求めて農民も需要の大きな穀物生産に力を入れたことなどがあったと思われる。それらの事情を考慮したとしても、右に述べたように文化二年から三〇年後の天保四年にかけて米と麦をはじめとする農作物の取扱量がこれほど激増したことは驚くべき変化であった。これは、当時の農民が需要の増加に敏感に反応したからである。

文政期から天保期にかけての送り状をみると、江戸方面からの平塚河岸への上り荷として、苦塩（ニガリ）、赤穂塩、茶、肴、小間物、太物、水油（菜種油や荏胡麻油）、藍玉、干し鰯、〆粕（魚粕か）、糠、ふすまなどが記されている。これらのうち干し鰯、〆粕などの金肥は銚子を経由して遠くは仙台、南部の三陸海岸、近いところでは九十九里浜、鹿島浦方面から高瀬舟で下総の境河岸と関宿河岸に送られ、そこから平塚河岸に船で送られた。境と関宿には有力な干し鰯問屋、魚粕・魚油問屋があり、それらが北関東地方の農村への金肥の流入拠点となっていた。このほか糠やふすまは江戸から運ばれた肥料であった。これらの肥料が上・中流域における穀物生産の飛躍的な増加を反映していることはすでにみたとおりである。藍玉は上方から江戸を経由して平塚河岸に運ばれ、そこから前橋、伊勢崎、境町の商人に送られた。藍玉は藍染の原料であり、境町をはじめ平塚河岸近隣にあった藍染紺屋に向けた商品であった。これらの例にみられるように、平塚河岸で扱う上り荷物の種類が多くなるにつれて、周辺の町ではそれらを仕入れ、売りさばく商人が出現した。これら荷受人を動かし、地域経済の動向をリードしていたのが平塚河岸の問屋仲間たちであった［境町、一九九六、四二八〜三〇］。

（三）境河岸（下総）・関宿河岸

境河岸がいつごろ成立したかは明らかではない。利根川の大改修工事以前の境河岸は、天正四年（一五七六）の文書によれば、対岸の関宿が常陸川の舟運の遡航限界となっていたようだ。その後、慶長一二年（一六〇七）ころには、家康に役船を提供している点からみて、境河岸が常陸川上流の河川舟運の要衝になっていたことは明らかである。また、ほかの文書にも境河岸について「諸国荷物運送仕来之儀、往古諸請払仕……慶長之頃者御用船等茂相勤候申伝候」との記述があり、境河岸が慶長期の一六世紀末か一七世紀初めには交通の要衝であったことが確認できる。大坂夏の陣の直後の元和二年（一六一六）に、幕府は関東に一六カ所の人と物資の動きを監視する渡し場と陸路の要衝に関所を置いたが、境はその一つであった。しかし、境河岸が利根川水運の要衝として栄えるようになったのは、利根川流路の瀬替や江戸川の掘削という大工事が一応完成した寛永一八年（一六四一）

以降のことであった。時代は少し下るが、宝永三年（一七〇六）の「境町指出帳」には、当時境町には参勤交代の諸大名の宿泊施設として本陣や一般旅人の旅籠屋もあり、所有船舶は高瀬舟（五〇〇俵積み）と茶舟合わせて三一艘、小茶舟（五〇俵積み）一二艘、問屋船（型や大きさは不明）が三艘、馬が五三頭存在していた。また商業面では干し鰯問屋四軒、灰（肥料）問屋があった。これらのほかに「往還並河岸問屋」が二軒あったが、この二軒は、安永三年（一七七四）に幕府よりさまざまな特権が与えられた、河岸問屋株が設定された河岸問屋（青木家と小松原家）であったと思われる［川名、一九八四：九一／丹治、一九八四：五五〜五七／丹治、二〇一五：四四〜四八］。

なお、境と対岸の関宿は別の河岸であり、関宿は通常の河岸としての経済的機能のほかに、利根川と江戸川とを往来する船を監視する川の関所としての機能も果たしていた。しかし、関宿における経済活動にかんする資料は少なく、その実態は分かりにくい。資料には、文化六年（一八〇九）に四〇人の問屋商人がいて、彼らの取引範囲は、武州、相州（現・神奈川県）、下総、上野、常陸、勢洲（伊勢地方。三重・愛知・岐阜の一部）、摂津、近江、越前、奥州、信州、越後に及んでいたという記録がある。この事実からすると、関宿は経済的にもある程度繁栄していたと思われるが、それについての記録はあまりない［丹治、二〇一五：七四〜八三］。これにたいして境河岸は利根川と同時に鬼怒川ルートにも面していて、経済的には関宿よりずっと重要で、資料も豊富である。そこで、以下の記述では、関所としての機能に言及する場合や、特に区別が必要な場合には関宿という名称を記すが、とりわけ経済的側面に焦点を当てる場合には便宜的に、両者を合わせて「境」に代表させることにする。

利根川の水運が活発になると、境河岸は「下利根川並鬼怒川筋之通船掛持」（利根川下流域と鬼怒川筋の通船を兼ねている）点で重要となり、明和九年（一七七二）には時の勘定奉行の吟味によって、鬼怒川筋の上山川・久保田河岸とともに運上（税金）を課せられた。さらに本章第三節（二）「鬼怒川ルート」でも説明したように、境河岸は公用荷物の輸送の義務（人馬役）を負っていた。その見返りとして、奥羽・東北からの荷物は鬼怒川上流の上山川または久保田河岸から陸路で「境通り六カ宿」（あるいは「境通り馬継七カ所」）を経由して境河岸に運ぶことが定められた。しかし、荷主や商人たちは右の陸路を避け、利根川との合流点まで鬼怒川を船で一気に下ることが頻発し、境河岸の問屋や商人たちとの抗争が絶えなかったことはすでにみたとおりである［難波、一九六六：二一八］。

境町と境河岸は利根川舟運と陸上交通の拠点として、つぎの四点において戦略的な重要性を有していた。一つは、境河岸が利根川と江戸川の分岐点に位置しているという地理的優位性である。利根川の下りの舟運は全体として江戸を最終目的地としており、利根川の上流域の物資が舟運を利用して江戸に向かう場合も、利根川の中・下流域の物資が江戸に送られる場合も、境河岸を経由することが多かったことである。二つは、境河岸は下野（現在の宇都宮を中心とした栃木県）から北総北部において奥羽街道と並行して走る日光街道の脇往還路（日光東往還）に沿った宿駅であり、鬼怒川ルートとも連絡していたことである。三つは、利根川上流と支流から、主に江戸に向けた「下り荷」と、銚子方面から利根川中・上流地域に運ばれる「上り荷」の中継点であったことである。四つは、後に述べるように、境河岸からは荷物だけでなく人を乗せた定期便が江戸との間を往復していたことである。つまり、境町と境河岸は人と物が集まり交わる場所だったのである。

このように、境町は河岸としてまた宿駅として利根川流域における交通の要衝であった。そこには、日光東往還および鬼怒川の舟運を経て江戸へ輸送される、東北南部・奥羽各地からの参勤諸大名ならびにその家中や商人などの諸荷物（領主荷物および民間の農工産物）、境周辺の下総北部や北関東諸地域からの荷物、利根川上流の上野（現・群馬）や武蔵（現在の埼玉・東京・神奈川の一部）北西部方面からの諸荷物、さらに利根川支流の渡良瀬川や思川などの諸河川からの荷物の集散地として機能した。鬼怒川ルート（「境通り六カ宿」も含めて）で境河岸に運ばれた荷物のうち、いわゆる「国産物」と呼ばれた荷物は主に東北諸藩の領主荷物で、「会津様御蠟荷物」「蝦夷地産物」などと特別な名称をもって扱われた［川名、一九八四：九三］。これらの流れと逆に、上方《かみがた》そのほかの地域から江戸に運ばれた物資も含めて、江戸から江戸川の舟運を利用して中・上流部に運ばれた荷物、および銚子方面からの荷物も境河岸を経由して各地に運ばれた。なお、銚子方面からの荷物には、東廻航路で三陸、仙台、九十九里などの沿岸地域、さらに水戸から北浦経由のルートで送られてくる物資が含まれる（第三節「中・下流域の舟運」）。

東北・奥羽地方から鬼怒川を経由して境河岸に至る輸送ルートはいくつかあった。仙台の場合は海路で北浦か銚子まで運び、その後は利根川を遡航して境河岸に至るルートが使われた。また、白河、須賀川、二本松、三春、郡山からは奥州街道を下って途中、鬼怒川ルートで境河岸に運ばれる選択肢があった。ただし、郡山、二本松からの荷物は、福島経由で阿武隈川の舟運を利用して太平洋に出て、銚子から利根川を船で遡航して境河岸に運ぶことも可能であった。また、会津や会津田島からは阿賀野川の舟運を利用して日本海に出て、そこから海路で銚子・利根川経由で境河岸に至るルートが使われた可能性もある。山形の場合、羽州街道から奥州街道を経由するルートよりも、最上川の舟運で酒田に出て海路で銚子に運び、そこから利根川の舟運で境河岸に至るルートも利用されたであろう。さらに越中、越前、越後からの荷物を東廻航路で銚子に運び、そこから利根川経由で境に至る選択肢もあった。

いずれにしても、利根川を上下する荷物の集散地・中継地として、境河岸には江戸および利根川流域各地から商人が集まり、境町は宿場としても繁栄した。つまり境河岸の繁栄は、利根川、江戸川、鬼怒川の舟運を通じて、江戸という巨大な消費都市と、江戸の市場を目指してさまざまな物資を供給する利根川水系の舟運による関東・北関東、東北南部、奥羽各地との密接な経済関係に依存していたといえる。これは、境河岸で取引される荷物の八割は江戸へ、残り二割が利根川流域の近隣諸地域および奥羽・東北地方へ運ばれたことからも分かる［和泉、一九九三：九八〜一〇五］。この意味で、境河岸は利根川水運において地理的には「へそ」で、機能的には「ハブ港」であった。

境河岸に所属する船の数は利根川水系の河岸の中では群を抜いて多かった。すなわち、宝永三年（一七〇六）には高瀬舟三一艘、問屋船三艘、小茶舟一二艘があった。その後船数はさらに増えて、天明五年（一七八五）には高瀬舟・艜船合わせて五一艘、中艜船（中型艜船か）五三艘、艀下小舟一一艘、計一一五艘となっていた。しかし、文化三年（一八〇六）には高瀬舟三艘、艜船三〇艘、中艜船五二艘、計八五艘まで減少してしまった［丹治、二〇一五：四四～四八］。これは境河岸が扱う荷物の量が減ったからであり、また利根川水系全体でも減少していたからである。境河岸が扱う荷物の中でも重要な部分を占める東北地方からの荷物のうち、利根川水系を経由して江戸に運ばれた廻米量の推移をみると、延享年間（一七四四～一七四八）には年平均して一六万一九一四俵であったものが、天明年間（一七八一～一七八九）には一八万七一七二俵まで増加した。しかし、文化年間（一八〇四～一八一八）には、ほとんどの年で一〇万俵以下に減少した。これは、一方で海上を航行する廻船の大型化や航海術の進歩により東廻航路の航海が以前より安全になったため、東北地方の廻米が鬼怒川経由ではなく太平洋に面した諸港から海洋船で直接江戸へ輸送されるようになったこと、さらに、利根川中流付近で浅瀬の障害が起こり、大型船の通航が困難になったことも影響していたようだ［丹治、二〇一三：七～八］。以上の他にも境河岸の衰退をもたらした理由はいくつかあるが、それらについては後でくわしく検討する。いずれにしても境河岸は一八世紀末ころまで、利根川水系でも最も繁栄する河岸の一つであった。

境河岸が商業中心地として利根川水系の河岸の中でも群を抜いて繁栄していたことの一端は、人口（戸数）や職業分布にも表れている。すなわち天明五年（一七八五）、この町には四〇九戸あり、人口は一八五一人であった。この人口は、当時、同じ石高（米の生産高）の村の約四倍であった。「役人」を除いた境町の住民の職業構成をみると、交通・運輸関係（船持・馬持・船乗・小揚・渡守）が最も多く五八％、次が商業（茶屋・旅籠を含む）で二四％、次いで農業は人口で一二・二％（戸数では九・三％）、サービス業（医師、職人、座頭など）が七％となっていた。つまり、全体の八割以上が交通・運輸と商業に従事していたのである（表7－2）。当時の農村社会にあって、「農業」人口が二二六人、割合で一三%しか占めていなかったことからみると、境町は農村というより「商業都市」と表現したほうが実態を表わしているといえる［茨城県、一九八五：二一七～一八／難波、一九六六：二二一／川名、一九八四：八五～八七／川名、二〇〇七：一〇二～一〇四］。

ところが、境河岸の繁栄は一八世紀末から一八一〇年ころにかけて次第に衰退に向かった。天保四年（一八三三）八月の境町惣百姓、粕問屋、仲買、諸商人総代らが連名で関宿藩町役所宛に提出した嘆願書「乍恐以書付奉願上候」は、まず、かつての境河岸の繁栄をつぎのように述べている。すなわち、境河岸には昔から川船によって銚子・鹿島・九十九里・水戸・磐城・仙台の浦々（港）から、夥しい量の粕・干し鰯・五十集（塩干魚などの海産物）がここに集まり、問屋に持ち込まれ、仲買人がこれらを買って、城下町（関宿）、近在の村々、幸手宿・栗橋宿・小山宿・結城町・下館町・下妻町などへ売りさばいていた。そのため武州・上州・野洲・常州から大小の商人が境町を訪れ、仲買人などの家に泊まって売買をしていた。そして、河岸では船の荷物を積み降ろしをする小揚人足・馬持などがこれらの荷物を運び、船持は各地へ荷物を輸送する。また、海辺の村々からやってきた大勢の売人は、飲食の準備そのほかの雑用をしながら問屋に長逗留していた。このため境は町内ことごとく潤い、問屋が扱う船積の荷物は夥しかった。町内では人びと全てが互いに助け合い商売が成り立っていた。しかし、境河岸が扱った荷物合計は安永四年（一七七五）には三万七一四六駄、安永七年（一七七八）には三万八五八六駄もあったのに、漸次減

表７−２　天明五年境河岸職業構成表

	戸数	人口	一戸当たり人口
役人（注１）	16	156	9.8
百姓	38	226	5.9
船持	59	297	5
馬持	28	122	4.4
小揚	156	491	3.1
職人	27	113	4.2
商人	55	309	5.6
茶屋	21	91	4.3
渡守	9	46	5.1
計	409	1851	4.5

（注１）　彼らの職業は河岸問屋、浜方問屋、雑穀問屋、その他であった。

［川名、2007:103］

少し、天明四年（一七八四）には二万六二九〇駄と大きく落ち込んだ。寛政九年（一七九七）ころから海産物を送っていた沿岸地域で不漁が続いたこと、奥州、野州、常州からの江戸向け鬼怒川下りの荷物が減少したことで、取引荷物はかつての三分の一に減少し、文政六年（一八二三）ころには境町の問屋・仲買人たちはいよいよ困窮するようになったという（注3）。「嘆願書」によれば、その結果、「近年、各方面からの出荷物がにわかに減少し、河岸問屋二軒の手船に積むほどの量もなく、特に二〇カ年以来、四度の大火に町内が類焼して、その復興もおもうようにまかせず、生計が成り立たなくなって、夜逃げをする者まであって、家数はおよそ一三〇軒余も減少し、これでは今後どれほど衰微するかわからない」と、境河岸の窮状の様子を伝えている［川名、一九八二：二八八／川名、二〇〇七：二五五〜五七］。

この背景の一つとして「嘆願書」は、右に挙げた理由のほかに、農民が取引に参加する農間商いが盛んになり、酒・酢・醤油をはじめ、荒物・小間物・呉服物・太物、そのほか糠・魚粕・干し鰯・塩物・五十物に至るまで、ありとあらゆる物資を取り扱うようになったので、河岸問屋が商売できなくなったことを述べている。「嘆願書」はもう一つの背景として、以前は粕・干し鰯・五十集などの銚子方面からの上り荷は境河岸で一旦荷揚げされ、それを問屋仲間が仕入れ、それらを武州・上州・野州の河岸へ船積みしていたが、文化一〇年（一八一三）ころからは、境河岸には一向に船が寄らず、武州・上州・野州の河岸へ直接運び、同様に江戸に向かう荷物もこれらの河岸から直接積み下すようになった、という事情を訴えている［丹治、一九八四：一〇三〜一〇四］。「農間商い」は、本章第一節で説明した、無許可の小舟「所働船」や「所稼船」などによる農民の経済活動で、利根川流域で広く見られた。また、荷物が境河岸を素通りしてしまうことも何度か言及してきた。

「嘆願書」が出された時期を含む安永期から天保期、さらに弘化期にかけて利根川水系における河岸の衰退は、境河岸だけではなく関東の河岸に一般的にみられた状況であった。たとえば武州一本木河岸では、船問屋が祖先から受け継いできた問屋株を、経営が行き詰まったため文政九年（一八二六）に永代貸ししてしまった事例もあった。また、下総の小見川河岸では、以前からあった二軒の河岸問屋のうち、一軒は天保三年（一八三二）に、もう一軒は弘化元年（一八四四）に潰れ、問屋株を手放してしまった。さらに、上流域五料河岸のある問屋は、経済的困窮から天保一二年（一八四一）に船問屋株を売りに出している〔丹治、一九八四：九七／川名、一九八四：三六九／川名、一九八二：二八九〜九〇／川名、二〇〇七：一〇〇〜一〇一、二五六〜五七〕。

以上のように利根川水系における河岸の衰退という全体状況があったとしても、利根川水系の水運においてとりわけ枢要な位置を占めていた境河岸において、なぜ境河岸の商人たちが「嘆願書」を出すほど追い詰められたのだろうか？　あるいは、当時の境河岸における商業取引の実態はどのような状況にあったのだろうか？　さらに、当時の境河岸の衰退は一時的な現象だったのだろうか？　衰退の背景や原因についていえば、「嘆願書」が挙げている衰退の原因のほかにも、何らかの要因が関連していた可能性もある。第三節（二）の「鬼怒川ルート」の項でも述べたように、鬼怒川を下ってきた荷物が「境通り六カ宿」を通らず、そのまま利根川まで運ばれたこともその一つである。これまで、利根川中流域に浅瀬の問題が発生し、境・関宿経由の輸送が敬遠されるようになったこと、船の大型化と航海技術の発達により東北から利根川を経由しないで江戸に直送するようになったこと、などの衰退要因を指摘してきた。しかし、これらの要因を考慮したとしても、それらだけで衰退の理由を十分に説明できているわけではない。なにより、当時、境河岸が扱った荷物の品目や量、出荷地、輸送ルートや手段などが、時代とともにどのように変化したのかをもう少し具体的に検討する必要がある。そのため、以下、境河岸の河岸問屋小松原家の「大福帳」（正式には「駄賃積留」）（写真7－1）を精査して、境河岸における物流の実態を検討した丹治氏と難波氏の研究を手掛かりに検討する。丹治氏と難波氏が、「大福帳」に基づいて江戸中期から後期にかけての利根川水運における物流の変化を検討するために境河岸に着目していることには意味がある。境河岸が利根川水運の要衝であるという点のほかに、「大福帳」という第一級の史料が残っているからである。

写真７－１　境河岸・小松原家の大福帳

［大木撮影］（境町歴史民俗資料館蔵）

この「大福帳」は、境河岸の小松原家が扱った荷物の品目、出荷地、数量を記録しており、当時の物流の実態を知るうえで極めて有用である。しかし残念なことに、境河岸の二軒の河岸問屋のもう一軒の青木家の文書史料（大福帳）は紛失してしまっている。このため、厳密にいえば小松原家の大福帳だけで境河岸全体の取扱荷物の動きを知ることはできない。このような史料上の限界はあるが、小松原家の大福帳だけでも、境河岸における物流の構造や変化をおおよそ知ることはできる。丹治氏と難波氏は小松原家の「大福帳」を整理し、その一部を集計した一覧表を作成している。以下に、その一覧表と説明を参考に、境河岸における物流の変化とその背景をみてゆくことにする。

「大福帳」には取り扱った荷物の品目と数量が記載されているが、数量は「駄」、「俵」、「個」、「本」など異なる単位で表わされている。どのような商品が取り扱われたかを知るうえでは問題ないが、異なる単位で表示される荷物の量をそのまま合算して「個」で表記しているので、ある年度の総輸送量を正確に知ることは困難である。それでも、このような合算の数字は、全体の傾向をおおざっぱにみる場合には参考になるので、本書においても、個々の品目を扱う時には引用した資料に示されたそれぞれの単位で表示する。しかも、丹治氏と難波氏がまとめた一覧表は、「主要流通物資」とされており、何を「主要」とみなすかは両者に若干の違いがある。たとえば、同じ元文二年（一七三七）の実績であるのに、表中に含まれる品目に多少の違いがあるので、片方にない品目はもう一方の表で補って、できる限り網羅的に流通商品を記すことにする。全体を見渡すと、取引された品目の種類はこの間、あまり変わらなかったが、ある年から新たに加わる商品もある。さらに丹治氏は、作成した一覧表においても説明文においても、境河岸から江戸に送られたであろう「下り荷」については量も出荷地も比較的くわしく示されているが、江戸からの「上り荷」についてはあまりくわしく説明していない。これについては両氏の別の個所または別の文献資料で補足する。出荷地については必要に応じて地域名や地名を示すことにする。以下に、「大福帳」に基づいて丹治氏と難波氏が作成した一覧表とその説明を手掛かりに境河岸の繁栄と衰退を検討し、それを通じて江戸期の利根川の舟運と流域経済に生じた変化をみてみよう。その前に、両者が対象としている年度について示しておく。

丹治氏は、元文二年（一七三七）八月〜翌三年五月、明和六年（一七六九）八月〜翌七年四月、寛政五年（一七九三）四〜一一月、文政一二年（一八二九）五〜十一月、天保七年（一八三六）三〜九月の、五期（五年間）分について一覧表にまとめている。そして丹治氏は、これらの一覧表には含まれない年度や産物については別途に補足説明をしている。一方難波氏は、元文二年と寛政五年の分についてだけ品目と量を示している［丹治、一九八四：一〇〇〜一〇一／難波、一九六六：二〇八〜一三］。丹治氏と難波氏が共通して表にまとめ、比較対照できるのは元文二年と寛政五年の二年間分だけであるが、それでも当時の舟運の実態を知るうえで参考になる。

丹治氏と難波氏はまた、品目の出荷地名も示しており、これは境河岸の後背地の範囲、つまり「経済圏」の範囲を知るうえで重要である。丹治氏は、境町から①半径二〇キロメートル以内の近在、②半径二〇〜一〇〇キロメートルの中間地域（北関東）、③一〇〇キロメートル以遠の遠隔地（東北地方）の三グループに分けて分析している。ただし、丹治氏の一覧表ではそれぞれの産物の出荷地が、「近接地農村」と表記されている場合、具体的に出荷地が示されている場合、いずれの記載もない場合、の三つの場合がある。これにたいして難波氏は、（イ）境町周辺の近在、（ロ）それより遠方の東北地方（福島、会津、米沢、南部、仙台、須賀川、最上）および北関東（結城・日光・栃木・水戸・宇都宮など）と、大きく二地区に分けている。ここで「近在」（時には「周辺村落」とも表記される）とは、境河岸および境町を「寄場」としている周辺村落（江戸末期の調査では三五カ村）を指している。

ただし、難波氏が一括して（ロ）の地域に含めた地域も、丹治氏の②中間地域（北関東）と、③の東北地方に相当する地域に区別されて示されているので、この場合も実質的には三区分とみなすことができる。なお、これらの年度についても二人の間には、取り上げている品目と後背地の地域区分や注目する問題や対象とする産物に若干の違いがあるが、両者の分析を合わせることで実態をより正確に理解することができると考える。

境河岸と取引する地域区分にかんして川名氏は、丹治氏、難波氏とは別に、天保七年（一八三六）の「荷受帳」に記載された境河岸の後背地を、境河岸の近在、中間地（北関東）、遠隔地、の三地区に分けたうえで、「近在」には全部で三七カ村、結城郡から六カ村、真壁郡から八カ村、武蔵郡から一カ村と、残り二二カ村としてこれらのほか境町周辺の村と町を挙げている。「中間地」には北関東の結城・真壁郡の一部、真岡、下妻、日光、栃木、水戸周辺、筑波郡、下野地域、および利根川下流の銚子近辺の村が含まれる。そして「遠隔地」には福島（白河、須賀川、二本松、郡山、三春、会津、会津田島）、仙台、山形、越後、越中富山、越前朽食村、越前西代喜村が記されている〔川名、一九八四：一一七～一二一〕。ここで川名氏は越後、越中富山、越前朽食村、越前西代喜村を挙げている点についてくわしい説明をしていないが、小松原家の「大福帳」にも、「生薬」または「紫根」（漢方薬の原料であり染料）という品目があり、その出荷地は南部（岩手）、仙台、須賀川、日光となっている。おそらく、東北地方の生薬が境河岸を経由して越後や北陸の越中富山に送られたのであろう。

以上、境河岸の後背地の地理的・地域的区分に多少の違いがあるが、それらをいちいち書き分けるのは煩雑なので、以下の記述においては便宜的に、Ⅰ「近在」、Ⅱ「中間地」（北関東および銚子近辺の利根川下流域を含む）、Ⅲ「遠隔地」（東北地方など）の三つに分けて記述することにする。本書の文脈でいえば、こうした地域区分化は、境河岸を中心として、Ⅰは「局地的経済圏」に、Ⅱは「地域的経済圏」に、そしてⅢは全国的な経済圏に相当する。前置が長くなったが、以上の区分を念頭において、まず、二人が共通して一覧表に示した「大福帳」元文二～三年に境河岸で取引された荷物のうち、Ⅰ「近在」から集荷された商品の品目、出荷地、量（確認できる場合）

をみてみよう。

元文二年八月〜同三年五月の間にⅠ「近在」の村落から境河岸に持ち込まれて江戸方面に送られた下り荷は、公租である米のほか、麦、大豆、小豆、芋、そば、蓮根、ごぼう、そのほかの蔬菜類（後述）、菜種、ごま、玉子、茶、醤油・酒などの加工品であった。境周辺の村の農業は、江戸近辺の生鮮野菜生産地帯の外縁として、比較的長期保存のできる穀物・根菜類を主とし、ほかには醤油・茶のような加工品であることが分かる。なお、江戸中期以降、境河岸近郊で非常に重要な生産物となった蓮根とごぼうの出荷量（生産量）にかんして元文期から寛政五年にかけて激増と激減という大きな変化があり、その背景に江戸周辺における農業の変化という大きな動きがあったので、これらについては後でくわしく説明する。蓮根とごぼう以外の蔬菜類（一部果樹を含む）には、かんぴょう、いも類、ごま、こんにゃく、ねぎ、からし、ぜんまい、きのこ（椎茸、松茸？）、梨、栗、いもの茎、大根、にんじん、ふき、などが含まれ、計五五三六・五個がこの年に出荷された。これらは明和六年（一七六九）以降に境河岸に持ち込まれるようになっていたが、一つ一つの品目の量はそれほど多くはなかった［丹治、一九八四：一〇九〜一一一］。それでも、新たな農産物が商品として登場しつつあったことは注目に値する。ただし難波氏は、「大福帳」を精査して、これらの商品は「零細な商人荷の集積である。いずれも一回の出荷量は極めて少量であり、また同一商品が一括記載されることもすくない。このことは、生産者による商品化が偶発的であるとともに、集荷組織が未成熟であることをしめすと考えられる」としている［難波、一九六六：二〇七〜二〇九／丹治、一九八四：一〇〇〜一〇一］。つまり生産者は、特定の商品作物を集中的に生産しているというより、自給的農業の延長として、たまたま収量が多かった農産物を近くの「寄場」に持ち込んでいた、という解釈である。筆者の概念的枠組みで表現すると、当時は境河岸を核とした小規模の「局地的経済圏」がようやく形成された段階だったといえる。

つぎに、元文二年における、境河岸の周辺村落のさらに外縁のⅡの北関東地域からの商品をみると、晒《さらし》、木綿、繰綿、古手（古着）、着物、紙（水戸）、麻（栃木）、切粉（刻みたばこ）などの手工業製品が中心で、家禽産物としては玉子が含まれていた。そして、北関東のさらに外側のⅢの地域からの商品には、糸（福島）、太織（福島、南部、仙台）、真綿（福島、南部、仙台）、蠟（会津）、漆（米沢、最上）、塗物（会津、米沢）、紅花（仙台、福島、最上）、紫（＝紫根。南部）、生薬（仙台、須賀川、日光）、古銅、玉子（会津、須賀川）、小間物（米沢、須賀川）などが含まれる。Ⅲの地域からの荷物は、東北南部や奥羽各地の特産物で、それがさまざまな経路を経て最終的に鬼怒川ルートの境河岸にもたらされた。

難波氏は「大福帳」から、品目別にどの出荷地のものが全体量の何パーセントを占めていたかを算出して示している。例えば、晒と木綿は結城六三％、真壁・下妻・真岡・上三川が合わせて二七％であった。蠟は、会津三七％、最上三二％、福島一二％、米沢九％であった。意外な商品は「玉子」で、出荷地は、須賀川（四三％）、近在（二〇％）、仙台（一四％）、水戸（一七％）など、主として東北南部から仙台にかけての地域であった。ⅡとⅢにおける生産物は、その地域的範囲がⅠよりもずっと広いので、当然のことながら種類も非常に多様であった。しかし、この時期の生産地は分散的で、栃木の麻や水戸の紙など特産物の産地形成が進行しつつあるものの、一般に生産地はなお広く分散しており、自給的な農業生産から脱皮しきれていない状態であった。出荷の状況をみても、Ⅰの場合と同様、個々の商品の出荷には多数の農民荷主の参加がみられ、零細な荷がまとめられて出荷されていた。以上を要約すると、元文期の境河岸を中継点とした物流は、「東北の特産物生産と関東における自給的農業経営の変容の中から江戸市場へ直結する商品流通がみられ、その地域分業も未熟ながら進行している段階」にあったといえる［丹治、一九八四：一〇〇～一〇一／難波、一九六六：二〇八～一一二］。

なお、丹治氏が作成した取り扱い品目の一覧表は、小松原家が扱った民間の商荷物であり、そのほとんどは江戸向けであった。しかし難波氏は、このほかに領主荷物などの武家荷物があり、さらに江戸向けだけではなく、福島の棚倉から境河岸宛に送られた荷物に鍬や稲こき（脱穀機か）などの農具が含まれていた点に注目している。

これらの農具の数は多くなかったかもしれないが、それでも難波氏は「その（境河岸）経済圏のあり方から注目される」と述べている［難波、一九六六：二一〇］。つまり、それまでの河岸を核とした経済圏は、江戸向けの物産を集荷して送り出し、江戸から消費材を移入し近隣地域へ販売することを主な機能としていたが、難波氏は、境河岸を核とする経済圏は、それらの機能に加えて農業生産を支える農具を遠方から取り寄せ、周辺の農村地域に販売していたことが重要であると指摘しているのである。

つぎに、元文期以降の変化を知るために、寛政五年（一七九三）四月〜一一月の間について「大福帳」に記載された品目をみると、全体としては元文二年とそれほど大きく変わっていない。元文期同様、Iの「近在」からの荷物としては、米、麦、大豆、小豆、いも、酒、粕、蓮根、ごぼう、玉子、古綿、古手、真綿、麻などがあった。寛政五年には、これらに鳥（鶏か）、下駄板、種粕（菜種油を搾った粕か）、綿実、酒、味噌、醤油、そのほか木材加工品が新たに加わった。玉子は、元文二年の「大福帳」では二三駄半も東北南部、北関東などの遠隔地から運ばれた。しかし寛政五年に外部から持ち込まれた玉子は、白河から出荷された三駄だけだった。玉子は主として境河岸周辺で消費されたと考えられるから、境河岸周辺の農民が町場の住民の需要を当て込んで鶏を移入し、玉子の生産を始めたのではないかと思われる。なお、「近在」の荷物のうち穀類（特に米）は大幅に減少したが、これは、「大福帳」が一一月で終わっているためで、穀類の輸送はこの地域では一二月が中心であったという事情を反映していると思われる。

近在の荷物のうち、蓮根とごぼうは元文二年（一七三七）から寛政五年にかけて一旦は急増し、その後激減した。すなわち、元文二年に出荷された蓮根は三六八二個、ごぼうが三二八七個であったものがその後増え続け、明和六年（一七六九）には蓮根が八四八二個、ごぼうが五五四一個に急増した。この年、蓮根とごぼうだけで蔬菜類全体の九二・四％、境河岸における下り荷全量三万二四五八個の四三・二％にも達していた。当時、蓮根とごぼうは江戸で人気が高まり、それに対応して境河岸近郊の農村地帯（特に現・猿島郡・結城郡）でほかの蔬菜類と共に生産が盛んになった。つまり、この時代には、境河岸が取り扱っていた荷物の多くは境河岸の近隣地域で生産されたものだった。しかし、寛政五年になると蓮根の出荷量は一七七八個、ごぼうは八五個と、それぞれ最盛期の五分の一と六分の一に激減してしまった。境河岸の主要な取扱商品であった蓮根やごぼうが激減した理由は明らかではないが、丹治氏は、明和期（一七六四～一七七二）から寛政期にかけて、江戸近郊の農村地帯で蔬菜類の生産が高まり、江戸から六〇キロ以上も離れた北関東のごぼうや蓮根が江戸市場から次第に締め出されていったのではないか、と推測している。実際、元文二年ころには江戸近郊の武州足立郡染谷村では、大麦、小麦、大豆、小豆、粟、稗、菜、大根、ごぼう、たばこ、長芋、つくね芋が栽培され、武州葛飾郡藤塚村では同年に大麦、小麦、大豆、小豆、粟、稗、そば、菜、大根、芋、ごぼう、たばこ、菜種、えんどうが栽培されていたことが記録されている。また武州埼玉郡蒲生村（現・埼玉県越谷蒲生）では蓮根が積極的に栽培されるようになった。これは「地味色黒埴土にして蓮根に宜しく、稲・麦に適せず時々水旱に苦しむ」状態にあり、土質が蓮田に向いていたからであった。いずれにしても、これら江戸に近い農村でごぼうや蓮根が生産され江戸に出荷されるようになり、その分境河岸近郊から出荷される量が激減したのである［丹治、一九八四：一一〇］。

つぎに、同じく寛政五年において地域区分Ⅱの北関東からの出荷状況をみてみよう。この地域からは麻糸、紙、茶、玉子、鹿皮、油（ごま油、魚油、菜種油）、木綿、真岡を中心とする晒、那須・黒羽・大山田・水戸などの切粉（刻みたばこ）・たばこなどが境河岸にもたらされた。そして、新たに宇都宮のかんぴょう（明和六年より出荷）、水油（白ごま油、綿実油、菜種油など）、肥料の粕、菜種、糸綿、真綿が加わった。以上の状況は、北関東にある程度の地域的分業が形成されたことを示している。これと同時に、ⅠとⅡに関係する変化として、境河岸に荷物を送った送り手の側にも変化がみられた。元文二年には、持ち込まれる荷物の一件一件が零細な荷であったものが、寛政期になると、関東地域では多くの農民荷主が参加するようになり、共同で集荷されるようになった。これは元文期から寛政期までの五〇数年の間に、商品生産が偶発的ではなく恒常化し、共同で出荷するなど組織化がみられるようになったことを示している［難波、一九六六：二一二～一三］。

Ⅲの東北地方から境河岸に送られた荷物は、元文二年から寛政五年にかけては、品目にはそれほど大きな変化はなく、紅花（仙台、福島、最上）、紫（紫根。南部）、絹糸（福島、三春、二本松）、真綿（福島、南部、仙台）、酒、漆（米沢、最上）、玉子（須賀川、仙台、白河）、生薬（仙台、須賀川、日光）、たばこ（会津、郡山、三春、須賀川）、蠟（最上、会津、米沢、越後、福島、三春、仙台）、太物（麻や綿の厚手の織物。福島）などであった。ただ、絹糸は寛政五年に初めて登場し、この年の産地は福島の三春と二本松であった。これらの多くは東北南部、奥羽各地の特産物で、それらがさまざまな経路を経て最終的に鬼怒川ルートの境河岸にもたらされた。しかし、寛政五年に向かって鬼怒川下りの東北の荷物は全般に減少が目立ってくる。とりわけ蠟に至っては寛政五年にはほぼゼロとなってしまった［丹治、一九八四：一〇〇～一〇四／難波、一九六六：二〇七～一四］。この理由については後に補足する。つぎに、寛政五年から天保七年にかけて生じた境河岸における荷物の変化を「大福帳」を手掛かりにみておこう。

寛政期には、境河岸における晒木綿、水油、種粕、かんぴょうなどの荷請量が増大し、結城や宇都宮など北関東の農村など、地域区分Ⅱの商品生産は少しずつ発展の傾向にあった。しかし、穀類をはじめ東北地方からの蠟、漆、紅花、水戸藩から送られてくる刻みたばこ、たばこなど、鬼怒川下りの商品の減少が目立ってくる。文政一二年（一八二九）の「大福帳」によれば、大豆、玉子、紅花、木材加工品の下駄板や屋根板などの北関東から出荷された商荷物の増加はあったものの、水油は寛政五年の三一一七樽から四四四樽へ、晒木綿六二一個から五〇五個へ、種粕二二八四個から七九八個へ、漆が八四駄七個から二九駄一九個へ、茶は八九九本から五〇五本へ大きく減少した。ごぼうの出荷量は寛政五年以降、減少し続け、文政一二年にはゼロとなってしまい、それ以後天保七年（一八三六）においても変わらずゼロのままであった。また蓮根も寛政五年の一七七八個から一五八七個へ減少した。こうした境河岸への出荷が全般的に減少する中で、寛政五年以降、三春地方から絹糸が出荷されたことは注目すべきである。以上みたように、寛政期から文政期には、境河岸への出荷が増えた物、減った物、新たに出現した物が混在した時代であった。ただし、「境通り六カ宿」を経由して境河岸から積み下された北関東、東北南部からの荷物は江戸末期に向けて一貫して減少していった［丹治、一九八四：一〇〇～一〇八／難波、一九六六：二一五～一七］。

ところで、丹治氏も難波氏も言及していないが、現在、「大福帳」が保管されている「境町歴史民俗資料館」館長の野村氏が独自に調べて作成した「境河岸経由荷物一覧（件）」には、おそらく量や個数が少なかったために、これまでの研究者が言及してこなかった興味深い商品がいくつか挙げられている。たとえば、用途は不明であるが、柏木・柏皮（元文二年には一二九三件、寛政五年には二二九三件もあった）、ぜんまい（山菜）、柏葉、杉箸、松煙、ぞうりなどの農林産物の一群である。そのほか、うなぎ、猪、猪皮、鹿などの動物の荷物もあった。「鹿」については「鹿皮」という項目があるので、これは鹿肉（塩漬けか干し肉）であった可能性がある。同様に猪と猪皮が別の品目として記載されているので、猪肉も取引されていた可能性はある［野村、n.d：六］。

以上が、丹治、難波両氏が共通して掲げた境河岸における元文二年～寛政五年ころの物の変化である。この期間において境河岸が衰退した背景には、従来重要な位置を占めていた鬼怒川ルートで下ってくる東北の物資が減少したこと、江戸向けの蓮根やごぼうなどの野菜の出荷が江戸周辺での生産増加によって壊滅的な打撃を受けたことが分かる。それでは、「嘆願書」が出された天保四年（一八三三）ころの境河岸の取引状況はどうだったのだろうか。これについて丹治氏は、「嘆願書」の三年後、天保七年（一八三六）の状況を詳細に検討している。天保七年に境河岸が荷請けした荷物の品目は寛政五年（一七九三）とほぼ同じであるが、総取扱量にはかなりの変化がみられる。まず指摘しておくべき変化は、小松原家の総取扱量は元文二年（一七三七）の二万七七〇〇個から明和六年（一七六九）には三万二四五八個まで増加したが、天保七年には一気に一万七七三四個（二個が一駄と換算できる）に激減したことである。この総取扱量の激減の要因としてはやはり、境河岸の生命線ともいえる鬼怒川ルートでの荷物の減少であった。中でも、単品で大きな比重を占めていた奥羽・東北地方や水戸藩領から鬼怒川経由で境河岸に送られた領主米・武家米の廻米が大きく減少したことが要因の一つであった。すなわち、元文二年に境河岸が扱った領主米・武家米は五七四四俵、商人米は二〇三〇俵、合わせて七七七四俵であったが、天保七年には前者は二三九俵、後者は五六三俵、合わせて八〇二俵と、約一〇分の一にまで減少した［丹治、一九八四：一〇〇～一〇一］。

丹治氏は、天保七年に小松原家が境河岸で扱った米以外の荷物（品目）を多い順に整理している。それによると、上位三位までの品目と比率をみると、多い順に茶（一四・九％）、蓮根（一四・八％）、玉子（一三・六％）となり、この三品だけで全体の四三・三％を占めている。蓮根の出荷は天保七年には二六二三個とやや持ち直したようである。茶と蓮根は境河岸から二〇キロメートル以内の近在から送られた荷物であり、玉子は大部分が近在からと、一〇〇キロ以内の「中間地域」から出荷されたもので、中間地以遠の奥州の白河や須賀川などの遠隔地から送られた玉子はごくわずかであった。興味深いのは茶の出荷量が第一位になったことである。元文二年に境河岸近在で生産されていた茶の出荷量は第八位で一二〇〇～一八〇〇本（一本の具体的量は分からない）であったが寛政五年には九〇〇本、文政一二年（一八二九）には五〇〇本まで落ち込んだ。しかし、天保七年、茶の出荷は二六四八本にまで急増した。茶のような樹木性の作物の出荷量がわずか七年の間になぜこのように大きく増加できたのかは分からないが、当時、江戸においてお茶の需要が高まった可能性もある［丹治、一九八四：一〇〇～一〇五］。

以下順に、第四位はたばこ（七・三％）、五位は肥料（油粕・種粕・ごま油・油粉で計六・九％）、六位は絹糸（六％）、七位は大豆（五・九％）、八位はかんぴょう（三・七％）、九位は商人米（三・二％）、一〇位は油（二・六％）、一一位は下駄板（二・一％）、一二位は晒木綿（二・一％）、一三位は紅花（一・八％）であった。これらのうち、遠隔地（奥羽・東北地方）からの出荷はごくわずかな玉子、絹糸、紅花だけであった。絹糸は三春・二本松地方の産物であり、江戸の商人（飛脚問屋）が産地に赴いて買い付け、陸路で鬼怒川上流の河岸から境河岸に送ったものである。このように江戸の商人が直接産地に赴いて買い付ける取引は寛政期に生じたようだ。また紅花は全体の量は少ないが、大部分は山形（最上）のブランド商品であった。ただし紅花は、天保七年には少しだけだが近在と中間地域でも生産されるようになっていた［丹治、一九八四：一〇〇〜一〇八／難波、一九六六：二一五〜一七］。

境河岸の衰退の背景として、右に挙げたいくつかの要因として本節ではすでに①鬼怒川経由の東北・奥羽の荷物の輸送が、「境通り六カ宿」と境河岸を経由しないルートへ変化していったこと、②以前は鬼怒川ルートで運ばれた廻米や商米が、廻船の大型化や航海技術の発達により、東北地方からの荷物が銚子―利根川―境経由ではなく、房総半島を迂回して直接江戸に運ばれたこと、③利根川中流域（特に利根川から江戸川に分岐するあたり）における浅瀬の問題で、境河岸経由の舟運ルートが敬遠されたこと、などを指摘してきた。しかし、右に挙げたように境河岸の衰退の理由はいくつもあり、さらに別の理由もあったようだ。

たとえば、年貢米の金納化や年貢米の地払い、つまり生産地周辺で売りさばかれるようになったことである。これによって、それまで廻米や年貢米の取り扱いによって栄えてきた河岸問屋は大きな打撃を受けた。また、米の地払いの背景には、境河岸の後背地における手工業生産の勃興があった。すなわち、それまで境河岸に米を運んでいた近隣の足利・桐生において織物業が盛んになり、そこで働く女性の食料需要のため米価が上昇し、現地で売却される米の量が増えたことである［川名、一九八四：三六八〜六九、三八〇〜八一］。さらに、江戸の商人らが会津方面に出向いて米やさまざまな商品を「抜け買い」し、その荷物を輸送する際に那珂川経由、あるいは鬼怒川を下る場合でも、境河岸経由ではなく、直接利根川に出るルートが頻繁に利用されたことである［丹治、一九八四：一一三］。

こうして、奥羽・東北の主要な産物である蠟（漆蠟）・漆・紅花も境河岸を経由する鬼怒川ルートを避けて運ばれる事例が増えた。元文二年（一七三七）には蠟と漆は合わせて三三五三個で全体の一二％を占めていたが、天保七年（一八三六）には、漆はわずかな量が境河岸を経由する鬼怒川ルートに送られたにすぎなかったし、このルートで運ばれた蠟は皆無となってしまった。蠟の場合、輸送ルートの変化に加えて、新たな産地が出現したことも境河岸経由の荷物の減少に拍車をかけた。これまで品質の良い会津の漆蠟は全国ブランドの商品であったが、新たな産地として西南地方の諸藩で櫨《はぜ》蠟の生産が盛んになり、蠟の価格が暴落した。このため享保二〇年（一七三五）から明和八～九年（一七七一～一七七二）にかけて蠟から得られた会津藩の収入は以前の五分の一に激減してしまったといわれている〔難波、一九六六：二二六／丹治、一九八四：一〇一、一一一～一一四〕。これらは境河岸商人の努力では防ぐことができない経済事情の変化であった。

以上、丹治氏と難波氏が小松原家の大福帳を整理してまとめた一覧表と説明を検討したが、この項の終わりに、もう少し長期的にみて境河岸の荷受量が大きく変動（実際には減少）した北関東の作物や生産物を取り上げておく。まず、寛政五年（一七九三）に最初に江戸向け商品として登場した水油は、同年の一一三一樽から文政一二年（一八二九）には四四九樽、天保七年（一八三六）には九四樽まで激減してしまった。右と同じ年度順で、晒木綿は寛政期には六二一個、文政期には五〇五個、そして天保期には三六七・五個へ六割ほどに落ち込んだ。同様に、種粕は寛政期の二二三四俵から文政期の七九八俵、そして天保期には四二四俵と、かつての五分の一にまで激減してしまった。最後にもう一つ、かんぴょうは、寛政期の一五八三個から文政期の八九三個を経て六五三個へと、かつての四割に減ってしまった。これまで検討してきた境河岸近在の産物、東北地方からの荷物の減少に加えて、北関東の産物が減少したことも境河岸の荷受量総体を減少させ、河岸そのものの衰退をもたらした重要な要因であった。

境河岸は利根川水系の上流・中流、東北や北関東からもたらされた産物、そして近隣諸地域から持ち込まれた産物の売買で繁栄した。これらの産物の一部は境河岸周辺地域で消費されたが、大部分は最終的には江戸に向けて出荷された。この意味で、これらの荷物は「下り荷」ということができる。これまで説明してきたように、前出の「嘆願書」は、境河岸が衰退した要因の一部は、「下り荷」がさまざまな事情で減少したことを訴えている。

しかし、境河岸が取り扱った産物はこれらの「下り荷」だけではない。これとは別に、利根川や江戸川をさかのぼって境河岸に運ばれる荷物があった。境河岸を基点に考えると、こうした荷物は「上り荷」ということができる。「歎願書」は、境河岸の衰退の背景として、利根川下流域と江戸川を経由した「上り荷」の減少も挙げている。つぎにこれを検討しよう。

すでに指摘したように、境河岸が取り扱う荷物の八割は、主に江戸に向けられた「下り荷」であった。これは、利根川の舟運が江戸という巨大消費地によって発展してきたことを考えれば当然である。しかし、境河岸が扱う荷物について「上り荷」を無視してよいというわけではない。以下に、利根川下流域と江戸川を経由した「上り荷」の動向に着目して境河岸の衰退の背景を検討するが、その前に、つぎの点を確認しておく必要がある。これまでの境河岸より利根川の上流域の舟運や河岸を説明する中で、境河岸を経由したか否かは別にして、江戸や銚子方面からもたらされた産物についても言及してきた。したがって、以下の「上り荷」の説明にはこれらの産物と重複する部分がある。この点を念頭において、以下、できる限り重複を避けつつ、まず、銚子や北浦方面から利根川を上ってくる荷物と、それと関連して利根川の下流域で何が起こっていたかを検討しよう。

銚子、九十九里、鹿島、相馬方面から利根川を遡上して運ばれた魚粕、塩干魚、塩魚、五十集などの海産物は、一旦境河岸で陸揚げされ浜方問屋、干し鰯問屋に買い取られ、つぎに商人が問屋からそれを仕入れて武州、上州、野州など利根川中・上流地域の河岸へ送った。以前はこれが一般的な流通方式であった。難波氏はこうして境河岸に運ばれたこれらの荷物は、安永四年（一七七五）～天明四年（一七八四）には年間三〇〇〇～五〇〇〇駄、平均三九三〇駄で、この間の最盛期の安永七年（一七七八）には七九九五駄であったとしている［難波、一九六六：二一二（2表）／川名、一九八四：一二七（第34表）］。ところが前出の「嘆願書」は、利根川経由で境河岸にもたらされる海産物が、文化一〇年（一八一三）ころより、境河岸を通り越して直接、さらに上流の河岸へ運ばれるようになったため、境河岸の問屋や仲買人が困窮するようになった、と訴えている［丹治、一九八四：一〇三～一〇五］。実際、本章第三節（二）「鬼怒川ルート」でも、銚子方面からの荷物を境河岸の手前の布施河岸や小堀河岸で陸揚げし、陸路で江戸川筋に運んで再び船で江戸川を下って江戸に運ぶ事例も多発するようになり、その分、必然的に境河岸に運ばれる荷物が減少したことを述べた。さらに、農民による商取引、いわゆる「農間商い」が増えて、銚子からの荷物が境河岸を素通りして直接に境河岸より上流の武州・上州・野州へ輸送される事態も発生していた。「嘆願書」はさらに、農民が「手舟」を使って商品の売買を行う「農間商い」は銚子方面からの海産物だけでなく、本来は境河岸が扱うべき多様な商品にまで及んでいたことを挙げている。つまり、これらの「隣村所々夥敷商人」が酒・酢・醬油・水油をはじめ、荒物・小間物・呉服物・太物類、そのほか、糠・魚粕・塩物・五十集（海産物）に至るまで、あらゆる荷物を扱うようになったので、境河岸の問屋・仲買・諸商人が貧窮化しているというのである［丹治、一九八四：一〇三～一〇四］。小舟による「所稼ぎ・農間稼ぎ」は利根川最上流部、倉賀野河岸近辺でもみられ、そこでは浅瀬で使われた小型の艀下が独立して商業活動に転用されていた。幕府は寛政五年（一七九三）にこうした「所稼船」から舟年貢を徴収し始めた（本章第一節）。商業経済に目覚めた当時の農民は、稼ぐ機会があればどこでも積極的に活動していたようだ。

農間稼ぎがいかに活発であったかは、たとえば江戸からおよそ一五里（六〇キロメートル）の距離にある境河岸の後背地、下総猿島郡、結城郡と岡田郡の事例にはっきり表れている。天保九年（一八三八）には、この地域の五〇カ村のうち村内に「農間商い」を行う者がいない村はわずか三カ村だけで、ほとんどの村に農間商人や職人が数軒から数十軒あった。これらの村では平均して全戸数の一〇～二〇％、最高は五〇％が何らかの商業取引にかかわっていた。これは、後背地における商業の発達を反映している。さらに、彼らの中には繁栄する河岸であり宿でもあった栗橋、古河、間々田などへ引っ越したり、それらの場所に移動して商業活動に従事する者もいた。こうした現象は古くは元禄二年（一六八九）に現れるが、急速に盛んになったのは宝暦期（一七五一～一七六四）以降、特に文政期末から天保初年ころ（一八三〇年前後）にかけてであった。農間商人や職人が舟を使う際の「手舟」とは、本来は川辺の村々から耕地への移動に際し農具や収穫物を運搬するために利用された小舟で、これは「作小舟」あるいは「耕作船」、「耕作通船」などと呼ばれていた。さらに、渡船や漁船なども本来の目的は荷物の運搬ではなかったが、これらも商業的な運搬に利用された。それらの所有者である農間商人や職人の農間商い（農間稼ぎ）は、もともとは農作業の時間が空いたときに行う農民の商業活動であったが、中には農業よりも商業活動に専従化する農間商人も多くいた。中流から下流域にかけての地域には、境河岸の河岸問屋を通さずに江戸へ荷物を送る農間商人が多数いた。このような傾向は、河岸問屋の特権と輸送の統制を排して自由な稼ぎをしようとする農民の商業活動への参入（あるいは商人化）という現象として解釈することもできる。特権的河岸問屋への挑戦という文脈では、農間稼ぎをする馬持、船頭、水主なども結集して輸送賃の値上げ要求を突きつけるようになったことは、河岸問屋の力の衰退を象徴している。このように考えると、境河岸の衰退とは、取扱荷物の減少だけでなく、脇道・新河岸・新道など新たな輸送ルートの利用、農間商人の活発な活動という新たな挑戦を受けて、既存の特権的な河岸と河岸問屋の独占が実態として弱体化したことを意味していた。同時に、農間商人が、境河岸の手前の河岸などで陸揚げしてしまい、あるいは境河岸を素通りして上流方面に輸送することが常態化していたのである［川名、一九八四：三七九～八五／川名、一九八二：二八八一～九二／川名、二〇〇七：二五九～六一］。

銚子方面からの「上り荷」にかんして一つだけ補足しておく。この「上り荷」の数量については安永四年（一七七五）から天明四年（一七八四）までは分かっているが、それ以後の実数は分からない。ところが難波氏は、幕末の嘉永五年（一八五二）の銚子方面からの荷物として突如、八一一九駄という数量を挙げている［難波、一九六六：二一二（2表）］。これについて難波氏は、「しかし、見おとせないことは境河岸において地廻り荷物の減少はそれほどでもないことであって、依然、肥料市場あるいは穀物類の集荷場所として周辺農村を支配する機能を失わなかったことであろう」とコメントしている［難波、一九六六：二一九］。ここで「地廻り荷物」とは、境河岸周辺の需要に応えるための荷物、というほどの意味で、具体的には農業に必要な肥料を指すものと思われる。境河岸が扱う荷物の全体量は減少したかもしれないが、銚子方面からの荷物は、食料としての海産物と肥料、特に干し鰯と魚粕は当時北関東で発展した農業にとって重要な肥料で、主として境河岸周辺の「地廻り」農村からの需要に対応したものだった。この点において難波氏の、境河岸が果たしていた機能は失われなかったというコメントは、筆者も重要な指摘であると思う。

もう一つの「上り荷」は江戸、および上方や瀬戸内方面から江戸を経由して江戸川を上ってくる荷物で、塩、綿、木綿、荒物、小間物、雑貨、古着、乾物、茶、干し魚、糠、干し鰯、灰（肥料）、みかんなどがあった。これらは農村向けの生活物資が中心で、塩、糠、干し鰯、干し魚、灰などの肥料を除いてほとんどが上方から海上輸送で江戸へ廻送されたものであった。「上り荷」は、船頭が利根川各地から荷物を江戸に運んだあと、その帰り荷として空船に積んで流域各地へ運んだ農村向けの生活物資である［和泉、一九九三：九八〜九九／丹治、一九八四：一一八〜一一九、一二四〜一二六］。江戸から境河岸に運ばれた荷物の量は、安永四年（一七七五）には六九五三駄、安永七年（一七七八）には九〇〇〇駄にも達し、その後も天明四年（一七八四）までは平均七四〇〇駄が江戸から境河岸にもたらされていた［難波、一九六六：二一二（2表）］。しかし、残念ながら、これ以後の江戸から境河岸への「上り荷」の数量は分からない。いずれにしても、江戸からの「上り荷」にかんする限り、幕末に向けて大きな変化はなかった。これは、このルートで運ばれた「上り荷」は利根川流域の農業や住民の生活必需品が多かったからであろう。そして、資料で確認することはできなかったが、これらの品々の輸送と売買にも農民による農間稼ぎが大きく関与していたものと思われる。加えて、次の第五節でみるように、境河岸からは江戸への定期便が毎夜出ており、人の移動という面でも重要な河岸としての役割を維持していた。

以上の、物の動きを中心とした利根川水系の主要な河岸の実態に関する説明を終え、以下に、舟運による人の動きをみてみよう。

第五節　舟運と人の動き――境河岸の江戸行き定期船を中心として

舟運は、物資の売買や荷物の運搬を通して地域を結ぶ機能を果たしていたが、こうした経済的機能のほかに、人を運ぶことで社会的・文化的面においても重要な役割を果たしていた。ただ、舟運による人の動きの全体を具体的に、とくに統計的に把握することは資料の制約から非常に難しい。利根川水系でいえば、人数まで把握できるのは、境河岸から江戸に向かう小松原家が運営した定期船の乗客数だけであるので、これを参考にして江戸期における舟運を利用した人の動きをみてみよう。境河岸は、江戸川を経由して江戸との間を往復する定期船の発着場所であり、利根川の上流地域、支流の諸地域、信州、奥羽・東北地方、さらには北関東諸地域の人びとが江戸との間を往来する際の最も重要な拠点であった。言い換えると、境河岸における乗船客の状況をみれば、江戸期の利根川水系においてどんな人が何人くらい、どんな目的で船を利用していたのかをおおよそ把握できる。すでに述べたように、境河岸には小松原家と青木家の二軒の河岸問屋があり、安永三年（一七七四）に幕府より河岸問屋株が与えられた。これにより境河岸ではこの二軒だけが荷物の積み降ろしができる「船積問屋」と称する公認の輸送業者として認められた。この二軒は荷物輸送のほかに、「往還問屋」として旅人運送の乗合定期便を運航する特権も認められていた。この乗合船は、境河岸を毎夕、江戸へ向けて出航する「乗合夜船」であった。江戸末期に利根川の下流の布施に住んでいた赤松宗生は、「猿島郡の地、關宿の對岸、結城のゆんで（左側、筆者注）にして繁昌の處なり。月々六載、舟を江戸に出し以て行旅に便す」と記している［赤松、一九三八：一一六］。天保七年（一八三六）の『関宿土産』にも、「毎夜六斎船とて人船荷物数艘出る、東国之人江戸に至らんとて爰に来り、黄昏船を出し、夜半流山鴻之台を過て明朝江戸小網町に着」と記されている［川名、一九八四：九四～九五］。この定期便の夜行船は、夕方境河岸を出て翌朝江戸の小網町に到着するところから「乗合夜船」とも呼ばれた。それではこの船旅はどのようなものだったのか、くわしくみてみよう。

利根川の場合、境河岸から江戸へ向かう乗船客の多くは奥羽や北関東からの旅人であった。奥羽からの旅人は、奥州街道を南に進み宇都宮の手前、氏家・白沢宿あたりまでくる。そこからは二つのルートがあった。一つは日光街道を南下して境に至るルートである。二つは、氏家か白沢のいずれの河岸から利根川の支流、鬼怒川の阿久津河岸に出る。阿久津からは朝に出発する船に乗り、一気に一三里（五二キロメートル）を下り、鬼怒川の中流、久保田河岸で降りて陸路（日光街道の往還路）を大木→諸川→仁連→谷貝を通って、昼過ぎに境または対岸の関宿に着く。境河岸は利根川本流と江戸川が分岐する位置にあるため、江戸行きの定期便の発着点としては絶好の位置にあった（図7－4を参照）それでは、この乗合定期船はどのような手続きで乗客を乗せ、運航していたのであろうか。

境河岸から江戸までの乗合船は毎日一艘就航していた。乗船客は境に着くとまず茶屋・旅籠屋、あるいは河岸問屋へ行く。そこで一息入れて支度を整える。境河岸の対岸の関宿にある関所に手形を差し出し改めを受ける。問屋場で一人ずつ国所（出身地）、名前を記帳し、船賃を払う。午後八ツ半（午後三時ころ）、それまでに到着した旅人を積んだ荷物の上に乗船させて境を出る。境から関宿の先の元町地内字業人河岸の小宿の川端に船を付ける。旅人はそこで境屋と称する小宿で酒食を受け、夕方の出帆を待つ。その間に遅れてきた客を「所はしけ」という小舟で追いかけ乗船させる。夕闇せまるころ船を出して江戸川を二〇里あまり下る。その間、両岸から酒肴等を用意した「煮売舟」がこぎ寄せて乗合客の食欲をそそる。船は流山、松戸、鴻ノ台を過ぎて江戸川の河口近く下今井村の新川口に夜明けころ着く。そこで上陸して朝食をとり、その後小舟で小名木川を通り、隅田川に出て江戸日本橋小網町に至る。

船賃は、境から新川口まで一人二四〇文、新川口から日本橋小網町までの「船下賃」（はしけ賃）が四八文、計二八八文だった。文化三年（一八〇六）、ある船主が、江戸まで夕食付一人二七〇文で客を乗せたところ、多くの客を集めたこともあったという。これを現在価値に換算すると、文化・文政期にはおよそ一文が現代の二〇円ほどであったから［川名、一九八四：九四〜九五、一〇二〜一〇四／川名、二〇〇七：一九一〜九五］、境から江戸までは五〇〇〇円前後であったと推定される。この金額が当時の旅人にとってどれほどの負担であったかは分からないが、この距離を徒歩で進み、宿に宿泊しつつ移動することを考えると、妥当な金額であったにちがいない。もし、とうてい支払うことができないほど高額であれば乗船客はいなかったであろう。

それでは、どれほどの乗船客がいたのだろうか。境から江戸までの航行は、六〜七月に石尊参詣（大山詣で）の旅人でにぎわったが、これ以外の期間でもほぼ毎月四〇〇〜六〇〇人の乗船客があった。江戸までの船は毎日一艘であった。これに大山詣でなどの特別な月を含めて具体的な年度の年間乗船客数をみてみよう。ただし、以下の数字は河岸問屋の小松原家が扱った分だけであり、しかも境河岸発江戸行きの乗船客だけである。したがって、帰りの江戸から境河岸までの乗船客については分からない。この点に留意して年間の乗船旅客数をみると、安永四年（一七七五）六四二二人、安永九年（一七八〇）九四三〇人、天明四年（一七八四）五四二七人、嘉永五年（一八五二）一万一六二二人、安政二年（一八五五）には九七三四人、同四年（一八五七）には七三〇五人へと一旦減少するが、同七年には九六三四人、同九年（一八六二）には九四三〇人へと増加し、幕末の慶応期にも九〇〇〇人台を維持した。おおざっぱに年間の乗船者は九〇〇〇人ほどで、月平均七五〇人、一日平均二五人となる。もちろん季節的な変動も大きく、最も多かったのは七月、次いで六月だった。反対に乗船者が少なかった月は一〇月から翌年の一月（七一人）と三月、つまり冬季であった。やはり冬季は人の動きも経済活動一般も停滞する季節なのかもしれない。こうした季節変動のほかに天変地変の影響も人びとの移動を抑制した。たとえば天明四年（一七八四）の乗船者数は五四二七人と激減したが、これは天明三年の浅間山の大噴火のため北関東と東北地方が火山灰に覆われて大凶作となり、翌四年もそれに次ぐ大飢饉の年であったことが原因であった。参考までに、鉄道や自動車による運輸が普及する以前の明治七年（一八七四）の統計をみると、境河岸から東京への総乗船客数は二万二八六一人であり、しかも当時は年間を通じてまんべんなく乗船者があった［川名、一九八二：一七三～七四／川名、一九八四：九四～一〇四、一二一～二四］。

境河岸が扱った荷物の量は江戸後期から幕末にかけて大きく減少したが、境河岸から江戸に向かう乗客数はほとんど変化していない。明治期に入ると人びとの移動制限が取り払われたので、境河岸からの乗船客はむしろ激増した。これは、鉄道や車など近代的交通手段が整備され一般の人が利用できるまでは、東京と関東地域および東北南部との交通は利根川の舟運に頼っていたことの証拠である。

ところで、境河岸からの乗船客の出身地はどこだったのだろうか？　言い換えると、境河岸を経由地とした人びとの行動はどのような範囲に及んでいたのだろうか。これについて小松原家の「大福帳」は、天保七年の三月から九月の七カ月に境河岸から江戸に向かった乗船客の出身地をほぼ明らかにしている。この七カ月の総乗客数は三六〇一人であり、その内訳は、下総（一七三九人）、常陸（三〇八人）、下野（四〇一人）、武蔵（二一一人、うち江戸が一九〇人）、上総（五四人）、上野（二〇人）、奥州（二六六人）、出羽（四九人）、越後（五四人）、越前（一三人）、信濃（五人）、そのほかの地域（大坂、京都、伊勢、近江、甲州、小田原、美濃池田、摂津、阿波、計三四人）、身分としては商人（二八一人）、不明（六五人）、大名・旗本家中（一〇一人）そのほかであった。乗船客の七五～八〇％ほどが利根川とその支流の下総、常陸、上野、武蔵、など関東地域およびその周辺の出身者であった。とりわけ、下総（現在の千葉県北部と茨城県西部）出身者が全体の四八％と、半分弱を占めていた。それでも奥州、出羽、越後、越前、信濃からの乗船客が四〇〇人近くもおり、そのほかの地域（関西、四国、伊勢など）からの客も含めると四五〇人ほど、つまり全体の一二％強が遠隔地からの乗船客であった。もう一つ重要な点は、これらの出身地をみると、境河岸の取引先とほぼ一致していたという事実である。ただし、資料からは「商人」と「不明」に含まれる人たちの出身地は分からない。和泉氏によれば、遠隔地の中でも奥州の場合、盛岡、仙台のほかは白河、福島、郡山、二本松、三春、須賀川、梁川など、現在の福島県中通りの城下町や在郷町が多く、境河岸へ持ち込んだ産物の出荷地の人が多かった。また、松前、会津若松、磐城など、一時的な江戸行きの船便の利用者とみられる人びともいた。出羽からの乗船客では、山形、米沢などの城下町の住人など、境河岸と恒常的な取引関係があった地域の人が多く、庄内や秋田からの乗船客は一時的な利用が多かったようだ［和泉、一九九三：一一〇～一一二］。利根川の舟運と人の動きを考える際、境河岸における荷物と人の動きは重要であるが、このほか、利根川下流域を航行した遊覧船「木下茶舟」も文化の面では大きな役割を果たしたが、これについては「利根川生活圏」を扱う第六節でくわしく説明する。

なお、境河岸経由の江戸への「乗合夜船」は非常に人気があったため、対岸の関宿の河岸もこれを黙ってみてはいなかった。文化三年（一八〇六）には、関宿地区の三つの河岸（内河岸、向河岸、向下河岸）のうち向下河岸の（自称「河岸問屋」）勘兵衛なる人物は、江戸川河口近くの村から船を雇い上げて関宿から江戸への乗合船の運航を始めた。勘兵衛は、運賃を境河岸発の乗合船よりも少し安くしたので、彼の乗合船の乗客は瞬く間に増え、一回に二〇人から多い時には三〇人を乗せて、一日二艘も三艘も出すほどに発展した。しかも、これは月一二回（二、五、七、十のつく日）出港する定期便であった。このため、境河岸の二軒の河岸問屋が運営する江戸行きの「乗合夜船」の乗客を奪うことになった。境河岸から旅客を運ぶことは、安永三年に河岸問屋株が与えられた二軒の河岸問屋の特権であったから、これを根拠に境河岸の河岸問屋は、勘兵衛の江戸行きの船便を禁止するよう関宿藩役所へ訴え出た。この訴えにたいする裁定は、境河岸の河岸問屋の言い分がとおり、勘兵衛は「乗合夜船」の運営禁止のうえ、三〇日間の押込と罰金の刑に処せられた。しかし彼はその後も船の運航を止めず、そのたびに境河岸から訴えられ、刑罰を受けたが、再び営業を続けることを繰り返した。勘兵衛の船便は非合法であり、実際に何人の乗船客を江戸に送ったのかの記録はない［川名、一九八二：一七五～七九］。関宿を発着地とした江戸便の乗客数は分からないし、境河岸からの乗合船のうち、青木家が扱った乗船客の人数も分からないが、境河岸で小松原家が扱った分だけでも、非常に多くの人がこの定期便で江戸と往復していたことは十分分かる。

以上は、江戸行きの定期便「乗合夜船」の乗船客の出身地と、身分の分布であった。これらの数字から、人びとの動きにかんしていくつか興味深い事実が分かる。まず第一点は、この定期便の年間推定乗客数が延べ九〇〇〇人を超えていたことである。一回当たりの乗客は二五人ということになるが、当時の船の構造や舟運事情を考えると、定期便を必要とする人がかなりいたといえる。しかも、実際には乗船客が減る冬の期間を含んでこの人数であるから、それを除いた通常の月は一回の便の乗船客はもっと多かったであろう。第二点は、乗船客の出身地の約半分が下総（境河岸を含む）であったということは、この地域が江戸と非常に密接な関係を持っていたことを示している。言い換えると、当時下総と江戸とは一つの「生活圏」を形成していた、とみなすことができる。第三点は、近隣の地域の乗船客であれ遠隔地からの乗船客であれ、その多くは境河岸と恒常的に経済取引があった地域の人であった点である。出身地は不明であるが、「商人」と分類されていた人が二八一人（八%）いたが、彼ら以外でも商用で乗船した人は多かったのではないだろうか。いずれにしても、乗船客の出身地の分布は、江戸という巨大市場を中心として外延的に形成された後背地、あるいは「経済圏」の範囲を示している。ただし、その範囲にあって関係の深さは、地域によって違いはある。利根川と江戸川が形成する「経済圏」の核心部は利根川流域の関東地域とその周辺地域であるが、その外側の東北地方、さらにその外側の北陸や関西地域にまでこの経済圏の末端は伸びていた。いずれにしても、境と江戸を結ぶ「乗合夜船」が、直接間接に、利根川流域生活圏の形成に多少とも寄与していたことは間違いない。別の見方をすれば、この定期便の乗船客の出身地の分布そのものが、利根川流域生活圏の具体的な内容を示している、ともいえる。ただ、残念なことに、同じ船に乗船した乗客同士で、航行中、どんな会話が交わされ、どんな人間関係が結ばれたのか結ばれなかったのか、にかんする資料も情報もない。もし、これらの情報があれば、この定期便の実態は興味深い事実を明らかにしてくれるであろう。

以上は、乗船客の人数や出身地のデータから得られた要点の整理であったが、以下に、これに関連して利根川水系における舟運と生活圏の形成との関係について筆者の見解を述べておこう。舟運と生活圏の形成という問題は本書の全体を貫くテーマであるが、利根川水系については特別な事情があるので、この点を考慮したうえで、この問題を検討してみたい。まず、利根川水系の同一の舟運ルートに接続している限り、取引関係者（荷主、注文主、問屋、仲介商人、さらには船頭や水主たち）は全て、彼らが扱う荷物が誰の依頼で誰に届けるかがはっきりと分かっていた。これは、遠距離居住者間の取引であれ、近隣居住者間での取引であれ、取引は偶発的な性格のものではなく、お互いに継続的な信頼関係のもとで行われていたのである。さらに、たとえば鬼怒川から境河岸を素通りして利根川本流に出て、駄送を挟んで江戸川の舟運を利用して江戸に荷物を運ぶ場合、この一連の動きと取引に介在した全ての人の間には、経済関係と同時に信頼関係に基づく社会関係があったはずである。すなわち、利根川水系では、同じ舟運ルートと取引ルートであれば、そこにかかわる人たちの間には社会経済的なネットワーク、すなわち生活圏が形成されていたといえる。

ここで問題となるのは、流域各地の商人と江戸の商人とは恒常的な経済社会的な関係があったとしても、舟運ルートが異なると各ルート間に相互依存関係や補完関係はあまりなかったようである。利根川水系には主要なものだけでも本流のほかに、上流から広瀬川、渡良瀬川、鬼怒川、小貝川などがあり、それぞれが舟運ルートを形成している。しかし、たとえば鬼怒川ルートで活動していた人たちは、利根川最上流部の倉賀野―信州ルート、あるいは渡良瀬川ルートで活動している人びととはあまり関係性をもたなかった。というのも、鬼怒川にしても渡良瀬川にしても、それら自身が広い後背地とそれぞれの特産物をもつ独立した商業ルートであり、ほかのルートとの間に競合関係はあったにしても補完関係をほとんど必要としないからである。おそらく利根川の大きな支流は、支流といってもその物流の多さやそこに住む人の人口などから、他の独立した河川と同じかそれ以上の規模をもっている。それでも、この状況を俯瞰的にみれば、支流を含めた利根川流域全体が一つの大きな「利根川流域経済圏」、そして「利根川流域生活圏」を形成している。利根川を一つの経済圏なり生活圏としてみる場合、この点に注意する必要がある。

なお、荷物が河川上流の後背地から河口都市に向かって送られることはどの河川においても同じであるが、利根川水系の場合、ほかの河川と大きく異なる点がある。たとえば北上川や最上川の場合、舟運の最終地点の河口都市である石巻や酒田は後背地からほかの消費地（大坂、瀬戸内、江戸）へ送る中継地であった。したがって、一旦港を出てしまえば、これらの河川流域の商人も生産者も、その先の人びととの関係は持たない。これにたいして利根川水系の場合、舟運の最終地点である江戸は、それ自身が巨大な消費都市であり最終目的地であった。このため、利根川の本流や支流の各河川ルートで経済活動をしている人たちにとって、江戸の商人との緊密な繋がりと取引関係こそが重要であり、異なる河川ルートで経済活動をしているたちとの関係を築く契機は弱い。「乗合夜船」の乗船者の多くが境河岸と取引をしている地域の出身者であったが、彼らは境河岸からひたすら江戸を目指していたのだろうか。

第六節　舟運と利根川流域の文化と社会

前節まで、江戸期の利根川水系において、どのような荷物（商品）がどのようなルートで運ばれ、その流通がどのような事情で変化したのか、という経済関係と経済事情を中心に検討した。そして最後に、舟運によってどんな人がどれほど移動したのかを、境河岸発の「乗合夜船」を事例として検討した。本節では、こうした舟運が利根川水系の流域およびそこから外延的に広がった諸地域、つまり広義の後背地も含めて、舟運が生活文化を共有する「利根川流域生活圏」（以下「利根川生活圏」と略記する）の形成においてどのような役割を果たしてきたのかを検討したい。なお、利根川水系の流域といっても、直接に利根川とその支流と接している関東平野だけでも、現在の県でいえば、東京都、埼玉県、千葉県、茨城県、栃木県、群馬県が含まれる。もちろん、これらの流域と間接的に結びついている東北や信州も「利根川生活圏」に含むことができるかも知れない。しかし、前節で述べたように、そこまで範囲を広げてしまうと利根川流域の特性が失われてしまうので、以下では、利根川生活圏という範囲をもう少し限定して、利根川の本・支流と比較的近接している地域とする。

「利根川生活圏」を考える場合、「江戸期以前」と「江戸期」とを分けて検討する必要がある。というのも、両者の間には舟運の条件や事情が大きく異なるからである。「江戸期以前」とは、正確には古代・中世から江戸初期までをも含む時代を指す。すでに述べたように、その時代にあっては「利根川」は一本の河川ではなく、近世初期に現在の流路に改修される以前の利根川の本流であったとされる古利根川を中心に、その支流であった元荒川、綾瀬川、入間川、隅田川、および古利根川の東側を南流した渡良瀬川、その部分的な呼称であった権現堂川、庄内古川、江戸川、太日川などの河川群から成っていた。以下の記述では、この意味の利根川水系を一括して旧利根川水系と呼び、「江戸期以前」とは旧利根川水系時代を指すものとする。なお「江戸期」とは、必ずしも徳川幕府が開かれた一六〇三年を基点としているわけではない。本節で「江戸期」とは、旧利根川水系で大規模に行われた河川の結合、分離、瀬替、流路の変更（利根川の東遷を含む）、水路や運河の掘削などの工事によって、利根川が一本の河川に改修された後の一七世紀後半以降を指す。これらの工事によって、ヒト、モノ、カネ、文化の移動ルートと内容に大きな変化が生じた。以上の事情を考慮したうえでまず、江戸期以前（旧利根川期）の利根川生活圏について検討しよう。

（一）江戸期以前の「利根川生活圏」

中世利根川流域の社会について先駆的な研究を行った萩原氏は、旧利根川水系の中流から下流にかけての地域について「中世利根川文化圏」という概念を提起しているので、これについて触れておこう。萩原氏は、江戸期にまとめられた『武州文書』に記された、中世の古文書の所蔵者の分布が旧利根川沿いに集中していることに着目し、「このような観点からいわば『中世利根川文化圏』ともいうべきものをあたまに描いている」と記している。しかも、この「文化圏」について「かつての利根川が北は上野国山間部から南は東京湾に注ぐ河口まで、えんえんと流れるその沿岸に一種の地域文化を展開せしめたことを想定している」が、上流域に関しては調査していないので暫定的に中流より下流地域に限定する、と補足している。その具体的姿として、旧利根川沿いの武州太田庄(埼玉県東部)に鷲宮神社がいくつも存在していたこと、旧利根川流域に山王信仰と山王社が広まっていたことを挙げている。しかも萩原氏は、こうした信仰が伝播するうえで舟運が一定の役割を果たしていたことも確認している[萩原、一九六八:四九〜八五]。

たしかに、古代から中世にかけての生活文化の中では、信仰や宗教が非常に重要な位置を占めていたこと、さらに鷲宮にせよ山王社にせよ具体的に神社仏閣として現存し、あるいは地名にその名残を残していることを考えれば、萩原氏が提起した「中世利根川文化圏」という概念には説得力がある。なによりも、この文化圏の形成に利根川の舟運がかかわっていた点を指摘している点は、本書における筆者の視点と共通している。しかも、萩原氏が「中世」という時代的限定と、暫定的ながら利根川の「中流より下流地域」という地理的限定をも置いている点が重要である。というのも、利根川を軸として文化圏を考える時、利根川という河川自体が近世以降、人工的に流れが大きく変えられてしまっているからである。もう一つ、「中流から下流」という地理的限定も重要で、中世においては上流地域で舟運が利用されていたことは現在まで実証されていないからである。

さらに、その「文化圏」を構成する中身として、萩原氏は中世古文書の所有者の分布と神社の分布を挙げているが、もう少し多方面からの実証があれば萩原氏の主張はさらに説得力をもつ。このような保留条件はあるが、「中世利根川文化圏」という概念を提起したことは、この地域の文化の形成を歴史的に理解するうえで、また、この時代と地域の社会文化を大まかに理解するための概念として十分意義がある。ただし筆者としては、人びとの日常生活における共通性を基盤とした「生活文化圏」に関心があり、「中世利根川文化圏」なるものが、実態としてあったのか否か、を議論するよりも、中世利根川流域に共通する文化的な要素を具体的に検討することの方が大切であると考える。そのために以下では、本書全体の文脈である舟運との関連で、実態が資料やこれまでの研究で確認しやすい江戸期以前の生活文化として、「女体社」、「修験」、「氷川神社・香取神社・久伊豆神社」、「大杉神社信仰」の普及とその分布を取り上げて検討する。

（1）舟運と「女体社」

江戸期以前の利根川生活圏を考える時、牛山氏が注目した「女体社」の起源と分布の分析が参考になる。旧利根川流域には中世に起源をもち、広く民衆に共有され、水運との関係もあった信仰に「女体社」信仰があった。「女体社」は本来「女体神社」と表現すべきところ、牛山氏は小規模な神社という意味で「女体社」という言葉を使っている。そして「女体」という言葉は「女性の体」を指すようにも聞こえるが、中世後期には「女体」とは「女人」と同義で、たんに「女性」の意味で使用されたようだ。いずれにしても、「女体社」は広義の女神信仰であったことは確かである。「女体社」は利根川の舟運と経済と信仰が相互に関連した中世的な女神信仰である。この意味で「女体社」は旧利根川生活圏の形成を示す具体的な事例である。以下に牛山氏が研究した「女体社」についてみてみよう［牛山、一九九三：八四〜八五］。

牛山氏が確認した「女体社」は四三社で、うち、旧利根川水系の女体社群が二二社、見沼周縁部群が四社、多摩川水系群が六社であった。これらの女体社の成立年代については資料的な限界もあって明らかにできるものは極めて少ないが、その中でも見沼周縁部群の旧足立郡三室村の女体社（現在の埼玉県さいたま市緑区宮本の氷川女体神社）だけは別格で、多くの典籍や工芸品などの文化財を伝えており（注4）、それらの遺品から、遅くとも鎌倉時代には成立していたことが分かる。中でも重要な文化財は『大般若般若波羅蜜多経』で、そこには「女体大明神　金剛仏子性尊」という文字と、元弘三年（一三三三）の日付も記されている。さらに同社には正応六年（一二九三）に「佐伯祝」が奉納したとの銘文が記された銅製飾鉾も所蔵されている（注5）。そして、見沼周縁部群のうち、ほかの三社は三室女体社の影響で成立したもので、時代的にもかなり後になると考えられる。関東地方の女体社のうち最も古いものは、これらを含めた見沼周縁部群のものであった［牛山、一九九三：八〇〜八一／浦和市、一九七八：二九八〜九九］。

見沼周縁部の女体社に次いで古いものは旧利根川水系の女体社群で、これらはいくつかの記録から天正年間（一五七三〜一五九二）の建立であったと考えられる。これらの事実から牛山氏は、まず見沼の三室社が成立し、そこから旧利根川流域に広まっていったと結論している［牛山、一九九三：七八〜八三］。とすると、そもそも女体社とはどんな目的で建立されたのか。その手掛かりは、女体社が河川・湖沼に沿って鎮座しているという分布上の特徴から迫ることが必要である。ここで、見沼周縁部および旧利根川水系群の中心的存在であった三室の女体社では、かつて「御船祭」と称する祭礼が盛大に行われていたことが重要な意味をもってくる。享保一二年（一七二七）に見沼溜井が田になった時に「磐船祭」と称されるようになったが（注6）、日本各地の御船祭は、一般には船の航行安全祈願の祭事であった。つまり、三室の女体社は、琵琶湖畔の「女別当社」と同様、見沼を往復する船人たちが船上で祭祀を行っていた船霊《ふなだま》を、岸辺に祀り移したものが起源であったと考えられる。そもそも女別当社の由来は中世の船霊信仰で、御神体は女神像（女体）であったことが知られている。三室の女体社成立後にそこでの年中行事として定着したものが近世中期まで執り行われていた御船祭であった。三室の女体社の本来の性格がこのようなものだとすると、見沼と芝川を介して結ばれていた旧利根川水系の女体社群も、当然、船霊信仰をその本質とするものであったことは疑いない。そして見沼の風習が関東の各地に広まった背景には、旧利根川流域における舟運の活発化と商業活動の発展があった［牛山、一九九三：八六〜八八］。そこで、三室の女体社を離れて、もう少し対象範囲を広げて旧利根川筋の女体社について考えてみよう。

後北条氏による旧利根川水系を含む武蔵全域から下総西辺におよぶ支配体制が完成したのは天正年間（一五七

三〜一五九二）であったが、この時期は旧利根川水系の女体社群の成立期と一致している。つまり、女体社信仰（船霊信仰）の隆盛は、後北条氏政権下の経済発展を反映していると考えることができる。女体社が最も集中しているのは、埼玉県吉川市上内川、下内川周辺、三郷市、越谷市、春日部市など、旧利根川水系の本流沿いに南北に長細く伸びた下河辺庄に含まれる。この荘園は本来下総国葛飾郡に属していたが、鎌倉後期から室町にかけては金沢（現・横浜市金沢区）の称名寺領となっており、貢納品や商品の運搬船が頻繁に往来する場所で、後北条氏支配下になっても重要な経済活動が営まれた地域であった。特に庄内の彦名（三郷市）は一四世紀後半以来、香取神宮の灯油料所・造営料所として設置されていた七カ所の関所の一つ、彦名関があった場所である。それらの所在地は船舶が係留できる条件を備えた商品流通の中心地であり、彦名も称名寺領の時代には、東京湾の品川湊を経て金沢の外港である六浦までを結ぶ年貢米輸送の拠点の一つであったらしい。ここは、その後も後北条氏政権下においても経済中心地であった。彦名は現在、三郷市に「上彦名」の遺称を留めるが、ここは女体社が現存する彦野や彦糸とは至近距離に位置している。

　旧利根川水系で舟運が史料上で顕著になるのは、荘園年貢の代銭納が進み、流通経済が浸透してくる南北朝期からで、最盛期は後北条氏政権下の戦国時代であった。『武州文書』には、天正年間とみられる六月三日付の書状に、八甫（現・埼玉県鷲宮）に商船が三〇艘も集中して他船の妨げになるから速やかに各々の船籍地へ戻るよう指示している。これは当時の旧利根川水系の舟運の活況ぶりをよく表している。この指示は、経済・軍事両面で領国経営の必要上、船持・船方などの交通業者の保護と掌握をはかるためであった［牛山、一九九三：八八〜八九］。なお、牛山氏が確認した関東に存在している四三の女体社のうち、河川・湖沼の舟運と関連していると考えられるものは三二社であるが、残りの一一社について牛山氏は触れてはいない。これらは後代に女性の守護神として、とりわけ、以下に触れる子授かりと安産祈願を目的とした女体社となっていったのではないだろうか。いずれにしても、以上の検討から分かるように、利根川の改修・東遷が行われた江戸期のはるか以前、鎌倉時代以来、旧利根川水系に舟運に関連した女体社＝船霊信仰が共通の信仰として広く共有されていたことである。これは「利根川生活圏」の基底に息づいていた重要な文化的構成要素の一つであったことは間違いない。つぎに、旧利根川水系に展開した修験のネットワークについてみてみよう。

（2）旧利根川流域の修験ネットワーク

旧利根川流域における修験の普及に関して、中世以来、熊野・伊勢商人が品川湊を中継点として東国流通経済に参入していたこと、そしてそこには熊野・伊勢の御師《おし》による布教活動が利根川流域との交流に介在していたことが指摘されてきた［永原、一九九二：八八〜一一六］。この地域における修験の歴史をたどると、旧利根川流域における熊野・伊勢の御師による布教が活発化し、修験者にたいする影響力が強化されたのは戦国時代のことであった。熊野の本山派修験の頂点である聖護院門跡が室町期以来熊野三山検校職を兼務し、各地の修験者がその先達として熊野御師と密接な関係を維持していた。戦国期には「伊勢・熊野先達衆分檀那等乃儀」という形で聖護院門跡が各地の修験者に対して伊勢・熊野の先達職を与え、これをそれぞれの地域の戦国大名や在地領主が追認するという状況になっていた。こうして、旧利根川流域に修験ネットワークができあがっていった。他方、伊勢信仰にかんしては、旧利根川流域の大河戸御厨（現・埼玉県北葛飾郡松伏町）と葛西御厨が伊勢信仰の拠点であったという指摘もあり、当時は両者の間に盛んに交流があったものと推測される。これにかんして、伊勢神宮御師が永正一五年（一五一八）に関東の道者を一巡した際の記録で「赤岩、小手指、関宿」に檀那（信徒）の存在を確認することができる。さらに古河公方家臣簗田氏との関係を示す文言もあり、この時期すでに在地勢力が伊勢御師との密接な関係にあり、旧利根川を媒介とする伊勢と関東との交易ルートが存在したことも確認できる。文明一八年（一四八六）に聖護院門跡が関東巡行を行ったが、これは関東の熊野先達を自己の影響下に置き、聖護院を本山とする組織の下に結集しようとして行われたものであった。この際、旧利根川流域にその足跡が多く確認される［新井、一九九三：三二～三三／萩原、一九七九：三二～三九］。

新井氏は、文献に基づいて、戦国期の状況を表すと思われる修験分布の地図を作製している（図7－9）。図から分かることは、旧利根川流域の修験寺院は、戦国期に中興・開山した修験寺院が多いこと、そしてこれらの寺院は中世の関や渡しといった河川交通の要所に多いことなどである。なお、図中の不動院は聖護院門跡を頂点とする本山派修験の末寺である［新井、一九九三：三七］。中世において修験は信仰・宗教面だけでなく、宿や市の開設にも深く関与しており、これらの開設時には修験の誰かが祝言的な祭文を読んだ。図7－9からは、「市場祭文」の市祭地が、流域の自然堤防上を走る自然古道の分岐点や川が合流・分水する交通の要衝地に散在していることも分かる。しかも、そこには多くの修験者の存在を確認することができる。彼らはこうした交通・経済的要衝地や市宿を掌握することで、そこに出入りする人びとから信徒を獲得することを図っていたのであろう。また、祭祀圏という観点から、市や宿を結ぶネットワークとして旧利根川水系の舟運が大きな役割を果たしていたことは間違いない［新井、一九九三：四七～四八］。以上から、吉野・熊野の影響のもとで中世以来、旧利根川流域の広範な地域において、修験文化が共通の文化基盤として浸透していたことが確認できる。

（3）氷川神社・香取神社・久伊豆神社

戦国時代の旧利根川流域の領域形成や寺社分布からみると、古利根川を境界として右岸の武蔵国側の太田庄域に氷川神社、下総西郡域に久伊豆神社、左岸下総側に香取神社がそれぞれ複数分布し、その信仰圏がはっきり区分されていることが分かる［新井、一九九三：三二］。これまでの研究で、こうした神社の区分は偶然に生じたのではなく、旧利根川流域全体でこれらの神社がそれぞれの管轄区域を意図的に分けていたことがうかがえる。これらの神社の分布は中世に形成されたものであるが、それぞれが別個の川筋や地理的条件のうえに展開している（図7－10）。すなわち香取神社は旧利根川の左岸、久伊豆神社は旧荒川の流域で利根川との合流点まで、氷川神

図7−9　旧利根川流域における修験分布図

［新井、1993:36］

図7−10　氷川神社・香取神社・久伊豆神社分布図

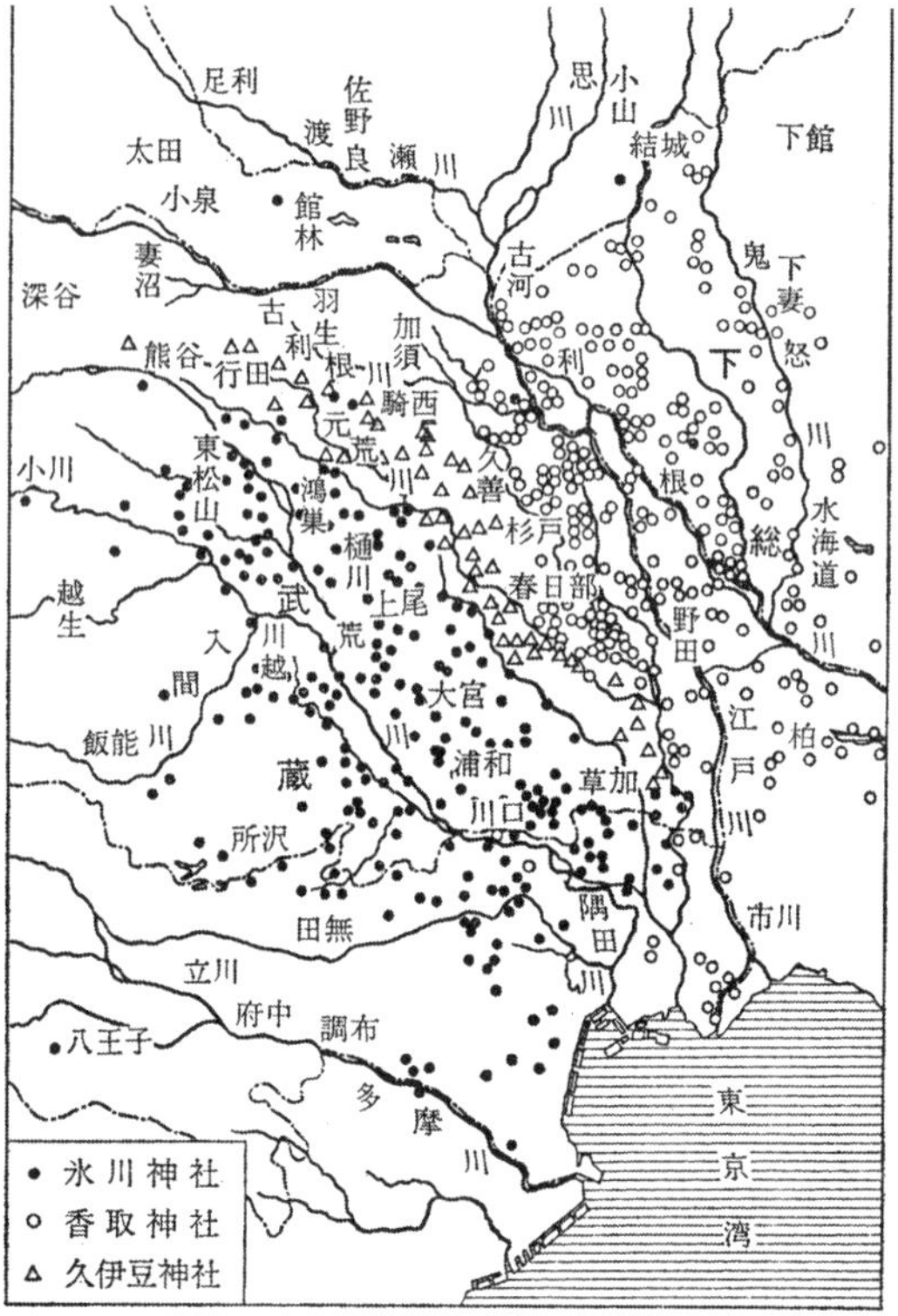

［萩原、1983:412］

社はその西および南の大宮台地とその周縁部の沖積地に分布している。つまり、神社という在地住民の信仰も、主に旧利根川の川筋に沿って展開していったのである［萩原、一九八三：四一二～一四］。こうした神社の分布も、やはり旧利根川生活圏の共通の文化的基盤となっていた。こうした神社の中で、現在も一部の地域で祭りが行われている利根川・荒川水系の大杉神社信仰についてみておこう。

（4）旧利根川水系と大杉神社信仰

利根川水系に多く展開する神社に大杉神社がある。本社は茨城県稲敷市阿波にあり、祀り神は大物主神で、御神体が大きな杉の木であることからこの名がついた。伝承によれば、神護景雲元年（七六七）、大和三輪で修行を終え、故郷の二荒山に向かう途上の勝道上人が疫病に苦しむ当地の惨状を救おうと巨杉に祈念したところ病魔を退散させたという。別の伝承によれば、この神社が天狗の姿で現れ、嵐に遭った船を水難から救ったという伝承によって、船の守り神として霊力の評判が広がり、大杉大明神として祀られることになった。いずれも伝承によるもので、どちらが正しいのかは分からない。また、大杉神社信仰がいつごろから始まり、神社そのものの創建がいつなのかははっきりとは分からない。ただ、この大杉は霞ケ浦や北浦を航行する船からもよく見えたため、船乗りのランドマークにもなり、大杉神社は船乗りたちの航海安全の神として広く信仰を集めていた。各地からの人や物が往来する船の道は物流の根幹であると同時に、疫病の伝染経路でもあった。大杉神社はやがて航海安全と疫病退散の神として、舟運関係者によって利根川水系を中心に荒川・新河岸川、鬼怒川、渡良瀬川、久慈川、那珂川の流域全体に広まっていった。現在でも大杉神社信仰の勧請地は関東の利根川流域に存在している（図7－11を参照）。

図7－11　大杉神社の信仰圏

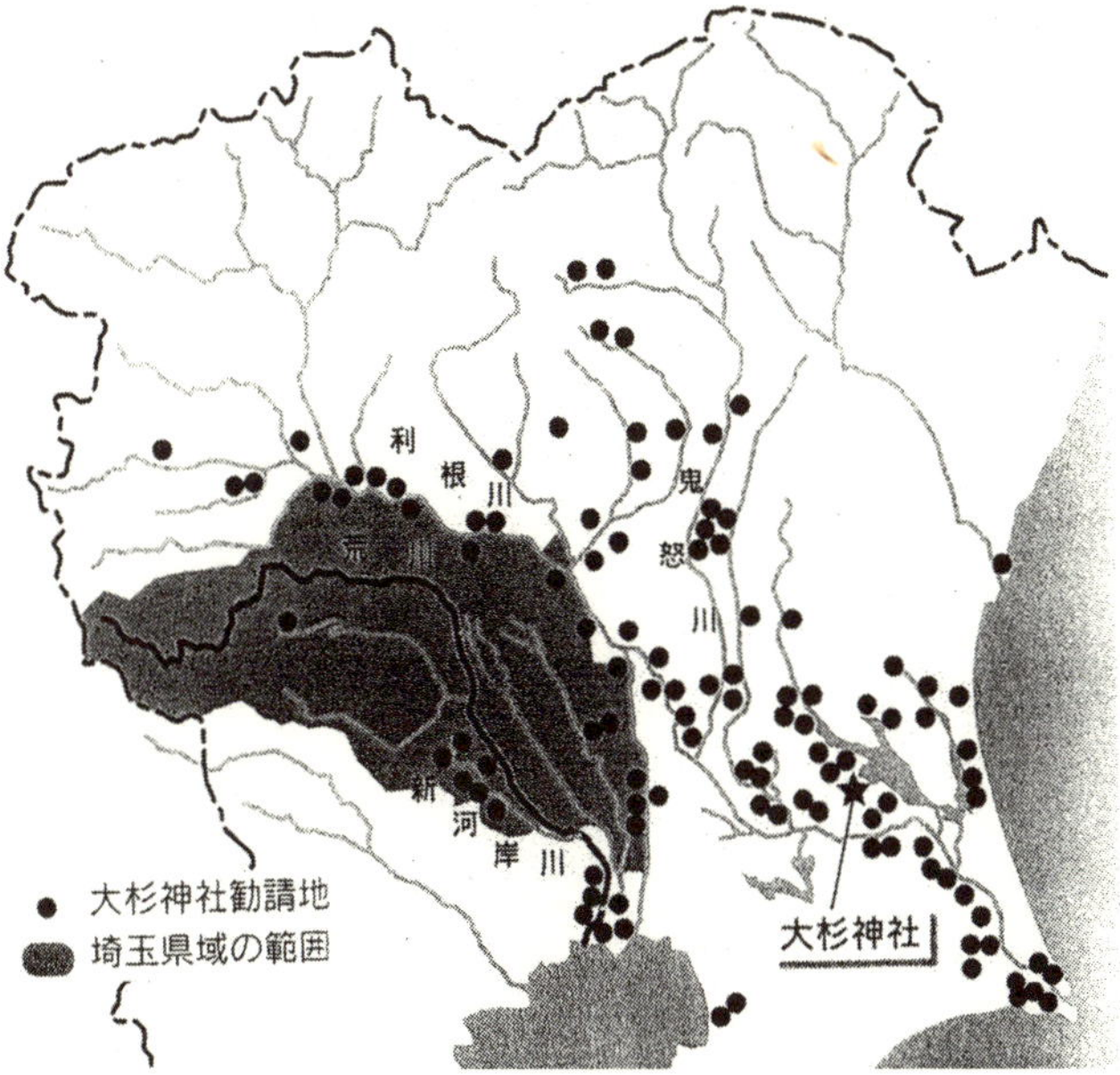

［埼玉県立川の博物館、2013:26］

旧利根川地域に広まった大杉神社信仰と関連して「大杉囃子」という芸能が広まったことも興味深い。この囃子は元和年間（一六一五～一六二四）に、一二座神楽とともに「悪魔払いの囃子」として紀州から伝えられたとの伝承がある。現在でも大杉神社を信仰しているいくつかの場所では、厄払いのお囃子が村を回る祭りが行われている。埼玉県には大杉囃子伝承地は一五カ所あり、たとえば利根川と渡良瀬川に挟まれた加須市柳生（旧北河辺町）では、現在も大杉神社の春と夏の祭礼時に行われる神輿の村回りでは柳生大杉囃子が演じられる［埼玉県立川の博物館、二〇一三：二六～二七］。現在、荒川の支流、新河岸川の流域には「大杉神社」または「大杉講」と刻した碑が随所にみられる。埼玉県ふじみ野市の大杉神社の社殿には明治一八年九月吉日という日付が書かれた二面の額（縦一〇〇センチ、横二一五センチ、天狗面付き）があり、新河岸川、荒川、江戸川、綾瀬川、利根川、鬼怒川など、関東各地の船頭約一〇〇人の名前が書かれている。これは、当時においてもまだ、ともに川で生きるという船頭同士の仲間意識が強かったこと、大杉様への信仰が厚かったことを示唆している。また、当時は毎年九月二六日の大杉様の祭には露店が出たり、船神楽が演じられたり、祭りは多くの人が集まる盛大なものであったという。船頭は船で上り下りする時には必ず船の上から賽銭を投げ、手を合わせて航行の安全を祈ったという［斎藤、一九九五：二四〜二五］。なお、鎌田氏は、成田市北羽鳥の子安信仰（後述）の中にも、逗子を背負い「オンバ、オオスギ大明神」と唱えて、座敷の中を七回まわり帰ってくる、という風習について触れている［鎌田、一九七一：三〇八］。子安信仰と大杉信仰とは元来、起源も内容もまったく異なる信仰でありながらこうした混交が起こっていることは、同一生活文化圏内の交流の歴史と、それを通じて醸成された人びとの文化的な共通意識があったことを示唆している。

以上みたように、江戸期以前に、「女体社＝船霊信仰」、修験者ネットワーク、大杉神社とその信仰、氷川神社・香取神社・久伊豆神社が、見事に旧利根川流域に沿って分布していた。こうした状況を根拠として、研究者の間で「利根川文化圏」という表現が使われているのはうなずける。ただ、その「文化圏」の中身は、信仰およびそれと結びついた祝祭や、修験者ネットワークのような宗教に関連した行事が中心であり、それ以外の領域での、民衆レベルの社会経済的な交流や日常的な生活実体など、「生活圏」の中身についてはあまり明らかではない。その理由の一つは、それらについての史料があまり得られないという研究上の制約である。実際、江戸期以前に旧利根川流域の一般住民の間にどのような社会経済関係があったのかを実証することは簡単ではないが、今後の課題としては重要な問題である。また、筆者の問題関心にひきつけていえば、旧利根川時代の宗教や信仰が行事として、あるいは神社という建物として残っていても、それらがこの地域の共通の文化として後々まで人びとの日常生活に生きた信仰として定着し、「利根川文化圏」の共通基盤となっていったのかどうかも検討の余地はある。

（二）江戸期の利根川生活圏における文化と社会

江戸期には利根川流域では人と物と文化の移動と交流が以前とは比べようもないほど盛んになった。その背景には、もともとあった多数の自然河川が分離され、瀬替で統合され「利根川」という一本に作り変えられたこと、本章で具体的にみたように経済社会の発展と手を携えるように舟運が発展したという状況の大変化があった。こうした社会の変化の中で、江戸期において利根川流域の人びとの生活や文化状況に変化が生じたのか、あるいは生じなかったのだろうか。以下では、江戸期に利根川流域で広くみられた二つの信仰に焦点を当ててこれを検証する。

（1）産神信仰：子安信仰と産泰信仰

利根川流域には女性の安産、子育て祈願、血盆経信仰、念仏・和讃など女性関連の産神信仰の風習があった。これらの信仰は江戸時代に起源をもつと考えられており、地域によっては現代まで引き継がれている。鎌田氏は一九六〇年代末に利根川の、主として下流域と房総半島中部地域における産神信仰に関する調査を行った。以下では、その調査結果をまとめた論文［鎌田、一九七二］を手掛かりに、利根川流域における安産と育児に関連した共通文化を検討する。鎌田氏の調査によると、利根川下流域と房総半島中部地域は産神信仰のうち子安信仰だけであったが、中・上流域と荒川流域では産泰信仰だけとなり、両者の分布ははっきり分かれていた（図7－12を参照）。鎌田氏が調査を行ったのは、主に子安信仰が実践されている利根川下流域であった。以下に鎌田氏の調査に基づいて、これらの信仰の概略を示しておこう。

図7−12　利根川流域における子安信仰と産泰信仰の分布

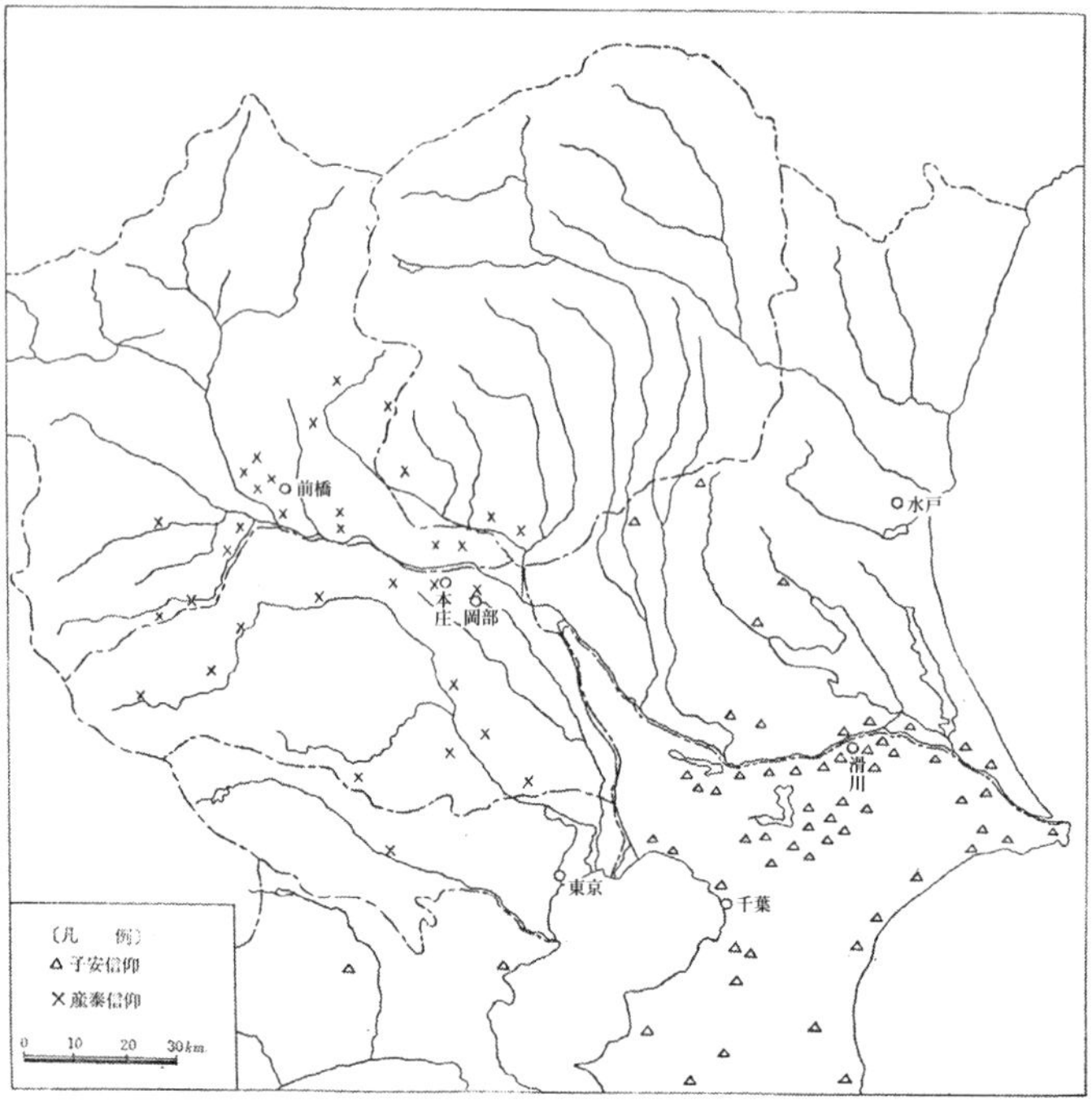

[鎌田、1971:307]

子安信仰

子安信仰は、任意加入の講集団、あるいは地域結合としての「組」などの集団によって、毎年一定の日または任意に日を決めて集まり、子安神の掛軸をかけて安産を祈願する信仰である。利根川下流域には、子安観音、子安地蔵、子安神社など、子安という名称をもつものが濃厚に分布している。そして、この地域の特色は、地域集団と結合していること、この集団である子安講が「犬供養」を行っていることである。既婚婦人による「犬供養」の習俗は千葉県中・北部、茨城県の全域にわたり、関東地方東部の大きな特色となっている。子安信仰の形式は場所によって少しずつ異なるが、代表的な形式を紹介しておこう。

子安信仰の母胎は任意加入の講集団、あるいは地域結合としての「組」などの集団によって営まれた。子安講の構成員は既婚の婦人で、一家に嫁が来ると姑は引退し、嫁が新たに参加する。子安講は月の一九日に行われるところから「一九夜講」とも呼ばれた。日時は二月・八月の二回、あるいは毎月一九日など、土地によって一定しない。ただし、各村に共通しているのは、宿を定めて子安像の掛軸をかけて安産祈願をし、和讃を唱えて一緒に飲食することである。この宿は当番制で、子安観音が毎年つぎの当番に渡されてゆく。こうした風習が実践されているいくつかの村には子安神社や子安堂がある。これらの祭神は木花咲耶姫（コノハナサクヤヒメ）のことが多く、大部分の子安神社は安産祈願の神として婦人の信仰の対象となっていた。興味深いのは、利根川下流域では、子安講が地域の風習と結合している場合があることである。たとえば成田市大栄町には「犬供養」という風習があった。これは、犬が出産で死んだ時、子安講の成員が集まり、犬の供養をするために一日飲食をし、二股の塔婆を村境の三叉路に立てる行事である。また、隣の部落で犬供養の塔婆を立てると隣接村でも塔婆を立てて犬供養をした。この理由は、犬はお産が軽いので、子産み盛りの女性がそれにあやかるためだという［鎌田、一九七一：三〇六〜一一］。

ところで、鎌田氏が調査した時点では、子安信仰は安産祈願ということになっていたが、その起源は別のところにもあると推測している。鎌田氏の記述の中にそれを示唆する部分がある。子安信仰の中心は千葉県成田市中里の臨済宗端営山楽満寺で、利根川下流域の子安信仰の起源を考えるうえで、この寺にある絵馬は示唆的である。この寺の最も古い絵馬は天保一一年（一八四〇）のもので、産婦が自分の生んだ子を殺しており、絵の上の方には観音様が雲の上でこれを見て泣いている構図である。産婦の影は鬼の姿をしている。これと同じ構図の絵馬は茨城県利根町布川の徳満寺にもあり、ここには子育て地蔵がある、この絵馬の観音が地蔵の姿になっていた。中里の老人によれば、明治以前の利根川下流地帯では子どもを「昔はおろぬく（間引き）」習俗があった。間引きにより、この世に生きられなかった不幸な幼児の霊魂を悼むために、絵馬や子安観音が奉納されたようだ［鎌田、一九七一：三二〇］。推測の域を出ないが筆者は、子安信仰はむしろ、間引いた子供の霊魂の慰撫、というところに起源があるような気がする。

子安信仰の起源にかんしてはまだまだ今後の調査研究を待つしかないが、歴史的な由来にかんしては若干の資料がある。千葉県佐原市砂場には子授け観音＝子安観音像があり、この像を納めた堂を預かる岡田家には、この観音像の由来を書いた文書がある。それによると、元和四年（一六一八）、ある大師が諸国を回っていた際に、この地の小林宅に数日間滞在した。大師はこの地に寺院仏体がないことを聞き、持っていた霊像が描かれた御影を置いていった。そして女性が子を望むならばこの御影を拝載すればたちまち安産すると言った。……その後、何人かの夢に木像を彫って安置すべしとのお告げが現れた。こうして寛文戊申年（一六六八）に木像とそれを収める精舎が建てられた。以上がこの文書に書かれた子授け観音の由来である。調査した鎌田氏は、この文書は〝後世になって書いたものであろうが〟、と断ったうえで、「安産祈願から子授けに移行したさまが伺える」、と記している［鎌田、一九七一：三二〇］。つまり、形は安産祈願であるが、むしろ子どもを授かることに人びとの願いが移っていったという。ここにも何か理由があると思われるが、鎌田氏も説明していないし、分からない。

同じ砂場の小林家には右の文書とは異なる伝承がある。この小林家は右の観音像由来に登場する家である。この家には白装束の六部（巡礼僧）が置いていったという掛軸がある。伝承によれば、これは六部が二〜三日泊まり、そのお礼に置いていった物である。家の主人は、一旦はお寺に納めたが、寺では掛軸が元のところに帰りたいと言っているので線香立てを添えて小林家に返した。その線香立てには「宝暦四丁亥」（一七〇七）と刻まれている。小林家はお堂を作り、そこに掛軸を入れて置いたところ、ある夜、お堂の中から光がさし、あたり一面明るくなった。小林家は掛軸と同じ観音像を作り、この堂に安置して祀るようになった。戦前は正月一六日と盆の一六日には六部が置いていった掛軸を飾った。この日は近在の信者が集まりにぎやかであったという。いずれにしても、講を組んでの子安信仰は江戸期に起源をもつものと考えて差し支えない。それが、鎌田氏の調査時点でも実践されていたようだ。

ところで、地図にあるような同じ子安信仰がどのようにして利根川下流域に広がっていったのかを示唆する事例を鎌田氏が紹介している。下総中里にある臨済宗の楽満寺はこの地域の子安信仰の中心となっている。寺には本尊と同じ観音像の小型像（しょい観音）があり、これを厨子に入れて近在の村々を背負って歩く慣行があった。

毎年三月下旬から秋まで、住職は先達をつれて、この厨子を背負って、千葉県佐原市、香取郡、海上郡、三部郡、印旛郡、茨城県稲敷郡を、一日二部落ないし四部落くらい歩いて回っていて、一年を通して一五〇日くらいは歩いているという。あらかじめ寺から部落に通知し、当番の家が部落中に知らせる。子どもを欲しい人、あるいは妊娠中の人は集まって祈禱してもらう。この間にしょい観音は部落から部落へ回され、子どもを欲しい人が子安観音を背負って祈る。以上は鎌田氏が調査時に見聞きした状況であるが、こうした慣行がいつごろから行われていたのだろうか。住職の話では、明治一八年（一八八五）から各地の巡拝を始めたことは分っているが、それ以前のことは分からない、ということだった。巡拝の起源については分からないが、楽満寺には「一九夜講」と記した絵馬が残っているので、この寺が江戸期にはすでに子安信仰の中心の一つであったことは確かで、この寺の住職が江戸期からこのような巡拝をしていなかったとしても、定期・不定期で利根川下流域を回っていたことは十分考えられる［鎌田、一九七一：三〇九〜三一〇］。

産泰信仰

子安信仰は、利根川を上流にさかのぼるにつれて希薄になり、中・上流の川筋では、一九夜講や安産と子授かりを願う水天宮とともに、「産泰様」への信仰が安産祈願として行われた。「産泰様」信仰の中心は埼玉県大里郡岡部町（現・深谷市）の島護産泰神社と群馬県前橋市郊外荒砥の産泰神社であったが、この二つの神社には直接の関係はないようだ。岡部の産泰神社は通称「岡部のサンタイサマ」と呼ばれ、安産祈願の中心となっている。この神社には産泰講という講があり、その範囲は埼玉県の南部から西部に及んでいる。ここでは五人講といって五人が一組となり、四月一〇日の産泰神社の祭日に一人が代参する。この背景には、産泰神社の氏子には難産はないという信仰があった。岡部町に生まれた者は他村に嫁いでも難産しないといわれている。嫁ぎ先では地域に関係なく五人の仲間を集め、講を作り祭りにやってくる。これが、産泰信仰が元の村を超えて近隣の地域に広まっていった要因にもなったと思われる。産泰様は基本的に子育てとは別の安産の信仰で、住民は子育てにかんしては付近の呑竜様に祈願している。

岡部の産泰様が主として利根川の西岸に分布しているのにたいして、荒砥の産泰様は東岸地域に分布している。荒砥の産泰様（神社）信仰については、その歴史にかんする言い伝えがある。それは、江戸時代、前橋城主の奥方が安産祈願をしたというものであり、安産祈願の中心になっている。神社の起源については明らかではないが、もともとこの村には「三胎神社」という小さな祠があり、小糸と名乗る家がこれを祀っていた。この神社は江戸中期に「三胎」を「産泰」と改名し、享保年間（一七一六〜一七三六）には非常に栄えて「正一位産泰大神宮」という位をもらったという。現在小糸家の縁続きの家が宮司をしている。この産泰様は、別名「大胡の産泰様」「荒砥の産泰様」と呼ばれ、群馬県中・南部、埼玉県の西北部から東京都の西北部まで、非常に広範囲にわたって信仰されている。産泰様は明治初年までは講も盛んで、とくに神社の伝承では享保年間から宝暦のころ（一七一六〜一七五〇年）にかけて盛んであったという［鎌田、一九七一：三一〜一四］。

以上が利根川流域の子安信仰と産泰信仰の歴史、具体的な姿、分布の概略である。これらの検討を通じて分かったことを整理しよう。第一に、安産と子授かりを願う信仰自体は、縄文時代の土偶などにもみられるように、人間社会の歴史を通じて太古の昔からずっと人びとの間で実践されてきた普遍的・通時的な信仰である。しかし、図7－12からも分かるように、両信仰は改修工事が終わったあとの利根川と荒川に沿って分布している。これは、江戸期に舟運が進展し、人びとの移動が盛んになったことと無関係ではない。さらに、調査した鎌田氏も述べているように、講を組んで信仰を実践するという形式は江戸期に形成されたと考えられる。つぎに、子安信仰と産泰信仰との分布が地理的にはっきり分かれていることは、信仰にかんしては利根川水系の諸地域でも文化的な境界、すなわち異なる「文化圏」が存在していたことを示している。ただし、安産や子授かりという願いは場所を問わず共通しているのに、なぜこのような地域的な区分ができあがったのかは鎌田氏も説明していない。推測の域を出ないが、一つには人の移動と交流の範囲がごく自然に下流域と中・上流域とで分かれていたことが大きな要因だったと考えられる。そして、資料で確認することはできなかったが、楽満寺の住職が下流域で積極的に子安信仰を広めたように、産泰信仰も誰かが中心となって中・上流域で広めた可能性はある。いずれにしても、これらの鎌田氏が調査した産神信仰は、現代でも日常生活の中で実践されているという意味では間違いなく利根川下流域に定着した生活文化である。子安信仰圏と産泰信仰圏には、子どもをめぐる信仰以外で、個々の部落や村の範囲を超えて何か共通の生活文化があったのか否か筆者は関心があるが、これを検証するのは難しいので、個人的な興味に留めおく。地域社会の成立という観点からすると、子安信仰も産泰信仰も、個々の部落や村落を超えて地域社会の形成の核になっていたことが分かる。なお、利根川流域の産神信仰にかんしてはたまたま先行研究があったために、ここで紹介したような事実を知ることができたが、同様の信仰はほかの地域でもあったのではないだろうか。これは将来の課題である。

（2）人の移動と文化的影響——文化センターとしての江戸

江戸期以前においても利根川水系の舟運は人と物の移動と運搬に重要な役割を果たしていたが、江戸期に入ってからは政治と経済の中心が江戸に置かれ、利根川水系の舟運はそれ以前とは比較にならないほど活発になった。それにともなって、利根川水系を行き来する人も増えて外部世界との交流も盛んになり、流域諸地域の文化も大きな影響を受けた。文化は人によって伝播するので、人の移動が活発になれば、その分、それまでとは異なる文化の伝播が促進される。

和泉氏は、舟運を通じた「利根川文化圏」の形成において江戸文化が大きな影響を与えたことを強調してつぎのように述べている。

近世中期以降江戸との商品経済の発展により関東各地の城下町、宿場、河岸、さらに農村部では政治的、経済的な発展を背景として、江戸の文化をさまざまな形で積極的に受容し、その影響をうけつつ、これらの町場を中心に地域的文化が形成されて、それはやがて江戸を中心とする文化圏と地域文化圏という重層的な文化構造を形成し、一層大きく利根川文化圏が形成されたのである［和泉、一九九三：一一三］。

和泉氏の利根川文化圏に関する説明は、江戸中期以降の商品経済の発展を背景として、江戸を中心とする文化圏と、利根川流域各地の地域文化（地方文化）とが重層的、あるいは併存した文化構造をもちながら、全体として広域の「利根川文化圏」を形成した、というものである。では、和泉氏がいう「利根川文化圏」とは具体的にどんな内容をもっていたのだろうか？　和泉氏によれば地方にもたらされた江戸の文化は、宗教・俳諧・和歌・儒学・国学・心学・算学・絵画・諸芸（興業）・農政学などで、これらは大きく宗教、学問、文芸、諸芸、思想などに分類できるという。そして和泉氏は、このような文化交流において重要な役割を果たしたのが境河岸と江戸を結ぶ定期乗合船であったとする。こうした文化を地方にもたらした乗船客には、江戸と国元を往来する武士や神社仏閣の参詣人、江戸から来遊する学者や文人墨客、寺社の御師や先達、勧化など外部の人びとが含まれていた。また、後述するように、乗船客には利根川流域の各地から江戸へ教養や学問の習得などの目的で遊学する富裕層なども含まれていた。彼らは江戸で学んだ文化を故郷に持ち帰り、そこで故郷の学問、教養、文化を継承すると同時に江戸の文化と融合して各地の独自の文化を発展させた。以上が利根川文化圏の形成にかんする和泉氏の議論の大筋である［和泉、一九九三：一一三～一一四］。ここでは、先に検討した「中世利根川文化圏」よりもはるかに具体的で、経済社会的な領域も含めた「生活圏」との関係も明瞭である。

それでは、江戸からもたらされた多様な文化を、各地方でどんな階層の人びとがどんな動機で受容していったのだろうか。これらの点にかんして、和泉氏は以下のように整理している。まず、初期の段階で江戸発の新たな文化の受容者となっていったのは、商品経済の発展の陰で農民層の分解と農村の荒廃が進み、その対応策として勧農、農民教化、風俗矯正などによる農村復興を模索したのが、封建的領主層、城下町・在郷町・宿場・河岸の商人層や町人層、さらに農村における村役人層や豪農層、中農層、神官、医者など、地方の有力者や富裕層であった。これらの階層の人びとは、利根川水系の舟運を利用して江戸から来遊する文人墨客を積極的に迎え、そこに周囲の人たちが集まって、来遊者から直接に学問、教養、技能について学ぶとともに、日頃の疑問点や復興策、指導方法などを学んでいった。これら地方のエリート層の中から後に多くの人が江戸の文人や思想家に入門し、門人となっていったり、そのほかの地域で弟子を紹介したり、自ら地方で教育にあたることによって江戸発の文化の受容層を広げていった。こうした知識が幕末に向かって広範な地域と人びとの間に普及していった［和泉、一九九三：一一三〜一一四］。

江戸からの文人墨客が利根川流域の人びとに迎え入れられ、影響を与えることができるためには、利根川流域に文人や好学の人士が多数いたことが前提となる。河川水運研究の大家、川名氏も、『河川水運の文化史―江戸文化と利根川文化圏』の中で、利根川文化圏の実質を構成し、その形成に貢献した要因として利根川流域に住む多くの文人や好学の人士の存在に着目している。それを示す一例として川名氏は、幕末に利根川中流の布川河岸に居住し、『利根川図志』を著わした医師の赤松宗旦の「人物誌」に基づいて、彼と交際があった七六人の名前、職業や身分、居住村落や町ごとに区分された「利根川水系流域の文人たち」というタイトルの一覧表を作成している。この七六人の文人は、利根川中流から下流域に住み、かつ、宗旦と交際していたという限られた範囲の人びとではあるが、医者が八人、西洋医二人（うち一人は著名な蘭方医で順天堂の創始者佐藤泰然）、武士八名、歌人六名、農家六人、儒学者四名、俳人四名、神官四名、画家二名、そのほか国学者、書家、僧侶、天文学者、地理学者、商人、船宿関係者などが含まれている［川名、一九九三：二九〜三〇］。同様の状況は、利根川水系のほかの地域でもみられたであろう。そのように考えると、少なくとも幕末には利根川水系全域に「文人」が多数おり、彼らは江戸との交流を通じて利根川文化圏を形成し発展させていったと考えられる。以下に、この過程を具体的に見てゆこう。

江戸からの文人墨客が来遊する契機は、鹿島、香取神宮や成田山新勝寺そのほかの神社仏閣への参詣や景勝地の探訪のほかに、国学者などのように自らの教学の普及と門人の拡大のため、あるいは領主が勧農や領民の教化、風俗矯正のため、また農村復興のために招聘するなど、さまざまな事情があった。中には江戸そのほかの地域からやってきてその地域に住みついて国学や俳諧など自から学問を教える者も出てきた。こうした外部の文人墨客の来遊者を受け入れ、時には招聘したのは地方の有力者であった。他方で、豪商、豪農、商人など経済的に裕福な人びとや、神官や一部の村役人などの子弟は進んで江戸へ遊学し、それぞれの分野の師について一年から数年間学んでいる。彼らの中にはいくつもの分野を学ぶ者もおり、数人の師から学び、同時に江戸においてほかの分野の人びとども交流していた。

江戸への遊学経験者たちは帰郷してから、城下町、宿場、河岸などの町場や農村で、江戸からの文化人を積極的に招いて彼らの知識や文化を吸収しつつ、それぞれの地域の子弟の育成に当たっていた。また彼らは陸路や河川舟運を利用して、より広く同好の士と交流を図り、学識、教養を高め、地域の文化の形成に大きな役割を果たした。彼らの教えを受けた子弟や門人たちがさらにつぎの世代を育成するというふうに、吸収した知識や文化が世代を超えて連綿と伝えられて各地に定着し、地域文化圏を形成していった。そして、知識や学問を共有する人びとが地域を超えて互いに交流し、流域の広範囲におよぶゆるやかな人的つながりを築いた。この際、流域各地域を結んだ一つの大きな絆は、著名な学者や文人の影響を受けた各地の同門人の集団であった。たとえば明和三年（一七六六）に国学者の賀茂馬淵が佐原に来遊し、この時は、江戸で彼に学んですでに帰郷していた門人の伊能魚名宅に宿泊し、そこには近在から多くの人びとが訪れて教えを受けた。魚名の門からは著名な国学者や歌人が出ており、ここでは「後期佐原文化圏」ともいうべき地域文化圏形成の中心的役割を果たした。なお、利根川流域における国学の影響という意味では、本居宣長の高弟平田篤胤およびその子銕胤の国学が中心で、特に下総は江戸に次ぐ平田国学の中心地となった。篤胤は文化一三年（一八一六）と文政二年（一八一九）の二度、常総各地を回遊した。こうした活動の結果、下総には多くの国学の門人が生まれた。常陸では南部の霞ケ浦、利根川沿いの銚子、潮来、鹿島に門人が多く、下野でも鬼怒川沿いの真岡グループ、思川沿いの壬生のグループ、栃木の佐野グループ、鹿沼の鹿島グループなど、鬼怒川、思川の舟運圏を中心に国学の門人が広まっていった。このほか、国学者で村田春海の門人小山田（高田）与清が利根川下流域を来訪した際にも、佐原、鹿島、土浦などで多くの門人やそれぞれの地で国学グループが形成された。こうした状況は、一方で各地の同門集団同士の交流を深め、他方で利根川流域に共通の文化的土壌を形成していった［和泉、一九九三：一一六〜一一八］。

江戸からの国学者が利根川流域を来訪した時、どのような講義が行われ、人びとはそれにどのように参加したのだろうか。これについて前出の国学者、小山田与清が利根川下流地域を二カ月にわたって旅行した時の記録をみると、当時の江戸の文人と地元の人びとの交流の様子がよく分かる。彼は利根川流域に住む文人を訪ねたが、彼が訪ね、接した人びとは彼と同じ関心を持つ国学者や歌人だけではなく、儒者、漢学者、詩人、俳人、画家など多方面の文人に及んだ。この二カ月に接した人びとは、名前が分かっているだけでも一二〇人に及んでいた。しかも、与清が来遊したという情報を聞くと近隣はもちろん、遠方からも人びとが集まってきた。たとえば与清が利根川下流の大きな河岸であった佐原に着くと、数里も離れた常陸国延方（現・潮来市）や下総国香取郡などから教えを求めてやってきた。与清は夜に多くの人を集めて講義をした。その演題は『古事記』『日本書紀』『万葉集』『源氏物語』『古今集』などの古典から、卑近な事柄に触れる『積徳叢談』『墓相或問』、さらには女子教訓などなど多方面に及んだ。与清の講義に集まった人びとの中には女性や少年・少女もおり、集まった聴衆に合わせて演題を決めていたようだ。しかも、演題は与清が一方的に決めたのではなく、地域の人びとの強い要望に応えたものであった。銚子・円妙院での講義には五〇〇人を超える聴衆が集まり、この数はすでに地方の指導者や豪農・豪商の範囲をはるかに超えるものであった。このような各所での講義の開講は、この旅における例外的事例ではなく、国学者の平田篤胤や大原幽学の来遊時にもみられた。こうした状況をみると、来遊者と利根川流域の人びととの文化的交流の実態がありありと分かる［川名、一九九三：四八～五三］。

つぎに、江戸期を代表する文化、俳諧の例を挙げておこう。俳諧では元文五年（一七四〇）から宝暦元年（一七五一）にかけて蕉風門（芭蕉俳句を継承する一門）の門人、与謝蕪村が境、結城、下館、宇都宮の常総方面に来遊し、各地の豪商宅に逗留している。彼らは蕪村の影響を受けつつも常総の俳諧の中心的役割を果たしていた。また、文化三年（一八〇六）から七年にかけて蕉風門の一人、今泉恒丸が佐原に来遊し逗留している。彼の逗留中に四〇〇人もの門人ができたという。恒丸の佐原逗留中、俳友の小林一茶がしばしば訪ねた。一茶は佐原以外にも利根川中・下流域から江戸川流域における地方俳諧壇に大きな影響を与えた。このほか、多くの俳人が近世中期以降来遊したため、北関東各地に俳諧の「組」や「連」ができたほどである。たとえば、野州の巴波川組、武州の上利根川組、総州鬼怒川組、武州川辺組、上州東浦組、水戸藤岡小道柳緑組などが知られている。こうした俳諧の組がしばしば川筋名を冠していることは、利根川を中心に、これらの川筋沿いの人びとは商品流通や河川交通によって文化的にも密接な関係をもっていたことを示唆している［和泉、一九九三：一一八～一一九］。

国学や俳諧などの文化に加えて、宗教も個々の地域文化圏の形成と、それらを繋ぐ重要な紐帯となった。ただし、国学や俳諧が江戸発の文化であったのに対して、宗教はむしろ全国的なネットワークの中で、その活動が利根川流域にも及んだという場合がほとんどであった。具体的には、御師の回村と勧化、あるいは村々の講中による神社仏閣の参詣などが主な布教ルートであった。たとえば文化元年（一八〇四）の境河岸の小松原家の「大福帳」によれば、相模大山阿夫利神社の御師三人が境を訪問したこと、天保七年の「大福帳」には出羽羽黒山の御師（一人）や伊勢御師（二人）が来訪したことが記されている。また結城近くの延島村の例では、嘉永五年（一八五二）二月から一二月の間に、伊勢御師や筑波山、榛名山、熊野（神社）、尾張津島神社、富士山、大山などの御師のほか、江戸興法寺の勧化や湯殿山（出羽）、伊豆三島大社、三河山中八幡宮、佐原町座頭、雨引山、伏見稲荷（京都）による勧化など、全国各地に点在する当時の代表的な神社の御師や勧化の来訪者があったことがうかがえる。彼らの中にはこの境河岸の乗合船や利根川およびその支流の舟運によって来訪した者もいたと思われる。これら御師は「檀那場」と呼ばれる受持区域を持ち、そこの村々を定期的に回って御札そのほかの品物を配布した。これにより信仰と教線の維持、拡大を図っていた。この際、たとえば大山の御師は、師壇関係を結んでいる潮来、牛掘、麻生、小高など霞ケ浦、北浦沿いの町場や村を檀那場として回村していた。この回村には利根川や北浦、霞ケ浦の舟運を利用したにちがいない。彼らは、初穂（年の初めに収穫されたもの、転じて謝礼のこと）を受け取り、代わりに札、白足袋、手拭、御守、祈禱札笘入などさまざまな物を配って信仰者との関係を維持していた。これらの人びとの活動は、宗教や信仰の伝播に大きな役割を果たした［和泉、一九九三：一二三〜二四］。もちろん、外部からの影響の程度や様態は、受け入れ地域の宗教的・文化的性格や特徴によって異なるが、それでも、こうして持ち込まれた宗教や文化は、大きな意味では利根川流域全般に波及していったと考えられる。

以上みたように、和泉氏は、利根川の舟運が制度的にも河岸など設備の面でも整備され、農村社会において商品経済が盛んになった一八世紀半ば以降、江戸からの文化的な影響が利根川流域に広まり、「利根川文化圏」ともいうべき文化圏が形成されていたことを、舟運と陸路を通じた人の移動と文化・宗教の伝播の過程や実態を史料に基づいて検証している。こうした文化的な交流と文化の伝播は一八世紀半ば以前から進行していたが、特に活発になったのは、やはり一八世紀半ば以降であることはこれまで引用した事例から明らかである。この点にかんしては筆者も和泉氏の見解にほぼ賛成であるが、二点だけコメントしておきたい。

第一点は、「利根川文化圏」の形成過程とその内容である。和泉氏は、「利根川文化圏」の形成過程を二段階に分けて説明している。第一段階では、江戸を中心とした文化が利根川の本・支流の諸流域に広まり、「江戸文化圏」とそれぞれの地域の「地域文化圏」との重層構造が形成された。第二段階で彼は、こうした重層構造をもった地域文化が利根川水系全域に浸透した状態をもって、そこに広域の「利根川文化圏」の形成をみる。これが、和泉氏が想定する「利根川文化圏」の形成にかんするごくおおざっぱな図式である。この図式は確かに分かりやすいが、江戸文化の重要性をあまりに強調すると、「利根川文化圏」とは「拡大した江戸文化圏」となってしまう可能性がある。極論すれば、江戸以外の地域は、ただただ江戸の「高度な」文化をありがたく受け取っただけで、「利根川文化圏」ができあがったという印象が強い。実際、和泉氏が挙げている多くの例は、江戸の文化が利根川流域の諸地域に伝播していった事例であり、それぞれの地域が一方で江戸の文化を受け入れつつ、他方でそれと自分たち固有の文化を融合させて、そこから独自の文化を形成したという動きがあったのかどうか、という点については触れていない。

第二点は、和泉氏が引用している利根川文化圏の内容である。江戸からやってきた高名な学者などが伝えた文化の内容は、宗教・俳諧・和歌・儒学・国学・心学・算学・絵画・諸芸（興業）・農政学など、一般の庶民にとってはいわば高級な「ハイカルチャー」であった。ただし、和泉氏も指摘しているように、江戸文化の普及を地方で主導したのは、当時の支配層（村役人）や富裕層（豪農、豪商、富農層）、神官、知識人など、社会のエリート層や上層の人びとであったが、そこには多くの一般の住民が聴衆として参加していた。この意味では、エリートだけの文化活動であったとはいえない。この点を考慮したとしても、もう少し大衆文化や大衆娯楽的な文化的な形での交流はなかったのだろうか。

利根川を経由した人びとの動きにかんしては、境河岸経由のほかに、利根川下流の木下河岸から発着する「木下茶船」があった。木下河岸を発着するほとんどが乗船客専用の貸切り遊覧船で、境河岸発着の荷物と人を乗せる「乗合夜船」とは異なる。「木下茶船」の乗客は利根川両岸の風光を愛でながら酒をくみ交わし、利根川下流の香取、鹿島、息栖の三社参詣から少し足を延ばして銚子で磯巡りを楽しみ、二、三泊して、また木下河岸に戻ってくる、現在の貸切り観光バスのようなものである。この場合の「利根川下流域」には、佐原、成田山、時には佐倉までも含んでいた。「木下茶船」は文化〜文政期（一八〇四〜一八三〇）に盛んになった江戸近郊への寺社参詣を兼ねた遊山の旅として、江戸市民の人気を集めていた。「木下茶船」が初めて登場したのは延宝六年（一六七八）で、四艘が幕府船役所の極印を請け、役銀を上納することを条件に遊覧船の営業を認められた。その後、「木下茶船」の数は急速に増え、元禄元年（一六八八）には一気に一四艘が建造され、正徳年間（一七一一〜一七一六）には合計二〇艘に達した。これは、江戸をはじめとする各地からの物見遊山の旅人が急速に増えたからであった［川名、一九八二：一八五〜八七／川名、二〇〇三：二七一／川名、一九九三：一一］。では「木下茶船」を使ってどのような物見遊山が行われたのだろうか。記録に残っているいくつかの例をみてみよう。

「木下茶船」で三社参詣（三社参り）を行った旅人の中に松尾芭蕉もいた。貞享四年（一六八七）八月、芭蕉は門人曾良と宗波の二人をともなって、常陸国鹿島で月を見る旅に出た。一行は江戸深川の庵室門前から川船に乗り、六間掘から小名木川を経て江戸川に出て、下総行徳河岸に着いた。ここで船を降り、木下街道を徒歩で八幡宿を過ぎ、鎌ケ谷原を通り、夕方に利根川中流の右岸、布佐に着き漁師の家で休み、（木下河岸で船を乗り換えて）ここから「木下茶船」で鹿島に下った。翌日、一行は、根本寺の仏頂和尚を訪ねて逗留し、和尚とともに俳句を作っている。帰路には行徳河岸の小西自準を訪ねて泊まり、また句会を催した。これは八月一四日から二八日までの一五日間の旅であったが、この旅について芭蕉が書き残した「鹿島紀行」には、立ち寄った場所として記載されているのは鹿島と行徳だけである。しかし、直行すれば四日で往復できる場所なので、おそらくこの旅の途中で、ほかの場所にも何カ所か、俳句を嗜む人びとのもとに立ち寄ったと思われる。というのも、芭蕉は旅の途中で立ち寄った場所で句会を催すことが常であり、このような句会は地元の有力者が後援者となって催され、その地域の俳句愛好者が集まった［川名、一九九三：一一〜一二］。

「木下茶船」を利用した江戸と利根川下流域の人びとの交流については、寛政六年（一七九四）、著名な国学者加藤千蔭が学友村田春海を誘い、香取・鹿島・銚子をめぐる旅に出た時の記録からも具体的な様子が分かる。まず、江戸から川船で小名木川を通り、芭蕉と同じく木下街道を進んだが、途中で道に迷ってしまったので中山法華経寺に参詣し、再び鎌ケ谷原を越えて木下街道に出て、亀成より利根川右岸の木下河岸に着いた。ここから「木下茶船」に乗って佐原河岸をめざしたが激しい雨のため途中で一泊した。翌日佐原河岸に着いて門人二人に迎えられ、うち一人の家にしばらく滞在した。加藤と村田の二人は出迎えた二人とともに和歌を詠み、人びとに請われて色紙なども書いている。その後二人は香取神社に参詣し、船で鹿島に渡ろうとしたが風が荒く断念し、徒歩で小見川に行き、そこから銚子に向かった。銚子では節之なる人物の出迎えを受け、彼の家に滞在したところ、多くの好学の人びとが来て、ともに和歌を詠んだ。その後、飯沼観音と息栖神社、鹿島神社を船で巡って参詣し、船で木下河岸に帰って木下街道を歩いて江戸に戻った。この間、佐原や銚子では加藤・村田の来遊を伝え聞いて国学・和歌、学問に興味を持った人びとが集まり、教えを受けたり、また一緒に和歌を詠んだという［川名、一九九三：一二一〜一二三］。

江戸の著名な劇作家の十返舎一九は文化一三年（一八一六）閏八月、香取・鹿島・銚子をめぐる旅に出た。経路は定かではないが、彼は木下河岸からおそらく「木下茶船」で銚子近くの松岸河岸に着いたと思われる。そこに銚子の豪商が何人か集まり、有名な松岸遊郭で遊女を交えて狂歌を詠みあった。十返舎一九は銚子に着くと狂歌好きの豪商の家を泊まり歩いた。その間にも地元の狂歌ファンが押し寄せ、彼は銚子を去るときには二〇数人の廻船問屋や豪商から選別の歌を送られた［川名、一九九三：一二三］。以上に紹介した事例も著名人の遊行にかんする記録であったが、彼らと現地の人びととの交流は、和泉氏が述べている勉強会とか講演会といった性格のものではなく、ごく自然な触れあいだった。いうまでもないが、「木下茶船」の乗船客は江戸からの著名人だけではない。運航されていた船が正徳年間には二〇艘にも達したという事実からみても、乗船客の大部分は、利根川流域各地からやってきて物見遊山の旅を楽しんだ、ごく普通の人たちだったと考える方が自然である。ただ、残念ながら彼らについて記録に残っていないだけである。

遊覧船と並んで当時、広い意味で利根川下流で人気があったのは、成田山への参詣で、これは三社詣でとともに江戸だけでなく遠方の人びとにも非常に人気があった。安政七年（一八六〇）三月二七日からの一二日間に成田山参詣に来て成田周辺に宿泊した人数は一一六八人あった。彼らは下総や関東近辺はもとより、陸奥（一〇人）、甲斐（四人）、駿河（四人）、越後（二人）、信濃（二人）、尾張（一人）など遠方からも来ていた。成田山へは、利根川中・上流域からは境河岸経由の「乗合夜船」あるいは「木下夜船」を利用し、一部徒歩か、江戸方面からは陸路の佐倉街道（成田街道＝御成街道）、さらには利根川の途中の河岸から船と徒歩とを組み合わせたルートが利用された。成田山詣でに関連して興味深いのは、参拝人を相手に江戸からさまざまな見世物が成田にやってきたことである。たとえば天保元年（一八三〇）の例では、江戸からやってきた見世物の入場者数は、曲馬（一七日で二六六七人）、軽業（一七日で二三〇八人）、豊年万作踊り（一四日で一一〇〇人）、角乗（一三二五人）、そのほか手踊り、兎見世物、人形からくり、水からくり、こま回し、人魚細工物、曲花、万房魚見世物、棒飲み、など一日当たり五〇人ほどの観客を集めていた。こうした見世物興業は、陸路や舟運を使って利根川筋の関東各地を巡回していたようだ。このような興業は、すでに紹介した比較的裕福な階層に広まった儒学・国学・心学・算学などとは異なる、江戸の大衆文化であった［和泉、一九九三：二二一〜二二五］。これらの大衆娯楽は、江戸文化ではあるが、利根川下流域で繰り返し行われているうちに地元の文化の一部になっていったとみなすこともできる。

結　語

利根川は日本の河川の中でも大きな支流と広い後背地をもつ名実ともに大河である。とりわけ江戸時代に幕府が江戸に遷ると、江戸は日本の政治と経済の中心として大きな人口をかかえる巨大都市に成長し繁栄した。その際、江戸幕府が解決しなければならない主要な課題が二つあった。一つは、関東平野を乱流する諸河川の洪水から江戸を守ることであり、二つは、巨大な消費地である江戸社会が必要とする食料をはじめとする生活物資を、いかに効率的に江戸へ運ぶか、という課題であった。これら二つの課題を解決するために徳川幕府は、一七世紀初頭から精力的に河川の改修を始めた。中でも重要な工事は、複数の河川を結合（瀬替）して利根川に一本化し、最終的に江戸湾（東京湾）ではなく銚子で太平洋に注ぐ、いわゆる「利根川の東遷」と呼ばれる大規模な河川改修であった。これによって、江戸が洪水によって被害を受ける危険性は大幅に減少した。さらに、関宿で利根川と江戸川とをつなげることによって、支流を含む利根川水系の河川が江戸と直接につながり、利根川流域と江戸との物資の輸送と人の移動が非常に効率的になった。

本章の第一節から第四節までは、河川改修後の利根川本流と支流の舟運による物資の流通を具体的に検討した。その詳細は各節で説明してあるので、ここでは要点をごく簡単に整理するに留める。第一点は、河川の改修によって利根川流域と江戸との通船が可能になったため、舟運にとって不可欠の施設として川の港、つまり河岸が整備されたことである。そして、河岸はたんに港としての機能だけではなく、そこに問屋そのほかの商人が集まる商業中心地となっていった。第二点は、本流だけでなく鬼怒川や渡良瀬川のように大きな支流の流域、さらには奥羽までも陸路と舟運で江戸との交通が可能になったことである。これは、江戸の後背地が一挙に拡大したことを意味し、それによって地方の新たな産物の生産が活発になり、商品経済が進展した。第三点は、利根川が江戸川を経由して江戸と連絡することにより、関東だけでなく信州や奥羽の廻米や特産物が、陸路では不可能な量と速さで江戸へ輸送することが可能になったことである。第四点は、物の動きでいえば、八割は利根川水系の上流から江戸に向かう荷物で、逆に江戸から上流の流域に向かう荷物は二割であったという実態である。これは、江戸が圧倒的に消費都市であったことを示している。第五点は、利根川の舟運は物資だけでなく、人の移動にも大きな役割を果たしていたことである。しかも、乗船客数は幕末までほぼ同じ水準を維持していた。要約すると第一節から第四節は、利根川流域における物の生産と流通の実態、言い換えると、舟運を通じて形成された「利根川流域生活圏」＝「利根川流域生活文化圏」の実態の説明であった。

第五節は、利根川水系における物の動きと並行してみられた人の動きを、境河岸と江戸を結ぶ定期船から、どんな人たちが、どの地方から、どれほどの人数が利用していたかを検討した。ここから分かることは、乗船客の出身地は関東だけでなく、関西方面からの人も含めてさまざまな地方から来ていて、乗船客数は月七五〇人であったから決して少ない数ではない。身分が分かっている乗船客としては商人と各藩の大名や旗本家中が多かった。そして、乗船客の出身地の多くが境河岸と取引がある地域だった。

第六節は、舟運が利根川流域の文化と社会にどのような役割を果たしたのかを、江戸期以前と江戸期の二つの時期に分けて検討した。江戸期以前の中世から近世にかけて「女体社＝船霊信仰」、修験、大杉神社とその信仰や祝祭が見事に旧利根川流域に沿って分布していたことが分かる。これらの信仰や祝祭が江戸時代に先行する「旧利根川文化圏」の基盤となっていたといえる。江戸期の共通の文化的要素として産神信仰（子安信仰と産泰信仰）を取り上げ、それらが地域社会の形成になったことを指摘した。江戸期には、江戸発の学問や文化（とくに俳諧や文学）が広く利根川流域に浸透した。また逆に、流域の各地から富裕層が江戸で学問を学ぶために遊学し、後に出身地に戻って学問や知識を伝えた。こうして、それぞれの地域の文化に外部からの文化要素が加わり、二重の文化的・学問的な交流が利根川流域に普及していった。この過程で、人の移動にも利根川の舟運は大きな役割を果たしたことはいうまでもない。こうした状況は、一方で流域内部の人びとの関係を緊密化させたが、他方で、外部の文化が流域内に強い影響をもたらすようにもなった。結論的にいえば、江戸期の「利根川流域生活圏」とは、それぞれの地域の社会と文化の上に外部からの影響が加わって作り上げられたものとして理解できる。

江戸期以前にせよ、江戸期にせよ、それぞれの歴史段階においては、利根川流域に一定の共通な文化（特に信仰面）が醸成されたことは確かであり、「利根川文化圏」という概念が一定の説得力をもっている。ただ、少数の事例を除いて今日ではその痕跡をあまりみることはできないし、通時的な概念として「利根川文化圏」を設定することには多少無理がある。ただし、たとえば旧利根川水系の宗教や信仰に注目して「中世利根川文化圏」というふうに、時代的・歴史的な限定をつけたうえでならこのような概念化は可能であろう。筆者の「生活文化圏」あるいは「生活圏」という概念からすると、江戸以前の「利根川文化圏」は宗教や信仰が基盤となっていたのにたいして、江戸期には、それよりも日常生活における経済・社会的要素が共通基盤となって、「文化圏」というより「生活圏」としての性格が顕著になったといえる。いずれにしても資料で確認できるのは人びとの生活総体のほんの一部にすぎない。したがって、利根川流域の人びとの日常生活において、長期的にどのような変化が起こったのか、あるいは起こらなかったのか、江戸期に利根川流域に浸透した文化や学問がその後どのような経緯をたどったのか、言い換えると定着したのかしなかったのか、などは興味深い問題であるが、これらについては将来の課題とせざるを得ない。

【注】

（注1）この流域面積には、江戸時代に利根川に瀬替された鬼怒川、渡良瀬川、小貝川の流域面積が含まれる。

（注2）利根川水系の瀬替についてのさらにくわしい説明は、［小出、一九八二：四四〜六二］を参照。なお、本書第八章第一節（一）でも説明している。

（注3）境河岸の衰退に関する記録は多いが、差し当たり以下の文献を参照されたい。［丹治、一九八四：九七、一〇三〜一〇四／和泉、一九九三：九九／川名、一九八二：二八九〜九〇／川名、一九八四：三六九／川名、二〇〇七：一〇〇〜一〇一］。

（注4）『浦和市史』古代・中世資料編Ⅱ（一九七八：一三三〜三七）には、三室の女体社に伝わる「女体社古社宝類」として、（一）古鈴（三個）、（二）飾鉾（二本）、（三）鉄鏃三本の写真が掲載されている。

（注5）三室の女体社の由来に関する『氷川女体神社由緒書』なる文書が存在するが、その冒頭には「年不詳」との断り書きがある。ただし、中の文書は江戸期に書かれたものである［浦和市、一九八五：三八〜四一］。

（注6）ただし、宝暦一二年（一七六二）年閏四月の日付をもつ「氷川女体社御船祭御旅所復願」という文書には「御船祭」なる言葉が使われているが、しばらくはこの言葉も用いられていたようだ［浦和市、一九八五：三八五］。

第八章　越後から上州へ渡った飯盛女と八木節——越後と上州を結んだ利根川

齋藤百合子

はじめに

筆者は二〇一三年八月に利根川流域のフィールド調査を行った。フィールド調査では、利根川の下流（千葉県）から上流（群馬県）へとできるだけ利根川に沿いながら、実際の河岸跡を探し、歴史や習俗を知るために博物館で歴史資料等を確認した。一級河川の利根川は現在、千葉県と茨城県の境から太平洋に注いでいる。しかし、利根川は江戸時代に、東遷と関連河川における流路の付け替える「瀬替」と呼ばれる大改修と大規模な開発工事が行われていた。越後、信州、甲斐など内陸の米や雑穀、絹、綿などが下り荷として江戸へ運ばれ、江戸からの上り荷として塩や藍、お茶、ぬか、海産物、陶器、小間物などが交易されていた（注1）。そして利根川は、明治に鉄道が開通するまで河岸という川の港が点在し、物資の取引と宿場の要素を兼ね備えて、人、物、金が行き交う江戸と地方を結ぶ主要な交通路の役割を果たしていた。

この研究の目的は、河川の舟運、河川に向けた街道、河川と海路の舟運の接合など、人と物と文化が行き交い、共通の文化が醸成される流域文化圏を、地域に残っている「基層文化」から考察しようとするものである。私の関心は、利根川舟運において越後、信州、甲州の物産が集積し、人と物が行き交っていた利根川流域上流の烏川沿いに在った群馬県高崎市の倉賀野および木崎の「飯盛女」と呼ばれる女性たちと、現代に伝わる民謡「八木節」にある。ここでは越後から上州への若い女性たちの奉公が、越後が源流と言われる八木節という謡曲の発達に寄与したとの仮説を考察してみたい。

第一節　利根川の舟運と社会

（一）利根川の大規模事業（瀬替）

現在の利根川は、群馬県のみなかみの三国山系の大水上山が源流で、群馬県内の前橋市や高崎市付近を南下した後、長野県に源を発する烏川と合流し、群馬県と埼玉県との境と茨城県と千葉県の境を経て、銚子付近で太平洋に注いでいる。しかし、約四〇〇年前、江戸時代に関東平野を流れる主な河川は現在と全く様相が違う。国家統一を果たした江戸幕府は利根川の東遷を果たすべく、関東地方の主な河川を閉めたり、新たに開削した「瀬替」と呼ばれる大工事を行ったからである。この「瀬替」の目的は、①埼玉平野（古利根川、会の川）の開拓、②東北伊達藩にたいする防御、③江戸への河川舟運の航路開発、④江戸の水害防除といわれている［風間、一九九一：二九］。この「瀬替」は、埼玉平野中央を大きく三つに流れていた利根川を渡良瀬川筋に合流させ、栗橋から境までの約七キロの赤堀川を掘削して、常陸川筋へ付け替えた。この工事により、渡良瀬川は利根川の支流となった。また鬼怒川と小貝川は分離され、それぞれ付け替えられて利根川の支流となった。また、利根川の支流であった荒川は、熊谷付近で南に付け替えられ、利根川と分離された。さらに、利根川の支流だった会の川を閉め切

図８－１　近世初期の利根川および関係河川の瀬替図

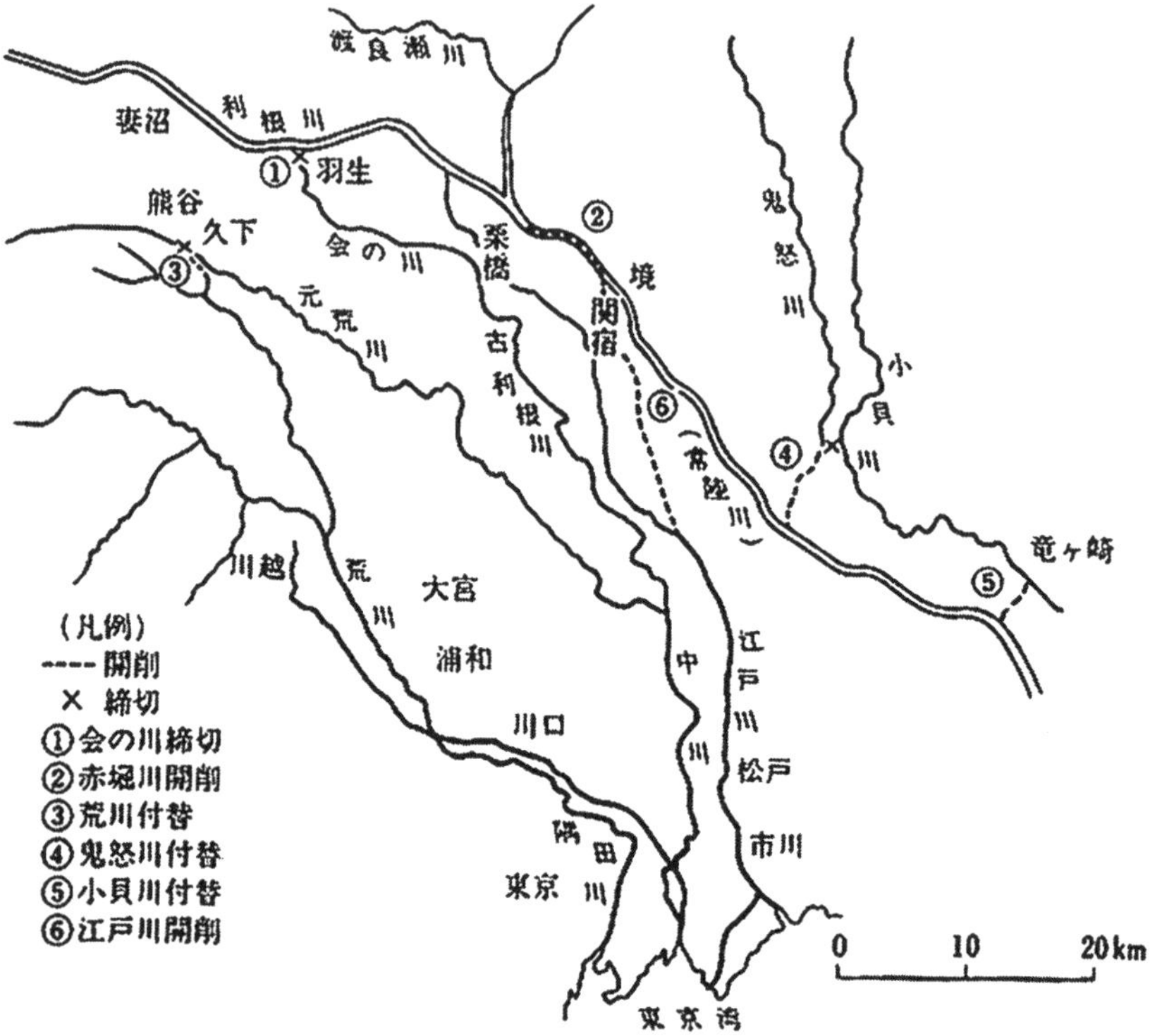

［風間、1991:27］

り、関宿から南に一四キロ掘削して太日川につなげ、松戸や市川を通って江戸への舟運に大きな役割を果たすようになったために、後に江戸川と呼ばれるようになった［風間、一九九一：二七～二八］（図８－１参照）。

それまでたびたび水害被害にあっていた江戸は水害が防止されただけでなく、利根川流域地域の農業発展にも寄与することができた。

とくに幕末の江戸時代の舟運の発達によって、大規模な消費地（江戸）への流通と販売を可能とし、各地で特産品の生産や製造が促進された。たとえば、綿織物の「真岡晒」が下野国（現在の栃木県真岡市あたり）の結城、下館、真壁で、お茶「猿島茶」が関宿藩の領内特産物として生産が奨励された（注２）。とくに「猿島茶」は幕末の関宿藩の猿島に生まれた中山元成と野村佐平治らによって品質改良され、江戸市場へマーケティングが促進された。そして一八五四年日米和親条約締結直後のアメリカ市場へ日本で初めて輸出されている（注3）。さらに銚子や野田では舟運で集積された大豆を加工し、江戸やそのほかの大規模市場への輸送販売を可能とした醤油醸造業も発達した（注4）。

（二）利根川流域の舟運と河岸で働く人びと

（1）「河岸問屋」「船問屋」と船で働く労働者

河岸とは川の港の機能を果たすもので、元禄時代には関東各地の利根川水系に八〇あまりの河岸が知られ、幕末には三〇〇あまりの河岸があったと推定される［川名、一九八二：一一］。『河岸に生きる人びと』を執筆した川名は、河岸で生計を立てる人々とその社会関係にも焦点を当てた。河岸でもっとも中心的な役割を果たしていたのは、船を持ち、年貢米輸送にかかわることが多い有力農民で、「河岸問屋」や「船問屋」を営んでいた［川名、一九八二：一〇六］。「河岸問屋」（「船積問屋」とも呼ばれる）は各地から運ばれてくる産物を船荷まで一時的に保管する倉庫の役割を兼ねていただけでなく、船持問屋と呼ばれる江戸廻りの「大船持」でもあり、旅籠屋も営むなど多角的な経営をすることが多かったようだ［川名、一九八二：一一七］。こうした「河岸問屋」では河岸で地方から運ばれた荷物を降ろし、倉庫や船に運ぶ「小揚人足」「日雇人足」と呼ばれる労働者が働いていた。さらに「船問屋」には、船を所有する「船問屋」のほかにも、船を所有する大船持、小船持があった。零細の小船持は江戸廻りの大船ではなく、艀下船《はしけ》などの小舟を所有して操業していたが、貨物も旅客も土地の有力者であった船持問屋がほぼ独占する状態だった［川名、一九八二：一二九］。実際に船を操縦する船頭には、船を所有する船頭だけでなく、雇われ船頭もいた。また、船の乗組員は「水主《かこ》」と呼ばれ、年齢を問わず七年間の奉公後にようやく入札で高い給金を提示した船持の元で働くことが認められるが、一年契約で、その期間中は不満があっても勝手に雇用主を変えることはできなかった。低賃金で借家住まいを余儀なくされる厳しい封建的な身分制だった

［川名、一九八二：一三〇〜三二］が、雇船頭や「水主」の中にはわずかな給金を貯えて船を買って独立して船持となるものもあったという［川名、一九八二：一四二］。

（2）河岸の女たち――飯盛女と奉公人契約

上記のような河岸の問屋やその人足として、また船上で働く職種の中にどのくらいの女性がいたのかという記録は乏しいが、河岸では、「洗濯女」とか「船女房」、また「飯盛女」などと呼ばれる女性たちが働いていた。河岸の労働を支えていた多くの男性河岸労働者は、ほんの一握りの問屋や大船持の支配下にあり、妻を持たず、質素な生活に甘んじなければならなかったがゆえにこうした女性の職業が成立したと考えられている［榎本、一九九二：六六］。「洗濯女」や「船女房」の仕事の内容は「遠方から来た船が河岸に着くと、小舟に乗ってこぎ寄せて来て、船頭と交渉し、それがまとまると、船に上がって船の中の掃除や洗濯、綻びの縫いなどまでして、一夜を過す。翌朝は朝食を作り、船中をきれいに掃除して船から下り、名残を惜しんで別れて行く」［川名、一九八二：一五六］といったもので、家事労働と売春が結びついた形態だったようである。潮来や銚子への遊山客の通過地点になっていた木下河岸では遊女を召し抱えた船頭小宿が設けられ、本城や松岸の廻船洗濯宿は遊郭に発展した［榎本、一九九二：六七］。

そのほか、奉公契約によって抱え主に拘束され、恒常的に売春を強いられていた「舟饅頭」「びんしょ」「夜鷹」「惣嫁」などと呼ばれた女性たちもいたようだ。小舟に二、三人の女性を乗せて停泊中の船にこぎ寄せて客を引かせ、屋外や舟の中で売春を行う私娼と呼ばれるこうした女性たちの抱え主の多くは、無宿人ややくざ、また下層都市民が多かったという［曾根、二〇〇三：一九五］。

また宿場としての機能も果たしていた河岸の旅籠屋では「飯盛女」が、宿場の旅客を相手に遊興と売春をすることもあったと記されている［五十嵐、一九八一／宇佐美、二〇〇五／下重、二〇一二］。「飯盛女」はいろいろな呼び方がなされる。「船女房」も「飯盛女」と呼ばれることもあった。そのほか「食売女」や「宿女郎」などと呼ばれることもあった。利根川舟運の船頭の舟歌には、夜を共にした女性たちを想う船頭たちの甘酸っぱい思い出が歌詞にこめられていることも少なくない。

潮来曲の歌

　柳よやなぎ直なるやなぎ
いやな風にもなびかんせ
いたこ出島の十二のはしを
　行きつ戻りつしあん橋
戀にこがれてなくせみよりも
　なかぬ蛍が身をこがす
いたこ出島のまこもの中に
　あやめ咲くはつゆしらず
君は三夜の三日月さまよ
　宵にちらりと見たばかり

赤松宗旦『利根川図志』より

倉賀野河岸
　惚れても無駄よ　宿女郎
俺ら船頭　川風まかせ

大杉神社様の　石段で
哭いて手を振る　可愛い娘
紅い蹴出しが　眸にしみる
雁も鳴いてる　城の跡

男性客の船頭が、一夜を共にしたであろう「宿女郎」を想った歌詞はロマンチックな響きがある。しかし、「宿女郎」や「飯盛女」と呼ばれる女性たちは、故郷の親元を離れ、奉公人契約で自由を制限されていることが多かった。どのような思いで男性客をとり、見送っていたのだろうか。

奉公人契約とは、身分制と家父長制が強化された江戸時代にあって、さらに女性を抑圧する契約制度だった。下重の研究によれば、年季奉公人契約において、奉公人となる女性本人はこの契約の当事者ではなく、契約は、人主（＝家長）と請け人と雇い主の間で交わされた。つまり、女性は奉公に行きたくなくても、親や家長の決定に従わざるを得なかった。請け人は人主以外の成人男性に限られた。請け人の役割は、奉公人の身元を保証し、奉公人が問題を起こした際の弁償・弁済義務を負うことである。身元の確認、宗教檀家、年季期間と給金の授受、奉公業務の条件、有事の際の人主と請け人による弁償・弁済義務などを記した契約書「請け状」が雇い主に渡された［下重、二〇一二：一四九～五二］。宇佐美は、越後の蒲原から二一年の年季で「身売り」された八歳の少女の「請け状」ほか、何人かの女性の「請け状」の事例［宇佐美、二〇〇〇：一一〇～一三］から、逃げたり、病気になったり、自殺すればすでに家族に支払われた給金は返済しなければならないだけでなく、逃亡先を追跡した費用が上乗せされる仕組みであること、飯盛女・下女奉公は「給金」という言葉が使われていても「労働」の報酬ではなく、人身の年季身売りであり、負債の重圧に苦渋していた。［宇佐美、二〇〇〇：一五〇］。奉公という名の人身の身売り、つまり人身売買が公然と横行していたのである。奉公に行く当事者の女性が奉公を拒否することも、逃げることも、雇い主を変えることも、重病になっても、たとえ命を落としても簡単には故郷に戻ることもできない契約内容になっていた。雇い主は、奉公という名のもとで奉公人の心身と移動の自由を制限し、一方で売春を含めた業務に奉公人を従事させていた。

江戸時代に公娼制が確立したことは知られている。では、飯盛女や河岸で売春はどのようにとらえられていたのだろうか。また、江戸時代初期には、人間の売買を禁ずる人身売買禁止令が発令されていたにもかかわらず、なぜ公娼制や奉公という名の人身売買的行為が制限されなかったのだろうか。

(3) 江戸時代の買売春の構造と河岸における買売春

『娼婦と近世社会』を記した曾根は、近世の買売春の構造において、(1) 遊郭に封じ込められた公娼、(2) その周縁に位置する飯盛女、茶立女など、下女や奉公人の名目で人数を制限されて公許された準公娼、(3) 非公認の娼婦(私娼)、(4) 別の生業の傍ら自らの意思で売春を行う者、の四つの買売春の形態に分類した[曾根、二〇〇三:一九八~一九九]。

河岸で行われていた買売春は、上記の (2) の準公娼と、(3) の私娼であろう。いずれも公娼制度の周縁におかれている。準公娼とする所以は、天保三年(一八三二)に幕府が売春を行う女性(食売女)を旅籠屋一軒当たり二人まで置くことを許可するとの「覚書」によるものである(注5)。また公娼や準公娼のカテゴリーに入らない、さらに周縁に置かれた私娼は、自らの意思で売春しているのではなく、多くが抱え主付きの奉公女性たちである可能性を曾根は示唆している[曾根、二〇〇三:一九五]。しかし、公娼と準公娼以外の買売春は江戸時代には禁じられており、発覚すれば処罰の対象とされた。実際、遊郭と呼ばれていた木下河岸の船頭小宿や旅籠屋では、一軒当たり一二、一三人の女性を連れてきて遊興や買売春を目的とした店を経営した者があったが、文政九年(一八二六)に摘発され、船頭小宿や問屋など関係者が逮捕された。捕えられた飯盛女一九人は身売は不届と腰縄つきで、奥州送りの処分が下されたという［川名、一九八二：一六九］。奉公に出された先の雇用主に翻弄された女性たちが奥州に送られた。その後、女性たちがどのような人生を送ったのかを記す資料や文献は極めて少ない。

第二節　倉賀野河岸と木崎宿における越後出身の女性たち

次に、こうした周縁に置かれた女性たちが越後から上州へ謡曲を伝えたのではないかとの仮説を、河岸と街道の要衝で宿場町がある倉賀野および木崎に焦点をあてて考察してみたい。

（一）倉賀野河岸と木崎宿の女性たち

利根川の最も上流にあるといわれる烏川沿いの倉賀野河岸は、中山道の途中の日光例幣使街道の起点に位置し、江戸時代は信州や甲州そして越後から農産物や物資が集積されて栄えていた（注6）。さらに北は渋川、沼田を経て三国峠を越えて十日町に至る三国街道によって越後地方と結ばれており、舟運路、陸路双方の交通の要所であった。倉賀野では本陣の勅使河原、脇本陣の須賀庄と須賀喜は河岸問屋を兼ね、町全体が繁栄していた［榎本、一九九二：一二〇］。特に信州からの荷物は、中山道での関所の通過や武家荷物優先などで時間と費用がかかるため、中山道を通らずに、わざわざ和美峠や志賀峠など上信国境の山を経て下仁田に降り、下仁田河岸から鏑川の舟運で倉賀野河岸や藤岡河岸に運んだこともあったという［榎本、一九九二：一五〜一六］。

現在の倉賀野はそうした賑わいが回想できないほどひっそりとしているが、利根川にかかる共栄橋の麓に建てられている「倉賀野河岸由来」の記念碑には、倉賀野河岸の繁栄の様子が、次のように書かれている。

倉賀野河岸由来

当河岸は江戸時代初期より利根川の最上流河岸として上野、信濃、越後の広大な後背地を控え、江戸との中継地として繁栄を極めたり。

三国の諸大名、旗本の廻米をはじめたばこ、大豆、葦板等の特産物は碓氷、三國両峠の嶮を牛馬の背で越え、当河岸より江戸へ、また帰り舟には、塩、干魚、荒物等の生活必需品や江戸の文化を内陸地へ伝え、その恩恵に浴さしめぬ。

元禄時代の最盛期には上り荷物三万駄、下り荷物二万二千駄を数え、舟問屋十軒、舟百五十余艘に達し、十四河岸組合の最河岸となる。然るに明治十七年高崎線の開通によりその使命終わりぬ。時移り川の流れも変わり往古の繁栄は昔の夢となる。われら有志当時を偲びてこの碑を建つ。

昭和四十九年甲寅年十月吉日

大山正撰文
前沢辰雄河岸《マ》著者《マ》
根岸政雄謹書

また、倉賀野の井戸八幡宮には「倉賀野河岸」の歌の碑がある。地元の歌手がこの歌を歌っているとのことだ。

倉賀野河岸（注7）

作詞　曾根松太郎　作曲　矢島ひろ明　歌　高橋龍治

1. 八幡様の御神鈴の
音まで賑わう　倉賀野河岸よ

船乗りたちは、無事祈り
夜明け一番　舫網を解く
晴れて出船の　掛け声たかく
江戸に舳先を　向けて出帆

2. 惚れても無駄よ　宿女郎
俺ら船頭　川風まかせ
大杉神社様の　石段で
哭いて手を振る　可愛い娘
紅い蹴出しが　眸にしみる
雁も鳴いてる　城の跡

3. 江戸へは三日　烏川くだり
上りは十日と　加えて七日
信州　越後　甲斐の米
積んで戻り荷　赤穂塩
始発湊は　終着湊
河岸の倉賀野　江戸の華
平成十二年十月吉日

曾根松太郎建立

倉賀野河岸および倉賀野宿の繁栄の裏で、歌詞の2番にあるように、十数軒ある倉賀野の籠屋には、飯盛女や宿女郎と呼ばれる女性たちが客の衣類洗濯、仕立、縫い物をして一夜を過ごしていた。そして倉賀野の飯盛女たちの出身地は、そのほとんどが越後の出身だった。倉賀野の九品寺には飯盛女のものと思われる墓塔が三基あり、その中の一基には清水屋という店で働いていたと思われる四人の女性の出身地と名前が刻まれている。四人とも越後の出身だった［榎本、一九九二：一二四］。清水屋以外にも倉賀野の和泉屋や鍵屋清兵衛の墓塔にはそれぞれたき（長岡出身）、きよ（蒲原出身）と越後出身の女性の名が刻まれている。また二次資料にはなるが、『新田町誌』から榎本は、倉賀野から日光例幣使街道四つ目の宿場である木崎宿の飯盛女の越後出身者数と出身地を抜き出した。その資料によれば、木崎宿の飯盛女三三人のうち一七人が越後出身で、蒲原と三島のいずれかの出身者であった［榎本、一九九二：一五〇〜五三］。

（二）越後出身の女性たち

なぜ越後出身の女性が多かったのか。越後の蒲原および三島を現在の地図で確認すると、新潟県長岡市は信濃川下流の越後平野に当たり、江戸時代や明治、大正時代にしばしば洪水が発生した土地であったようだ［榎本、一九九二：一五四］。土木学会関東支部新潟会ホームページの「にいがた土木構造物めぐり」には、信濃川下流の越後平野は西側に弥彦山、角田山がそびえ、海岸沿いは砂丘地帯で雨水が排出できない地形的な条件から、洪水による被害がしばしば発生していたと記されている。平時でも越後平野は水はけが悪く腰まで浸かる深田での農作業であり、洪水被害はさらに農家を悩ますものだったという。このため、江戸時代中ごろより、現在の燕市分水地区から日本海に向けて人工河川を造り、信濃川の水を日本海へ流す分水計画の必要性を地域の人びとは何度も幕府等に訴えていた（注8）。その分水計画は、大正一五年（一九二六）にようやく大河津分水が完成し、現在に至る新潟の米作を可能としたが、それまではしばしば洪水が発生していた。中でも江戸時代中期の寛保二年（一七四二）には「戌の満水」と呼ばれる洪水が千曲川や信濃川流域に甚大な被害をもたらした（注9）。水害とその後もなかなか水がはけない湿地状態、そして天候不良による飢饉（注10）、こういった状況が蒲原や三島の農民たちを苦しめていただろうことが推測できる。年貢を納められない小農は娘を身売りせざるを得なかったのではないだろうか。

蒲原地域での洪水等が原因で身売りをせざるを得なかった女性を歌った「蒲原口説《くどき》」が越後地方で歌われていた［榎本、一九九二：一六〇］。

蒲原口説

越後蒲原　ドス蒲原で
雨が三年旱りが四年
出入り七年困窮となりて
新発田様へは御上納ができぬ
田畑売ろうか子供を売ろか
田畑は小作で手がつけられぬ
姉はぢゃんか（不器量）で金にはならぬ
妹売ろうと相談きまる
妾や上州行ってくるほどに
さらばさらばよお父っちゃん
さらばさらばさらばよお母あさんさらば
まだもさらばよ皆さんさらば
新潟女衒にお手てをひかれ

三国峠のあの山の中
雨はしょぼしょぼ雉ン鳥は鳴くし
やっと着いたは木崎の宿よ
木崎宿にもその名も高き
青木女郎や《ママ》というその内《ママ》で
五年五か月五五二十五両
長の年季を一枚紙に
封じられたは口惜しうもないが
知らぬ他国のペイペイ野郎に
二朱や五百でだきねをされて
美濃や尾張のいも掘るように
五尺のからだの真ン中ほどに
鋤を持たずに掘られたが口惜しいなあ

後半の、客をとる行為がいも掘りに例えたユーモアとたくましさと哀しさが入り混じった表現が悔しさを表している。この「蒲原口説」は木崎に渡って、飯盛女たちに「木崎節」として歌われていた〔宇佐美、二〇〇五：一三二〜三四〕。「蒲原口説」と「木崎節」は「越後蒲原、ドス蒲原で　雨が三年旱りが四年」あたりから終盤までほぼ同じ歌詞である（注11）が、「木崎節」には、木崎にある色地蔵のことが加えられ、そして口惜しさの表現である「いも掘り」の部分が消えて、「一枚の紙切れ」に変わっている。身なりを整えて客をとる女性たちに「いも掘り」表現はあまりにも直接的すぎたのかもしれない。

木崎節（民謡に歌われた飯盛女）

木崎街道の三方の辻に
お立ちなされし色地蔵さまは
男通ればにっこり笑う
女通れば石とって投げる
（国は）越後蒲原ドス蒲原で
雨が三年、日照りが四年
出入り七年困窮となりて
新発田様へは御上納ができぬ
田地売ろかや子供を売ろか
田地は小作で手がつけられぬ
姉はジャンカ（不器量）で金にはならぬ
妹売ろとの御相談きまる
妾しゃ上州へ行ってくるほどに
さらばさらばよお父さんさらば
さらばさらばお母さんさらば
新潟女衒にお手々をひかれ
三国峠のあの山の中
雨はしょぼしょぼ雉んこ鳥や啼くし

やっと着いたが木崎の宿よ
木崎宿にてその名も高き
青木女郎や《ママ》というその内《ママ》で
五年五か月五五二十五両
永の年季を一枚紙に
封じられたはくやしはないか

そのほか、越後の女性たちが身売りを余儀なくされた要因の一つに、失明という風土に関係した病気もあったのではないだろうか。越後には越後ごぜと呼ばれる視覚障害のある女性のプロの芸能集団が上州などで旅回りをしていた。筆者はかつて、『光に向かって咲け—斎藤百合の生涯—』（岩波新書）を執筆した新潟県出身の視覚障害者である粟津キヨ氏に失明の原因を尋ねたことがある。粟津氏は、「新潟県は雪深く、雪の白さや紫外線で眼を痛めやすいのです。また、昔は栄養失調が失明の原因になることが多かった。貧しさからくる栄養失調は、高田ごぜなど視覚障害者たちが生まれる要因にもなっていたんです」と話してくれた。医療技術も保険制度も、そして医療機関も未整備だった江戸時代、家族に一人でも病人が発生すると、なんとか病気を治してあげたい家族は家財を使い果たし、さらに借金を増やし、貧農に重い負担がのしかかっていただろう。

越後の貧農の状況は、現代の開発途上国の現状と酷似している。一九九〇年代初頭、日本で稼ぐことを夢見てタイから来日した女性たちがいわれもない約三五〇万円の借金を課せられて、売春を強要されるという人身売買がまかり通っていた時期があった。筆者は五〇人以上のタイ人女性たちに来日の経緯などをインタビューしたことがあるが、子どもに重い先天的な疾患があり手術が必要、親が病弱で入院や手術などの治療が必要、家族が事故などで障害を負って働けない、シングルマザーとなってしまい子どもを養育しなければならないなどの、社会保障制度が整備されていないために発生する経済的な理由が来日のきっかけだったことが少なくなかった[Human Rights Watch、二〇〇〇]。

(三) 越後の謡曲と八木節

木崎節が越後出身の女性たちに歌い継がれて日光例幣使街道沿いに広がっていったことは、群馬県太田市のホームページにも記されている(注12)。戦前までは木崎節として盆踊りなどの時に唄い、踊られていたという。この木崎節は手ぬぐいで頬かぶりし、うちわで顔をかくし、「雨が三年日照りが四年」と囃子に合わせて唄い、一節唄うごとに一回りして次の文句を唄う流調な節回しだった。日光例幣使街道通行の際に大勢の若者が宿泊し、旅籠屋ができ遊興の地となり、越後から多くの子女が奉公という名目で身売りされ飯盛女として働いていた。彼女たちはこのさびしさから故郷や家族をしのび、宴席で子どものころ覚えた唄を唄ったのが木崎節の始まりといわれている。木崎節は戦後木崎音頭と呼ばれ、現在、木崎音頭は群馬県太田市指定重要無形民俗文化財に指定されている。

さらに木崎節にまつわるいくつかのエピソードがある。木崎節は、その後、日光例幣使街道沿いに伝わり、八木宿(現・栃木県足利市)で唄われた八木節の元唄であること、そして木崎節や八木節のさらに元唄は新潟県十日町市に現在も伝わる新保広大寺節であること、視覚障害女性たちの芸能集団の越後ごぜたちが、三国峠を越えて南下し、中山道や日光例幣使街道、甲州路を謡い歩き、関東地方に南下して謡い継いでいき[佐久間、一九八三/鈴木、一九九六]、「八木節」や「舟屋唄」のルーツに変じていったことなどである(注13)。

倉賀野や木崎、そのほか河岸や日光例幣使街道沿いの宿場で飯盛女として働く越後出身の女性たちが、越後ごぜが謡う謡曲を聞くことがあったかもしれない。越後出身の飯盛女たちと越後ごぜにはどのような交流が直接的・間接的にあったのかという資料は残念ながら手元にはなく、推測の域を出ないが、飯盛女たちの心からの悲哀を越後ごぜたちが受け止め、唄い継いでいったのではないだろうか。

現在の八木節は、明治初期、八木宿の近くの朝倉で運送業を営む清三が八木宿から太田宿を経て木崎宿の間を往来しながら馬のひづめの足音を伴奏に唄った盆唄が、いつしかテンポのよい馬方節調に変わっていき、街道筋で評判となった。そして明治後半、この馬方節を盆踊りが好きな足利生まれで隣村同士の堀米源太と矢場勝が明るくテンポのよい節で唄い上げ、上京して歌手としてレコード化して全国に広がったものが現在の八木節となった（注14）。矢場勝はのちの歌手コロンビア・ローズの祖父であるという。

結　語

利根川水系のフィールドワークに出かけ、利根川と烏川が合流する手前の倉賀野を訪れたとき、川の流れは静かで、倉賀野河岸跡もあまりにひっそりとしているのに、なぜかもっと佇んでいたい、もっと知りたいという思いが沸いてきた。そしてフィールドから帰ってきてから、インターネット、書籍、さまざまな資料で新たなフィールドワークが始まった。利根川水系の最上流の河岸、そして舟運の水路と信州、甲州、越後への陸路が行き交う町、さらに日光例幣使街道の起点という、さまざまな人と物と文化が交差していたこの土地をきっかけに、何かしら流域文化圏を形成しているのではないかと考えたのである。そして、それを河岸や宿場で働く女性たちに焦点を当てて考えた。

調べていけばいくほど、越後から奉公という名で身売りされ、男性客の性の相手をしなければならなかった飯盛女とか宿女郎とか船女房とか舟饅頭などの呼称で働く女性たちの悲哀が浮き彫りになってきた。しかし同時に、どうして越後の女性が多く奉公に来なければならなかったのか、人の移動の背景や要因についての分析は十分ではなかった。本稿では、越後の女性の上州への移動は、飢饉や家族の病気による借金をかかえる小農の貧困と、江戸時代の舟運の発達の中にも身分制や家父長制、そして周縁化された準公娼制が背景にあることを明らかにしようとした。そのうえで、越後ごぜという芸能集団の存在が周縁化された女性たちの心情と響きあい、それぞれの想いがこめられた木崎節や八木節などの歌謡となって群馬、栃木、埼玉など関東地方に、流域文化として浸透してきたことを考察した。

軽快で明るく、歯切れのよい八木節は、埼玉県に近い東京北部の筆者の実家の盆踊りの時にいつも聞いていた馴染み深い民謡だ。その八木節は、新潟から群馬、そして栃木、埼玉へ、ごぜや飯盛の女性たちが思いを込めて歌い継ぎ、形を変えながらも昭和にはレコードという発達した技術で現代に伝えられている。河川や街道が北関東に伝えた流域文化が全国に伝えられたのだ。

群馬県倉賀野と木崎を中心としたフィールドワークは、さらなる関心を喚起し、次の課題に取り組む所存である。一つは流域文化圏の研究として、飯盛女たちの信仰である。こうした女性たちの地蔵や稲荷への信仰は、関東一円で水上交通の守り神として信仰されてきた大杉信仰と共に祈られてきたのではないかと考えている。もう一つは、江戸時代の周縁化し構造化した公娼・準公娼・私娼制度が現代に与える影響である。曾根は「日本近世社会において、公認遊郭＝明確な公娼制は、ある意味で制限されたと言えるが、その公娼制の周縁部分は逆に、岡場所・新地・花街などとして肥大化していくことになった。日本において、近世の公娼制と近代の公娼制は、外圧による検黴制の導入を機に大きな変化を見せる。しかし、近世を通じて見られる公権力の側の対応と、公娼制の周縁部分の肥大化は、引き続き近代以降の問題でもあったのである」と述べている［曾根、二〇〇三：二〇〇］。本研究では引き続き利根川下流を中心に、河岸に形成された遊郭や準公娼地の盛衰と現代に与える影響をフィールドワークしながら研究を進めたい。

【注】

（注1）「高崎倉賀野巡り　倉賀野河岸」http://hayakura.com/kasi.html（二〇一四年五月三日閲覧）

（注2）千葉県立関宿城博物館展示資料「織物業と水運」および「製茶業と水運」より（二〇一四年八月一六日訪問）

（注3）茨城県ホームページ「いばらきもの知り博士」「日本で初めて海を渡った茨城県猿島茶」http://www.pref.ibaraki.jp/hakase/info/08/index.html（二〇一四年五月四日閲覧）

（注4）千葉県立関宿城博物館展示資料「醬油醸造業と水運」より（二〇一四年八月一六日訪問）

（注5）「覚　道中旅籠屋之食売女、近年猥ニおおきに有由ニ候、向後、江戸拾里四方道中筋には、古来之通り旅籠屋壱軒二付、食売女弐人宛之外、堅差置申す間敷候、拾里外之甲虫筋旅籠屋も右に準し可申候」［宇佐美二〇〇五：一一七］

（注6）日光例幣使街道とは、京都から日光東照宮へ幣帛を奉納する勅使が通った道で、倉賀野を起点として一三宿（倉賀野、玉村、五料、柴宿、木崎、太田の上州五宿と、八木、梁田、天明、犬伏、栃木、合戦場、金崎）からなる。「元和三年（一六一七）、徳川家康の霊柩が日光山に改葬されたが、その後正保三年（一六四六）からは、毎年京都の朝廷から日光東照宮への幣帛（へいはく）を奉納する勅使（例幣使という）がつかわされた。その勅使が通る道を例幣使街道と呼んだ」。栃木市観光協会ホームページ「例幣使街道」http://www.kuranomachi.jp/spot/kuranomachi/reiheishi/（二〇一四年五月四日閲覧）

（注7）井戸八幡宮にある倉賀野河岸の歌の碑「上州高崎倉賀野めぐり」http://hayakura.com/kasi.html（二〇一四年五月四日閲覧）

（注8）土木学会関東支部新潟会ホームページ「にいがた土木構造物めぐり」http://www8.ocn.ne.jp/~hnnihon/introduction/article/005/art005.html（二〇一四年五月一〇日閲覧）

（注9）「日本一の大河　もっと知ろう　信濃川・千曲川」ホームページ「水害の歴史」http://www.hrr.mlit.go.jp/shinano/367/disaster/index.html（二〇一四年五月一〇日閲覧）

（注10）越後の山間地を襲う飢饉がどれほどむごいものだったのかの一端は、以下の話からも分かる。現・新潟県津南町の秋山郷では、江戸時代の天明三年（一七八三年）、天保七年（一八三六年）の大飢饉で四つの村が全滅し、それ以外

の村も壊滅的な打撃を受けた。その時、小千谷市で酒造業を営む第二一代佐藤佐平治が私財を投げ打って秋山郷などの村に、先代から蓄えていた籾や稗一二〇〇俵（一〇八〇石）、昆布１万把を与えたという「佐平治の心を今の世に」http://www.saheiji.com/saheiji-1.html（二〇一四年五月五日閲覧）

（注11）年金と給金について「蒲原口説」も「木崎節」も年季は五年五か月五五二十五両となっている。ここは少し分かりにくいが、この部分は歌詞の語呂合わせで五五を付けただけで、内容は五年五か月で給金が二十五両という意味である。

（注12）群馬県太田市ホームページ「木崎音頭」http://www.city.ota.gunma.jp/005gyosei/0170-009kyoiku-bunka/bunmazai/nittabunka12.html（二〇一四年五月四日閲覧）

（注13）新潟県十日町市ホームページ「新保広大寺」http://www.city.tokamachi.lg.jp/page/10170200044.html（二〇一四年五月四日閲覧）

（注14）栃木県桐生市ホームページ「八木節の由来」http://www.city.kiryu.gunma.jp/web/home.nsf/0/d5008f957ca1cae749256b6d000edcba（二〇一四年五月四日閲覧）

付記

この第八章は、明治学院大学国際学部付属研究所の『研究年報』に掲載された論文、齋藤百合子「越後から上州へ渡った飯盛女と八木節」（二〇一四年、N0・一七：三一～四三）を、研究所の許可を得て転載したものに修正を加えた。

第九章　天竜川の舟運と「南信三遠」文化圏の形成

——鹿島（二俣地区）を中心として

はじめに

天竜川は諏訪湖を水源にもち、長野県と静岡県の県境をほぼ真南に流下し、中流から下流域で愛知県と静岡県との県境を通り、最後は静岡県西部の磐田市の掛塚付近から太平洋に注いでいる。流路の全長は二一三キロメートルで日本第九位、流域面積は五〇九〇平方キロメートルで日本第一二位の大河である。天竜川は諏訪湖から天竜峡（飯田市）までの一〇〇キロが上流域、天竜峡から二俣（浜松市天竜区二俣町鹿島）の少し手前の峡谷部まで約九〇キロが中流域、遠州平野に入る二俣から河口までの二五キロが下流域と三区間に分かれる。途中で三峰川、小渋川、遠山川など赤石山脈を水源とする大きな支流や、木曾山脈や中央アルプスを水源とする何本かの支流が天竜川に合流している。巨視的にみると、天竜川は本州の真ん中を、内陸中央部の諏訪湖から太平洋まで南北に切り裂いている河川ということができる。

天竜川の舟運史にかんする利用可能な文献資料は本書で扱った他の河川と比べると非常に少ない。おそらくこうした事情のため、天竜川の舟運にかんする先行研究もあまり多くない。ただし今後、資料の発掘が進めば、この分野の研究は進展するであろう。本書では、天竜市が編纂した『天竜市史』（上・下）と、鹿島（二俣地区）で木材の搬出にかかわった田代家に代々伝わる『田代家文書』のうち、天竜市が活字化して資料集として出版したものを主な資料として利用する。田代家は二俣地区の北鹿島村の名主として、また渡船場の管理者（船越頭）を勤める一方、天竜川の筏輸送を行う筏問屋をも経営していた旧家である。田代家は慶安元年（一六四八）に徳川家康から、この地区から下流の天竜川において木材の筏下しを独占的に行うことを認められた有力者であった［田代家文書、一九九九a：二六四］。本書では、この資料と後代の研究を参考にし、さらに現地でのフィールド調査やインタビューを通じて必要な情報を補った。これらを含めても天竜川の舟運についての資料は少ない。それでもあえて天竜川を取り上げたのは、この河川の事例は流域文化圏の形成という観点からすると興味深いからである。以下にまず、天竜川の舟運の特徴から検討しよう。

第一節　天竜川の舟運の特徴

中部地方の堂々たる大河である天竜川においても、ほかの河川に劣らず舟運が盛んであったと想像されるが、実際にはむしろ中小河川並の実態であった。その主な理由は三つ考えられる。一つは、天竜川の上・中流域では西側に木曾山脈が、東側に赤石山脈が川岸まで迫っており、飯田周辺の盆地を除いて流域に広い平地がないことである。これは、流域に多くの人口を抱える都市や農村地帯が発達しにくいこと、また、森林資源を除いて、米そのほかの農産物や特産物を生産する余地が限られていることを意味する。本書がこれまで取り上げた北上川、最上川、利根川の場合、流域に大きな盆地や平地があり、村・町・都市が発達していたし、米をはじめとする農産物や特産物が豊富だった。このため物資の輸送と人の移動のための舟運が発達したが、天竜川の場合、これらの要素に欠けるので舟運はあまり盛んではなかった。天竜川流域が全国規模で供給する唯一の豊富な資源は木材であった。天竜川流域には木曾や伊那地方の木材、特に杉・檜・椹《さわら》、黒部などの上質材が豊富にあった。これらの木材は一本一本流す「管流し」(管下し)や、筏を組んで流す方法で輸送されたので、厳密な意味では舟運とはいえない。他方、利根川をはじめ北上川や最上川の事例にみられるように、江戸時代における河川舟運の主な目的は江戸や大坂への廻米の運搬であったが、天竜川の場合、流域に米作地帯をもたなかったため、大量の米を舟運によって運搬する必要性はなかった。実際、伊那谷の遠山地区には慶長年間から米の代わりに木材を年貢として納める村も珍しくなかった(後述)[天竜市、一九八一:四四七~四八]。

二つは、流域と河口に大きな都市が発達しなかったことである。一般に、大河の河口周辺には大きな都市が発達する。天竜川の場合、確かに河口に掛塚という港町は存在したが、利根川水系における江戸は別格としても、たとえば北上川の石巻や最上川の酒田、太田川の広島などに匹敵する大きな河口都市は発達しなかった。これも、流域に広い谷や大きな盆地がないため人口の集積する場所がなかったからである。また同様の理由で、天竜川の場合、飯田周辺を除いて流域に大きな町や都市が発達しなかったことは、流域に大きな消費地をもたなかったことを意味する。つまり、天竜川流域には大きな人口の集積がなく、少なくとも江戸期においては生産と消費の規模が小さいため、舟運が発達する契機はその分弱かったといえる。

三つは、天竜川の急流と難所が大きな障害となり、舟運の発展を妨げていたことである。特に天竜峡の南には、江戸期の技術力では人力で取り除くことができない岩礁、滝場、急流、荒瀬などの難所が多数あった。このため、舟運はこうした難所を避けた小区間に限られた。ようやく明治・大正期にダイナマイトなどを用いて岩盤を破壊する方法が用いられて一部の難所は取り除かれた。しかし、それでも全川にわたっての河川改修は不可能であった[日下部、二〇〇八:三一~三二]。

右に述べた三つは、天竜川そのものに直接かかわる問題であった。これら以外に、河川ルートとしての天竜川には、必ずしも舟運を妨げる事情ではないが、ほかの河川とは異なる地理的条件と歴史的経緯があった。まず地理的条件をみると、天竜川は赤石山脈と木曾山脈に挟まれた急勾配の伊那谷を流れているため、天竜川ルートにはほかの河川ルートと比べて迂回路が少なかった（注1）。つぎに、この地理的条件と関連しているのだが、天竜川の舟運は江戸期ではなく、むしろ明治に入って盛んになり、大正期まで続いていた。その一つの理由は、天竜川沿いの鉄道の開通が遅かったことである。たとえば北上川に沿って建設された東北本線の全線開通は明治二四年（一八九一）、最上川沿いの奥羽本線は明治三八年（一九〇五）のことだった。これにたいして天竜川沿いの鉄道（飯田線）が豊橋から辰野まで全線開通したのは遅く、ようやく昭和一二年（一九三七）のことであった。しかもこの鉄道は、天竜川の河口の町、掛塚ではなく三河の豊橋を起点とし、天竜川のはるか西の内陸を経由して天竜峡に達し、そこから天竜川沿いに北上して辰野に至るルートであった。このため、ほかの河川ルートの場合、鉄道の開通により、明治以降に舟運が急速に衰退していったのにたいして、天竜川の舟運はむしろ、日本全体の経済活動と人の移動が活発になった明治に入ってから最盛期を迎えた。

天竜川は舟運の発達にかんして不利な条件があったことは確かであるが、だからといって、舟運が経済的に全く必要性がなかったわけではない。先に述べた木材の輸送の他にも、天竜川の河口周辺で生産された塩そのほかの食料品を中流域の住民へ供給する必要があった。つまり、天竜川は「塩の道」としても一定の重要性はあった。天竜川の舟運は、木材以外の物資の運搬という面ではそれほど大きな役割を果たさなかったが、人の往来、したがって流域社会の形成や共通文化の形成には重要な役割を果たした。天竜川ルートは「塩の道」であると同時に社会文化的な伝播・交流ルートでもあった（後述参照）。これらの特殊事情を考慮して、天竜川ルートにかんしては、検討の対象を明治期まで延長することとしたい。以上を念頭に置いて、まず天竜川の舟運の歴史を、木材の輸送に注目して検討しよう。

第二節　中世・江戸期の天竜川の舟運

資料で確認することはできないが、天竜川の舟運は中世あるいはそれ以前にさかのぼることは間違いない。中世末期には今川氏が天竜川流域を治めており、二俣地区の鹿島村あたりに番所を設けて天竜川を下ってくる木材の搬出を監視していた。また、豊臣秀吉は文禄三年（一五九四）、飯田城主に命じて大坂城修理用の木瓦のために伊那地方の木材を伐り出すよう命じており、実際、翌年から木材は天竜川経由で搬出された［村瀬、二〇〇一：三二］。木材の搬出に筏を使うことは古くから盛んであったが、当時は難所の存在や急流のため船による物資や人を運ぶための舟運は発達しなかった［天竜市、一九八一：四六九、四七六］。

天竜川の舟運が確認できる古い文書としては、天正八年（一五八〇）に田代家が徳川家康から下賜された朱印状、天正一七年（一五八九）の「川口村舟越免畑屋敷帳」、江戸期に入って寛永年間（一六二四〜一六四三）に書かれた文書などが伝わっている。上記の天正八年の朱印状には「一　筏下之事、可為如前々之事」とあるから、江戸期以前から木材の筏流しが行われていたことが確認できる［田代家文書、一九九九a：二六三〜六四］。徳川家康は慶長五年（一六〇〇）、関ヶ原の合戦に勝利すると、ただちに木曽とともに全国でも有数の美林地帯である伊那を蔵入地（直轄地）にし、山林地帯を手中に収めた。ここにも家康が天竜川流域の木材を重視していたことが表れている［天竜市、一九八一：四四七／村瀬、二〇〇一：三〇］。つまり家康は、木曽・伊那山地の木材資源に着目し、天竜川の水運を利用して河口の掛塚まで川下げし、そこから海洋船で江戸そのほかの場所に木材を運ぶことを目指していたのである。というのも、江戸初期には江戸城や各藩の城郭および城下町の建設などのため木材の需要は非常に高かったからである［村瀬、二〇〇一：三〇〜三一／丹治、一九九六：三四五］。

（一）天竜川の木材の川下げ

天竜川の下流域では江戸期以前からある程度舟運が行われていたが、中・上流域では筏と渡船以外、船の利用はほとんどなかった。そこで家康は天竜川の舟運開発を思い立ち、慶長一二年（一六〇七）、京都の政商角倉了以に、信州から河口の掛塚までの舟路開拓を命じた。工事は彼の手代の利右衛門の手で進められ、一五年後の元和八年（一六二二）に「一応終了した」［天竜市、一九八一：四六六～六八］。ここで、「一応終了した」とは、信州から掛塚まで一貫した舟運を可能とする工事が「完成」したという意味ではなく、難所を避けつつ当時の技術でできる範囲内の工事が終了した、という意味である。この工事が進行中も天竜川流域の木曽と伊那からは多量の木材が河口の掛塚へ川下げされていた。たとえば慶長一四年（一六〇九）には駿府城の建築用材、慶長一七年（一六一二）には江戸六郷大橋用材、元和二年（一六一六）には日光御宮の檜皮、元和四年には江戸城の天守閣用材、元和五年には江戸橋用材、寛永一一年（一六三四）には掛川城米蔵用材、などなどの目的で川下げされた。当時は、木材そのままの形や、一定の形に整形された木材、あるいは檜皮といった、いろいろ形の木材が川下げされた［村瀬、二〇〇一：三二］。いずれにしても、これらの事例にみられるように、天竜川の木材輸送と伊那谷の舟運開発は当初、幕府によって進められ、そうして運ばれた木材の多くは幕府の用材として使用された。

天竜川水系で川下げされた主な木材には、上流域の木曽・伊那谷で切り出されたものと、中・下流域の谷筋（北遠地域）で切り出されたものがあった。これら地域の代表的な樹種（木材となる木の種類）は檜、椹、黒部、樅、栂《つが》、松、栗、槻（ケヤキの古語）などであった。これらの樹種の用途をみると、木曽の檜は丈夫で城、橋、神社などの柱材や壁の芯材など建設資材として使用されていたのにたいして、伊那の椹は材質がややわらかく薄板に割くことが容易で屋根板用に適していた。ただし、板葺屋根は耐用年数が短いので、素材となる榑木《くれき》（一定の長さと形状に整形された木材）の需要は常に莫大なものであった。榑木として上納されたのは椹のほかに檜と黒部だけであった［村瀬、一九八五：三二八］。こうした事情もあって、幕府は、榑木の搬出を重視し、その切り出し、川下げの手順、管理の方法などを細かく決めていた。歴史的には、一部の村にたいしては早くも慶長年間から年貢として榑木を上納させていた。そして寛政一二年（一六七二）には、伊那谷の四三カ村にたいして年貢を榑木で納めるよう定めた。年貢を榑木で納めるよう指定された村は「榑木成村」と呼ばれた。この際、榑木一丁（一本）が米六合の換算だった。ただし、榑木の規格は時代によって異なる。たとえば享保一〇年（一七二五）の規格では、長榑木の断面は台形をしており、長さ三尺三寸（一寸＝三・三センチ）、三方三寸、腹（台形の上部の長さ）二寸で、短榑木は長さ二尺三寸、三方三寸、腹二寸と決められていた［天竜市、一九八一：四四七〜四八／村瀬、二〇〇一：三二〇〜三二一］。

幕府は、木材の川下げを監視し管理するために二カ所に番所を設けていた。すなわち、上流域の木材にかんしては満島番所（現・下伊那郡天竜村）が、満島から下流域の木材にかんしては鹿島十分一番所（現・天竜区二俣町。たんに「分一番所」あるいは「鹿島一番所」とも表記される）があった。後者については後にふれるので、ここでは満島番所について説明しよう（図9－1を参照）。満島は天竜川のほぼ中間の信州伊那郡の遠山地方に位置する。ここは信州の主な榑木生産地から発する小渋川（塩鹿・大河原山）、阿知川（清内路山）、和知野川、遠山川（遠山）の四つの支流が本流に合流する地点の少し下流にあった。この地理的な条件のため満島は、生産地から搬出された全ての木材を監視し統制することができた。また満島は信州の南端にあり、天竜川が信州から遠州に流れる「国境」でもあったため、木材に限らず天竜川水運を利用した全ての物資を監視するのに適していた。遠山地方にはもう一つ、東に梁木島の番所（現・飯田市）があった。これは、青崩峠を越えて遠州に抜ける秋葉街道沿いにあり、満島が川の道の番所だとすれば、梁木島は陸路の番所であった。満島と梁木島番所は、慶長一九年（一六一四）、大坂夏の陣のあと、落人を討ち取るために、徳川幕府が遠山氏にこれら二カ所に臨時の番所を設けて守らせたことに端を発し、正式に番所が設置されたのは元和三年（一六一七）であった［村瀬、一九八五：三一

○～一二／村瀬、二〇〇一：一八～一九」。

天竜川における木材の川下げの方法を、榑木成村の事例をとおしてみてみよう。榑木成村には各々の村高に応じて定められた数量の榑木を年貢として上納することが命じられた。まず、幕府管轄の御林である榑木山から伐り出された原木は、その場で榑木に製材され、そこで地区の担当役人によって最初の「間知」（規格に合っているか、節などがないか調べること）を受け、極印が打たれた。極印は榑木の伐り出された年によってその形が異なる。したがって極印をみれば、その榑木がいつ・どこから出されたものか分かるようになっていた。最初の間知を受

図９－１　天竜川舟運概略図と主要河岸

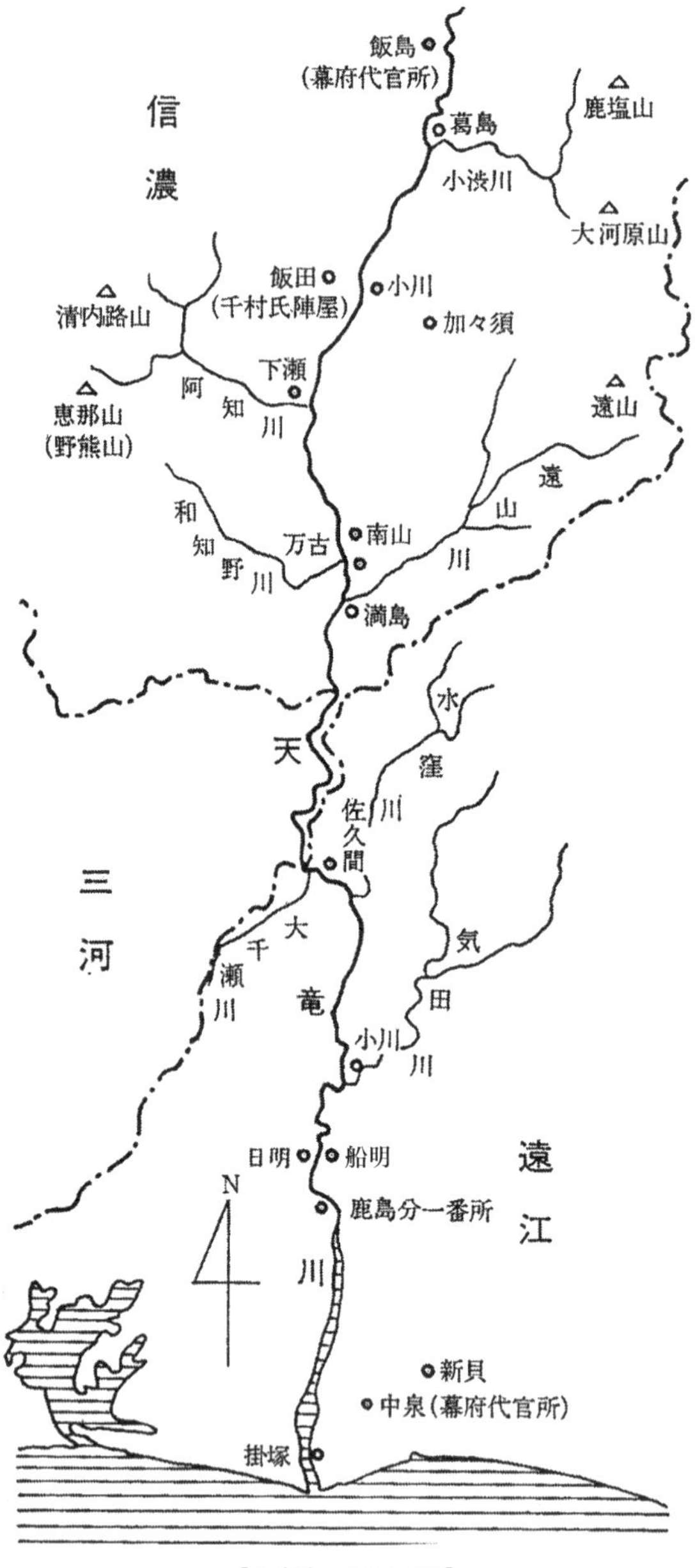

［天竜市、1981:448］

けた後、榑木は天竜川の支流を経由して満島番所まで運ばれた。満島番所に運ばれた榑木は、近くの「留阿場」（流れが緩やかで木材を留めておく場所）に貯めて置かれた。満島の番人は質と量（本数）を確認する「木改め」を再度行い、それを「木改帳目録」に記載した。番所の設置当初、満島の番人は目録を一年ごとにまとめて代官の添え書きをもって毎年、あるいは一年おきに江戸へ出向いて勘定所に提出した。しかし宝暦二年（一七五二）以降は、三〜五年に一度江戸に出向いて報告すればよくなった。それにしても、この榑木にかんする報告を、わざわざ江戸まで出かけて報告させたことは、幕府がどれほど榑木の確保と管理に注意を払っていたかを示している。しかし、江戸への出府は手当が少なく生計が成り立たない旨、幕府に申し立てたため、現地の番人は江戸には出向かず、地域の代官所へ提出するだけでよくなった［村瀬、一九八五：三一九〜二二／村瀬、二〇〇一：三三］。

さて、満島に貯めて置かれた榑木はいよいよ川下げされることになる。この方法として江戸初期においては筏を組んで流すこともあったが、主には管流しであった。「管流し」とは、川に木材を一本一本そのまま入れて流す方法で、別名「一本流し」とも「バラ狩り」ともいわれる。管流しの呼称は、木材を一本一本流している様子を遠くから眺めると管のように見えることに由来するとされている。管流しは、特に流れが速く岩石などが多く、筏下げが行われにくいところで採用された（注2）。木材を川に流し入れることを「渡入れ」といい、近世初期のころは毎年のように渡入れが行われたが、次第に三〜七年に一度というように、数カ年分まとめて川下げされるようになった。これは、渡入れに際して、諸役の負担（後述）を課される農民にたいする幕府の配慮があったからだと思われる。渡入れの記録をみると、寛文元年（一六六一）から享保六年（一七二一）までの六〇年間に一九回、したがってほぼ三年に一度行われた。満島からの渡入れに際して榑木は管流しか筏に組んで下流に送られた。

管流しによる渡入れの様子を正徳四年（一七一四）の事例でみてみよう。この年の七月に、幕府の老中から流域を管轄する代官、給人、領主宛に、信州から遠州掛塚へ幕府の榑木を流すので、途中の河野村（現・下伊那郡豊丘村）には精を出して「川狩り」をするように、という通達が届けられた。「川狩り」とは川下げされる榑木が川岸に留まるのを川に押し戻したり、榑木を盗み取ったりする者がいないように取り締まることである。そこから、当該の村の六カ所に番小屋を建て、昼一人、夜二人ずつの人足を出し、またほかに一二人が使番（実際に川狩りを行う役）を務めるよう命じられた。実際の川狩りは一一月一〇日から三日間行われた。村の義務が全て終わった段階で、川狩りに要した諸費用を勘定して幕府側に請求して一段落となる。資料では、この時川狩りを命じられたのは河野村だけだったのか、他に同様の役務を命じられた村があったのかどうかは示されていない［村瀬、二〇〇一：四〜八］。

満島の番所から川下げされた榑木は、鹿島十分一番所の少し上流の船明村（現・浜松市天竜区）で陸揚げされた（注3）。管流しで重要なのは、その終点となる「綱場」の役割である。綱場では綱を張り、一本ずつ流れてきた木材を受け止めて陸揚げする。綱場の条件は、①川幅がある程度広く水勢がゆるやかであること、②出水時にも激流の衝点にならない場所であること、③相当量の木材を貯えておく杭所（木材が流れ出さないように杭で囲った場所、留阿場と同じ）があること、④筏を組むのに都合が良い場所であること、の四つである。これらのうち①について補足しておくと、川幅が広ければ一般的には流れは緩やかになる。しかし、広すぎても、両岸から綱を張って流れてくる木材を止めて陸揚げするにはかえって不向きである。これらの条件を満たす場所が、天竜川では鹿島十分一番所の少し上流にある船明であった［村瀬、二〇〇一：四〜八］。

船明は、天竜川が狭く険しい山間部から抜けて、磐田原台地と三方原台地の間を流れ出す地点にあり、流れがゆるやかで川幅は広すぎず、陸揚げにとって好条件をもっていた。川下げが始まった当初、綱場は佐久間（現・浜松市天竜区佐久間町）にあったが、ここはまだ山間部から抜け出ていなかった、つまり右の四条件を満たしていなかったため、慶長期（一五九六〜一六一五）に船明に移った。ここでは、船明と対岸の日明の間に張られた綱にひっかけて流れてくる榑木を陸揚げした。船明よりさらに下流の河口の掛塚に近い場所に綱場を設置した場合、水勢は緩やかになるものの、川幅が広すぎて、流れてきた榑木を受け止めて陸揚げする作業がかえって難しくなり、また綱を抜けた榑木が海に流れてしまい、流木になる確率が非常に高くなる危険性があった。

それでは、船明ではどのように川下げされた榑木の陸揚げが行われたのだろか。陸揚げには特定の村が「陸揚げ役」あるいは「船明御綱役」の村に指定された。指定された村は、①御綱を作る村、②陸揚げ人足を出す村、③榑木山での棚積み作業を行う村、そして④川狩りをする村、の四つの村役に振り分けられた。実際にこれらの村役に何カ村が動員されたのかは明らかではないが、たとえば享保六年（一七二一）の事例では、川狩りについては六カ村が一六艘の角倉舟を提供し、それぞれ五日ずつ務めた。また、御綱を作る村は一六カ村が動員され、一〇月から一二月の約三カ月近くも船明に詰めていなければならなかった。陸揚げ役の村（数は不明）では村ごとに大庄屋の指揮に従って小庄屋は一〇日、人足は六日務めるのが常であった。陸揚げは一〇月から一二月の水量が少なく寒い時期に行われたので、水に入っての作業は大変で、しばしば手当の増額願いが出された。棚積み役は船明村を含めて八カ村が陸揚げされた榑木を棚に積み上げ、幕府の払い渡し（川下げ）命令が下るまで管理した。以上の諸役にたいしては幕府より扶持米が与えられたが、棚積み役だけは金銭で支払われた。こうして陸揚げされた幕府の御用材は船明村の榑山に棚積みされ、その一部は商人へ払い下げられた。民間であれ公用であれ、船明で陸揚げされた木材は筏に組まれて河口の掛塚港まで運ばれた。その後は海洋船に船積みされて江戸をはじめ全国各地に運搬された［天竜市、一九八一：四四七／村瀬、一九八五、三二六〜二二五／村瀬、二〇〇一：四〜五、一二一〜一二二］。

それでは、天竜川ではどれほどの本数の木材が川下げされたのだろうか？　榑木にかんしては寛文元年（一六六一）から享保六年（一七二一）までの渡入れ年次と、その年次に川下げされた榑木の本数が分かる。この期間に渡入れは三年から七年に一度行われた。寛文期をみると四回渡入れが行われて、一回目は寛文元年（一六六一）で、川下げされた榑木は一四九万五九八一本、二回目は寛文四年に渡入れが行われたことは分かっているが本数は不明。三回目は寛文七年で一四三万一六三五本、四回目は寛文一〇年で一〇四万九九〇〇本であった。ここで注意しなければならないのは、これらの本数は、何年か分貯めて置いた榑木を、当該年度に川下げしたのであり、その年に集められた榑木の本数ではない、という点である。この点を勘案して計算すると、年間平均して四〇〜四五万本ほどを川下げしたことになる［村瀬、二〇〇一：六］。

なお、満島番所の番人が勘定所に提出した帳面目録を寛文一一年（一六七一）から天明二年（一七八二）までまとめた「御番所勘定目録木高留帳」には、天竜川上流域から川下げされた、榑木を除く木材の本数が記録されている。この記録には、寛文一一年から天明二年までほぼ毎年の川下げ本数が記されている、その中から何年か分を抜き出してみると、寛文一一年には一二万一七一八本、元禄一六年（一七〇三）には一二一万四六二本、そして宝永三年（一七〇六）には一二一万八一七〇〇本に達した。この期間における川下げ本数の推移をみると、元禄一一年（一六九八）から宝永三年（一七〇六）までの八年ほどがピークで、年平均七五万本、多い年は一二〇万本であった。ところが、川下げが管流しではなく筏流しが原則となった享保一〇年（一七二五）には九万四〇〇〇本、それ以降は二〇万本から三〇万本と減少が続いた。その後五〇〜六〇万本に達した年もあったが、元文元年（一七三六）以降は多少の増減はあるが五万本以下に、そして安永五年（一七七六）の二万二四八一本を最後に、以後は天明二年に向けて一万本から二〜三〇〇〇本台に激減してしまった。これは、近世初期における木材の濫伐により、江戸中期には伊那谷の木材資源が減少しはじめ、後半に向かって枯渇してしまったことを示している［田代家文書、一九九九a：二六五／村瀬、一九八五：三二一／村瀬、二〇〇一：六、二三］。

享保一〇年（一七二五）に天竜川の木材の川下げに関連して三つの変化が生じた。一つは、幕府は榑木であれその他の木材であれ、御用材の川下げ方法を管流しではなく筏流しを原則とするよう指示した。というのも、信州から下流までは流路が長いうえ、急流や岩場が多いため管流しでは榑木が傷ついたり途中で紛失したりすることが多かったからである［田代家文書、一九九九a：二六五］。新方式の筏流しでは、鹿塩・大河原から出されるものは葛島、清内路から出されるものは下瀬、和知野川を流れるものは万古、遠山から出される木材は満島の渡場で榑木を筏に組んで流すことになった。この変更と同時に、輸送のシステムそのものも大きく変化した。なお、この場合の筏とは、榑木だけを綱で結んで筏に組むのではなく、まず何本かの木材を並べて互いに結んで台を仕立て、その上に榑木を乗せて綱で固定したものである〔日下部、二〇〇八：一〇〕。

二つは、川下げの請負制の導入である。従来の方式では幕府が川下げの手配と管理を直接行っていたが、現地の代官と榑木奉行をとおして輸送業務を民間の筏問屋や木材業者の入札請負制によって行わせることとなった。つまり、幕府が一定の輸送賃を払ったうえで、榑木を筏に組むところから川下げ業務一切を請け負う業者に委託する制度であった。この制度が導入された享保一〇年には希望者は誰もいなかったが、記録で確認できる限り享保一四年（一七二九）に最初の請負人が現れた。この人物は船明村の有力農民で、元禄期から明和期にかけて名主を勤めていた。これ以後、歴代の請負人をみると、伊那地方や遠州など天竜川流域だけでなく、江戸、伊勢（桑名）尾張（名古屋）、信濃、秩父など遠隔地の町人（商人）も含まれていた。輸送の請負には、順調にゆけば利益が得られるが、木材が大雨で流されたり、激流で筏がばらばらになってしまうなど、常に大きなリスクがともなった。契約では、このような損失は全て請負人が負担することになっていたため、請負人は名主のような富裕層や大商人に限られた。ところで、原則は筏流しであったが、享保一〇年以降にもしばしば管流しは行われていた。というのも、管流しは筏を組む手間を省くことができ、しかも筏を操る筏師も要らないので、一度に大量の木材を川下げすることができたからである。とりわけ、「京御用材」（寛政元年＝一七八九）や「駿府浅間宮御用材」（文化五年＝一八〇八）のため、緊急に大量の木材が入用となった際には一時的に管流しを復活させた〔村瀬、二〇〇一：八～一二〕。このような事例からみると、筏に組んで川下げすることは、あくまでも原則であって、実際には何らかの理由があれば管流しも行われていたようである。

木材運搬請負人および荷主が到着すると、番所の役人（番人）は事前に申請された通行許可証（もしくは通行許可願い）と照合して、それらの質と量（本数）を確認する「木改め」を行い、間違いなければそのまま川下げを許可した［村瀬、一九八五：三一九〜三二／村瀬、二〇〇一：三二］。川下げが請負人の負担と責任となり、また川下げの方法が管流しから筏流しに変わったことで、それまで幕府の命で従事させられた流域村落の諸役に変化が生じた。新方式になっても作業の割り当てなどで幕府が一部介入することはあったが、「川狩り」作業についていえば、川上から筏に組まれて木材が流れてくるので以前の川狩りの負担はほとんどなくなった。さらに、御網作成の負担もなくなり、筏流しになって陸揚げ作業は非常に少なくなったうえ、作業に出る場合には請負人から扶持米が支給された。ただし棚積み作業は一棚当たりの報酬が個人ではなく関連村落へ支給されるようになった。最後に、船明に積み上げられた榑木は再び筏に組み直されて河口の港（掛塚）まで筏で運ばれた。この筏流しにたいしては、筏一艘当たりいくらという取り決めにより、本数当たりの手当が現金で支給された。筏下げ人足は筏子と呼ばれたが、船明の筏子の技術の高さは広く知られていた［村瀬、二〇〇一：一二〜一七］。

三つは、榑木の金納化である。従来は榑木を年貢として納めていた村落（榑木成村）にたいして、享保一〇年以後、金納も可能となり、安永五年（一七七六）には完全に金納化となったことである［天竜市、一九八一：四四九］。これは明らかに榑木原木資源が枯渇し、年貢を榑木で納めることが事実上できなくなったからであろう。貨幣経済の浸透によって、納める方も受け取る幕府の方も金納の方が好都合であったのかも知れない。

幕府が管理し独占してきた榑木にかんしてはある程度記録が残っているが、それ以外の御用木や民間で取引された木材については、すでに紹介した年度ごとに川下げされた本数しか分からない。ただし、榑木以外の丸太、貫《ぬき》、板、角材などの建材が民間で取引されることは早くから盛んであった。この取引は、筏問屋が直接木師（いわゆる材木商）から注文を受けると、出入りの筏乗りに賃金を払って所定の場所まで届けてくれるという仕組みであった［田代家文書、一九九九ａ：二六六］。江戸期において、鹿島以南の川下げにかんしては、本章の冒頭でも触れた鹿島二俣地区の筏問屋の田代家が独占権をもっていたので、天竜川下流域の筏乗りは仕事の関係上ほとんどが田代家に出入りしていた。正保二年（一六四五）当時、筏乗りは鹿島より掛塚の少し上流の池田まで筏一艘につき乗り手四人で扶持米八升を受け取っていた。また明和八年（一七七一）に鹿島より掛塚港まで筏一艘二人乗りで各一二四文が支払われた。耕地に乏しい西鹿島村や北鹿島村では多くの人が船頭や筏乗りの農間余業に従事していた［田代家文書、一九九九ａ：二六四〜六六］。

（二）天竜川の物資と人の輸送

筏は木材を下流に流すことはできるが、人や荷物を積んで上流に進むことはできない。家康は、遠州と南信州がかつて自領であったころからの懸案であった、木材以外の物資を輸送するために天竜川で利用できる船の開発を望んでいた。そこで家康は、角倉了以の進言にしたがって、物資の運搬にも利用できる船の建造を推進することにした。すでに述べたように、この仕事は、天竜川の舟路の開拓と河川改修を実際に担当した利右衛門が担当した。彼は当時、京・大坂の河川で使われていた「高瀬舟」を天竜川の舟運に利用することを試み、流域の村で三艘試作させた。この時の高瀬舟は、長さ七間半（一三・六メートル）、幅六尺三寸（一・九メートル）の四人乗りで、米なら下りで五〇〜六〇俵、上りは二五〜三〇俵積むことができた。土地の人はこの高瀬舟を「角倉舟」と呼んだ［天竜市、一九八一：四六六〜六七、四七六］。しかし角倉舟は瀬尻（佐久間と小川の中ほど）より上流の川幅が狭い急流域では使用できなかったので、これに代わって幅が狭い「鵜飼船」が使われることが多かった。この両船が使われる以前の天竜川では、もっぱら丸太を組み立てて作った筏式の舟が使われていたが、これ以後は角倉舟と鵜飼船が急速に天竜川流域で普及した。延宝五年（一六七七）に天竜川西岸の伊砂（日明の一キロメートル上流）より上流の村々や東岸の山中より上流の村々だけで角倉舟を五八艘も所有するまでになった。このほか、江戸中期以降に天竜川に「差波舟」（通称、鵜飼差波）と呼ばれる長さ六間二尺五寸（一一・七メートル）、幅五尺八寸（一・七メートル）、喫水一尺六寸（四八センチメートル）の小型舟が登場し、これは主に渡船に使われた。河川に面した地域には対岸に渡るための渡船場が設けられ、渡船の管理者は幕府に運上金を払って、利用者からは渡船賃（一人一二～一八文）を徴収した［天竜市、一九八一：四六六～七一］。

本章第四節でも触れるように、下流域においては寛永一三年（一六三六）ころから人の移動に船が利用されていたが、中・上流域では筏と渡船以外、荷物や人を運ぶ船の航行はほとんどなかった。しかし、角倉舟と鵜飼舟が登場すると、これらの船が中・上流域で実際に荷物を運ぶようになった。その最初の記録は、明暦四年（一六五八）に高遠地区から少し下流の虎岩村（現・飯田市下久堅）まで米六二俵を舟で運んだ、というものである。角倉舟と鵜飼船は天和元年（一六八一）ころには、とりわけ下流域（遠州北部）の山間部の特産物である薪炭、茶・楮《こうぞ》などを積んで河口の掛塚湊方面に出荷する輸送手段として盛んに使われるようになった。こうした状況をみて幕府は、商荷物を運ぶ角倉舟の所有者から一艘あたり年三〇〇文の運上金を徴収するようになった。これは商業活動が活発化して角倉舟の利用が高まったことを反映している［天竜市、一九八一：四六六～七一／日下部、二〇〇八：一五］。それでは具体的にどんな荷物が船で運ばれたのかをみてみよう。

正徳三年（一七一三）三月一日の「（鹿島）十分一番所の先例御尋に付書上帳」には、この番所では「諸材木、榑、瓦、保太、柾、挽板、舟道具類、丸木、枌板、月役、桶、槫、樽、下駄、惣而白木の類」にたいして税（おそらく現物あるいは価額の十分の一）が徴収される、と記されている。これらの品目をみると、運ばれた荷物のほとんどは木材およびその加工品であることが分かる。なお、竹については「十分一番所」より上流ですでに課税されていること、また、薪および「古屋道具」の類は課税されないとの但し書きがある。江戸期には舟番所で徴収される税は積み荷価格の一〇分の一、二〇分の一、三〇分の一、五〇分の一、一〇〇分の一の五段階があったが、延享二年（一七四五）に七〇分の一が新設された。また、この文書によれば、角倉舟の新造船には御運上として一艘につき五〇〇文が徴収されることになった。すでに述べたように中世末の今川氏の統治下で鹿島舟番所は設けられ、木材の搬出を監視していた。そして元和元年（一六一五）に徳川頼信は改めて二俣地区の鹿島に十分一

番所を設置した〔田代家文書、一九九九b：二二一〜二二三／天竜市、一九八一：四七六、四八二〕。

鹿島の十分一番所は、通過する商品にたいする税の徴収の他に、「番所」（関所）としての役割を担っていた。江戸中期から後期にかけては人も移動に船を利用するようになっていた。そこで幕府は治安維持のため、船で移動する人にたいする「改め」を舟番所で行うようになった。人の改めとは、男・女・老・若・僧・法師に限らず不審な者は留め置き、吟味のうえ幕府に進言するという措置である。特に女にかんしては厳しく、身分の確かな者以外は通さなかった。商人については、在所が確かな者は吟味のうえ通すことになっていた。同時に、番所の役人は積み荷にたいしては包みの中まで改め、抜け荷がないように昼夜見張っていた〔村瀬、一九八五：三一八〕。

天竜川は急流で難所が多く、角倉了以の改修以前はせいぜい短区間の小舟による通船だけだった。しかし、徳川家康以来、信州から河口まで一貫した舟運が可能となることが理想であった。一八世紀には、何人かの企業家が信州から太平洋までの通船事業を計画した。例えば安永九年（一七八〇）、当時、盛んになっていた天竜川の舟運に目を付けて、信州から掛塚までの通船を試みた者がいたが、それまで馬で輸送賃を稼いでいた駄送業者の反対で地元の協力が得られず断念せざるを得なかった。続いて天明三年（一七八三）、武州豊島郡内藤新宿（現・東京都新宿）の者が同じ区間の運航を幕府に申請したところ、難所を自らの負担で開削するという条件で特別に許可された。しかし、これも地元の駄送業者の利害を無視して運航計画を立てたことと、利用者がいないためこの時の計画は頓挫してしまった〔天竜市、一九八一：四七一／村瀬、二〇〇一：二八〜二九〕。

これ以後、しばらく信州から河口までの通船を計画する者はいなかったが、寛政六年（一七九四）、江戸の町人二人（商人か）が信州飯島から河口の遠州掛塚港までの通船を企画し、代官所へ許可願いを提出した。この申請によれば信州と河口まで一日二往復以上を運行する予定であった。しかし、これも地元の反対で実現しなかった。反対の主な理由は、以前と同様、駄送業者の荷物がなくなってしまうからであった。そこで江戸の町人二人は翌年、江戸の勘定奉行所へ直接嘆願書を提出し、言葉巧みに、「信州からの通船が実現されれば、越後米も今までのように危険な外洋の東廻航路に頼らなくても、逆に千曲川・犀川を遡上して諏訪から天竜川に入るコースで江戸や大坂へ安全に、しかも安く届けることができるのでお上はもとより天下万民のためにもなる」と訴えた。しかし、この動きは事前に察知され、地元川沿いの六五カ村は代官所を通じてすでに強力な反対運動を展開していた。奉行所では一揆を心配して、この申請を不許可とした。このため信州から河口までの通船は実現しなかった。この事例で興味深いのは、天竜川の舟運を事業化しようとしたのが現地の住民ではなく江戸の町人たちであったという事実である。さらに、これら江戸の町人はたんに信州と太平洋との交通だけでなく、越後（新潟）など日本海側から信濃川―千曲川・犀川を経由して信州―遠州―太平洋、そして最終的にはおそらく江戸までの運輸体制を考えていたものと推測される。この事例は、当時すでに民間の商業活動が広範囲に展開され活発になっていたことを示している〔天竜市、一九八一：四七一～七二〕。

一九世紀に入っても、信州から河口の掛塚までの通船の申請は何回か出された。たとえば信州御子柴村（現・上伊那郡南箕輪村）の弥市は文政六年（一八二三）に天竜川全川の舟運の事業申請を出したが、この時、諏訪・上伊那郡のほとんど全村と、「木曾の十一宿」も反対したため許可は下りなかった。住民が反対した理由は、①中馬（馬で荷物を運ぶ人たち）の荷物がなくなる、②大量の米が他地方に流出して米不足になる恐れがある、③諏訪湖の水はけが妨げられ浸水の恐れがある、④伊那の米が木曾に来なくなる（「木曾十一宿」の反対理由）、以上の四点であった。中でも、反対の急先鋒に立っていたのは中馬の運搬者たちであった。この時の反対理由には入っていないが、「木曾の十一宿」が反対したのは、中馬の業者などが宿場の旅籠などで泊まる機会が減り、収入が減ることを恐れたからでもあろう。その後、文政九年（一八二六）に弥市は計画を変更し、運行区間を縮小し、馬で運べない荷物だけを船で運ぶこと、藩の年貢米の運送は行うが一般の商荷物は扱わないことを条件に申請し、ようやく七年後の文政一三年（一八三〇）に幕府の仲介で許可が下りた。しかし通船区間が限られたり、積み荷の制限があったり、あるいは利用を希望する者が少なかったために、この時も信州から河口までの通船は最後まで実現しなかった。さらに一八五〇年代には別の事業家も通船の権利を取得したが、利用者がほとんどいなかったため経営的に成り立たなかった。そこでこの事業家は希望者から金銭を取って小区間の通船権を又貸しするようになった［日下部、二〇〇八：二四〜二七］。

一八世紀から一九世紀にかけての江戸後期に天竜川の舟運によってどのような物資が運ばれたのだろうか。天竜川を下る物資は、ほとんどが江戸に送られる荷物であった。天保九年（一八三八）の二俣地区の「渡ケ嶋村明細帳」や文久元年（一八六一）の「相津村明細帳」によると、商人は二俣地区からの下り荷物として木材およびその加工品、木炭、茶、杉皮、干姜、琉球（畳表か）、瓦、青石、浜綱、繰綿、干栗、松茸、傘、紙、草、串柿、辛炭（薪炭か）、香皮、竹皮、さらに近隣の人びとが余業として山稼ぎで生産した炭、薪などを角倉舟で川下げして掛塚で販売し、その販売代金で米、麦、塩、穀類、味噌、醬油などの日用品を購入し、それらを帰り荷として二俣地区へ持ち帰った［天竜市、一九八一：四七三〜七五］。

江戸後期には船の所有数もかなり拡大していた。商品流通が全国的な規模で活発になるにつれて、天竜川の舟運においても商品の中継や集荷を行う「船継場」や河岸が各所に設けられた。当時、どんな人たちが天竜川を航行していた船を所有していたのだろうか？　全ての村についての資料は得られなかったが、渡ケ嶋村の所有者については、「渡ケ嶋村諸商売職人書上」（文政二年＝一八一九）や「角倉船員数書上」に記されており、それをまとめたものが表9－1である。渡ケ嶋村は山村で耕地が少ないという事情もあって、農業以外の職業につく人が多かった。この「書上」の説明によれば、最も多くの船を所有していたのは薪を売買する薪商人で、一三人の薪商人全員が船を所有していた。すなわち彼らは集荷と運搬を同時に行っていたのである。もう一つ注目すべき事実は、「日雇賃取」二七人が角倉舟八艘と小舟二艘、計一〇艘を所有していたことである。「日雇賃取」を文字通りに考えれば、日雇い労働者ということになるが、資料には、「これをみると文政以降は有力農民だけでなく一般の農民も角倉船を持ち商行為ができるようになっていた」との注釈があり、また、表のタイトルに「農間渡世

表9−1　渡ケ瀬村農間渡世者持船表（文政2年＝1819）

商売名	人数	角倉舟数	小舟数
水油商	1		1
産物諸品出店	3	1	1
薪商	13	13	10
馬商	2		
家大工	4		1
船大工	1		
桶師	2	1	
紺掻	1		
玄鍬	2		
杣・木挽	10		2
日雇賃取	27	8	2
計	77	23	17

注　空欄は、他人と共有していた場合が考えられる

［天竜市、1981:474］より作成

者持船表」とあるように、農業のかたわら日雇いの仕事をし、なおかつ船を所有して何らかの商業活動を行っていたことが推測される。遠州平野と山間部との境界に位置する二俣地区は、天竜川と二俣川の合流地点にあり、また河川交通と陸上交通との交差点でもあったから、こうした中継交易の最も重要な河岸であったと考えられる。いずれにしても、この頃には天竜川の舟運には一般農民やさまざまな職種の人びとが参加しており、商品流通は時代が下るほど活発化していったようである［天竜市、一九八一：四七三〜七五］。

　ところで、木材にせよそのほかの荷物にせよ、あるいは人にせよ、天竜川の舟運は最終的に河口の港、掛塚にたどり着く。そこで、木材の川下げの実態を説明するために、最終到達点の掛塚について説明しておこう。掛塚は、天竜川の舟運という意味では「河岸」としての機能と、海上交通の港としての機能を兼ね備えていた。これは、北上川の石巻、最上川の酒田などの河口都市と機能的には同じである。掛塚は遠州灘に面しており、その名称は「欠須賀」に由来し、後に「掛塚」と表記されるようなったといわれている。「須賀」とは「洲処」であり、「川や海の水などで堆積した砂地、河海にのぞむ砂地や砂丘」の意味である。掛塚は天竜川によって上流から運ばれ堆積した砂地が改めて天竜川によって押し流されてできた、ということに由来する。このように、掛塚は土砂の堆積が絶えずあり、港としては地質的・地形的には恵まれていなかった。しかしこの場所は、

大坂方面から江戸に向かう航路の途中に位置しており、地理的には好条件を備えていたため、室町時代にはすでに河岸と港として機能していた。当時、伊勢国大湊（現・伊勢市）から伊良湖岬を回り、掛塚港、小川湊（現・静岡県焼津市）、江尻湊（現・静岡市清水区）などを経て伊豆半島を廻る航路が拓かれていた。掛塚はこの航路の一角を占めており、また避難港という役割をもった自然の港として重要な場所であった［村瀬、二〇〇一：二六～二七］。

掛塚は江戸期以前から物資の集積地で、慶長期（一五九六～一六一五）には信濃国の御林から切り出された榑木が運ばれ、特に近世中期以降には信州・北遠州地方の木材ばかりでなく、流域の綿や茶などさまざまな物資を域外に輸送し、外部からの物資を上流域に輸送する拠点になった。これらと並んで掛塚は、浜松藩、掛川藩、そして中泉代官の支配地の江戸廻米の輸送も担うようになった。掛塚の廻船問屋は宝暦期（一七五一～一七六四）には、伊勢国桑名湊からの廻米の運送も行っていた。この廻米輸送は、近世中期以降、天竜川を川下げされる御用木が減少して取り扱い荷物が減少したため、掛塚廻船問屋を保護する幕府の政策として行われた［村瀬、二〇〇一：二七～二八］。

掛塚の廻船問屋は、幕府の保護政策のもとで年貢として伐り出された大量の榑木の集積地として、また近隣からの廻米の輸送を引き受ける一方、取引範囲を桑名湊、志摩国小浜湊（現・三重県鳥羽市）、尾張国白鳥湊（名古屋港）まで出向き、勢力を広めていった。このようにして掛塚は廻船問屋を中心に発展・繁栄し、「遠州の小江戸」と呼ばれるほどの地位を確立した。この発展を裏付けるのは、掛塚港所属の船数である。すなわち、文化七年（一八一〇）には三八艘、天保二年（一八三二）には四〇艘と江戸の後期から末に向かって増え、最盛期の明治二五年には五九艘にまで増加したのである［村瀬、二〇〇一：二八～二九］。

第三節　明治期以降の舟運事情

掛塚は室町時代中期には港として機能していたが、廻船業者によって本格的な海上輸送が始められ、遠州一の商業港となったのは慶長五年（一六〇〇）ころからであった。そのころの積み荷の中心は江戸へ送る榑木と幕府の御用米であった。江戸末期までに掛塚港には廻船業者が二〇軒近くあり、これらの廻船業者は、右に述べたように幕府の御用米を伊勢の桑名から江戸へ送る海上輸送も担っていた［天竜市、一九八八：四七七〜七九］。ところが明治期に入って天竜川の舟運に大きな変化が起こった。

まず、明治八年（一八七五）、二俣地区船明の山崎又一が「船明回漕店」を創設した。同年一〇月ころ、地域の大商人が二〇数キロ下流の掛塚港に五〇〇石船をもって自ら東京と取引を行った。しかし、輸送量が増えるにつれて専門の運送業者に委託した方が効率的に利益を得られたため、山崎は次第に委託輸送に切り替えていった。そして明治一四年（一八八一）、彼はこの委託を請け負う企業として二俣の鹿島村に「竜川社」を設立した。また、同二七年（一八九四）には通船業者による「天竜川通船組合」が設立された［天竜市、一九八八：八二四］。こうした動きをみると、天竜川の通船・運輸業が次第に近代的な企業経営の形をとるようになっていったことが分かる。

それでは、明治に入って、どんな荷物がどれほど舟運で運ばれたのかをみてみよう。明治一六年（一八八三）に、上流から川下げされ鹿島（二俣）で陸揚げされた荷物の量は一六九三駄（この場合の一駄は三二貫＝一二〇キログラム、したがって全量は二〇三・一六トン）で、積み荷の内容は薪炭、屋根板、杉皮、杉四分板、棕櫚皮、こんにゃく芋、串柿、大豆、茶、椎茸、紙、楮などであった。これらの九六％以上が、中・下流域の諸地域（当時の豊田郡と周智郡）からの荷物で、上流の長野など他県分はごくわずか（〇・三％）であった。つぎに上り荷をみると、一八二五駄（二一九トン）が鹿島を通過し、うち鹿島で陸揚げされた量は一五〇駄（一八トン）で、残り一六七五駄（二〇一トン）は鹿島の上流諸地域へ運ばれた。上り荷は米、麦、大豆、塩、酒、醬油、石油、砂糖、畳表であった。これらの品目をみると、ほとんどがごく限られた品目の調味料を中心とした生活必需品であった［天竜市、一九八八：六六一、八二五〜二六］。

農林業以外の分野では、明治二三年（一八九〇）ころ二俣地域に綿糸、清酒の製造や製茶など地場産業が興り、それらも鹿島から移出されるようになり、その金額は六万七五〇〇円にのぼった。これらに加えて、北遠地方や信州、三河からは茶、木材、薪炭、椎茸、串柿、三椏、楮皮、繭、漆などが二俣に集荷され、その量は七万五〇〇〇駄（この場合一駄は三六貫＝一三五キログラム、全量は一万一二五トン）、金額で八万七〇〇〇円に達した。これらは二俣商人の手を経て鹿島から舟運を利用して掛塚に送られ、そこから東京・横浜方面に送られた。これにたいして東京、遠江各地（静岡県西部の特に浜松を中心とした地域）から二俣へは米、酒類、醬油、塩、呉服、太物、魚介類、畳表、蠟、水油、書籍、紙類など一万七〇〇〇駄、金額にして一三万五〇〇〇円に及ぶ商品の入荷があり、その八割は二俣地区で消費され、残りが信州、三河、二俣以北の諸村へ運ばれた。二俣地区の取引は圧倒的に移入超過であった。これらの荷物には舟運と並んで、三河や北遠から陸路で輸送された分もあった（図9－2参照）。このように二俣地区は天竜川流域における物流の中継地として、また南信州、三河、北遠を含む商圏の商業中心地として栄えた。そこでは住民の生活に密着した物資が取引され、二股地区を核とする「地域的経済圏」、「地域的生活圏」が形成されたといえる［天竜市、一九八八：六六〇〜六一］。また、明治一六年と比べて二三年には下り荷の品目はほとんど変わらないのに、量はわずか七年後とは思えないほど増えた。もう一つ注目されるのは、二三年の上り荷の量が一六年の十倍近くに増加したうえに、品目も呉服、太物、書籍、紙など生活必需品以外の品目が加わっていることである。これらは天竜川流域の人びとの生活水準が上昇していたことを示唆している。

図９−２　二俣商人の商圏図

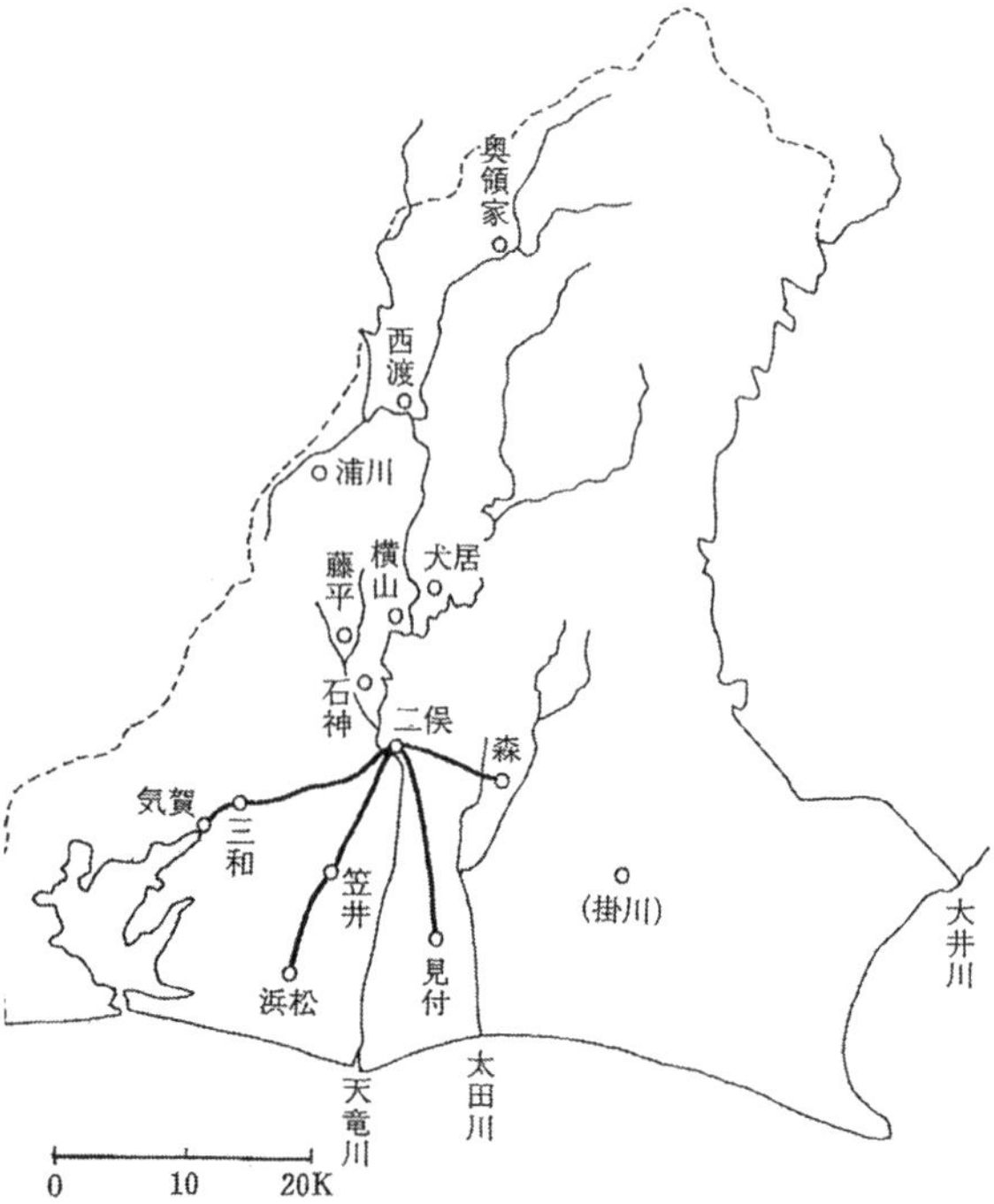

［天竜市　1988:660］

天竜川の舟運を利用した荷物の運搬は明治に入ってますます活発になったが、そこにどれほどの船がかかわったかをみてみよう。まず、資料で確認できる明治一六年（一八八三）に鹿島を経由して運ばれた荷物の量から、『天竜市史（下）』は、下り荷に八二六艘、上り荷に一四六艘、両方で延べ九七二艘が二俣地区の鹿島を通過したと推計している［天竜市、一九八八、八二五〜二六］。また、明治二三年（一八九〇）に鹿島を通過した船は上り・下りを合わせて延べ五〇〇〇艘（推定）、一日平均一三〜一四艘、一艘当たりの積み荷は二〇石（三トン）であった。明治二八年（一八九五）には一日平均上り二五艘、下り三〇艘、年間にすると、上り九一二五艘、下り一万九五〇艘、計二万七五艘（いずれも延べ船数）へと激増した。こうした舟運の活発化には掛塚所属の船と廻船問屋の活躍が大きく貢献していた。すなわち、明治二五年には掛塚所属の船は五九艘にまで増えていたのである。明治四三年（一九一〇）に天竜川を航行した船は年間およそ一二〇〇艘、舟乗りと筏乗りを合わせると三五〇〇人で、年間延べ四万七〇〇〇艘（推定）が鹿島を通過した。単純に計算すると、一艘が年間四〇回弱、鹿島を通過したことになる。しかし、大正六年（一九一七）には右の船数は三七一艘へと三分の一に減少した。これは、大正時代に入ると自動車をはじめ陸上交通が発達し、急速に舟運に置き換わっていったからである。そして昭和七年（一九三二）以降、上り荷は全て陸上輸送に切り替えられたのである［天竜市、一九八八：六六〇～六一、八二一～二七／村瀬、二〇〇一：二九］。

鉄道の開通にもかかわらず二俣を中継する舟運が明治期を通じて盛んになったのは、いささか不思議な感じもするが、それは、鉄道が遠州平野を西に大きくはずれて豊橋から天竜峡まで迂回していることを考えると納得できる。ただし、木材の出荷にかんしては、資源の枯渇という状況を反映して明治に入りやや減少はしたが、それでも江戸末期の水準をほぼ維持していた（表9－2を参照）。これは、東京という新首都の建設をはじめ、日本経済の全般的な経済発展を背景として天竜川流域の木材の重要性が低下しなかったからである。しかも、天竜川流域の木材の搬出には、現実的に河川を利用するほかはなかったのである。

表9－2　幕末・明治初年の掛塚からの木材出荷

文久2年（1861）	98,000
元治元年（1864）	97,900
慶応元年（1865）	90,200
慶応2年（1866）	98,800
慶応3年（1867）	85,000
明治元年（1868）	70,500
明治2年（1869）	84,000
明治3年（1870）	77,600
明治4年（1871）	93,900
明治5年（1872）	83,600

（単位　石）

出典［天竜市、1988:479］より作成

木材以外の荷物の輸送についても、浜松から東の遠州平野（三方原、磐田原を含む）における物の生産と消費経済は鉄道の恩恵を受けることなく、いわば近代的運輸から取り残された分、この地区では舟運の重要性はかえって高まった。しかも明治から大正にかけて廻船業者が増加さえした。廻船業者は天竜川上流から送られてきた木材や物資を掛塚湊で海洋船に積み替えて目的地に廻漕した。また、筏流しの木材も木挽製品化され、それを廻船業者が外部に出荷したために、掛塚の西側の天竜川沿いには、木挽を雇って製品化する業者が二〇軒近くもあった。これらの業者には、近隣はもちろん、信州や三州（三河）からも「大鋸切」を背負って多くの人がやってきた。こうして天竜川下流部には新たな木材産業が成長したのである。こうした廻船問屋を含めて、明治二五年（一八九二）の調査によれば、天竜木材の積出港である掛塚には廻船業者が三六軒あり、所

属の五九艘のうち海洋船は一三〇〇石積み（一石＝一五〇キログラム、一九五トン）一艘、一〇四六石積み一艘、一〇〇〇石積み二隻、一〇〇〇石積み以下の五〇〇石積み一八艘で最も多く、三〇〇石積みまであった［天竜市：一九八八：四七九］。つぎに、天竜川の舟運と人の移動についてみてみよう。

明治時代には経済が広域化し、ヒトやモノの動きが盛んになった。このため江戸時代のような人馬では輸送が追いつかず、他方、車道もなかったので車両輸送も利用できなかった。こうした状況のもとで河川運輸の必要性はさらに高まった。天竜川水系では本流の他、気田川、阿多古川、二俣川などの支流でも舟運が利用でき、これらの河川では江戸時代から荷物だけでなく人も運んだ。明治時代になると船も以前よりは大型化し、二〇石積み（三トン）の高瀬舟や鵜飼差波船と呼ばれる船が乗合船として使われるようになった。明治一〇年（一八七七）の船賃は二俣から池田（磐田市）まで一〇銭で、同一三年には一日五往復が運航されていた。その後、乗合馬車が普及すると乗合舟は衰退に向かったが、それでも二俣以北では昭和一〇年代にもかなり利用されていた［天竜市、一九八八：八二四～二五］。

第四節　天竜川ルートと天竜川文化圏（南信三遠文化圏）の形成

本節では天竜川ルートの文化的状況を検討する。河川ルートとは、本書の第三章第一節で述べたように、最も典型的には舟運路と陸路とが接続した交通路である。しかし本書では、舟運も、舟運と陸路との接続がなくても、河川に沿った谷道や尾根道も広義の「河川ルート」とみなすことにしている。天竜川の場合、下流域では舟運も発達し、舟運と接続する陸路からなる典型的な河川ルートがあったが、北上川や最上川、利根川などと異なり、上流域から河口まで一貫した舟運は発達しなかった。上流域での舟の利用は渡船に限られていた。しかし、天竜川筋には秋葉山信仰と結びついた山道や信州まで続く山道が多くあり、それらが信州と下流域との交通に重要な意味をもっていた。それらを含めて「天竜川河川ルート」（あるいはたんに「天竜川ルート」）と呼ぶ。とりわけ、この意味の天竜川ルートは、信州と遠州・三河地域を含む「天竜川文化圏」ともいうべき生活文化圏の形成において重要な役割を果たしてきた。以上の点を念頭において、以下に天竜川ルートと天竜川文化圏について検討しよう。

天竜川中流域の伊那谷（南信）、三河、下流域（遠州）は伝統的に一括して「南信三遠」と言い慣わされてきた。これはたんに地理的な区分ではなく、生活圏であり文化圏でもあるカテゴリーである。ここで三河とは東三河を指しており、この地域は豊川ルートが一部陸路を経由して天竜川ルートに接続しており、南信州および隣接する遠州とも関係が深い。この三地域には重なり合う文化的要素がいくつかみられる。天竜川と信州や三河地域との関係は、伝承、信仰、祭り、言葉（方言）、人的交流（特に通婚）などにもみられ、広域の天竜川文化圏が古い時代から醸成されてきた。天竜川に近い山腹や谷を縫うように伸びる古い秋葉街道（秋葉古道）には出発基点がいくつかあり、それらは秋葉山（浜松市天竜区）の山頂にある秋葉神社を経由して、遠山地域の満島近くを経て信州に抜ける尾根伝いの道であった。この道は「信州街道」、「塩の道」、「大祝道（おおほおりみち）」、すなわち古代諏訪神社の神人たちが巡った信仰の道で、「秋葉の峰道」などといわれた。もっとも、「秋葉古道」とは単一の道ではなく、秋葉山に向かういくつもの道の総称であり、それらは時代とともに変化していった。「秋葉古道」の調査を行った中根らは、綿密なフィールド調査を通じて、この道が縄文時代からの黒曜石の運搬、竜頭山の巨石信仰、塩の運搬にも利用された信仰と交易の道であったと結論している。秋葉古道を経由したかどうかは分からないが、稲作は天竜川筋を遠州から北上し、伊那地方、さらに松本盆地を経て犀川に沿って北上して長野盆地に至ったと考えられている。その痕跡は、信州の奥深くに高床式倉庫や紡錘車（糸をつむぐ道具）など南の文化圏の影響があることからもみてとれる。さらに、弥生前期に畿内に広まった方形周溝墓が天竜川流域に広がり、それらが弥生文化の影響を受けた信州の地域に多数分布している。これらの歴史的経緯や痕跡から中根らは、弥生文化をもつ南の天竜川文化圏と北の千曲川文化圏とが信州で融合した、との仮説を立てている［中根ほか、二〇一二：二二〜三七／高木、二〇〇三：五四〜五五］。

秋葉山と秋葉神社にまつわる古代信仰がいつ頃成立したかは正確には分からないが、秋葉古道は、中世から活発になった修験道や戦などに関連して往来が盛んになった。その後、一五〜一六世紀から火防（火伏せ）の神（秋葉三尺坊——ちなみに伝承では秋葉神社の大火を消したとされる三尺坊は信州からやってきたと考えられている）としての秋葉信仰が盛んになり、参詣者が増えた［中根ほか、二〇一二：二二〜二三／高木、二〇〇三：五四〜五五］。この経緯からも分かるように、天竜川に沿った秋葉古道は人びとの往来に利用され、信仰をも伝えた。天竜川水系における古代の舟運事情は分からないが、広義の天竜川ルートは、秋葉古道と川沿いの陸路によって結ばれた流域の生活文化を共有する地域社会（天竜川生活圏）の形成に寄与してきた。

ところで、秋葉神社（三尺坊大権現）は火防に霊験があるとして中世以来、両部神道の発達によって秋葉修験者がその霊験を全国各地に宣伝流布していた。近世に入りにわかに人気が高まったが、それには江戸の大火が関係していた。とりわけ元禄期（一六八八〜一七〇三）ごろから頻発する火事に悩まされた江戸の町人などが、三尺坊の名を聞いて飛びついた。三尺坊を勧請したり秋葉参詣の講を組織するなどの動きが各地で活発化した。近世における秋葉詣でには、江戸期以前のいわゆる秋葉古道と、近世江戸期に入って利用されるようになった秋葉神社に至る、いわゆる「秋葉街道」と総称されるルートがいくつかあった。まず、主な秋葉古道は大きく分けて以下の四ルートであった［中根ほか、二〇一二：二三〜二九］。

1　北からは、諏訪方面から中央構造線沿いに南下し、途中で飯田から天竜川沿いにさらに南下し、水窪川筋から秋葉神社に至るルート。

2　南からは静岡県御前崎東方の相良から内陸を北上して秋葉山に至るルートで、これは「塩の道」とも重なる。

3　東方の静岡方面から大井川筋の川根に入り、そこから越木平を経て秋葉神社に至るルート。

4　愛知方面からは、約一〇あまりの方向からやってきたルートが、蓬萊山、紫石峠を経て秋葉神社に至るルート。これらに新城、豊橋からのルートが途中で加わる。

古代の秋葉古道にたいして、近世以降の秋葉神社に至るルートとして利用されるようになった「秋葉街道」は以下の三つであった。

1　掛川宿を起点とし、森・三倉を抜けて犬居坂下から山頂に登る「秋葉山街道」。これは三河方面からくる蓬萊寺街道とも通じていた。

2　東海道浜松宿から北上し、鹿島渡船場を経由して二俣・山東を経て光明山を登り、小川村に下って坂下から秋葉山へ。

3　上記の山東から天竜川沿いに北上して船明へ抜け、さらに山中・相津、佐久、東雲名（ここに十数軒の宿屋があった）を経て、ここから登山して秋葉神社に至る。これが表道ともいわれた。

右の三つのルートを経て秋葉神社には近隣地域だけでなく、遠く江戸の方からも多くの人が秋葉詣でにやってきた［天竜市、一九八一：八四八～五五／中根ほか、二〇一二：一三一～一二九］。これら近世の三つのルートのうち2の秋葉街道が二俣地区を通っていたことが重要である。二俣地区は秋葉詣での中継基地としての宿場町であると同時に、本章第二節と三節でも触れたように、天竜川流域の舟運におけるもっとも重要な河岸として栄えた商業中心地であった。すなわち二俣地区は、三河と遠州と南信州の物流と人の交流が出合う場所だったのである。浜松方面から二俣までの区間では舟運が利用できた可能性が高いので、実際には船を利用した人たちもいたと思われるが、資料では確認できなかった。

伊那より下流の中流域でも、寛永一三年（一六三六）に天竜川本流で部分的な通船が始まり、これを利用する秋葉詣でも可能となった。しかし、船の利用は危険をともなったうえ、上りは急流のため乗船できなかった。このため秋葉詣でにはごく例外的に本流の舟運が利用されただけだった。一つだけ具体的事例を示しておく。享保二年（一七一七）二月の日付をもつ文書『田代家文書三』には、見回りの役人三人が、掛川から陸路で秋葉神社を参拝し、その後天竜川筋に降りて船に乗り二俣地区まで下ったことが書かれている［田代家文書、二〇〇一：三四～三六］。ただしこれは川を下った事例で、上りの事例は見いだせなかった。秋葉詣での中心はやはり陸路だったようである。秋葉信仰は江戸期を通じて人びとの関心を集め、多くの参詣者が秋葉神社を訪れた。明和九年（一七七二）一年間で、鳳来寺方面（奥三河）から東進し、天竜川を渡船で渡った秋葉詣での人数は二万五〇〇〇人にものぼった［中根ほか、二〇一二：二七］。また、これらの事例から、秋葉信仰が広義の天竜川ルートを経由して南信州・三河・遠州という三地域を結びつけていたことが分かる。

天竜川ルートは、秋葉詣での人びとの往来において重要な交通路であったが、それ以外の場面でも重要な役割を果たした。たとえば、慶応三年（一八六七）七月、三河吉田（現・豊橋）で始まった「ええじゃないか」の騒動は九月下旬には信州へ波及していった。この時、人びとの動きには、天竜川沿いに伊那谷を北上した経路と、名古屋における騒動の大流行の流れで中山道を経由して信州に及んだ二つの経路があった。伊那谷経由のルートに船が使われた形跡はないが、それでも天竜川ルートに沿って騒動が移動したことは確かである［高木、二〇〇三：一一八～一一九］。しかも、この移動経路は突然人びとに利用されたのではなく、三河地域から天竜川に沿って北上して信州に波及したのは、これらの地域間に人的、経済的、信仰面での交流が長い歴史を通じて形成されていたからであると考えるべきである。

伊那谷が通路となって南信三遠地域に広まり共有された文化は多い。たとえば、伊那谷から三河・尾張・美濃東部、遠州北部には、後醍醐天皇の第二王子、尹良親王がこれらの地域に滞在したことに由来する尹良親王信仰が広まっている［高木、二〇〇三：一七三］。尹良親王にかんして、延元二年（一三三七）に、後醍醐天皇とゆかりのある「遠江」（後の遠州）に入り井伊氏の三嶽城に身を寄せたとの記述もあり［浜北市、一九八九：五七六〜八一］、尹良親王が遠江に入ったということは、単なる架空の話であるとはいいきれない。事の真偽は別として大切なことは、この信仰が南信三遠地方に広く共有されているという事実である。筆者も、佐久間ダムの少し下流で天竜川に合流する支流の大入川流域の豊根村で、尹良親王の名を刻んだ石碑を見たことがある。『豊根村誌』によれば、この村には現在「川宇連神社」の名称をもつ神社があるが、これはもともと「尹良神社」（創建年代不詳）と呼ばれていた。尹良神社は慶応四年（一八六八）に信州の諏訪神社と合祀され、その時、現在の場所に社殿が移された。「諏訪神社」は当初「諏訪大明神」と称され、川宇連村（現在は豊根村に含まれる）の氏神として宝暦九年（一七五九）に建立された。大正五年（一九一六）に、奥三河の北設楽郡内（現在の設楽町、東栄町、豊根村を含む）各地から寄付を集めて社殿を新築した経緯がある［安藤、一九八九：六四五〜四六］。豊根村は南信州に近いが、尹良親王信仰の事例は遠州と南信州との繋がりを示唆している。

共通の伝承という面では、天竜川沿いの南信州と、遠州平野の磐田との関連をうかがわせる伝承に「早太郎」あるいは「悉平太郎」がある。これは、信州駒ヶ根善光寺の山犬（狼）が、磐田で娘を生贄に差し出させる猿を退治した話である。現在でも善光寺、中流域の水窪の足神神社、そして見附天神に併設されている「霊犬神社」には「太郎の碑」が存在する（注4）。

磐田市が編纂した『天竜川流域の暮らしと文化（下）』には、南信三遠における祭りや芸能、行事を調査した結果が掲載されている。この地域に共通してみられる田楽・おくない・ひよんどり、雪まつりなど呼ばれている芸能は全て会同（観音・薬師・阿弥陀）の祭りで、その年の豊作を乞う正月修正会の結願の行事である。奉納芸としては神楽や田楽の舞が舞われ、そこには散楽・猿楽・田植などさまざまな要素が含まれていた。しかし近年、これら全体が「田楽」と称されてしまっているので、明治期以前の古い姿が分からなくなってしまっている［磐田市、一九八九：二八一／中根ほか、二〇一二：三五〜三六］。芸能面では、人形師たちが遠州街道や三州街道から伊那谷に入り、天竜川に沿って北上し、上古田村（現・上伊那郡箕輪町）にまで達した操り人形の伝播がある［高木、二〇〇三：一一八〜一一九、一六七〜六八］。

その他にもこの地域の共通の主な祭りとして「御鍬祭」と「花祭」を紹介しておこう。「御鍬様」信仰、あるいは「御鍬祭」は、もともとは伊勢の「鍬山祭」に由来し、昔この地を御鍬様が通過する時、現在の南信州の阿南町日吉で休まれた縁で、作神様として奉祀することになった、と伝えられている。御鍬様の祭りは広く愛知県から三重県にかけての農村で行われる豊作を祈る春の祭りで、いつの時代からか御鍬様・念仏踊り・神輿のお練り・湯立神楽の舞が次つぎに取り込まれて、独特な日吉の御鍬祭ができあがったものと考えられている（注5）。近世の伊勢御師は御鍬様の信仰をとおして伊勢神宮信仰の布教活動を行っていた。文政三年（一八二〇）の記録によれば、幕末に「お伊勢詣り」で大爆発をみせた「ええじゃないか」の先駆けともなる御鍬様の神輿は、遠州水窪へも村渡しで勧請され、この際、三河・伊那からも群衆がつめかけて、河原の仮屋近くでは人びとの上に金粉が降ったという言い伝えがある［磐田市、一九八九：二八六〜八七］。

ちなみに、伊勢の御師によって伝えられた「御鍬様」信仰とそれに付随する踊が「郡上おどり」として岐阜県の郡上で行われている。この町の寺の住職は、御鍬様の由来についてつぎのように語ってくれた。御鍬様に登場する鍬は先がT字型に曲がっており、これは「辻」を表しており、「辻」は神聖な場所と考えられていた。中世には陰陽に基づいて町や村の入り口に設けられ、そこで悪霊を阻止するための儀礼（踊り）が「御鍬様」信仰の起源であるという。昔は町や村の入り口には辻があり、そこには用水が置かれ、さまざまな踊りも「辻」で行われた。なお、余談になるが、この住職によれば「辻」では日常の刑が免除されており、「辻斬り」は罪を問われない、とされていたという（注6）。

つぎに、筆者も観たことがある「花祭」は「霜月祭」とも呼ばれ、新暦では一～二月の厳冬期に、夕方から翌日にかけて行われる神事と神楽が一体となったもので、七〇〇年以上にわたって継承されている神事芸能である。そこでは、祓いと祈禱、そして「生まれ清まり」（死と再生）のための「湯立て」のほか、少年の舞、青年の舞、巨大な鬼面を付けた鬼の舞、などが夜通し行われる。現存する記録としては、文禄二年（一五九三）の「花祭次第書」がある。花祭は愛知県北設楽郡が中心であるが、天竜川流域の南信州、静岡県から奥三河地方にかけての地域で共通に見られる。各地の花祭を分析した早川氏によれば、花祭を行っていた場所は南信三遠地域に全部で二三カ所あった［早川、一九七八］（注7）。

以上のほかにも、南信三遠地方に共通した文化・社会的慣行はいくつかある。二俣に代々住んでいる住民（七〇歳以上）二〇人ほどへのインタビューでは、以前、正月には三河万歳の万歳師たちが当地にやってきていたという。また、天竜川の水源である諏訪湖を本拠地とする諏訪神社系の神社が天竜川中流域以南の遠州地区にも点在していること、この地域での通婚圏にかんしては、以前は二俣地区の人と天竜川流域の信州の人との結婚が比較的多かったこと、この地域の石工は信州の人が多いこと、今日では二俣の特産となっている串柿は信州から伝わったものであること、を話してくれた（注8）。この地域の共通性は言葉にもみられる。方言をみると、三河地方の方言は南信州と静岡県西部の遠州に近く、遠州の方言は南信州に近い［平山ほか、一九九二：一六八、一八一、一八六］。これは、長い間、天竜川流域の人々が交流した結果、次第に形成された言語文化である。言語（方言）は生活文化の中核をなしており、ここに共通性があるということは、この地域がまさに一つのまとまりのある文化圏を形成していたことの重要な根拠でもある。

以上に挙げた神話、信仰、祭り、言語、芸能などの生活文化の共通性や人的交流などをみると、広義の天竜川ルートに属する信州・遠州・三河の三地域から成る「南信三遠」地域は宗教的・文化的・社会的に緊密な関係をもっており、そこに天竜川というヒト・モノ・文化のルートを経由して形成された「天竜川文化圏」(「南信三遠文化圏」)ともいうべき文化圏の存在を認めることができる。この文化圏がいつごろから形成されたのかは明らかではないが、古代の諏訪神社や秋葉山信仰などの存在をみると、それはかなり長い時間をかけて形成されたものと思われる。そして、江戸期には幕府の要請で上流から木材を搬出するために流域各地が協力させられ、それを通じて流域の人びとの交流が多少は促進されたことは間違いない。また、江戸の末期に向けて経済活動が活発になると二俣地区を核とした地域経済圏が形成されたことも忘れてはならない。終わりに、天竜川文化圏にかんして、この文化圏を構成する文化的な要素のほとんどは現在でもこの地域の生活文化として生きている、決して過去の話ではないという点を付言しておく。

結語

天竜川は、その源を信州の諏訪湖に発し、磐田近くの掛塚で太平洋に注ぐ大河である。天竜川の舟運は、本書で扱うほかの河川の場合とは異なるいくつかの特徴があった。一つは、天竜川の上流から中流域までは川の両岸に山地が迫っているため、流域に広い谷や盆地が発達しなかったことである。これは一方で、稲作をはじめとする農業の生産力が小さかったこと、他方で、大きな人口をかかえる町や都市が発達しないため、消費地としての重要性も大きくなかったことを意味する。こうした事情から江戸期の初期において、天竜川の舟運は木材(とくに榑材)の管流しや筏による川下げが中心であった。徳川家康の命により天竜川の河川改修が行われ、一七世紀末に向かって、天竜川の一部では高瀬舟や、やや小型の鵜飼舟が部分的に利用されるようになり、薪、炭、楮など木材以外の産物も舟で運ばれるようになった。しかし、天竜川は途中に急流と荒瀬、岩盤などの難所の多い川であり、最上流の諏訪湖近辺から河口までの一貫した舟運の計画は江戸期にもあったが実現しなかった。

江戸時代の舟運は部分的な小区間に限られていた。筏は上流に向かって遡航することができないし、高瀬舟などの舟も急流を遡航することは、陸上から綱で曳き上げてもらうにしても困難であった。現実には、上下の航行が比較的盛んであったのは天竜峡より下流域であった。この際、物の移動の最も重要な中継地は二俣地区であった。このため二俣地区の鹿島に十分一番所が置かれ、人と物と移動の監視と徴税（ここでは価格の十分の一）を行っていた。二俣より下流地域では天竜川は遠州平野を流れるので舟運が盛んで、掛塚という舟運と海上交通の拠点があり、商業活動も活発であった。加えて、この地域は大きな消費地である浜松藩の城下町をかかえており、さらに遠州平野一帯の農村地帯の人口集積と農業の生産力を背景とした大きな経済的ポテンシャルをもっていた。これが、明治以降のこの地域における舟運と、木材加工産業や廻船問屋の興隆を促した。二俣を中心とした商圏は、「地域的経済圏」であり「地域的生活圏」でもあった。しかし、二俣から上流地域には平地がほとんどないという地理的な制約のため、木材の搬出以外、農業やその他の産業が育たなかった。

河川の舟運は明治時代に衰退に向かい、以後、大正時代から昭和初期に徐々に衰退していった。明治期に舟運の最盛期を迎えた河川は、本書の第一〇章で扱う旭川（ここでは明治二〇～三〇年が舟運の絶頂期であった）を除くとあまり例がない。明治期に入って天竜川の舟運が最盛期を迎えたのは、豊橋から信州の辰野までの鉄道の全線開通が、ようやく昭和一二年（一九三七）であったという事情が大きく影響している。しかもその起点が河口の掛塚ではなく三河の豊橋であり、鉄道は二俣より下流域では天竜川からは大きくそれていた。二俣より下流の遠州平野全体は、近代的な輸送手段である鉄道の恩恵から取り残されたために、自動車などの近代的輸送が本格化するまで、天竜川の舟運は物資と人の運搬と移動に比較的遅くまで大きな役割を果たしたのである。

本章の第四節でみたように、天竜川ルートは、いわば天竜川文化圏ともいうべき文化圏の形成に大きな役割を果たしていた。ここで天竜川ルートとは、川そのものだけではなく、川と連絡する陸路、川沿いの陸路も含めている。この意味での天竜川ルートでは、古代から中世を経て利用されてきた秋葉古道と三尺坊信仰を含む秋葉神社信仰の道が信州・遠州・三河を繋いでいた。この他、信州の諏訪神社信仰、南信北遠に広まる尹良親王信仰、信州駒ヶ根善光寺に起源をもつ早太郎・悉平太郎伝承、古代的な起源をもつと考えられる神事（花祭）、御鍬様信仰など、信州（とりわけ南信）と三遠地域に共通する信仰や伝承がある。さらに言語（方言）の共通性や、芸能面では操り人形、正月には三河地方から遠州地域にやってきた三河万歳の文化も三遠地域の共通文化となっていた。社会的には、かつて北遠地域の石工は信州からやってきた人が多かったこと、結婚についてみると、インタビューした二俣地区の人によれば、かつては信州の人との結婚が比較的多いことなど、天竜川ルートを通じて人と人との交流や繋がりがあったようだ。天竜川ルートにおいては多くの信仰や言語・文化の共通性・共有性、社会的なつながりがあった。とりわけ筆者が重視している、文化の核となる言語に共通性があるということを考慮して総合的にみると、ここに一つの輪郭をもった「天竜川文化圏」（南信三遠文化圏）ともいうべき文化圏を抽出することができる、と考えている。

【注】

（注1）ただし、迂回ルートというほどではないが、第四章第二節（三）項の太平洋側から信州への「塩の道」（矢作川―足助―三州街道―飯田ルート）で説明したように、天竜川の上流で三州街道と交差する「塩の道」は陸路ではあるが、広い意味の天竜川ルートの一部を成していた。さらに、秋葉古道も「塩の道」でもあった。細かくみればほかにも代替ルートがあったと思われる。

（注2）管流しのさらに詳細な様子については、正徳四年（一七一四）に行われた管流しの事例を参照［村瀬、二〇〇一：六～八］。

（注3）原資料では、川に流れてきた木材を陸に引き上げることを一貫して「陸揚げ」と表現しているので、本書でも実態

を示す意味で「陸揚げ」という表現をもちいる。
（注4）天竜川流域に伝わるこの伝説は、信州の駒ヶ根では「早太郎」、中流域から下流にかけては「悉平太郎」、あるいは疾風のごとく早く走るので「疾風太郎」とも呼ばれている。この伝説は、いくつかの絵本にもなっている、よく知られた「昔話」である。この伝説については以下のサイトを参照。
http://www.cscd.osaka-u.ac.jp/user/rosaldo/Hyatarou_the_Dog.html、http://miyokame.blog82.fc2.com/blog-entry-86.html、http://www.pleasuremind.jp/COLUMN/COLUM045.html（二〇二一年八月一五日閲覧）
なお、この伝説の場所を訪ねる番組、NHKBSプレミアム『新日本風土記』「太郎の国」（二〇一八年五月四日、二〇一九年五月三日再放送）で、紹介された。
（注5）公益財団法人・八十二文化財団のホームページ「日吉の御鍬祭り」
https://www.82bunka.or.jp/bunkazai/legend/detail/04/post-72.php（二〇一九年九月一五日閲覧）
（注6）郡上八幡「大乗寺」住職（当時）高橋教雄氏へのインタビュー（二〇一一年八月二日）。
（注7）「花祭」の式次第や項目は場所によって多少の違いはあるが、たとえば愛知県豊根村の花祭に関しては、［安藤、一九八九：六七九～七二八］が私見の限りもっとも詳しい。
（注8）インタビュー（二〇一四年一〇月一日、二俣にて）。

第一〇章　中国地方東部の舟運──吉井川・旭川・高梁川

はじめに

中国地方には脊梁山脈の中国山地を源として、大小さまざまな河川が流れ出している。それらの河川には、中国山地から南流して山陽の瀬戸内海に注ぐ川と、反対に北に向かって山陰の日本海に注ぐ川とがある。中国地方は南北の幅が狭いため、中国山地を源とする河川の流程は、東北地方の最上川や北上川、関東の利根川などと比べるとかなり短い。本章はそれらの川のうち、中国地方の東部、岡山県北部の中国山地を北から南に流下する三つの河川、東から順に吉井川（全長一三三キロメートル、流域面積二一一〇平方キロメートル）、旭川（全長一四二キロメートル、流域面積一八一〇平方キロメートル）、高梁川（全長一一一キロメートル、流域面積二六七〇平方キロメートル）を対象とし、これら河川における舟運と流域生活圏の形成の問題を検討する。これら三つの河川は比較的近い間隔でほぼ並行して流れており、しかも陸路で相互に連絡しているため、三つの河川の流域社会は歴史的にも密接な関係を築いてきた。

中国山地の南側（山陽側）に限ってみると、この地方の交通・運輸は大きく東西方向ルートと南北方向ルートの二つに分かれる。東西方向ルートには、陸路の山陽道と海路の瀬戸内海ルートがあった。これにたいして南北方向ルートには、①三つの河川の舟運路、②舟運と陸路との接合した広義の河川ルート、そして③陸路、の三つがあった。これらのうち本章では①と②のルートを中心に検討する。もちろん、荷物がなく人だけの移動や、少量の荷物でかつ短距離の輸送ならば牛馬の背に荷物を積んで陸路だけで運ぶことも可能ではある。しかしこの地方で、陸路だけで大量の荷物を遠距離輸送した事例を資料で確認することはできなかった。

なお本章では、分水界をなす中国山地の山陽側における舟運を中心とした交通・運輸の問題を中心に検討するが、第四章「塩の道」でも触れたように、山陽側と山陰側との間では峠を介してお互いに商品や人の交流があったので、これについても必要な範囲で扱うことにする。すなわち、山陽側から船で遡航限界まで進み、そこから陸路で中国山地の峠に達し山陰側の河川の舟運を利用して日本海側に出ることもできるし、またはその逆のコースをたどって山陰から山陽方面・瀬戸内海に出る、いわゆる「陰陽道ルート」も発達している。この際、商品の交換は峠付近で行われることが多いが、琴平詣でやお伊勢参りなど、人の移動の場合には山陰から峠を越えて山陽側に出ることになる。山陽道・瀬戸内海ルートが東西性優位であるとすると、陰陽道ルートは南北性優位であるといえる。分水界から瀬戸内海に流下する河川と日本海に流出する河川の河口は、舟運の起点であると同時に海上交通との接点でもあった。この陰陽道ルートとは、舟運と陸路を含めた広義の河川ルートで、そこはヒト・モノ・文化（情報）が行き交う通路であった。

以上の状況を巨視的にみると、本章で取り上げる三つの河川は、分水界の峠を越えて山陽・瀬戸内地域と山陰・日本海側地域とを連絡させつつ全体として広域の生活圏を形成していた、といえる。このように分水界を挟んだ河川ルートが結合して大きな生活圏を形成していた事例はほとんど見いだせない。なお、中国地方の河川全般についていえることだが、東北や関東地方の河川と比べて流程が短いだけでなく、河川の流域は全体に山がちで、それらの流域には利根川水系が作りだす関東平野のような広大な平野もなく、点在する盆地も東北地方や関東地方と比べて規模が小さい。それでも川沿いに開けた緩やかな谷にはある程度の農業地域が広がり、盆地には城下町が形成され、河岸を中心とした商業中心地が発達した。そして、河口あるいはその周辺には舟運と海上交通との二重の機能をもった港湾都市が発達している点は、北上川、最上川、利根川などと同じである。

本書の北上川、最上川の事例で説明したように、江戸期に舟運が運送手段として重要な役割を果たしていた背景として、大量の年貢米や廻米を効率的に運ぶ必要があった。中国地方においても、年貢米の運搬、塩や魚など沿岸地域からの必需品の入手、さまざまな森林産物の下流都市への運搬に舟運は不可欠であった。さらに、三つの河川の源流部の中国山地には砂鉄の埋蔵があり、古くからその採掘とそれを使った製鉄（たたら製鉄）が行われてきた。この砂鉄や取り出された鉄を下流に運ぶためにも舟運は必要だった。また、山陰地方と山陽地方との物資の交換だけでなく、人の往来のためにも舟運は重要な移動手段として利用された。

三つの河川のうち旭川はほかの二河川とは異なる重要性をもっていた。というのも、河口近くに岡山という大きな城下町、すなわち消費地をかかえており、岡山へ食料をはじめ生活物資を運ぶためにも旭川の舟運の必要性は高梁川や吉井川より大きかったからである。また、旭川は内陸や山陰諸藩の参勤交代のルートとしても機能していた。しかし、これはあくまでも政治・経済的な観点からみた重要性であり、ヒトと情報（文化）が行き交う通路という意味では旭川も吉井川も高梁川もそれぞれの重要性があった。なお、利用可能な資料や情報という面では、これら三つの河川のうち旭川にかんするものがほかの二河川よりずっと多い。これはおそらく旭川が、岡山というこの地方随一の都市と結びついていたからであろう。なお、旭川の舟運に関して一九七〇年ころに岡山県立落合高校の郷土研究部が行った、資料の収集とインタビューに基づく高瀬舟の研究、落合高校『高瀬舟の研究』（一九七〇）は非常に有益で、本書においてもほかの資料とともにこれを利用する（注1）。以下に、まず、三つの河川の舟運の概要を示しておこう。

第一節　吉井川・旭川・高梁川の舟運の概要

吉井川、旭川、高梁川の三つの河川は水源を中国山地に発し、上・中流域のいくつかの盆地を経て、丘陵地帯の狭小な渓谷を蛇行してから、南部の緩勾配の平野部を流れて瀬戸内海へ注ぐ。これらの河川は古くから舟運路として利用され、物資や人の輸送に利用されてきた。たとえば旭川上流の下市瀬遺跡（真庭市）は、弥生後期から平安初期まで継承された祭祀遺跡であるが、この遺跡の出土品に構造上の特徴から川舟と推定される木製舟型が含まれている［岡山県、一九八五：六四一］。この舟型から、どのようなタイプ（構造や大きさなど）の船であったかは確認できない。船のタイプがはっきりと分かるようになるのは、川船の代名詞のようになった高瀬舟の登場以降である。本書の第三章第二節で述べたように、「高瀬舟」という呼称が記録に登場したのは『日本三大実録』元慶八年（八八四）九月一六日の条で、近江・丹波両国ではそれぞれ三艘の「高瀬舟」を造ったことが記されている。もっとも、これらが近世の高瀬舟と同型のものかどうかは分からない［岡山県、一九八五：六四一～四二］。

高梁川水系の場合、鎌倉時代に領主の年貢米を船で輸送した報酬としてその船頭に「船給」が与えられたことを示す文書がある（本章第二節（三）「高梁川」の項参照）。そして室町末期の天文年間（一五三二～一五五五）には吉井川、旭川、高梁川で中流域まで高瀬舟が通うようになった。すなわち、このころまでに、吉井川水系では林野（現・美作市）や津山、旭川では勝山（旧名高田、現・真庭市）、高梁川は松山（現・高梁市）、その支流成羽川の成羽（現・高梁市成羽町）を基点として瀬戸内海まで高瀬舟による舟運が行われていた記録がある［岡山県、一九八五：六四二～四三／川名、二〇〇五：七一二～一三］。ただし、当時は舟運に必要なインフラも未整備で、川の中の障害物の除去もされておらず、舟運が定期的・日常的であったわけではない。

ところが江戸期に入ると、幕府による政治的・経済的統一は全国的な流通を刺激し、各地で交通網の整備が進展した。舟運が恒常的に機能するためには、船が安全に航行できるよう川の中の岩を取り除き、航路が浅瀬にならないよう常に河床を深く掘り下げて（川さらい）おく必要があった。他方で、川の港である河岸の船着場や倉庫・取引所を整備し、船大工、船頭や乗組員を確保して船の建造と維持を確保すること、つまり舟運の物理的なインフラ整備が必須である。加えて、舟運を管理・運営する制度や組織などの社会的・行政的インフラも必要である。したがって、たんに船が航行したとか荷物を運んだというだけでなく、このようなインフラ面まで含めて考えると、恒常的な舟運体制の成立と発展は江戸期に入ってからであったということになる。

右の諸条件を満たしたうえで舟運が日常的に利用されるようになった時期と区間は以下のとおりである。すなわち、吉井川では慶長九年（一六〇四）ころまでに津山まで、高梁川では承応元年（一六五二）までに新見まで、旭川では勝山まで高瀬舟が航行するようになったのは延宝年間の初め（一六七三年ころ）であった［津山市、一九七三：一九〇～九一］。この背景には、江戸期に入って舟運による年貢米の輸送を中心としながらも、民間経済の発展にともない一般の荷物の輸送が活発になったという事情があった［川名、二〇〇五：七一～一三／岡山県、一九八五：六四六～四九／岡山市、一九六六：二四一～四二］。これら三つの河川における舟運は明治、一部では大正期になっても利用された。

ところで、高瀬舟の歴史や構造について本書第三章第二節でくわしく説明したように、角倉了以が参考にした吉井川の高瀬舟は、いずれも旭川流域の船大工が造ったもので、修理も必ず旭川流域に持ってきていた。したがって、高瀬舟の最初の基本形は旭川流域で生まれ、それが全国に広まったと考えることが妥当なようである。そして、中国地方の高瀬舟が全国に広まる過程で、底が平らで喫水が浅く、比較的上流まで航行できる川舟を一般に高瀬舟と呼ぶようになったといわれている［久世町、一九七五：五四二～四四／山陽新聞社出版局編、一九九四：六五／落合高校、一九七〇：三～四］。

江戸時代に三つの河川で使用されていた高瀬舟の標準型は、長さ一二メートル、幅二メートル、船体を囲む舷の高さ一・一メートルであった。このタイプはかなり急流でも幅五〜六メートルの水路さえあれば上下できた［藤沢、一九七二：九六］。江戸期を通じてこの地域で高瀬舟は「大舟」と呼ばれ、漁に使う小舟と区別していた。もっとも、舟運に使われた船は高瀬舟だけではなかった。たとえば「石舟」は、旭川上流の川内川との合流点以北で工事用の石を積む舟であった。高瀬舟は勝山から下流の岡山城下町入り口までの区間で使われていたので、旭川では高瀬舟こそが舟運の中心であったといえる。そのほか艜《ひらた》船、肥船、上荷船（海洋船から荷物の積み降ろしをする船で、河口付近で使われた）は岡山城下より下流、河口までの間で使われた。なお江戸中期以降の資料には、「大高瀬船」「小高瀬船」が、そして艜船にも「大艜船」と「小艜船」という名称の船が登場するが、これらはたんに大きさの違いで、構造の違いではない［川名、二〇〇五：七四二〜五一］。

図10－1は、三つの河川のごく大まかな位置関係、遡航限界とその通船開始時期、船番所（後述参照）、そして流域の主要都市（それは同時に河岸でもあった）を示している。この図から三つの河川（東から吉井川・旭川・高梁川）がほぼ並行して南北に流下していることが分かる。図中の岡山から右上方に延びている実線は、旭川と吉井川を結ぶ人工河川（運河）の倉安川（新堀川）である。岡山藩藩主池田正光は寛文〜元禄（一六六一〜一七〇四）にかけて児島湾北岸の大規模な干拓事業を行い、続いて延宝七年（一六七九）に倉田新田の開発に着手した。この時、上道郡吉井村から同郡平井村（両者とも現・岡山市）に至る新堀川が開削された。この人工河川は新開地の用水路であると同時に、吉井川と旭川を連絡する通船可能な運河としての機能も併せ持っていた。それまで吉井川筋から岡山城下へは一旦、西大寺（金岡湊）に出て児島湾を迂回しなければならなかったため、廻航距離が長くなっていた。そこで新田開発に付随して運河の建設が課題となったのである。この運河は全長一七キロメートル、幅四〜七メートルで、構造は水門で二重に仕切られており、「高瀬通し」と呼ばれる船だまりは、吉井川と運河内の水位を調節する「閘門式」という先進的技術が施された。岩で堅固に構築された水門は現在も完全に保存されている。「御留帳評定書」には、運河が開通した延宝七年一〇月二一日から一二月一〇日までの五〇日

図 10−1　吉井川・旭川・高梁川の舟運開始年代と船番所

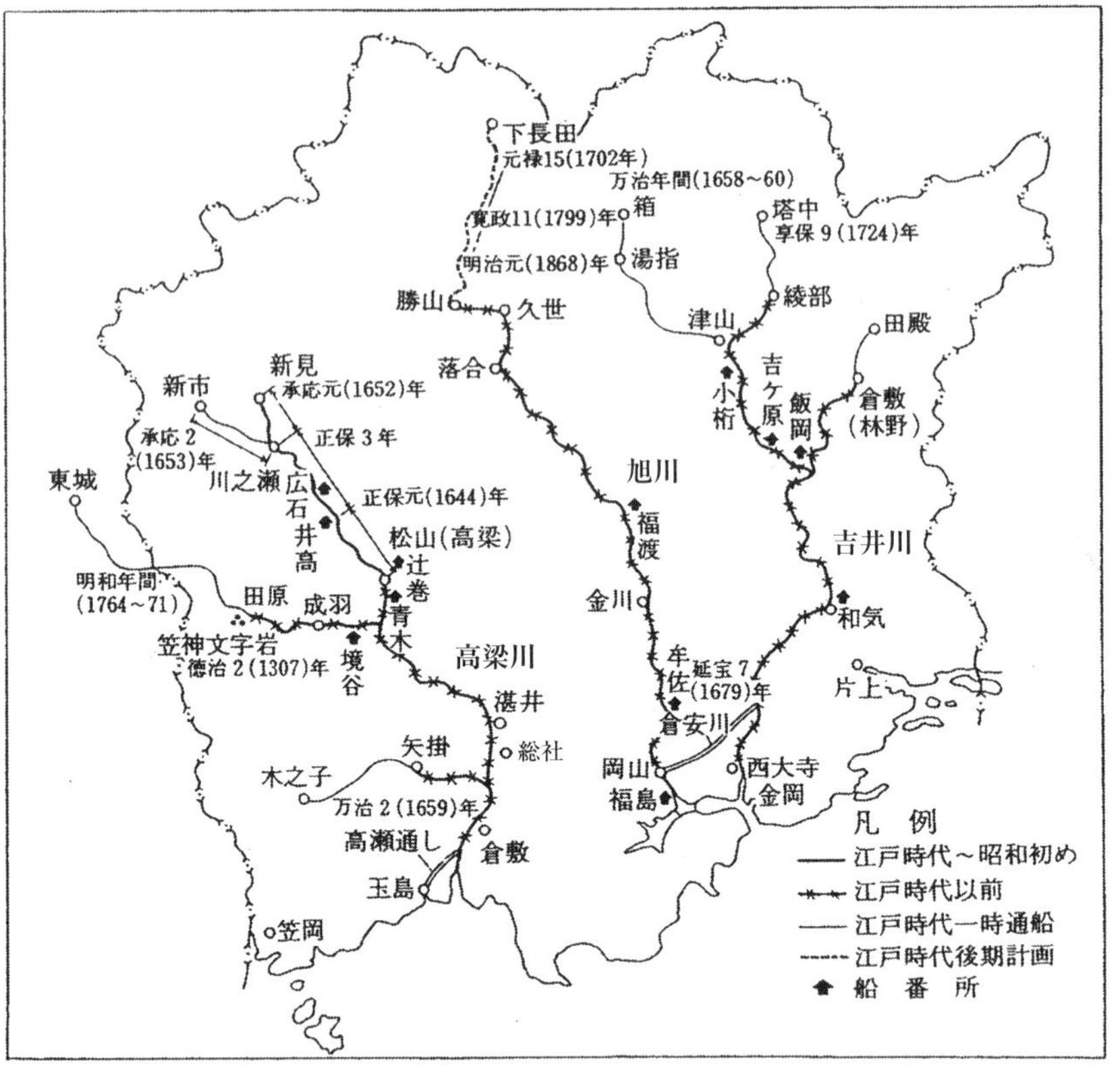

［岡山県、1985:646］

間で九九四艘、一〇〇〇艘弱の舟が通船したと記されている。この数字をみれば、運河開削がどれほど大きな意義をもっていたかが分かる［岡山県、一九八五：六五〇／藤井ほか、二〇〇〇：二三三〜三四］。この運河を経由すると、吉井川を下って一旦児島湾に出て、旭川を遡行して岡山に至るより片道三里、往復で六里も短い航行で済み、日数で半日短縮できた。これにより、吉井川上流から岡山までの輸送費は児島湾経由より一割ほど安くなった［岡山市、一九六六：二四二〜四三］。

　高梁川の最下流部でも松山藩藩主は干拓による新田開発と、高梁川を物資輸送の主要路とするため、高梁川と玉島港（現・倉敷市）とを直線で結ぶための運河の開削を新田普請奉行に命じた。工事は延宝年間（一六七三〜一六八一）に七年かけて完成した。この運河も吉井川の運河と同様、水門で区切られ、閘門によって水位を調節し高瀬舟を就航させる「高瀬通し」であった。図10－1の人工水路「高瀬通し」の開削により高梁川と玉島湊を連結する高瀬舟の舟路は確保され、備中北部一帯を後背地とする玉島問屋街の商業的機能は高まった。このため玉島湊は西廻航路と河川舟運との結節点として繁栄することとなった〔岡山県、一九八五：六五一〜五二〕。こうした動きの背景には、備中、備前、美作地域における経済発展、とりわけ各藩が奨励した特産物の拡大とその流通の発展があった。

図10－2は、三つの河川の遡航限界と接続する陸路、さらに中国山地の分水嶺の峠を越えて山陰に流下する日野川、天神川、千代川の舟運および川沿いの陸路とが連結していることを示している。この図からも、三つの河川の流域では山陰・山陽は河川の舟運と陸路を通じて、一つの大きな交通網を形成していたことが分かる。そして、この交通網は、「塩の道」でもあり、生活圏をも形成していたのである。図10－2に示された津山、勝山、新見は城下町で、それぞれ吉井川、旭川、高梁川に面した主要な河岸でもあった。この図にはさらに航行可能な河川区間が「高瀬舟運」と書かれた線で示されている。

三つの河川を航行する高瀬舟には、その役割による区別から、貨物だけを積む通常のタイプのほかに、貨物と客を乗せるヒブネ（日舟）またはヒセン（飛舟）の二つに分かれた〔落合高校、一九七〇：七／山陽新聞社出版局編、一九九四：六五〕。船体の構造は同じでも、その規模は河川や地域によって異なり、また同じ河川でも上流と下流では違っていたようだ。たとえば、文化一二年（一八一五）の記録によれば、吉井川を航行する高瀬舟の寸法は、長さ六間二寸（一一メートル）、横幅七尺二寸（二・二メートル）となっている〔久世町、一九七五：五四二〜四六〕。また富岡氏は「吉井川では津山舟が船長六間二尺・最大船幅七尺二寸であったのにたいし、周匝（現・赤盤市周匝）以南では同（船長）七間・同（横幅）一間と大型化している。高梁川では新見で同（船長）三間・同（横幅）一間弱に対し高守以南では同（船長）四間・同（横幅）一間となり、一般的には舟体変更地をもつ大河川の下流域では五〇石積程度の大型船も見られたが、その上・中流域や小河川では一五〜二〇石程度の小型舟が主として活躍した」と説明している（カッコ内は筆者）［富岡、一九七七：一〇二］。地域によって多少の差はあるが、標準型の高瀬舟の積載量は二〇〜三〇石（三トン弱〜四・五トン）ほどであった［久世町、一九七五：五四七］。

高瀬舟の実際の積載量は、旭川の場合、川の水量が多い時には下り荷を一六〇〇貫（六トン）まで積み込むことができたが、上りには陸から船を曳き上げるので積載量は下りの場合よりはるかに少なく、平均して下りの一〇分の一程度であった［久世町、一九七五：五四六］。実際には、旭川でも久世から下流に向けて、また吉井川の津山からの下りの船には四トンから最大で一〇トン積んでいた例もあるが、上りの場合はいずれの河川でも平均一トン程度であった。高梁川の場合、上流の新見からの下りは平均で約二トン、中流の松山からは四トンほどであったが、松山・成羽から下流では上りでも一四〇〇〜一五〇〇貫（五・三〜五・六トン）積んだという記録もあるから、条件次第ではこのような重量の荷物も積むことができたかも知れない。いずれにしても一艘の高瀬舟は、少なくとも馬二〇頭分、平均すると四〇〜六〇頭分の荷を、わずか三〜四人の船乗りで積み下すことができた［落合町、二〇〇四：八九〇〜九一］。荷物と一緒に乗客も乗せる際には、しぶきを防ぐために炭俵などを船縁よりも高く積み上げて、その後ろに客を座らせた［勝山町、一九九〇：七〇二］。

以上は、いわゆる船による荷物の輸送の概略であったが、吉井川、旭川、高梁川では、木材の筏流しも行われていたので、これについても触れておこう。江戸時代の筏流しの実態について記述した直接の資料は得られなかったが、大正時代初期の状況はある程度分かる。筏流しは、高瀬舟と同様、五月から秋分までの田で水を使う期間にはできなかったので、主に冬の仕事であった。旭川本流では勝山が筏流しの最上流点で、ここまでは上流から木材が一本ずつ流される「管流し」か、大八車や馬車で運ばれてきて、ここで筏に組まれた。木材は三〜三・五メートルの長さに切られ、葛で束ねられ、幅一間（一・八メートル）ほどに組み上げられた。これを一反または一棚と呼んだ。通常、七反を一まとめにして組んだものを一艘と呼び、全長二十数メートルの筏に組んで川を

下った［山陽新聞社出版局編、一九九六：八四／勝山町、一九八二：一九〇〜九一］。

旭川の場合、一艘の筏には一人が乗ったが、万が一の場合に助け合うために、高瀬舟も同様であるが、五艘、七艘と連れだって下るのが習わしだった。筏を操るのは非常に危険な仕事であったが収入も良かったので、筏乗りたちは誇りをもって自分たちを「筏士」と称していた。彼らは材木問屋ごとに「組」という集団を作っていた。筏乗りは一度所属した組から終世離れないしきたりであり、同じ組の筏乗りは兄弟のようであったという。出発して二日で岡山に到着し、材木問屋に筏の木材を引き渡した。大正時代になると筏に自転車を乗せて下るようになったので、材木を引き渡した後、筏に付けていた舵を自転車に積んで帰宅した。岡山から勝山までは四〇キロメートルほどの距離で、しかも帰りは上り坂なので大変だったと思われる［山陽新聞社出版局編、一九九六：八四／勝山町、一九八二：一九〇〜九一］。木材のように重く、嵩も大きかった物資を遠方に運ぶには、筏は経済的で効率的な方法であり、高瀬舟と並んで舟運の一角を占める重要な輸送手段であった。

最後に操船と船の建造について説明しておこう。同時代の資料で確認することはできなかったが、旭川流域の落合町下見の船大工への聞き取りによれば、かつて大きな船には三名、小さな船には二名が乗って操船した。材料は、船体には松・杉・榧《かや》の薄い板を組み合わせ、艫の水中部分は樫、帆柱には檜を用いた。川船の建造技術は、弟子は取っても、その要諦は一子相伝で親から子に代々引き継がれるしきたりであったという。川船の用材は船大工が立木を物色して選び、木挽きに挽いてもらった。製材後の材木は一、二年納屋で寝かして乾燥させ、梅雨期には建造も控えるなど気をつかった。櫂は二種類でオモテガイ（長さ一丈二尺＝三・六メートル）とナカガイ（同一丈＝三メートル）を、また舵は檜、櫓は樫で、すべて船大工が作った。船一艘を作るのに一人の船大工で四〇日ほどかかった［落合町、一九八〇：三四三〜四四／竹尾、二〇一四：四六／落合高校、一九七〇：六〜八］。つぎに、三つの河川における舟運の航行日数について説明しよう。

吉井川水系では、支流の吉野川上流の田殿河岸から河口の金岡湊まで（一六里＝六三キロメートル）早い時には翌日に着いたが、水の状況や気象条件によって、遅い場合は五日もかかることがあった。上りはその時の状況によって異なり一定しないが、平均三日ほどであった。津山と金岡湊間の航行日数について史料で確認することはできなかったが、距離的には田殿と金岡間とそれほど違わないので、ここでは参考値として右の航行日数を津山―金岡間のものとしておく［川名、二〇〇五：七二四／落合高校、一九七〇：二三～二四］。旭川の場合、下りは勝山から岡山まで一日の行程で、上りは水の量にもよるが五日から六日かかった。この間、乗客は船の中で寝泊まりするか、経済的に余裕があれば途中の河岸の宿屋に泊まった。上りの場合、落合から勝山までは急流や浅瀬があるなど航行条件が悪いので、この区間だけで二日かかった。［落合高校、一九七〇：一一、一六～一七／山陽新聞社出版局編、一九九六：八三］。

川を下る時、船頭は流れを見つめ、瀬と淵を巧みに舵取りして船を安全に進めたが、上りは大変だった。風がある時は帆を張って上っていった。しかし、水量が少ない瀬を上る時には、船頭や舟子、あるいはそのために雇った土地の人たちが「緒」とよぶ綱で川岸から、あるいは川の中に入って船を曳き上げた（図3－1参照）。場所によっては船を担ぎ上げて井堰を越えることもあった。旭川の場合も吉井川と同じであるが、川を航行する際には何艘かが組になって航行した。というのも瀬や井堰にかかると一艘の船乗りでは上げられないので、ほかの船の船頭や船乗りが協力して手伝いながら一艘ずつ曳き上げる必要があったからである。仲間の助けが得られない場合、現地で人を雇って船を曳き上げてもらうことも一般的に行われた［落合町、一九八〇：三四八～五三／落合高校、一九七〇：一一～一二、一六］。

高梁川では、上流の新見と河口近くの倉敷との往復に七～八日かかったということなので、旭川での勝山―岡山の往復とほぼ同じか、やや多くの日数を要した。高梁川を遡航する時には、帆が利用できれば帆を張って遡航するが、風の状況によってできないときには船頭が一人で船に乗ったまま竿をあやつり、ほかの乗組員二人が一三〇メートルもある長い綱で陸上から船を曳き上げた。これもほかの河川での舟運の場合と同じであった。高梁川を下った船は倉敷からは瀬戸内海に出て坂出、丸亀にまで物資を運んだ。この際、倉敷で海上航海用の船に荷を積み替えたのか、高瀬舟のまま瀬戸内海を横断したのかは分からないが、瀬戸内海という内海を航海するには高瀬舟でも可能であったかも知れない［落合高校、一九七〇：二五］。

第二節　舟運と商品流通

前節で説明した舟運の概略に続いて本節では、三つの河川における舟運の実際を商品の流れを中心にみてゆく。商品は各街道の宿場や宿駅、商業免許を与えられた村々、当時の主要な輸送拠点であった河岸、そして瀬戸内海の港に集まった。このため、陸路としては東西に延びる山陽道はもとより、むしろ三つの河川の河岸に通ずる放射状・網目状の道が利用された。すなわち吉井川筋では津山・林野、旭川では勝山・久世・落合、高梁川では新見・松山・成羽などの河岸であり、それらの河岸へは美作、備中をはじめ出雲・伯耆・因幡・備後からの商品が集まった。なお、すでに言及したように、これら三つの河川の上流域では古来より砂鉄が採掘され、「たたら製鉄」が行われていた。古代吉備国は日本でも代表的な鉄の生産地で、飛鳥時代に鉄・鍬を宮廷に貢納していたのは中国地方の三河川流域、美作・備前・備中・備後の四カ国だけであった。その後平安時代には鉄および鉄製品を貢納していた国は一一カ国を数えたが、右の四カ国のほかに出雲・伯耆が量的にも質的にも優れた鉄の生産地であった。こうした事情は江戸期に入っても続き、本節の吉井川、旭川、高梁川の商品流通でも鉄および鉄製品は共通して登場する重要な商品であった［土井・定兼編、二〇〇四：一六四～六五］。なお、江戸期に入って、三つの河川を通じて取引された品目についてはかなり詳細に分かるが、年貢米など特別な品目を除いてそれらの数量についてはほとんど分からなかった。以上を念頭において、以下に高瀬舟はどんな荷物を運んでいたのかを中心に、まず東から、吉井川、旭川、高梁川の順に検討しよう。

（一）吉井川の舟運と商品流通

吉井川は中国山地の三国山中の上斎原村に源を発し、美作国の中を南流して津山盆地に入り、そこから流れを東に転じて津山市の南を経て支流の賀茂川と合流し、吉野川との合流点から備前の国に入る。その後、川は岡山平野の東側で河口の西大寺・金岡湊を経て瀬戸内海に注いでいる。吉井川は、古くは大川または東大川、上流では斎原川、奥津川、久田川、院庄川、二宮川などと呼ばれ、下流では和気川とも呼ばれた。その後、津山川という呼称も使われたが、明治中期以降は吉井川に統一された。このような名称の変遷をいちいち書き分けるのは煩雑なので、本書においては「吉井川」という表記に統一する。すでに述べたように、吉井川の舟運はすでに中世には始まっていたが、本格的に利用されるようになったのは慶長八年（一六〇三）に森忠正が美作国を領有し、吉井川上流の津山に築城して城下町を建設した時代からである。海に面していない津山藩にとって、領外との物資輸送、とりわけ年貢輸送にとって吉井川の舟運は唯一の大動脈であった。津山の城下町は出雲街道に沿う形で建設され、慶長から元和期（一六二〇年代）までに大部分が建設されたと思われる。舟運にとって重要な区域である津山城下の吉井川に沿って「船頭町」が設けられ、各地にいた船持・船頭がここに集められ、藩の荷物の輸送のための舟運組織が作られた［津山市、一九七三：一八四］。

津山と河口の西大寺・金岡湊の間を航行した津山藩の船は、森氏の統治期（一六〇三～一六九七）には、「津山船」四五艘、予備船が三艘あった。「津山船」とは藩が命じて津山船頭町河岸に常備させた民間の船のことで、その管理を二人の蔵元に任せ、船の所有者である船持には藩から若干の金銭（銀）が与えられた。実務を担当する船頭仲間の頭二人には扶持米を与えることが通例であった。「津山船」以外にも津山藩内を航行する船はあったと思われるが、森氏の統治期についてはその数は分からない。しかし、津山藩の領主が松平家に移った元禄一一年（一六九八）以降から安永期（一七世紀末から一七七〇年代）にかけては、吉井川を航行する船は「津山船」

が五四艘、「長岡船」（岡山藩）が一一六艘、そして「備前田原船」（岡山藩）が一六艘、合わせて計一八六艘に達し、この数は明治まで変わらなかった。これらの船のうち上・中流域では全て高瀬舟であったが、最下流域では艜船が中心だった。吉井川の高瀬舟は、先端の「水押」が高く尖った形をしていた。上りには水押に綱を結んで高い堤防の上からつり上げるように曳いた。これによって瀬や井堰を越え、もし水勢が穏やかで風があれば帆を張って航行した［津山市、一九七三：一八六〜八七／川名、二〇〇五：七一三、七二四〜二六］。吉井川の舟運で注意すべきことは、第一節で述べたように、延宝七年（一六七九）の運河開削によって、吉井川から直接に旭川筋の岡山に船で行くことができるようになったことである。したがって吉井川の舟運ルートは、津山からそのまま下って西大寺・金岡湊、そして瀬戸内に出るルートに加えて、津山―運河（新堀川）―岡山―瀬戸内というルートも利用できたのである（図10－1を参照）。

吉井川水系で実際に一艘の高瀬舟がどれほどの荷物を積んで下ったかをいくつかの実例からみてみよう。寛政一一年（一七九九）一二月に、田殿河岸から吉井川本流に出て河口の金岡湊までの一六里を、年貢米を積んで下った高瀬舟は一艘当たり五四俵から七八俵、平均六七俵積んでいた。また文化一一年（一八一四）一月、一艘が六三俵から九八俵積んでおり、一艘平均八一俵を積んでいたという記録もある。これらのことから、支流の上流から吉井川の本流に出る高瀬舟の積み荷は平均して六〇俵強（この場合一俵は三斗四升三合＝五一・五キログラム）と考えてよさそうである。また、時代は少し下るが、文久二年（一八六二）の吉井川の支流・吉野川筋では、年貢米五万七〇〇〇俵を延べ九五〇艘の船で運んだという記録があるので、この場合もやはり一艘当たり約六〇俵を積んだことになる。吉井川本流での高瀬舟の航行は必ず何艘かで船団を組んで下った。実際の事例をみても二艘から五艘が一組となって下っている。おそらく、本章第一節で、何かの場合に助けあうために何艘かの筏が連れ立って下ったことを指摘しておいたが、船の場合も同様であった。それだけ舟運には危険がともなうことが分かる。この方式はほかの旭川、高梁川でも同様であった。航行の際の乗組員にかんしても決まりがあり、寛保三年（一七四三）の「覚書」でも慶応三年（一八六七）の「書付」でも、高瀬舟の乗組員は船頭一人に中乗・後乗の二人の水主（乗組員）を加えて計三人が原則であった［川名、二〇〇五：七二四〜二五／落合高校、一九七〇：二三／柴田、一九五六：五四〜五七］。

さて、吉井川の舟運でどのような荷物（品目）が運ばれたのかをみてみよう。これは、吉井川流域でどのような生産活動が行われ、そして住民がどのような商品を消費していたのかを知るうえで重要である。そのために実際の積み荷一覧のような記録があれば便利であるが、そのような記録を見いだすことはできなかった。そこで、実際に運ばれた積み荷ではないが、移出禁止品、課税（運上）対象品目、非課税品目などを示した規則や「定め」などから、それぞれの時代に運ばれたであろう品目をできる限り集めて、それぞれの時代の生産活動を検討することにする。その場合、積み荷の量に関する統計は、一つの例外的事例を除いて得られなかった。

まず、吉井川の中・上流域を占める津山藩は、森氏統治期の貞享三年（一六八六）と四年に領外移出禁止品目を定めた。すなわち、雑穀、材木、竹、たばこ、熊皮、鹿皮、漆、紙、漆実（蠟の原料）、楮、牛蠟、真綿、麻苧（カラムシの繊維で作った緒）、木綿、石灰、荏胡麻、紺屋灰、ごま、焼炭、藍、油、薪、川魚、諸鳥、大和柿の二五品目である［岡山県、一九八五、五五九／川名、二〇〇五：七四〇〜四一］。品目の中に藍と紺屋灰が含まれているが、これらは真綿や木綿とセットとなって、地域の染物産業を保護する目的があったのかも知れない。同様に楮は和紙の原料であるから、これも地場産業の保護の目的があったものと思われる。また、川魚（魚種は不明であるがアユのような魚だったのだろう）や大和柿は美作地域の特産品だったと思われる。ただし、「諸鳥」が具体的にどんな鳥を指すのかは分からない。いずれにしても領外移出禁止は商人による自由な販売を禁止するということで、領主による独占販売とも考えられる。

また、移出禁止品目の指定と同時期の貞享四年正月に津山城下の船頭町の河岸に建てられた「札」によれば、木地、鍋、釜、木綿実、油粕、木綿、瓦、古鉄の八品目は、川下げする際に運上金徴収の対象品（課税対象品）となる、と書かれていた［津山市、一九七三：一八八～八九／岡山県、一九八五：六五三～五五］。ところが松平家が津山藩の藩主だった延享元年（一七四四）の「津山河岸船積運上一覧」によれば、この八品目に、米、大豆、小豆、大麦・小麦、酒、繰綿、荒苧、たばこ、紅花、漆の実、紙類、石灰紺屋灰、竹木、鉄類古金、の一四品目が加えられ、計二二品目が課税対象とされ、それぞれの重量ごとの課税率が定められていた。この延享元年に加えられた課税対象品二二品目とどのような関係があるのか不明だが、延享二年に、津山藩と岡山藩との境界に近い木知ケ原（＝吉ヶ原、現・美咲町）船番所では、岡山や金岡方面への下り荷を三つのカテゴリーに分けていた。第一は、「無運上通過」（課税なし）の品で、明（空か）樽類、明（空か）櫃類、古とく（?）、むしろ、上敷、酢粕、糠、唐津物（陶磁器）、麩粕の九種類であった。第二は「十分の一運上取立」（価格の一〇分の一税）の対象品で、割木、綾木（たきぎ）、紫（生薬、染料）、たかふろ（?）、茅葺、掛け木（計り売りの薪）、起炭（置き炭か）、鍛冶炭、竹の皮、木附子、茶、杓子、釜、大豆葉、山の芋、わさび、抹香、柿類、干しわらび、わらび縄、柳こうり、しら箸（白木箸か）の二二種類プラス菜種類であった。第三は「二十分の一運上取立」（二〇分の一税の対象）で、たばこ、種、こんにゃく玉の三種であった［津山市、一九九五：一三一～三三］。これら三つのカテゴリーのうち第二のカテゴリーはおおむね森林産物およびその加工品、そして山野の産物であった。うち鍛冶炭と釜は、現地にも下流域にも金属加工業があったことを示している。また、山の芋、わらび、干しわらびなどの山菜類、（屋根の）茅葺やわらび縄などは生産物というより、山野の採取物とその加工品が中心であった。一方、第三のカテゴリーのたばことこんにゃく玉は藩として生産を奨励するこの地方の特産物であったと考えられる。「種」は菜種のことなのか、そのほかの植物の種なのかは分からない。

右の「船積運上一覧」から七一年後の文化一二年（一八一五）に津山藩が「船方吟味役調書」（「津山河岸船方古今掟」）で設定した、津山船頭町河岸から岡山へ向けての下り荷の「運賃規定」（後述参照）および輸送品目には、農産物及び農産物加工品として米、大豆、小豆、小麦粉、玉子、醬油、酒、酒粕、木綿実、酢、繰綿が、そして森林産物およびその加工品として木附子《きぶし》（薬の原料）、塗り白杓子、塗り黒杓子、木地、竹皮が、金属製品として針金、釘、鍋・釜が含まれていた。これらのうち玉子が新たに加わったこと、従来からあった酒と酢に加えて醬油が登場している。これは流域に主要な醸造業が一定程度発達しつつあったことを示している［津山市、一九七三：一八七／岡山県、一九八五：六六七］。なお、これらの品目には含まれていないが、畳表も吉井川から岡山に向けて積み下された重要な商品であった［山陽新聞社出版局編、一九九四：六五］。

文久年間（一八六一～一八六四）には、先に示した二二品目の課税対象に加えて、吉井川を経由して積み下された課税対象三〇品目が挙げられている。すなわち、農林産物およびその加工品（空大豆、穀類、小麦粉、茶、玉子、綿実粗皮、木附子、竹の皮、苧、榑、種）、農産物加工品および副産物（醬油、焼酎、酢、綿実油、飴粕、黄粕、糠粕、麩粕、醬油味粕、酢粕、酒糟、焼酎干粕）、金属製品（釘、針金、火打ち金、鎌、稲扱（脱穀具））、その他（古手、鳩糞）であった。これらは吉井川流域だけでなく山陰側からもたらされた品も含まれていた可能性もあるから、全てが津山藩領で生産された産物とは限らない。いうまでもなく、実際にはこれら以外にも課税対象とならない商品もあった［津山市、一九九五：一三一～一三二／岡山県、一九八五：六六七］。

中国山地で生産された鉄は、かつて木炭とともに下流の長船河岸で陸揚げされた。ここはかつて古備前刀の刀鍛冶が集まる刀工の町であった。この長舟町（現・瀬戸内市）を中心に作られた備前刀は、現在国宝に指定されている刀剣の四二パーセントを占めている。しかし、天正一九年（一五九一）の大洪水でこの町は壊滅的な打撃を受け、刀工たちもいなくなってしまった［山陽新聞社出版局編、一九九六：七一］。刀工の町としての長舟町は壊滅してしまったが、中国山地での砂鉄の採掘と製鉄は続いていた。吉井川経由で川下げされた鉄製品には釘、針金、火打ち金、鎌、稲扱などがあった。これらは美作地域でも生産されていたが、伯耆国からも山越えして山陽側に移出されていたので、一部は山陰から山陽側に移出され、吉井川経由で岡山方面に運ばれた商品であったと考えられる［岡山県、一九八五：五六〇］。

津山藩は年貢米輸送の優先政策を採っており、年貢米の輸送期間中は原則として民間の商品輸送は禁止していた。ただし、実際には舟運を監督する船番所が年貢の輸送に差し支えないと判断した場合には、年貢米の輸送中でも認めることはあった。しかし、民間の荷物輸送はかなりの量に達していた。たとえば天保九年（一八三八）一〇月に、支流の梶並川・吉野川と本流とが合流する地点の飯岡村の船番所へ、（商人から）無事通船方を願い出ている文書、「備前国岡山並西大寺積下売払申度」には一カ月分だけでもかなりの量の商荷物を岡山と西大寺に向けて積み下す商品が記されている（表10－1を参照）。ちなみに、一〇月という月は、田んぼに水を供給するために船の航行を禁止する「堰止め」期間（通常は五月から九月）ではなく、年貢米の輸送期でもない平常月と考えられる。当時、すでに経済状況は下降しつつあったが、支流からの荷物だけでもかなりの量と品目の荷物が積み下されていたことが分かる。ところが、文久年間（一八六〇年代前半）になると、年貢米の輸送中は商荷物の輸送は一切認められなくなり、これ以後、吉井川の舟運は幕末に向かって一気に衰退していった［柴田、一九五六：五六～六三］。この問題についてほ第三節（二）の（1）でさらにくわしく説明する。

表10－1　飯岡から岡山・西大寺への輸送許可願い：品目と数量　天保9年（1838）10月

品目	数量
米	660俵
小豆	100俵
小麦	200俵
松板	600石
杉板	300石
割物	100束
因幡紙	10駄
古手	10駄
繰綿	50本
玉子	15櫃
竹	2船
小竹	2船
酒	100梃
酒粕	1000貫
雑荷物	1船

［柴田、1956:56］

つぎに上り荷についてみてみよう。寛政一〇年（一七九八）の、津山藩吉ヶ原船番所で適用されていた、西大寺・金岡・岡山など瀬戸内の備前港からの上り荷に対する「上り荷運上銀規定」には、津山方面への上り荷が全部で六九品目と細かく分類されている。ただし、たとえば塩はその梱包の大きさによって四種類に分けられていたように、同じ品目でもいくつかに分類されている場合がある。これらの重複分を差し引くと六一品目となる。それでも、かなりの品目が西大寺や金岡を経由して上流の津山に運ばれていたことが分かる。上り荷の中で大きな比重を占めていたのは塩で、船の遡航限界まで輸送された。しかもこの塩は享保一一年（一七二六）の「藩法集一　岡山藩」の条項にも「右作州へ登り塩、九分余も御国塩参候、他国塩は少々の儀に御座候処……」とあるように、九割以上が岡山藩内の瀬戸内で作られたものであった。上記六〇数品目は非常に多岐にわたっていたので、それら全てを示すことはできないが、当時の人びとの生活ぶりが分かる品目をいくつか書きだしてみよう。食品や日用品が中心であったことが注目される。食品の中でも、米、大豆、大麦、小麦、雑穀、などは主要穀物である。興味深いのは海産物の多様さで、干し海老、素干し田作り・鰯・蛤・鯨・鮪・あらめ・鰹・塩肴・切昆布などがあり、切昆布と鯨を除いて、瀬戸内で獲れたと考えられる食品が含まれていた。それにしても、当時の内陸の人たちの食生活はかなり多様性に富んでいたようだ。海産物以外の食品としては、酒、醤油、白砂糖、黒砂糖、素麵、みかんなどがあり、日用品では、小間物、古着、瀬戸物、戸障子、ふるい、竹箒、ろうそく、晒ろう、畳、畳表、膳椀、すだれ、岡山鬢などが対象となっていた［岡山県、一九八五：六六七〜六六九／津山市、一九七三：一八七］。上り荷にたいする運上銀の対象品目に、米、大豆、大麦、小麦、雑穀が含まれていることは意外にみえるかもしれない。というのも、これらはむしろ内陸の農産物で、通常は下り荷として下流の、特に河口都市へ供給する食品だからである。これらの穀物は内陸でも時期的に不足になる場合や不作の場合も考えられる。実際、北上川の事例（本書第五章）でも、米どころの内陸地域へ外部から米を移入した事例があった。

（二）旭川の舟運と商品流通

旭川は、伯耆・美作国境の金ケ谷山東麓の源を発し、東流して八束村で南に折れて湯原、勝山、久世をへて南下し、福渡を過ぎた所から美作国より備前に入り、岡山城下を貫流して児島湾に流出する。旭川の上流域は美作地域を流れ、慶長八年（一六〇三）から元禄一〇年（一六九七）までは津山藩の領内であったが、明和元年（一七六四）には勝山藩が分離独立して一旦は勝山藩領に組み込まれた。しかし、久世周辺は文化九年（一八一二）から再び津山藩領となった。こうした藩の領土的変化はあったものの、旭川の舟運は順調に発展し、貞享四年（一六八七）の「定」に勝山から岡山までの運賃が定められていたことから、当時すでにこの区間の舟運は日常的に利用されていたことが分かる［川名、二〇〇五：七三七〜三九］。旭川筋を航行していた船の数は、延宝七年（一六七九）には、赤坂郡（現・赤磐市）に六七艘、津高郡（現・岡山市）に九七艘、元禄二年（一六八九）には真庭郡（現・真庭市）に四九艘あったとの記録があるから、これら三郡の船の数を合わせると、一七世紀後半から末にかけて旭川には二一三艘の高瀬舟が航行していたことになる。江戸期の旭川筋では、川船の建造は建部町福渡の高田家と落合町下見の小倉家の二軒だけだった。そこでは、全長八間（一四・五メートル）、幅九尺（二・七メートル）、帆柱三間二尺（六メートル）、帆は五反の綿布を縫い合わせて作られた、いわゆる五反帆が標準だった［落合高校、一九七〇：五〜九］。時代はずっと下るが、旭川の舟運は明治二〇〜三〇年が絶頂期で、航行していた船はおよそ四〇〇艘あった。しかし、明治三一（一八九八）年に岡山―福渡間に中国鉄道が、大正末期には津山―追分―落合に鉄道が開通し、舟運は急速に衰えた［落合町、二〇〇四：九〇二／岡山県、一九八五：六四二〜四三／落合高校、一九七〇：三〜四］。

旭川筋の舟運にとって最も重要な拠点は最下流域の城下町岡山と、上流域の盆地に位置する勝山であるが、そのほか久世、落合も重要な河岸であった。勝山は、中世以来の城下町であると同時に、支流の新庄川との合流点に位置する河川交通の要衝としての役割を担い続けてきた（写真10－1）。勝山には、北上川の盛岡で見られたような、川に降りる石段のある家が川沿いに立ち並んでいる（写真10－2）。

元禄一五年（一七〇二）ころ、勝山のさらに上流の川上村まで舟運を延ばすことが試みられ、実際、明治初期には川上村の手前の八束まで船が通っていたこともあったが、この区間の舟運はごく短期間で廃止されたため、

写真 10－1　勝山の河岸跡の石碑

［大木撮影］

写真 10－2　川に降りる石段がある家々（勝山）

［大木撮影］

江戸期においては、勝山が事実上、最上流の河岸であった［山陽新聞出版局編、一九九六：八二／落合町、二〇〇四：八八八〜八九］。江戸時代には旭川の河川ルートは、岡山に流下する本流のほかに、本流と接続する陸路とから成っていた。とりわけ上流域では、中国山地を東西に横切る出雲街道（姫路―津山―勝山―米子―松江）（注2）や、山陰地域と山陽地域とを結ぶ陰陽縦断路が旭川ルートと直接・間接に連絡していた。このため、勝山をはじめ落合や久世など旭川流域の河岸はさらに飛躍的な発展を遂げた。

　旭川上流部で連絡する陰陽縦断路には三つのルートがあ

図10−2　江戸時代の旭川・吉井川・高梁川の舟運と陸路網

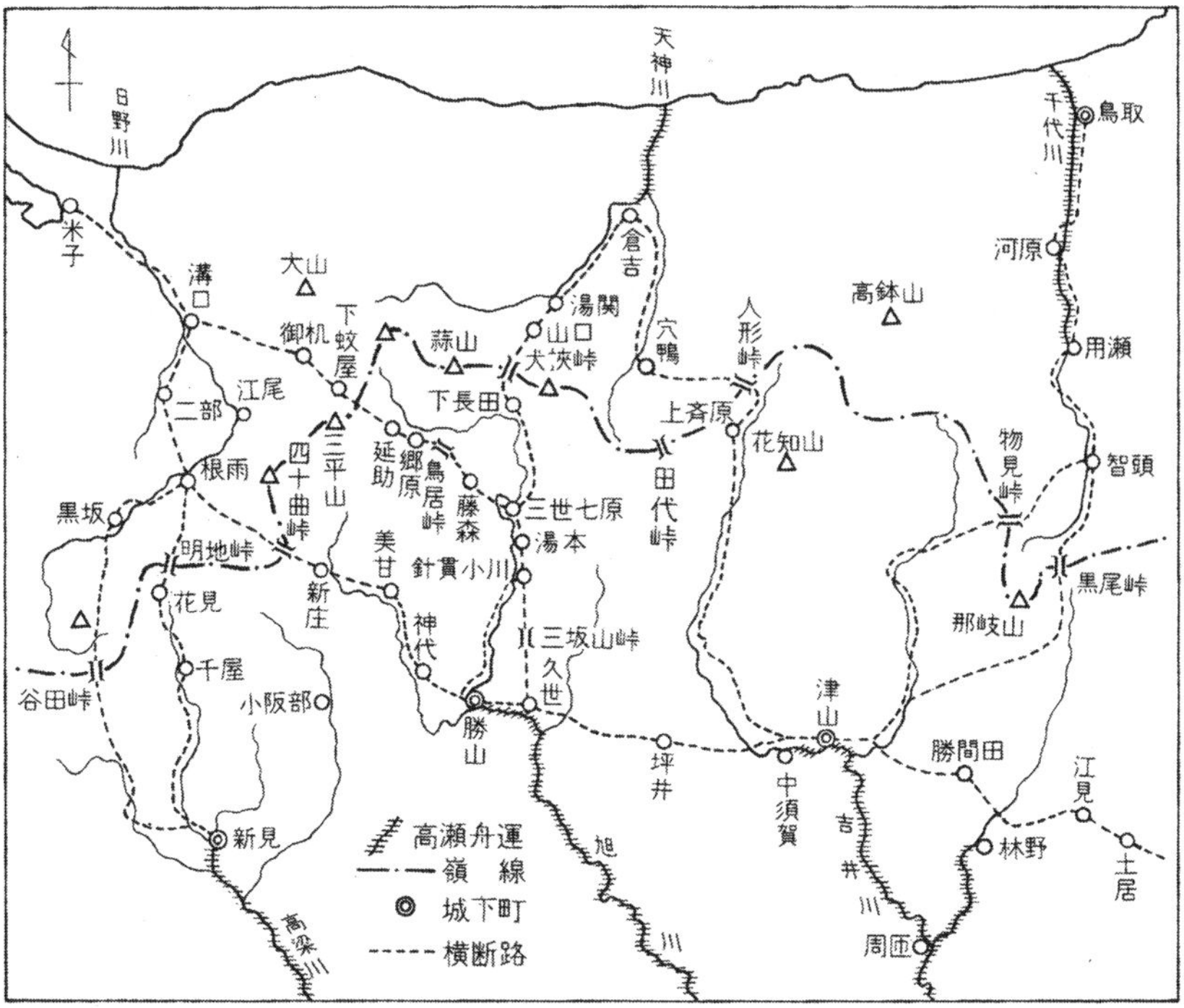

［富岡、1977:51（図1−9）］

った。一つは四十曲峠越えルートで、出雲・伯耆の諸大名の参勤交代路としても利用された陸路で勝山を経由していた。二つは、伯耆・米子から上徳山—釘貫小川—勝山に至るルートである。三つは伯耆・倉吉—関金—下長田—湯本—釘貫小川—久世のルートで、いずれも旭川の河岸に連絡していた。文化一二年（一八一五）の「作恐以書附奏願候」には、「倉吉の荷物を下長田—湯本を経由して大坂に送る」と記されており、これは右の第三のルートで、伯耆と大坂とが旭川の舟運を介して商品の流通関係があったことを示している。

まず、旭川本流と支流の新庄川流域の産物の流通からみてみよう。これらの地域で生産された主な産物には米、鉄、たばこ、木炭、木材、大豆、こんにゃく、酒、柿、荒縄、竹の皮、木工品などがあり、それらは勝山、久世、落合などの河岸に集まり、そこから岡山に船で運ばれた。これらのう

写真 10－3　勝山を通る出雲街道

［大木撮影］

ち、年貢や廻米は最も重要な荷物であった。上流の河岸から岡山へ荷物を運んだ船が、そのまま空荷で帰ったとは考えられないが、旭川の舟運が始まった当初、舟運について定められた貞享四年（一六八七）の「高瀬舟・垂水村の掟」の内容をみると、明らかに下り船だけを想定していた。しかし、江戸後期になると商業経済の進展にともない人と物の動きも活発になり、上り荷もまた重要な意味をもつようになった。塩は不可欠の重要な上り荷であったが、そのほか紙、陶器、塩魚、干し魚、乾物、陶器、日用雑貨、阿波の藍玉、讃岐の三白（砂糖、塩、綿）など各地の特産物や奢侈品を上流の河岸の商人が船頭に依頼して岡山で仕入れて持ち帰らせた［久世町、一九七五：五四六〜四九、五五一／小谷、二〇〇〇：六九］。

ここで、鉄の採掘と河川水の汚染について説明しておく。旭川の上流域の庄川村や湯原村で砂鉄の採掘する場合、山を崩した土砂を谷側から引いた水路へ流し、土砂の中にごくわずか含まれている砂鉄を比重選鉱する、いわゆる「鉄穴流し」と呼ばれる方法であったが、この際、膨大な土砂が崩された。ある推計によれば、元禄一四年（一七〇一）から二〇〇年あまりの間に美作地方（津山藩領）で総計九一〇〇万立法メートルの土砂が崩されたという。その半分が旭川上流で行われていたと考えられており、ほとんどは川に流された。このため下流の水は著しく濁り、稲作など農業用水に多大な害を与えた。下流の農民からは抗議が続き、津山藩にたいする訴訟がしばしば起きた。そして享保一一年（一七二六）の暮れから、この藩政に反対する山中の農民が決起して、特権商人の不正や村役人の罷免などを要求する「山中一揆」が起こった。この一揆は翌年の初頭に藩の武力で鎮圧された。山中とは真庭郡北部の呼び名で、当時の指導者や犠牲者を顕彰するための供養塔が現在も旭川上流地域の所どころに残っている［山陽新聞社出版局編、一九九六：八一〜八二／竹尾、二〇一四］。

旭川の上流域から福渡までは津山藩の領地であり、岡山藩との境の福渡には船番所が設けられ（後述参照）、ここでは領外への移出禁止品目の取引を監視していた。貞享四年（一六八七）一月に出された「定め」によれば、雑穀、材木、竹、熊の皮、熊の胆、鹿皮、漆、紙、漆実、楮、牛蠟、真綿、麻苧、木綿、荏胡麻、ごま、米ぬか、けやきの皮、目木村砥石の一九品目が移出禁止品目とされていた。これらの移出禁止品目を書いた「制札」が領内の主要な河岸に建てられていた［川名、二〇〇五：七四〇〜四一（表17－1）］。移出禁止品目に、上流部で捕れた熊と鹿の毛皮、貴重な薬であった熊の胆が含まれていたことは興味深い。当時は、旭川上流域では猟が盛んに行われていたことが分かる。また、熊や鹿の毛皮は防寒具や敷物として価値が高かったので、領内に留めておきたかったのか、あるいは藩の独占品だったのかも知れない。つぎに、山陰と山陽を結ぶ陰陽縦断路を経て旭川水系の勝山そのほかの河岸に運ばれた商品についてみてみよう。

商品は陸路と舟運を経由して運ばれたが、その際、陸路には商品流通上の重要な監視所として「口留番所」（しばしば「番所」と略称される）が設けられた。全国の諸藩は、隣接藩や幕府領へ通ずる要衝に口留番所を設けて、領内の産物が他領へ流出し、あるいは領外の産物が領内に流入するのを監視すると同時に、旅人の取り締まりも行った。口留番所は、戦国大名が設置した関所の系譜に連なるもので、そのほとんどは国または地方の出口に当たる場所、他国へ通ずる街道など陸路上の国境付近に設けられた［岡山県、一九八五：五六四］。また、江戸期には陸路の番所だけでなく、舟運を監視する船番所（「止番所」または「川口留番所」）も設けられた。旭川水系に通じる陸路の口留番所としては、山陰側に伯耆・倉吉から東伯郡関金町を経て犬挟峠を越えて八束村（現・岡山県真庭市）へ至る道の関金町山口に山口番所が、そしてその東側には久原番所が置かれていた。両番所は、脊梁山脈の北側、伯耆（鳥取藩）側で美作（津山藩）との国境に位置している。図10－3にみられるように、山口番所も久原番所も峠を越えて旭川水系の最上流部に出る道に通じており、そこを通過した商品は、旭川水系の久世や勝山の河岸にもたらされた。

これら両番所を通過した荷物のリストをみると、伯耆（山陰）と美作（山陽）間でどのような物資が行き来したかが分かる。「久原・山口両御番所出入荷物改帳扣」には天保五年（一八三四）の一年間に、久原・山口の両番所を正規に通過した物資（品目と量）が一覧表として示されている。これらは両番所を通過した物資ということになっているが、全体のうち九割以上は犬挟峠を越えたルート、つまり山口番所を通過した荷物であった。まず、山陰（伯耆）の鳥取藩から山陽の津山藩へは、木綿、紋、稲扱、釘、伊平貝干身、油反古、茯苓（生薬）、紫、蕨、塩、古着、小間物、藤布、塩鰡《しいら》が移出された。これらのうち、木綿と稲扱（脱穀具）は伯耆の特産物で、稲扱は四一九個（この場合の「一個」は一二挺）で久原番所の分を含めて四三五個にのぼった。綿は一月から一二月まで、ほぼ通年美作に送られた。稲扱の大部分は津山藩や岡山藩での需要を当て込んでの商品であると思われるが、当時、この農機具はかなり需要が多かったと思われる。これらに次いで多かった商品が塩と釘であった。塩は三二四俵、釘は〝二二九コ〟と記されているが具体的にどれほどの重量かは分からない［岡山県、一九八五：五六六～六八／八束村、一九八二：六五七］。また、本書の第四章でも述べたように、中国地方における塩の流通は、瀬戸内側からの塩と日本海側からの塩があったが、山陰の内陸では日本海からの塩を使っていたのかも知れない。塩鰡は文字通り鰡の塩漬けであると思われるが、これは暖流の魚であり、日本海で獲れたとすれば非常に珍しい。いずれにしても、ほかの地域も含めて江戸期に鰡が食べられていたこと（あるいは取引されていたこと）を記した記録は私見の限り他にないので、これにかんしては保留としておく。

つぎに、山口番所を経由して美作（山陽）側から伯耆（山陰）側へ移出された主な商品をみると、たばこ、こんにゃく、砂糖、繰綿、紙雛、小倉帯、小割鉄、小間物、生姜種、砥石、釼、小豆、大豆、薬種、椀、膳、銑であった。これらのうちたばこは美作の特産物で、そのほかでは繰綿、小割鉄、小倉帯などがあった。山陰側から

図10−3 美作国口留番所の配置図

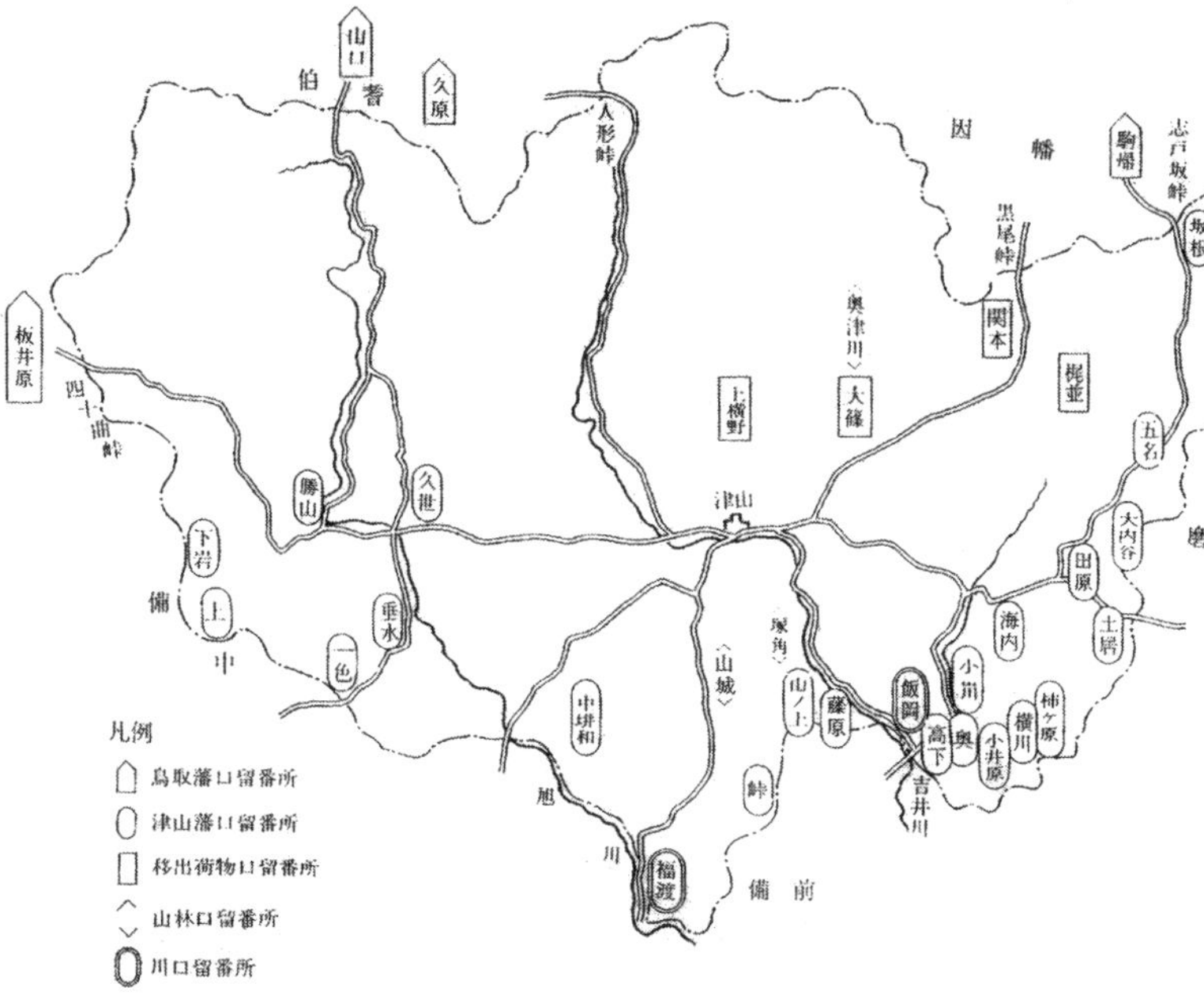

［岡山県、1985:565］

山陽側へ移出された商品の量はほとんどが「コ」または「個」で表記されているのにたいして、山陽側から山陰側への商品の量は「丸」、斤」、「本」、「荷」、「駄」、「俵」、「コ」で示されており、単位がばらばらなため比較が難しい。このため両地域間の商品の流れにおいて、いずれの移出量の方が多かったかは単純に比較できない。ただ、品目の多さなどから推測すると、流通した商品の全体量は、山陽側から山陰側への方が山陰側から山陽側へよりかなり多かったと推測される。また、山陰側から山陽側に移出された商品のうち、どれほどが旭川や吉井川の上流域で消費されたのか、あるいは勝山、久世、落合を経て岡山まで運ばれたのかは分からないが、それら全てが岡山やさらに大坂などに送られたわけでない。実際、山口番所経由で山陽側に運ばれた山陰の商品をみると、それらの多くは美作内の町や村、あるいはそれより下流の農村で消費されたと考えられる商品が多いことが分かる［岡山県、一九八五：五六六～六八／八束村、一九八二：六五七］。

右の番所の記録のほかに、天保九年（一八三八）の「御吟味ニ付申上候書」によれば、出雲からは木綿が四十曲峠を越えて勝山に運ばれてそこに集積され、備中方面からは小阪部を経由して陸路でさまざまな商品が、また、伯耆米子からは銑（鉄）や木綿が久世・勝山の河岸問屋に持ち込まれ、それらはそこから岡山へ旭川を下された、とある。旭川筋の河岸の中でも勝山は、旭川と新庄川とが合流し、そこから船で荷物が積み下される流通の拠点であった。さらに勝山は、出雲、伯耆、備中、蒜山からの陸路が合流する、山陽・山陰地域が出合う運輸・交通の交差点でもあり、岡山を経由して瀬戸内の諸地域、大坂、江戸へ海路で連絡する遠隔地交易の基点としての機能も果たしていた。旭川を経由した遠隔地交易については、勝山から岡山に運ばれた物資のうち、廻米、銑、木綿がさらに海路で大坂や江戸に運ばれたことが記録からも確認できる［岡山県、一九八五：五六〇〜六一／山陽新聞社出版局編、一九九六：八二／落合町、一九八〇：三四五／落合町、二〇〇四：九〇一〜九〇二／久世町、一九七五：五四八〜四九／小谷、二〇〇〇：六九〜七二／勝山町、一九九〇：七〇二／岡山市、一九六六：二五六〜五七］。

右の遠隔地交易の背景には、山陰―山陽―大坂を結ぶ商業ルートとネットワークの確立があった。たとえば、山陰から山陽に荷物を輸送する場合、天神川を倉吉まで船で遡航し、そこから陸路で湯関―下長田―湯本―針貫小川を経て旭川水系の久世からは舟運で岡山まで運ぶ山陰―山陽ルートで（図10－2）、各宿駅の問屋によって荷物が継ぎ送られた。特に江戸中期以降には、旭川水系における荷物の輸送は伯耆と備前との間だけでなく、備中、さらには播磨（兵庫県西部）・大坂および四国まで及んでいた。文化一二年（一八一五）の文書、「作恐以書附奏願候」には、伯州（鳥取県中西部）から右のルートで大坂へ紅花と木綿を送る、との記述がある［八束村、一九八二：六五一〜五二／落合町、二〇〇四：九〇〇〜九〇一／岡山県、一九八五：五六〇〜六一］。また、嘉永期（一八四八〜一八五四）には大坂の木綿問屋から因伯（現・鳥取県）の木綿荷主に宛てた取引書状がある。これらの事例からも、旭川経由の舟運で運ばれた荷物は、一八世紀後半には全国市場で取引する問屋によって集荷・販売されたこと、そしてそのための取引組織と商圏、つまり広域経済圏が確立していたことが確認できる［岡山県、一九八五：五六〇～六一〕。

旭川の舟運やそれと接続した陸路で運ばれた商品をみると、ほとんどが消費財であったが、それらの産物の中に、ほかの地域の産業原料として用いられる物もあった。たとえば吉井川・旭川・高梁川流域の吉備高原で生産された小豆と、海上交通を経由して下流から運ばれてきた砂糖を合わせて旭川筋の落合で作られた特産物の「落合羊羹」はその一例である。これはたまたま有名になった事例であるが、くわしくみれば同様の事例はもっとあったに違いない〔山陽新聞出版局編、一九九六：八三～八四〕。

江戸期における旭川の舟運にかんして、岡山周辺の河岸や港に運ばれた荷物がその後どうなったかをみてみよう。岡山に集められた荷物の一部は城下町岡山あるいはその周辺地域に運ばれて消費されたが、右に若干の事例を示したように、そこから海路でほかの地域に運ばれた荷物もあった。江戸時代初期、岡山周辺には海上交通の拠点となる港が児島湾北岸に五カ所、南岸に五カ所あった。個々の荷物の品目、量、運送先については分からないが、年貢米や廻米についてはある程度分かる。廻米には、旭川筋からのものだけでなく、吉井川から運河経由で岡山に運ばれた分も含まれている。具体的事例としては、たとえば江戸向け廻米は寛文七年（一六六七）秋から翌八年六月にかけて五二五五俵（一六四一石六斗）であった。さらに大坂向け廻米は延宝元年（一六七三）には一二万九〇〇〇俵、同七年と八年はそれぞれ九万五〇〇〇俵、元禄元年（一六八八）には一一万三五二三俵であった。また正徳元年（一七一一）には江戸と大坂への廻米は合わせて二〇万四二四七俵であった。岡山藩の一俵は、明暦二年（一六五六）以降三斗二升を標準としていたから、江戸へは毎年二〇〇〇石程度、大坂へは五万石程度送られていたことになる〔岡山市、一九六六：二四九～五七〕。

海路で岡山から江戸までの航海日数は気象条件（とくに風の状態）によって異なり、最短で六日、普通は一八～一九日であった。まれに三〇日を超えることもあったが、それは座礁か、あるいは途中で修理した場合である。これにたいして大坂までは普通三日の航海であった。運賃はその時々の米価の上がり下がりによって変動した。そして、廻米の輸送賃は藩や家臣、直轄領の公用荷物なので低く抑えられていて、江戸までの大廻航路の場合は一〇〇石につき一〇石、つまり運賃は輸送量の一割に相当する米の値段が運賃であった。これにたいして大坂への運賃は、延宝三年（一六七五）正月の規定で、米相場、石数と運ぶ船の大きさによって変動した。すなわち五反帆船（三メートル幅の帆を持つ船）で米五〇〇石につき一石に相当する米の値段が、七反帆船（四・二メートル幅の帆）では米一〇〇石運んだ場合には二石の米の値段が運賃、つまり廻米の五〇分の一相当分が運賃として支払われた。これらの運賃は「御定運賃」で定められた公的荷物の場合で、商荷物を運ぶ際の運賃は荷主と船主・乗組員との交渉（相対）で決められた。民間の荷物の運賃にかんするデータは少ないが、延宝九年（一六八一）の船主による「口上書の事」によれば、延宝三年に岡山から大坂までの商荷物として米を運ぶ際の運賃は一石につき銀一匁三分、その後米の高騰につれて二分増となり、米価が下がった時に運賃も一匁二分に下がった［岡山市、一九六六：二五八〜六〇］。

江戸時代に旭川の舟運によって運ばれた物資は右のとおりであるが、明治期・大正期になって舟運と物資の取引はかなり活発になったようだ。たとえば勝山河岸から積み込まれた物資は、薪炭（特に良質の白炭）、割木、材木（杉・檜、栗）など、久世河岸からは、さらしくず、栗羊羹、こんにゃく、葉たばこ、楮、炭、麦が、そして落合河岸からは、米、麦、大豆などが岡山に積み下された。このほか、日用品一切、呉服や医者の道具、和え物、盆・暮れ・祭りの用意などという記述もある。落合の南江与味には鉱山があって黒鉛の鉱石を一八貫入りの俵詰めにして積み出したという。またイシブネ（石船）と称して石材を運搬する船、ヒキワリという木を割った木材や、カケギという雑木を乾かしたものを運ぶ船などもあった。また明治・大正期の上り船には塩、石油、種油、紙、みかんなど果物、陶器、唐糸、砂糖、醤油、乾物、などが上流地域に向けて運ばれた。みかんは正月用に岡山で大量に買い込み、上りの船で内陸に運んだ［落合町、二〇〇四：三四五〜四七／勝山町、一九九〇：七〇二／落合高校、一九七〇：一五〜一六／竹尾、二〇一四：四六］。

(三) 高梁川の舟運と商品流通

高梁川は、下流域の総社市域に入って流れがやや穏やかとなり、河口に近い倉敷市域に至って瀬戸内海の水島灘に注ぐ、県下第一の流域面積をもつ河川である(図10－1を参照)。養老四年(七二〇)撰進の『日本書紀』に「仁徳天皇六十七年の条」として「吉備中国に於いて、川嶋河に大虬あり、人を苦しめ」とあり、この「川嶋河」は高梁川の古名と考えられる。これ以後、川辺川、軽部川、高橋川、などと呼ばれ、近世に至って松山川と呼ばれ、明治以降は高梁川と称されるようになった。本書においても高梁川と表記する[総社市、一九九八:六六二〜六六三]。

舟運というわけではないが、高梁川における船の利用にかんして、天平一一年(七三九)の記録に、船を使って漁をする「川人部」についての記述がある。さらに、文永八年(一二七一)の「備中国新見庄地頭方田東方田地実検名寄帳」に新見庄における「船給」「船人」「船方」の記載がある[藤沢、一九六六:四三〜五一]。このうち「船給」とは、領主や地頭の年貢米を運んだ船の所有者や船頭に与えられた報酬(田畑や米)である。また「船人」「船方」は、当時舟運に従事していた人たちがいたことを示している。同類の文書で、新見庄にかんする正中二年(一三二五)の「備中国新見庄地頭方山里畠実検取帳」にも「船給」の記載がある。これも同荘園の年貢米輸送に従事した船頭への給田(船給として与えられる田)であったと考えられ、船で河口の連島(現・倉敷市)まで運搬する任務を負っていた船頭の存在が考えられる[岡山県、一九八五:六四一〜四一二]。また、成羽川上流の笠神龍頭には徳治二年(一三〇七)の銘が刻まれた「笠神の文字岩」が現存しており、これは僧尊海が通船舟路のため十数カ所の瀬を仏の加護により改修したことを記した記念碑である。この難事業の目的は、上流で産出する鉄を搬出する輸送路の確保であったといわれており、これは、鎌倉末期には中国山地からの鉄輸送に舟運が利用されていたことを示している[高梁市、一九七九:二六二／総社市、一九九八:六六三]。当時の主な荷物は年貢米のほかに鉄、漆、紙など備中の特産品が総社を経由して積み下された［総社市、一九九八：六六一〜六五］。記録によれば、中流域の松山(高梁)までの通船が始まったのは室町末期天文年間(一五三一〜一五五五)であった。ところが天正年間(一五七三〜一五九二)の大洪水のため河道が荒れてしまい、新見より下流の地域ではうち続く戦乱のため産業はふるわず、船の航行の安全も保障されないため、いつしか航行できなくなったようだ［高梁市、一九七九：二六二／藤沢、一九六三：九］。

慶長五年(一六〇〇)の関ヶ原の戦い以後、備中国は徳川氏の直轄領となった。長年にわたる兵乱も終わり、平和を取り戻した備中地域では次第に生産力が向上し、商取引が活気づいた。これにともなって高梁川の舟運も活発になった。備中国奉行の小堀氏は、領内各地の手代に年貢米や鉄、紙などを徴収させ、それらを高瀬舟で高梁川の河口の連島河岸または、本章第一節で説明した「高瀬通し」を経由して玉島湊まで下り、そこで海洋船に積み込んで江戸や大坂に輸送した［総社市、一九九八：六六三］。その後も高梁川の舟運による荷物の輸送はますます盛んになっていった。寛永二〇年(一六四三)一一月二日付の「玉島湊問屋株定書写」によれば、寛永一六年(一六三九)以来、松山と玉島の問屋間で協定が結ばれ、松山の荷物を玉島に送る場合の問屋と、逆に玉島から移入物資を松山に送る際の問屋は、抜け荷を防ぐために特定の問屋に限定されることになった。この協定により、松山と玉島の問屋はそれぞれ高瀬舟で直接に結ばれ、抜け荷を防いでいた［高梁市、一九七九：二六二］。

このころは、松山から上流の新見までの区間の河川にはまだ岩石や浅瀬があったり、狭かったりして船の航行は必ずしも安全ではなかった。そこで松山藩は、寛永二〇年(一六四三)から船の航行区間をいくつかに分け、区間ごとに地元の有力者に命じて少しずつ上流に向かって河川の改修を行わせた。最終的に松山から新見までの通船が可能となったのは慶安五年(一六五二)であった［藤沢、一九六三：一一〜一二］。この改修工事は舟路を広げ、河道を深く掘り、川岸に石を積んで堅固な石垣を築き、障害となる岩石があればそれを取り除くなどの大工事であった。中でも、水面上に出た石を水中に潜ってこれを砕き、激流があればこれを平らにし、川幅が広く水深が浅い場合には石を積んで水が流れる川幅を狭くし、かつ川底をさらう、などの作業に要した労力と経費は非常に大きかったと思われる。これら全てを〝もっこ〟と〝金てこ〟による手作業で行ったのである。この功績に報いて、この工事を担当した近藤家は、以後、代々問屋株を許され、英賀と哲多二郡(ともに現・新見市)の藩公用荷物の取り扱いを家業として明治の廃藩までこの事業を続けた[高梁市、一九七九:二六三]。

ところで、高梁川流域は松山藩が統治していたが、元禄一〇年(一六九七)に松山藩を分けて松山より上流に新見藩が新たに立てられた。これにともない、それまで一本化されていた高梁川の舟運行政が、松山より上流は新見藩の、松山から河口までは松山藩によって分割管理されるようになった。新見藩と松山藩はそれぞれ、高梁川で荷物の輸送を行う高瀬舟の船主に、その輸送を行うことを公的に認める船株(後述参照)を与えた。この船株の数をみると、新見—松山間で活動する船には四三株、松山と河口の玉島間では一一一株、それに支流の成羽川二四株、矢掛川一〇株、計一八八株であった。これらの船株の割り当て数は一定であったが、実際に稼働していた船の数は時代によって異なった[高梁市、一九七九:二六六]。

新見—松山間の荷物の輸送は、新見から松山への下り荷の場合、一艘あたり米なら四斗俵を三五俵、鉄なら一束(一二〜一三・五貫)のものを三五束積み、人なら三〇人を乗せることができた。新見から松山へ、さらに松山より下流の地域からの荷物も加えて、高梁川を玉島港まで下った荷物には、米と鉄の他に、銅、鉛、木炭、薪、大豆、小豆、たばこ、杉原紙、檀紙(楮を原料とした高級手すき和紙)、漆実、生棉(ワタ)などがあったが、最も多かったのは鉄であった。このほか、舟運で積み下されたかどうかは分からないが、江戸期の高梁川流域の特産物には鉄のほか菅笠、炮薬(火薬)、硯石、蠟、素麵、つるし柿などがあった[近藤ほか編、一九九〇:一八〇]。

高梁川の舟運の具体的な姿を、新見周辺から松山までの輸送を例に示しておこう。新見あるいは少し下流の川之瀬河岸から松山に下る場合、荷物を出帆の前日に積み込み、当日は午前八時ころに出船する。先乗・中乗・後乗の三人が、櫂と竿を使いながら急流を下って、その日のうちに松山に着き、船問屋に荷揚げした。船は松山から下流には行かず、そこから新見まで戻ることになるが、その際、帰りは松山で塩・魚肥などを積んで二日がかりで戻った。ただし、荷物や水量の関係で一泊ないし二泊は松山城下に泊まることが通例であった。新見からの船には荷物だけでなく客船もあって、雲伯二州（出雲・伯耆）の旅客が松山城下に立ち寄り、また諸国の商人もそこを往来するので、松山城下は繁盛し、倉庫業、問屋業、旅館業、飲食業その他の商工業が発達した［高梁市、一九七九：二六四／土井・定兼編、二〇〇四：一〇二～一〇三］。松山が栄えた大きな理由は、元禄一〇年に新見藩が分離された時に導入された「継船制」に依っていた。これは、松山より上流から下ってきた新見藩の船は、それより下流へ航行することができない、また逆に河口方面から上ってきた松山藩の船は松山より上流には航行できないという制度である。このため、荷物も人も、松山で一旦は止まって別の船に乗り換える必要があり、松山は両藩の船が集合する商業中心地となった［高梁市、一九七九：二六二～六四／藤沢、一九五五：七一～八一／湯浅、一九六五：二二一～二三三］。実際の運用を見ると、天保一一年（一八四〇）、新見河岸から松山へは月に六回、三と八がつく日の正五ッ時（午前八時）に出帆と決まっていた［高梁市、一九七九：二六四／土井・定兼編、二〇〇二～一〇三］。

松山から高梁川を下った荷物は主に玉島湊で荷揚げされ、そこからは海上交通を経由して外部との取引になる。玉島の有力魚問屋の一つ、柚木家が安永七年（一七七八）に取引していた相手先をみると、日本海側では加賀・石見が、瀬戸内地域では播磨・淡路・讃岐・周防・伊予が、そして九州では筑前・豊前・肥前・日向・薩摩が含まれていた。これらの地域のうち、取引商人の地域と数をみると、播磨（五五人）、讃岐（一三七人）、筑前（一三〇人）の三地域の多さが目立つ［土井・定兼編、二〇〇四：一〇四］。取引先の地域は特定できないが、天明三年（一七八三）に玉島港から出荷された主な産物として鉄、たばこ、米と雑穀（大豆と小豆か）、菜種、紙、実綿、繰綿が、そして、ほかの地域から玉島の商人が購入した産物として干し鰯、油、油粕、灘酒が記録されている［高梁市、一九七九：二七六］。

同じく玉島港の問屋、米屋三宅家は自ら廻船の海洋船を持ち、文化二～五年（一八〇五～一八〇八）には以下のような地域と取引していた。まず九州の肥後との取引では綿と繰綿を販売、逆に種子（種類は不明）、大豆、小豆、米、小麦、芥子を購入、島原とは綿、繰綿、塩を販売、菜種、蠟、大豆、小麦、種子、玉子を購入、唐津とは鯨油の購入、防州三田尻からは塩の購入だけで販売はなかった。広島との取引では繰綿の購入だけであった。大坂との取引では菜種、大豆、蠟、小麦、米、玉子、古かね、たばこを販売し、繰綿を購入した。小豆島へは小麦を販売し、赤間関（下関）と柳川瀬高へは繰綿を販売したが両地域からの購入品はなかった。これらの取引をみると、米屋三宅家の取引はかなり複雑で、繰綿のように地元の商品を売る場合もあれば逆に買う場合もあったが、おおまかにいえば、米屋家は肥後・島原の農産物を買い、それらを大坂に転売する取引が中心だった［土井・定兼編、二〇〇四：一〇四～一〇五］。

第三節　輸送運賃（船賃）と舟運の管理

（一）輸送運賃（船賃）

本章の第一節で述べたように、高瀬舟の積載量を陸上の輸送能力と比べると、一艘あたり少なく見積もっても馬二〇頭分、平均値四〇～六〇頭分の荷物をわずか三、四人の乗組員でさばいていた計算になるから、その有利さは歴然としている［久世町、一九七五：五四九～五〇］。陸路と舟運利用の場合の同一区間における費用を直接比較した記録はみつからなかったが、一つだけ参考になる試算がある。幕末に旭川の勝山のさらに上流の下長田に至る舟路開発が検討された。その時の計画に関連して行われた試算によれば、この短い距離でも想定される荷物は一年間に数万個に及び、馬による駄賃の費用が一万七五〇〇両（一個当たり銀一五～二〇匁）であったのにたいして、船を使えば八七五〇両（一個につき銀一匁五分～一〇匁）になると見積もられた。これらの数値からすると、この地域では船による輸送のコストと馬による輸送コストの差は最大で一〇分の一、平均で半分であったと見積もられていたことになる。計画は一八七一年の廃藩置県によって中止を余儀なくされたが、高瀬舟を使った舟運の効率性をよく物語っている［岡山県、一九八五：六四七～四八／竹尾、二〇一四：四六～四七］。

船による輸送が効率的だとしても、その具体的な運賃と費用は荷物の種類によって異なった。輸送にかかわる費用は、大きく藩の公用荷物（御用荷物）と商荷物とで異なった。御用荷物の輸送は領主の年貢米・廻米の輸送が中心で、これには自前の船（藩船）で運ぶ場合もあったが、民間の船を指名して海洋船が利用できる港まで河川の舟運で運ばせる場合もあった。藩船の場合には船頭および乗組員にたいする報酬を藩が払うことで費用の問題は解決できるが、民間の船を指名した場合、藩はどのように船の所有者と乗組員に報酬を与えたのかについては確認できなかった。

これにたいして、民間の商荷物の輸送費に関してはある程度知ることができる。藩と河川による違いはあるが、まず吉井川の場合からみてみよう。吉井川においては貞享四年（一六八七）正月に、津山から瀬戸内方面への「運賃定」の「札」が出発地点の河岸に立てられていた。これによれば、津山の船頭町河岸から河口の金岡・西大寺までは、九～二月は銀一八匁、三～八月は同一二匁、岡山までは同二一匁と一五匁となっていた［津山市、一九七三：一八八］。この場合の「運賃」は、船一艘が金岡または西大寺まで下る際の基本的な運航費だったと考えられる［津山市、一九七三：一八八］。これに加えて津山船頭町河岸からの下りと上りの荷物にたいする運賃を品目ごとに定めていた。本章第二節（一）「吉井川の舟運」で触れたように、津山藩は文化一二年（一八一五）の「津山河岸船方古今掟」において、津山河岸からの下り荷である米・大豆・繰綿・小麦粉などの農産物および農産物加工品、針金・鍋釜・杓子など二二品目について運賃を定めていた。具体的には米は一俵につき銀〇・七匁、玉子一籠〇・五匁、酒（三斗二升入一丁）一匁、大豆（一俵）〇・七匁、小麦粉（一俵）、〇・七匁、針金（一丸＝八貫＝三〇キロ）〇・五五匁、など、それぞれの品目の基本的な単位にたいする運賃が定めていた。上り荷にたいしては、吉ヶ原の船番所で品目ごとに決められた運上銀を徴収していた。すなわち、すでに本章第二節で触れたように、寛政一〇年（一七九八）には五六品目、文化一〇年（一八一三）には一三品目が追加され、計六九品目が運上銀徴収の対象とされた［岡山県、一九八五：六六七〜六八］。

つぎに、旭川における輸送費をみてみよう。貞享四年（一六八七）に、旭川筋の勝山の少し下流の垂水村に立てられた高札には、津山藩の役人二名の名前で五カ条の「定」が書かれていた。その中で船賃については最初に「当村より備前国岡山迄川船一艘に付銀子弐拾弐匁に相定置上は、商人宿・船頭宿において船賃の相銀少しも取るまじき事」と書かれている。ここで「相銀」とは商人（乗船客）と船頭の間で交わされる規定外の船賃である。船賃の基本単位は一艘当たりであった。この定めにある銀二二匁という部分を『久世町史』は、当時の銀と銭との換算率から銀二二匁は銭一四七〇文に相当し（一文は現代の価値でおよそ一〇円として）、「川船賃」が約一万五〇〇〇円としている［久世町、一九七五：五四七〜四八］（注3）。この船賃は「船一艘に付」となっているので、これは岡山までのいわば基本的な航行料（通行料）と受け取れる。あるいは、船を一艘借りきって岡山まで荷物を運んだ場合の基本船賃とも考えられるが、荷物にかんする言及はない。この金額が人を乗せた場合の一艘全体にかかる船賃で、それを乗り合わせた乗船客全員で分担したのかもしれない。岡山まで航行できる船ならば三〇人は乗れるであろう。すると船賃は一人当たり五〇〇円相当となり、ずいぶん安いが、もし、一万五〇〇〇円が乗客一人の船賃だとすると、かなりの高額となる。ただし、垂水から岡山まで八〇キロメートルほどの距離で、途中で一泊する行程であることを考えると、それほど高額ではなかったとも考えられる。しかも、この「定」では乗客に一般の農民というより商人を想定しているので、このくらいの船賃は妥当とも考えられる。いずれにせよ、以上は仮定のうえの推定値にすぎないので結論は保留し、ほかの資料をみてみよう。

旭川において、江戸期には人も乗せる「飛舟」または「日舟」（ヒブネ）が勝山、落合、久世から岡山方面に出ていたことは分かっているが、はっきりとした運賃は確認できなかった。ただし、時代をずっと下って大正五～六年ころには、落合から岡山まで（七一キロメートル）の船賃が一円であった。当時米一俵が五円ほどであったから［落合高校、一九七〇：一五］、この船賃一円というのは、現在米一俵（六〇キログラム）が二万四〇〇〇円とすれば、四八〇〇円ほどになる。決して安くはないが、徒歩で移動するより短時間で荷物も一緒に運べるので、全体としてみれば舟運は安くて効率的な交通手段であったのだろう。ただ、残念ながら、陸路を徒歩で移動した場合の費用（途中の食事や宿泊費などを含めて）がどれくらいであったかの具体的な事例を見いだせなかったので、舟運と陸路の移動費用を正確に比較することはできない。つぎに、高梁川における船賃・輸送費について説明しよう。

高瀬舟による輸送費について井上家文書『高瀬舟一巻』には、宝暦四年（一七五四）における、鉄荷とそのほかの一般商品を高梁川の新見から松山まで運んだ場合の運賃とその内分けが具体的に記されている。このような記録はあまりないのでくわしくみておこう（表10－2）。鉄を運んだ場合の一艘当たりの総運賃は銀三二匁六分六厘（米に換算して五斗八升三合相当）であり、鉄以外の一般の荷物なら、一艘当たり銀三七匁七分九厘（米六斗七升五合）であった。この区間では、河岸問屋は地域の特産物である鉄を扱う鉄荷問屋と、そのほかの一般商品を扱う町荷問屋に分かれていた。この事例では、町荷の運賃は鉄荷と比べて船一艘について銀五匁一分三厘だけ高かった。この総運賃の内訳は、鉄荷の舟床（倉庫使用料。おそらく船の中の荷物置き場の使用料）が七匁七分であるのにたいして、町荷のそれは一〇匁八分三厘、「すね給」（船頭給＝先乗・中乗・後乗への報酬）は両者とも一〇匁三分六厘、「弁切」（乗組員の食料米二斗分）は両者とも一一匁二分で同じであった。しかし、船差口銭（船差役給。船番所の役人への支払い）は鉄荷七分対町荷二匁七分、新見藩への運上（この場合の運上は通行税）は両者とも一匁四分二厘、松山藩運上銀も両者とも一匁二分八厘であった［岡山県、一九八五：六六六～六七／高梁市、一九七九：二六四～六五］。ここで、運上銀には船の通行ごとに徴収する船運上と、積み荷の品と（おそらく）量によって異なる積荷運上（荷物運上）とがあったが、資料には船運上だけが示されていて、積荷運上については言及がない。この理由も明らかではないが、新見藩内の積荷運上にかんする記述がないので、これを徴収していたのかいなかったのかは分からない。これにたいして、以下に示すように、松山藩は松山を通過する荷物にたいしては、品目ごとの積荷運上を決めていた。この記録に関連して五点補足しておこう。

第一点は、ここでは、荷主が船一艘を借りきり、荷主の船賃が示されていないので、荷主自身は乗船せず荷物の輸送だけを委託したことが想定されるという点である。船賃についていえば、そもそも荷主は船賃が要らなかったのかもしれない。第二点は、船乗りたちの報酬である。資料によれば三人の報酬は一人当たり銀三匁五分で米六升三合に相当したが（当時、銀一匁＝米一升八合に相当）、これは往復の報酬としては当時でも少なかったようである。第三点は、鉄荷と町荷の運賃の差は銀五匁一分三厘であったが、その差は「舟床」で鉄荷の方が銀三匁一分三厘安かったことである。その理由は明らかではないが、小口の荷物が多かった一般の荷物に比べて、鉄は体積が小さい分場所をとらなかったからかもしれない。「船差役口銭」は鉄荷の方が銀二匁安かったが、この理由も分からない。この地域において鉄は特産物なので輸送において優遇されていたのかも知れない。第四点は、問屋が鉄荷問屋とそのほか一般の荷物を扱う町荷問屋に分かれていたことからも分かるように、当時はこの地域では鉄が特別に重要な産物であった。第五点は、運上銀についてである。新見からの松山まで荷物を運ぶ場合、船運上は徴収されたが積荷運上は徴収されなかった。

表 10－2　高梁川における輸送費
（宝暦 4 年＝ 1754 年）

	鉄荷	町荷一般
船床	7 匁 7 分	10 匁 8 分 3 厘
船頭	10.36	10.36
先乗	(3.5)	(3.5)
中乗	(3.36)	(3.36)
後乗	(3.5)	(3.5)
新見藩運上	1.42	1.42
松山藩運上	1.28	1.28
船差口銭	0.7	2.7
米 2 斗	11.2	11.2
計	32.66	37.79

（単位＝銀）
出典［高梁市、1979:264］

しかし松山を通過して荷物を運ぶ場合、荷主は船運上を徴収されたうえ、積荷運上が徴収された。さらに宝暦四年（一七五四）には、松山の船番所に加えて、二カ所の船番所で追加の船運上を徴収された。船運上と積荷運上を往復で二回払うことになり、これは、新見藩の荷主や商人にとって大きな負担だった。松山藩が徴収した積荷運上は、たばこ、綿実、枳殻《きこく》（生薬）、紙、塩など特定品目にたいして課されていた。たとえばたばこ一丸（一四貫＝五二・五キログラム）につき銀一匁五分であり、一艘に三六丸積み込むと銀五四匁もの高額の積荷運上が課された。松山藩によるこの課税政策は、高梁川の新見から河口の港までの商品流通を圧迫した。商人の中にはこの高額運上を避けるために、新見から成羽までを船番所を避けて陸路で運ぶ者も現れた。このため川下げ荷物が大幅に減少してしまった。こうした状況に新見と松山の河岸問屋は松山藩にたいして積荷運上の半減を嘆願した。これは後に受け入れられたが、一旦減少してしまった荷物量は回復しなかったため、松山藩はついに嘉永五年（一八五二）に積荷運上を全廃した。こうした経緯は、松山藩の強固な舟運の支配体制が発展しつつあった流通経済を圧迫し、結局は幕末に向かって急速に弱体化したことを物語っている［岡山県、一九八五：六六七〜六八／落合高校、一九七〇：一三］。

以上は荷物の輸送についての運賃であったが、人を乗せた場合の船賃はどうだろうか。高梁川水系では嘉永五年（一八五二）に、上水の時（水量が多い時）には銀一匁五分（当時の米で二升相当）であった［落合町、一九八〇：三四七〜四八］。この場合、どこからどこまでの船賃かは分からないが、おそらく松山から河口の玉島か倉敷あたりまでだと思われる。この金額を先の貞享四年の旭川における換算率を適用すると、銀一匁が六六・八文となるから、船賃一匁五分は約一〇〇文、一文を現在価値一〇円として計算すると、この船賃は一〇〇〇円ということになる。この間の距離は四〇キロメートルほどであるから、この程度の船賃なら、ごく普通の人も利用できたであろう。ただし、この船賃は「上水の場合」という条件が付いており、水が少ない場合や途中で天候が悪化した場合なども考慮しなければならない。

（二）舟運の管理

中国地方おける舟運の管理・統制については、藩の境界を越えて船、人、荷物が移動する場合に、川では「船番所」（図10－1を参照）が、陸路では「口留番所」が、税関と関所の役割を果たしていた。藩の境界にある船番所は船の船籍、荷物の種類や数量を調べ、船運上や積荷運上を徴収したが、それ以外に乗船客の身分や宗門の人改めを行った。陸路の口留番所も同様である。つまり藩境にある番所は、税関と関所を兼ねていた監視所であった。ただし、口留番所は藩の境界を越える人と荷物の監視するものばかりではない。それ以外にも藩内にはいくつかの口留番所があり、それらは、たとえば移出禁止の商品などに関して藩内における移動の監視や管理をしていた（図10－3を参照）。番所とは別に藩はさまざまな管理と監視を行った。たとえば、藩が舟運にかかわる業者に株仲間を組織させ、「船床銀」や「船運上銀」を上納させて就航の独占権を与えたり、庄屋、組頭、船年寄、あるいは船頭仲間で組織した「舟方取締」などに株仲間を統括させ、舟運の運営を厳しく統制することが通例であった。しかし、これは一般原則で、実際の舟運の管理や運営は藩ごとの政策や事情よって異なっていた［富岡、一九七七：九二～九三］。こうした一般的な管理体制を念頭において、以下に河川ごとに舟運管理の具体的な状況を津山藩の事例からみてゆこう。

（1）津山藩による吉井川の舟運管理

津山藩の舟運管理体制は、城下の町奉行・大年寄りのもとに、蔵元役・船方吟味役、船肝入が置かれていた。蔵元役は年貢米を上方に輸送し、売却して代銀を藩へ納入し、その輸送手段である高瀬舟を管理下においていた。船方吟味役は全ての積み荷について、その都度荷主の申し出に基づいて積み荷の品目の検査（改め）を行った後、船の出航を許可した。船肝入は、各河岸において船積みや船頭の差配を担当していた。また町奉行は、運賃規定、移出禁止品目や運上銀の対象となる品目を定めた制札を掲げるなど、舟運全般についての管理を行った［岡山県、一九八五：六五三～五四］。

津山藩は吉井川の上流域から中流域（美作国）の大部分を所領としていた。吉井川は下流域で岡山藩の領地となるので、津山藩は小桁（津山市）、吉ヶ原・飯岡（ともに久米郡美咲町）に船番所を設け、他領（岡山藩）との物資の移出入の取り締まりや運上銀の徴収を行った。一方、岡山藩は延宝五年（一六七七）に和気郡板根村（現・備前市）に船番所を設置したが、これは享保二〇年（一七三五）に和気村（現・和気町）に移された。そして倉安川の開削後には新川筋にも船番所を置き、ここで船運上を徴収した。この両藩では積み荷をめぐってしばしば紛争が起こった。たとえば享保元年（一七一六）と同一二年には、津山藩の船持と岡山藩領の船持との間で積み荷をめぐる紛争が起こった。いずれの場合も、岡山藩の船が津山からの下り荷を積み込むことを津山藩側が差し止めたことにたいして、岡山藩側も津山藩の船には美作への上り荷物を積み込ませない、という対抗手段をとったことが原因であった。これら二つの争議は結局、津山藩側が折れ、備前船（岡山藩の船）にも津山での荷積みを認めることで決着した［岡山県、一九八五：六五二／藤井ほか、二〇〇〇：二三三～三四］。

以上は荷物の輸送に関する直接的な管理であったが、このほかにも藩ごとにさまざまな舟運政策をとっていた。津山藩では吉井川を航行し荷物を運ぶことができるのは、運上銀を払って船株を持つ者に限っていた。船株は一株につき高瀬舟一艘と決められており、船株を持たない者は「高瀬舟稼ぎ」ができなかった。「高瀬舟稼ぎ」とは、津山船頭町河岸から吉井川を経て西大寺・金岡・岡山までの河岸に入港し、人・物を輸送して船賃を稼ぐ仕事を指し、この権利を保証するものが船株である。重要な点は、これらの船株付の船だけが津山城下の船頭町河岸に着岸し荷物の積み降ろしができることである。第二節（一）で言及した一八六艘とは、この船株が与えられた船数である［津山市、一九九五：一二六］。しかし、たとえ船株が与えられても、船持や船頭はその船で自由に荷物を運ぶことができたわけではない。元来、吉井川の高瀬舟は「津山押立」といって、年貢米などの上納米を運ぶことが主な役割であったため、藩の舟運管理策としてまずは年貢米輸送を優先させた［落合高校、一九七〇：一二三］。以下に、その実態をもう少しくわしくみてみよう。

津山藩が年貢米輸送を優先させていたことは、吉井川の支流、梶並川―吉野川において実際に動員された船数（何回も往復するので延べの数）の比率に如実に表れている。たとえば文久二年（一八六二）、最も年貢米の比率が高かったこの支流では、年貢米の輸送に使われた船が七二％、民間の諸商品の輸送に使われた船が二八％であった。そのほかの支流でもこの比率は六七％対三三％、最も低い支流でも五二％対四八％で、やはり年貢米輸送が優越していた。しかも、年貢米の輸送にたいして藩が船の所有者や乗組員に払う輸送費は、商荷物を運んだ場合より安く抑えられていた。一例を挙げると、文久三年（一八六三）八月に支流の田殿から金岡湊までの一六里を、一艘の船が年貢米六〇俵を運んだ時の運賃が銀九七匁九厘であったのにたいし、同じく一艘の船が商荷物（雑穀、板、炭、荒物など）を運んだ場合は銀一一〇匁以上であった。もっとも年貢米輸送の運賃は、このころ突然切り下げられたわけではなく、津山藩の財政は天保期から窮乏化し、何回か年貢米輸送の運賃の切り下げを船持や船頭などに押し付けてきたのである。しかし、船持や船頭は、商荷物の輸送だけに全面的に依存することもできず、一定の収入機会を確保するために年貢米輸送をも一部で引き受けざるを得なかったのである［柴田、一九五六：五二～六七］。

津山藩は年貢米輸送を優先するために、年貢米の川下げ中は原則として民間の商荷物の輸送を中止させていた。しかし、その一方で「除船」という形で年貢米の輸送に支障がない限り商荷物の輸送が認められていたため、民間の商品流通が完全に窒息することはなかった。ここで「徐船」とは、「特別枠の船」というほどの意味であろう。ところが、文久年間（一八六〇年代前半）に、年貢米輸送を急ぐ領主権力によって、年貢米輸送期間中は、商品輸送が一切禁じられてしまった。これは、吉井川の舟運と民間の経済に致命的な打撃を与えることになった。天保期（一八三〇～一八四四）以降、吉井川流域の農村経済の衰退、物価の高騰が加わって舟運をめぐる環境は悪化し、稼働する高瀬舟の数は減り続けた。吉井川の支流、梶並川―吉野川筋に、天保一一年（一八四〇）には五一艘の高瀬舟があり、すべて稼働していたが、文久二年（一八六二）には船数は五三艘であったが、実際に稼働していたのは三四艘で、一九艘は「休業」、つまり稼動していなかった。幕末の慶応三年（一八六七）にも船数は五三艘だったが、うち稼動していたのは三一艘、「休業」船は二二艘にも達していた。この稼働数の急激な減少は、津山藩の年貢米優先政策と、その際の輸送費の安さが主要な要因であった。こうして、吉井川の舟運そのものが江戸期を通じて衰退し、明治に向けて崩壊に向かってしまったのである［柴田、一九五六：五二～六七／川名、二〇〇五：七一］。

（2）岡山藩・勝山藩による旭川の舟運管理

旭川は中・上流域を勝山藩が、下流域を岡山藩が管轄している。旭川の中・上流域の舟運を管理する勝山藩は貞享四年（一六八七）、真島郡高田村（勝山。現・真庭市）における運航上の規則を以下のように定めている。これらのうち、船賃については、すでに垂水村の「定」に関連してくわしく論じているので、ここでは、そのほかの舟運管理という面からこの「定」を見てみよう。

定

真島郡高田村

一　当村より備前国岡山迄川船賃一艘に付銀子二十四匁に相定置上は、商人宿船頭において船賃之相銀少も取まじき事
一　登米積時他国船無断積べからず、但船不自由或る時は船頭相對の事
一　他国衆船にて下る時、船切手に不及通ずべし、但女乗においては其宿より福渡村番所奉行へ手形遣し

可相断、乗衆之荷物何に而も可積、其外船頭たりとも自分の荷物法度之荷物少も下積に仕間敷事
一 下り荷これ有る時他国船可積といふ時は国之内之船同前に積ますべき事
一 荷物宿主手船に廻り〇之荷物之外盗積み申においては残船頭共として吟味を遂げ猥にこれ無き様可仕事

右之條々堅可相守之、若違背者可為曲事者也
貞享四年正月　日
林　多左右衛門
高井太郎左右衛門
川端　八太夫

一つは、登米（大坂に積み出す米）を他藩の船に無断で積み替えてはならないが、船が不自由な時は船頭同士で相談して便宜を図ることなど船頭の裁量も認めている。二つは、他国の人が船で下るときは船切符はなくてもよい。ただし、女性が乗る時には、その宿から福渡村の船番所奉行に手形を渡すこと、とあり、ここにも女性の乗船者にたいして監視の目を光らせていたことが現れている。三つは、乗船者の荷物は積んでもよい。四つは、船頭といえども自分の荷物として禁止の荷物を積んではいけない。五つは、他藩船に荷物を積むときは、藩内の船と同様に積むこと。六つは、隠れて荷物を積んだ時は船頭も調べる。このようなことがないよう仕事をすることであった［勝山町、一九八二：一八九〜九〇／落合高校、一九七〇：一三〜一四／小谷、二〇〇〇：六八〜六九］。

以上はこれらの藩による行政的な舟運の管理のほかに農業のための制限もあった。水田に水を供給するため、五月から九月二〇日ごろまで流域の各所で井堰が設けられたので、この間は事実上船の航行はできなかった。し

かし、非常に重要な荷物があり、井堰を越えなければならない時、荷主（親方または船頭）は前の日に、その土地の井堰を使っている農民の長に船の通過を知らせ、酒あるいは酒代を渡して一時的に井堰を開けて内密に船を通過させてもらうこともあった［落合高校、一九七〇：一一］。

河川ルートは、ただ船の停泊場所、荷物の積み降ろしを行う場所と施設（つまり河岸）があれば機能するわけではない。実際には、川の両岸に集落があれば、両者を繋ぐ橋か渡舟が必要である。旭川では寛文五年（一六六五）に初めて橋が架けられたが、その後洪水のたびごとに橋が流されてしまったため、渡舟は必要であった。そこで、貞享四年（一六八七）に渡舟に関する法令が出された。

一　渡船往来の人、昼夜不レ限無レ滞可二相渡一。但四月朔日より八月中は可レ為二歩渡一水出の砌は可二相渡一之事

一　騎馬之他土石砂井不浄の類一切積渡間敷事

一　手負其他不審成者渡間敷之事

右条々堅可二相守一之者也

貞享四年正月　日

川端次郎大夫

これによると、ここを往来する人は昼夜なく渡ることができるが、四月一日から八月中は（水田に水を供給するため水位が下がるので）渡舟は使えない。ただし、水が多い時には渡舟も使うことができる。馬や土石砂など汚れ物の類は一切乗せてはならない。さらに、怪我を負った者、不審者は渡してはならない。一方で、水田に水

を供給する必要がある四〜八月（原文旧暦で、新暦ではおよそ五〜九月）を除いて渡舟をいつでも利用できるようにするため、当時、国守の要職にあった森氏は、渡し場ごとに船一艘と渡し守を常時二名置き、その報酬として米四石五斗を与えることにした。この法令でもう一つ興味深いのは、怪我を負った者や不審者を渡らせてはならない、という決まりである。渡舟場（渡船場）は船番所ほどではないにしても、人と物の出入りを見張る役割をも果たしていたのである。森氏の施策もあって、以後、旭川流域に次々と渡舟場が設けられ、享保一〇年（一七二五）には二二カ所、二〇艘の渡舟が記録されている［勝山町、一九九〇：七〇一］。

岡山藩は吉井川と旭川の下流部を管轄していた。全体の管理にかんしては、群会所新開方の管轄下に城下商人や村役人の中から高瀬舟肝入役や吉井川筋薪船改などの役職を任命し、運上銀の徴収、新造高瀬舟の焼印による登録、積み荷改め、河川行政全般の仕事に当たらせた。船番所は、旭川水系では明暦二年（一六五六）に御野郡川本村（現・岡山市）に置かれ、寛文五年（一六六五）には同郡平瀬（現・岡山市）、さらに天明六年（一七八六）には赤坂郡牟佐村（現・岡山市）へ移っていった。岡山藩は、舟運そのものにたいする制限はあまり設けていないが、領内在籍船には高瀬舟稼ぎ一年分の運上として一律に米三俵を課し、薪積載については積荷運上として銀札三匁、柴木、枝木積載の場合は二匁五分の運上であった。そのほかの荷物にかんしては「米之他穀物・木材・炭等積廻船ニは御運上無之候……」とあり運上はなかった［岡山県、一九八五：六五二〜五三］。岡山藩の舟運管理の中で、薪と柴木、枝木など燃料と考えられる荷物には運上はあったが、主要な商品の米と穀物、そして同じく燃料の炭にたいする運上はないとされているが、この理由や背後の事情には分からない。

（3）新見藩・松山藩による高梁川の舟運管理

高梁川は松山を境に上流域を新見藩が、下流域を松山藩が管理していた。この両藩においても船株を与えられた船主だけが舟運を行うことができた。継船の監視（特に抜け荷の監視）や運上銀の徴収の実務は、新見藩では民間の「船差役」、松山藩では「船支配」に委託されていた。高梁川において新見藩と松山藩がそれぞれ運上銀と差配役口銭を徴収したことはすでに述べたとおりであるが、これは輸送費の一部となって荷主にとっては大きな負担であった。それでも舟運による輸送は、陸路で荷物を運ぶよりははるかに効率的であった。たとえば、松山より上流域で航行していた船は三〇石積みが標準であったから、一艘の船が運ぶ量は陸路を馬で運ぶ場合の四〇頭分に相当した。これだけの荷物を三人で一艘の船に積んで運ぶことができたから、運上銀や差配役口銭を払ってもなんとか引き合ったのである〔高梁市、一九七九：二六四〜六五〕。しかし、松山藩は宝暦四年（一七五四）にさらに二カ所の船番所を設けて運上金を徴収したので、新見藩の商人の中には松山藩領内の船番所を避けて成羽まで陸路で荷物を運ぶ者も現われるようになった。松山藩のこうした舟運管理と課税政策は、高梁川全体の経済活動を衰退させてしまったことはすでに述べたとおりである。

以上のような藩による舟運の制度的な管理のほかに、高梁川の上流域を所領していた新見藩は、ほかの藩にはみられない独特の船の運航そのものを管理していた。新見藩は船差配の役を民間の井上家に委託し、井上家は宝暦四年（一七五四）から幕末までこの役を務めた。船差役は、舟路管理、積荷検査および問屋・船頭の統率・監督など通常の業務に加えて、河川の水深計測を行う義務を負っていた。すなわち、新見河岸から出る高瀬舟一艘分の積載量は、河川の水量によって上水・中水・渇水の三段階に区別されていた。船差役は水位基準を示す分杭で判断し、その日の積載量を決定した。上水時（水量が十分にある時）の積載量は、米なら四〇俵、小割鉄は五五束（一束は一二貫＝四五キログラム）、たばこは三〇丸（一丸＝八貫＝三〇キログラム）、乗人は三〇人とされた〔岡山県、一九八五：六五五〕。これはおそらく、過剰な積み荷によって船の沈没や浅瀬へ乗り上げてしまうなどの危険を避けるためだったと思われる。

高梁川下流域でも水量によって積み荷の調整が行われた。下流域の主要な河岸である総社近辺の事情であると思われるが、高瀬舟の船頭は、その時々の水量に応じて積み荷を、下りは四〇〇〇〜六〇〇〇キログラム相当、上りは四〇〇～一二〇〇キログラム相当までを限度とした。川底すれすれに船を操るのが船頭の腕の見せ所といわれた。ここでは、一艘の船が積む荷物は平均、馬五〇頭分（米百俵分か）とされていた。しかし、船頭の労働は「下り大名上り乞食」とまでいわれ、下りは流れに乗って棹さばきも鮮やかに一気に河口まで行けるが、帰りの上りは船を綱で曳き上げ、浅瀬では船を押し上げる重労働であった［総社市、一九九八：六六五］。高梁川において川の水量による舟運の運航管理は合理的であった。しかし、松山藩の課税政策は、結果的に流通と経済活動を圧迫し、高梁川の舟運を衰退させてしまった。

第四節　舟運と文化交流

舟運の実態を、荷物の積載量や品目、航行日数などでおおよその様子を描くことはできるが、人を乗せた船の場合、具体的にどんな乗船客がどんな目的で船に乗っていたのかを資料で確認することはかなり困難である。ただ、破船の記録は例外的にこれらの一端を明らかにしてくれる。たとえば、寛政七年（一七九五）六月八日、高梁川の広石瀬で高瀬舟が破船した。この時、乗客の総数は分からないが、一五人が溺死したことが記録されている。遭難者の内分けは、出雲国神戸郡（現・鳥取県日野郡日南町）からの六人、備中（現・新見市哲多町）からの八人、塩飽島（現・香川県丸亀市）からの一人であった。出雲からの六人と備中からの八人は農繁期を終えて金毘羅参詣の道中であったようだ。ただし、この事例の場合、積み荷については分からない。これにたいして文政一二年（一八二九）、成羽川と高梁川との合流点での破船では、吹屋の弁柄などを積んでいたことだけが分かっている［岡山県、一九八五：六六九～七〇］。ここで弁柄《べんがら》が積まれていたことは興味深い。というのも、赤い染料の原料となる天然弁柄は高梁川流域の成羽周辺の吹屋が日本で唯一の産地だからである。

破船の事例は旭川についても見いだせる。旭川の上流は急流で、荷物を満載した船が転覆することもあった。

文政三年（一八二〇）三月一九日、勝山を出発した船が草加郡（現・真庭市）で破船し、乗客二一名のうち二名が死亡した。興味深いのは乗客の構成で、伯州（鳥取県の西半分）米子の町人、長州（山口県）萩領の僧侶、伯州倉吉の町人、摂州大坂船場の町人など、いずれも山陰地方から、日野川沿いに伯州より四十四曲峠を越えて新庄美甘をすぎて勝山に到達した人、あるいは伯州の湯原方面から南下した人たちであった。彼らの中には金比羅や京都本願寺詣でをする人、北国関東二十四輩順拝に向かう人、また各地から帰国の人もいた。この一件から、旭川は山陰と山陽との重要な交通路であり、勝山はその中継地として重要な港町であったことが分かる。舟運を利用した旅行のうち「お伊勢参り」のような参詣の旅については後に再び具体的に説明する。

ところで旭川の破船記録は、人のほかにどんな荷物がどれほど積まれていたかを具体的に教えてくれる。すなわち、この破船の積み荷をみると全部で六〇俵（標準の重量として三・六トン）相当、うち鉄三五束、釘三丸、たばこ四丸、莚包六個、木綿四丸などであった。ここでは、鉄の重量が「束」で、そしてたばこと木綿が「丸」で表わされており、これが実際にどれほどの量なのかは分からない［勝山町、一九九〇：七〇三／勝山町、一九八二：一九〇／落合町、一九八〇：三四五］。この破船事故の場合、乗船客は二一人であったが、これは六〇俵の荷物と一緒に乗船した人数なので、もし荷物がなければもっと多くの人が乗船できたであろう。このように舟運には常に転覆や破船の危険性がある。しかし、これを避ける一つの方法は川底さらえをすることである。この問題の解決を含めて旭川筋の船主たちが非常時の救済のために高瀬舟組合を結成したのはずっと後の大正一〇年（一九二一）のことであった［山陽新聞社出版局編、一九九六：八二］。

なお、江戸時代の直接の資料ではないが、明治以降、鉄道開通以前の旭川では、下りの主として人を乗せる「日舟」（飛舟）の場合、乗客は四〇〜六〇人、主に山陰地方の人たちで、彼らの主な目的は、岡山、小豆島、金毘羅参り、伊勢参り、京阪旅行だった。これからみると、船で岡山に下った人たちの目的は江戸時代とあまり変わらないことが分かる［落合高校、一九七〇：一四］。

荷物と人の移動にとって舟運が大きな役割を果たしたことは以上にみたとおりであるが、それが流域の生活文化圏の形成にどのような影響を与えたのかをみてみよう。これまでの検討からも、流域の人びとのつながりがいくつか明らかになった。たとえば、船が浅瀬を上る時には、それぞれの土地の人に船を綱で曳き上げてもらったり、田に水が必要な田植の時期に井堰を越えて船を通してもらう際に、地元の代表と交渉して許可を得るなど、流域の諸地域の人びとの日常的なつながりがなければ舟運は成り立たなかった。また、川底には土砂が溜りやすいので、親方（多くの場合、船の所有者）は、土地の人五〜六人に金銭を払い、一カ所二日ほどかけて船の通り道（船尾、船道）を掘ってもらうこともあった。これも舟運を通じて地域社会が形成されていなければ不可能である［落合高校、一九七〇：一二／山陽新聞社出版局編、一九九六：八三］。

資料にはほとんど登場しないが、商品や物が動く背後には必ず人が動いていたはずである。具体的には、流域の産物を生産する農民や職人、彼らから生産物を買い集め河岸の問屋などに売り渡した仲買人のような商人、藩を越えて山陰側からの商品を山陽側の河岸まで運んだ商人、こうして運ばれた商品や、瀬戸内諸港を経由して外部から移入した商品を流域の人びとに売りさばいていた商人、それを購入した人びと、実際に輸送を担った船の乗組員、馬子などの多数の人たちが活動していたはずである。そして、流域の河岸や町には宿屋があり、そこには旅行者や商人、さらには商業に直接・間接に携わる内外の人びとが宿泊していた。旭川の場合には岡山や大坂からの商人もこうした宿屋に宿泊していた［落合高校、一九七〇：一七］。河岸を中心として人びとが集まる場所や宿屋などでは各地の人びととの交流や情報の交換がなされたであろう。こうした人たちは取引相手とある程度継続的な関係を維持していたと考えられるので、巨視的にみれば、これら全ての人たちは経済関係を軸としたコミュニティー、すなわち流域生活圏を形成していたとみなすことができる。

以上は、舟運がもたらした社会経済的生活圏の形成であった。それでは、吉井川・旭川・高梁川において、舟運と密接に関連した文化としてはどのようなものがあったのだろうか。残念ながら、これについてはあまりくわしいことは分からない。筆者が確認できた一つは、旭川流域にみられた「舟霊様」信仰であった。「舟霊様」は場所によって、オフナサマ、オガタサマなどと呼ばれ、通常は船の帆柱を立てる部分に穴をあけ、御神体を納める。御神体としては女性の毛髪、人形、サイ（コロ）二個、銭一二文、紅や白粉、まれにネズミの糞を入れるところもある。日本海沿岸や瀬戸内海の一部に舟霊信仰はみられるが、その形態には若干の違いがあった。たとえば御神体が全くないところもある。旭川の船頭たちの舟霊信仰も御神体を入れないタイプで、四国の金毘羅宮のお札や木山神社のお札を船の前の方に貼るだけの場合が多かった。現代では舟霊の管掌者は、多くの土地で舟大工と考えられているが、古くは修験者や巫女であったらしい。船乗りたちの信仰を集めていた「金比羅」とはサンスクリット語のクンピーラ（ワニ）に由来しインドでは水神であったが、後に仏教の守護神の一つとなり、日本では航海の守護神として信仰を集めてきた、という説もある。この節の真偽は分からないが、舟霊の管掌者が古くは修験者か巫女であったということからすると、起源的には呪術的な信仰であったと推察される［落合高校、一九七〇：二二二］。これは、たまたま旭川流域で行われていた信仰であるが、日本海沿岸や瀬戸内海沿岸の一部にも似たような信仰があったということは、ほかの河川流域でもみられた可能性は十分ある。

各地を移動したのは船乗りや商人だけではなかった。江戸時代の民衆は短期間の旅行も厳しく制限されており、その生活は基本的に徒歩で日帰りが可能な日常の生活範囲内で営まれていた。ただ、男だけは、年に数回は村の用事や買い物のために城下町まで泊まりがけで出かけることがあった。さらに、例外的に藩や領主の御用で江戸まで旅することもあった。しかし、平和な時代が続き、経済発展にともない規制もしだいにゆるんだ江戸の中・後期になると、男も女も一生に一度は遠くの寺社へ参詣するという風潮が広がった。男女の区別は分からないが、すでに紹介した破船の乗客の中には、山陰から中国山地を越えて旭川や高梁川の舟運を利用して瀬戸内に出て金比羅参詣やお伊勢参りの旅をしていた町人が混ざっていた。さらに、山陰からの人だけでなく、山陽の人たちも金比羅参りやお伊勢まいりに出かけていた。たとえば津山周辺からの金比羅参詣者は往復一〇日前後の日程が多く、その手軽さで人気を集めたようである。この場合、津山からは吉井川を船で下って瀬戸内の港に出て、そこから船を乗り換えて海路四国に渡ったものと思われる。しかし、記録をみると、人びとは金比羅参詣や伊勢参宮以外にもさまざまな寺社や霊場へ参詣の旅をしていたようだ。津山藩の土居家に伝わる『御用日記』には、文化年間（一八〇四～一八一八）に津山藩領大庄屋土居構の村から旅に出た人数（男女別）が記されている。最も多かったのは文化五年（一八〇八）の金比羅参詣で、男六五人、女一三人であった。この年、ほかには大山（鳥取県）・広峰（姫路市）・大峰（奈良県）、西大寺、伊勢、四国巡礼、出雲大社、能勢妙見（大阪）など西国、京都などへの旅行者が若干名となっていた。これらのうち最初の三カ所は女人禁制の霊山で、男の参詣者だけであった。これらの場所へも津山から吉井川を船で瀬戸内に出ていった［藤井ほか、二〇〇〇：二三八～三九］

一八世紀末以降、全国で金比羅参詣や伊勢神宮への「おかげ参り」などが盛んになったことはよく知られているが、岡山の三つの河川の流域全体でどれほどの人数が参詣に出かけたかは分からない。つぎの事例は特定の地域（この場合は「村」）から何人くらいの人がどのように費用を工面して出かけたのかを知るうえで参考になる。高梁川河口と岡山の中間にあり、児島湾にほど近い、小田川沿いの児島郡味野村（現・倉敷市内）の「御用留帳」には、元禄六年（一六九三）から安政六年（一八五九）まで、毎年何人が伊勢参宮と四国巡礼（金比羅詣でを含む）へ出かけたかが記録されている。すなわち元文四年（一七三九）には二二人で、初めて二〇名を超え（うち伊勢参宮は一九人、四国巡礼は三人）、その後も二〇人を超す年が何回もある。特に多い年、たとえば寛政一〇年（一七九八）には三五人（うち伊勢参宮は一〇人、四国巡礼は二五人）、天保元年（一八三〇）には五三名（全員四国巡礼）が参詣している。伊勢参宮に出かけた人は天保一四年（一八四三）の二〇人をピークとして次第に減少してゆき、四国巡礼が圧倒するようになったが、これは費用の問題が関係しているかも知れない。ただし、天保二年（一八三一）だけは六〇年ぶりの全国的な「おかげ参り」の年で、味野村からも二六人が参加した。当時、伊勢参宮には一人五両の費用がかかったので、この金額は庶民にとっては大金であった［岡山県、一九八八：七〇六～七〇九］。

それでは、味野村の村民は必要な費用をどのようにして工面していたのだろうか。伊勢と四国の参詣には村民が個別に行く場合もあるが、多くは一〇～二〇戸が講を組んで費用を積み立て、いずれかの家族が代表して参詣する、いわゆる「代参講」による参詣であった。天保六年（一八三五）、この村の戸数は三七一戸であったが、実際に参詣に出かけた家族の背後には、一五倍ほどの村民の願いが込められていたのである。四国巡礼は一両でも可能であったが、五三人が巡礼に出た天保元年の場合、代参講の積立金による人たちだけとは考えられない。たとえ一両とはいえ、現金を一家族が準備するのは大きな負担であったと思われる。しかも、注目すべき点は、四国巡礼者の四割は女性であったことである［岡山県、一九八八：七〇六～七〇九］。それでは、「代参講」以外の方法で巡礼に出た村人はその費用をどのように工面したのだろうか。『図説　岡山県の歴史』（近藤ほか編）の「江戸時代の特産物分布図」によれば、味野村の特産物として「塩」が示されている［近藤ほか編、一九九〇：一八〇］。可能性としては、この村は瀬戸内海に面して製塩業が盛んで、一八三〇年代ころには通常の村民も商品経済に巻き込まれ現金を手にするようになっていたのかもしれない。その塩の一部は高梁川の舟運を利用して内陸に運ばれた可能性もある。なお、味野村の事例は、たまたま記録に残っていたために右のように実情を知ることができた。

金比羅参詣や「おかげ参り」のような全国的な動きの一方で、地元でも、幕末にかけて岡山藩を根拠地とする黒住教や金光教など新興の創唱宗教が生まれ、地元の住民だけでなく全国に広まっていった［土井・定兼編、二〇〇四：一九七～二〇四］。さらに、この地域では山伏・願人坊主・六十六部・高野聖など、地方を回遊する宗教者たちの活動も江戸末期に向かって活発になった。彼らは、霊験ある神仏の所在を示したり、奇蹟、奇端や託宣を説いたり、雨乞い、疫病送り、虫送りなどの集団祈願や病気治しなどの個人願望に対応した祈願成就の活動のため村々を回って人びとに信仰を広めていった。さらに、本来は宗教的な行事であった「祭事祭礼」にかこつけて芝居・見世物興業が盛んに催されるようになった。岡山藩はこれらを厳しく取り締まったが、そのほかの藩ではそうした興業は年々盛んになっていったようである。たとえば津山藩の「国元日記」や「町奉行日記」によれば、津山城下ではすでに一八世紀前半に上方《かみがた》から興業一座がやってきていた。興業は多くの場合寺社の境内で行われたが、広い河原で行われる場合もあった。興味深いのはその観客数の多さである。記録されている観客数を挙げると、享保三年（一七一八）には四二三六人、寛政五年（一七九三）には八一五四人、寛政九年（一七九七）には九〇四七人にのぼった。その後も藩や幕府が寛政の改革でこのような興業の取り締まりを命じているにもかかわらず、観客数はほぼ五〇〇〇人台を維持していた。その後、天保七年（一八三六）には一万六七三五人と記録されて観客数のピークに達し、その後二年間も一万人台であった。これだけの人びとが上方の文化に触れたわけである。これらの観客がどこからやってきたのかは分からないが、津山城下町の年間宿泊人数をみると、文化一一年（一八一四）は二万八一七二人、天保元年（一八三〇）が二万九七二六人、つまり津山城下町人口の四倍に相当する。これらの人びとの中には常連の行商人や旅行者もいたと思われるが、興業を観るために津山にやってきた人も相当いたに違いない。では、彼らはどこからどのようにして津山にやってきたのだろうか。資料には書かれていないが、泊りがけでやってきたのは遠方の人たちで、津山という河岸の町でもある特性を考えると、多くの人は徒歩ではなく船でやってきたと考える方が自然である〔岡山県、一九八八：七一〇～一一〕。「祭事祭礼」に付随する興業ではあったが、一面では宗教とレジャーとが結びついた人びとの行動の背景には、民衆の旅行願望の噴出という面があったことも否めない。動機が何であれ、こうした興業は、民衆が他文化に接する大切な機会を提供したといえる〔岡山県、一九八八：七〇三～七〇六〕。これは、利根川水系において、祭事祭礼と結びついて興業が多数の観客を呼び寄せ、他文化と接触する機会を提供したのと同様の効果をもっていたと考えられる。

結　語

本章は、中国山地を北から瀬戸内に向かって南に流下する現・岡山県の三つの河川、吉井川、旭川、高梁川における舟運の実態と、それが流域生活文化圏の形成にどのようにかかわっていたかを検討した。舟運が盛んになったのは、ほかの河川の場合と同様、年貢と参勤交代制度が各藩に課されるようになった江戸時代に入ってからであろう。山陽の諸藩では、大量の年貢と廻米を大坂や江戸に送るため、あるいは住民の生産物を移出し生活物資を入手するため、あるいは移動のためにも舟運は不可欠であった。これらの物と人の運搬や移動については本章でくわしく説明してあるので、ここでは上に述べた本章の目的に焦点を絞って整理するに留める。

本章で扱った三河川の舟運の主要な特徴は三つに要約できる。一つは、これら三河川はそれぞれが流域経済圏を形成していると同時に、上・中流域の陸路を通じて相互に連絡していたことである。これは、とりわけ山陰側から山陽側に荷物を運ぶ場合や人が移動する際に、いくつかの代替的な選択肢があったことを意味する。この意味では、三河川の流域は個々の流域経済圏を超えて一体となった広域経済圏を形成していたとみなすことができる。代替ルートという意味では利根川支流の鬼怒川ルートにおいても、定められた陸路（境通り）を経由しないで鬼怒川を利根川まで直接下る非公式な「新ルート」が使用された。しかしこの場合、「新ルート」は大きな意味では同じ利根川水系内における代替的ルートであり、本章で扱った三河川のように、異なる水系間での代替ルートではない。

二つは、分水嶺となる中国山地を越えて、山陰側の河川ルートと山陽側の河川ルートは経済的にも人の往来においても幅広くかつ密接な関係をもっていたことである。この意味で、山陽側の三河川流域と山陰側の河川流域とは大きな経済圏であり生活圏を形成していたといえる。このように分水嶺を挟んで両方の河川ルートが峠を経由して、あたかも一つの経済圏・生活圏を形成していたのは例外的な事例である。この意味では、山陰・山陽の経済圏が連結した「中国東部広域経済圏」ともいうべき地域的経済圏、同時に「中国東部広域生活圏」を形成していたといえる。

三つは、三河川は瀬戸内海という古代から利用されてきた海上交通路に出口をもっており、近畿と四国へのアクセスが非常に良かった。このため、これら三河川の流域は舟運を通じて、江戸期に「天下の台所」といわれた物流と商業の中心地、大坂という巨大な市場と密接に連結していた。すなわち、内陸地域は河川の舟運を経由して海上交通との接点をもつ河口の港湾都市（岡山、西大寺または金岡、玉島、倉敷）に連結し、そこからさらに京・大坂・江戸など日本の遠隔地との交易を行っていた。そして、三河川の舟運は遠隔地交易を通じて間接的に日本各地と全国規模の生活圏を形成していたのである。これに関連してもう一つ重要な点は、これら三河川の舟運がこの海上交通と連絡することによって、文化や宗教の面でも大きな役割を果たしたことである。たとえば、流域の各地あるいは山陰方面からも、山陽側の三河川の舟運を利用して瀬戸内海に出て、そこから四国に渡って金比羅参詣や伊勢参詣に行くことも珍しくなかった。

文化や宗教とのかかわりという点では、流域の都市や町（同時に河岸でもある）において開催された催し物でも舟運は重要な役割を果たした。たとえば吉井川の城下町であり河岸でもある津山で催された上方の興業一座の見物に、宿泊者だけでも住民の四倍もの人が集まったという。資料で確認することはできなかったが、これらの人たちは、どこかの段階で河川舟運を利用したことが推察される。さらに幕末にかけて岡山地方ではさまざまな新興仰創唱宗教が広まったが、その背後で動いていた宗教関係者も、やはり舟運を利用していたと思われる。というのも、江戸期の利根川水系において、布教活動を行った宗教者や、利根川水系の各所で興業を行った江戸からの興業一座と興行を見物にきた人たちもやはり舟運を利用したからである（本書第七章第五節参照）。こうして舟運は人の移動と物資の輸送だけでなく、宗教や文化の交流と伝播を通じて生活圏を形成するうえで重要な役割を果たしたのである。

【注】

（注１）この資料は、岡山県立落合高校の郷土研究部の部員が顧問の先生の指導のもと、インタビューや史料の発掘・解読を行い、『高瀬川の研究』（郷土落合第二集、一九七〇年）としてまとめたものである。この中には、江戸期の文献からの引用のほかに、当時、まだ健在だった舟や筏に乗った経験のある人へのインタビューから得た、彼らの経験談（ほぼ大正初期以降、昭和の始め）が多く含まれており、この資料は大いに役立った。

（注２）出雲街道は畿内と出雲（島根県東部）を結ぶ道で、山陽道の支路として播磨・美作間を連結した古代の官道がもとになっている。江戸時代には官道の整備が進められ、いわゆる「出雲街道」として定着した。沿線各地に宿場が設けられ、松江、津山、勝山、新見などの各藩が参勤交代にこの街道を利用した。差し当たり［小谷、二〇〇〇／土井・定兼編、二〇〇四：三九～四七］を参照。

（注３）銀貨の価値は、ここで紹介した換算率の他にいくつかある。たとえば、延享元年（一七四四）、岡山地域では銀一匁は米一・五升であった［岡山市、一九六六：二四〇］。また文化・文政期には銀一匁が現在価値にして二〇〇〇円ほどであった［青木、二〇一六：四四］。

エピローグ

本書は、日本において地域社会（地方社会）、あるいは地域文化（地方文化）がどのように形成されたのかという素朴な疑問から出発し、それを河川の舟運との関連で歴史的に検証することを最終的な目的としている。この際筆者は、江戸期における河川の舟運を介して展開したヒト、モノ、カネ、文化（情報）の交流が、一つのまとまりのある地域社会や地域文化の形成を促進した主要因の一つではないかという仮説に基づいて、いくつかの河川を選んでこの仮説を検証した。実は、この仮説の背景にはさらにもう一つの仮説がある。それは、通常私たちが「地方」と呼びならわしている「地域社会」が日本各地に出現し、定着したのは江戸期だったのではないか、という仮説である。こうして形成された地域社会を筆者の造語である「流域生活文化圏」（あるいはたんに「流域生活圏」）と呼んでいる。

舟運自体は江戸期以前から行われていたが、江戸期以前の舟運は全国的に見ればまだ部分的で、しかも、その利用は一部の権力者に限られていた。舟運が一般の住民に普及し利用されるようになったのは江戸期に入ってからである。その契機となったのは大量の年貢米や廻米など公的荷物を江戸や大坂に運ぶことであった。さらに、領主などの権力者だけでなく流域の農村や商人たちも舟運を利用するようになった。舟運の発展は地方経済を活性化すると同時に地方の社会の在り方にも大きな影響を与えた。江戸期以前にも日本各地に村落のような個別的な集落（コミュニティー）は存在していたが、それらは必ずしも一つのまとまりのある地域社会を形成していたとはいえない。そこに、河岸のような流通センターが出現したことを契機に、それまで個々バラバラだった流域内の村落が相互に補完関係をもつようになり、河岸を核として一つのまとまりのある地域社会が形成されていった。こうして形成された地域社会を本書では「生活圏」と呼び、これは実態として「経済圏」とほぼ重なっていた。この「生活圏」（「経済圏」）が流域全体に拡大した地域社会が「流域生活圏」である。つまり、舟運の発展と地域社会の形成とは手を携えて進展していったのである。

舟運と流域生活圏の形成過程を図式的に示したものが第一章の（図1－2　流域生活圏の形成モデル）である。このモデルは流域生活圏の形成過程を三つのレベルに分けて示している。一番下は、単一の河岸を核とし複数の村落から成る「局地的生活圏」（「局地的経済圏」）である。そこでは周辺の農村からの産物が持ち込まれ、また逆に外部から運ばれた商品が河岸から農村に供給されるようになる。こうして形成された地域社会は、そこに出入りする人びとにとっての「寄場」であり生活の場となる。つぎに、一定の地域内にある複数の「局地的生活圏」を商人や輸送業者が、生産者であり消費者でもある地域住民を流通ネットワークに組み込んでいった。ここに成立する地域社会が「地域的生活圏」（「地域的経済圏」）である。最後に、流域の「局地的生活圏」と「地域的生活圏」が舟運をとおして有機的に結合して流域全体の「流域生活圏」（「流域経済圏」）が形成される。以上はモデルであり、それぞれのレベルの「生活圏」の範囲、内部における商人と住民との関係、村落間・住民間の関係の強さや性格は河川によって異なった。広域の「流域生活圏」の場合、同じ河川の流域であっても上流域と下流域では人びとの結びつきは弱くなるであろうし、経済社会的あるいは文化的な特性は必ずしも同じではない点は留意すべきである。

舟運と文化社会への影響という面では、例えば、利根川流域における江戸の文化や学問の受容と普及などを挙げることができる。また、河川舟運が海上交通と連絡していると、流域外部の生活文化と接触する機会も増大し、その一部は流域内部の文化に取り込まれた。本書で取り上げた、最上川流域に今も用いられている京言葉や「おみ漬け」などの生活文化が定着したことはその好例である。ただし、資料で証明することは困難であるが、外部の文化的な影響が流域内部の地域文化に新たな個性を付け加えて豊かにすることはあっても、既存の地域文化（生活文化）を根こそぎ置き換えてしまうことはなかったようだ。なお、外部からの影響とは少し異なるが、天竜川流域には方言・祭り・信仰・伝承などを共有する「天竜川文化圏」（「南信三遠文化圏」）ともいうべき文化圏が形成され現在まで存続している。

本書を通して明らかになったこと、再認識したことは、ごく常識的な事実であるが、日本においては至るところに大中小の河川が走っており、そこでは江戸期末まで（河川によっては昭和の初めまで）ほとんどの場合舟運が利用されていたことである。そして、舟運を通じて商人や農民の活発な動きがあったこと、その動きが河川流域の地方社会の形成や文化に寄与したことも明らかになった。江戸期の地方社会は封建制の下で変化や動きが少ないという印象を抱きがちであるが、本書で検討したように、実際には舟運によるヒト、モノ、カネ、情報（文化）の交流は想像以上に活発でダイナミックであった。ただ、筆者が強い関心をもっている、当時の一般の住民の生々しい日常生活の姿については資料の制約もあって明らかにできなかった。資料については筆者がその存在を知らないだけかも知れないが、いずれにしてもこれは将来の課題である。

本書が、舟運による流域生活圏の形成と地域社会（地方文化）の成立という課題の解明にどれほど迫ることができたかどうかは、読者の判断にゆだねるしかないが、もし、本書が江戸期の社会史の理解に多少とも貢献できたとすれば筆者にとって望外の幸である。

あとがき

　私の個人的な好奇心から専門外の日本史の分野に入り込んでしまい、このような形で一冊の本として出版できたことは本当に幸運としか言いようがない。出版事情が厳しいなか、本書の出版を快く引き受けてくださった論創社社長の森下紀夫氏と、本書の編集を担当してくださった、同社の編集部長松永裕衣子氏による丁寧な編集に、この場を借りて深く御礼申し上げます。

　本書の基となったのは明治学院大学国際学部付属研究所の共同研究プロジェクト、「海と山が醸成するアジアの文化」（二〇〇九〜二〇一一年）および「流域文化圏形成の研究」（二〇一二〜二〇一四年）で、同研究所の研究助成を受けています。これらの研究プロジェクト期間中もその後も、付属研究所のスタッフの籠橋悦子さん、村田祐子さん、今村真紀さんには側面から多大なサポートをいただきました。さらに、いちいちお名前は挙げませんが、フィールド調査や文献調査では多くの人のお世話になった。こうした全ての人の協力がなければ、本書は到底完成することも出版することもできませんでした。この本の出版に関わった全ての人に、厚く御礼申し上げます。

　最後に、本書を出版するにあたって、生活面でも原稿の作成や校正面でも、妻の秀子は終始私を励まし助けてくれました。彼女のサポートなしに本書を完成させることは到底できなかったでしょう。この場を借りて心より感謝を述べたいと思います。本当に長い間ありがとうございました。

二〇二四年夏

フィールド調査記録

【2012年】

4月8－9日　奈良県の平城京と大和川の関係に関する予備調査。（大木）

5月13－14日　三重県三滝川（大木）

6月10－11日　新潟県三面川（大木）

7月30日－8月1日　新城川―北上川〔青森県～岩手県平泉〕（竹尾、齋藤、大木）

【2013年】

2月23－25日　鹿児島県川内川（大木）

3月26－28日　大和川―宇治川〔大阪府―奈良県―京都府〕（竹尾、大木）

5月25－26日　岩手県中津川〔北上川支流〕（大木）

8月17－19日　埼玉県―群馬県―長野県―愛知県〔利根川―（信州）―天竜川―矢作川の「塩の道」ルート〕（大木、竹尾、齋藤）

10月26－27日　福島県阿武隈川上流（大木）

【2014年】

1月20－22日　高知県仁淀川―国分川―物部川（大木）

2月15－17日　鹿児島県川内川（大木）

3月25－27日　岡山県旭川・吉井川―鳥取県千代川（竹尾、大木）

6月10日　利根川上流地域〔群馬県高崎―鏑川―下仁田―前橋地区〕（大木）

6月21－22日　天竜川中流域〔二俣地区〕（大木）

7月14－15日　信濃川上流小諸地区〔千曲川〕（大木）

7月27－29日　筑後川流域〔佐賀県―福岡県〕（大木、齋藤）

10月1－2日　天竜川中流域〔二俣地区〕（大木）

10月18日　埼玉県新河岸川〔荒川支流川越地区〕（大木）

11月5－6日　福島県阿武隈川中～下流域（大木）

11月15－16日　群馬県吾妻川（大木）

【2016年】

8月18－19日　高知県仁淀川中流域（大木）

日閲覧）
「例幣使街道」栃木市観光協会ホームページ　http://www.kuranomachi.jp/spot/kuranomachi/reiheishi/（2014年5月4日閲覧）
「上州高崎倉賀野めぐり」井戸八幡宮にある倉賀野河岸の歌の碑　http://hayakura.com/kasi.html　（2014年5月4日閲覧）
「にいがた土木構造物めぐり」土木学会関東支部新潟会ホームページ　http://www8.ocn.ne.jp/~hnnihon/introduction/article/005/art005.html（2014年5月10日閲覧）
「八木節の由来」栃木県桐生市ホームページ　http://www.city.kiryu.gunma.jp/web/home.nsf/0/d5008f957ca1cae749256b6d000edcba（2014年5月4日閲覧）
「日本一の大河─もっと知ろう信濃川・千曲川」ホームページ「水害の歴史」http://www.hrr.mlit.go.jp/shinano/367/disaster/index.html（2014年5月10日　閲覧）
「佐平治の心を今の世に」　http://www.saheiji.com/saheiji-1.html（2014年5月5日閲覧）
「木崎音頭」群馬県太田市ホームページ　http://www.city.ota.gunma.jp/005gyosei/0170-009kyoiku-bunka/bunmazai/nittabunka12.html（2014年5月4日閲覧）
「新保広大寺」新潟県十日町市ホームページ　http://www.city.tokamachi.lg.jp/page/10170200044.html（2014年5月4日閲覧）

第九章

天竜川流域の「早太郎」伝説については
http://www.cscd.osaka-u.ac.jp/user/rosaldo/Hyatarou_the_Dog.html（2021年8月15日閲覧）
http://miyokame.blog82.fc2.com/blog-entry-86.html（2021年8月15日閲覧）
http://www.pleasuremind.jp/COLUMN/COLUM045.html（2021年8月15日閲覧）
御鍬様伝説については　https://www.82bunka.or.jp/bunkazai/legend/detail/04/post-72.php（2019年9月15日閲覧）

中根洋治ほか　2012「秋葉古道の成立と果たしてきた役割の研究」『土木学会論文集D2（土木史）』Vol.68, No.1,22-37 https://www.jstage.jst.go.jp/article/jscejhsce/68/1/68_1_22/_pdf/-char/ja　(2020年1月9日閲覧)
仲野光洋・苦瀬博仁　2003「江戸期の廻船航路開発にともなう廻船建造都市大湊の発展に関する研究」『日本物流学会誌』第11号：81-88　https://www.jstage.jst.go.jp/article/logisticssociety1995/2003/11/2003_11_81/_pdf（2015年6月15日閲覧）
西川吉光　2016「海民の日本史」『国際地理学研究』（東洋大学）19号（2016年3月）：157-176 リポジトリー　http://id.nin.ac.jp/1060/00008257/
（2017年4月20日閲覧）
村上正洋　1988「人はなぜ塩を欲するのか―生体内のNaとK」『日本海水学会誌』第42巻第3号：137-142
https://www.jstage.jst.go.jp/article/swsj1965/42/3/42_137/_pdf　(2015年5月20日閲覧)
渡会由美　1997「縄文―弥生における水利用形態・生業様式に関わる考察」『環境システム研究』Vol.25: 345-354
https://www.jstage.jst.go.jp/article/proer1988/25/0/25_0_345/_article/-char/ja/ (2018年4月15日閲覧)
Human Rights Watch, 2000 "OWED JUSTICE – Thai women trafficked into debt bondage in Japan", Human Rights Watch, New York
https://www.jstage.jst.go.jp/article/proer1988/25/0/25_0_345/_article/-char/ja/ (2018年4月15日閲覧)

第六章

紅花については
http://www2.lib.yamagata-u.ac.jp/benibana/mame.html（2017年6月6日閲覧）
https://www.benibananosato.jp/guide/miru/benibana/story/2-14nedan/（2021年12月16日閲覧）
「おみ漬け」については　http://ja.wikipedia.org/wiki/%E3%81%8A%E3%81%BF%E6%BC%AC%E3%81%91（2017年9月10日閲覧）
「おばんざい」については　http://www.kyo-kurashi.com/obanzai/policy/（2012年5月18日閲覧）

第八章

「高崎倉賀野巡り―倉賀野河岸」http://hayakura.com/kasi.html（2014年5月3日閲覧）
「いばらきもの知り博士」「日本で初めて海を渡った茨城県猿島茶」茨城県ホームページ　http://www.pref.ibaraki.jp/hakase/info/08/index.html（2014年5月4

の地方史―社会と文化』雄山閣出版 : 307-26
――― 2001『天竜川の水運と榑木』国土交通省中部地方建設局天竜川上流工事事務所、駒ケ根市
盛岡市 1979『盛岡市史』（第 3 巻 近世 3）盛岡市史編纂委員会、盛岡市
諸富大・遠藤匡俊 1998「北上川舟運による盛岡藩の江戸廻米輸送」『歴史地理学』190 号（40-4）: 1-18
八千代市 1908『八千代市と出羽三山―奥州参り』八千代市立郷土博物館
八束村 1982『八束村史』八束村
山形県 1975『山形県史』（本編 5 商工業編）山形県
――― 1985『山形県史』（第 2 巻 近世上）山形県
――― 1987『山形県史』（第 3 巻 近世下）山形県
山形市 1971『山形市史』（通史編中巻 近世編）臨川書店
山本茂実 1998『塩の道・米の道―海に立つ墓標』（山本茂実全集第 6 巻）角川書店
湯浅照弘 1965「岡山県河川の舟運―高梁川の舟運習俗の一事例」『日本民俗学会報』42 号 : 21-32
横山昭男 1980『近世河川水運史の研究』吉川弘文館
――― 1985「東北水運史研究文献目録」地方史研究協議会（編）『流域の地方史―社会と文化』雄山閣出版 : 391-403
――― 2001『最上川と羽州浜街道』（街道の日本史 11）吉川弘文館
米沢市 1991『米沢市史』（第 2 巻 近世編 1）米沢市
――― 1993『米沢市史』（第 3 巻 近世編 2）米沢市
読売新聞社 1969『最上川―歴史と文化』読売新聞社（編）、郁文堂書店
渡辺信夫 1966「近世初期南部藩の廻船」『東北水運史の研究』東北史学会 : 44-63
――― 1985「東北の流域史」地方史研究協議会（編）『流域の地方史―社会と文化』雄山閣出版 : 352-366
渡辺信夫（編）1992『近世日本の都市と交通』河出書房新社
渡辺則文 1966「近世における塩の流通」『内海産業と水運の史的考察』福屋猛一郎（編）、吉川弘文館 : 197-230
渡辺英夫 1992「利根川舟運における水戸藩の川船」『近世日本の都市と交通』渡辺信夫（編）、河出書房新社 : 335-356
――― 2002『近世利根川水運史の研究』吉川弘文館

Web 資料

小林高英ほか 2003「江戸期の河川舟運の運航方法と河岸の立地に関する研究」『日本物流学会誌』第 11 号 : 121-128（苦瀬博仁、橋本一明）http://www2.kaiyodai.ac.jp/~kuse/pdf/kobayashi_2003.pdf（2021 年 7 月 3 日閲覧）

新見市　1965『新見市史』新見市
野村正昭　n.d.『境河岸の繁栄と利根川河川水運』境町観光協会
芳賀登　1982『江戸語の成立』（開拓社言語文化叢書）開拓社
萩原龍夫　1967「中世利根川文化圏と宗教」『歴史教育』15-8: 36-42
———　1968「旧利根河畔の中世文化」『駿台史学』22: 49-85
———　1978『神々と村落―歴史学と民俗学との接点』弘文堂
———　1979「『廻国雑記』と東国の熊野信仰」『埼玉史談』26巻3・4号 : 32-39
———　1983「中世利根川文化圏と宗教」『東国大名の研究』（戦国大名論集3）佐藤博信（編）、吉川弘文館 : 406-416
浜北市　1989『浜北市史』（通史　上巻）、浜北市
早川孝太郎　1978『花祭』（民俗民芸双書2）岩崎美術社
速水融（編）1983『歴史のなかの江戸時代』（東経選書）東洋経済社
———　1988『江戸の農民生活史』（ＮＨＫブックス555）日本放送出版協会
原田敏丸　1954「豊後日田における商人資本の性格について」『彦根論叢』第17号（佐賀大学経済学会）: 37-64
平島裕正　1975『塩の道』（講談社現代新書）講談社
———　1982（初版1973）『塩』法政大学出版局
平山輝夫ほか（編）1992『現代日本語方言大辞典』明治書院
藤井学ほか　2000『岡山県の歴史』（藤井学・加納久・竹林克直・前田昌義）山川出版社
藤沢晋　1955「近世河川交通における継船制・番船制―備中高梁川の場合について」『岡山大学教育学部研究集録』第1号 : 71-81
———　1963「近世初期開発水運と商品流通」『岡山史学』13号 : 9-24
———　1966「新見庄の船給と高梁川水運」『岡山大学教育学部研究集録』22号 : 43-55
———　1972『岡山の交通』（岡山文庫47）日本文教出版
文化庁　1977　『民俗資料選集5　中馬の習俗―長野県』文化庁文化財保護部（編）、国土地理協会
平凡社（編）2001『日本史辞典』平凡社
丸茂武重　1986『古代の道と国』六興出版
水沢市　1981『水沢市史』（3　近世上）水沢市史編纂委員会、水沢市
水沢市　1982『水沢市史』（3　近世下）水沢市史編纂委員会、水沢市
壬生市　1986『壬生市史』壬生市史編さん委員会、壬生市
宮城懸　1960『宮城懸史』（5　地誌交通史）宮城懸史編纂委員会、宮城県
宮城懸　1966『宮城懸史』（2　近世史）宮城懸史編纂委員会、宮城県
宮本常一　1988（初版1985）『塩の道』講談社
村瀬典章　1985「天竜川水運における満島番所」地方史研究協議会（編）『流域

岩田書院
千葉県　2005『千葉県の歴史』（資料編　近世6）千葉県史料研究財団（編)、千葉県
地方史研究協議会（編）1970（初版1959)『日本産業史大系4　関東地方編』東京大学出版会
――― 1985『流域の地方史―社会と文化』雄山閣出版
――― 1993『河川をめぐる歴史像―境界と交流』雄山閣出版
――― 2007『東西交流の地域史―列島の境目・静岡』雄山閣出版
銚子市　1956『銚子市史』銚子市史編纂委員会（編)、銚子市
土屋潤・増渕文男　2003「河村瑞賢による西回り航路の港について」『土木史研究』Vol.23: 177-180
津山市　1973『津山市史』（第3巻　近世Ⅰ）津山市
――― 1995『津山市史』（第4巻　近世Ⅱ）津山市
天竜市　1981『天竜市史（上)』天竜市教育委員会
――― 1988『天竜市史（下)』天竜市教育委員会
土井作治・定兼学（編）2004『吉備と山陽道』（街道の日本史40）吉川弘文館
土井卓治・三浦秀宥　1951『社会科読本郷土の生活史』綜合教育委員会
東北史学会　1966『東北水運史の研究』巌南堂書店
徳安浩明　1999「地理学における鉄穴流し研究の視点」『立命館地理学』第11号 : 75-97
富岡儀八　1964「近世の内陸都市と交通路の問題―東部中国地超の場合」『地理学評論』37(8) : 450-468
――― 1977（初版1973)『塩道と高瀬舟―陰陽交通路の発達と年の構造変化』古今書院
――― 1980（初版1978)『日本の塩道』古今書院
――― 1983『塩の道を探る』（岩波新書243）岩波書店
富山和子　1993『日本の米―環境と文化はかく作られた』（中公新書1156）中央公論新社
――― 2013『水の文化史』（中公文庫743）中央公論新社
長井政太郎　1930「最上川の水運及び輸送物資に就いて」『地理学評論』第6巻10号 : 30-48
永原慶二　1992『室町戦国の社会―商業・貨幣・交通室町』吉川弘文館
――― 2004『苧麻・絹・木綿の社会史』吉川弘文館
難波匡甫　2010『江戸東京を支えた舟運の路―内川廻しの記憶を探る』法政大学出版局
難波信夫　1966「近世中期鬼怒川―利根川水系の商品流通」『東北水運史の研究』東北史学会 : 207-221
新潟市（編）2011『新潟湊の繁栄―湊とともに生きた町・人』新潟日報事業社

新庄市　1992『新庄市史―有平藩時代』（第 2 巻　近世上）新庄市
―――　1994『新庄市史―森藩時代』（第 3 巻）新庄市
陣内義人　1984『水利の社会構造』国連大学
菅根幸裕　1993「近世遊行上人応接にみる利根川文化の展開」地方史研究協議会（編）『河川を巡る歴史像―境界と交流』雄山閣出版 : 128-150
鈴木勲　1973「最上川上流における水水運の一考察」工藤定雄教授還暦記念会（編）『最上川流域の歴史と文化』山形史学研究会 : 325-391
鈴木昭英　1996『瞽女―信仰と芸能』高志書院
鈴木哲雄　1984「古隅田川地域における中世的地域構造」『千葉史学』4 号 : 51-81
鈴木雅晴　2007「近世後期西遠地域における文化・情報伝播」地方史研究協議会（編）『東西交流の地域史―列島の境目・静岡』雄山閣出版 : 123-141
総社市　1998『総社市史』総社市
曽根ひろみ　2003『娼婦と近世社会』吉川弘文館
高木俊輔　2003『伊那・木曽と塩の道』（街道の日本史 26）雄山閣出版
高崎経済大学附属産業研究所（編）1991「利根川の治水略史」『利根川上流地域の開発と産業その変遷と課題』日本経済評論社
高梁市　1979『高梁市史』高梁市市史編纂委員会（編）、高梁市
高牧實　1941『幕藩制確立期の村落』吉川弘文館
高山啓子　2017「利根川・吉野川・筑後川の三大河川交流の歴史的意義と展開」『千葉科学大学紀要』（第 10 号）: 167-73
竹尾茂樹　2014「岡山県の吉井川・旭川をたどって」『研究所年報』明治学院大学国際学部付属研究所 : 44-48
竹川重男　2005『阿武隈川の舟運』（歴春ふくしま文庫）歴史春秋社
武部健一　2003『道』Ⅰ、Ⅱ、法政大学出版局
田代家文書　1999a『田代家文書 1』（天竜市史　続資料編 1 ノ 1）天竜市教育委員会
―――　1999b『田代家文書 2』（天竜市史　続資料編）天竜市教育委員会
―――　2001『田代家文書 3』（天竜市史　続資料編 3）天竜市教育委員会
只木良也　1981『森の文化史』（講談社現代新書 420）講談社
田中啓爾　1957『塩および魚の移入路―鉄道開通以前の内陸交通』古今書院
玉城哲　1984『川の変遷と村』論創社
丹治健蔵　1984『関東河川水運史の研究』法政大学出版局
―――　1996『近世交通運輸史の研究』吉川弘文館
―――　2007『関東水陸交通史の研究』法政大学出版局
―――　2013『近世関東水運と商品取引―渡良瀬川・荒川・多摩川流域を中心に―』岩田書院
―――　2015『近世関東の水運と商品取引　続―利根川・江戸川流域を中心に』

群馬県　1973『群馬県史』（資料編 10）群馬県史編纂委員会、群馬県
―――　1991『群馬県史』（通史編 5　近世 2　産業・交通）群馬県
小出博　1972（初版 1970）『日本の河川―自然史と社会史』東京大学出版会
―――　1978（初版 1975）『利根川と淀川』（中公新書 384）中央公論社
―――　1982（初版 1972）『日本の河川研究―地域性と個別性』東京大学出版会
古河市　1982『古河市史　資料編』（近世編　町方・地方）古河市史編さん委員会、古河市
―――　1988『古河市史　通史編』古河市史編さん委員会、古河市
小谷善守　2000『出雲街道』（第 2 巻　勝山―久世、第 3 巻　久世―落合―津山）出雲街道刊行会、津山市
児玉幸多（編）1992『日本交通史』吉川弘文館
今東光　1993 『奥州藤原氏の栄光と挫折』講談社
近藤義郎・吉田晶（責任編）1990『図説岡山県の歴史』河出書房新社（図説日本の歴史 33、色川大吉ほか監修）
埼玉県立川の博物館　2013『和船大図鑑―荒川をつなぐ舟・ひと・モノ』（平成 25 年度特別展）埼玉県寄居町
齋藤鋭雄　1985「仙台藩買米制に関する一考察」地方史研究協議会（編）『流域の地方史―社会と文化』雄山閣出版 : 233-256
齋藤貞夫　1995『新河岸川舟運の生活と文化』川越市文化財保護協会、川越市
齋藤百合子　2014「越後から上州へ渡った飯盛女と八木節」『研究所年報』（明治学院大学国際学部付属研）No.17: 31-43
境町　1996『境町史』（第 3 巻　歴史編上）境町史編さん委員会（編）、境町
佐賀県教育委員会（編）2014『弥生時代の吉野ヶ里―集落の誕生から終焉まで』佐賀県教育庁文化課
酒田市　1981『酒田市史』（資料編第 8 集）酒田市史編纂委員会、酒田市
佐久間惇一　1983『瞽女の民俗』岩崎美術社
佐藤博信（編）1983『東国大名の研究』吉川弘文館
佐藤亮一（編）2002『全国方言小辞典』三省堂
山陽新聞社出版局（編）1994『吉井川』（山陽新聞サンブックス）山陽新聞社
―――　1996『旭川』（山陽新聞サンブックス）山陽新聞社
柴田一　1956「近世高瀬舟稼の崩壊過程」『岡山史学』2 号、岡山大学史学会 : 52-67
渋谷敏巳　1985「山形県における板碑をめぐる若干の問題」地方史研究協議会（編）『流域の地方史―社会と文化』雄山閣出版 : 20-35
下重清　2012『＜身売り＞の日本史―人身売買から年季奉公へ』（歴史文化ライブラリー）吉川弘文館
シュライバー，ヘルマン（Hermann Schreiber）1962『道の文化史――一つの交響曲』（関楠生訳）岩波書店

――― 2004『落合町史　通史編』落合町史編集委員会、落合町
小山市　1985『小山市史』(資料編　近世Ⅰ) 小山市
――― 1986『小山市史』(通史編　近世Ⅱ) 小山市史編さん委員会、小山市
葛西大和　1998「1870年代から1910年代に至る最上川舟運の変化」『地理学評論』Vol.71、No.11: 824-844
風間輝雄　1991「利根川の治水略史」『利根川上流地域の開発と産業―その変遷と課題』高崎経済大学付属産業研究所(編): 25-36
勝山町　1982『勝山町史(後編)』勝山町史編集委員会、勝山町
――― 1990(初版1974)『勝山町史(前編)』勝山町史編集委員会、勝山町
河北町　1994『紅花資料館―よみがえる紅花』紅花資料館(編)、河北町教育委員会、河北町
鎌田久子　1971「利根川流域の産神信仰」『利根川―自然・文化・社会』九学会連合利根川流域調査委員会: 306-314
川崎利夫　1985「最上川流域における古墳文化の生成と展開」地方史研究協議会(編)『流域の地方史―社会と文化』雄山閣出版: 2-19
川島優美子　1993「中世関東内陸水運における香取社の位置」地方史研究協議会(編)『河川をめぐる歴史像―境界と交流』雄山閣出版: 7-31
川名登　1982『河岸に生きる人びと―利根川水運の社会史』平凡社
――― 1984『近世日本水運史の研究』雄山閣出版
――― 1993『河川水運の文化史―江戸文化と利根川文化圏』雄山閣出版
――― 2003『近世日本の川船研究―近世河川水運史(上)』日本経済評論社
――― 2005『近世日本の川船研究―近世河川水運史(下)』日本経済評論社
――― 2007『河岸』法政大学出版局
木曽川文化研究会　2004『木曽川は語る―川と人の関係史』風媒社
北上市　1983『北上市史』(第8巻　近世6) 北上市史編纂委員会(編)、北上市史刊行会
北上市立博物館　2009(初版1983)『北上川の水運』北上市立博物館
――― 2011『南部藩の北上川舟運と黒沢尻河岸』北上市立博物館
北見俊夫　1981『川の文化』日本書籍
――― 1986『日本海上交通史の研究』法政大学出版局
木本雅康　2000『古代の道路事情』(歴史文化ライブラリー) 吉川弘文館
金田一春彦　1977『日本語方言の研究』東京堂出版
日下部新一　2008(初版1991)『天竜川の水運』国土交通省中部地方建設局天竜川上流工事事務所
久世町　1975『久世町史』久世町史編集委員会(編)、久世町
工藤定雄　1954『酒田市史(上)』酒田市史編纂委員会(編)、酒田市
工藤定雄教授還暦記念会(編) 1973『最上川流域の歴史と文化―工藤定雄教授還暦記念論文集』山形史学研究会

からみた」地方史研究協議会（編）『河川をめぐる歴史像―境界と交流』雄山閣出版 : 77-96
浦和市　1978『浦和市史』（古代中世史料編）Ⅱ、浦和市総務部市史編さん会
―――　1985『浦和市史』（古代中世史料編）Ⅲ、浦和市総務部市史編さん会
榎本正三　1992『女たちと利根川水運』崙書房出版
及川穣　2012「旧石器時代後半期における黒曜石原産地開発の一様相―杉久保型ナイフ形石器の製作技術と和田群黒曜石の獲得と消費」『資源と人類』第2号（2012年3月）: 15-35
大石田町　1975『最上川舟運大石田河岸資料集（5）』Ⅰ、大石田町史編集委員会、大石田町
―――　1976『最上川舟運大石田河岸資料集（6）』Ⅱ、大石田町史編集委員会、大石田町
大木昌　1981「19世紀スマトラ中・南部における河川交易―東南アジアの貿易構造に関する一視角」『東南アジア研究』（京都大学東南アジア研究センター）18巻4号 : 612-642
―――　2012「近代化と『山の文化』の変容―マタギ文化の歴史的検討を通して」『研究所年報』（明治学院大学国際学部付属研究所、研究年報）No.15: 7-46
―――　2014a「流域文化圏形成の史的考察―文献調査とフィールド調査から」『国際学研究』（明治学院大学国際学部紀要）Vol.45（2014年3月）: 55-64
―――　2014b「流域文化圏形成の研究　中間報告」『明治学院大学国際学部付属研究所研究年報』No.17（2014年10月）: 23-30
―――　2015「流域文化圏形成の研究　最終報告」『明治学院大学国際学部付属研究所研究年報』No.18（2015年12月）: 3-15
太田成和（編）1960『郡上八幡町史（上）』郡上八幡町役場
大友義助　1973「近世後期における清水河岸の一考察」工藤定雄教授還暦記念会（編）『最上川流域の歴史と文化―工藤定雄教授還暦記念論文集』山形史学研究会 : 375-392
大山敷太郎　1941『近世交通経済史論』国際交通文化協会
岡島健　1997「近代日本の内陸水路に関する研究の動向と課題」『国士舘大学文学部人文学会紀要』10: 51-60
岡山県　1985『岡山県史』（第7巻　近世Ⅱ）岡山県史編纂委員会（編）、岡山県
―――　1988『岡山県史』（第8巻　近世Ⅲ）岡山県史編纂委員会（編）、岡山県
岡山市　1966『岡山市史』岡山市
奥田久　1977『内陸水路の歴史地理学的研究』大明堂
小倉紀雄・島谷幸宏・谷田一三（編）2010『図説日本の河川』朝倉書店
落合高校　1970『高瀬舟の研究』（郷土落合第二集）岡山県立落合高等学校郷土研究部
落合町　1980『落合町史　民俗編』落合町史編纂委員会、落合町

参照文献一覧

青木直己　2016『下級武士の食日記』筑摩書房
赤木祥彦　1982「中国山地における鈩製鉄による地形改変土量と鉄生産量（上）（下）」『地理科学』37(1)：1-24、37(2)：85-102
赤松宗旦　1938『利根川図志』柳田国男（校訂）、岩波書店
朝尾直弘ほか（編）1987『日本の社会史』（第2巻　境界領域と交通）岩波書店
―――　1993岩波講座『日本通史』（第7巻　中世Ⅰ）朝尾直弘、網野善彦、石井進、鹿野政直（編集委員）、岩波書店
網野善彦　1995『海・川・山の生産と技術』（日本歴史民俗論集7）吉川弘文館
新井浩文　1993「戦国期利根川流域における修験の足跡」地方史研究協議会（編）『河川をめぐる歴史像―境界と交流』雄山閣出版：32-54
粟津キヨ　1986『光に向かって咲け―斎藤百合の生涯』、（岩波新書）岩波書店
安藤慶一郎（監修）　1989『豊根村誌』豊根村
飯塚好　1993「春・夏祈願」地方史研究協議会（編）『河川をめぐる歴史像―境界と交流』雄山閣出版：258-274
五十嵐富夫　1981『飯盛女―宿場の娼婦たち』新人物往来社
石垣宏　1985「北上川の舟運」地方史研究協議会（編）『流域の地方史―社会と文化』雄山閣出版：210-232
石巻市　1956『石巻市史』（第2巻）石巻市史編纂委員会、石巻市
伊豆田忠悦　1956「東北後進地帯における在方地主の形態と商品流通―羽州大蕨村稲村家を中心に」『社会経済史学』22巻3号：217-254
―――　1985「村山地方の商品流通をめぐる問題」地方史研究協議会（編）『流域の地方史―社会と文化』雄山閣出版：92-109
和泉清司　1993「物・人・文化の交流」地方史研究協議会（編）『河川をめぐる歴史像―境界と交流』雄山閣出版：97-127
市村高男（監修）2007『中世東国の内海世界』茨城県立歴史館（編）、高志書院
井上鋭夫　1981『山の民　川の民』平凡社
茨城県　1985『茨城県史』（近世編）茨城県史編集委員会、茨城県
磐田市　1989『天竜川流域の暮らしと文化（下）』磐田市
岩手県　1963a『岩手県史』（第4巻　近世編1　仙台藩）岩手県
―――　1963b『岩手県史』（第5巻　近世編2　盛岡藩附八戸藩）岩手県
上田正昭　1986『道の古代史』大和書房
宇佐美ミサ子　2000『宿場と飯盛女』、同成社
―――　2005『宿場の日本史―街道に生きる』（歴史文化ライブラリー）吉川弘文館
牛山佳幸　1993「旧利根川水系と玉川水系の交流―女体社の性格と分布の特徴

【り】

【ろ】

【わ】

【ま】

【み】

【む】

【め】

【も】

【や】

【ゆ】

【よ】

【は】

【ひ】

【ふ】

【へ】

【ほ】

【と】

【な】

【に】

【ぬ】

【ね】

【の】

【そ】

【た】

【ち】

【つ】

【て】

【し】

【す】

【せ】

【け】

【こ】

【さ】

【き】

【く】

【え】

【お】

【か】

索　引

本書において、第五章は北上川に、第六章は最上川に、第七章は利根川に、第九章は天竜川に、第十章は中国地方の三川（吉井川、旭川、高梁川）に、それぞれの章（第十章は節）が対象とする河川の記述に充てられている。このためこれら河川については、たとえば「北上川」のように河川名だけの索引項目は除外している。各章の細目は「目次」に示されているのでそちらを参照されたい。

【あ】

【い】

【う】

［編著者］
大木昌（おおき・あきら）
1945年生まれ。
早稲田大学第一政経学部卒業（1968年）、一橋大学大学院修士課程卒業、博士課程満期退学。オーストラリア国立大学にて博士号取得（1976）。名古屋商科大学、八千代国際大学（現秀明大学）、明治学院大学国際学部で勤務。現在明治学院大学名誉教授。専攻は東南アジア史、東南アジアの民族医療。主な著書に『インドネシア社会経済史研究—植民地期ミナンカバウの経済過程と社会変化』（勁草書房、1984年）、『病と癒しの文化史—東南アジアの医療と世界観』（山川出版社、2002年）、『関係性喪失の時代—壊れてゆく日本と世界』（勉誠出版、2005年）、『稲作の社会史—一九世紀ジャワ農民の稲作と生活史』（勉誠出版、2006年）、訳書にA・ジョージ編『西側による国家テロ』（共訳、勉誠出版、2002年）、R. M. デッカー／C・ファン・ドゥ・ポル『兵士になった女性たち—近世ヨーロッパにおける異性装の伝統』（法政大学出版局、2007年）ほか論文多数。
Blog『大木昌の雑記帳』（https://blog.goo.ne.jp/xbigtreex）

［著者］
齋藤百合子（さいとう・ゆりこ）
1960年生まれ。
日本福祉大学大学院、国際社会開発研究科修士課程修了、修士（開発学）2002〜2004年
日本福祉大学大学院国際社会開発研究科・博士課程単位取得満期退学。2006〜2012年
明治学院大学国際学部准教授（2010〜2018）、明治学院大学国際学部客員教授（2018〜2019）、明治学院大学国際平和研究所研究員（2019〜）、大東文化大学国際関係学部特任教授（2020年〜）。
『日本の国際協力 アジア編—成長から「持続可能な社会」の実現』（共著）ミネルヴァ書房（2021）、『グローバル開発協力を考える—SDGs時代のパートナーシップのあり方』（共著）明石書店（2019）、『人の国際移動と現代日本の法—人身取引・外国人労働・入管法制』（共著）日本評論社（2017）、「居場所を求める若者たち—日本、タイ、米国の、制度の狭間にいる子供・若者支援に向けた一考察」（単著）、『国際学研究』第50号 明治学院大学（2017）。

江戸期における河川舟運と流域生活圏の形成

2024年10月1日　初版第1刷印刷
2024年10月10日　初版第1刷発行

編著者　大木　昌
著　者　齋藤百合子
発行者　森下紀夫
発行所　論 創 社
東京都千代田区神田神保町 2-23　北井ビル
tel. 03（3264）5254　fax. 03（3264）5232
web. https://www.ronso.co.jp/
振替口座　00160-1-155266

装幀／奥定泰之
組版／加藤靖司
印刷・製本／中央精版印刷
ISBN978-4-8460-2414-7　